Rompa con los malos hábitos

Suzanne LeVert y Gary McClain, Ph.D.

TRADUCCIÓN:
María Amparo Penichet
Traductora Profesional

Editora de división interés general:	Claudia Islas Licona
Supervisor de traducción:	Antonio Núñez Ramos
Supervisor de producción:	Rodrigo Romero Villalobos

ROMPA CON LOS MALOS HÁBITOS

Versión en español de la obra titulada *The Complete Idiot's Guide® to Breaking Bad Habits 2nd edition,* de Suzanne LeVert y Gary McClain, publicada originalmente en inglés por Alpha Books, Pearson Education, Inc., 201 West 103rd Street, Indianapolis, IN 46290, © 2000. *All rights reserved.*

NOTA IMPORTANTE: Esta publicación contiene las ideas y opiniones de sus autores. Su intención es proporcionar material informativo útil sobre la materia cubierta. Se vende con el convencimiento de que los autores y la Editorial no proporcionarán los servicios profesionales mencionados en el libro. Si el lector requiere asistencia personal o consejo, debe consultar a un profesional competente.

Los autores y la Editorial específicamente se deslindan de cualquier responsabilidad, pérdida o riesgo personal o de otra forma, incurridos como consecuencia directa o indirecta del uso y aplicaciones de cualquier contenido de este libro.

ISBN: 970-26-0327-7 de la versión en español
ISBN: 0-02-863986-3 de la versión original en inglés
ISBN: 0-02-864303-8 de la versión para USA

Impreso en México, *Printed in Mexico*
1 2 3 4 5 6 7 8 9 0   05 04 03 02

Editora
Marie Butler-Knight

Gerente de producto
Phil Kitchel

Editora ejecutiva
Cari Luna

Editora de adquisiciones
Amy Zuvallo

Producción
Lee Ann Chearney/Amaranth

Editor de desarrollo
Tom Stevens

Editora de producción
Christy Wagner

Corrector de estilo
Cliff Shubs

Ilustradora
Jody Schaeffer

Diseño de portada
Mike Freeland
Kevin Spear

Diseño de páginas interiores
Scott Cook y Amy Adams, de DesignLab

Composición/corrección de pruebas
Darin Crone
Svetlana Dominguez

Contenido de un vistazo

Contenido

Prefacio

Mover constantemente la rodilla debajo del escritorio, beber de más en una fiesta de la oficina, comerse las uñas, ver televisión todo el día. Existen más malos hábitos de los que uno pueda imaginar, y diario surgen nuevos. ¿Quién hubiera pensado hace diez años que habría grupos de apoyo para personas adictas a platicar en Internet?

Sean cuales fueren los malos hábitos, por naturaleza, destruyen la vida cotidiana, las relaciones y la autoestima. Su efecto puede ser imperceptible o drástico, dependiendo del hábito y el estilo de vida. Pero si está leyendo este libro, supongo que es debido a que usted o un ser querido tiene un hábito lo bastante destructivo que desea romper.

Desgraciadamente es más fácil decirlo que hacerlo. De acuerdo a mis experiencias, los malos hábitos tienen raíces profundas. Involucran la personalidad en general, tanto inconsciente como consciente. Los malos hábitos son formas nocivas que elegimos a fin de liberar la ansiedad o el estrés, las cuales por lo regular aprendemos a muy temprana edad y que arrastramos hasta la edad adulta, cuando por fin tomamos al toro por los cuernos y recuperamos el control de nuestra vida.

Este libro lo orienta a encontrar las formas de romper con los patrones de conducta negativos que lo limitan. Suzanne LeVert y el Dr. Gary McClain le indican, paso a paso, cómo identificar su mal hábito, entender la participación que éste desempeña en su vida y aprender a romper con el mismo.

Si quiere...

➤ dejar de fumar

➤ gastar menos

➤ comunicarse mejor

➤ apagar la computadora o el televisor

➤ desarrollar hábitos alimenticios más sanos

➤ controlar cualquier patrón de conducta negativo

...este libro es para usted. De hecho, si está preparado (o al menos tiene la intención) para romper con su mal hábito, le sugiero que primero lea el libro y acepte con honestidad el mensaje positivo: usted puede cambiar su comportamiento y dejar atrás ese mal hábito. Segundo, practique las técnicas que aquí se presentan y aprenderá los principios generales involucrados en el proceso del cambio, así como los métodos específicos para romper con los malos hábitos.

Si está interesado en cambiar de una vez por todas, este libro le indicará el camino. ¡Continúe leyendo!

Jane Ferber, M.D.

La doctora Ferber es profesora asistente de psiquiatría clínica en el Colegio de Médicos y Cirujanos de la Universidad de Columbia y directora asociada en capacitación en psiquiatría a residentes del Centro Psiquiátrico de Creedmoor. Ejerce como terapeuta individual y familiar en New Rochelle, Nueva York. Escribió *A Woman's Doctor Guide to Depression* (Hyperion, 1997).

Introducción

Sin duda, usted tiene uno, o conoce a alguien que tenga alguno.

Los malos hábitos son como la muerte y los impuestos: todos tenemos experiencias con ellos, y por lo general son negativas. Pero no se sienta avergonzado o frustrado. La finalidad de este libro es hacerle saber que hay una luz al final del molesto túnel de los malos hábitos, y nosotros estamos aquí para indicarle el camino.

Aprendimos mucho durante la escritura de este libro, además de que ambos iniciamos el proyecto con una aportación interesante. El Dr. Gary McClain tiene años de experiencia como psicólogo ayudando a la gente a desarrollar habilidades más positivas y saludables. Suzanne LeVert entrevistó a cientos de hombres y mujeres, y a lo largo de su carrera como escritora en el tema de la salud investigó casi todos los malos hábitos. Nos emociona mucho poder proporcionar a la gente información útil y precisa a fin de que rompan con éxito sus malos hábitos.

No obstante, nos sorprendió la frecuencia con que ambos estuvimos frente a nuestros propios malos hábitos mientras escribíamos este libro. "Vaya, yo también hago eso", era una frase recurrente en muchas de nuestras conversaciones. También nos llamó la atención la cantidad de malos hábitos que compartimos, como la postergación combinada con la perfección y la tendencia a comer demasiado bajo tensión, por mencionar sólo dos. De cierta manera, el escribir sobre estos temas nos ayudó a reconocer y cambiar las conductas negativas que afectan nuestra vida.

Asimismo, aprendimos lo diferente que puede ser el proceso del cambio para todo aquel que lo emprende. Por ejemplo, es probable que usted deje de fumar con mayor facilidad por sí solo y hacerlo de maravilla, en tanto su vecino usa parches de nicotina de seis a ocho semanas para poder lograrlo. Quizá descubra que come demasiado a causa de un viejo problema de autoestima que desarrolló durante la infancia, mientras que su mejor amigo empezó a tener problemas con la comida hasta que se sintió agobiado por el estrés de su nuevo empleo.

En otras palabras, aprendimos que no existen reglas básicas y rápidas que funcionen para cualquier persona que lea este libro. Es por ello que decidimos ofrecer puntos de vista y consejos que pudieran aplicarse a la gama más amplia posible de personas y hábitos.

La parte divertida fue descubrir la cantidad y frecuencia de ejemplos y perspectivas de nuestra familia y amigos. Bien podríamos decir con una sonrisa: "Sí, mamá o hermana o mejor amigo, en el libro hablan de ti", y, si nos va bien, también sonría. (Desde luego que si lo consideramos adecuado, cambiamos los nombres para proteger a los inocentes.) Ése es el punto básico de los malos hábitos: es muy difícil encontrar a alguien con uno o dos malos hábitos que no se vea beneficiado al romper con ellos.

A final de cuentas, lo más emocionante al escribir este libro fue saber que ofrecemos a personas como usted información que de hecho puede ocasionar un cambio positivo en su vida.

Cómo usar este libro

Nuestra intención es apoyarlo desde el principio. Esta obra le proporcionará toda la información necesaria para que empiece a romper con su mal hábito, pero no va a ser fácil. Honestamente, tal vez no encuentre aquí toda la ayuda requerida. No exploramos el mundo de las adicciones crónicas, ni esperamos que nuestro capítulo un tanto corto acerca de la comida conteste todas sus preguntas sobre los buenos y malos hábitos relacionados con la nutrición, la dieta y el acondicionamiento físico.

Sin embargo, le prometemos que si lee este libro y sigue nuestras sugerencias, observará muchos puntos de vista sobre su conducta negativa, descubrirá las técnicas necesarias para cambiar dicho comportamiento, y si el problema es más grande de lo que imaginó, sabrá cuál debe ser el siguiente paso. Le garantizamos que, mientras tanto, se divertirá.

Considere este libro como...

➤ Una introducción al tema de los malos hábitos y el proceso para romper con ellos.

➤ Un apoyo emocional para alentarlo durante el cambio.

➤ Un punto de inicio para asuntos o ideas que desea explorar más a fondo.

Cada uno de los capítulos de este libro contiene un mensaje básico: usted tiene el poder de controlar su mal hábito, el que sea. Al hacerlo, mejora su autoestima al mismo tiempo que supera los obstáculos que, de otro modo, le impedirían alcanzar sus metas actuales y a futuro.

Reconocimientos

Son muchas las personas a quienes debemos agradecer por su ayuda con este libro, ante todo, a nuestros amigos y familiares. No sólo nos brindaron el apoyo moral y el valor, también nos dieron muchas anécdotas y casos de estudio que contribuyeron en gran medida a la obra.

Agradecemos mucho a Lee Ann Chearney, directora creativa de Amaranth, nuestra editora y sistema de apoyo vital. Durante el proceso, nos ayudó con agrado y buen humor, al tiempo que nos ofrecía opiniones importantes para cada capítulo.

Sin ella, es probable que el libro careciera del enfoque vital y su volumen sería el doble.

Lisa Lenard y Eve Adamson, dos excelentes escritoras e investigadoras, fueron parte fundamental para la creación y edición de varios capítulos. Apreciamos mucho su talento, profesionalismo y sus contribuciones. Agradecemos a Gary Krebs por su amistad y su fe en este proyecto; a Roz Kramer, extraordinario artista, quien aportó muchos elementos visuales incluyendo los Registros diarios de hábitos.

Por último, agradecemos a todas las amables personas de Macmillan que hicieron posible esta edición, incluyendo a Marie Butler-Knight, Amy Zavatto, Tom Stevens, Christy Wagner y Cliff Shubs.

Un agradecimiento especial para el revisor técnico

Rompa con los malos hábitos fue revisado por un experto que corroboró la fidelidad de lo que usted aprenderá y nos ayudó a asegurarnos de que el libro le ofrecerá todo lo necesario para que rompa con los malos hábitos. Este agradecimiento especial se extiende a Marci Pliskin, CSW, ACSW, psicoterapeuta en Seattle, Washington.

Marcas registradas

Todos los términos conocidos o considerados como marcas registradas o de servicio aparecen en mayúsculas. Alpha Books y Pearson Education, Inc., no pueden garantizar la exactitud de esta información. El empleo de un término en este libro no debe considerarse como una forma de afectar la validez de cualquier marca registrada o de servicio.

¿Qué es un mal hábito?

¿Le parece que este libro fue escrito justo para usted? ¿Se siente mal porque no puede dejar de fumar, a pesar del esfuerzo (o la frecuencia) con que lo intente? ¿Siente que su necesidad de lanzar los dados o apostar todos los viernes por la noche es irremediable? ¿Se molesta consigo mismo cuando se mira las manos y le da la impresión de que pequeños animales le estuvieron mordiendo las uñas? ¿Se perdió el principio de las últimas siete películas porque nunca encuentra su cartera, no terminó el trabajo a tiempo, o no podía recordar con qué amiga había hecho la cita y qué le dijo a la otra?

De ser así, no está solo. Los malos hábitos son tan comunes, e igual de molestos, que los piquetes de mosco en verano. Casi todos tenemos, cuando menos, una tendencia o conducta que nos gustaría cambiar, y una que confunde a alguien en nuestra vida.

En este capítulo le diremos qué es un *mal hábito*, en qué se diferencia de uno inofensivo, y cómo mentalizarse a fin de cambiar la conducta negativa para transformar su peor hábito en un *buen hábito*.

Entienda el hábito: sea bueno o malo

Piense qué se siente bajar un tramo de escaleras, algo que quizá hace todos los días. A pesar del hecho de que esta acción implica una increíble coordinación entre diversos sistemas del cuerpo como el cerebro y los sistemas nervioso y muscular, probablemente lo hace sin pensar, en forma automática, fácil y natural. Quizá así es como usted realiza la mayor parte de lo que conocemos como un *hábito*: automática, fácil y naturalmente. Toma una taza de café cada mañana, juega con su cabello cuando está nervioso o revisa su correo electrónico en cuanto enciende la computadora.

Su cerebro, que es el centro donde se inician las conductas, se compone de trayectorias que con el uso, al igual que los senderos en el bosque que transitan muchos excursionistas, se vuelven una costumbre y son fáciles de seguir. A menos que sea físico, el acceso a las conexiones que permiten resolver una ecuación cuántica no es sencillo; es probable que el camino hasta ellas no sea muy claro ni conocido. Tiene que luchar y esforzarse. Lo mismo sucede en la mayoría de las experiencias nuevas.

Sin embargo, las conductas y actividades familiares son como bajar la escalera. Puede hacerlo fácil, natural y casi automáticamente. Por ejemplo, nueve de diez mañanas, Suzanne se levanta de la cama, enciende la cafetera, entra al baño, revisa el periódico en Internet, se termina su primera taza de café, se baña, se viste y regresa a la computadora lista para trabajar, en ese orden día tras día. Su rutina matutina es un hábito satisfactorio que le permite realizar cosas importantes sin tener que tomar decisiones antes de estar completamente despierta. La verdad es que no decidió que así fuera, sólo lo hace.

La mayoría de los hábitos son como la rutina de Suzanne: ni buenos, ni malos, nada más son una costumbre que nos ayuda a ordenar y dar ritmo a nuestra vida cotidiana. El hecho es que no podríamos vivir sin tener hábitos, o cuando menos no viviríamos bien. Reinaría el caos, sobre todo hoy en día que nos llega información en forma veloz y violenta, exigiendo nuestra atención inmediata, insistiendo que consideremos sus implicaciones, y con frecuencia tomemos decisiones rápidas. Si no tuviéramos hábitos, nos dejaríamos llevar por una situación desconocida, una actividad o un pensamiento tras otro sin siquiera pensarlo. Gary dice que sin hábitos no recibiríamos el bienestar que genera lo usual, lo cotidiano y lo rutinario.

Los hábitos tienen muchas formas y tamaños. Decir mentiras blancas de vez en cuando (que puede convertirse en un hábito) puede ser una forma bastante aceptable para salir de una situación difícil. Su mejor amiga le pregunta sobre su nuevo corte de cabello, y usted no quiere salir corriendo por la impresión. En cambio, sonríe y le dice: "¡Te ves preciosa!" Es probable que fumar un cigarro de vez en cuando, digamos uno al mes, no ponga en riesgo su salud o de quienes le rodean.

Pero los malos hábitos no se refieren a estos últimos ejemplos. Los malos hábitos no son ocasionales ni inofensivos.

Cuando un hábito se vuelve malo

Quizá apenas se dio cuenta que hace algo en forma regular que interfiere con sus metas, su autoimagen o su salud. Tal vez sabe que tiene este hábito desde hace cierto tiempo, pero nunca supo cómo cambiarlo. Si usted es como la mayoría de las personas, no sólo sabe de malos hábitos, sino que también ha intentado romper con ellos una y otra vez, y ha fracasado.

Antes de continuar, recuerde que usted no es demasiado débil, necio, viejo, joven, ocupado, estresado, aburrido o simplemente no está tan enamorado de su mal hábito como para no detenerlo. De hecho, al elegir este libro tomó un primer paso extraordinario. Si alguien "bien intencionado" se lo regaló, usted logró dar el primer paso de leer hasta aquí. No se detenga. Va por buen camino.

No vamos a mentirle. No será fácil que rompa con su mal hábito o que adopte uno saludable. Simplemente, por definición, un *hábito* es una conducta arraigada que se aprendió con el tiempo y la práctica. Ayer no fue la primera vez que se mordió las uñas. De ser así, sería facilísimo que dejara de hacerlo hoy. El mes pasado no fue la primera vez que aplazó empezar el informe de ventas del mes. Si así fue, no habría tenido el mismo problema este mes o el mes anterior. No aprendió a mentir con tal descaro a su jefe o a su cónyuge por haberlo hecho una o dos veces antes. El problema radica en que esas dos ocasiones se convirtieron en 10, 20 o 100 veces.

Decidimos escribir este libro porque queremos ayudarle a que acabe con sus malos hábitos. (¡Sí, *es* posible!) Todos los tenemos y queremos deshacernos de ellos; es una condición humana universal. Tal vez descubra que estableció algunos hábitos *buenos*, o al menos aprendió más respecto de por qué hace las cosas de ese modo. Como escritora, Suzanne tiene algunos malos hábitos de estilo (escribe oraciones lo bastante largas para pelear con William Faulkner en uno de los pocos malos días de éste) y otros más relacionados con el comportamiento (se espera hasta el último momento para empezar un proyecto). Después de escribir sobre otros problemas psicológicos, como la depresión y el trastorno de falta de atención, adquirió una perspectiva acerca de la forma en que el cerebro humano establece los problemas de conducta como malos hábitos. La otra mitad de este equipo, el psicólogo Gary McClain, es reservado acerca de sus malos hábitos, pero compartió sus muchos años de experiencia como terapeuta de personas que luchan por romper con los suyos.

Piénselo. El hecho de comer todas las mañanas un panqué de salvado con queso crema bajo en grasa (sin mantequilla, ¡mantequilla nunca!) no tiene nada de especial. Podría ser una dona, porque a usted le gustan las donas. Las come los domingos mientras resuelve el crucigrama. Pero hay algo en esa rutina de comprar el panqué en la estación y comérselo mientras revisa el correo en la oficina, que lo hace sentir bien.

¿Cómo reconoce aquellos hábitos imperceptibles que obviamente no son tan *malos*, pero que, al observarlos con detenimiento, descubre que son obstáculos a su verdadera búsqueda de la felicidad? Por ejemplo, ¿desayunar siempre lo mismo es un mal hábito? No, a menos que su desayuno diario sean seis panqués de salvado y una rebanada de tocino. La falta de capacidad para desempeñarse bien hasta que no se come la cantidad *exacta* de lo mismo (sin sustitutos) es un hábito común y corriente que se convierte en una obsesión.

Desayunar lo mismo todas las mañanas no necesariamente es un buen hábito, incluso si le beneficia. En primer lugar, existen otros alimentos que le proporcionan la misma o más nutrición que su adorado panqué de salvado diario. Segundo, la mayoría de los nutriólogos recomiendan variar la dieta de un día a otro a fin de recibir todas las vitaminas y minerales que su cuerpo necesita.

Entonces, lo que tiene es un hábito viejo que le satisface, no le hace daño y aporta cierta estructura a su día. Si piensa en ello, quizá descubra que todos los días lleva a cabo varios de estos pequeños rituales inofensivos.

Con un poco de suerte, también descubrirá que oculta varios hábitos buenos. Quizá llame a su madre todos los domingos por la mañana o vaya al gimnasio tres veces por semana, o cada mes pague a tiempo sus cuentas. Gracias a éstos y otros buenos hábitos, puede observar su vida y darse cuenta de que es una existencia relativamente estable, organizada y digna.

Pero en realidad sí existen malos hábitos. Algunos son muy obvios, como fumar, beber de más (café o alcohol), comer demasiado, llevar una vida sedentaria y perder la paciencia con casi cualquier cosa, por mencionar unos cuantos. Otros sólo son malos hábitos si los hace frente a la gente (quien sea, incluyendo a su cónyuge), como meterse el dedo a la nariz, tronarse los dedos, expulsar gas, eructar. Unos más tienden a provocarlo porque seguramente le gusta ir de compras, ¿a quién no? Pero cuando no puede pagar siquiera el mínimo mensual de su tarjeta de crédito y está pensando en convertir el cuarto del bebé en un armario para guardar sus compras, sabe que está en problemas.

Lo aterrador de un mal hábito es que puede empezar, y con frecuencia sucede, con la mejor de las intenciones, igual que el camino al infierno.

Elija un hábito, el que sea

"Todo con moderación" se convirtió en un cliché por una buena razón: es cierto en casi todos los casos. Una excepción clara es el asesinato (¡sólo uno *es* demasiado!), y no hay duda de que varios otros crímenes y delitos están más allá de los límites.

La clave en la mayoría de los casos son el equilibrio y la moderación. Suzanne tiene un par de amigas con quienes le encanta jugar. Van a Atlantic City un sábado al mes a jugar veintiuno en la misma mesa con la misma persona que reparte las cartas. Siempre llevan la misma cantidad de dinero (300 dólares que pierden con asombrosa regularidad). Esa salida se ha convertido en un hábito. No es un mal hábito porque ponen límites y se apegan a ellos. Disfrutan la emoción y luego vuelven a casa.

Otra amiga (digámosle Patricia), empezó a tomar clases de aeróbicos para perder un poco de peso, adquirir algo de tono muscular y ocupar parte de su tiempo libre. Para su sorpresa, primero le gustaron los aeróbicos y después los adoró. Las tres veces a la semana se convirtieron en cinco, luego seis, después en dos veces al día, una hora por sesión, en la cual levantaba las piernas y saltaba, y sentía la emoción. Cuando empezaron las clases con pasos, Patricia no volvió a salir del gimnasio.

¿Qué acaso no es bueno hacer ejercicio? ¿No deberíamos felicitar a Patricia en vez de criticarla? Gary señala que, aunque el ejercicio con moderación es un hábito muy bueno, Patricia rebasó los límites. Ahora no tiene mucha vida para sí que no sea el trabajo (que nunca le interesó mucho) o el gimnasio. No tiene tiempo para ir al cine con amigos, tomar alguna clase o incluso pensar en cambiar de carrera. Es indudable que se ve de maravilla, pero parece que los beneficios terminan ahí.

Patricia sabe que tiene un problema. Ha intentado dejar de ir al gimnasio o cuando menos limitar el tiempo, pero después de 10 años el ejercicio se ha convertido en un hábito arraigado y, quizá, hasta en una adicción física. (Posteriormente hablaremos de la línea delgada entre un hábito y una adicción.)

Qué me puede decir de las apuestas, que siempre se han conocido como un mal hábito evidente, pero pueden ser perfectamente benignas e incluso benéficas, ya que la persona libera el estrés y se le ofrece una salida sana del mundo real. Pero el ejercicio, la rutina que más desean mantener todos, puede acabar por ser algo tedioso o destructivo, como cualquier otro mal hábito.

De hecho, así como lo que se deja a la intemperie se descompone con el sol, casi todos los hábitos pueden tornarse dañinos. La mayonesa es cremosa y deliciosa, pero después se amarga. Un mal hábito se convierte en destructivo al momento de apoderarse de uno.

Los diez principales malos hábitos

Es probable que las listas de los diez principales de cualquier cosa se han vuelto una generalidad porque ayudan a sistematizar nuestros pensamientos y ordenar nuestras prioridades. Antes de ponerlo a pensar en sus malos hábitos, vamos a proporcionarle una lista de los que consideramos ser los peores malos hábitos. Una forma muy segura y divertida de empezar es que piense en lo que más le molesta de otras personas.

1. **Mentira.** Para nosotros, mentir (y no la mentira ocasional que le salva el cuello o protege los sentimientos de otros) es el hábito más reprobable, indolente, inmoral y destructivo que una persona pueda tener.

2. **Impuntualidad.** Llegar tarde es un comportamiento pasivo-agresivo en su forma más pura. Las personas que siempre son impuntuales por lo general expresan ira.

3. **"Olvidar" y otras actitudes de falta de interés.** Igual que el punto anterior.

4. **Tronarse los dedos.** En realidad es repulsivo.

5. **Eructar o expulsar gas.** En muy raras ocasiones es absolutamente necesario liberar aire gastrointestinal en público. (Sin embargo, lo que haga a puertas cerradas es su problema.)

6. **Orden obsesivo.** Está bien que a la mayoría nos gusta tener las cosas limpias y en orden. Sin embargo, insistir en que las orillas de un cuaderno estén perfectamente perpendiculares a la cubierta del escritorio es *enfermizo*.

7. **Incapacidad para hacer un compromiso.** Con una relación o cualquier otra cosa. ¿Necesita que digamos más?

8. **Avaricia.** La responsabilidad fiscal es admirable. Nunca abrir (o tener a mano) la cartera cuando llega la cuenta, es terriblemente molesto y desconsiderado.

9. **Posponer.** Por ahora no vamos a hablar de este punto, lo dejaremos para más adelante. (¿Puede decir con qué hábito tenemos mayor relación?)

10. **Fumar.** Nadie, ni siquiera un fumador empedernido (y sí los hay) cree que fumar sea benéfico o inofensivo. A todos nos molesta sobremanera la forma en que el humo del cigarro de otras personas se impregna en nuestro cabello y en la ropa.

Trate de hacer el siguiente ejercicio: Anote los hábitos que usted considera los peores a fin de que tenga una cierta referencia sobre el tema. Sea honesto, incluso si tiene que nombrar algunos malos hábitos que usted mismo oculta. De hecho, si quiere puede marcar los que aplican en usted para una referencia futura.

Los diez principales hábitos que cualquier persona puede tener, según el experto: ¡usted!

1. _____
2. _____
3. _____
4. _____
5. _____
6. _____
7. _____
8. _____
9. _____
10. _____

Pero adora sus rituales diarios

Quizá ahora vea sus malos hábitos con más claridad y la forma en que podrían dañar en cierto modo un aspecto de su vida.

Pero, al mismo tiempo, adora sus hábitos, ¿verdad? Incluso le encantan los malos. Tal vez en especial los malos porque le dan un placer secreto, una emoción especial. Son "amigos" incondicionales que no cuestionan. Por ejemplo, la segunda bola de helado nunca le dice: "¿No crees que ya comiste suficiente hoy?"

Por otra parte, aquí está usted, leyendo un libro sobre cómo romper con los malos hábitos. Algo ya no está funcionando y está listo (o casi listo) para llevar a cabo un cambio. Quizá.

¿Su vida interfiere con su hábito?

Si tan sólo no tuviera que pagar ese engorroso recibo del gas, tendría suficiente dinero para que el departamento de tarjetas de crédito deje de llamarle casi cada hora. Si tan sólo la política de "No fumar" de su oficina no fuera tan estricta, no se habría perdido la reunión del personal, que era importante, porque estaba en el vestíbulo echando humo. Si tan sólo su médico le diera esa receta de valium en vez de decirle que no tome bebidas con cafeína antes de acostarse, no tendría que recurrir a otros medicamentos.

"Si tan sólo" es un concepto importante aquí en la tierra de los malos hábitos. Si tan sólo el mundo no fuera tan estricto, no tendríamos estos malos hábitos. Si tan sólo no tuviéramos tanto estrés, tantas responsabilidades, tan poco tiempo, sin duda podríamos romper fácilmente y gustosos con uno o dos malos hábitos. Si tan sólo…

Sin embargo, en algún punto va a tener que reemplazar "si tan sólo" con "pero en realidad", como en "me encanta fumar, pero en realidad me hace daño", y "me encanta tronarme los dedos, pero en realidad prefiero que mi novio o novia se siente en la misma habitación conmigo". Por desgracia, la parte del proceso "pero en realidad" a veces lleva más tiempo del que nos gustaría.

No soy yo, es mi vida

A decir verdad, su mal hábito no lo es en absoluto. Es una manera perfecta y natural de adaptarse a un mundo increíblemente (elija uno)…

➤ Estresante.

➤ Acelerado.

➤ Aburrido.

7

...en el cual no se (elija uno)...

➤ Ve bien.

➤ Siente inteligente.

➤ Merece recompensas.

Si se siente así, no está solo. Todos sufrimos las mismas cargas de la vida moderna: demasiado qué hacer, muy poco tiempo, demasiada estimulación pero muy poca satisfacción y, más que nada, una gran falta de autoestima.

Prueba de desafío: ¿cuál es su estilo de vida?

Si reconoce los patrones en su vida cotidiana y la cantidad de estrés y presión que enfrenta, podrá enfocarse mejor en los motivos por los cuales ha desarrollado malos hábitos. Asimismo, le ayudará a identificar los obstáculos para que pueda llevar a cabo el cambio. El siguiente cuestionario le será de utilidad.

Parte A

1. ¿La simple idea de que usted esté dentro de una caja (proverbial o real) le pone la carne de gallina y le retumba en la cabeza?

2. ¿Encender un pequeño fuego en el pasillo 2 le parece una alternativa viable para no tener que esperar en la fila de la caja del supermercado?

3. ¿Cuenta más ovejas de las que viven en Nueva Zelanda antes de cerrar los ojos por la noche?

Parte B

1. ¿Con qué frecuencia tiene tiempo para no mover un solo dedo durante toda la tarde?

   a. Una vez a la semana.

   b. Una vez al mes.

   c. Tan seguido como una nevada en Tahití.

2. ¿Cuándo fue la última vez que tuvo tiempo libre durante el día (además de ir y volver del trabajo)?

   a. Esta mañana.

   b. El jueves de la semana pasada.

   c. El día que renunció Nixon (8 de agosto de 1974).

3. ¿Puede comparar el número de anotaciones en su agenda con...

    a. Las letras del alfabeto?

    b. Las listas de programación de TV?

    c. La distancia en años luz de aquí a Plutón?

Parte C

1. ¿Considera que el control remoto es su mejor amigo?

2. ¿La última vez que asistió a una exposición de arte, película de ciencia ficción, obra maestra literaria, terminó bostezando?

3. ¿Desapareció la emoción de cualquier cosa?

Parte D

1. Cuando le piden que se describa a sí mismo, busca comparaciones en:

    a. Revistas pornográficas para caballeros/damas.

    b. Diarios alarmistas.

    c. Revistas sobre animales.

2. Su mayor pesar en la vida es que...

    a. No terminó su carrera.

    b. Todavía no han fabricado ropa de noche que le favorezca.

    c. No es otra persona.

3. Si le piden que mida su potencial hacia el éxito, ¿qué medida utilizaría?

    a. El transbordador espacial.

    b. Un termómetro de mercurio.

    c. La cabeza de un alfiler.

Clave de respuestas

Parte A: si contestó "sí" a una o más de estas preguntas, probablemente sufre estrés, el padecimiento más común en la actualidad y uno de los mayores contribuyentes a los malos hábitos. Cuanto más estrés tenga, mayor probabilidad hay de que dependa de los malos hábitos para liberarlo, y es menos probable que se sienta capaz de romper con ellos.

Parte B: si marcó la letra C cuando menos una vez, probablemente no tiene suficiente de lo que se ha convertido en un activo precioso: tiempo. No está solo. En la actualidad, gran parte de nosotros nos sentimos presionados por el tiempo, trabajamos mucho por cumplir con nuestros fines, e incluso nos esforzamos más por criar hijos sanos. Desafortunadamente, la falta de tiempo a menudo conduce a malos hábitos de todo tipo.

Parte C: si contestó de manera afirmativa a estas preguntas, es probable que esté en el colmo del aburrimiento. El aburrimiento reduce la energía, la inspiración y el compromiso, y puede conducir a rellenar las brechas con comportamientos dañinos y negativos. El aburrimiento es uno de los mayores enemigos de la humanidad pero, afortunadamente, el más eludible.

Parte D: si contestó C a una o más de estas preguntas, su ego podría aprovechar un poco del impulso. La autoestima baja es causa y síntoma de tener un mal hábito. Se siente deprimido y falto de interés, busca un poco de esparcimiento en un martini (o dos) después del trabajo. Levantarse la mañana siguiente con un poco de resaca sólo le hace sentirse más deprimido y desinteresado. Un martini (o dos) al salir del trabajo se convierte luego en tres (o cuatro) y muy pronto habrá adquirido un mal hábito, y tal vez incluso una adicción más seria que requiera atención de su parte.

¿Su hábito interfiere con su vida?

Su jefe lo descubre más de una vez "tomando prestado" cosas de la oficina. Su empleo relacionado con inversiones bancarias está en la cuerda floja porque se le queda viendo con insistencia al cuerpo a sus clientas, y las que son conservadoras empiezan a tenerle miedo. Se acerca a los 40 años a la velocidad de la luz, y sigue sin poder decirle "te amo" a esa persona importante en su vida.

¿Descubrió que por culpa de su hábito, al menos en cierta medida, no logra alcanzar una meta, vivir sus propios ideales o apegarse a las reglas sociales aceptadas respecto a las relaciones profesionales y personales? Casi nadie rompe con un mal hábito hasta que ve en forma clara, directa y personal, el daño que éste produce en su vida, la manera en que lo limita y cómo le impide progresar. Hasta ese momento empieza realmente el proceso del cambio.

Como usted ya llegó a este punto del libro, es probable que esté iniciando el proceso del cambio, puesto que ve con claridad sus malos hábitos y está preparado para hacer algo al respecto.

Separar lo bueno de lo malo

La buena noticia es que está consciente de que tiene la fuerza y se compromete a *romper* con un mal hábito. ¿Cómo lo sabe? Porque lo hizo para llegar hasta aquí. Sería más fácil rendirse en este momento ante el mal hábito que sustituirlo con uno nuevo, pero *aprenderá* cómo renunciar a él.

Conocemos a alguien que recién dejó de fumar. Jaime dijo que no lo hacía por motivos de salud, sino porque no podía soportar tantas presiones que hay en la actualidad para los fumadores. Su compañero de cuarto insistía en que se saliera a fumar, los vuelos largos se volvieron un tormento, y su restaurante favorito lo relegaba a una pequeña mesa en la parte de atrás, ya fuera solo o en una nube de humo tan densa que no podía ver, mucho menos saborear, la comida.

Para fumar en el trabajo tenía que bajar tres pisos cuatro o cinco veces al día, fumar en el calor, el frío, la nieve, la lluvia, y luego subir tres pisos por la escalera hasta su oficina. Aprendió a encontrar espacios "seguros" donde pudiera fumar en aeropuertos. Empezó a ir a un restaurante diferente, cuya comida era horrible pero con una política más liberal respecto al cigarro. Lo hizo por años.

Finalmente se dio cuenta de que si podía manejar el cambio en su vida respecto a dichas formas fundamentales que le permitieran conservar su hábito, también tenía la fuerza y el compromiso para *romper* con el hábito y así lo hizo. Usted también puede hacerlo.

En la cuerda floja

La cafeína, el alcohol y la nicotina son drogas muy fuertes que causan una dependencia física y psicológica comúnmente conocida como *adicción*. Apostar, comprar, comer e incluso limpiar en forma compulsiva, pueden convertirse no sólo en malos hábitos, sino en adicciones.

Aun cuando los científicos todavía no saben con exactitud la causa de que una persona sea adicta a una sustancia o conducta, cada vez más investigaciones señalan como responsable a un grupo de químicos en el cerebro llamados neurotransmisores. Dos de los neurotransmisores más "famosos" e involucrados en la mayoría de los casos de adicción son las endorfinas y la serotonina.

Muchas adicciones se fomentan, al menos en parte, para restaurar la insuficiencia de *endorfinas* (las cuales son analgésicos y relajantes naturales) o de *serotonina* (un químico en el cerebro que influye en una amplia gama de actividades cerebrales, incluyendo el estado de ánimo, el apetito y la tolerancia al dolor). Los factores psicológicos como la baja autoestima, sentimientos de impotencia y estados agobiantes de ansiedad y depresión, también contribuyen al desarrollo de adicciones.

¿Cuándo se convierte un hábito en adicción? Es una buena pregunta que una persona, con la ayuda de un médico o terapeuta con experiencia, debe hacerse y contestar por sí sola.

El tema de las adicciones es complejo y va más allá del alcance de este libro. Si cree que su hábito rebasa su poder para controlarlo o deteriora seriamente su salud mental o física, busque ayuda médica de inmediato.

Valor para cambiar

El filósofo George Santayana escribió: "Un hábito es más fuerte que la razón", y quienquiera que tenga un mal hábito comprobable sin duda estará de acuerdo. Tal vez todos podemos pensar en una docena de buenas razones por las cuales no debemos postergar tanto las cosas, o comer mucho y ejercitarnos poco. Estas razones tienen sentido, cuando menos a nivel intelectual. Quizá tenga en mente muchas razones de por qué su hábito es malo para usted (y eso es justo lo que le preguntaremos en el siguiente capítulo).

El hecho de que entienda con claridad la naturaleza ilógica e irracional de su hábito no lo libera automáticamente de su terrible presencia. Tal vez existan muchos obstáculos en su camino incluyendo una dosis saludable de negación, un cierto compromiso con, si no es que amor por, el hábito mismo, y años de una conducta condicionada. Recuerde que, desde el punto de vista mental, es mucho más fácil andar un camino ya recorrido que intentar rutas nuevas, y eso es lo que se va a necesitar.

Romper con dichos obstáculos requiere valor, y descubrirlo es un paso importante en el proceso del cambio. Empiece a pensar ahora mismo de qué manera su hábito afecta paulatinamente sus metas, su autoimagen o sus relaciones. El simple hecho de admitir el problema significa que encontró cuando menos el valor necesario para romper con el hábito que le impide progresar. Ahora siga adelante. ¡Puede lograrlo!

Capítulo 2

Por qué hace lo que hace

El poeta norteamericano Robert Frost escribió: "La única forma de superar un problema es abordándolo". Vaya manera elegante y bonita de decir que no hay camino fácil para resolver un problema o aprender una lección. El comentario de Frost es muy adecuado cuando se trata del proceso involucrado con el rompimiento de los malos hábitos. Dicho en forma sencilla, no hay una manera fácil de dejar ir una conducta arraigada, no importa cuánto lo desee o el daño que provoque en su vida. En vez de ello, tiene que hacerse un autoexamen muy serio antes de averiguar por qué lo hace. Este capítulo le será de gran ayuda.

Un hábito que se forma de manera lenta pero segura

El lunes en la mañana, su jefe critica el informe al que usted le dedicó los últimos tres fines de semana. Es viernes y usted se pasó toda la semana hablando compulsivamente por teléfono con amigos, compañeros de trabajo y con quien lo escuchara, respecto a lo que está haciendo, pero no ha hecho nada. Ahora su jefe está furioso porque el informe está retrasado y usted dedicó muchas horas de trabajo en hacer llamadas personales.

Sus hijos le exigen mucho, su suegra le sigue molestando y otra vez se descompuso la lavadora. Piensa que le encantaría salir a cenar, pero llega 45 minutos tarde (y no es la primera vez) a la cita con su esposa, quien está enfurecida en el bar bebiendo su tercera copa de vino.

Malos hábitos. Siempre están ahí. Se siente mal en el trabajo, y enojado y frustrado en su casa, de modo que habla demasiado, llega tarde, come de más... encuentra una forma de liberar sus sentimientos negativos.

Durante cierto tiempo, quizá mucho, su mal hábito parece ser una distracción inofensiva. Pero a largo plazo, ese mal hábito no le facilita la vida. (De hecho, los malos hábitos por lo general ocasionan más problemas de los que resuelven, pero eso lo veremos después.) Al cabo del tiempo, otras personas también empiezan a asociarlo con ese molesto hábito "ahí vas de nuevo a fumar otro cigarro, beber esa quinta taza de café, comprar hasta cansarte, morderte las uñas..." Elija el mal hábito que prefiera.

Ahora que ya encendió esa luz de conciencia, quizá esté ansioso por romper con su hábito de inmediato. Ve claramente el problema y es el momento de actuar.

Deténgase: usted es fuerte, orgulloso, valiente y honesto. Sólo diga "no".

Y lo hará. Pero tenemos que ayudarle a romper con ello: deshacerse de un mal hábito nunca es una tarea fácil o breve. Antes de vencer ese mal hábito, deberá aprender un poco sobre por qué lo desarrolló en primer lugar, y la función que ahora representa en su vida.

Sabemos lo que está pensando. Se pregunta "¿Por qué no puedo dejarlo? ¿Por qué necesito saber el motivo antes de dejar de hacerlo?" No se trata de un proceso de cambio. No existen 12, 10, ni siquiera 2 pasos necesarios. Sólo uno. Debe empezar ahora, no mañana, se acabó el mal hábito. "¿Por qué no?"

Bueno, inténtelo y verá. Quizá ya trató de cortarlo de tajo más de una vez. Pero cuando la presión lo agobia, baja la guardia; o la ansiedad es tan grande que el mal hábito lo domina un poco. Luego se deja dominar más y con mayor frecuencia, hasta que en poco tiempo está de nuevo en las garras de ese mal hábito. Lo anterior sucede porque nunca descubrió la raíz del problema: en primer lugar las situaciones o los sentimientos que detonan su mal hábito.

El demonio me obligó a hacerlo

¿Recuerda su primera vez?

¿La primera vez que usted y su hábito se conocieron: su primera fumada de cigarrillo, la primera vez que entró a un salón de conversación en Internet, el primer día (o semana) que pospuso algo, la primera vez que movió incesantemente su rodilla, o un eructo que no pudo reprimir?

¿Recuerda cómo se sintió? Jaime recuerda su primer cigarrillo, a pesar de que lo fumó hace más de 30 años, cuando sólo tenía 12 de edad. "Al principio me dio un poco de náusea, luego sentí esa celeridad que seguramente se debía a la nicotina, pero también eran todas las demás cosas aunadas al hecho de fumar; el peligro (mi madre me hubiera enterrado vivo si me hubiera visto) y la 'pose' de hacerlo. Mi hermano mayor estaba parado frente a mí, esperando que me ahogara para poder burlarse. A la fecha, relaciono el cigarro con la independencia y ser uno de los chicos del grupo."

Para muchas personas, el principio de un mal hábito se da cuando sucumben ante esta mezcla irresistible de presión de los amigos, curiosidad, peligro y emoción. Quienes se encuentran atrapados en una adicción más severa (alcoholismo, abuso de drogas, apuestas serias), su primera vez les proporciona un "levantón" físico real: el que siempre buscan, pero que nunca logran revivir. Aun cuando el mal hábito promedio tiene menos motivación, tal vez exista un elemento involucrado en esta "búsqueda por la emoción percibida".

Por otra parte, si no recuerda su primer encuentro con su mal hábito, no está solo. Muchos malos hábitos empiezan como conductas benignas difícilmente notorias hasta que se vuelven tan arraigadas y perturbadoras que lo desquician (y en ocasiones a todos los demás). (En vez de estar una hora en Internet, se pasa toda la tarde ¡diario!)

Ahora piense cómo se sintió cuando por primera vez fue consciente de su mal hábito: ¿al principio le emocionó y estimuló como a Jaime? ¿Acaso llegó de manera inadvertida?

En cualquier caso, es indudable que su comportamiento no empezó como un mal hábito. Lo hizo una vez con grandes fanfarrias o casi sin pensarlo, pero sin la intención de hacerlo. Sólo se convirtió en un mal hábito cuando lo repitió una y otra vez, y lo hizo porque, aunque ahora le parezca que no tiene sentido beber esa quinta taza de café, su mal hábito de hecho tiene un propósito importante en su vida.

El principio del placer

Ahora piense en un episodio más reciente: en la última vez que aplicó su mal hábito. ¿Cómo se sentía justo antes de tomar ese trozo de chocolate, de empezar una conversación consigo mismo en la calle, o de lavar su ya inmaculado piso del baño? Marque todas las emociones atribuibles y sea honesto:

Columna A	Columna B
❏ Presionado	❏ Relajado
❏ Enojado	❏ Satisfecho
❏ Agobiado	❏ Controlado
❏ Aburrido	❏ Comprometido
❏ Débil y/o indigno	❏ Confiado en sí mismo

Observe sus respuestas. No tenemos la menor duda de que la mayoría están en la columna A. Cuando se siente relajado, controlado y confiado de sí mismo es mucho menos probable que sucumba ante una conducta que sabe dañará su salud o bienestar.

15

En vez de ello, la mayoría de la gente desarrolla malos hábitos para defenderse de la *ansiedad* a fin de aliviar los efectos secundarios físicos y emocionales del *estrés*, y eso es perfectamente normal. De hecho, aliviar o evitar la ansiedad es uno de los instintos de sobrevivencia más básicos de nuestra especie.

El 16 de mayo de 1856 una pareja de vieneses llamados Jakob y Amalie Freud tuvieron un bebé a quien llamaron Sigmund, y que llegó a ser uno de los pensadores de mayor influencia del siglo XX. En esencia, Sigmund Freud inventó la psiquiatría moderna y el psicoanálisis, y sus teorías cambiaron para siempre nuestras ideas sobre el comportamiento humano, la emoción, el pensamiento y la motivación. Aun cuando en la actualidad se le critica por su inclinación y obsesión por la sexualidad (por decir en forma sencilla un argumento muy complejo), las teorías de Freud siguen siendo una fuente de discernimientos y perspectivas acerca de muchos aspectos del comportamiento humano.

Una de las primeras ideas de Freud es especialmente útil en cuanto a entender la participación de los malos hábitos en nuestra vida. En 1911 postuló que uno de los impulsos más fuertes de la humanidad es evitar la ansiedad y el dolor, teoría que llamó el *Principio del placer*. (Ahora ya sabe de dónde sacó Janet Jackson el nombre de su famosa canción.) Freud creía que para protegernos de la ansiedad, el *id* (o ello), la parte más primitiva de nuestro inconsciente, nos motiva a actuar contra situaciones o emociones que para nosotros representen un desafío o una amenaza.

Una forma ineficaz, aunque un tanto sencilla de cómo lo hacemos, es aplicando cualquier número de acciones (una, dos o tres) que al cabo del tiempo pueden convertirse en hábitos. Éstos nos impiden alcanzar metas o mantener un sentido del ser seguro porque son malos hábitos: nos liberan del estrés a corto plazo, pero a largo plazo afloran efectos secundarios negativos.

¿Qué clase de situación provoca estrés o ansiedad? ¿Acaso tiene que preguntar? La sociedad moderna está atestada de ellas. Incluso a principios del siglo XX, antes de Elvis, los faxes, Internet, los aparatos para hacer abdominales e informes de invasión de extraterrestres, Freud reconoció los retos que enfrentaban los humanos. "La vida como la vemos es demasiado difícil para nosotros; implica demasiado dolor, muchas decepciones, tareas imposibles. No podemos sobrevivir sin remedios paliativos [calmantes, tranquilizantes]", escribió.

La práctica hace al maestro

El escritor y filósofo del siglo XVIII Samuel Johnson, escribió: "Las cadenas de hábitos son muy débiles para percibirlas hasta que son demasiado fuertes para romper con ellas". Este enunciado ciertamente se agrega a la forma tan insidiosa que toma el desarrollo de los malos hábitos. Antes de que se dé cuenta (incluso si lleva años), no sólo fuma un cigarro con una bebida después de cenar, sino que ya fuma 10 cigarros antes del mediodía. No dice una o dos mentiras para evitar lastimar los sentimientos de alguien, sino que miente regularmente. Los estados de cuenta de su tarjeta de crédito muestran que no sólo se pasa de su límite de crédito en forma ocasional e inofensiva, más bien sufre de un consumismo para competir con el de Imelda Marcos.

¿Recuerda el cuestionario "¿Cuál es su estilo de vida?" que contestó en el capítulo 1? Pues bien, si tiene alguna pregunta sobre qué provoca sus malos hábitos revise los resultados. Recuerde las categorías incluidas:

➤ Demasiada presión

➤ Muy poco tiempo

➤ Aburrimiento

➤ Autoestima baja

¿Qué parte de su vida parece más fuera de control? ¿Se siente frustrado y agobiado por su trabajo o sus responsabilidades personales? ¿Continuamente tiene un horario más que apretado? ¿Se siente vacío y desmotivado? ¿Podría ser bueno para su ego un poco (o más de un poco) de impulso?

En capítulos posteriores le ayudaremos a identificar con mayor precisión y exactitud los "detonadores de malos hábitos". Por ahora, cuando se trata del desarrollo de los malos hábitos, es importante que entienda que la urgencia de aliviar el estrés o la ansiedad es un denominador común. En vez de manejar la causa de la ansiedad en forma directa (enfrentarse a su jefe que es muy exigente o hacer ejercicio), *desplaza* o transfiere la reacción de su fuente a otra conducta, y lo hace una y otra vez porque funciona, cuando menos a corto plazo.

En pocas palabras, los malos hábitos sirven para...

➤ Aliviar el estrés.

➤ Tomar unas "vacaciones" de un programa muy ocupado.

➤ Distraerlo de su aburrimiento.

➤ Reforzar sentimientos de baja autoestima.

La buena noticia es que, en cuanto entienda la naturaleza de los malos hábitos y su función para aliviar ansiedades y el estrés en su vida, empezará a atacar de raíz el problema. De acuerdo a lo que veremos en capítulos posteriores, tiene dos opciones básicas: reducir su fuente de ansiedad que provoca el mal hábito, o transferir o desplazar su reacción a una conducta saludable (es decir, en vez de comer en abundancia cuando se sienta ansioso, salga a dar un paseo o haga un poco de yoga).

Cuando no puede renunciar

"Pero no creo poder romper con mi mal hábito. Lo necesito. No sé qué me pasará si renuncio a él".

Es lo que está diciendo ahora mismo, ¿verdad? Teme que la falta de capacidad para liberar el estrés a través de la ruta normal (por ejemplo, su mal hábito), hará que termine sintiendo más ansiedad y molestia que nunca.

Tiene razón, cuando menos al principio. La naturaleza del cambio (incluso el positivo) desafía su equilibrio, ese balance relativo que intenta mantener cada día. En otras palabras, el cambio provoca un estrés y, como Freud nos enseñó, el ser humano haría cualquier cosa por evitar esa fuerza ubicua aunque dañina, tanto interna como externa.

Entre las reacciones más comunes a, y las defensas en contra de, realizar los cambios están:

➤ **Miedo.** El miedo, uno de los motivadores más fuertes y primarios de la conducta humana, también es el obstáculo más común en el proceso del cambio. El miedo al sentimiento de dejar ir algo familiar así como el temor a enfrentarse con "el nuevo yo" (a pesar o quizá a causa del poder, el potencial y la confianza que tenga), sin duda pueden ser un impedimento para que empiece el cambio.

➤ **Necedad.** La necedad obstaculiza el progreso de muchas personas que tienen un mal hábito. Piense en alguien que, a pesar de un problema de peso y problemas cardiacos, con frecuencia come carne roja, pan blanco con mantequilla y dulces. La respuesta necia de una persona cuya vida está fuera de control es: "Nadie me va a decir cómo vivir mi vida".

➤ **Autodestrucción.** Si sus respuestas al cuestionario "¿Cuál es su estilo de vida?" revelaron que tiene un problema de baja autoestima, sus malos hábitos pueden ser un método directo o indirecto de castigarse y lastimarse a sí mismo. Por ejemplo, si la falta de capacidad para controlar su temperamento o recordar fechas importantes como cumpleaños o aniversarios interfiere con sus relaciones íntimas, su resistencia al cambio podría significar que no se siente merecedor de ser amado o sentirse seguro.

➤ **Perfeccionismo.** Nada es más destructivo para el proceso del cambio que una expectativa irreal de la perfección. Los perfeccionistas enfrentan diversos retos cuando se trata de malos hábitos: primero, tienen problemas para admitir (ante ellos mismos u otros) que algo está mal. Segundo, los perfeccionistas con frecuencia dejan las cosas para después (creando un mal hábito) porque sienten un miedo terrible al fracaso, destruyendo así su imagen "perfecta" y su habilidad para enfrentarlo.

➤ **Temor al fracaso/desamparo aprendido.** Este obstáculo a menudo afecta a personas que han intentado, y fracasado una y otra vez, romper con sus malos hábitos. En los anales de la psicología, el desamparo aprendido explica un fenómeno interesante: los ratones (¡y se cree que los seres humanos también!) que en el pasado se han visto sometidos a un castigo inevitable, no actúan a fin de evitar un castigo posterior, incluso cuando tienen al alcance la forma de impedirlo. Muchas personas sufren una especie de "desamparo aprendido" luego de tratar varias veces de romper con un mal hábito. Sus fracasos recurrentes provocan que se rindan en vez de intentar otro enfoque potencialmente más factible.

Tomando en consideración todos estos obstáculos al cambio, es impresionante que alguien logre romper con un mal hábito. Pero si miles de personas lo hacen todos los días, usted también puede. Debe tener bastante autoconfianza, la suficiente para seguir un plan serio y basado en información, el cual le ayudaremos a crear en capítulos posteriores.

¿Puede ponerse de pie su verdadero yo, por favor?

Tiene la sensación de que está casi listo, ¿verdad? Piensa que su mal hábito no es más que una distracción pasajera; ya empezó a identificar las situaciones y emociones que causan su conducta negativa; y reconoce los obstáculos que le impiden tener éxito y espera encontrar formas de evitarlos o superarlos.

Esta empezando a ver su verdadero yo de las sombras de su mal hábito. Apéguese a esa imagen positiva de sí mismo y, al continuar con esta lectura, se convertirá en una realidad vital y sólida. Practique este ejercicio de meditación a fin de que pueda reflexionar sobre cómo llegar a ser la persona que quiere ser:

1. Siéntese cómodo en un lugar tranquilo. Cierre los ojos. Respire profundo y de manera uniforme. Deje que toda la tensión y el estrés salgan de su cuerpo.

2. Una vez que alcance un estado de calma, empiece a formar una imagen mental de sí mismo como la persona fuerte y concentrada que sabe que puede ser.

3. Libere las expectativas al fracaso que aprendió en el pasado. Si alguna logra atravesar sus defensas sólidas, elimínela de inmediato con una respiración profunda.

4. Ahora, imagine en su interior un manantial de fuerza y poder. Tal vez esté en su abdomen, en el centro de la frente o en la palma de su mano. Si siente que flaquea su seguridad en sí mismo, extraiga agua de ese manantial.

Ahora que empezó a resolver por qué hace lo que hace, estamos preparados para describirle una variedad de malos hábitos: uno o más de los cuales lo atormentan. En el siguiente capítulo discutiremos los antojos (a sustancias como la nicotina, la cafeína y el azúcar), las tendencias (a tener conductas como postergar, mentir o perder la paciencia) y las compulsiones (por limpiar, comprar, apostar y destruir de manera paulatina las relaciones). Aun cuando los hábitos por naturaleza tienen muchas similitudes, cada mal hábito tiene su propia serie de cualidades exclusivas que deberá explorar antes de acabar con él.

Capítulo 3

Pero a mí
me gusta así

Aunque no lo crea, el proceso que usará para romper con un hábito es casi el mismo para cualquier hábito que lo tenga atrapado. Usará las mismas estrategias básicas para dejar de eructar sin recato en público, enrollarse mechones de cabello en el dedo índice, u "olvidar" colgar su ropa al final del día.

Dicho lo anterior, consideramos conveniente adentrarnos un poco en las dinámicas de las categorías específicas de los hábitos y lo "atractivo" de cada una. De hecho, no todos los hábitos se parecen, y es probable que al leer acerca de estas categorías de malos hábitos descubra qué motiva su vicio en particular.

Investigue

Nadie sabe con certeza por qué una persona limpia compulsivamente a fin de liberar la ansiedad que siente, mientras que otra fuma cigarros y una más se dedica a dejar las cosas para después. Quizá la explicación sea que sucede por accidente: la primera vez que se sintió incómodo o inseguro, empezó a mover la rodilla. Como le funciona para liberar el desagradable sentimiento de inconformidad, lo repite hasta que tarde o temprano su mal hábito recién adquirido ¡saca de quicio a los demás!

Quizá la genética forme parte de ello, como en todo, aunque dudamos que los científicos alguna vez puedan aislar los genes que ocasionan que alguien se truene los dedos o eructe en público (los cuales nos permitirían dar pie a estas características). Tal vez los principales responsables sean los viejos recursos del ambiente y el ejemplo. Sin duda usted presenció la conducta que originó su mal hábito actual. Probablemente esté imitando un comportamiento similar que observó en alguien cercano a usted o, por el contrario, reaccione a éste (por ejemplo, usted come demasiado aprisa porque su hermano come muy despacio). En algún punto, esta conducta se integró como parte de su vida, y de las conductas que analizamos en el capítulo 1 "¿Qué es un mal hábito?" De hecho, es indudable que aprendemos a actuar después de asimilar las conductas de otros a nuestro alrededor, mismas que después forman parte de nosotros. (De ahí la importancia de que tenga mucho cuidado con su comportamiento frente a sus hijos.)

¿Qué tan bien se conoce?

¿Cómo reacciona ante la ansiedad? ¿Cuál es su remedio para el estrés, el exceso de actividades en un día, el aburrimiento o los sentimientos de baja autoestima? Probablemente las respuestas a las siguientes preguntas le ayuden a solucionarlo.

1. La persona con quien iba a salir el sábado en la noche cancela sus planes en el último minuto. Usted...

    a. Bebe un trago de brandy directo de la botella.

    b. Dice a todos sus amigos que estará en París todo el fin de semana.

    c. Siente el impulso de encender un canal de compras por televisión con la tarjeta de crédito en la mano.

2. Surge un proyecto de trabajo muy importante y tiene una fecha límite para terminarlo. Su primera reacción es...

    a. Fumar un cigarro tras otro como si fuera su último día de vida.

    b. Ver una película (o tres) hasta que se siente más "motivado".

    c. Apostar dinero a su compañero de trabajo que sí terminará a tiempo.

3. Acaba de enterarse que pasará las fiestas con toda la familia de su cónyuge. Lo primero que quiere hacer es...

    a. Servirse su quinta taza de café.

    b. "Olvidar" recoger a los niños de la guardería.

    c. Limpiar de nuevo su ya inmaculado baño.

4. Tiene algo en mente pero no sabe a ciencia cierta qué le molesta...

    a. Cocina (y se come) la cena de Acción de Gracias en junio.

    b. Espera que desaparezca por sí solo, y responde agresivamente a quien intente hacerlo que se concentre en cualquier otro tipo de problema.

    c. Gasta mucho dinero llamando por teléfono a números 900 que predicen el futuro.

5. Por fin llegó a la fiesta de un amigo y está decidido a conocer a alguien nuevo. Para tratar de integrarse a la reunión...

a. Se ofrece a pasar los bocadillos para poder iniciar conversaciones pero termina usando la charola como escudo y come mucho sin que nadie lo note.

b. De hecho ¡pierde las instrucciones para llegar a la fiesta y no va! Ya será para la próxima.

c. Se lava las manos 17 veces para asegurarse que luce presentable.

6. Al fin pagó su membresía en un gimnasio. Prometió solemnemente hacer ejercicio tres veces a la semana, pero cuando llega el momento de su primera clase de levantamiento de pesas...

a. Decide terminarse su "última" cajetilla de cigarros ya que parte de su plan de salud es dejar de fumar.

b. Se siente muy mal porque esa llamada absolutamente esencial que recibió de la oficina provocó que llegara tarde a la clase, así que camina cinco minutos en la banda y se va a casa.

c. Decide no ir porque su atuendo para hacer ejercicio no está impecable y sabe que no tendrá la misma energía si no está perfectamente vestido. ¡Imposible!

¿Cuántas A, B y C obtuvo? Tal vez las respuestas le indiquen algo sobre su respuesta natural e instintiva al estrés:

A–Antojos: si marcó más de unas cuantas A, su instinto le dice que cuando sienta estrés o ansiedad recurra a la sustancia, ya sea alcohol, nicotina, cafeína o comida.

B–Tendencias: si tuvo muchas B, aprendió a evitar las situaciones difíciles perdiendo la paciencia, "olvidando" el asunto o diciendo una mentira (a usted mismo o a los demás). Es decir, se ha vuelto muy bueno para hacer a un lado su frustración y ansiedad, y no con sustancias o actividades directas, sino destruyendo paulatinamente sus relaciones. Quizá también sea muy bueno para evitar por completo un problema, simplemente posponiéndolo.

C–Compulsiones: si las respuestas C predominan, indica que cuando se siente ansioso o está bajo estrés necesita actuar, hacer algo para liberar esos sentimientos incómodos. Golpetea constantemente los pies contra el piso, se enrosca el cabello en los dedos, rechina los dientes o externa su ansiedad abandonando esa persona, lugar o cosa que no le satisface.

¿Qué opina? ¿Su mal hábito encaja en alguna de estas categorías? Para identificar estas categorías (antojos, tendencias y compulsiones) primero anotamos cada mal hábito que se nos ocurrió (o al menos los más comunes), y después buscamos las diferencias y similitudes de sus características individuales. Usted debe tomar en cuenta que estas categorías no se basan en definiciones médicas estrictas y pueden traslaparse entre sí.

Antojos constantes

Todos experimentamos uno o dos de ellos: gusto por el chocolate, ganas de comer papas fritas, necesidad de nicotina. Aun cuando también sienta el antojo de la soledad o emoción, esta palabra la relacionamos con sustancias que se comen, beben o inhalan. Más adelante hablaremos sobre los malos hábitos que se desarrollan cuando satisface dichos antojos, a pesar de sus riesgos potenciales contra la salud, en vez de enfrentar los altibajos con la cabeza en alto.

➤ **Alcohol.** Beber o no beber, ése es el dilema. El alcohol es parte integral de nuestra cultura, especialmente en ciertos momentos de la vida y lugares. Un ejemplo de lo anterior es que muchas personas desarrollan un problema con el alcohol desde la universidad, donde beber se convierte en la liberación máxima de las presiones sociales y académicas.

➤ **Cigarros.** No hay una razón en el mundo para empezar a fumar y sí infinidad para dejarlo. ¿Entonces por qué hay millones de personas que fuman con regularidad? Quizá porque la nicotina es conocida como una de las sustancias que crea más adicción, y el hecho de experimentar con ella durante la adolescencia conduce a un hábito de por vida.

➤ **Cafeína.** El olor (y sabor) del café en la mañana es un antojo tan común, que los científicos que estudian los ritmos del cuerpo se refieren a ella como un Zeitgeber o "proporcionador de tiempo". Pocas personas no dependen del impacto de una o dos tazas de café (o cualquier otra bebida con cafeína) para despertar y empezar sus actividades. Desgraciadamente, la dependencia a la cafeína puede ser destructiva, tanto física como emocionalmente.

➤ **Comida.** ¿Quién se hubiera imaginado que la necesidad básica de nutrición del ser humano tendría tantos aspectos psicológicos, físicos y, para muchas personas, patológicos? La gente no come sólo para satisfacer su apetito, sino también porque se siente aburrida, deprimida, enojada o sola. No obstante, el comer no siempre produce placer y satisfacción. Más bien (sobre todo si es incontrolable), provoca sentimientos de baja autoestima y depresión.

Tendencias tentadoras

"Del dicho al hecho hay mucho trecho". Un gran número de personas toman este dicho demasiado literal. En lugar de enfrentar la complejidad de las relaciones o las complicaciones de la vida en general, dependen de exabruptos emocionales para distraerse. Otra tendencia muy común es posponer las cosas o ignorar una situación desafiante. En capítulos posteriores aprenderá más sobre las tendencias tentadoras y cómo superarlas, pero aquí tenemos un par de ejemplos:

➤ **Mala comunicación.** Existen muchas actitudes que generan una mala comunicación, como pasar las cosas por alto, "olvidar" (un *comportamiento pasivo-agresivo* si es que existió alguna vez) y debilitar paulatinamente las relaciones. Entre las más importantes se encuentran mentir, perder la paciencia, ignorar por conveniencia una discusión o acuerdo previo, o no participar en forma directa y honesta. Todas estas tendencias le ayudan a evitar los verdaderos problemas en una relación.

➤ **Posponer.** ¿Tiene idea de cuántas veces pospuso Suzanne escribir este párrafo? Escribir sobre la postergación afecta mucho, por lo que trataba de evitarlo, una respuesta clásica. Cuando habló con Gary sobre ello, él le reveló su propio secreto: también él deja las cosas para después y por lo general lo hace cuando la tarea implica una emoción incómoda. Sin embargo, lo irónico es que a veces pospone escribiendo, una actividad que le permite distanciarse de dicha emoción.

Compulsiones apremiantes

Compulsión es el título de una excelente película que hizo Orson Wells en 1965. Basada en una historia real de un caso legal famoso conocido como Leopold y Loeb, la película describe el impulso de asesinato que sintieron dos jóvenes ricos y la terrible acción compulsiva que los "obligó" a cometerlo. La mayoría de las compulsiones implican actividades mucho menos patológicas, pero el impulso de realizarlas a menudo es igual de fuerte. Aquí tenemos algunos ejemplos:

➤ **Inquietud.** Tronar chicle, enrollarse el cabello, agitar de manera incesante la rodilla, mover los dedos de los pies, son sólo unos cuantos comportamientos de inquietud que ayudan a liberar los verdaderos síntomas físicos de estrés y presión. Las primeras personas que reconocen estos malos hábitos casi siempre son aquellas que los aguantan: amigos, seres queridos, socios de negocios, quienes tarde o temprano terminan por distraerse con su incesante movimiento.

➤ **Alivio personal.** Muy bien, éste es un tema en especial que enfurece a Suzanne. Criada en un pequeño pueblo de Nueva Inglaterra, donde los modales se valoraban por encima de cualquier otra cualidad humana, nunca entendió la libertad que algunas personas sienten al soltar gas o eructar en público. En otras culturas, dichas emisiones biológicas son señales de profundo aprecio por una deliciosa comida (en el caso de eructar) o simplemente un efecto secundario inevitable de la digestión.

➤ **Limpieza compulsiva.** Algunas personas manejan la ansiedad y el estrés limpiando de manera compulsiva y frecuente, en un intento por literalmente llegar a la perfección, el orden y el control sobre su entorno. El tallar constante, la acción interminable de acomodar las cosas o el eterno remilgo, ciertamente desvían la energía que una persona debería dedicar a enfrentar las verdaderas necesidades reales a fin de sentirse bien.

➤ **Descuido.** ¿No puede terminar su declaración de impuestos porque perdió los recibos en un montón de papeles del tamaño y la complejidad de la gran Esfinge? ¿No asiste a la fiesta de convivencia de la colonia porque toda su ropa está en la tintorería (o amontonada en el piso del armario)? Si piensa en ello, descubrirá que el desorden ofrece ciertas excusas buenas, aunque enfermizas, para evitar los retos. Asimismo, quizá sea una forma pasivo-agresiva de expresar la ira que origina una autoestima baja.

➤ **Caos financiero.** Problemas de dinero. ¿Quién no los tiene en esta época de expectativas altas y salarios promedio? Sin embargo, los problemas económicos crónicos que incluyen gastar de más, no pagar los recibos ni los impuestos pendientes y apostar, por lo general indican ciertos malos hábitos relacionados con el dinero que quizá se deban a la incapacidad de liberar el estrés, la presión, el aburrimiento y una autoestima baja.

¿Su mal hábito está en una de estas tres categorías generales (antojos, tendencias y compulsiones)? ¿Tiene más de un mal hábito que pueda incluir en más de una categoría? Algunas personas acumulan malos hábitos que con el tiempo rebasan su límite. Qué piensa de la persona que libera su estrés marital teniendo muchos amoríos (vea la sección de "Compulsiones apremiantes"), luego miente al respecto (vea la sección "Tendencias tentadoras") y encima de todo bebe demasiado alcohol (sin duda para aliviar la culpa, otra fuente común de estrés. Vea la sección de "Antojos constantes"). Es indudable que un mal hábito conduce a otro.

Procura de equilibrio

En el diccionario, una de las definiciones de "equilibrio" es "un estado de estabilidad corporal o emocional"; otra se refiere a equilibrio como "un estado de armonía". Sin duda, la estabilidad y la armonía son dos claves importantes para una salud emocional, física y psicológica adecuada.

Una forma segura de desequilibrio es el desarrollo de un mal hábito sumamente arraigado. Por ejemplo, el cigarro afecta de manera directa sus sistemas pulmonar y cardiovascular, pero también le impide hacer ejercicio regular o disfrutar del sabor de su comida (que conduce a malos hábitos de alimentación). Es probable que incluso desencadene hábitos de descuido en el hogar (¿para qué limpiar la cocina si las cenizas y el olor del humo no tardarían en invadir el ambiente?)

Sin el afán de parecer demasiado "moderno", una de las principales metas y beneficios de romper con un mal hábito es recuperar el equilibrio y la armonía en su vida. Deje de fumar y es probable que quiera empezar a hacer ejercicio y comer bien, y no sólo porque su corazón y sus papilas gustativas habrán rejuvenecido, sino también porque dará a su autoestima el impulso básico y adquirirá un compromiso consigo mismo y con sus objetivos.

Propósitos de año nuevo

Seamos honestos. Cuando se trata de romper con malos hábitos, cada día tiene el potencial de ser el primer día del año, el día en que empieza su nueva vida sin hábitos. No existe razón alguna para que espere hasta el 1 de enero.

Por otra parte, uno de los errores más comunes respecto a romper con los malos hábitos es creer en los mitos de "no hay momento como el presente" y "sólo hazlo". Dicha actitud de arriba y adelante suena positiva y facultadora, pero también tiene una desventaja: tratar de hacer demasiado, o esperar mucho, o muy pronto, es contraproducente.

Lo que puede empezar de inmediato es el proceso del cambio. Podría empezar por aprender cuáles son los ajustes físicos, psicológicos y emocionales que necesita para romper con un mal hábito. Si se da la oportunidad de seguir un plan bien desarrollado, es muy probable que tenga éxito, tanto a corto como a largo plazo.

Capítulo 4

Muy bien, ¿entonces cómo dejar de hacerlo?

¡En sus marcas, listos… fuera! Ya empezó. Perdón, queremos decir, ya está en el camino. Vaya, mire lo que sucedió. ¡Acaba de revelarse todo un acto fallido de una verdad universal sobre los malos hábitos! Sus hábitos malos, a los que se aferra como si fueran un abrigo caliente en un día frío, son las mismas conductas que podrían crear un obstáculo entre usted y la satisfacción y alegría de sus sueños, aspiraciones y deseos personales más profundos.

Todo se reduce a un asunto de prioridades: ¿qué prefiere, sus metas (las cosas aterradoras pero divertidas que le gustaría hacer) o los malos hábitos que lo mantienen encadenado a lo mismo de siempre? A principios del siglo XIX, Sir Walter Scott pronunció su mejor frase: "¡qué telaraña tan enredada tejemos, si lo primero que hacemos es engañar!" Pero sucede que sólo nos engañamos a nosotros mismos. Para romper con un mal hábito, usted debe aprender a salirse de su camino.

Roma no se hizo en un día

Bueno, lleva mucho tiempo envuelto en ese abrigo de malos hábitos. Le sirvió bastante durante el crudo invierno, ¿no es así? Pero ¿adivine qué? Se acerca el verano. Cada día hace más calor y el abrigo ya no es tan cómodo. Quiere quitárselo pero no está muy seguro de que no lo volverá a necesitar. Entonces duda entre dos incomodidades: la familiar de sus malos hábitos y la desconocida de la vida sin ellos. Piensa en estrategias asombrosas e ingeniosas para usar el abrigo aunque haga mucho calor… ¿alguien quiere limonada con hielo?

Roma no se hizo en un día. El cambio es difícil porque requiere un gran esfuerzo, compromiso y tiempo para efectuar los cambios importantes. El hecho de no reconocer la verdad es lo que origina que la mayoría de las personas tengan problemas en tanto buscan romper sus hábitos malos. Prefieren dedicar sus esfuerzos a conservar el hábito; parece más fácil, aun cuando no sea así.

Casi todo mundo creció con la idea de que, supuestamente, todo debe ser tan sencillo como meter comida al horno de microondas y tener la cena lista en cinco minutos. En Internet y nuestras novelas favoritas en la televisión, toda forma de tragedia y debilidad humana se resuelve en 60 minutos. Muslos delgados en 30 días; siete días y será otra persona; no es fácil creer que cualquier cosa necesaria se puede hacer en un abrir y cerrar de ojos.

Pero por desgracia así no funciona. La vida es complicada, el ser humano es necio por naturaleza, y todo lo cura el tiempo (no la eficiencia). Es probable que, en el fondo, usted ya lo sepa. Así que vamos a averiguar cómo quitarnos ese abrigo de malos hábitos. Es hora de dar un paseo bajo el sol. ¿Recuerda el dicho zen acerca de que un solo paso es el inicio de un largo viaje?

Cómo aprender a vivir con o sin él: la biología del hábito

A nivel psicológico, los seres humanos parecen ser criaturas extraordinariamente adaptables. Salte a una piscina de agua helada y, después de unos cuantos minutos congelantes, empezará a sentirse a gusto. El cuerpo se adapta regulando la temperatura, el ritmo cardiaco y respiratorio, a fin de enfrentar el cambio en su entorno. Este proceso se conoce como *homeostasis*.

Esta habilidad de adaptarnos a cambios a menudo dramáticos en nuestro ambiente nos permite sobrevivir como especie. No obstante, si lo piensa un poco, la homeostasis no se relaciona con los cambios, sino con la estabilidad, la conservación del mismo ambiente interno a pesar de lo que suceda en el exterior.

En términos biológicos, así es como nos gusta (como siempre) y, en caso de ser necesario, el cuerpo trabajará tiempo extra para mantener su equilibrio interno. El azúcar en la sangre y la presión arterial se elevan y bajan como reacción a cambios internos y externos en el ambiente (digamos, comer una dona o discutir con un adolescente), lo cual permite al cuerpo seguir funcionando lo más normal y estable posible. Comemos, corremos, nos asustamos, nos enamoramos y nuestro ambiente interno permanece bastante estable.

La homeostasis también aplica a nuestra vida psicológica. A través de los sentidos, recibimos información nueva que llega hasta el cerebro, el cual la divide e integra a la estructura emocional e intelectual establecida a fin de realizar cualquier ajuste necesario. Los ajustes casi siempre son menores y fáciles de adaptar.

No obstante, si la información representa una amenaza fundamental (por ejemplo la noticia de la muerte inesperada de un ser querido o cualquier otro trauma), tenemos varios mecanismos de defensa para protegernos. La negación es un ejemplo perfecto de dicha defensa. No reconocemos la información de inmediato, sino que más bien la filtramos poco a poco para que nuestro cuerpo y mente tengan tiempo de ajustarse. Sin dicha defensa, seríamos demasiado vulnerables a una interrupción potencialmente dañina.

Usted mismo puede darse cuenta del esfuerzo que hace por mantener un sentido de "normalidad". En parte lo hace dependiendo de los patrones de pensamiento y comportamiento familiares que aprendió con el tiempo. Es fácil bajar escaleras, no se detiene uno a pensar si levanta el pie o negocia la distancia entre cada escalón a cada paso que da. Si lo hiciera, su cuerpo y mente estarían en un estado de sobrecarga constante. (Observe el esfuerzo de concentración física y mental de un niño pequeño a fin de que entienda a qué nos referimos.) Más bien, hace mucho tiempo aprendió a subir y bajar escaleras en una forma muy profunda y natural por lo que ahora la actividad es automática.

Lo mismo sucede con los hábitos, buenos y malos. Su cuerpo aprende que justo después de cepillarse los dientes, se enjuaga la boca con agua en el vaso que está a la derecha del lavamanos. Muy pronto, su mano simplemente alcanza el vaso, sin que usted deba "decirle" con un pensamiento consciente que lo haga. Su cerebro estableció un camino bastante recorrido de conexiones neurológicas que le permite y lo "alientan" a comportarse de esa manera.

Suzanne se acuerda que, de niña, veía a su madre tomar y encender un cigarro en cuanto sonaba el teléfono y fumarlo durante la conversación. Gary, el eterno psicólogo, afirma que no era un instinto pavloviano puro o *reflejo condicionado*; no era precisamente el timbrar del teléfono lo que detonaba la ansiedad por la nicotina. En cambio, con los años, fumar mientras conversaba se había convertido en una conducta arraigada. De no tener el cigarro en la mano, se habría sentido incómoda e incluso falsa, sin mencionar la nicotina corriendo por sus venas.

En este caso, ese camino bien recorrido en el cerebro también estaba muy pavimentado con químicos, llamados neurotransmisores, que detonan ciertas reacciones emocionales y biológicas. En el cigarro, el químico es la nicotina, pero en otros tipos de malos hábitos, por ejemplo, comer con exageración o apostar, la actividad ayuda a liberar otros químicos (serotonina, un antidepresivo, en el caso de la comida, y adrenalina, un químico estimulante, en el caso de las apuestas). Es por ello que en algunos casos el tratamiento con medicamentos psicofarmacológicos, como el antidepresivo Prozac o el ansiolítico Ativán, pueden ser útiles si está tratando de romper con un mal hábito demasiado arraigado.

Sin duda ha escuchado el término "automedicarse", el cual representa la intención de alguien con un desorden normalmente no diagnosticado como depresión o ansiedad, de sentirse mejor comportándose de cierta manera o tomando ciertas sustancias. Las condiciones como la depresión y la ansiedad resultan de un desequilibrio químico de neurotransmisores como la serotonina y adrenalina. Muchas personas fuman o beben (o apuestan o se muerden las uñas) en un intento por recuperar ese equilibrio o al menos ocultar los síntomas del desorden fundamental.

¿Cómo puede saber si su mal hábito tiene la intención de automedicarse una condición como depresión o ansiedad? La verdad es que no puede. Si acaso sospecha de que podría padecer un problema psiquiátrico, lo que debe hacer es consultar a un médico. Este profesional puede evaluar sus síntomas en relación con su mal hábito y, de ser necesario, recomendarle que vea un psicólogo o psiquiatra capacitado. Si después de evaluar su condición, el médico decide que puede ayudarlo con terapia o medicamentos, puede establecer un protocolo para el tratamiento. Es posible que en poco tiempo no sólo habrá resuelto el problema fundamental, sino también se dará cuenta que romper con su mal hábito es mucho más fácil de lo que pensó.

Sin embargo, los hábitos casi siempre son conductas aprendidas que se convierten en *reflejos* casi automáticos que su cuerpo espera ejecutar bajo ciertas circunstancias. Lenta pero inevitablemente se convierten en parte de su repertorio de comportamientos sin que usted siquiera tomara la decisión consciente de incluirlos en su vida.

Para usted, ahora es "normal" comerse las uñas cuando se siente un poco estresado porque su cuerpo aprendió esa conducta hace muchos años. En caso de que conscientemente rompa con este patrón y no se las coma, su cuerpo y mente se rebelarán. Quizá experimente una cierta incomodidad física y emocional, hasta que el *no* comerse las uñas se vuelva el mejor hábito que recuerde su cuerpo.

De nuevo, la participación de la biología de los malos hábitos aparece cuando el hábito implica sustancias como alcohol, nicotina, grasa, azúcar y cafeína, por mencionar a los responsable más comunes. Estas sustancias actúan para provocar un cambio en la química del cerebro y el cuerpo en una forma mucho más directa que otras conductas aprendidas. La acción de tomar una copa no sólo se convierte en una reacción natural aprendida para el estrés, sino que los sentimientos que origina el alcohol mismo también son adictivos.

Esperamos que ya tenga un mejor conocimiento de cuán arraigados pueden ser los hábitos y por qué es tan difícil romper con ellos. El hecho es que debe "desaprender" la conducta que se convirtió en su segunda naturaleza. Podrá lograrlo si, para empezar, rompe con la cadena de acontecimientos que conduce a ésta, o aprende una nueva respuesta a los activadores mismos. Una vez que lo consiga con éxito, por fin podrá mantener un ambiente físico y psicológico interno saludable, además de que el equilibrio y la armonía serán el estado natural que su cuerpo anhela.

Tal vez usted diga: "Un momento, no estoy listo. Mi homeostasis está bien así, gracias. El mal hábito en realidad no es malo. No necesito olvidarlo. Ahora no, quizá mañana. Siempre hay un mañana".

Ya hemos oído eso.

Antes de que empiece a agredirse (de nuevo) a causa de sus malos hábitos, de hecho existen al menos dos razones legítimas para esperar otro día (o mes) antes de iniciar el proceso del cambio:

➤ **No es tal mal hábito.** Observe su hábito con la objetividad de un extraño y piense si es mejor persona con él o sin él. No obstante, tenga cuidado de sacar este conejo de la chistera con aplomo de caballero sólo para buscarle una explicación racional a una mala conducta. Desde luego que un café exprés al día no es tan malo, pero tres, pues... En el siguiente capítulo hablaremos sobre cómo elaborar un "Registro diario de hábitos" a fin de que usted pueda llevar un seguimiento y evaluar sus hábitos diarios.

➤ **Es muy mal momento.** Si actualmente está demasiado presionado o estresado, se encuentra a la mitad de un trámite de divorcio, está por mudarse, por cambiar de empleo o luchando contra una enfermedad, tal vez considere que no es el momento óptimo para tratar de romper con su mal hábito. Tómelo con calma; fije algunas metas para el futuro y apéguese a ellas, incluyendo romper con sus malos hábitos.

Sin embargo, la razón más común de que alguien aplace el proceso del cambio no es porque lo crea verdaderamente necesario o por el hecho de que otras presiones son demasiado fuertes. Ni siquiera se debe a que sea muy flojo, sino porque tiene miedo.

Enfrente sus temores

Ya tiene tiempo con su mal hábito y quizá le sea muy difícil imaginarse no depender de él para sobrevivir un día. Tiene miedo de no tener la capacidad para afrontarlo.

Esta reacción es perfectamente normal. Después de todo, usted depende de su mal hábito sólo para mantener el *statu quo* biológico y psicológico que incluye su hábito.

Sin embargo, es más que probable que uno de sus más grandes temores sea el fracaso. Es posible que ya haya estado en esa situación antes, quizá más de una vez. Después, pensó que sería fácil apagar el televisor en vez de estarlo viendo día y noche, dejar de limpiar tan compulsivamente, o no moverse con inquietud durante reuniones importantes. Simplemente dijo no y dejó de hacerlo, por un día o dos, tal vez más.

Pero después volvió a hacerlo y se sintió mísero, despreciable, débil y ridículo; avergonzado o frustrado de que su drama no se resolviera en 30 o 60 minutos, o en una o dos semanas difíciles. Tal vez este ciclo se ha repetido más de una vez.

Hasta ahora, ha preferido vivir con los efectos negativos de su mal hábito en vez de enfrentarse de nuevo al fracaso.

Olvídelo en este instante. Hoy es un nuevo día. Esta vez será diferente porque tendrá toda la información necesaria al alcance de la mano. Es probable que ahora entienda mejor que su mal hábito no es una maldición misteriosa del más allá o una señal de un defecto terrible en su forma de ser. Ya sabe que sólo es una conducta aprendida a la que su cuerpo se acostumbró y, si cuenta con el tiempo y las herramientas necesarias, tiene el poder y la fuerza para olvidarla.

Cómo borrar la cinta

El adagio destructivo, si acaso existió, de "un paso hacia adelante y dos hacia atrás" se suma a la experiencia de muchas personas que rompen con los malos hábitos, sobre todo al principio. Justo cuando cree estar preparado para cambiar su conducta, cuando tomó el primer paso importante (admitir el problema y tener el deseo de cambiar), algo se interpone en el camino. ¡Ese algo es *usted*! (Cerramos un círculo.) Muy a menudo usted mismo es su peor enemigo. Las emociones negativas que tiene sobre sí mismo y sobre su historia de oportunidades perdidas (cuando menos en el área de romper con los malos hábitos) bien pueden ser los principales obstáculos para triunfar ante lo que enfrentará.

La escucha dentro de su cabeza, ¿verdad? Esa vocecita (la suya, la de sus padres, la de su maestra de primer año) que le dice que nunca tendrá éxito, ni ahora ni nunca. La vocecita que usa palabras y frases que debilitan en vez de apoyar, juzgan en vez de desafiar, frustran en vez de alentar.

Antes de empezar el arduo trabajo de romper con su hábito, debe borrar de su "cinta interna" cualquier mensaje negativo, de lo contrario, no tendrá el valor y la fuerza para cambiar.

Escuche con atención lo que se dice a sí mismo y, aun si al principio lo hace sin intención, cambie el vocabulario que emplea. A continuación encontrará algunas sugerencias para que empiece:

Cambio de...	A...
Soy un fracaso.	Anteriormente fracasé en algunas cosas.
No debo hacer eso.	Prefiero no hacer eso.
Debo cambiar.	Quiero cambiar.
Soy una mala persona.	Mi conducta no es la que uno desearía.

Cambie todos los "tengo que" y "debo", por "quiero" y "prefiero". Con ello, estará de regreso al frente de la situación; usted será quien controle su conducta y los cambios que elija hacer. Pocas veces ponemos atención a los pensamientos que desfilan por nuestra mente en un día normal; no los cuestionamos ni estudiamos. Empiece a hacerlo hoy mismo. Dé una nueva forma a los juicios y sentimientos negativos con metas y emociones más positivas.

Escriba todo

En capítulos posteriores le presentaremos una herramienta llamada el "Registro diario de hábitos" que le ayudará a identificar sus malos hábitos, ver cómo afectan su vida cotidiana y planear su progreso conforme empiece a romperlos.

No obstante, queremos alentarlo para que, desde el principio, aproveche la oportunidad de hacer algo que cada vez más personas hacen día con día: llevar un diario. Quizá ya lleve una especie de registro acerca de su vida en la forma de un diario o un calendario con anotaciones. De no ser así, le recomendamos que lo haga. Más adelante en este capítulo, veremos que no debe ser un asunto elaborado que le quite tiempo, sino algo que pueda ofrecerle un espacio para expresar sus sentimientos y pensamientos, además de llevar un seguimiento de su progreso con respecto a su forma de romper con sus malos hábitos.

De hecho, si visita librerías, notará que muchos títulos de "best-sellers" son memorias o diarios muchos de los cuales fueron guardados por personas ordinarias y, debido a su talento oculto como escritores, pudieron transformar sus diarios personales en temas universales. No estamos diciendo que usted debe tener tales ambiciones para su experimento de llevar un diario, simplemente es interesante ver que esta nueva tendencia emocionante continúa floreciendo.

La popularidad de llevar un diario también se extiende a Internet, donde podría encontrar cierta inspiración y orientación en caso de que decida tomar la pluma. Hay muchos otros sitios que ofrecen un foro para escribir, así como ideas que podrían inspirarlo en su esfuerzo por llevar un diario.

Los siguientes son algunos consejos que le ayudarán a comenzar:

➤ **Determine su estilo y método.** Cuando se trata de llevar un diario, usted cuenta con una gran variedad de opciones. Podría anotar algunos detalles adicionales en su calendario o invertir en un diario de buena calidad que encontró en la papelería. Si es de las personas que tiene todas sus anotaciones en forma electrónica, podría llevar un seguimiento de su vida emocional y profesional en su Palm Pilot, o crear en la computadora un archivo para su diario. Pruebe distintas opciones hasta que encuentre cuál le funciona.

➤ **Cree un ambiente propicio.** Llevar un diario también le ofrece un momento de tranquilidad para reflexionar, meditar y soñar. Dedique de 10 minutos a una hora para sentarse en su sillón favorito (o, si prefiere, frente a la computadora), servirse una taza de té o su bebida favorita y escribir lo que piensa y siente. Haga de éste un momento y espacio sólo para usted.

➤ **No se sienta intimidado, sino inspirado.** Muchas personas no están acostumbradas a escribir y les atemoriza enfrentarse ante una página vacía. El hecho de saber que sólo usted verá lo que escriba y cómo lo haga le hará sentirse bien. No se preocupe si usa oraciones incompletas, y con errores gramaticales: ¡ponga lo que se le ocurra! Simplemente escriba lo que tenga sentido para usted.

➤ **Hágalo un hábito nuevo, ¡un buen hábito!** Procure escribir diario, aun cuando sólo sean unas cuantas palabras y se resista al proceso. Casi podemos garantizarle que no tardará en estar esperando la hora de abrir su diario y, al cabo del tiempo, digamos un año, cuando pueda leerlo y ver el progreso que ha logrado, los errores que superó y los sueños que espera realizar, agradecerá su existencia.

Dar un paso hacia adelante

¿Está listo? Claro que sí. En los siguientes cuatro capítulos le guiaremos paso a paso a través del proceso del cambio. Quizá primero prefiera leerlos y luego revise las sugerencias que le llamen la atención; o tal vez decida tomar al toro por los cuernos y dar cada paso conforme se vaya presentando. Lo que considere mejor para usted es lo correcto. Mientras tanto, ésta es una descripción general breve de lo que le espera en tanto realiza el viaje del mal hábito hacia el equilibrio y la armonía:

➤ **Identifique la conducta.** No puede romper con un hábito a menos que sepa cuándo y por qué lo hace. En el capítulo 5, "Paso 1: identificación de la conducta", encontrará varias sugerencias que le ayudarán a detectar aquello que provoca sus malos hábitos y terrores.

➤ **Evalúe los riesgos y los beneficios.** Es evidente que un mal hábito tiene un aspecto tanto negativo como positivo. Lo hace sentir bien o le ayuda a aliviar el estrés (lo positivo), de ahí que usted se haya aferrado a éste tanto tiempo. Pero también lo limita o debilita su salud (lo negativo), por lo cual está decidido a romper con ello. En el capítulo 6, "Paso 2: evaluación de los riesgos y beneficios" entenderá la naturaleza de "estire y afloje" de los malos hábitos y establecerá en forma realista un equilibrio a favor del cambio.

➤ **Prepárese para el cambio.** Mire a su alrededor. ¿Todavía guarda en el cajón esa cajetilla de cigarros? (De ser así, ¿cómo espera dejar de fumar?) ¿Tiene la quijada adolorida de tanto rechinar los dientes? (¿No le caería bien un masaje o una clase de yoga?) ¿Está solo en este viaje? (Piense en lo útil que sería tener un sistema de apoyo para los momentos difíciles.) En el capítulo 7, "Paso 3: preparación para el cambio", le ayudaremos a crear un ambiente propicio para los cambios que desea realizar en su vida y a deshacerse de las tentaciones y el estrés.

➤ **¡Sólo hágalo!** Para cuando llegue el capítulo 8, "Paso 4: ¡sólo hágalo!" estará preparado para actuar. Le presentaremos muchas técnicas, incluyendo sustituciones físicas, ayudas espirituales y cambios de estilo de vida positivos.

¿Cómo se siente ahora? ¿Nervioso? ¿Seguro? ¿Teme al fracaso? (No se preocupe, incluso si "fracasa" y recae, habrá progresado y le indicaremos la forma de regresar al camino correcto.) ¿Emocionado? Esperamos que sí. Ahora respire profundo, ¡ya está en camino!

Capítulo 5

Paso 1: identificación de la conducta

El autor norteamericano Henry James escribió que "una experiencia profunda nunca es tranquila". Ahora que usted empieza a reflexionar sobre su mal hábito y cómo afecta su vida, estamos seguros que sabe a qué se refiere el autor. No es fácil que enfrente su demonio porque significa verse con detenimiento y observar sus motivaciones internas.

Ya sea que se trate de algo benigno como incluir su platillo favorito en cada comida, o una conducta con consecuencias potenciales para su salud, como llevar una dieta alta en grasas y baja en nutrientes, el mal hábito que desarrolló es una respuesta a alguna verdad interna que le inquieta o una enseñanza a temprana edad. Usted ya se acostumbró a la sensación que le da su hábito y, hasta cierto punto, depende de él para vivir día con día.

¿Quién, dónde, cuándo, por qué, cómo?

Vamos a pedirle que haga un recuento de su hábito en forma muy metódica y honesta. Lo que debe buscar es muy específico: las personas, los lugares, los momentos, las situaciones o las emociones (durante el día o en su vida) que lo hacen vulnerable y provocan que desarrolle ese mal hábito. Asimismo, explorará cómo le hace sentir dicho hábito, tanto al momento de ejecutarlo como posteriormente, cuando ya tuvo cierto tiempo para pensar en las consecuencias.

Antes de ver el aquí y el ahora de su mal hábito, tal vez le sea de utilidad descubrir algunas de sus raíces más profundas, especialmente si desarrolló su mal hábito en la edad adulta o es algo que hace desde que era pequeño. Es indudable que, al sondear en su pasado, descubrirá claves para su conducta actual.

Cómo desarraigar sus malos hábitos

Casi todos los hábitos tienen raíces muy profundas y complejas. Cuando uno busca dichas raíces y las sigue hasta sus orígenes, encuentra información sorprendente e inesperada sobre quién es. Lo anterior le sucedió a Ana, una antigua paciente de Gary.

Ana, de 34 años, tiene un problema de sobrepeso desde hace mucho tiempo. Probó todo tipo de dietas, ayunos y programas de ejercicio, pero nada pareció funcionarle. Antes de darse cuenta, vuelve a comer grandes cantidades de todo tipo de alimentos nocivos y otra vez sube de peso. Su explicación a este fracaso es: "No tengo fuerza de voluntad" e interiormente, se dice: "Soy débil" y "no valgo nada". No tiene la menor idea de que, a pesar de su esfuerzo, existen otras razones por los que no puede bajar de peso.

En sus sesiones con Gary, Ana habló de sus relaciones familiares y al hacerlo, dejó entrever su propia relación con la comida.

Clara, la mamá de Ana, al igual que muchos padres de familia estadounidenses, creció durante la Gran Depresión. El abuelo de Ana tuvo que trabajar como peón en las granjas de otras personas y su abuela cosía ajeno. Había ocasiones en que la familia de Clara comía tres veces al día, pero a veces no tenían qué comer. Esta situación provocó que la mamá de Ana asociara el estómago lleno con la sensación de bienestar, seguridad y amor.

La familia sufrió mucho, pero Clara llegó a ser una abogada exitosa que se casó con un ejecutivo de una gran corporación. Cocinaba comidas familiares elaboradas y disfrutaba la sensación de tener unos kilos de más.

Cuando Ana nació, Clara sentía que una forma de demostrarle amor a su hija era dándole de comer. Clara le platicó a su hija lo que era vivir en la pobreza, por lo que Ana tenía miedo de llegar a ser pobre. Conforme Ana fue creciendo, su madre hacía que se sintiera culpable por no comerse los deliciosos platillos que ella le cocinaba. Había épocas en que Clara llegaba tarde del trabajo, así que dejaba postres para que Ana comiera cuando regresara de la escuela, junto con una nota diciéndole cuánto la quería.

A los 20 años, Ana ya tenía un problema de sobrepeso que empeoró cuando se mudó a la gran ciudad para estudiar su carrera. Ana se sentía agobiada, y como una forma de reemplazar su falta de amor, compañía y seguridad económica, se refugió en la comida. El estrés de Ana se debía a la soledad, y su respuesta era comer.

Luego de estudiar y entender las raíces de su mal hábito, Ana se dio cuenta de que al enfrentar el reto de romper con éste, también establecería las bases para un gran crecimiento personal y una nueva relación más profunda con su madre.

Lo mejor fue que pudo salir adelante: el problema alimenticio de Ana no era por debilidad o falta de valor, sino porque el ejemplo y el poder de las palabras le enseñaron que la comida debía hacerla sentir bien. El hecho de conocer y comprender su mal hábito le dio las herramientas para plantearse el reto de perder peso a partir de una perspectiva nueva y saludable. La conversión de los mensajes negativos y destructivos en metas habilitantes, permite que Ana lleve una dieta balanceada y nutritiva que la satisface, además de que le ayuda a deshacerse de esos kilos de más.

¿Y usted? ¿Acaso aprendió su conducta de alguien cercano? Tal vez vio que uno de sus padres solía tomar un aperitivo antes de cenar para relajarse del estrés y desconectarse del barullo de la vida familiar. En la actualidad, se cree que si uno va a una fiesta debe integrarse a ésta, y sin embargo usted se aferra a un martini (o dos) como si fuera una coraza.

La conexión no debe ser tan directa. Recuerde que los malos hábitos tienen la misma motivación básica: evitar el estrés a la soledad, la ira, la incomodidad y el miedo. Quizá uno de sus padres se escudaba en esas mentirillas blancas para evitar el estrés, por lo que ahora usted se enorgullece de su propia honestidad y franqueza. ¡Qué bueno! Pero cuando se encuentra ante una situación que le causa estrés, vaya que si pospone las cosas, pierde los estribos o arregla su armario con un orden metódico. Lo que aprendió de pequeño fue el arte de evitar un sentimiento o una situación; sólo que usted eligió un modo de expresión diferente al de sus padres.

Reestrenos con un nuevo elenco

¿Conoce el viejo dicho "aquellos que no conocen la historia están condenados a repetirla"? Existe otro paso en el proceso de romper con los malos hábitos. Lo importante de entender el origen de su mal hábito es que también le da la oportunidad de "repetir" las imágenes de su pasado que le impiden progresar.

En el capítulo 4, "Muy bien, ¿entonces cómo dejar de hacerlo?" le pedimos que empezara a tomar nota de cualquier mensaje negativo que su mente presentara como una verdad indiscutible como "soy un fracaso" o "soy débil". En este caso le pedimos que reconsidere el origen y significado de esos mensajes. Por ejemplo, cuando Ana reproduce ese vídeo mental de llegar a casa luego de la escuela, no piensa en el pastelillo de chocolate con helado: se concentra en la nota amorosa que le dejaba su madre. Un pequeño ajuste de la cámara cambia la imagen. Este ligero ajuste de realineación permite que Ana pueda comerse su pastel.

Uno debe enfrentar que lo sucedido en el pasado para provocar el patrón de comportamiento, es sólo eso: el pasado. Ahora somos adultos y responsables de tomar nuestras decisiones. A pesar de cuán arraigado esté su hábito, usted elige realizarlo. Lo bueno es que en cuanto realmente discierne sobre el patrón, puede tomar la decisión de romper con dicho patrón a futuro.

Sea el propio detective de sus malos hábitos

Tal vez no piense mucho sobre los motivos que le hacen sobrevivir un día, más bien lo vive muy consciente de algunas cosas y un tanto inconsciente de otras. Muy probablemente usted sea el menos consciente de la actividad que más desea cambiar: su mal hábito. Revisa su correo electrónico 18 veces al día sin tener una razón lógica para ello o miente sin pensar sobre la cantidad de horas que ve la televisión (y los programas), y al terminar el día, se da cuenta que todo el tiempo apretó la quijada y que tomó seis bebidas de diversos sabores con cafeína en vez de ocho vasos con agua.

Lo lógico es pensar que no podrá romper con su mal hábito hasta que lo reconozca justo antes de llevarlo a cabo. Ahora, piense en la última vez que cometió ese mal hábito y llene los espacios en blanco del siguiente ejercicio:

Yo...

➤ Me como las uñas.

➤ Sobrepasé el límite de mi tarjeta de crédito.

➤ Me comí todo.

Escriba su mal hábito: _____

Cuando...

➤ El presidente de la compañía nombró jefe a mi asistente.

➤ El vecino de junto que no soporto se sacó la lotería y decidió seguir viviendo aquí.

➤ Después de dos años de no salir, no dejó de llover en mis primeras vacaciones… ¡nada menos que a París!

Escriba qué lo provocó: _____

Porque...

➤ De no haberme comido las uñas, tal vez se me habría ocurrido estrangular al presidente de la compañía y la idea definitivamente no era buena.

➤ De no haberme ido de compras, se me hubiera perforado la úlcera que me ha provocado vivir junto a este vecino.

➤ De no haber comido, ¿qué más podía haber hecho en París con tanta lluvia?

Escriba su razón (ilógica): _____

Los ejemplos anteriores son exagerados, pero casi todos hubieran provocado alguna especie de comportamiento negativo. Por otra parte, las causas que dan paso a muchos de los malos hábitos, por lo general, son insignificancias como: llega tarde 10 minutos al trabajo, su pareja olvida darle un beso de despedida en la mañana, la báscula del baño le dice que subió medio kilo, los zapatos nuevos le sacaron una ampolla en el dedo del pie, cosas que probablemente no pensaría dos veces bajo la mayoría de las circunstancias.

Sin embargo, el ejercicio a continuación lo obligará a pensar en su conducta por hora, día tras días. Identificará lo que piensa, con quién está y qué lo motiva a encender ese cigarro, por qué deja la ropa limpia de tres semanas sin doblar y encima de su cama o qué le hace ir a Las Vegas a apostar en las máquinas. Cada vez que se presente su mal hábito, conteste las siguientes preguntas:

1. **¿Quién está a su alrededor o en quién piensa justo antes de la presencia de su mal hábito?** Las opciones lógicas incluyen:

   ➤ Su jefe o compañero de trabajo.

   ➤ Un miembro de la familia (elija a alguien, ¡cualquiera! y que no se le olvide la mascota de la familia).

   ➤ Nadie.

2. **¿Qué está haciendo justo antes de sentir la urgencia del mal hábito?** Aquí la variedad es demasiado amplia:

   ➤ Recostado en la cama reflexionando sobre el día que le espera.

   ➤ Viendo el recibo cuya fecha de vencimiento ya vencida aparece en rojo.

   ➤ "Conversando" muy a gusto como siempre (¡o sea nunca!) con su ex.

3. **¿Cuándo se rinde?** Tarde o temprano:

   ➤ A los tres segundos de darse cuenta que se le fue la media (o le cayó salsa de espagueti en la corbata), mientras espera sentada en la recepción para una entrevista de trabajo. (Se truena fuerte el cuello para liberar el estrés y la recepcionista levanta una ceja y lo felicita.)

   ➤ Tres horas después del segundo berrinche del día de su hijo de seis años. (Preparó la masa para el pastel con mantequilla en vez de puré de manzana.)

   ➤ Una semana después de que una cita a ciegas lo deja plantado. (La ropa del gimnasio se volvió a quedar sin usar en la maleta.)

4. **¿Cómo se sintió cuando se "portó mal"?** Ésta es la importante. Es vital que descubra los sentimientos que le ocasionan estrés y qué espera evitar o aliviar con la ayuda de su mal hábito. El desencadenamiento de éste puede ser por:

➤ Ansiedad (siente como si hormigas le caminaran por su piel o un tornillo le apretara el pecho y el abdomen).

➤ Depresión (que no sólo se representa con el llanto, sino también con la *anhedonia* o incapacidad de sentirse satisfecho con ninguna actividad).

➤ Aburrimiento (que en su estado más arraigado puede parecer relajación. Es como esa sensación que percibe cuando lleva cinco horas seguidas viendo la televisión el sábado por la noche, aunque la verdad lo estresa mucho más el tráfico de los lunes por la mañana). El aburrimiento significa frustración y estancamiento, que son emociones estresantes.

Si responde a estas preguntas varios días seguidos, cada vez que sus hábitos lo dominen, podrá distinguir el patrón de conducta que desarrolló al cabo del tiempo como una respuesta al estrés y otras situaciones que dan pie a las emociones.

Su registro diario de hábitos

Si quiere llevar un seguimiento ordenado de su hábito, le recomendamos que anote sus observaciones en un "Registro diario de hábitos". El formato es lo de menos; es más, podría usar el mismo organizador que utiliza para sus citas de negocios. Por otra parte, si usted es como la mayoría de los ciudadanos sobrecargados en la era de la informática, no tendrá espacio para el tipo de detalles que busca escribir. Lo mejor es comprar un cuaderno normal tamaño carta (¿recuerda los que usaba en la escuela?) y dedicarlo exclusivamente a esta tarea de detectar sus malos hábitos.

Ana nos prestó este ejemplo de su Registro diario de hábitos. Ella usaba una página por día.

Registro diario de hábitos de Ana

Lunes

Hora	9 a.m.
Hábito	Me comí tres donas.
Actividad	El sábado en la mañana me di cuenta que no tenía planes para el fin de semana.
Sentimiento	Soledad, ansiedad, frustración, tristeza.
Hora	2 p.m.
Hábito	Dejé la ensalada de la comida; no comí nada.
Actividad	Me encontré a una amiga que está delgada y casada.

Lunes

Sentimiento	Descontrol, celos, enojo.
Hora	10 p.m.
Hábito	Me comí medio litro de helado.
Actividad	Vi una película por enésima vez.
Sentimiento	Ninguno.

Esperamos que capte la idea. Puede incluir o quitar cualquier categoría que en su patrón no tenga lógica, o cambiar el registro sobre la marcha. Si distingue en és-te a una persona o tipo de persona en particular (su hermano/a, o alguien que siempre deja las cosas para después), podría crear una categoría para "los sospe-chosos usuales".

Depende de usted si quiere llevar el registro en forma de diario para no tener que seguir un formato tan estricto. No obstante, como nuestra intención es ayudarle a empezar durante al menos los dos primeros días, le ofrecemos este formato ba-sado en el ejemplo de Ana.

45

Léalo y llore

Todos los hechos sobre la mesa están descritos en forma directa y muy comprensibles. Cualquier reportero que lleva el seguimiento de una gran historia o un detective que sigue la pista de algo importante primero se hace las preguntas antes formuladas en este capítulo.

Usted puede imaginarse como su propio reportero que sigue la pista de la gran historia de sus malos hábitos. Su tarea es identificar aquellas personas y situaciones que estimulan su comportamiento.

Ahora que, gracias a su Registro diario de hábitos, tiene un plan de ataque, no tardará en identificar su patrón personal de malos hábitos. En cuanto lo logre, busque encontrar cómo...

➤ Evitar qué los provoca.

➤ Aliviar los detonadores antes de que lleguen a su umbral absoluto.

➤ Distinguir la mejor forma de manejar una situación.

Espejito, espejito

Si usa durante varios días y de manera constante su Registro diario de hábitos, empezará a formarse una idea clara no sólo de su mal hábito sino también de su estilo de vida, su vida emocional y las personas y situaciones que tal vez lo estén limitando.

¿A quién ve representado en estas páginas? ¿A la persona fuerte que desea ser o a una persona que dejó su comportamiento personal en manos de una fuerza externa?

¿Acaso no le molesta sobremanera ver la televisión cuando su pareja tiene la custodia del control remoto? A pesar de que llegan a un acuerdo acerca de qué van a ver, le gusta saber que *usted* puede cambiar el canal, ajustar el volumen o disminuir la intensidad de éste último durante los comerciales.

Lo mismo desea para sí con respecto a la forma de manejar su vida diaria: quiere controlar las decisiones que tome. Tiene toda la libertad de morderse las uñas, pero si quiere tener manos atractivas y una existencia tranquila, también puede tomar el control de la conducta que le está impidiendo alcanzar dichos objetivos.

Capítulo 6

Paso 2: evaluación de los riesgos y beneficios

La definición de locura es: llevar a cabo una y otra vez la misma acción, de la misma manera, y esperar obtener un resultado diferente. Esta definición, empleada en Alcohólicos Anónimos, describe a la perfección lo irracional que puede ser un mal hábito. Sogyal Rinpoche, un eminente maestro budista tibetano, lo plantea desde un punto de vista diferente. Imagínese caminando por una calle donde hay un agujero en la acera, por error cae en él y se tuerce el tobillo. Usted no tuvo la culpa. Al día siguiente, va por la misma calle, ya se le olvidó el agujero y vuelve a caer en él. Todavía no es su culpa. Al tercer día, camina por la misma calle, finge no ver el agujero, pero otra vez termina cayendo en éste. (¡Cómo es posible que siga ahí este agujero!) El siguiente día camina por la calle y cae en el agujero a propósito, ¡ahora ya es un hábito!

Tal vez eso fue lo que le hizo abrir este libro. Usted ya se dio cuenta de una o de las dos cosas que se refieren a continuación:

➤ Repetir el mismo hábito una y otra vez le da el mismo resultado negativo. Ya no puede decirse que en esta ocasión la tercera copa no le hará perder el control o que su tendencia a engañar (exponer algo erróneo deliberadamente) no lastimará a alguien o debilitará su sentido de integridad, porque eso es justo lo que sucedió la última vez, y la anterior, que lo hizo.

➤ Tampoco le funcionará romper con su mal hábito usando el mismo método que intentó (varias veces) sin éxito con anterioridad. Dejó de fumar seis veces, pero otra vez tiene el cigarro en la mano. Tirar "el último cigarro" a la basura tampoco hará que esta vez rompa con su hábito, a menos que su enfoque o actitud sea diferente.

Por eso está aquí, para descubrir un método más positivo y exitoso de romper con un mal hábito que de cierto modo lo está limitando.

¿Entonces, qué lo detiene?

Estrés: probablemente no le sorprenda que tomar la última decisión angustiosa y final de romper con su mal hábito le ocasione ansiedad y presión.

Sin embargo, más desafiante aún es vivir en el limbo de "quizá sí lo deje mañana, quizá no"; "sé que debo hacerlo, pero no estoy totalmente convencido"; o "sé que debería poder hacerlo, pero tengo miedo de fracasar (otra vez)". Este estado de indecisión puede ser lo más estresante. De hecho, los psicólogos han estudiado a profundidad este fenómeno, identificando el surgimiento de tres conflictos a partir de la decisión:

➤ **Conflicto de enfoques:** la presencia de dos alternativas igualmente deseables pero mutuamente exclusivas.

Por ejemplo: le encanta la sensación de fumar un cigarro y correr diez kilómetros diarios. No puede hacer ambas cosas.

➤ **Conflicto de evitables:** la presencia de dos alternativas igualmente adversas que no pueden evitarse.

Por ejemplo: se muerde tanto las uñas que en ocasiones le sangran. Pero le abruma la dolorosa sensación presente cuando trata de contenerse (¡la emoción misma de comerse las uñas como una forma de escape!)

➤ **Conflicto de enfoque-evitable:** la presencia de una alternativa positiva intrínsecamente ligada con una adversa.

Por ejemplo: quiere terminar el proyecto a tiempo, incluso antes de la fecha límite, pero para ello debe dejar de postergar las cosas, concentrarse e ignorar todo aquello que lo distrae, algo que le resulta muy difícil de lograr.

Cuando se trata de malos hábitos, la mayoría de las personas tratan de resolver el conflicto de enfoque-evitable. Lo ven claramente y desean obtener el beneficio (estar más sano, tener manos bonitas, ser más productivo) pero también se dan cuenta de cuánto extrañarán el hábito, de modo que se resisten a llevar a cabo el cambio requerido a fin de verse beneficiados (no volver a fumar, comerse las uñas o posponer).

Experimentar al mismo tiempo ambas emociones puede ser agotador. De hecho, probablemente así es como se volvió tan popular el proceso de una explicación racional. En vez de procurar apegarnos a dos pensamientos o emociones opuestas, lo cual crea la consecuencia estresante llamada *desacuerdo cognoscitivo*, alteramos una idea para hacerla menos incómoda hasta que podamos alinear nuestras actitudes y conductas.

¿Cómo nos deshacemos de ese desacuerdo generado por la diferencia entre lo que pensamos y lo que hacemos? Realizando cambios a nuestra conducta a fin de adaptarnos a nuestro entendimiento real respecto al mundo y nuestro lugar en él. Si se considera una persona buena y amable, pero sabe que tiende a mentir, finalmente tiene una de dos opciones. Puede decidir que es una persona mala (y estamos que no lo es), o aprender a decir la verdad.

¿Qué tiene de bueno su mal hábito?

No hay forma de negar que su mal hábito le proporciona cierta satisfacción y alegría. Normalmente, su horrible hábito le ayuda a liberar una ansiedad y lo distrae de actividades o sentimientos difíciles o incómodos. Asimismo, es probable que obtenga algunos beneficios específicos inmediatos. Los hábitos malos ofrecen una *gratificación instantánea*.

Estos beneficios a corto plazo, más que la intangible "liberación de estrés", pueden ser lo que le haga entregarse a su mal hábito, por lo que es importante que identifique cuáles son. Una vez que lo haga, será más fácil asegurar que usted es quien elige sus hábitos y no ellos a usted.

A corto plazo

Primero vamos a ver los beneficios que obtiene a corto plazo de una artista gráfica y amiga, Verónica, cuando pospone las cosas.

➤ No tiene que concentrarse o ser creativa.

➤ Puede pensar/hacer otras cosas (como pasar dos horas en la computadora investigando algunas características esotéricas de cierto software para diseño en vez de hacer el trabajo).

➤ Ser "malcriada" le da energía.

➤ Sentirse mal consigo misma y volverse autocrítica es un estado mental "normal" en Verónica.

➤ No tiene que preocuparse por si alguien admira las ilustraciones que crea.

¡Vaya! El simple hecho de leer estos "beneficios" de cierto modo nos invita a dejar de posponer, ¿no cree? Ninguno de los llamados beneficios apoya las metas de Verónica ni alimenta su autoestima.

Ahora, querido amigo lector, es su turno. Piense en lo que se siente comer ese bocadillo saturado de grasa y azúcar; inscribirse a su revista número veinte; fumar ese cigarro; bañarse por tercera ocasión en el día; o provocar a su pareja durante una discusión. ¿Qué placer obtiene de esa conducta, justo en ese momento? Sea honesto.

Cinco beneficios a corto plazo que obtengo de mi mal hábito

1. _____
2. _____
3. _____
4. _____
5. _____

¿Qué clase de beneficios a corto plazo descubrió sobre su mal hábito? Si su hábito involucra una sustancia, probablemente se concentró en lo bien que sabe o cómo lo satisface a nivel físico. Una tendencia como mentir o perder la paciencia, podrían proporcionarle una sensación de liberación (de tensión o ansiedad) o de control sobre una situación incómoda.

Sin embargo, ¿cree que estos beneficios de corto plazo resistan a largo plazo? ¿Vale la pena?

A largo plazo

El largo plazo. Aquí es donde por lo general se desmorona la "lógica" de los malos hábitos. Hablando sin rodeos, casi todos los hábitos malos simplemente no tienen beneficios a largo plazo. ¿Acaso se imagina siquiera una ventaja duradera de gastar con exageración? Veamos. Tal vez tendrá mucha ropa bonita o muebles, a menos que se los retiren por falta de pago. De no ser por ello, la situación se ve bastante sombría. ¿Qué hay respecto a las mentiras? Tal vez ha logrado escaparse de algunas situaciones incómodas, pero el costo de sus principios es alto. Y fumar… bueno, si toma en cuenta el gran riesgo de cáncer pulmonar como un beneficio a largo plazo, por favor siga echando humo.

Si se le ocurre algún beneficio duradero de su mal hábito, también anótelo. Cuanto más entienda sobre qué le atrae a su conducta irresistible, mejor.

¿Qué tiene de malo su mal hábito?

Como el término lo implica, los hábitos malos tienen consecuencias negativas. Usted ya lo sabe, de lo contrario no estaría leyendo este libro. Le ayudará a describir con precisión la forma en que su mal hábito mina paulatinamente sus metas y su autovalía, al ver en blanco y negro cuánto lo limita su conducta. Vamos a intentarlo.

A corto plazo

Bueno, ésta es la parte difícil. La gratificación instantánea por lo general gana indiscutiblemente en la categoría a corto plazo. Está a su alcance, no tiene que pensar en ello y, por lo general, le evita sentir una emoción difícil o realizar una actividad desafiante. Del mismo modo, lo seduce un mal hábito a llevar a cabo una acción que, en el fondo, sabe que es dañina.

Si lo piensa, y dependiendo de su hábito, es probable que también encuentre algunos puntos negativos a corto plazo, aun cuando los beneficios instantáneos casi siempre son mayores. Por ejemplo, a Jaime, el amigo de Suzanne, le molestaba mucho tener que salir para poder fumar, y la antigua paciente de Gary, Ana, disfrutaba mucho comerse una rebanada de pastel, pero no le gustaba acabarse su mensualidad en convites en su pastelería favorita.

¿Qué hay de su mal hábito? ¿Qué le disgusta de él justo antes o en el momento de cometerlo? Escríbalo, recuérdelo, es probable que después le sea de utilidad.

Cinco desventajas a corto plazo de mi mal hábito

1. _____
2. _____
3. _____
4. _____
5. _____

A largo plazo

Si todavía no tiene la seguridad de romper con su mal hábito, este ejercicio hará que olvide las dudas de una vez por todas. Aquí es donde el romance y la fantasía de un mal hábito se enfrentan a la cruda realidad. En este punto, usted descubre cierta información potencialmente desagradable sobre su vida y la forma en que la ha estructurado. No cometa errores: no se trata de una discoteca, o de una fiesta, o de una broma.

Nada más para que tenga una idea del tipo de trabajo involucrado, a fin de refrescarle la memoria, vamos a ver la lista de Verónica sobre los "beneficios" a corto plazo respecto a posponer las cosas desde una perspectiva a largo plazo. La lente zoom de la cámara de vídeo retrocede a un ángulo abierto y reveló que:

➤ Cuando Verónica evitaba hacer su trabajo, de hecho se negaba la oportunidad de sentirse contenta, esa alegría que produce la acción de crear. Se le olvidó que cuando se trata de arte, "lograr" o "terminar" un proyecto no es lo importante; el proceso mismo es alegre y satisfactorio.

➤ También está el tema del tiempo perdido. ¡Pasarán años antes de que Verónica se dé cuenta de que ella pudo haber escrito e ilustrado ese libro para niños!

➤ Cualquier otra cosa que Verónica hiciera cuando supuestamente debía estar trabajando, ¿sería igual de relevante? Quizá a veces, pero por lo general el tiempo se le va en actividades insensatas como ir al cine, cosa que Verónica ni siquiera podía disfrutar porque le preocupaba que no estaba hecho el trabajo.

➤ ¿A Verónica le estimula ser "malcriada"? A decir verdad, no. Lo que se dice a sí misma es que dicho estímulo (la emoción prohibida que experimentan debido a la travesura quienes se dedican a postergar las cosas) en realidad se debe a una ansiedad que puede conducir a otros malos hábitos, como comer y comprar en exceso.

➤ Posponer y criticarse a sí mismo suele ser la máscara del perfeccionista. Si Verónica siente que nunca es lo bastante buena, entonces dejar las cosas para después le da la excusa para evitar no cumplir con las expectativas de su talento. El motivo de muchos malos hábitos son los sentimientos crónicos de una baja autoestima.

➤ Ahora que Verónica ya superó sus sentimientos de autocrítica, exagera las opiniones de los demás.

Qué le parece: miedo al fracaso, miedo al éxito, siempre el miedo. Ésta es la emoción más destructiva de todas, excepto cuando le sirve para quitarse rápido de la trayectoria de un camión que se aproxima. Aun cuando puede resultar doloroso, descubrir estas motivaciones ocultas de un mal hábito es un paso muy positivo. Deja al desnudo el vacío de su mal hábito y muy poco espacio para una mayor explicación racional. Veamos otros efectos dañinos a largo plazo de la inclinación de Verónica por posponer todo:

➤ Deteriora su credibilidad profesional con sus colegas y clientes.

➤ Pone en pausa indefinida sus proyectos a futuro.

➤ Le impide planear a futuro, social y profesionalmente.

➤ El hecho de que siempre está trabajando (porque las cosas tienden a llevar más tiempo del que deberían) molesta a sus amigos y familiares.

➤ Posponer no sólo impide que Verónica disfrute su carrera, también ocasiona que sea una persona infeliz e insatisfecha.

Ahí lo tiene de nuevo. El mal hábito le reditúa a Verónica cero valor y estima. Ahora es su turno. Tome al proverbial toro por los cuernos y corra con él. Explore su propio lado obscuro y luego libérese a sí mismo de él.

Mis malos hábitos negativos

1. _____
2. _____
3. _____
4. _____
5. _____
6. _____
7. _____
8. _____
9. _____
10. _____

¿Descubrió algo que lo hiciera pensar dos veces (o más de dos veces) sobre continuar con su mal hábito? A pesar de todo, existe la posibilidad de que, después de escribir los efectos positivos y negativos, pudiera decidir en favor de su hábito. Tal vez no sea tan malo. Mientras sea honesto consigo mismo, habrá logrado una comprensión de gran valor. De ser así, en este momento puede dejar de leer y simplemente aceptar su conducta como una parte sana o cuando menos benévola de su vida cotidiana.

Existe una fuerte posibilidad de que haya descubierto que su mal hábito es una carga innecesaria. Al liberarse de éste, estará en mejor posición de conservar una sensación sana de autoestima y alcanzar sus metas con mayor eficiencia y menos ansiedad destructiva. Le aconsejamos que lo haga, ¡deshágase de ese horrible hábito ya!

¿Qué es lo peor que podría pasar?

El título "Paso 4: ¡sólo hágalo!" quizá contenga las dos palabras más aterrorizantes para alguien que desea acabar con un mal hábito. De hecho, cuando se encuentra tan cerca de hacer un gran cambio, surgen todo tipo de miedos y ansiedades. Por fortuna, casi todos son totalmente irracionales.

Es indudable que la muerte es un efecto secundario poco usual para romper con un mal hábito. No se morirá cuando deje a un lado el siguiente cigarrillo, apague el canal de compras de la televisión por cable o mire a los ojos a su jefe y admita un error.

El fracaso tampoco es terminal. ¿Qué tiene de malo si empieza a fumar o posponer de nuevo? Como lo analizaremos en el capítulo 9 "Súbase de nuevo a ese caballo", quizá aprenda mucho de la recaída, y la lección principal será que otra vez puede empezar con nueva energía y compromiso.

Otro temor es quemar los cartuchos: ¿qué pensarán sus amigos si en la fiesta pide agua mineral en vez de cerveza? ¿Cómo se sentirá su hermana si usted ya no es su compañera de parranda? ¿Qué hará con el tiempo libre que tendrá cuando ya no esté pegado a la televisión? ¿Significa que tendrá que hacer ejercicio o ser voluntario en una cocina económica?

¿Qué tanto miedo siente uno cuando finalmente asume el control de su vida y destino? Muchísimo, si usted es como la mayoría de los mortales. Pero los beneficios de tomar las riendas de su vida son innumerables y debe empezar a contarlos de inmediato.

¿Qué es lo mejor que podría pasar?

En este momento, felicítese por haber pasado el difícil proceso de exponer sus inseguridades y temores más profundos. Sabemos que no fue fácil.

Pero ahora viene lo bueno: imagínese cómo será la vida sin su mal hábito. ¿Recuerda ese agujero en la acera del que hablamos al principio de este capítulo? Bueno, piense en el agujero como un mal hábito que está aprendiendo a esquivar. En poco tiempo estará eligiendo una calle totalmente diferente: ¡Una llena de posibilidades emocionantes!

Por supuesto que lo que está haciendo es convertir los aspectos negativos de su mal hábito en positivos, lo cual es la mejor forma de incorporarlos a su vida. En vez de "la mentira deteriora las relaciones" piense en "la verdad crea confianza y amistad". En vez de "apretar la quijada me duele y me molesta" considere "voy a relajar la quijada para reírme con más frecuencia".

En caso de que necesite todavía más incentivos, puede hacer avanzar cada beneficio uno o dos pasos, creando una verdadera escalera del éxito. Por ejemplo:

"Si no fumo, ahorraré dinero".

"Tener dinero extra significa que puedo empezar a pagar algunas deudas".

"Si pago mis deudas, puedo empezar a ahorrar".

"Si empiezo a ahorrar, podría darme el lujo de tomar vacaciones el próximo año".

Si puede, haga una escalera con unos cuantos de los beneficios que considere los más cruciales en su decisión de romper con el mal hábito. En cuanto termine, coloque la escalera que resulte donde pueda verla. Sin duda seguirá motivándole incluso en momentos difíciles.

El último...

Capítulo 7

Paso 3:
preparación
para el cambio

¿Cómo se siente? Si ha hecho lo que le pedimos hasta ahora, lleva un buen camino recorrido. Veamos justo dónde se encuentra en su proceso de cambio:

¿Listo?

1. ¿Reconoce que un mal hábito deteriora sus metas o autoestima?

   Sí _____   *No* _____

2. ¿Identificó las situaciones o personas que dan pie a su conducta negativa?

   Sí _____   *No* _____

3. ¿Está consciente de lo que siente cuando realiza el hábito, y de los sentimientos que éste le ayuda a evitar?

   Sí _____   *No* _____

¿Está dispuesto?

4. ¿Entiende por completo los beneficios y riesgos que produce su mal hábito?

   Sí _____   *No* _____

5. ¿Decidió que los riesgos superan a los beneficios?

   Sí _____   *No* _____

6. ¿Está dispuesto a hacer lo necesario para romper con su mal hábito?

   Sí _____   *No* _____

¿Tiene la capacidad?

7. ¿Sabe cómo preparar su ambiente emocional y físico para los cambios que está a punto de realizar?

   Sí _____   *No* _____

8. ¿Puede concentrarse en los aspectos positivos que generan el cambio de conducta?

   Sí _____   *No* _____

9. ¿Cuenta con un sistema de apoyo de amigos, familiares, colegas u otras personas?

   Sí _____   *No* _____

¿Cómo le fue? Con un poco de suerte pudo contestar afirmativamente a la mayoría de estas preguntas, cuando menos hasta que llegó a la tercera categoría, la cual se refiere al importantísimo paso de preparación. (Si en las primeras seis preguntas contestó no más de una vez, quizá desee leer de nuevo los capítulos anteriores o reconsiderar su compromiso para romper con su mal hábito.)

Aferrarse a ese último cigarro

La verdad es que el fracaso de la mayoría de quienes intentan romper con los malos hábitos se debe a que no dedican tiempo y esfuerzo a la preparación adecuada de su persona y del ambiente para que se den los cambios. No piensan en los caminos internos, principales y secundarios, que el hábito produjo en su vida y relaciones cotidianas.

Algunos ejemplos obvios referentes al cigarro son: las cajetillas escondidas en varios cajones; los ceniceros por toda la casa; el olor a cigarro impregnado en su ropa; el antojo que le produce su primera taza de café. Luego, por supuesto, están todas esas personas que todavía fuman como amigos, compañeros de trabajo o la persona que está en la mesa junto a la suya en la sección de fumar en su restaurante favorito (donde pide una mesa para oler el humo ¡qué barbaridad!).

¡Ah, y el eterno placer de ese último cigarro! En 1923, Italo Svevo, un autor italiano contemporáneo de Freud, escribió su primera gran novela sobre psicoanálisis llamada *Las confesiones de Zeno*. (Recuerde la paradoja de Zeno: divide algo a la mitad y luego esa mitad se divide a la mitad y así infinitamente, haciendo imposible llegar al final, por ejemplo, como el romper con un mal hábito.) El tema de la novela es: el analista le pide a Zeno, el protagonista, ahora un viejo, que escriba las razones de su eterno gusto por el fumar y por qué ahora siente que debería dejarlo. A continuación, la respuesta de Zeno sobre el intenso placer de un último cigarro, y el siguiente "último" cigarro, y el siguiente "último":

El último tiene un aroma propio, conferido por la sensación de victoria sobre uno mismo y la esperanza de salud y fuerza en el futuro inmediato. Los otros también son importantes, como la confirmación de la libertad propia, y cuando uno los enciende todavía visualiza ese futuro de salud y belleza, aunque un poco más distante.

De modo que tal vez usted quiera dejar de fumar o de hacer cualquier cosa que sea su mal hábito, pero no está tomando en consideración que romper con él significa que también habrá cambios en su vida. Pensará "bueno, eso ya es un poco exagerado", y, hechizado por el último cigarro, titubea ante la puerta del cambio y se aferra a la esperanza de cambiar.

La urgencia de su hábito no desaparece a través de la fuerza de voluntad. Se truena los dedos porque le duelen las manos. No puede concentrarse hasta que no revisa el mercado de valores en cuatro sitios diferentes de Internet. Siente que si no se toma esa bebida con cafeína le va a explotar el cuerpo por la tensión (¿cafeína para relajarse?). Antes de entrar en la etapa de "actuar" para romper con su mal hábito, debe identificar esos impulsos y buscar la forma de eliminarlos o modificarlos.

Veamos los cambios en su vida diaria emocional, social y práctica, que muy probablemente se presentan conforme usted se prepara para romper con su mal hábito.

Destaque lo positivo, elimine lo negativo

La afirmación de la actriz Mae West: "Por lo general, evito la tentación a menos que no pueda resistirla" resume la tentación que casi todos sentimos. Si la tenemos ante nosotros, tenemos dificultades para mantenernos firmes, especialmente cuando se trata de un patrón de conducta arraigado como un mal hábito. Usted sabe muy bien que ahí está porque recuerda muy bien cómo se siente ceder. ¿Por qué no sólo esta vez? Jura que mañana empezará de nuevo.

¿Conoce estos sentimientos y palabras? Sabemos que sí, y no lo culpamos. ¡A nosotros nos pasó! A pesar de cuán fuerte sea su compromiso, es perfectamente normal que se deje llevar por la conducta misma que decidió eliminar. Es en especial difícil cuando todavía tiene recordatorios y detonadores a su alrededor, tanto físicos como emocionales. Cuantas menos tentaciones tenga ante usted, mayor es la probabilidad de que triunfe.

Sin embargo, es importante hacer notar que a pesar de cuán cuidadoso sea para deshacerse de sus recordatorios o evitar los detonadores, seguirá pasando algunos malos momentos. El hecho es que, ya como adulto, las experiencias le enseñaron que "fuera de la vista, fuera de la mente" es un mito cruel. Deshacerse de todas las cosas con cafeína que haya en su oficina y en su casa no acaba con la existencia de las 16 cafeterías que hay en su colonia o el que usted sepa de ellas. Es más, de bebé aprendió el concepto de *permanencia objetiva*. Aun cuando le pida a su familia que no le llame o lo moleste a fin de evitarse unos cuantos incidentes que le provoquen apretar la quijada, estará pensando en sus preocupaciones a pesar de que el teléfono no suene en todo el día.

Es lógico que busque preparar su entorno lo mejor que pueda para adaptar y facilitar los cambios por venir. Comencemos con la parte física.

Cree un ambiente propicio

Mire a su alrededor en su casa, oficina y otras áreas donde pasa el tiempo. ¿Algún artículo le recuerda su hábito o le haría caer en él fácilmente? En capítulos posteriores relacionados con los malos hábitos, le hablaremos con mayor detalle sobre estas sugerencias y le ofreceremos cómo sustituirlos. Mientras tanto, las sugerencias a continuación le harán pensar en el impacto directo que pueden tener los cambios en su entorno físico sobre el porcentaje del éxito de romper con el mal hábito.

Para quienes beben en exceso

➤ Si bebe en su casa, deshágase de todo el alcohol que haya.

➤ Haga de su hogar un lugar relajante y acogedor. Si se siente cómodo en su casa, será menos probable que desee tomar ahí o salirse a un bar.

➤ Compre vasos nuevos sólo para las bebidas con las cuales sustituirá al alcohol. Tire o guarde los vasos que normalmente usa para bebidas alcohólicas. Aléjelos de su vista.

Para adictos a la cafeína

➤ Tire su cafetera para 12 tazas. Si su intención es nada más bajar su consumo de café (no eliminarlo), reemplace la cafetera con una para tazas individuales o sobrecitos de café instantáneo, de modo que sólo prepare una taza al día.

➤ Tenga sólo una taza en la casa o en la oficina. Será el único recipiente en el que beberá café durante el día, cuya preparación le hará trabajar un poco más. Limite la cantidad de tazas que toma durante el día.

➤ Si puede, en su oficina, aleje su escritorio de la cafetera lo más posible. (Si no puede mover el escritorio, pida que cambien de lugar la cafetera.)

➤ Si usted es de las personas que bebe refresco, cambie el porcentaje de refrescos en su refrigerador de 75 a sólo 25 por ciento de refrescos, y siga disminuyéndolo hasta que la mayoría sean jugos o bebidas nutritivas.

➤ Evite tomar bebidas con cafeína en restaurantes.

Para quienes comen en exceso

➤ Elimine de su cocina la grasa y el azúcar. Busque en el refrigerador y gabinetes cualquier alimento que desee evitar y póngalo en el congelador (con mucho papel protector) o tírelo.

➤ Ponga la mesa con manteles individuales y servilletas para cada comida. Siéntese en la mesa a comer. Haga de sus alimentos un momento agradable.

➤ Saque la televisión de la cocina y el comedor. Cuando se trata de controlar un problema alimenticio, la comida y el televisor son la combinación más destructiva que existe.

Para quienes se comen las uñas

➤ Hágase la manicura para que las uñas se le vean lo más pulcras y atractivas posible.

➤ Use guantes para el quehacer doméstico. Si es mujer, compre distintos tonos de barnices de uñas y deje los envases sobre el gabinete del baño como recordatorio de su meta.

➤ Coloque sobre su refrigerador la fotografía de alguien a quien admira, estrechando la mano de otra persona a quien también admira; estamos seguros de que sus uñas lucen bien cuidadas.

Para los eternos desordenados

➤ Para empezar, contrate al menos una vez a una persona o un servicio de limpieza.

➤ Tome una fotografía de su hogar u oficina cuando esté lo más limpia y ordenada; coloque la fotografía en una pared por donde pase con frecuencia. Aspire a tener así su entorno.

➤ Tire o regale lo que ya no necesite, incluyendo revistas con más de un mes de antigüedad, ropa que no ha usado en años, libros que nunca abrirá de nuevo, etcétera.

Para despilfarradores

➤ Cancele todas sus tarjetas de crédito excepto una (que sólo use en caso de una verdadera emergencia, y no nos referimos a esa gran barata). Sabemos que duele, pero es necesario.

➤ Deshágase de todos los catálogos de ropa, productos para la construcción, equipo de cacería, alimentos gourmet, equipos para mascotas, lo que sea.

➤ Bloquee el acceso a los canales de compras por televisión de cable.

Para los infieles

➤ Ponga su agendita negra en el triturador.

➤ Borre de su agenda todas las fechas que no sean importantes y reemplácelas con alguna aventura que haya tenido solo o compromisos con su pareja.

➤ Haga caso omiso de cualquier número de localizador, dirección o nombres en Internet que haya usado para sus frivolidades.

¿Entiende la idea? El objetivo es que se sienta lo más cómodo, apoyado y libre de tentaciones que sea posible durante su proceso de cambio. Obviamente no todo hábito requiere de cambios en el entorno por romper con él. Por ejemplo, un mentiroso por naturaleza no necesita ningún equipo especial (excepto quizá un idiota que le crea). Con el simple hecho de alejarse del casino, los apostadores por lo general pueden evitar ver un par de dados, un mazo de cartas o una máquina de apuestas. (Tampoco le caería mal olvidarse del número de la persona que toma sus apuestas por teléfono.)

Observe el ambiente de su casa o de la oficina. ¿Qué cambio le ayudará a lograr romper con su mal hábito?

Cinco cosas por cambiar en la casa o en la oficina

Cosas por cambiar en casa	Cosas por cambiar en la oficina
1.	1.
2.	2.
3.	3.
4.	4.
5.	5.

Pavimente el camino emocional

En "Paso 2: evaluación de los riesgos y beneficios" le pedimos que identificara los sentimientos positivos y negativos que provocan su mal hábito. Como todavía sigue leyendo este libro, suponemos que los sentimientos negativos superaron a los positivos, y se convenció de que si acaba con su mal hábito mejorará su calidad de vida. Usted recién hizo una lista de las cosas que desea eliminar de su entorno físico a fin de lograr romper ese mal hábito.

Ya estuvo bueno de todo lo negativo, las eliminaciones y las precauciones. Como es probable que su mal hábito sea muy fuerte, es importante que se procure más que sólo una motivación negativa para llevar a cabo el cambio. En vez de ello, piense en todo lo que tiene por ganar:

➤ **Respecto a sí mismo.** En cuanto asuma el control de su mal hábito, tendrá más razones para aceptar su integridad y fuerza personal.

➤ **Sensación de dominio y satisfacción.** Aprender a vivir sin su mal hábito es tan difícil como aprender cualquier habilidad nueva, e igual de gratificante. Piense en cómo se sintió la primera vez que condujo, conversó en otro idioma o bajó información de Internet. ¿Se emocionó? ¿Se sintió orgulloso? Sentirá lo mismo cuando domine su hábito.

➤ **Recompensas materiales.** Deje de fumar una cajetilla al día y notará que se siente mucho más saludable. Domestique a ese simio apostador que trae en la espalda y tal vez su cuenta bancaria no esté tan raquítica. Deje de mentir y engañar, y quizá pueda progresar en los negocios. (Sí, ¡las personas de negocios con ética ganan mucho dinero!)

➤ **Nuevos horizontes.** Una vez que se deshaga de ese hábito que le dará la libertad de explorar nuevas formas de ser y sentir, será una persona diferente. Incluso podría descubrir algunos talentos e intereses que estaban ocultos bajo la sombra de su mal hábito.

➤ **Satisfacción.** Si su mal hábito le permitía alcanzar todas sus metas personales, profesionales y sociales, no intentaría romper con él, ¿o sí? Imagine lo que podría lograr de no estar atrapado en esa fastidiosa conducta negativa; cuán rica y plena sería su vida.

El mejor regalo que puede darse en el proceso de romper con su mal hábito es alimentar su vida interior, su alma. Crea en sí mismo, escúchese a sí mismo, a su voz interna más profunda, esa que se ha visto afectada por su hábito. Quizá le sorprenda lo que sucede cuando sintoniza esa frecuencia donde únicamente se encuentra "usted" y empieza en verdad a poner atención.

Con una pequeña ayuda de sus amigos

¡Ajá! ¡Sabía que algo le molestaba! ¿Qué hay de sus amigos? ¿Sus colegas? ¿Su madre? ¿Cómo reaccionarán? ¿Le ayudarán o serán un obstáculo? ¿Debe hablar con ellos sobre sus intenciones de romper con el mal hábito o no? Este momento es muy engañoso y sumamente personal. Algunas personas prosperan a la vista del público. Otras sólo sienten mayor estrés y presión.

Esta matriz involucra tres factores: la personalidad de quien va a romper con el hábito, la personalidad de los "simpatizantes" y la relación entre ellos. Si la persona es abierta por naturaleza, no tiene dificultades para compartir sus problemas con los demás, tiene amigos y conocidos que parecen ser como ella, y se llevan bien bajo circunstancias de estrés, entonces comparta.

Sin embargo, si usted es más precavido, tal vez prefiera confiar en unos cuantos amigos cercanos y comprensivos. Lo más conveniente es que pueda encontrar el apoyo de personas con quienes pasa mucho tiempo, en particular las que estarán en el ambiente donde por lo general usted cae ante su mal hábito. Si por ejemplo, las situaciones de trabajo estresantes provocan una tendencia a que evite todo, desde reuniones hasta contestar la llamada que tiene esperando hace más de un minuto, su salvavidas podría ser un compañero de trabajo que pueda ayudarle amablemente (con su permiso) a mantenerse en el camino correcto. ¿Su sentido del humor le permite que sus amigos le hagan ciertas bromas pesadas durante el proceso o se pone a la defensiva? Tener la capacidad de reírse con los demás de sí mismo y de la situación, hará más soportable el proceso para que rompa con su mal hábito.

Mientas se prepara para actuar contra su hábito, piense en quién le ofrecerá un verdadero apoyo, y quién podría deteriorar sus esfuerzos, incluso sin la intención de hacerlo. Dependiendo de la naturaleza de su hábito, tal vez quiera considerar el obtener cierta ayuda de un grupo de apoyo diseñado para ello: apoyo. Por ejemplo, si su ruina existencial se debe a la comida, unirse a un grupo como Weight Watchers no sólo le ayuda a establecer hábitos alimenticios sanos, sino también puede ofrecerle compañía y empatía a través de los demás integrantes. Existen organizaciones similares para quienes desean dejar de fumar, dejar de beber (o beber menos) y, por supuesto, para cualquier otro problema de abuso de sustancias.

Cómo alimentar su cerebro y matar de hambre a su mal hábito

Como ya lo mencionamos, muchos malos hábitos son producto de un intento por aliviar sentimientos de depresión y ansiedad. Estos estados emocionales y físicos involucran un desequilibrio de ciertos químicos en el cerebro llamados neurotransmisores. Con frecuencia, cuando alimenta su hábito, lo hace para detonar la liberación de dichos químicos, sin los cuales su cuerpo y alma se sumergirían en una depresión profunda o en una gran ansiedad. Lo anterior es cierto especialmente con los malos hábitos que involucran sustancias, incluyendo comida y alcohol. No obstante, el hecho de ejecutar cualquier hábito desde enroscarse el cabello hasta comerse las uñas y posponer las cosas, puede detener estos estados indeseables, cuando menos por un tiempo.

Debido al riesgo de caer en una depresión o ansiedad, le sugerimos que si pasa por momentos muy difíciles al romper con su mal hábito o incluso sólo enfrentándolos, podría hablar con su médico. Si cada vez que intenta romper con su hábito se siente sumamente ansioso o deprimido, su médico puede recetarle algún medicamento que le ayude a evitar los cambios físicos que ocurren en el cerebro durante estos intentos. Estos medicamentos, por lo general antidepresivos o ansiolíticos, simplemente restablecen el equilibrio adecuado de los químicos en el cerebro, aliviando así el peligro de que esa debilitante depresión o ansiedad se apoderen de usted y saboteen sus esfuerzos.

Tal vez ya esté enterado de la existencia de diversos medicamentos nuevos disponibles que ayudan a atacar problemas específicos. Si su problema es el control de peso y tiene un sobrepeso importante, su médico puede recetarle uno de los varios medicamentos nuevos elaborados para reducir el apetito, bloquear la absorción de grasa o acelerar el metabolismo. Los fumadores que deseen dejar de fumar ahora tienen varias opciones en los parches de nicotina, aspersores nasales y otros productos. Asimismo, se ha descubierto que el antidepresivo Zoloft ayuda a que los fumadores rompan con su hábito.

Esperamos que comprenda que sabemos cúan difícil es enfrentar el desafío de romper con un mal hábito. En ocasiones, no es suficiente "sólo decir no" y es necesario contar con mayor apoyo y ayuda. Consulte al médico a fin de que él le indique qué es conveniente para usted y aprovéchelo.

Visualice su nuevo yo

Quizá la mejor forma de prepararse para los cambios por venir es imaginarse exactamente cómo será, o cuando menos cómo le gustaría que fuera, cuando el hábito ya no interfiera con sus metas y autoestima. Vamos a intentar de nuevo el ejercicio de meditación que hicimos en el capítulo 2, pero esta vez le añadiremos un poco de visualización. Usted es el director: ¡luces, cámara, acción!

1. Siéntese cómodo en un lugar tranquilo. Cierre los ojos. Respire profundo. Deje que toda la tensión y el estrés fluyan fuera de su cuerpo.

2. Cuando llegue a un estado de calma, empiece a formar una imagen mental de usted mismo como la persona fuerte y concentrada que sospecha hay en su interior. Véase sin su mal hábito, controlado y capaz de tomar decisiones sensatas.

3. Respire de nuevo. Imagínese fuerte y concentrado, en una situación donde normalmente tendría la tentación de caer ante su hábito. Véase elegir otra alternativa más saludable de manera decidida y precisa.

4. Por último, imagine el resultado de su compromiso, de cómo será la vida sin que su hábito le impida progresar y lo limite. Y no tema soñar en grande. ¡El límite es el cielo!

¡Libre, al fin libre!

Se está acercando al momento en que le atrae más la idea de la vida sin su mal hábito que con él. Ese último cigarrillo ya no es tan intenso. Sólo lo son las tediosas y aburridas noticias del día anterior. Está listo para poner su propio Sodoma y Gomorra a sus espaldas. (¡No haga trampa!) Ya ha estado ahí y ha hecho lo mismo. Es el momento de hacer algo nuevo. Suelte las cadenas de su mal hábito y (un momento, ¿dónde hemos escuchado esto antes?) ¡*sólo hágalo*!

Paso 4: ¡sólo hágalo!

Husmeó, buscó y exploró sus sentimientos y motivaciones más internas. Identificó sus detonadores y estableció sus metas.

Pero el trabajo realmente difícil apenas está por venir. El escritor G. K. Chesterton escribió acertadamente: "existe un camino desde el ojo hasta el corazón y no pasa por el intelecto", y un mal hábito conoce muy bien este camino. Puede pensar una y otra vez en los pros y contras, las altas y bajas de su conducta, pero seguirá haciendo uso de su hábito hasta que tome los pasos prácticos y deliberados para romper con él.

Éste bien podría ser el momento justo de aprestarse y seguir adelante. Lo primero que debe hacer es decidir exactamente cuándo empezará la etapa de acción de su plan.

¡Adelante!

Año nuevo, su cumpleaños, el solsticio de verano, en cuanto su hijo de tres años entre a la universidad. ¿Mañana? ¿Exactamente cuándo es el mejor momento para romper con su mal hábito? ¿Antes o después? ¿Ahora o nunca? No es una respuesta sencilla. Existe una línea muy delgada entre elegir un momento cómodo para romper con su hábito y posponerlo indefinidamente.

Hablando en términos generales, su mejor oportunidad de éxito será si elige una fecha dentro de un mes después de haber terminado el trabajo de preparación y tomado la decisión final de romper con su mal hábito. Cuanto más espere, menos éxito tendrán sus intentos.

Sin embargo, la verdad es que, cuando se trata de romper con un mal hábito, un día es igual de conveniente que otro. Muchas personas consideran que si actúan un lunes, no sólo empiezan la semana con más energía, sino también que el estar ocupados durante la semana les ayuda a distraerse de la tentación. Es probable que otros elijan un sábado, cuando el nivel de estrés tiende a ser menor y tienen más tiempo disponible para la autoreflexión y la automotivación.

Sólo usted sabrá en qué momento estará preparado para actuar y bajo qué condiciones es más probable que progrese. Quizá le parezca sumamente difícil dejar el antojo por la comida o el alcohol en la temporada de vacaciones; a muchas personas les sucede. Pero, si es el 1 de agosto, ¡entonces empiece de inmediato!

Saque un calendario, elija una fecha, marque un gran círculo alrededor de ésta y apéguese a ella.

Como siempre, los pequeños pasos

¿El círculo que acaba de marcar en su calendario significa que se irá a dormir con un hábito muy arraigado y despertará milagrosamente sin él? Esa probabilidad es muy alta. Si su mal hábito no es tan serio y recién lo adquirió, es muy posible que deje de hacerlo de la noche a la mañana.

Dependiendo de cuán arraigado y demandante sea su hábito, buscará contar con un planteamiento gradual para cambiarlo. Si hoy bebe 18 tazas de café, quizá sea muy difícil tanto física como emocionalmente que mañana no tome una sola taza.

En vez de ello, haga un plan de acción más realista y gradual. Si su meta es eliminar por completo la cafeína de su dieta, puede reducir de 18 tazas a 14 el primer día, y luego una taza menos por día hasta que ya no se le antoje la cafeína y logre sustituirla exitosamente con algo saludable.

El uso de un enfoque progresivo no significa que está menos comprometido con el cambio que alguien que lo hace de un día para otro. Al contrario, le permite aprovechar el tiempo a su favor. Recuerde que no desarrolló este hábito en un día, así que, ¿por qué espera romperlo en un tiempo irrazonable?

Los pequeños pasos le ayudan a superar cada día difícil en una forma sana y medida. Si se dice: "Por ahora no voy a tomar café. Tal vez tome una taza en una hora", no se sentirá fuera de control ni despojado. A la siguiente hora, diga: "Me voy a esperar una hora más, mientras tanto voy a tomar una goma de mascar o a caminar un poco". Sin darse cuenta, se habrá terminado el día y sin que bebiera más café que la cuota de una taza por la mañana que usted mismo estableció. Al fijar metas pequeñas y razonables, sus oportunidades de éxito tanto a corto como a largo plazo serán mayores.

Las primeras horas, días, e incluso semanas posteriores a romper con su mal hábito van a ser difíciles. Los beneficios a corto plazo (como liberar la ansiedad, el torbellino del placer físico, la distracción de asuntos más serios) quizá parezcan superar en cualquier momento dado a los negativos (como pensar en tener saldo en la cuenta de ahorros o una conversación tranquila con otro conductor en la carretera).

El verbo "parecer" es la palabra funcional. Al comparar los beneficios a largo plazo de romper con su hábito (es decir, prolongar los años de vida si deja de fumar y hacer más feliz a su familia porque sale de paseo en vez de quedarse viendo televisión toda la vida), definitivamente son mayores que los de a corto plazo. ¿Recuerda la Escalera del éxito del capítulo 6? Regrese y observe de nuevo las metas que logrará si de hecho logra romper con su mal hábito. Sobreviva a ello; así es: ¡sobreviva a ello! Haga que sea un hecho, un día a la vez.

Resista mientras lo hace

¿Un día a la vez? ¿Con el tiempo? ¿Esto es un proceso? ¿Qué pasa con el ahora, cuando el impulso por sucumbir ante su mal hábito le agobia? Cuando necesita hacer *algo* ahora o de lo contrario… Afortunadamente existen muchas técnicas prácticas disponibles para ayudarle a superar estos malos momentos.

Ahora cambie el título del cuaderno "Mi Registro diario de progreso". En esta ocasión, en lugar de anotar el momento en que realiza el hábito, escribirá cuándo y cómo se resiste a éste.

Puede elegir cualquier formato que le funcione. Muchas personas consideran que el hecho de llevar un diario completo es más terapéutico que un simple registro porque les permite tener más introspección y detalles. El formato que elija es lo de menos, lo importante es llevarlo en forma regular, especialmente al principio. Podrá romper con su mal hábito de una vez por todas cuando esté consciente del momento en que siente ese instinto por rendirse ante el hábito, qué lo detona y los métodos que debe emplear para evadirlo.

Encuentre una nueva forma de liberarlo

La mayoría de los malos hábitos requieren energía para que ocurran, misma que usted deseará redirigir hacia otras conductas más saludables. Después de todo, su mal hábito por lo general le ayuda a liberar ansiedad o estrés, y estos sentimientos producen respuestas muy físicas dentro del cuerpo: aumenta su presión arterial y su ritmo cardiaco, suda más de lo normal, o tiene su tracto gastrointestinal hecho un circo. Hasta cierto grado, su hábito le ayuda a prevenir o aliviar estos síntomas, cuando menos a corto plazo.

La técnica de encontrar sustitutos saludables se usa en la *terapia del comportamiento*. Los terapeutas usan este enfoque particularmente efectivo para ayudar a que las personas rompan con sus malos hábitos. Veamos un poco de lo que usted podría intentar.

➤ **Alimentos saludables.** Estar masticando frutas o vegetales crudos requiere mucha energía, le mantiene la boca ocupada (esto es importante para aquellos que se muerden las uñas, beben, fuman o comen de más), y no exige mucha concentración. Lleve consigo una bolsa llena de sus alimentos favoritos bajos en grasa y altos en fibra y cómalos cuando sienta el impulso por ceder ante la conducta negativa. Establezca un horario regular para tomar sus alimentos y con suficiente tiempo para que los disfrute. Agregue variedad a su dieta; si sólo consume carne roja, trate de incluir nuevas fuentes de proteína baja en grasas como un poco de pollo o pescado.

➤ **Sujetapapeles y otros juguetes.** Retorcer un sujetapapel o jugar con una moneda puede ayudarle a distraerse y tener las manos ocupadas. No obstante, asegúrese de que su actividad no moleste a los demás ¡o tendrá un nuevo hábito que romper!

➤ **Rutinas nuevas.** Cambie la forma de hacer las cosas, cuando menos al principio y aunque se sienta incómodo. Tal vez el hecho de que altere sus patrones normales le ayude a eliminar los detonantes de su mal hábito. A continuación encontrará algunas sugerencias:

Patrón antiguo	Rutina nueva
Comer de más en un restaurante	Comer antes una ensalada enorme
Fumar en un bar después del trabajo	Tomar una taza de té en un café donde no se permite fumar
Perder los estribos en el auto	Escuchar un libro en cinta de audio
No ir al gimnasio	Caminar en forma vigorosa de ida y vuelta al trabajo
Ir de compras luego de una semana difícil	Planear un día de campo relajante para el sábado

➤ **Nuevos esfuerzos.** Explorar una actividad o pasatiempo nuevo, desde tejer hasta escalar una montaña, quizá le ayuden a dirigir su mente y cuerpo hacia nuevos retos interesantes. Si está muy ocupado aprendiendo, creciendo o disfrutando la vida, no tendrá tiempo para su mal hábito.

➤ **Ejercicio.** Caminar de manera vigorosa no sólo distrae su mente del mal hábito, también le ayuda a liberar ciertos químicos cerebrales que se sabe reducen los síntomas de estrés y ansiedad. Manténgase en movimiento.

Treinta minutos de ejercicio moderado al día pueden tener un efecto positivo en su salud (¡y también su apariencia física!). Recuerde que la frase de "si no duele, no funciona" es un mito; haga lo que pueda y suspéndalo cuando le empiece a doler. Progrese paulatinamente.

➤ **Dormir bien.** Los científicos sospechan que la privación crónica del sueño puede afectar el sistema inmunológico, la producción de hormonas y la memoria a corto plazo. Incluso pasar una sola mala noche puede alterar su estado emocional y hacer que se sienta deprimido, ansioso o irritable, lo cual no es bueno cuando está tratando de romper con un mal hábito. Establezca un horario regular para dormir, y acuéstese todas las noches alrededor de la misma hora. No ingiera bebidas con cafeína después de la comida. Use la cama sólo para dormir, no para trabajar o ver televisión. Tome una ducha caliente antes de irse a dormir. Conserve un diario para la hora de dormir donde pueda escribir sus temores y esperanzas; se sentirá más tranquilo y no pasará toda la noche despierto preocupándose por ellos.

Rece

La espiritualidad viene en todas formas y tamaños, y significa diferentes cosas para todos los que conocemos el término. Nos referimos a la espiritualidad en un sentido de fe: fe en el proceso del cambio, en la vitalidad del espíritu humano, en uno mismo. Haga a un lado cualquier sentimiento cínico y alimente su fe. Empiece en este momento e incluya estas técnicas en sus esfuerzos por romper con su mal hábito.

Meditación

En el mundo moderno hay un resurgimiento de la antigua práctica de la meditación como una forma de manejar el estrés, ya que permite a las personas liberar ansiedad y miedos, al mismo tiempo que entra en un estado de relajación profunda, paz y tranquilidad.

Imaginación guiada

La imaginación guiada es una combinación de la meditación y la autohipnosis, que depende en gran medida en el poder de sugestión. En el capítulo anterior, le pedimos que hiciera un ejercicio donde primero se relajara y concentrara, y luego se imaginara cómo sería su vida sin el mal hábito. A eso se le llama imaginación guiada.

Otra opción es que se imagine su hábito como una nube oscura que usted puede empujar para alejarla. Cuando sienta el instinto de caer en su mal hábito, cierre los ojos, respire profundo varias veces e imagínese soplando a esa nube, y a ese impulso, para que se alejen.

Hipnosis

La hipnosis es una especie de meditación guiada. En un estado profundo de relajación, su mente se apegará a sugerencias subconscientes como "tú ya no quieres comer chocolate" o "fumar te hace daño" mucho después de salir del "trance".

Las cintas que usan técnicas hipnóticas pueden ser útiles para romper con malos hábitos como fumar, beber, comerse las uñas y apostar compulsivamente. Escuche una cinta primero durante una sesión de meditación y luego mientras duerme. ¡O grabe su propia cinta!

Recompensas, no castigos

¿Recuerda lo bien que se sintió cuando su maestra le puso una estrella dorada en el examen que presentó o el dibujo que hizo? ¿Cuando su mamá le dio más dinero por ayudar a papá a limpiar la bodega todo el sábado? Esas pequeñas recompensas le alientan para que continúe esforzándose, y olvidarse de la idea de que trabajó mucho: le hacen sentirse especial.

¿Adivine qué? Las recompensas que recibe como adulto por su arduo trabajo tienen la misma importancia que cuando era niño. De hecho, como la orden "salte a jugar" difícilmente va dirigida a alguien mayor de 16 años, los adultos tienen más necesidad de "tener permiso" para divertirse que los pequeños.

Es indudable que, con el tiempo, se sienta muy bien cuando prefiera una taza de té en vez de un whisky, o una ensalada en vez de un filete muy condimentado, u opte por pintar la casa o jugar golf en vez de correr a usar su tarjeta de crédito. No obstante, negarse en este momento una gratificación inmediata lo decepciona y le hace enojar. Tiene un buen motivo para sentirse resentido y despojado: perdió su punto de apoyo, el que lo sostenía cuando la ansiedad, el aburrimiento o simplemente un deseo, se apoderaban de usted.

Es vital que a lo largo del proceso recompense sus esfuerzos en formas grandes o pequeñas. Relacione estas recompensas con el hecho de alcanzar metas específicas (salir a cenar por tener toda una semana sin ese hábito). Éstas son algunas ideas para que empiece:

Recompensas diarias

➤ Elógiese ("bien hecho" o "buen trabajo") por resistir una urgencia.

➤ Descansos frecuentes para relajarse. (Dos o tres minutos durante los cuales pueda cerrar los ojos, respirar profundo y, si lo desea, aplicar la imaginación guiada.)

➤ Caminar un largo rato en una colonia diferente.

➤ Sumergirse en una tina caliente y aromatizada al final del día.

Recompensas semanales o mensuales

➤ Boletos para un partido.

➤ Arreglarse las manos cada semana. (Especialmente para personas que intentan ya no comerse las uñas, pero en realidad es maravilloso para cualquiera.)

➤ Llenar la casa de flores.

➤ Contratar una persona de servicio por un día y aprovechar el tiempo para irse al cine, dar un paseo en un parque cercano, o simplemente relajarse leyendo un buen libro.

➤ Hacer un donativo a una obra de caridad u ofrecerse como voluntario durante unas cuantas horas.

Cuando se recompensa a sí mismo, sobre todo si lo hace después de alcanzar una meta específica, anote la recompensa en el Registro diario de progreso. De esa manera, creará una lista de recompensas que funcionan para evitar que recurra a su mal hábito. Además, tendrá recordatorios de lo mucho que ha avanzado desde que empezó a romper su mal hábito.

"No te reconozco sin tu mal hábito"

Ya lleva un largo camino recorrido y ahora se encuentra en este punto del proceso hacia la libertad de los malos hábitos. Se siente muy bien, ¿no es así?

Quizá. El novelista y filósofo Anatole France escribió: "Todos los cambios, aunque sean los más anhelados, tienen su melancolía, porque lo que dejamos detrás es parte de nosotros mismos. Debemos morir en una vida antes de entrar a otra".

Este comentario elocuente sobre los efectos del cambio puede parecerle un tanto dramático, pero debe asimilar su significado. Usted ya no es la misma persona que se comía las uñas, fumaba, eructaba o sobregiraba su límite de crédito en las tiendas. La diferencia puede ser dramática o más sutil, pero existe.

Es probable que a las personas con quienes trabaja y a quienes ama se les dificulte ajustarse a su "nuevo" yo. Aun cuando ellos lo alienten en sus esfuerzos por romper con su mal hábito, quizá también añoren a la persona que solía ser. Tendrá que darle a los demás espacio y tiempo a fin de que acepten los cambios que usted está llevando a cabo. Si decidió dejar de tomar, apéguese a su resolución de que en las comidas de negocios sólo tomará agua mineral. Si está tratando de bajar de peso, no permita que un amigo le convenza de pedir un postre alto en grasas "sólo por esta vez". Quizá sea difícil decir no la primera vez, pero los demás aprenderán a respetar su decisión. Quién sabe, tal vez admiren tanto su tenacidad que usted sea motivo de inspiración para que ellos también realicen cambios positivos.

Muy bien, ya sabemos qué está pensando. "¿Qué pasa si fracaso? ¿Qué tal si me caigo en el camino? ¿Qué tal si no sobrevivo un día sin sucumbir? ¿Qué va a pensar la gente? ¿Cómo podré creer en mí mismo?" Nuestra respuesta a sus preocupaciones es: ¿Y qué? ¿A quién le importa? Cometió un error, es humano. Lo importante no es caerse, sino no levantarse. Rocky Balboa nunca ganó una pelea dándose por vencido. Tenacidad significa ser persistente, terco, obstinado, rudo. Escriba estas palabras en tarjetas y póngalas sobre espejos alrededor de la casa. Muy pronto tanto usted como quienes le rodean empezarán a definirlo en términos de sus esfuerzos por romper con los malos hábitos, no en términos de la persona que era. En vez de "terco", lo llamarán "aventurado"; en vez de "caso perdido" le dirán "valiente". Esta nueva autoimagen positiva requerirá tenacidad de su parte.

Capítulo 9

Súbase de nuevo a ese caballo

Este capítulo se refiere a un tema que quizá le preocupe mucho: recaer.

Por fortuna, una recaída casi nunca es algo tan terrible al final del día. ¡En serio! Es muy cierto, sobre todo si realizó el trabajo previo necesario (entender la función que los hábitos desempeñan en su vida, identificar sus hábitos malos y los detonadores, etcétera). Usted cumplió, ¿o no? Además, está totalmente seguro de que quiere romper con su mal hábito, ¿verdad?

Si su respuesta a ambas preguntas es sí, entonces no se desespere. La verdad es que las recaídas forman parte del proceso de cambio. No representan más que una indicación visual temporal en la pantalla del radar del hábito malo. Una recaída puede ser decepcionante y frustrante, pero no es señal de fracaso o de debilidad terminal.

Lo crucial es lo que hace después. Si tropezó y ayer encendió un cigarrillo, ¿eso le da "permiso" de que hoy compre una cajetilla y la fume (y estar de nuevo donde empezó la semana pasada)? ¿Acaso significa que debe respirar profundo, observar todo el progreso que logró y comprometerse una vez más y de inmediato con un futuro sin ese hábito?

En este capítulo le ayudaremos a contestar esa pregunta.

Como una ola que rompe en la playa

Está sentado detrás del escritorio de su oficina, frente a una charola de trabajo pendiente llena de papeles. Suena el teléfono y es su cónyuge reclamándole acerca de una discusión que tuvieron en la mañana porque se perdió el tapón de la pasta de dientes.

Sin darse cuenta, su mano se mueve hacia el teclado de la computadora. No quiere hacerlo, se prometió que no lo haría, pero nada más "tantito", en este momento tiene derecho a hacerlo ... Ahí está: el deseo de navegar por Internet. Cómo lo ha extrañado. Cómo lo necesita, nada más por esta vez.

Cuando voltea, ya pasaron dos horas. Encima de la charola está colocada precariamente una pila intacta de memoranda interna urgente, la luz de mensajes del teléfono parpadea sin cesar, y su jefe está parado en la puerta, observándolo. ¡Pero usted acaba de encontrar un sitio maravilloso para comprar telescopios!

¿Por qué todo llegó al mismo tiempo cuando iba tan bien? ¿De dónde salió esa urgencia que se acumuló en su cuerpo como una ola, y por qué le abrumó en ese momento particular de su día, su semana, su vida?

Hay varias respuestas potenciales a esas preguntas y ninguna de ellas implica debilidad de su parte. La verdad es que está en una jornada increíblemente desafiante y navegar en esas aguas conlleva a estar ante algunas olas enormes. Las urgencias de hecho son como olas que rompen en la playa, donde es probable que llegue de manera inesperada una muy grande y arruine un día de campo perfecto y tranquilo en la playa o, quizá, en caso de una tormenta de ansiedad y estrés, se presenten una tras otra.

En este punto, su desafío es aprender de su recaída (sabía que iba a llegar, ¿verdad?) y seguir adelante. Olvídese de la ansiedad, culpa y molestia que le hace averiguar qué salió mal y por qué.

Trampas de una recaída: ¿en cuál cayó usted?

Revise detenidamente el Registro diario de progreso que le pedimos elaborara. Todavía lo lleva, ¿verdad? De no ser así, entonces ya sabe una de las razones de por qué resbaló. Llevar un seguimiento de sus retos, sus detonadores y cómo vencerlos, forman una parte integral del proceso de cambio. Si los ignora, básicamente estará remando a contracorriente en una balsa frágil, sin dirección ni potencia.

Las siguientes preguntas le ayudarán a rastrear a los culpables de la recaída.

¿Su vida rebosa de tensiones?   *Sí* ____   *No* ____

Sin duda, el estrés adicional que provoca cambiar de empleo, un divorcio, otros problemas en una relación o la muerte de un familiar, es la razón principal de que mucha gente se "tropiece en el camino" del compromiso de romper con un hábito. Cuando tome en consideración los niveles actuales de estrés, recuerde que éste adopta muchas formas diferentes: frustración, soledad, aburrimiento y baja autoestima, son los secuaces más comunes del estrés que dan origen a que se sienta abrumado.

¿Estableció metas que no son realistas?   *Sí* ____   *No* ____

Cuando se busca romper con malos hábitos, el tratar de hacer demasiado y muy pronto es una trampa común y mortal. Recuerde: dé pasos pequeños, siempre pequeños. Si nunca puede jugar nada más un juego de computadora, deberá quitarse dicha tentación borrando el programa. Si tiene un acceso fácil a su mal hábito y éste a diario le envía su llamado seductor durante todo el día, usted está esperando demasiado de sí mismo.

¿Regresó a la escena del crimen o está pretendiendo al enemigo?
Sí ____   *No* ____

"Vente al bar con nosotros", dicen sus bien intencionados compañeros de parranda. Y usted va, pensando que sólo tomará agua mineral en vez de su tradicional whisky. Recuerde cuán importante es evitar todo tipo de detonadores que activen los "botones del hábito", lo cual incluye personas (su familiar insistente, su ayudante incompetente), ambientes (bares, restaurantes llenos de humo) y situaciones (noches de sábado solitarias, semanas con sobrecarga de trabajo).

¿Se siente culpable o que no vale la pena?   *Sí* ____   *No* ____

Desde nuestro punto de vista, el miedo al éxito debilita tanto la etapa de actuar a fin de romper con un mal hábito, como el miedo al fracaso cuando está por empezar el proceso. Justo cuando comienza a sentirse más fuerte y controlado, le ataca: "No merezco que me pase esto. Soy un débil. ¡No valgo nada! Tal vez sólo estoy engañando a quienes piensan lo maravilloso que es que ya no fume, pero sé que en el fondo no valgo nada. Así que voy a fumar de nuevo…"

Ahí está la trampa. Estos sentimientos de falta de valor causan una de dos necesidades: la de bienestar o de castigo. Sea cual fuere, su mal hábito está ahí, esperando, ansioso de regresar a su vida. Sin que usted se dé cuenta, habrá encontrado la razón "perfecta" para recaer.

¿Cree que puede "comer" sólo uno?   *Sí* ____   *No* ____

Nada más una hora en Internet, sólo una probada de pastel, una sola mentirita blanca. Todos lo hemos dicho, pero rara vez somos capaces de apegarnos a esas frases. Acéptelo: si antes fue un mal hábito, es casi imposible que ahora tenga la capacidad para controlar la conducta, en especial si tiene relativamente poco tiempo con su nueva vida sin malos hábitos.

¿Creyó que ya lo había "superado"?   *Sí* ____   *No* ____

Ah, la vieja trampa: "Nada más déjame ver si ya superé este mal hábito. Sólo lo haré para corroborarlo". El "voy a ver si ya lo superé" empieza en forma de un experimento, como el bebedor de café que tiene la certeza de que ya no necesita esa agradable taza y quiere "probárselo" a sí mismo.

¿Rompió con su mal hábito por razones correctas?   *Sí* ____   *No* ____

Su médico quiere que deje de fumar, su cónyuge o pareja quiere que deje de estar pegado a la computadora, sus hijos se burlan de sus hábitos alimenticios, su mejor amigo está harto de sus mentiras y evasiones... de modo que rompe con su mal hábito para complacerlos. Si rompe con un mal hábito por el simple hecho de darle gusto o tranquilidad a alguien (llamado *complacencia*) y no porque cree que en verdad es lo mejor para usted (llamado *internalización*), sencillamente le está dando la bienvenida al fracaso.

¿Se acordó de recompensarse?   *Sí* ____   *No* ____

La sensación de no tener bienestar y amor y después buscar compensar esa pérdida sucumbiendo ante su mal hábito, es una razón muy común para una recaída. Lea de nuevo en el capítulo anterior la sección sobre las recompensas, y asegúrese de encontrar formas para darse el lujo de sentirse bien durante su proceso de cambio.

¿Acaso sus respuestas a estas preguntas le ayudaron a descubrir qué ocasionó su resbalón? Esperamos que sí, porque de esa manera puede protegerse de una futura recaída. Sin embargo, por ahora deje de analizar la situación y siga adelante.

Llame de nuevo a las tropas

El conocimiento es poder, ¿de acuerdo? Ya lo dijimos antes y le advertimos que lo volveremos a hacer. Es probable que su mal hábito esté por irse, pero no se ha ido del todo, al menos no todavía. Usted aún tiene antojos, pero cuando menos está más consciente de cómo evitarlos.

➤ **Revise y evalúe de nuevo sus detonadores.** Siga fiel al proceso del cambio llevando su Registro diario de progreso. Explore qué detona sus impulsos y cómo puede evitar a esas personas, ambientes y situaciones.

➤ **Reafirme su compromiso.** Asegúrese de que realmente quiere romper con su mal hábito y que quiere hacerlo por las razones adecuadas. Si no está listo para abordar este problema ahora, espere hasta que sus circunstancias y compromiso sean sólidos.

➤ **Repase las estrategias para resistir los impulsos.** La práctica hace al maestro, especialmente cuando se trata de hacer cambios permanentes en la conducta.

Deshágase del impulso

Cuando aparezca el impulso por su mal hábito, ¡deshágase de él! Aquí le decimos cómo:

➤ **Admita el impulso.** Antes que nada e independientemente de la circunstancia, acepte que siente ese impulso. No pierda la paciencia, ya sea que el impulso se presente apenas a las dos horas de romper con el mal hábito o semanas después, cuando pensaba que ya lo había superado.

➤ **Despréndase del impulso.** Considere el impulso como un aspecto independiente de usted, algo que puede estudiar y seccionar, o simplemente alejar. Usted manda.

➤ **Personifique el impulso.** Quizá le sea más fácil controlar su impulso si lo clasifica como: mi yo interno, la persona que solía ser, la cosa esa; y luego llámela por ese nombre cuando amenace con romper su equilibrio. Recuerde que la idea es que usted esté al frente de la situación.

➤ **Convenza al impulso.** Si empieza a rondarle el instinto de recaer (y sucederá, especialmente al principio), dígale (con firmeza) que se vaya. De ser necesario, hágalo en voz alta.

➤ **Recuérdese a sí mismo que el impulso pasará.** Usted todos los días suprime con éxito cientos de impulsos de mayor o menor importancia como gritarle a su jefe, comprar un periódico extra, comerse toda la caja de donas de camino de la tienda a su casa. Este impulso es igual: las consecuencias simplemente no merecen el placer momentáneo y la indulgencia.

➤ **Distraiga su atención del impulso.** Al principio, es probable que este enfoque le sea de gran ayuda. En vez de rendirse, sustitúyalo con otra conducta a fin de distraerse mentalmente del impulso o el antojo. Estas son algunas sugerencias sanas:

  ➤ Cierre los ojos, respire profundo y relájese. Esta acción le ayudará a liberar la ansiedad.

  ➤ Aléjese de la causa. ¿Se siente tan frustrado con su trabajo que se sirve una taza de café? Salga de su oficina durante unos cinco minutos o concéntrese en otra tarea hasta que deje de pensar en la frustración y el impulso. Puede tomar una taza de té; casi todos contienen menos cafeína que el café.

➤ **Imagínese un resultado negativo, y cuanto más negativo y gráfico, mejor.** Si su problema es beber de más en las comidas de negocios, imagínese que debido a su comportamiento pierde el trato, o incluso el trabajo. Si usted quiere evitar perder el control sobre el dinero, imagínese tener que pagar la hipoteca de su casa o pedirle un préstamo a sus padres.

Mantenga el curso

El mensaje de este capítulo es sencillo: la recaída es una parte natural del proceso de cambio. No significa que usted fracasó o que es débil. En cada recaída aprenderá algo nuevo de sí mismo, de sus puntos fuertes y del estrés y las tensiones en su vida que le representan un reto. Usted mejor que nadie sabe lo que funciona y qué le hace tropezar. Todo será más sencillo y cada vez tendrá menos impulsos, siempre y cuando se suba de nuevo al caballo y siga adelante hacia un futuro sin malos hábitos.

A fin de ayudarle a que vea el panorama en general, le sugerimos que vaya a la papelería y compre una caja de estrellas doradas autoadheribles. Pegue en su Registro diario de progreso o en un calendario normal, una estrella por día que maneje bien. Coloque una estrella en el día que resistió con éxito ante el impulso o aprendió algo importante sobre su motivación y compromiso. Al terminar la semana, el mes y luego el año, podrá revisar el extraordinario progreso que lleva: un universo de inspiración repleto de estrellas.

Capítulo 10

Identifique los antojos

¿Usted fuma? Entonces estamos seguros que nos dirá, como la mayoría de los fumadores, que pocas cosas son más satisfactorias que ese primer cigarrillo en la mañana o ese otro después de cenar. ¿Qué hay del placer de una buena botella de vino durante los alimentos, seguida por un café irlandés o un buen brandy o coñac? ¿Las seis cervezas viendo algún partido o un refresco helado en la playa? ¿Qué tal el aroma delicioso y esa sensación tan agradable que le produce tomarse un café antes de ir a un desayuno de negocios? Con respecto a la comida: bueno, desde la culpa por comerse esa deliciosa dona a las 3 de la mañana, hasta un suntuoso festín de siete tiempos, la comida es lo que nos sostiene y nutre nuestro cuerpo.

La naturaleza del antojo

El deseo, la necesidad, la satisfacción y el placer son naturales, son respuestas e instintos básicos que experimentamos a diario (quizá cada hora) todos los seres humanos y la mayoría de los animales. ¡Tener un antojo es bueno y sano! El objetivo primario de comer o ingerir una sustancia (sí, tenemos objetivos primarios, incluso en el siglo XXI) es mantenerse con vida. Se nos antoja alimentarnos y los alimentos nos producen placer. Asimismo, tenemos otros antojos instintivos. A nivel psicológico, todos necesitamos el amor, apoyo y consuelo de las personas que nos rodean a fin de que nuestra mente y alma de desarrollen de manera saludable. Si usted duda que la gente en realidad necesite de los demás, sólo observe la alegría y reafirmación que un bebé obtiene de sus padres. La alegría del contacto humano empieza al nacer y continúa durante toda la vida.

En el mundo actual acelerado y lleno de estrés, nuestros antojos primarios parecen satisfacerse con facilidad. Ya no tenemos que cazar o recolectar alimentos (al menos no en muchos países); sólo vamos al supermercado, pagamos y nos podemos llevar la comida conveniente, empaquetada y lista para calentarse en el horno de microondas. Lo que deseemos. La publicidad de las compañías telefónicas nos dice a diario que comunicarle nuestro amor a otro ser humano está a una llamada, un fax o un correo electrónico de distancia. Ya no necesitamos una carreta para ver y tocar a alguien; tenemos trenes, aviones y automóviles. Todo es muy fácil, quizá demasiado. El alcohol, la nicotina, la cafeína y alimentos de todo el mundo, sean o no de temporada, están al alcance de la mano todo el año. Ya nada es un lujo. Vivimos un festín eterno que los publicistas redondean estimulando nuestro apetito para cada delicia.

Así pues, cuando algo no nos sale bien, cuando sucede algo que nos desequilibra o estresa, un mundo de abundancia se convierte en un mundo de tentaciones. Buscamos el placer garantizado e incondicional que nos ofrecen las sustancias que nos aceleran rápido como la cafeína, la nicotina, el alcohol o ciertos alimentos. Después de todo, la cafeína nos brinda el don de la concentración cuando la necesitamos, sin que nos regañe por llegar tarde o posponer algo. Una copa de vino nos relaja sin pedirnos revelar la fuente o la causa de nuestra angustia, como sin duda lo haría la mayoría de los cónyuges. La taza de helado alto en grasa y azúcar se convierte en un pozo sin fondo de amor en el que nos sumergimos. Y el décimo cigarrillo del día, bueno, es justo lo que necesitamos para seguir adelante.

Cuando no tiene más remedio que hacerlo

"Lo desafortunado respecto a este mundo es que los buenos hábitos se abandonan con mucho más facilidad que los malos". El escritor W. Somerset Maugham sabía lo que decía. Cuando se trata de sustancias como el alcohol, la nicotina, la cafeína y los alimentos, existen muchas razones biológicas y psicológicas que facilitan el desarrollo de los malos hábitos más difíciles de vencer. Cuando se da el gusto, se siente bien. Lo anterior se debe a que los químicos que componen estas sustancias detonan cambios muy reales, físicos y placenteros, en el cerebro (cuando menos al principio). De modo que, cuando intenta romper con un mal hábito relacionado con una sustancia, está luchando una batalla con dos frentes: el mental y el físico.

¿Todo es mental?

Es cierto: algunas personas pueden beber sólo un poco, tomar o dejar la cafeína, y comer sólo cuando tienen hambre. Hay muy pocas personas que pueden fumar unos cuantos cigarros y luego dejar la cajetilla sin problema. En el otro extremo del espectro, todos hemos escuchado historias o sabemos de alguien que vivió 90 años y fumó, bebió o comió todo lo que quiso y cuando quiso.

Pero casi ninguno tenemos la "bendición" de encontrarnos en una de ambas direcciones. Para millones de personas, los antojos de estas sustancias benévolas en ocasiones lentamente (y en otras de manera súbita) se convierten en hábitos de avaricia. Los componentes del vino, la cerveza, el licor, los cigarros, los puros, el café, los refrescos de cola y todos los alimentos, pueden dividirse en químicos poderosos que producen efectos profundos en su cuerpo; efectos que, toda vez que ya tiene el hábito de ingerirlos, a menudo le hacen difícil resistirse al impulso. ¿Entonces todo está en su cabeza? Pues, sí y no. Sus problemas surgen cuando la fuerza de los sentimientos de asociación de lo que come, bebe o fuma se combinan con los efectos químicos de estas sustancias en su cuerpo. Veamos con detenimiento de qué manera el comer, beber o fumar puede afectar a nivel emocional:

➤ **Bienestar y amor.** ¿Se siente solo el sábado en la noche? Se come un buen plato de pasta, toma una cerveza o fuma un cigarro. (¿Pero cuánto tiempo pasará antes de que el bienestar se convierta en incomodidad?) ¿Se estresa en el trabajo? Se sirve otra taza de café; el simple hecho de sentir la taza en sus manos le da la sensación de seguridad (hasta que siente nerviosismo y ya no puede concentrarse, y la acidez se apodera de su estómago).

➤ **Recompensa.** ¿Consiguió ese gran contrato con los agentes de bolsa? ¿Sobrevivió a una semana difícil con los niños? Entonces se ganó ese segundo (o tercer) martini el viernes por la noche. (¿Pero realmente se merece la recompensa de la cruda del día siguiente?)

➤ **Estimulación.** ¿Se siente cansado en la noche? Un refresco de dieta con cafeína lo levantará. (¿Pero qué pasa si son las 3 de la mañana y todavía no se puede dormir? ¿Le ayudará comerse esa última dona?) ¿Está aburrido o agotado? Tal vez se sienta mejor si va a un bar y se toma una cerveza y fuma un cigarro. (¡Hasta que se da cuenta que su familia no lo ha visto en una semana!)

➤ **Relajación.** En las fiestas siempre se siente tenso e inquieto, pero se calma de inmediato cuando come bocadillos (excepto que el peso adicional sólo le hace sentirse más inseguro en la siguiente fiesta). Lo mismo sucede con ese cigarro (aun cuando su anfitrión le pide que fume afuera, acabando así con el propósito de estar en la fiesta).

➤ **Distracción.** ¿No puede enfrentar lo que le está molestando? La comida, la bebida, el cigarro, la cafeína. Pero, ¿acaso es la salida fácil para escapar, o una trampa que a final de cuentas conduce a desafíos aún más profundos y problemáticos?

Su primer reto emocional al tratar de romper con los antojos del mal hábito es entender conscientemente la diferencia entre satisfacer un impulso normal de nutrición y dejarse llevar de manera codiciosa ante los impulsos apasionados e incontrolables de los excesos. Ésa es la tensión siempre presente entre "querer" y "necesitar". Es distinguir entre comer o tomar sólo una y buscar comerse todo.

Pero existe otro reto: el desafío de separar la responsabilidad de su placer de las sustancias que absorbe y reinvertirla en usted mismo. Quizá al principio le parezca difícil, pero si lo hace obtendrá beneficios físicos y mentales casi inmediatos. De hecho, en cuanto empiece a creer que puede hacerlo y que usted lo vale, será más fácil manejar el proceso de cambio.

¿Acaso es algo químico?

Su cuerpo funciona a través de una compleja relación de procesos químicos que controlan todo, desde la digestión hasta el reemplazo de células. Por tanto, suena lógico que las sustancias que introduce en su cuerpo afectarán la forma en que éste trabaje, ya sea para bien o para mal. Algunas de las reacciones químicas del cuerpo se llevan a cabo en una parte del cerebro llamada *sistema límbico*, el cual involucra emociones, recuerdos y sentimientos de placer y satisfacción. En este punto es donde el efecto de los antojos en la mente y el cuerpo se convierten en un arma que da origen a adicciones físicas tan difíciles de romper.

Sea cual fuere la sustancia, el patrón básico de un antojo es el mismo: un ciclo interminable (como un ocho). El periodo de satisfacción o placer lo experimenta poco después de ingerir la sustancia. Lo anterior se debe a que las sustancias se adhieren a ciertos receptores en el cerebro que producen estas sensaciones agradables.

Por desgracia, esta sensación de satisfacción casi siempre es breve, a menudo seguida de una baja de estado de ánimo y después de nuevos antojos. En algunos casos, el ciclo es recurrente con horarios específicos que dependen de cuánto tiempo ocasione cambios en el cerebro esa sustancia en particular. Por ejemplo, en los fumadores, el ciclo de la nicotina puede ser de 20 minutos (lo cual explica por qué es tan fácil fumar un cajetilla completa o más al día: el antojo se reactiva cada veinte minutos).

Los científicos descubrieron que cuando el mismo sistema involucrado en los antojos encuentra algo gratificante, incluyendo el sexo, comer chocolates o terminar un trabajo bien hecho, también es el responsable de producir una sensación de placer.

Con razón cuando nos sentimos mal recurrimos a los cigarrillos, el alcohol, la nicotina, la cafeína o los alimentos. Están diseñados para hacernos sentir bien en un momento apremiante, y ésa una propuesta difícil de rechazar, en especial cuando nuestras emociones están vulnerables.

Cuando la fuerza de voluntad no es suficiente

Existe una línea muy delgada entre un mal hábito, la conducta repetitiva que tiene consecuencias negativas; y una adicción, un mal hábito, que virtualmente se apodera de su vida y causa trauma físico y emocional cuando ya no se deja llevar por el mismo.

Existen muchas formas de saber si esa adicción empieza a dominarlo. Si comienza a notar que necesita un trago después de un día estresante o que sólo se siente satisfecho y relajado cuando come con exageración, sus emociones lo están conduciendo a una cuesta muy resbalosa. Si acaso nota que cuando deja de beber café o alcohol experimenta los síntomas de abstinencia (irritabilidad, temblor, depresión o náusea, entre otros), entonces su cuerpo ya tiene una adicción física. Está por demás pensar que la afirmación "sólo diga que no" es lo bastante convincente para un cuerpo atrapado en un estimulante químico. De ahí la dificultad de romper con este tipo de mal hábito particular. Por eso no basta tener fuerza de voluntad.

Evalúe su consumo actual de sustancias para descartar la posibilidad de que su problema sea más que un mal hábito. Conteste las siguientes preguntas lo más honestamente posible:

1. ¿Ingiere alcohol, fuma, toma cafeína o come en cantidades mayores de lo que normalmente pretende?

   Sí ____   *No* ____

2. ¿Intentó renunciar a sus conductas negativas relacionadas con una sustancia en el pasado, pero se sintió agobiado por los deseos o antojos persistentes?

   Sí ____   *No* ____

3. ¿Rechaza otras cosas con el fin de sucumbir ante su antojo?

   Sí ____   *No* ____

4. ¿Sigue teniendo una conducta negativa a pesar de saber que está dañando sus relaciones o a sí mismo?

   Sí ____   *No* ____

5. ¿Alguna vez sintió síntomas de abstinencia cuando intentó dejar de usar la sustancia?

   Sí ____   *No* ____

6. ¿Alguna vez se desmayó después de estar bebiendo?

   Sí ____   *No* ____

7. ¿Cada vez necesita mayor cantidad de la sustancia para alcanzar el mismo nivel de placer o satisfacción?

   Sí ____   *No* ____

Si contestó afirmativamente a más de una de estas preguntas, es probable que su relación con la sustancia ya sea un problema. En caso de que así sea, deberá consultar cuanto antes a su médico o a otro profesional de la salud. Al menos tiene un mal hábito que vale la pena romper.

Arriba, en la cuerda floja

Equilibrio. El acróbata que cruza el caos de las Cataratas del Niágara sobre la cuerda floja nos invade de admiración, emoción, espanto, miedo y respeto. Nos hace producir adrenalina. Estar allá arriba es muy atrevido y salvaje. Pero un solo movimiento en falso...

Es probable que sienta lo mismo cuando se deja llevar por el antojo de un mal hábito. Al principio es emocionante y la excitación va acompañada de la sensación de control y dominio. Pero cuando su cuerpo empieza a pedir más y su antojo se convierte en adicción física se altera el equilibrio. ¿Recuerda la homeostasis: la tendencia natural del cuerpo a mantener estabilidad interna? Los antojos que se vuelven adicciones impiden una homeostasis saludable. Le apostamos que ese acróbata no cruzaría las cataratas bajo la influencia de una sustancia. (Espere un momento, tal vez apostar no sea tan buena idea. ¡No queremos fomentar un nuevo hábito que implique un riesgo! Más bien, entienda lo que queremos decir.)

Para ser feliz y exitoso en un mundo turbulento, todos debemos alcanzar una sensación de equilibrio y dominio, y no hay nada mejor que descubrir la claridad física y mental que resulta de romper con el antojo de su mal hábito. Es probable que tarde más de un día o un mes, pero pronto se dará cuenta de que tiene el rumbo, la concentración y la fuerza para enfrentar los retos existenciales sin depender de una relación enfermiza con una sustancia.

Capítulo 11

Disminución del consumo de alcohol

¿Se marea un poco con sólo darle unos tragos a su copa de vino y, sin embargo, su mejor amigo se empina dos caballitos de tequila sin sentir nada? Ninguno de ustedes tiene un "problema" con el alcohol, a menos que no puedan dejar de beber. El alcohol afecta a cada persona en forma única. La cantidad de alcohol que usted puede manejar, si acaso, depende de una variedad de factores, incluyendo antecedentes familiares, su estado de ánimo actual y de salud general, y las circunstancias personales.

La bebida: un pasatiempo internacional

¿En la mañana se despertó con la cabeza dándole vueltas y el estómago revuelto? ¿Le preocupa algo que dijo o hizo bajo la influencia del alcohol y que pudiera revertírsele? De ser así, no está solo. Al contrario.

Nuestra vida social con frecuencia incluye la presencia del alcohol en fiestas, presentaciones de negocios, eventos deportivos y bares. Acompañamos los alimentos con una copa de vino y hay quienes, después de cenar, toman un coñac. Bebemos para relajarnos, animarnos, calmarnos, inspirarnos, escapar o sencillamente porque disfrutamos el sabor del licor. La gente se mueve a un paso acelerado y un trago puede aliviar las presiones de llevar el ritmo de una sociedad tan demandante. Esta situación provoca que muchas personas beban demasiado, y a que otros más resbalen ante el terrible camino del *alcoholismo*.

Sólo a manera de comentario, una bebida estándar se considera 12 onzas de cerveza, 5 onzas de vino o una onza y media de licor. Cada una de estas bebidas contiene casi la misma cantidad de alcohol absoluto, que es media onza o 12 gramos.

Se supone que más de uno o dos tragos al día se considera como beber de manera inmoderada, o que la forma de beber tiene el potencial de afectar su salud y su vida personal.

Relación entre el alcohol y el cuerpo

¿Alguna vez se preguntó qué hay en esa botella de licor que tiene el poder de afectarle tan dramáticamente? El responsable de que todo gire es el alcohol etílico (etanol) y ocurre en forma natural por la fermentación del azúcar y la levadura.

En cuanto toma una bebida, el torrente sanguíneo absorbe de inmediato 20 por ciento del alcohol a través de la pared estomacal. El 80 por ciento restante tarda un poco más porque primero pasa a través del intestino delgado, pero tarde o temprano también llega al torrente sanguíneo. Una vez en acción, el alcohol viaja por todo el cuerpo y afecta casi todos los órganos.

➤ **El cerebro.** El alcohol retarda o deprime las áreas centrales de control en el cerebro. Los efectos secundarios de beber sin moderación son el mareo, la reacción lenta de los reflejos y la falta de coordinación (por ello el beber y conducir un vehículo son un dúo mortal). Sin embargo, el alcohol al mismo tiempo actúa en el cerebro a fin de liberar inhibiciones, conduciendo a una sensación de relajación, tranquilidad e incluso alegría. Ahí está la clave, ¿verdad? Se siente bien.

➤ **El hígado.** Como el hígado está ocupado metabolizando 95 por ciento del alcohol, se le "olvidan" otras funciones tales como mantener los niveles adecuados de glucosa (azúcar en la sangre) en el cerebro.

➤ **El estómago.** ¿Siente náuseas mientras, o después de que, toma? El alcohol irrita el esófago (la tráquea) y el estómago. Hace que el estómago secrete ácidos digestivos, lo cual provoca náusea, vómito y sangrado gastrointestinal.

➤ **Los riñones.** ¿El retrete es su mejor amigo mientras bebe? El alcohol ocasiona que orine más seguido y pierda más líquidos de los que bebió, produciéndole deshidratación.

➤ **La boca.** ¿Las palabras "boca seca" le suenan familiares? Beber con exageración causa este síntoma incómodo porque el alcohol "confunde" a las glándulas salivales, y la boca se seca.

Si usted es como la mayoría de la gente, el hígado puede metabolizar entre media y una onza de alcohol puro por hora, lo cual es el contenido aproximado de una cerveza, una copa de vino, o una bebida de licor. Si bebe más de eso, es muy probable que se ponga ebrio y al día siguiente tenga resaca. Otros factores que contribuyen a la forma en que el alcohol afecta incluyen:

➤ **La cantidad total de alcohol que consume.** Cuanto más beba, más "alegre" se pone, a menos que beba muy despacio.

➤ **Su estatura, género, constitución física y metabolismo.** Hablando en términos generales, a mayor peso, más alcohol puede beber sin embriagarse; las mujeres no metabolizan el alcohol con tanta eficacia como los hombres; y cuanto más rápido metabolice su cuerpo los alimentos, en general, manejará con mayor eficacia el alcohol.

➤ **El tipo y la cantidad de alimento en su estómago.** Si bebe con el estómago vacío, el alcohol tendrá efecto más inmediato y dramático. Los productos lácteos disminuyen la absorción de alcohol porque recubren el estómago.

Beber o no beber, ésa es la cuestión

¿Vale la pena el placer de beber a pesar de los molestos efectos secundarios a corto plazo y los riesgos de salud a largo plazo por beber demasiado? Aun cuando estudios recientes revelan que el consumo de una o dos bebidas al día reduce en forma importante el riesgo de enfermedades cardiacas tanto en hombres como en mujeres de todas las edades, no debe convertirse en una excusa para beber más de lo que su cuerpo, o su vida, puede manejar.

La bebida crónica y a largo plazo conlleva muchos riesgos graves para la salud. La hepatitis y la cirrosis (cicatrización) hepática ocurren cuando el hígado se satura de una vida de procesar el alcohol en el cuerpo. El daño cerebral, debido al consumo excesivo de alcohol, es la segunda causa de la enfermedad de Alzheimer que implica pérdida de memoria y deterioro de las habilidades de pensamiento en los adultos. El alcohol en grandes cantidades contribuye a riesgo de cáncer de hígado, estómago, colon y mamario. Estudios demuestran que una o dos bebidas al día pueden incrementar de 30 a 50 por ciento el riesgo de cáncer de mama en la mujer.

Si todavía quiere tomarse un trago de vez en cuando pero teme que pueda perder el control por su forma de beber, es primordial que haga el ejercicio que describimos al principio del libro a fin de que descubra por qué bebe. Si entiende el origen de su impulso por tomar esa cerveza o un whisky en las rocas, encontrará las claves importantes para que empiece a trabajar de modo que su forma de beber regrese a un nivel agradable que no afecte su salud ni sus relaciones con otras personas.

Por desgracia, las propiedades del alcohol con el tiempo son progresivamente más letales, y conforme su cuerpo desarrolle una tolerancia, empezará a necesitar cada vez más alcohol para lograr la misma sensación elusiva de placer y evasión. Si lo domina esa urgencia de una bebida de más, deténgase por un momento y piense dónde podría terminar de continuar por este camino pantanoso. Un paseo al aire libre, abrazar a su hijo, ir al cine o cinco minutos de ejercicios de respiración para relajarse y calmarse, pueden ser alternativas más productivas que ese trago que tanto desea.

Tal vez lo considere divertido, pero tengo una amiga que rara vez ha bebido alcohol en su vida; sin embargo, cuando está bajo presión, grita "en este momento me urge un trago". ¿Qué hace? Se va a un lugar tranquilo sin distracciones y practica 10 minutos de yoga. Siempre le funciona, así que no necesita la bebida, sino aliviar el estrés que en nuestra sociedad hemos llegado a creer que con el alcohol sí se logra.

Cuándo la bebida es un problema

Su relación con el alcohol es muy personal y también afecta a su cuerpo en una forma muy personal. Pero la decisión de beber no sólo le afecta a usted. Su trabajo, su familia y sus amigos se convierten en participantes de su relación con la botella. Lo anterior se debe a que, cuando está bajo la influencia del alcohol, de igual modo lo está toda su vida.

Conteste las siguientes preguntas para encontrar algunas claves que le indiquen si su forma de beber se ha vuelto un problema:

1. ¿Bebe con la intención de embriagarse?

   Sí ____   *No* ____

2. ¿Piensa que la bebida le ayudará a resolver sus problemas?

   Sí ____   *No* ____

3. ¿Bebe para calmarse antes de una situación estresante por venir?

   Sí ____   *No* ____

4. Cuando bebe, ¿siente que cambia su estado de ánimo, que está más agresivo o depresivo?

   Sí ____   *No* ____

5. ¿Le preocupa saber dónde y cuándo será la próxima vez que beba?

   Sí ____   *No* ____

6. ¿Siente resaca o se desmaya con frecuencia?

   Sí ____   *No* ____

7. ¿Miente sobre su forma de beber?

   Sí ____   *No* ____

8. ¿Falta al trabajo o no llega a otras citas porque estaba bebiendo?

Sí _____   No _____

9. ¿Con frecuencia bebe a solas?

Sí _____   No _____

10. ¿Se le antoja un trago en la mañana?

Sí _____   No _____

Si contestó sí a dos o más preguntas, es probable que esté desarrollando una dependencia al alcohol. Es indudable que debe cuestionar seriamente sus hábitos de la bebida y pensar de qué forma puede aprender a controlar mejor su conducta al respecto.

Otra vez se pasó en la fiesta

Como el alcohol tiende a liberar las inhibiciones, parece un "socializador" perfecto para las personas que se sienten inquietas en fiestas y otras situaciones sociales.

Por desgracia, cuando se deja llevar demasiado por el alcohol, a menudo el resultado es más que una resaca. Beber con exageración en una fiesta de la oficina o durante una cita, puede tener consecuencias desagradables e incluso peligrosas. Regañar al jefe, coquetear con una colega, revelar demasiada información personal o caerse frente al presidente de la compañía, son sólo algunas formas en que la pérdida de control puede afectar tanto su juicio como su reputación profesional.

Si puede, en esas ocasiones evite por completo las bebidas alcohólicas. Si no puede o no quiere hacerlo, beba un trago y luego cambie a refresco o agua mineral. ¿Y quién dice que debe anunciar que su bebida no contiene alcohol? Sólo el cantinero tiene que saberlo. Si necesita más disciplina para controlar su bebida en una fiesta o una presentación social, vaya con un amigo y haga un trato con él respecto a los límites que le gustaría establecer para su forma de beber. Lleguen a un acuerdo en cuanto a la hora que debe dejar de tomar y la hora que deben salir de la fiesta. Pueden hacer planes para ir al cine o encontrarse con alguien después, pero no se quede hasta la una de la mañana cuando las únicas personas que todavía están de fiesta son los que han bebido demasiado.

Un punto interesante es que bien puede estar en una situación social y sin embargo, beber solo. Por ejemplo, si llega a casa después del trabajo, se relaja y se sirve una copa en vez de platicar con su cónyuge o jugar con sus hijos, está bebiendo solo, aunque esté rodeado de gente.

Beber solo

Beber demasiado es un problema, no importa dónde se encuentre: en una fiesta grande con cientos de invitados o solo en la sala de su casa. Sin embargo, una señal de que perdió control sobre su manera de beber o que está bebiendo para cubrir sentimientos de soledad o ansiedad es que normalmente bebe más de lo que planea, a solas.

Beber a solas puede ser una manera enfermiza de protegerse de sentimientos de soledad e inseguridad. El hecho de dejarse llevar por este mal hábito no le permitirá enfrentar y superar sus dificultades para conectarse con otras personas. Si le preocupa la cantidad que bebe cuando está solo, pida el consejo de un amigo de confianza o de un médico.

Beber en parrandas: una tendencia peligrosa

Si es adolescente o universitario, o si ama a alguien en esas condiciones, entonces está en el riesgo particular de un peligro conocido como beber en la parranda. La parranda se define como el consumo de cinco o más bebidas consecutivas para los hombres durante una sola ocación, y cuatro o más para las mujeres.

Por supuesto, beber sólo para embriagarse (que en nuestra opinión es otra definición fina de parranda) no es una práctica exclusiva de los jóvenes. En realidad, las parrandas peligrosas comprenden a más de 50 por ciento de todos los que beben. No cabe duda de que algunos adultos también sienten la necesidad de "ahogar sus penas" o "divertirse" hasta el exceso y luego negar que tienen un problema porque no beben todos los días.

Nunca podremos subrayar lo suficiente los peligros de las parrandas, tanto para su salud como para el bienestar de las personas que le rodean. Si se da cuenta de que bebe demasiado, aun cuando no sea regularmente, a usted le compete explorar las razones de por qué lo hace y buscar una manera de detenerse, quizá mediante las estrategias que ofrecemos en este libro.

Odio la resaca

"Me da lástima la gente que no bebe", bromeaba el distinguido alcohólico Dean Martin. "En la mañana se levantan y se sienten igual de bien que como se sentirán todo el día." ¡Vaya palabras valientes y quizá tontas, de un hombre que murió a causa de una enfermedad hepática!

La resaca es la forma en que su cuerpo le dice que se está envenenando con alcohol y que se sentirá muy mal hasta que su cuerpo se recupere. Aquí presentamos algunas de las razones por las cuales su cuerpo reacciona en una forma tan desagradable:

➤ **Producción de acetaldehído.** ¿Alguna vez oyó hablar del formaldehído, la sustancia que usan las funerarias para preservar los cadáveres? Bueno, pues su hígado produce un químico relacionado cuando descompone el etanol (la parte activa del alcohol).

➤ **Deshidratación.** El alcohol es un diurético, lo cual significa que provoca una mayor eliminación de líquidos por parte de los riñones a fin de expulsar el alcohol del cuerpo. La deshidratación le hace sentir debilidad y letargo, y le seca la boca en una forma exagerada.

➤ **Químicos tóxicos.** Si bebe demasiado, ciertos químicos que se producen durante el proceso de fermentación y destilación, conocidos como congéneres, pueden envenenarlo en forma ligera.

➤ **Efectos en el sueño.** ¿No le parece raro que duerma como lirón y luego se despierte agotado? El efecto anestésico del alcohol interfiere con la capacidad del cerebro para producir una cantidad adecuada de REM (la etapa de los sueños al dormir), que en parte es el causante de la fatiga que siente en la mañana después de haber bebido de más.

Es mejor estar sobrio

Si está leyendo este capítulo, quizá considere adecuado controlar su forma de beber. Tal vez la bebida limite su vida social. Si se pasa casi todas las tardes que tiene libres en un bar, es poco probable que salga con frecuencia al teatro, a la inauguración de una galería o a una lectura de poesía. ¿Y qué hay del ejercicio? Por supuesto que cuesta trabajo tomarse un martini mientras levanta pesas.

Tome la decisión de no beber

Existen muchas buenas razones para abstenerse de beber alcohol de una vez por todas. Si tiene antecedentes familiares de alcoholismo, problemas médicos que contraindican el consumo de alcohol o simplemente no disfruta cómo se siente durante o después de beber, entonces tiene muy buenos motivos para elegir esta opción.

La dificultad de que se abstenga de tomar por sí solo sin la orientación de un médico u otro profesional de la salud, dependerá de la cantidad que haya bebido en meses recientes. Le sugerimos que haga una cita con su médico para que elaboren el plan que mejor le funcione.

Aprenda a ser moderado

Si decide beber de manera responsable y moderada, a continuación encontrará algunas sugerencias que le ayudarán a empezar.

Desde luego que lo primero que debe hacer es llevar un registro de su forma de beber. Claro que sí, va a necesitar su Registro diario de hábitos conforme llega a buenos términos con su bebida. Observe el momento en que siente el impulso de beber y qué lo provoca, cuánto bebe y cómo se siente, y los efectos posteriores que produce el episodio con la bebida.

Otra herramienta más simple que quizá le parezca de provecho aunque sea para empezar es un "Diario de la bebida". En él puede anotar cada vez que toma un trago durante cuatro semanas. Podría hacerlo más o menos así:

Día	# de bebidas	Tipo de bebida	Lugar donde la consumió
Lunes	_____	_____	_____
Martes	_____	_____	_____
Miércoles	_____	_____	_____
Jueves	_____	_____	_____
Viernes	_____	_____	_____
Sábado	_____	_____	_____
Domingo	_____	_____	_____

Quizá le sorprenda cuánto y cuándo bebe. Si los resultados le molestan, probablemente es el momento de que controle su consumo. De ser así, querrá dar un salto al segundo paso: establecer una meta respecto a la bebida. Elija un límite (diario, semanal o en un evento especial) y apéguese a él. Si no puede, es señal de que tal vez necesite ayuda externa. Piense en hacer para sí mismo un "Contrato de las metas respecto a la bebida" a fin de que inicie por el camino correcto. Podría ser algo así:

Mi contrato de las metas respecto a la bebida

Empezaré en esta fecha: _____

No beberé más de _____ tragos en un día.

No beberé más de _____ tragos en una semana.

Firma: _____

Por supuesto, si decide no beber nada, también puede establecerlo en el contrato. Asegúrese de firmarlo y apegarse a él lo mejor que pueda.

Las siguientes son algunas sugerencias que deberán ayudarle a que aprenda a controlar su forma de beber de manera lenta pero segura:

➤ **Desígnese usted mismo el "conductor designado".** Si no le molesta rechazar un trago, avise a sus amigos que va a conducir el auto a casa, sobrio.

➤ **Lleve sus propias bebidas sin alcohol.**

➤ **Beba despacio.** Tome pequeños tragos, de preferencia para que su bebida dure cuando menos una hora. Luego descanse una hora antes de beber otra (si así lo decide). Mientras tanto, beba mucha agua y jugo de frutas, lo cual le ayuda a limpiar su sistema.

➤ **Descanse del alcohol.** Elija uno o dos (o más) días en los que no beberá nada. Luego trate de dejar de beber toda una semana. Piense cómo se siente física y emocionalmente los días de abstinencia. Le garantizamos que se sentirá más alerta y con mayor energía. Pronto preferirá no beber más.

➤ **Aprenda a decir no.** Controlar sobre su mal hábito le da más opciones, no menos. No está obligado a beber cuando la gente a su alrededor lo haga. No tiene que aceptar esa copa que alguien le ofrece.

➤ **Amplíe sus horizontes.** Busque algo nuevo qué hacer con el tiempo que solía pasar bebiendo o sufriendo la resaca. Salga a comer más a menudo, vaya al cine, tome clases de algo, aprenda un nuevo deporte o inscríbase a un gimnasio. Dependiendo de la cantidad que solía beber, tal vez pueda darse el lujo de estas nuevas aventuras con el dinero que está ahorrando al no comprar alcohol.

➤ **Consiga apoyo.** Nosotros lo sabemos y usted también: no va a ser fácil que beba menos. Pida a sus amigos y familiares que le ayuden a alcanzar sus metas. Si sus "amigos" no apoyan su decisión, quizá sea el momento de buscar nuevos compañeros. Consulte a su médico y únase a un grupo de apoyo.

➤ **Cuídese de las tentaciones.** Evite las personas, los lugares o las situaciones que le provoquen el impulso de caer en el hábito. Si sabe que su amigo Roberto no conoce el significado de la frase "tomaré sólo agua mineral, gracias" un viernes por la noche, busque verlo en ocasiones donde sea menos probable que pueda beber.

➤ **Observe su estado de ánimo.** No beba cuando esté enojado, alterado o deprimido. Las emociones fuertes como éstas son detonadores comunes de la bebida.

➤ **Vigile su condición física.** Algunas personas nunca toman porque son incapaces de tolerar los efectos de la bebida. Si sospecha que usted es una de esas personas, consulte a su médico.

➤ **No se rinda.** La forma de ganar esta carrera es ir despacio pero con paso constante. Si su meta es abstenerse completamente o tomar con moderación, hágalo un día a la vez.

Capítulo 12

¡Apague
ese cigarro!

"Sería como cortarme una mano".

"Lo he intentado. Dios sabe que lo he intentado. No tengo fuerza de voluntad. Fumar es parte de mi vida".

"¿Dejar de fumar? Nunca. Me gusta vivir en el peligro y al diablo con esas personas que me dicen que debo dejarlo".

¿Le suenan conocidos algunos de estos enunciados? ¿Siente que su hábito de fumar está tan arraigado que nunca podrá vivir sin él? ¿Ha intentado dejarlo y ha fracasado? ¿O está montado en su macho y rechaza los mejores consejos de familiares y amigos (así como de los médicos expertos en todo el mundo)? El problema es que, a diferencia de muchos otros malos hábitos, no hay forma de moderar el hábito del cigarro. En realidad no puede fumar sólo uno o dos. No puede disminuir y controlar su hábito. Después de un gran esfuerzo, es probable que llegue a fumar uno o dos al día durante más o menos una semana, pero pronto estaría de vuelta con media cajetilla, una entera o más al día.

No se encuentra solo en su lucha. Millones de personas siguen fumando, aunque conocen, al igual que usted, los terribles riesgos para la salud que ello implica. ¿Eso significa que usted o sus compañeros fumadores son demasiado débiles o que carecen de fuerza de voluntad? Claro que no. Está luchando una batalla muy dura contra la sustancia adictiva llamada nicotina, así como contra años de conductas aprendidas relacionadas con el cigarro. Muchos médicos sugieren que la mejor manera de combatir esta adicción es mediante el uso de una combinación de estrategias de conducta y medicamentos. De ello hablaremos en este capítulo.

¿Por qué, pero por qué es tan difícil dejar de fumar?

No hay duda de ello: dejar de fumar es uno de los retos más difíciles conocidos por la humanidad. Casi 30 por ciento de los fumadores intentan dejarlo cada año, pero sólo 2 o 3 por ciento lo logra. El fumador promedio trata de dejarlo cuatro veces antes de tener éxito. Aun así, muchas personas que fumaban han logrado dejarlo. Y usted también puede hacerlo, por su salud, por su autoestima y control en sí mismo, y por su futuro.

¿La nicotina es adictiva?

La respuesta a esa pregunta es un irrefutable y sonoro sí. C. Everett Koop, eminente médico, compara la adicción a la nicotina con la de la heroína. De acuerdo con un estudio realizado en el Centro de Ciencias de la Salud Henry Ford en Detroit, cerca de 90 por ciento de los fumadores son usuarios diarios persistentes y 10 por ciento son usuarios ocasionales. Es casi el porcentaje contrario de otro mal hábito, el beber en exceso. Sólo entre 10 y 15 por ciento de las personas que beben se vuelven bebedores dependientes con problemas, mientras que la mayoría de las personas ingiere alcohol en forma ocasional.

¿Qué hace que la *nicotina* sea tan adictiva? La nicotina llega al cerebro apenas 11 segundos (cinco latidos del corazón) después de dar la primera fumada a un cigarrillo, donde se adhiere a ciertos receptores en la parte del cerebro llamada sistema límbico. Esta acción libera los químicos llamados neurotransmisores que afectan el conocimiento y el estado de alerta, así como las sensaciones de placer y satisfacción. La nicotina también aumenta la asimilación de glucosa, un nutriente de energía, por parte del cerebro. Por último, la nicotina disminuye la comunicación entre ciertas partes del cerebro, lo cual le hace sentir más relajado. La nicotina también eleva la presión arterial y ritmo cardiaco, dándole la sensación de estimulación y mayor energía.

Ahora puede entender por qué se le antoja la nicotina: le ayuda a pensar más rápido, calmarse y sentir placer, todo en 11 segundos. Si fuma una cajetilla diaria e inhala diez veces cada cigarro, estimula su cerebro con la nicotina 200 veces al día. Sin embargo, la mayoría de las personas, desafortunadamente, desarrolla una tolerancia a la nicotina, por lo que es probable que cada vez necesite más nicotina para sentir el mismo efecto.

Los anteriores son nada más los aspectos fisiológicos de la adicción al cigarro. Pero hay más, mucho más, sobre este hábito que involucra los pulmones y el cerebro.

La sensación en sí misma

El filósofo existencialista francés Jean-Paul Sartre, fumador de toda la vida y que finalmente dejó de hacerlo, escribió:

"En verdad, no me importaba mucho el sabor del tabaco que estaba por perder. Más bien, era el significado del hecho de fumar. Solía fumar en presentaciones, en las mañanas en el trabajo, en las noches después de cenar, y tenía la idea de que al dejar de fumar le restaría un cierto interés a la presentación, al sabor de la cena, a la parte de la fresca vivacidad del trabajo matutino".

Al igual que Sartre, quizá usted esté acostumbrado a asociar los cigarros con ciertas actividades: al tomar café por la mañana, escribir su informe de ventas, descansar un rato de los niños. La sensación de la nicotina no sólo le brinda ayuda durante el día, sino que ahora está acostumbrado a sentir el cigarro en la mano y la boca, el sonido del fósforo al encenderlo y la forma en que juega con el cenicero mientras fuma.

Existen también algunos placeres habituales adicionales. Tal vez disfruta los pocos momentos extra que le da el encender un cigarro durante una conversación (o discusión). O tal vez es la seductora sensación de intimidad cuando un extraño le enciende el cigarro. En el teatro, estas actividades se llaman "negocios", la ocupación que distrae del tema a la mano. Para el empleado regañado por el jefe, fumar lo reafirma. Para una persona insegura en busca de compañía, fumar le da confianza. Para un padre de familia acosado, fumar es un escape.

La forma en que el cigarro afecta su cuerpo

Científicos han identificado más de 43 sustancias en el tabaco que causan cáncer. En conjunto, el humo de los cigarros contiene cerca de 4,000 químicos, incluyendo rastros de venenos conocidos como DDT, arsénico y formaldehído.

En qué forma afectan diversos sistemas de su cuerpo la nicotina y otros químicos que contiene el humo del cigarro:

➤ **Circulación.** La nicotina ocasiona la liberación de ciertas hormonas que actúan como vasoconstrictores, impidiendo la circulación en las extremidades y elevando la presión arterial de 10 a 15 por ciento. El incremento de la presión aumenta los riesgos de infarto y ataque cardiaco.

➤ **Sangre.** El monóxido de carbono en el humo del cigarro reemplaza hasta 12 por ciento del oxígeno que las células transportan normalmente a la sangre, robándole oxígeno a sus tejidos. La actividad física se vuelve más difícil.

➤ **Pulmones.** Fumar disminuye el crecimiento de los pulmones en los adolescentes y reduce la capacidad respiratoria. El alquitrán del humo recubre y destruye el tejido pulmonar. Posteriormente, puede conducir a cáncer o enfisema pulmonar, una enfermedad que destruye las paredes de los alveolos pulmonares.

➤ **Corazón.** Fumar hace trabajar más al corazón ya que bombea entre 10 y 25 veces adicionales por minuto. Además, el corazón recibe menos oxígeno debido al daño en los pulmones y la acumulación de bióxido de carbono en la sangre, lo cual puede causar problemas cardiacos.

➤ **Piel.** Fumar destruye la elastina, las fibras elásticas que mantienen la piel tersa y sin arrugas. La nicotina del humo también contrae los vasos sanguíneos cerca de la superficie de la piel, por tanto, llega menos oxígeno y humedad a los tejidos.

➤ **Ojos.** De acuerdo con nuevas investigaciones, los fumadores tienen doble probabilidad de degeneración macular o daño en el centro de la retina.

➤ **Dientes.** El alquitrán mancha los dientes de amarillo y el hecho de fumar inhibe la actividad de los anticuerpos que protegen las encías de la gingivitis. La probabilidad de que los fumadores sufran la pérdida de piezas dentales en comparación con los no fumadores casi se duplica; las caries y las enfermedades de las encías también prevalecen entre los fumadores.

➤ **Boca, garganta y cuerdas bucales.** Estos delicados tejidos están expuestos en repetidas ocasiones a los agentes del humo del tabaco que causan cáncer. El resultado es cáncer de boca y esófago.

➤ **Estómago.** El humo del cigarro estimula la producción excesiva de los jugos gástricos estomacales, lo cual puede ocasionar o exacerbar úlceras y otros problemas gastrointestinales.

Buenas noticias sobre dejar de fumar

Muy bien, ya basta. Es el momento de que vea el futuro saludable que tendrá en puerta cuando decida dejar de fumar de una vez por todas:

A las 12 horas: su cuerpo empieza a sanar rápidamente después de su última fumada de cigarro. Bajan los niveles de monóxido de carbono y nicotina en su sistema, y el corazón y los pulmones empiezan a restablecerse a sí mismos.

A las 24 horas: disminuye su probabilidad de tener un ataque cardiaco.

A las 48 horas: recupera los sentidos del gusto y del olfato. Comienza a mejorar el funcionamiento pulmonar. Tal vez tosa más de lo normal mientras su cuerpo elimina las toxinas de los pulmones.

A los tres meses: mejora su circulación al igual que su capacidad aeróbica. Se sentirá menos sofocado y se le facilitará el ejercicio.

A los nueve meses: tose mucho menos y desaparece cualquier falta de aire anterior. Su sistema inmunológico también mejora y es probable que padezca menos resfriados.

Al año: su riesgo de padecimientos cardiacos se reduce a la mitad. A la mitad.

A los cinco años: reduce los riesgos de cáncer de pulmón, boca y garganta en 50 por ciento. El riesgo de infarto o ataque cardiaco es casi igual al de los no fumadores.

A los diez años: tiene la misma probabilidad de desarrollar cáncer pulmonar que los no fumadores.

A los quince años: su riesgo de morir por una enfermedad relacionada con el cigarrillo es similar al de alguien que nunca fumó.

Los beneficios de dejar de fumar son tan sorprendentes que suponemos no necesitará hacer un análisis de riesgos y beneficios para este hábito. No existe una sola razón lo bastante buena para que siga envenenando su cuerpo. El cuerpo aprenderá a vivir y prosperar sin la nicotina, al igual que su mente y emociones.

"Claro que puedo dejarlo; siempre lo hago"

La mayoría de las personas consideran que la mejor forma de tener éxito es dejar de fumar de una vez por todas, especialmente si lo hacen mediante el uso de uno de los nuevos medicamentos que ayudan a minimizar los efectos secundarios de dejar el tabaco (hablaremos de ellos en la siguiente sección). Casi nunca funciona el reducir el número de cigarros al día, ya que permite al fumador continuar posponiendo lo inevitable, y por lo general de manera indefinida. La única excepción a esta regla es si usted fuma mucho (dos cajetillas o más al día), en cuyo caso puede disminuir la cantidad de cigarros al día hasta que llegue a una cajetilla, y luego acabe de un tajo. Aquí le decimos cómo hacerlo:

➤ **Elija dejarlo por convencimiento propio.** Sabemos que la presión de dejar de fumar quizá le llegue de muchos lados: su cónyuge, su madre, sus amigos o su médico, pero su intento por dejarlo no tendrá éxito a menos que sea *usted* quien desea cambiar.

➤ **Anote sus razones para dejarlo y manténgalas al alcance.** Es importante que recuerde el motivo por el cual quiere dejar de fumar: sus metas a corto y largo plazo. Elabore una Escalera del éxito y péguela en su tablero de avisos para que se acuerde de los beneficios que obtendrá al no fumar.

➤ **Establezca una fecha para empezar.** El día internacional de no fumar, su cumpleaños, el jueves siguiente. Elija una fecha que tenga algún significado para usted y que le dé tiempo suficiente para preparar su entorno. No lo haga para muy a futuro o podría perder su determinación.

➤ **Prepare su entorno.** Guarde toda la parafernalia del cigarro. Saque todos los encendedores, ceniceros y cigarros de su casa y oficina. Lave toda su ropa e incluso retapice los muebles para quitar el olor a tabaco que podría provocarle el antojo de un cigarro.

➤ **Lleve su Registro diario de hábitos.** Registre cada vez que fuma o tiene el deseo de fumar. No vacíe los ceniceros hasta que haya contado cuántos ha fumado y anote el número. Estar consciente de por qué quiere un cigarro le ayudará a reemplazarlo con otras alternativas más sanas. Si fuma para liberar el estrés, respire profundo o medite un poco. Si fuma porque necesita energía, camine o hable con un ser querido animoso.

➤ **Lleve un seguimiento de los beneficios.** ¿Siente la boca más fresca? ¿Tiene los dientes más blancos? ¿Subió por las escaleras hasta el segundo piso con mayor facilidad? Anótelo, recuérdelo y siga agregando a la lista de efectos agradables.

➤ **Evite los detonadores.** ¿Qué es lo que más le hace querer fumar? Una vez que lo averigüe, trate de evitar el estímulo hasta donde sea posible. Si relaciona el cigarro con el sabor del café, tome una taza de té. Vaya a restaurantes donde no se pueda fumar, en vez de ir a un bar donde el ver fumar a los demás le provocará el impulso de fumar.

➤ **Maneje los efectos secundarios.** No hay duda de ello: cuando deje de fumar, va sentir algunos efectos muy inquietantes. Aquí presentamos algunos de los más comunes y ciertas ideas para combatirlos.

Efectos secundarios al dejar de fumar	Qué hacer
Estreñimiento	Coma más alimentos con fibra, como fruta y vegetales crudos, y cereales de trigo entero. Beba entre seis y ocho vasos de agua al día. Haga mucho ejercicio.
Boca seca	Tome tragos pequeños de agua helada o use goma de mascar sin azúcar.
Fatiga	En caso de ser necesario, duerma un poco en el día hasta que su cuerpo sane y regrese su vitalidad. Los ejercicios de respiración profunda, que llevan oxígeno al cerebro, también le ayudarán a sentirse más alerta.
Dolor de cabeza	Tome un baño caliente. Intente técnicas de relajación y meditación.
Hambre	Coma vegetales y fruta, y beba líquidos bajos en calorías.

Insomnio	Reduzca su ingestión de cafeína, especialmente después de las 6 de la tarde. Haga ejercicios de respiración profunda justo antes de irse a dormir.
Garganta, encías o lengua irritada	Tome tragos pequeños de agua o use goma de mascar.
Tensión	El ejercicio es el mejor remedio para la sensación de tensión y estrés que con frecuencia produce la abstinencia de la nicotina.

➤ **Mantenga manos y boca ocupadas.** Llene una "bolsa de antojos" con cosas nutritivas: goma de mascar sin azúcar, mentas, palillos, agua, cualquier cosa saludable que mantenga su boca y su mente ocupadas.

➤ **Busque apoyo.** Pida a su cónyuge o a un amigo que deje de fumar junto con usted. Avise a su familia y amigos que va a dejar de fumar, pero establezca un límite permitido para las bromas o "ánimos".

➤ **Únase a un programa para dejar de fumar.** La Organización Mundial de la Salud ofrece una gran variedad de programas diseñados para apoyarle en su meta saludable.

➤ **Haga planes para gastar lo que ahorrará.** Otórguese incentivos económicos. Haga una lista de cosas que le gustaría comprar para usted o para otra persona con sus "ganancias", es decir, el dinero que no gastará en cigarros.

➤ **Cambie sus hábitos alimenticios.** Si el beber alcohol y café pueden dar origen a la necesidad de fumar, entonces reduzca su ingestión. Beba leche o jugos. Cuando sus papilas gustativas vuelvan a la vida, experimente nuevos alimentos y pruebe platillos diferentes.

➤ **Ponga obstáculos.** No puede fumar estando mojado, así que empiece a nadar o hacer otros ejercicios. Para tejer, bordar, hacer crucigramas y cocinar, mantenga las manos lo bastante ocupadas de modo que le sea difícil fumar.

➤ **Practique respiraciones profundas.** Respire despacio por la nariz hasta llenar el estómago, pulmones y pecho, y luego exhale también lento hasta que el pecho, los pulmones y el estómago estén vacíos. Esto le ayuda a relajarse y le devolverá el equilibrio al llevar oxígeno al cerebro a través de la sangre.

➤ **Nunca se permita "sólo uno" y nunca se rinda.** Decir "sólo me voy a fumar este cigarro para quitarme la tentación" puede ser tentador, pero es contraproducente. Debe saber que es casi imposible fumar sólo un cigarro. De igual modo, si se cae de la carreta, no se rinda. Sacúdase e inténtelo de nuevo.

El fumar visto como una enfermedad crónica: existe un tratamiento

En 1999, el doctor David Sachs de la Escuela de Medicina de la Universidad de Stanford, presentó un documento donde describía el fumar como una enfermedad crónica, parecida a un padecimiento cardiaco o asma, que requiere un tratamiento intensivo. Asimismo, sugirió que tanto los médicos como los fumadores empezaran a tratar la dependencia de la nicotina no como un simple mal hábito, sino como una condición médica, una enfermedad.

La adicción al tabaco es un proceso degenerativo que empieza con los efectos que ocasiona la nicotina en el cerebro y conducen a la adicción. Principalmente, la nicotina libera un químico en el cerebro llamado dopamina, y las concentraciones elevadas de dopamina inducen a la sensación de placer. Es por ello que cuando deja de fumar, se siente deprimido y desganado. (Por eso los investigadores desarrollaron antidepresivos para ayudar a restablecer la química cerebral.) El proceso de la enfermedad continúa con las demás sustancias en el tabaco que causan daño a los diversos órganos y tejidos que analizamos antes.

Durante la conferencia, el doctor Sachs recomendó que los médicos y pacientes trabajaran juntos en lo siguiente:

➤ **Diagnosticar la enfermedad.** Los médicos deberán decir a sus pacientes fumadores que tienen una condición que requiere tratamiento médico y apoyo constante, porque sin éstos la enfermedad puede causar daño significativo al corazón, los pulmones y demás órganos.

➤ **Idear una estrategia de tratamiento que incluya terapias de conducta y con fármacos.** Aun cuando algunos ataques de asma pueden relacionarse con padecimientos emocionales, no sabemos que los pacientes con asma renuncien a una terapia crucial a base de medicamentos para aliviar sus síntomas, ¿verdad? Muchos expertos creen que debe hacerse lo mismo con los fumadores que desean dejarlo. Los médicos deben recomendar y los pacientes deben aprovechar las ventajas de una combinación de estrategias médicas y de conducta.

➤ **Llevar un seguimiento.** Dejar de fumar toma tiempo, incluso con medicamentos. De hecho, la mayoría de los expertos, incluyendo al doctor Sachs, cree que las personas que dejan de fumar deben continuar bajo medicamentos cuando menos de 30 a 60 días después de su último cigarro. Los cambios conductuales tardan aún más antes de alcanzar su estado permanente, lo cual puede ser el beneficio de una relación continua con un médico capacitado en ayudar a pacientes a combatir esta enfermedad adictiva.

Por fortuna hoy en día existen varios productos nuevos que ayudan a combatir el hábito de fumar y se venden con o sin receta. Existen dos categorías principales de medicamentos que se usan en este proceso: productos que reemplazan la nicotina y antidepresivos. Veamos.

Elija su terapia

La terapia de reemplazo de nicotina se presenta en tres formas: parches y goma de mascar, disponibles sin receta, y aspersores nasales, bajo receta.

Quizá le parezca extraño administrarse la droga que está tratando de dejar, pero varios estudios han demostrado que el reemplazo de nicotina le ayudará a dejar de fumar. Cuando se mide contra un placebo, la terapia de reemplazo de nicotina casi ha duplicado el número inicial de personas que dejan de fumar, y definitivamente ha duplicado el número de quienes siguen sin fumar en seis meses o un año después, en especial cuando se combina con la terapia de modificación de conducta. En las asesorías, enseñan a los fumadores cómo romper sus asociaciones con los cigarros y encontrar sustitutos efectivos para los beneficios que se derivan de fumar, incluyendo la relajación, la estimulación mental y el control de peso, además de los otros métodos que sugerimos anteriomente en este capítulo.

La terapia de reemplazo de nicotina funciona al reducir el malestar de la abstinencia sin tener que proporcionar las elevadas dosis de nicotina que afectan directamente el cerebro. Este proceso no lo expone a usted ni a las personas que le rodean a los ingredientes dañinos del humo del cigarro: el alquitrán y otros cancerígenos del tabaco.

El método más popular de terapia de reemplazo de nicotina es por mucho el parche de nicotina. Estos parches se usan sobre la piel y envían una dosis medida de nicotina al torrente sanguíneo a través de ésta. Luego de varias semanas, la dosis de nicotina disminuye poco a poco reduciendo así su necesidad de ella. Diario debe ponerse en la parte superior del cuerpo un parche que contiene una de varias dosis diferentes de nicotina dependiendo de sus necesidades.

Deberá seguir las instrucciones incluidas en el parche que use o, si tiene alguna duda, consultar a su médico. En términos generales, se coloca el parche, sin cortar o arrugar, sobre una superficie de la piel limpia y sin vello en el brazo, pecho o espalda. Debe cambiar el parche una vez al día, de preferencia conservando un horario regular. Si se le olvida reemplazar el parche, hágalo en cuanto pueda. Use un solo parche a la vez, aunque puede ocupar otro en caso de que el primero se caiga.

Al igual que con cualquier otro medicamento, la terapia de reemplazo de nicotina tiene efectos secundarios. La mayoría son leves como estreñimiento, enrojecimiento, mayor apetito, irritabilidad, comezón y problemas de sueño. Sin embargo, rara vez ocurren efectos más graves y llame de inmediato a su médico en caso de que experimente uno de los siguientes:

➤ Confusión, mareo o desmayos

➤ Dolor en el pecho

➤ Dolores de cabeza

➤ Ataques

➤ Salpullido en la piel que no desaparece rápido

Además del parche, existen otras dos formas de suministrar nicotina al cuerpo. La goma de mascar proporciona una dosis de nicotina al torrente sanguíneo y le permite ir disminuyendo la cantidad de droga que recibe al cabo de un tiempo determinado. Algunos fumadores prefieren usar la terapia de reemplazo con goma de mascar, porque el hecho de masticar les permite usar la boca y ayuda a reducir el antojo del cigarro. El tratamiento dura entre tres y cuatro meses.

El aspersor nasal de nicotina es un tratamiento nuevo que tiende a llevar nicotina al cerebro más rápido que los otros métodos. En la actualidad, el aspersor nasal sólo se adquiere con receta médica y se usa durante el mismo tiempo e intervalos que la goma de mascar.

Una forma de quedar a mano

El buproprión, mejor conocido por su nombre comercial Zyban, es un antidepresivo oral. Funciona para restablecer y mantener la química cerebral sana: en primer lugar, ayuda a promover el uso de dopamina (el químico que se sabe aumenta la nicotina) por parte del cerebro, eliminando así el antojo de los fumadores que intentan dejarlo. En segundo lugar, trabaja en otras trayectorias nerviosas a fin de disminuir otros síntomas frecuentes, incluyendo depresión, irritabilidad y letargo.

El buproprión se presenta en forma de cápsulas y se toma dos veces al día empezando alrededor de dos semanas antes de la fecha en que dejará de fumar. La mayoría de las personas toman buproprión entre 7 y 12 semanas, o cuando menos de 30 a 60 días después de fumar su último cigarro. Algunos médicos recomiendan que los pacientes continúen tomando el medicamento durante periodos aún más largos. Si decide aprovechar este método de tratamiento, pregunte a su médico sobre sus necesidades específicas.

Desde luego que este medicamento puede tener efectos secundarios. Los más comunes y menos serios incluyen visión borrosa, cambios en el sabor y el apetito, estreñimiento, boca seca, pérdida del deseo sexual, y náusea. Los efectos un tanto raros pero potencialmente graves que requieren atención médica incluyen...

➤ Confusión

➤ Dificultad para respirar

➤ Ritmo cardiaco rápido o irregular

➤ Ataques

Ahora ya tiene los dos elementos para poner en funcionamiento su plan de ataque contra el cigarro: terapia de conducta y medicamentos. ¿Está listo? ¡Esperamos que sí!

Respire profundo

Es difícil, tedioso y frustrante, pero trate de estar motivado pensando en dejar de fumar como un regalo precioso que se está dando a sí mismo: el regalo de un cuerpo más saludable, una mente más clara, una vida más larga, una nueva sensación de confianza y control de sí mismo. Aproveche esta oportunidad para empezar a consentirse. Alimente sus intereses y sus puntos fuertes. Tendrá una vida más larga y más sana por delante, y ahora es el momento de aprender a tomar ventaja de ella. Respire en ese aire fresco y sienta su corazón fuerte y sus pulmones moverse con el ritmo de la vida. Exhale: Ahhhh.

Capítulo 13

Cómo calmar
el nerviosismo
por la cafeína

Ah, la cafeína, la droga más usada en todo el mundo. Nos encanta. El mundo del siglo XXI se mueve a la velocidad de la luz. Entre trabajar, atender la casa y los niños, visitar a sus padres, y lograr que las cosas se hagan, acabamos agotados. Para muchos de nosotros, cafeína es sinónimo de energía, y tomaremos la que podamos.

En marcha y con el tanque vacío: cuando sólo será necesaria una pequeña sacudida

¿No puede sobrevivir la mañana sin su café? ¿Necesita un pedazo de chocolate en la tarde para superar esa decaída? No es el único. Nada más en Estados Unidos, más de 80 por ciento de los adultos consumen cafeína con regularidad (¿diremos habitual?) y, en promedio, ingieren el equivalente a tres tazas de café al día (casi 280 mg). El 20 por ciento del porcentaje anterior tiene un hábito más arraigado ya que consume 500 o más miligramos al día.

A pesar del uso general de la cafeína (¿se ha dado cuenta de lo popular que se han vuelto los cafés?), es una droga que produce efectos intensos en la mente y el cuerpo. Muchas personas consideran que los efectos son agradables, pero otros piensan que un poco de cafeína de más provoca la interrupción de la concentración, dolores de cabeza, agruras, insomnio, irritabilidad, temblores y problemas gastrointestinales crónicos. La buena noticia es que el consumo moderado de cafeína (sí, moderado; ¡vaya concepto!) no representa riesgos de salud o emocionales, a corto o largo plazo.

Por otra parte, quizá está leyendo esta sección porque sospecha que bebe demasiada cafeína. De ser así, le dará gusto saber que puede obtener la energía necesaria de muchas fuentes saludables, y puede romper con su hábito de cafeína sin que sea un grave problema. El día que lo logre, le sorprenderá descubrir que menor cantidad de cafeína en realidad significa más energía.

La cafeína y su cuerpo: bienvenido a la cafetería

La cafeína es un *estimulante*, que forma parte de un grupo de alcaloides derivados de la jantina. La teofilina y teobromina son otros derivados de la jantina. Los tres actúan para acelerar su sistema nervioso central. El café sólo contiene cafeína, pero otras sustancias también contienen pequeñas cantidades de teofilina y teobromina.

La droga empieza a tener efecto a los 15 minutos de consumir la cafeína. Principalmente actúa para aumentar la cantidad de dos hormonas esenciales: epinefrina (conocida como adrenalina) y cortisol. La acción conjunta de ambas hormonas provocan los siguientes sucesos biológicos:

➤ Aumenta el ritmo cardiaco y la presión arterial.

➤ Aumenta el ritmo respiratorio (porque la cafeína también relaja el tejido de los músculos lisos, como los que recubren los conductos bronquiales).

➤ Aumenta la producción de ácido en el estómago.

➤ Aumenta la producción total de orina.

➤ Estimula la actividad cerebral.

El efecto que la cafeína produce varía en gran medida de una persona a otra, pero la mayor parte de la gente se siente más alerta y capaz de concentrarse después de haber tomado una taza de café o té. Este efecto agradable dura una o dos horas, lo suficiente para continuar en caso de que necesite un poco de estímulo físico.

Pero usted bien sabe que el exceso de cafeína puede causar efectos secundarios bastante desagradables que nos distraen y molestan igual o más que cualquier disminución normal de energía.

Cómo es que menos cafeína es sinónimo a más energía

Casi toda cafeína desaparece del cuerpo después de 12 a 24 horas de haberse consumido, eliminando tanto sus efectos primarios como los secundarios. Por eso regresa por más: ¡se le antoja! Piénselo: el café se ha convertido tanto en sinónimo de energía y productividad que uno de los programas más populares de Internet tiene un nombre de café. Tomarse un delicioso café con leche o sobre un litro de refresco helado no cuesta mucho y fomenta el impulso sin esforzarse tanto. ¡Para qué pensar en hacer ejercicio, meditar, respirar profundo y desarrollar buenas habilidades de administración del tiempo!

Es probable que la cafeína sea un remedio rápido, pero no reemplaza los beneficios saludables de cuidar su cuerpo y su mente. Las personas sedentarias sin nivel alguno de acondicionamiento físico que sólo toman café no van a tener la misma energía de alguien que hace ejercicio tres veces a la semana. Usted no mantiene como por arte de magia gracias al café la concentración y el sentido mental. (¿Cuántos muros atravesó hoy?) Una dosis de cafeína es mínima comparada con la energía que produce más oxígeno en la sangre y el cerebro mediante la práctica de yoga o ejercicios de respiración profunda. Respecto a la administración del tiempo, quizá lo que necesite sea un organizador diario en vez de otra bebida con cafeína.

Quizá usted diga: "Está bien, ya entendí. Pero mientras trabajo con todas estas cosas, ¿qué hago respecto a la cafeína?" Lo siguiente será lo primero que deberá hacer para controlar su hábito de la cafeína:

➤ Identifique la cantidad de cafeína que consume a diario.

➤ Identifique el nivel de consumo de cafeína que provoca más productividad y menos salud. Aprenda a conocer su límite.

Cafeína por aquí, por allá y acullá

¿De dónde proviene este elíxir de alto octanaje? La cafeína es una sustancia natural que se encuentra en las hojas, las semillas o los frutos de más de 60 plantas. Las plantas con cafeína más famosas son los granos de café y el cacao, las nueces de cola y las hojas de té. La cafeína también es un ingrediente activo en muchos medicamentos.

Tal vez le sorprenda la amplia variedad de niveles de cafeína existentes, dependiendo del tipo de grano y el método de procesamiento empleado.

Niveles de cafeína en el café

Tipo de café	Contenido de cafeína (6 oz.)
Descafeinado	2 a 5 mg.
Instantáneo	60 a 100 mg.
De grano	80 a 175 mg.
Expreso	60 a 120 mg.
Capuchino	60 a 120 mg
Café helado con crema	58 mg. (1 taza)

Aun cuando tenemos la tendencia a pensar que el expreso es el café más fuerte, ¿no le parece interesante que en realidad tiene menos cafeína que el café americano regular?

"No me diga que tome té..."

"Una taza de té nunca será igual a una taza de café", se oye decir. "El té es para enfermos. ¿Y té de hierbas? ¿Está loco?" Estamos de acuerdo con el primer punto. Sin embargo, si su intención es reducir su consumo de cafeína y no puede beber una sola taza de café, podría darle la oportunidad al té. En general, el té tiene menos cafeína que el café, de modo que podría beber más té en un día y aun así reducir su ingestión diaria de cafeína.

Aquellos que se preocupan por la salud, consideren que el té verde, con sus bajos niveles de cafeína, también está bajo estudio como agente anticancerígeno. En general, el té (de cualquier variedad) es la bebida que más se consume en el mundo y la que menor relación tiene con los riesgos de padecimientos cardiacos y cáncer.

Respecto a los beneficios saludables del café: el vapor aromático que emana de una taza de café caliente recién hecho contiene antioxidantes que, al inhalarse, pueden producir un efecto saludable. Pero su suerte se termina en cuanto se enfría.

Hablemos de burbujas

Los refrescos de todo tipo, incluyendo algunos de los que parecen benévolos, de colores claros y con sabor a frutas, pueden contener cafeína. Asegúrese de revisar las etiquetas antes de beberlos. También lea el contenido de azúcar. La conexión azúcar y cafeína es algo que debe aprender a evitar. Si el consumo excesivo de ciertos refrescos le producen dolor estomacal, piense en lo siguiente: los mecánicos a menudo recomiendan usar refresco de cola para limpiar la grasa que se acumula en la batería del auto.

Qué tan dulce es

Probablemente piense que el antojo de chocolate sólo se debe al azúcar, ¿verdad? Pues qué cree: es la conexión azúcar y cafeína.

Niveles de cafeína en el chocolate

Tipo de chocolate	Cantidad	Contenido de cafeína
Chocolate caliente	8 oz.	3 a 32 mg.
Chocolate con leche	1 oz.	1 a 15 mg.
Chocolate oscuro	1 oz.	5 a 35 mg.
Chocolate de repostería	1 oz.	26 mg.

Tome lo que le convenga

A través de la historia, la cafeína se ha usado con fines medicinales. Durante el siglo XVI, los europeos usaban bebidas con cafeína para tratar dolores de cabeza, tos y vértigo. En años recientes, la cafeína se ha usado como tratamiento sumamente exitoso para migrañas. Pero le sorprendería saber cuántos medicamentos diferentes contienen cafeína.

Una taza no hace daño, ¿verdad?

Muy bien, ahora ya sabe la cantidad de cafeína que contienen sus alimentos y bebidas. Ya descubrió cuánta consume al día. Veamos dónde ubican los expertos el "límite" de la cafeína.

Si tomamos en consideración a cuántos de nosotros nos encanta la cafeína, qué bueno que sea una sustancia hasta cierto punto benévola. Estudios indican que cantidades moderadas de cafeína (menos de 650 mg. al día, y de preferencia menos de 300 mg.) no representan un riesgo para la salud. Dichas cantidades de cafeína no producen cáncer, enfermedades cardiacas ni úlceras. Aun cuando llegue a depender de la cafeína, no se encuentra en la misma categoría que otras drogas como el alcohol y la nicotina. De acuerdo con la Organización Mundial de la Salud, "no existe evidencia alguna de que la cafeína tenga consecuencias físicas y sociales siquiera remotamente comparables con las de un abuso de drogas grave".

¿Entonces bebe 1,250 miligramos al día? El obstáculo más grande del proceso son los síntomas de abstinencia que con frecuencia ocurren cuando reduce su consumo diario de cafeína, una cantidad que su cuerpo está acostumbrado a esperar. Si el cuerpo no obtiene lo que necesita para encender su motor, es probable que se presenten los siguientes síntomas de abstinencia:

➤ Dolor de cabeza   ➤ Depresión

➤ Mareo   ➤ Náusea

➤ Fatiga   ➤ Síntomas de resfriado

➤ Irritabilidad

La mejor manera de evitar estos síntomas es reducir su consumo diario de cafeína paulatinamente. Las siguientes recomendaciones le ayudarán a empezar:

➤ **Lleve un seguimiento.** No deje de usar su Registro diario de hábitos. Aun cuando ya sepa cuánto bebe, lo necesitará como apoyo para vigilar cuándo y cómo toma una taza, así como el momento y los síntomas que produce.

113

➤ **Revise las etiquetas.** Quizá esté consumiendo más cafeína de la que imagina. Asegúrese de saber la cantidad de cafeína que contiene los alimentos y las bebidas que ingiere, así como los medicamentos que toma. La información que anteriormente le ofrecimos en este capítulo le será de ayuda, pero recuerde leer las etiquetas o preguntar si el producto contiene cafeína.

➤ **Tómese su tiempo.** Los médicos sugieren que si su intención es reducir su consumo de cafeína o eliminarlo por completo de su dieta, lo más conveniente es que poco a poco disminuya su consumo en 20 por ciento por semana. (Si bebe cinco tazas de café al día, durante la primera semana sólo reduzca una taza al día, luego otra taza a la siguiente semana, hasta que empiece a sentirse mejor.)

➤ **Cambie poco a poco a bebidas descafeinadas (o bajas en cafeína).** Si es bebedor de café, puede cambiar progresivamente de regular a descafeinado mezclándolos antes de filtrarlo. Diario mezcle una mayor proporción de café descafeinado. Puede cambiar al té, el cual contiene menos cafeína que el café.

➤ **Menos es más.** Beba la cafeína en tazas más pequeñas para que no se sienta limitado, aunque beberá menos.

➤ **Busque sustitutos saludables.** Existen algunas bebidas instantáneas a base de granos que proporcionan la riqueza y calidez del café, pero sin la cafeína. Tal vez tarde cierto tiempo en acostumbrarse a la diferencia, pero en cuanto se adapte se sentirá satisfecho.

➤ **Evite tentaciones.** Si está tratando de romper con su hábito a la cafeína, no le conviene reunirse con los amigos en la cafetería de siempre. Tampoco consideramos buena idea que tenga la cafetera apagada en la cocina donde todas las mañanas pueda verla. Explorar nuevas alternativas sociales y crear un ambiente sin cafeína en el hogar le ayudará a mantenerse en el camino correcto.

➤ **Agua, agua por doquier.** El agua es uno de los alimentos saludables menos valorados en el mundo (por lo menos del tipo sin cafeína) y le recomendamos sobremanera que tome cuanta agua pueda. El agua ayuda a eliminar las toxinas del cuerpo e hidratar su piel y otros tejidos.

➤ **Descanse.** A fin de que maneje la disminución de energía que puede sentir cuando reduce su consumo de cafeína, trate de caminar con vigor a la intemperie o realizar estiramientos sencillos para ayudar al flujo de la sangre. Los ejercicios de respiración profunda envían oxígeno a la sangre y el cerebro. Si le da mucho sueño y no puede manejarlo, duerma una siesta, otra actividad saludable sumamente despreciada.

El zen del cuerpo y la mente sin estrés

Si no tiene la oportunidad de ir a la India a dialogar con el Dalai Lama, ¿cómo logra el zen de una vida sin estrés? Pues empieza al momento de consumir menos la cafeína. Conforme desarrolla fuentes alternativas de energía descubrirá que cada vez se mueve más y que tiene un mayor nivel de acondicionamiento físico. Es probable que pronto se dé cuenta que ya no aprieta tanto las quijadas y que no siempre se le salen los ojos. Es probable que no tenga el estómago revuelto y se pueda concentrar en algo más de cinco minutos antes de que le moleste.

Claro que a todos nos gustaría tener una píldora mágica que al mismo tiempo nos diera paz espiritual y energía ilimitada. Pero hasta ahora el ser humano no la ha encontrado. Mientras tanto, debemos regresar a las bases de la vida moderada y saludable para reducir el estrés y fomentar la productividad.

¡Le sorprenderá cuán estimulante puede ser el control de la cafeína!

Capítulo 14

Los alimentos que no son tan buenos

Comida, peso, imagen corporal: estamos demasiado gordos o demasiado delgados. Nunca estamos satisfechos. Oye, ¿me pasas el helado, por favor?

Lo irónico es que en esta tierra de la abundancia, en un momento de la historia en que casi nadie considera un problema obtener el alimento; la comida en sí se ha convertido en una fuerza destructiva. Algunas personas comen demasiado y sus motivos no son los correctos; suben de peso, lo cual amenaza su salud y autoestima. Otros evitan la comida, con miedo, pánico, y en un estado de rechazo a sí mismos. Muchos individuos sólo comen lo más conveniente, sin tomar en consideración el valor nutritivo o el sabor.

¿Cómo son sus hábitos alimenticios? ¿Come cuando tiene hambre o acaso otros factores como la ansiedad, el estrés o el aburrimiento dan origen a su apetito? ¿Disfruta lo que come o la comida le provoca enojo, depresión o temor? ¿El ejercicio es parte regular de su vida o los alimentos que ingiere se convierten de inmediato en grasa en vez de energía? ¿Siente que tiene una nutrición adecuada o que necesita ayuda?

Tiene que comer, ¿no es así?

En esta sociedad de comida rápida y gratificación instantánea no es fácil tener hábitos alimenticios saludables. La publicidad combinada con las presiones de la vida moderna ha elaborado comidas procesadas, la mayoría de las que componen nuestra dieta están saturadas de grasa, azúcar, calorías y químicos conservadores. El amor de la gente por el control remoto provoca fácilmente que una persona sea sedentaria y sólo coma alimentos chatarra. Eso sin mencionar las computadoras, los automóviles y los aparatos eléctricos automatizados, que nos tienen sentados más que nunca. Todo el día estamos sentados y queremos un bocadillo sin levantarnos: mala combinación.

Debido a todos estos mensajes y obstáculos, perdemos la visión de lo que realmente es la comida y qué significa para nuestra salud. En primer lugar, la comida es nutrición. Los nutrientes de los alimentos que consume todos los días son catalizadores para millones de milagros mayores y menores que ocurren en su cuerpo como los latidos de su corazón, el origen de una idea, el aprecio de sabores y olores.

La comida también es fuente de placer. No comemos sólo por ingerir diversas vitaminas, minerales y otras sustancias que necesitamos para sobrevivir. Más bien, comer es (y debería ser) una actividad extremadamente sensual. Olemos el aroma de la comida, admiramos sus colores y texturas, disfrutamos sus sabores y sentimos su consistencia al llevárnosla a la boca. La hora de la comida también puede ofrecernos un descanso mental en tanto platicamos con la familia o compañeros. Pero es muy frecuente que hoy en día comamos de prisa y sin prestar tanta atención a cómo o con quién lo hacemos.

El ABC de la nutrición

Muy bien, éste es el punto fundamental de lo que necesita comer para mantenerse sano. El cuerpo humano requiere 40 nutrientes vitales para llevar a cabo sus funciones y mantenerse sano. También necesitamos casi 2,000 calorías al día (menos si está tratando de perder peso o más si es muy activo). Veamos cuáles son los requisitos:

➤ **Oxígeno.** ¡Sorpresa! La mayoría damos por un hecho la presencia del oxígeno, pero cada vez más estudios indican que cuanto más oxígeno llegue a las células corporales y cerebrales, mediante la respiración profunda y la circulación de más sangre rica en oxígeno durante el ejercicio, mejor. (Más adelante hablaremos del ejercicio.)

  Cantidad diaria de oxígeno requerida. Evidentemente lo más posible.

➤ **Agua.** El agua se encuentra en casi todo lo que comemos y bebemos; regula la temperatura, la circulación y la secreción, y ayuda a la digestión. Se puede decir que mantiene húmedas todas nuestras células. El agua también ayuda en el proceso saludable para perder peso porque le da la sensación de estar satisfecho y le ayuda a que elimine las toxinas de su organismo.

  Cantidad diaria de agua requerida. Sesenta y cuatro onzas (ocho vasos).

Grasas y azúcares: esporádicamente

Leche, yogurt, queso: 2 a 3 porciones al día

Vegetales: 3 a 5 porciones al día

Pan, cereal, arroz y pasta: 6 a 11 porciones al día

Fruta: 2 a 4 porciones al día

Carne, pescado, frijoles, huevos, nueces: 2 a 3 porciones al día

La pirámide alimentaria: una guía para comer sanamente.

➤ **Carbohidratos.** Los carbohidratos son la base de la pirámide alimentaria y deben formar la mayor parte de una dieta nutritiva. Los carbohidratos son los cereales, el arroz, la pasta, el pan y los granos enteros, así como las frutas y los vegetales (aun cuando la fruta y los vegetales aparezcan en la pirámide en una categoría diferente). Los carbohidratos son la principal fuente de energía para el cuerpo. La fibra comestible es un carbohidrato que ayuda a la digestión y a mantener el tracto digestivo limpio y despejado.

Cantidad diaria de carbohidratos requerida. De seis a 11 porciones al día (1 porción = 1 pieza de pan o media taza de pasta o arroz), o de 50 a 60 por ciento de sus calorías diarias.

➤ **Frutas y vegetales.** Salvo muy pocas excepciones, las frutas y los vegetales son bajos en grasa y calorías, altos en fibra y contienen muchas vitaminas y minerales. Asimismo, satisfacen el antojo por los dulces (la mayoría de las frutas y ciertos vegetales) o carbohidratos (papas, camotes, etcétera).

Cantidad diaria de frutas y vegetales requerida. Seis porciones al día (1 porción = 1 fruta pequeña o media taza de vegetales cocidos o asados).

➤ **Proteína.** El término "proteína" viene de la palabra griega *protos*, que significa "primero y más importante". Las proteínas se encuentran en todas las células del cuerpo, constituyen la mayor cantidad de la sustancia del cuerpo de una persona con peso normal, y constituyen casi una quinta parte del peso corporal de un adulto normal. La carne, las claras de huevo, la leche y otros productos de origen animal son ricos en proteínas, al igual que los granos y las legumbres (ciertos frijoles y chícharos, y el tofu hecho de soya).

119

Cantidad diaria de proteína requerida. De dos a tres porciones diarias o un total de cuatro a seis onzas (25 por ciento de calorías). Concéntrese en la proteína magra (pollo, pavo, pescado, lentejas, chícharos secos, germinados, granos y claras de huevo) y trate de evitar el huevo completo y la carne roja porque tienen un alto contenido de grasa y colesterol.

➤ **Lácteos.** La leche, el yogurt y el queso son nuestras principales fuentes de un elemento esencial: el calcio. Este elemento es necesario para la coagulación adecuada de la sangre, mantener la presión arterial al controlar la contracción de las paredes de los vasos sanguíneos, y es vital para la salud de los huesos, los dientes y las uñas. La mayoría de las personas elimina esta parte de su dieta porque los productos lácteos también tienden a ser un tanto altos en grasa y calorías. Por fortuna existen presentaciones de estos productos sin grasa que eliminan dicho obstáculo. Asimismo, las sardinas y los vegetales de hojas verdes (lechuga, espinacas, brócoli, etcétera) también tienen un alto contenido de calcio.

Cantidad diaria de lácteos requerida. De dos a tres porciones diarias; cuando menos 1,000 miligramos de calcio al día de productos no lácteos.

➤ **Grasa.** Prepárese, ésta es la única cantidad de grasa que necesita en su dieta para estar sano: el equivalente a una cucharada de aceite de oliva al día. En serio, eso es todo. Esta pequeña cantidad desempeña funciones importantes en el cuerpo por ser una fuente de energía y portadora de vitaminas solubles a la grasa a través del torrente sanguíneo. Pero la mayoría de la gente consume mucho más grasa en su dieta. Los estudios de investigación muestran que este exceso de grasa en la dieta se asocia con cáncer de mama, cáncer de colon, padecimientos cardiacos, ¿quiere que sigamos?

Cantidad diaria de grasa requerida. Nueve gramos al día. Se recomienda que las calorías de grasa no compongan más de 20 por ciento de su dieta total diaria.

¿Se dio cuenta de que falta algo en nuestras categorías de nutrientes esenciales? ¡El azúcar! El azúcar no tiene ningún valor nutritivo. Además, a veces se convierte en grasa dentro del cuerpo. Así que si tiene una dieta baja en grasa y alta en azúcares, se está engañando solo. ¿Quiere algo dulce? Coma una fruta fresca.

Cuando el refrigerador gana

Ahora ya sabe de qué se compone una dieta saludable y las porciones de cada grupo que debe haber en su alimentación diaria. Pero no siempre es así, ¿verdad? Quizá sucumbe ante antojos o se da cuenta de que comió de más y subió de peso, o le rehúye a la comida por miedo, ansiedad o necesidad de control.

Cuando no le queda más que comer

Pastel de chocolate a medianoche. Papas fritas durante el partido de fútbol. Ese segundo (o tercer) plato de pasta. El antojo de comer lo puede atacar en cualquier momento.

Durante años, los antojos han sido motivo de desconcierto para los científicos. Investigaciones recientes se inclinan por una combinación compleja de factores físicos y emocionales. Por ejemplo, bien puede haber desarrollado el amor a la grasa y alimentos grasos como táctica de sobrevivencia: casi en toda la historia de la humanidad, la gente se dedicaba a cazar o recolectar comida, a merced de los elementos. Cuando encontraban alimentos grasos los comían y guardaban los sobrantes para alimentarse en tiempos difíciles. Sin embargo, en la sociedad actual la comida nunca escasea, particularmente los bocadillos grasos como pasteles y galletas. De modo que, aun cuando nuestro antojo por comer grasa sea natural, la finalidad ya no es un propósito saludable. Hablando en términos químicos, los alimentos son sustancias poderosas que pueden cambiar la actividad cerebral y corporal. Por ejemplo, se sabe que los carbohidratos como las papas, la pasta y los granos provocan la liberación de un químico cerebral llamado serotonina cuya función es elevar el estado de ánimo. De hecho, muchos de los medicamentos empleados como tratamiento para la depresión logran su efecto elevando los niveles de serotonina del mismo modo que lo hace un plato de pasta. Tal vez por eso muchas personas tienden a comer con exageración cuando se sienten deprimidas.

No obstante, también se encuentra implicado el poder de la sugestión. El simple hecho de escuchar el tema musical de su programa de televisión favorito provoca que usted corra por un helado de chocolate. Cuando ve los comentarios de su jefe en su informe es tal el antojo de pizza que se pasa la siguiente hora imaginando su sabor cuando llegue a casa esa noche.

Por fortuna, existen formas de manejar el antojo por la comida de modo que no pierda el control sobre éste. Estas sugerencias le ayudarán a empezar:

➤ **Identifique sus antojos.** A todos se nos antoja algo qué comer y en algún momento todos sucumbimos ante el impulso. ¡Es inútil negar que se le antojan el chocolate, las galletas o el caviar! Mejor disfrute de éstos en forma moderada: sírvase una bola de helado, dos galletas o un poco de caviar.

➤ **Espere.** Los antojos van y vienen, incluso si no se da el gusto de comerlos. Espere cuando menos 10 minutos después del primer impulso y si todavía quiere comerlo, tome la mitad o menos de lo que se le antoja.

➤ **No se quede con hambre.** Comer regularmente (tres comidas grandes o cinco pequeñas al día) evitará que tenga antojos ya que tendrá el estómago y el cerebro satisfechos.

➤ **Muévase.** El ejercicio libera el estrés y distrae su atención de los antojos. Camine un poco, salga a bailar o ¡limpie el baño con vigor!

➤ **Lleve consigo bocadillos saludables.** Coma una manzana, un plátano o un yogurt de dieta.

➤ **Aleje la comida de los sentimientos, especialmente del fracaso.** En vez de sentir alegría o depresión, comemos. Si su *modus operandi* es comer para canalizar emociones fuertes, haga el pacto de alejarse de la cocina cuando esté alegre, triste, enojado o frustrado, y vea qué sucede. Lleve un seguimiento de sus reacciones en su Registro diario de hábitos.

Cuando muere de hambre

Tal vez sea cierto que no puede ser demasiado rico, pero estar demasiado delgado o querer estar demasiado delgado es un riesgo importante para su salud psicológica y física. Muchas personas (la mayoría mujeres, aunque en la actualidad la tendencia está cambiando) evitan comer incluso el mínimo diario de nutrientes, en un esfuerzo por hacer que su cuerpo se vea como el de la modelo de pasarela que mide 1.75 m. y pesa 52 kilos.

La necesidad urgente de negarse a comer o disfrutar la comida puede ser peligroso para su salud física y mental y dar origen a trastornos alimenticios como la *anorexia nerviosa* o la *bulimia*. Tómelo con calma y trate de aceptar su cuerpo tal y como es. Sabemos que es muy fácil decirlo, sobre todo en una sociedad que valora el estar delgado casi por encima de todos los demás atributos físicos; incluso la finada princesa Diana padecía bulimia, pero lo importante es enfocar los esfuerzos hacia un cuerpo saludable y fuerte. Lo anterior le permitirá disfrutar de nuevo el placer de la comida.

Cuando demasiado no es suficiente

Son miles los problemas de salud relacionados con el peso. Cada kilo adicional de su peso ideal conlleva grandes riesgos de padecimientos cardiacos, hipertensión, diabetes y ciertos tipos de cáncer.

¿Usted qué hace? ¿No controla su manera de comer? Conteste este cuestionario y lo sabrá.

¿Es comedor compulsivo?

1. Mi vida sería mejor si pudiera bajar de peso.

   Cierto _____   *Falso* _____

2. Cuando siento ansiedad, soledad o enojo, la comida me hace sentir bien.

   Cierto _____   *Falso* _____

3. Sigo comiendo incluso cuando ya estoy satisfecho.

   Cierto _____   *Falso* _____

4. Si comiera lo que quisiera y cuando quisiera, estaría gordo.

   Cierto _____   *Falso* _____

5. Mi guardarropa sólo consiste en prendas que esconden mi cuerpo lo más posible.

   Cierto _____   *Falso* _____

6. Con frecuencia me siento culpable después de comer.

   Cierto _____   *Falso* _____

7. Hay muchos alimentos a los que ni siquiera puedo darles una probada porque pierdo el control.

   Cierto _____   *Falso* _____

8. He probado muchas dietas.

   Cierto _____   *Falso* _____

9. Todo el tiempo pienso en comida.

   Cierto _____   *Falso* _____

10. Me avergüenzo de la forma en que disfruto la comida.

    Cierto _____   *Falso* _____

Si la mayoría de sus respuestas fueron Cierto, es muy probable que coma por razones equivocadas y tal vez suba de peso.

Registro de la realidad: uno es lo que come

En una encuesta reciente sobre nutrición, 70 por ciento de las personas cuestionadas dijeron llevar dietas saludables. Pero cuando se les preguntó qué comían, los investigadores descubrieron que sus dietas eran todo menos saludables. ¿Qué come usted todos los días? ¿Dónde? ¿En qué piensa y cómo se siente cuando está comiendo? Exacto… vamos de nuevo al Registro diario de hábitos. Anote todo, todos los días, durante una semana.

Los últimos cinco (o cincuenta) kilos

Sin duda, bajar de peso y mantenerse así es una de las tareas más difíciles del mundo. Sólo se compara con dejar de fumar. Si es como casi todo el mundo que tiene problemas de peso, lleva años intentando, y fracasando, una y otra vez perder esos últimos 5, 10, 15 o más kilos.

¿Y qué aprendió de todo ese trabajo tan difícil y decepcionante? Que las dietas no funcionan. Puede comer plátanos y sopa de col durante tres semanas y es probable que baje algunos kilos rápidamente, pero muy pronto sus muslos y cintura regresarán al tamaño que tenían.

La mejor forma de comer bien y mantener un peso saludable (o perder peso si es necesario) es comer porciones relativamente pequeñas de una amplia variedad de alimentos y hacer ejercicio. Es todo; así de simple. Coma lo que quiera (pero no necesariamente todo lo que quiera) y haga entre 20 y 30 minutos de ejercicio cardiovascular diario, aunque ello signifique sólo caminar o trotar un poco. Parece sencillo, ¿verdad? Pero muchos buscamos una solución más rápida que implique menos esfuerzo y dedicación. La clave más importante de todas es hacer de estos cambios una parte natural de su vida, para que los cambios en su cuerpo lleguen de manera paulatina pero segura y duren para siempre.

La trampa del "sin grasa"

Suena demasiado bueno para ser cierto, y así es. Antes que nada, la mayoría de los productos sin grasa no son nutritivos; las galletas, los pasteles y los helados no le proporcionan ningún nutriente esencial y deben consumirse en cantidades pequeñas. Y segundo, ¿está sentado?, ¡sin grasa no significa que puede comer toda la bolsa o caja sin que la ingiera! Tampoco quiere decir que está bien comer cuatro cajas de galletas sin grasa en vez de una caja de galletas "normales". Si lo que desea es cantidad, piense en esto: ¡*una* hamburguesa con queso tiene la misma cantidad de grasa que 50 manzanas, 30 tazas de pasta de trigo entrero, u 80 tazas de brócoli! De modo que, si come el tipo adecuado de alimentos nutritivos y bajos en grasa, puede comer más que sólo uno y sentirse de maravilla.

Píldoras y complementos

Simplemente no existe una píldora mágica para bajar peso. No existe un solo complemento alimenticio o pastilla para dieta que recomendemos; tampoco conocemos a un médico respetable que lo haga. Desde luego que llevar una dieta de líquidos durante seis meses le permitirá bajar un poco de peso, pero sólo temporalmente, porque ¿qué es lo primero que hará cuando termine la dieta? Comer, por supuesto. Comer, comer y comer más, y recuperará los kilos que perdió y unos cuantos más. En vez de pedirle a su médico una píldora o complemento, pídale que le refiera con un nutriólogo titulado y trabajen en conjunto a fin de que encuentren un plan alimenticio y de ejercicio que sea lógico para su nivel de salud y acondicionamiento físico. ¡Luego apéguese a él!

"¿Quiere decir que tengo que hacer ejercicio?"

Sí. Definitivamente no hay forma de evitarlo. De lo contrario, su cuerpo no usará con eficiencia el combustible (comida) que le ofrece. Un especialista en acondicionamiento físico lo estableció de esta manera: "si no usaría basura como combustible para su automóvil, entonces por qué usa el equivalente a la basura nutricional que es el combustible para su posesión más preciada: su cuerpo".

El ejercicio y su cuerpo

El ejercicio aumenta su nivel general de acondicionamiento físico, le da más (¡o menos!) energía, bombea más oxígeno al cerebro para ayudarle a pensar mejor y, aunque no lo crea, se siente bien una vez que se acostumbra a él. El ejercicio también quema calorías. Cuanto más ejercicio haga, más puede comer. De hecho, las personas obesas comen un promedio de 600 calorías menos al día que las personas activas con peso normal. Si lo anterior no es suficiente para estimularlo, entonces no sabemos qué más hacer.

¿Qué tan esbelto es usted?

Conteste este cuestionario para ver cómo está su condición física en este momento:

1. Cuando sube corriendo unas escaleras, ¿cómo se siente?:

    a. Ve estrellas y no nos referimos a Arnold Schwarzenegger o Jane Fonda.

    b. Listo y capaz de sostener una conversación.

    c. Preparado para subir cuando menos otro piso.

2. Si se sienta en el piso con las piernas estiradas frente a usted y los dedos de los pies señalando hacia el techo, es capaz de:

    a. Tocarse las rodillas, pero sólo con esfuerzo.

    b. Tocarse las corvas.

    c. Llegar más allá de sus pies.

3. ¿Cuántas "lagartijas" puede hacer?

    a. Ni siquiera puedo acostarme en el piso.

    b. Diez, pero sólo como "niña".

    c. Diez con un solo brazo.

4. ¿En cuánto tiempo hace kilómetro y medio si camina lo más rápido posibe?

    a. ¿Cree que haya un kilómetro y medio hasta la puerta de mi entrada?

    b. Unos 20 minutos.

    c. Quince minutos o menos.

5. ¿Cuántos minutos al día realiza actividades que elevan su ritmo cardiaco y lo hacen sudar?

    a. ¿Cuenta ver un episodio emocionante de una telenovela?

    b. Unos 15 minutos.

    c. Más de 30 minutos.

¿Cómo le fue? Recuerde que debe consultar a su médico antes de empezar cualquier régimen de ejercicio. Si sus respuestas en su mayoría fueron…

A: tiene mucho camino por recorrer. Ha sido una persona sedentaria por un buen tiempo y su corazón, pulmones y músculos necesitan amor y atención.

B: no es ajeno al ejercicio. Lo ha hecho esporádicamente, pero hasta ahora su corazón no está en buenas condiciones. Comience por aumentar el número de veces que hace ejercicio cada semana (su objetivo debe ser tres o cuatro veces) y el tiempo que dedica a cada sesión (cuando menos entre 30 y 45 minutos).

C: lo está haciendo muy bien. Siga así.

Hacer ejercicio

No es tan difícil hacer del ejercicio parte de su vida. Intente estas estrategias para empezar:

➤ **Hágalo con gentileza.** El ejercicio no es una propuesta de todo o nada. No tiene que correr todas las mañanas o tomar una clase de aeróbicos todas las tardes. Su ejercicio diario puede consistir en caminar de forma vigorosa al supermercado, una tarde arreglando el jardín o incluso una hora de limpieza vigorosa de la casa, cualquier actividad que requiera que su cuerpo se mueva y aumente su ritmo cardiaco.

➤ **Programe un horario para hacer ejercicio.** Para muchas personas, el ejercicio con frecuencia es lo último en una larga lista de "cosas por hacer" de modo que es lo primero en desaparecer cuando están ocupadas. Considere las sesiones de ejercicio como si fueran citas de negocios que hizo con usted mismo, y cumpla con ellas.

➤ **Acentúe lo positivo.** Tal vez el elemento más importante en el diseño de cualquier plan de acondicionamiento físico a largo plazo es elegir actividades que disfruta y que lo hacen sentirse renovado y motivado. Experimente con algunos deportes diferentes, clases de ejercicio y actividades hasta que encuentre algo que le motive a seguir con su rutina.

➤ **Recuerde que el ejercicio alivia la depresión.** Hacer ejercicio libera sustancias en su cuerpo que elevan su estado de ánimo. Como dice la gurú del yoga Joan Budilovsky: "Se siente maravilloso: medite. Se siente deprimido: ¡muévase!"

El refrigerador, sin cadenas

Equilibrio. Estructura. Satisfacción. Una vez que todo está dicho y hecho, estos tres principios son el núcleo de una dieta sana y una relación saludable con los alimentos. Piense en los siguientes puntos y luego haga una cita con su médico a fin de que encuentren una dieta y un programa de ejercicio.

Equilibrio

➤ **Siga los lineamientos de la pirámide alimentaria.** El uso de la pirámide le ayudará a tomar decisiones sanas y le guiará hacia los alimentos correctos en las proporciones adecuadas.

➤ **Mantenga un peso saludable.** Al controlar sus antojos alimenticios, aprende a disfrutar la comida en vez de temer a ella, y si a eso le agrega el ejercicio, pronto podrá manejar mejor su peso.

➤ **Consuma con moderación todas las cosas buenas.** A menos que tenga una alergia o sensibilidad específicas, ningún alimento está fuera de los límites, siempre y cuando controle las porciones.

Estructura

➤ **Establezca horarios regulares para sus alimentos.** Si elige hacer tres comidas moderadas o cinco más pequeñas al día, dése tiempo para sentarse y disfrutar lo que come en vez de sólo comer cualquier cosa.

➤ **Planee y cocine con anticipación.** El tiempo se va volando. Si hace el esfuerzo de planear con anticipación, hace un menú, compra lo necesario e incluso cocina con anticipación, tendrá una mejor oportunidad de resistir la tentación de comer cualquier cosa que tenga enfrente, sin importar su valor nutritivo o su atractivo para sus papilas gustativas.

➤ **Planifique comidas y postres especiales.** Aun cuando todos debemos buscar alimentarnos lo más frecuente posible de manera sana y completa, a muchos se nos antojan cosas que son ideales. Nunca se prive por completo de los alimentos que se le antojen; es mejor que de vez en cuando se dé el gusto.

Satisfacción

➤ **Agregue variedad a su dieta.** Al comer diversos tipos de alimentos durante el día no sólo mejorará sus oportunidades de obtener todos los nutrientes necesarios, también se dará cuenta que disfruta su dieta más que nunca. Intente comer algo nuevo cuando menos una vez por semana (por ejemplo, una fruta o vegetal exótico) o cocine un platillo diferente.

➤ **Dedique tiempo a disfrutar los aspectos sensuales de los alimentos.** Comer a la carrera significa negarse el placer de poner una mesa elegante y disfrutar una buena comida en compañía de familiares y amigos. De vez en cuando, dedique tiempo para hacer de la comida una experiencia que se pueda saborear en vez de una actividad automática.

➤ **Ingiera alimentos que le hagan sentirse sano y bien.** La comida nutritiva, bien preparada y que se ingiere en una atmósfera relajada, nutre tanto al cuerpo como el alma.

Dome esas tendencias

La palabra "tendencia" suena bastante inocente. Su definición en el diccionario es bastante benévola: "propensión o inclinación para actuar o pensar en una forma en particular". ¿Qué tiene de malo? Bueno, potencialmente nada ... y todo. Ya hemos hablado de las tendencias como una forma de sustituir una frustración o ansiedad, así como de las tendencias que pueden convertirse en un mal hábito. No debe preocuparle su tendencia a decir "por favor" o a preferir un plato de vegetales al vapor en vez de una hamburguesa doble con queso y tocino. Pero su tendencia a lanzar un plato contra la pared cada vez que su hermana lo hace sentir inferior a nivel de estudios, o su tendencia a querer investigar su trabajo de fin de cursos de 30 páginas la noche anterior al día de que debe presentarlo son cuestiones muy diferentes.

"¿Yo? Yo no tengo tendencias"

Tal vez piense que no tiene tendencias negativas. Quizá piense: "Nunca recuerdo las fechas importantes y creo firmemente en el poder de una mentirita blanca de vez en cuando, pero no tengo tendencias malas que la gente note". ¿Entonces, qué es? ¿Acaso observamos un pequeño titubeo que afirma con toda certeza que nadie nota sus malos hábitos?

Bueno, quizá tenga razón. Tal vez le parece perfecto a la mayoría de la gente. Pero sólo por un minuto vamos a tomar un enfoque diferente. Hablemos de sus metas.

¿Qué quiere en la vida? ¿En quién planea convertirse? ¿Dónde quiere estar el año próximo? ¿En cinco años? ¿En 10 años? ¿Está en la dirección correcta, o ya avanzó al menos en cierto grado?

Abraham Maslow, un psicólogo famoso por desarrollar la *jerarquía de la motivación*, estudió la vida de las personas sumamente efectivas, y observó que: "un hombre puede ser lo que debe ser". Nos olvidaremos de su lenguaje sexista de los cincuenta y procederemos a examinar su punto de vista: tanto él como su colega Carl Rogers, rompieron con sus antecesores en psicología quienes creían que el inconsciente, los impulsos primitivos (ésas ideas eran de Sigmund Freud) o el ambiente gobernaban todas las acciones humanas. Por otra parte, Maslow creía que los seres humanos son los maestros de su propio destino, y que cada uno tiene el potencial de, y de hecho está motivado por, el deseo de autorrealización. Maslow creía que podemos hacer elecciones independientes y proactivas que den forma a nuestro destino, y luego de satisfacer nuestras principales necesidades básicas, la meta final del ser humano es la autorrealización.

Se preguntará qué tiene que ver todo esto con las tendencias. ¡Todo! Los hábitos malos le impiden ser el mejor, pero las tendencias conductuales negativas hacen más que consumir su tiempo y sus recursos económicos. Comprometen sus relaciones e incluso su integridad. Negarlas es una forma de evitar la responsabilidad de quién es y su potencial para tener éxito y progresar. Conservarlas es como erigirles un monumento en el centro de su camino hacia la autorrealización. Después de todo, ¿cómo puede lograr su potencial humano si ni siquiera puede llegar a tiempo al trabajo?

Jerarquía de las necesidades de Maslow.

Quizá pospone esas tareas del hogar hasta que la tina del baño tenga más moho que la porcelana, o explota y le grita a su cónyuge por pequeñas inconveniencias, o regularmente se le olvida el partido de su hijo, o sólo le dice a su jefe que no entregó el trabajo a tiempo porque otra vez tuvo una "emergencia familiar".

Cualquiera que sea su tendencia negativa, no le permite alcanzar sus metas y debilita su autoestima y sentido de integridad. Si la identifica y la descarta, es probable que logre estar en el gran negocio de realmente vivir la vida.

Cuando el problema verdadero es el resto del mundo

Usted dice: "No, no, yo no hago esas cosas, al menos no cuando puedo evitarlo". Por desgracia su tendencia a rechazar la culpa puede ser otro mal hábito. Claro está que cuando las cosas van bien acepta el crédito de sus triunfos y asume la responsabilidad de sus acciones, y así debe ser, pero qué fácil es pasar la pelota cuando la vida no es tan agradable.

Acéptelo: es su vida. ¿Alguna vez ha dicho o pensado algo similar a los siguientes enunciados?

➤ Hubiera terminado este proyecto si la gente no me hubiera... llamado toda la noche; buscado para que le ayudara en otros proyectos; pedido que les hiciera favores; dicho qué hacer y cómo hacerlo.

➤ La sociedad es demasiado acelerada y demandante para mí. Por eso no puedo... organizarme; terminar el trabajo a tiempo; llevar el saldo de mi chequera; mantener la cocina limpia; estar en contacto con mis amigos.

➤ Mi jefe tiene expectativas irreales por eso no puedo... cumplir con todo lo que describe mi puesto; hacer una presentación sobresaliente; asegurar esa cuenta; terminar ese informe; conseguir ese ascenso.

➤ Sólo me enojo así cuando me provocan.

➤ Nunca habría mentido si... la sociedad no tuviera reglas tan absurdas; mi cónyuge realmente me comprendiera; el ambiente en mi trabajo fuera más flexible; mis padres no fueran tan estrictos; mi amigos no fueran tan moralistas.

¿Ve qué fácil es culpar a otros? Con razón se convierte en un hábito muy desagradable. Pero el asumir la responsabilidad absoluta de sí mismo significa admitir sus errores y reconocer sus limitaciones, así como cosechar los frutos. La siguiente vez que culpe a alguien o algo por cualquier cosa, lo que sea, deténgase y pregúntese si acaso sea el responsable de la situación. Luego piense en las consecuencias de aceptar dicha responsabilidad. ¿En realidad es tan malo? ¿Acaso los beneficios no podrían superar los riesgos? Quizá hasta lo respeten más las personas con quienes trata (y también se respete a sí mismo). Es probable que acumule esa incomodidad, y quizá la próxima vez no le sea tan fácil lanzar la pelota. Mentir, dar excusas, negar, posponer y explotar ya no parecen ser las respuestas apropiadas.

131

Mire en su interior: el reto del autoexamen

Las tendencias abarcan una amplia variedad de fenómenos conductuales, aunque la mayoría pueden agruparse en dos categorías: la ausencia de comunicación eficaz y la tendencia general a posponer. Conteste el siguiente examen a fin de que descubra sus propensiones:

1. Acaba de dar una fiesta increíblemente exitosa, pero los platos están apilados hasta el techo. Después de que despide al último invitado, revisa el desastre y:

   a. Se enoja mucho. Lo mínimo que podían haber hecho sus invitados, después de la magnífica cena que les dio, era enjuagar sus platos. Nadie se ofreció siquiera a recoger y limpiar. Vaya amigos groseros e ingratos.

   b. Observa brevemente el desastre, desesperado, da media vuelta y se va a dormir. Se concentra en lo maravillosa que estuvo la fiesta. Después levantará el desastre.

   c. Dice a su cónyuge o compañero que si hubieran enjuagado los platos conforme la gente los iba amontonando en la cocina, no tendrían que levantar este tiradero.

   d. Dice a su cónyuge o compañero que le duele muchísimo la cabeza y lo chantajea para que limpie mientras usted se va a dormir. Claro que se sentirá un poco culpable.

2. Acaban de asignarle un proyecto de investigación enorme, que debe entregar en seis semanas. Mientras su jefe o maestro le indica la asignación, en el fondo usted sabe que:

   a. Pensará en ideas para las cinco semanas y cinco días, luego pasará un fin de semana sin dormir reuniendo lo mínimo para el proyecto. Quién sabe, a la mejor su ingenio funcione mejor bajo presión.

   b. Lo más probable es que justo dentro de seis semanas deba estar presente en el funeral de una tía imaginaria con quien se llevaba mucho.

   c. Ofrece dinero a su mejor amigo, un experto en investigación, para que haga el trabajo difícil y tal vez incluso parte de lo escrito. Demonios, ¿por qué no darle un poco más de dinero y que también lo capture?

   d. De inmediato empezará a sentirse irritado por tener que hacer este proyecto tan grande. ¡Como si no tuviera nada más que hacer! Todavía no terminan de explicarle bien el proyecto y ya está rezongando.

3. Le dijo a una conocida que no podía reunirse con ella esa noche porque tenía que quedarse en casa para hacer un trabajo. ¡A veces es tan aburrida! Luego se la encuentra en un restaurante donde está cenando con una amiga cuya presencia es más interesante. Ella lo mira y parece dolida. Usted...

   a. Se sonroja, se deshace en disculpas, y luego le susurra al oído sin que su otra amiga lo escuche que a esta persona le urgía hablar con usted y no pudo hacer otra cosa que salir a cenar para hablar de su problema.

   b. A pesar de que sus miradas se cruzan, usted rápidamente desvía la vista y pretende no verla. Luego se sale lo antes posible aunque ya haya ordenado su cena. Siempre se puede comer en otro lado.

   c. Se siente furioso. ¡Cómo se atreve a venir al mismo restaurante! Le lanza una mirada de enojo, haciéndole saber que obviamente ella cometió un error. Si acaso se acerca a usted, usted reaccionará molesto y se negará a hablar con ella.

   d. La aborda como si fuera su mejor amiga y dice cualquier excusa que le venga a la mente: esa tía imaginaria tan útil acaba de morir y está haciendo los arreglos para el funeral, la persona que lo acompaña es de la policía, o debe jurarle que olvidará haberlo visto porque está en una misión supersecreta. Luego, le promete que comerán juntos la siguiente semana. (Eso le da una semana para pensar en una excusa nueva.)

4. Hablando de hábitos, su ser querido otra vez se está tronando de nuevo los nudillos. Usted trata de concentrarse en un buen libro, pero el sonido está a punto de sacarle de quicio. Usted...

   a. Se levanta y sale de la habitación. Puede leer en otra parte.

   b. Escucha ese horrible sonido cerca de 30 minutos, luego explota con algo como "¡si no dejas de hacer ese sonido tan horrible, me voy a vomitar en el piso!" Al mismo tiempo, se levanta y sale de la habitación, no sin antes golpear sobre uno o dos libros, y azotar la puerta tan fuerte que las paredes retumban.

   c. Le dice a su ser querido que se siente mal. ¿Podría por favor conseguirle un antiácido? (Lo que sea con tal de sacar ese sonido de la casa.)

   d. Finge llamar a su madre, luego menciona que su mamá le preguntó qué era ese horrible sonido y le dijo que si se truena los dedos le dará artritis. "Dice mi mamá que mejor no lo hagas, cariño."

5. Todo se junta al mismo tiempo. Su jefe lo presiona para que trabaje tiempo extra, sus tres hijos necesitan que los lleve a algún lado a las 3:30 de la

133

tarde, la lavadora empezó a hacer un ruido extraño, y la batería del auto está muerta. Ahora cree escuchar a la perra vomitar en los alrededores de su alfombra nueva de la sala. Es más probable que …

a. Se reporte enferma al trabajo (puede fingir una tos convincente), le dice a su familia que su jefe la necesita todo el día (les da instrucciones de que por ningún motivo la molesten en el trabajo) y se va en el auto al campo. Termina el día con una parada relajante en el centro comercial. Después de todo, necesita un descanso, y de cualquier manera nadie entendería la verdad.

b. Le diga a su jefe que su hijo está enfermo así que no puede trabajar tiempo extra, convence a un par de amigos con camionetas que le deben favores que lleven a sus hijos, le sugiere a su ser querido que ponga una carga en la lavadora ("no escuché ningún ruido extraño, querido"), y le pide a su hijo mayor que vaya a ver qué hizo la perra (el que encuentre una cortesía del perro tiene que limpiarla). Oiga, ¡el día de hoy no parece tan difícil después de todo!

c. Se convenza de que puede hacer el trabajo extra más tarde, tiene suficiente ropa limpia para otros cuantos días, y para qué son los autobuses, sino para transportar. Quizá si no entra en la sala, lo que hay ahí… desaparecerá.

d. Explote, le grite a los niños, saque a la perra a la fuerza, libere su ira contra el técnico de la lavadora y el mecánico que viene a echar a andar su auto, y luego, como un final convincente, aviente algo costoso que se rompe en un sinfín de pedazos.

Encierre en un círculo sus respuestas y determine la columna con más círculos. Luego siga leyendo a fin de que identifique su perfil de tendencias.

Puntuación de tendencias

Pregunta	Siempre hay un mañana	Explota	Pasa la pelota	¡Lo enfrentó!
1.	B	A	D	C
2.	A	D	B	C
3.	B	C	D	A
4.	A	B	C	D
5.	C	D	A	B

Siempre hay un mañana. Es un maestro en posponer las cosas. Pospone lo más posible las tareas y situaciones desagradables y en ocasiones, si puede, incluso niega su existencia. A pesar de que logre hacer un buen trabajo en el último minuto o desvíe ciertas situaciones ignorándolas, no está viviendo todo su potencial. Ya sea que posponga porque simplemente es desorganizado o porque tiene un problema serio para afrontar ciertos asuntos, debe empezar a conquistar este hábito *hoy* mismo. No se imagina cuán tranquila puede ser su vida y lo mucho que puede dedicar a los proyectos, las tareas e incluso las relaciones si trabajara un rato en ellos en vez de correr hasta el último momento o evitar confrontaciones. Nada sale bien en el último momento, y ninguna relación puede prosperar basándose en la negación.

Explota. Quizá tiene un pequeño problema con su temperamento, pero no lo tome en forma personal y, por favor, no aviente este libro contra la pared, lo decimos sólo para ayudarle. Ya sea que haga rabietas explosivas o presente un nivel de irritación leve pero constante, la ira es un obstáculo momentáneo para su felicidad y éxito. Necesita un ajuste de actitud y rápido. Pero no crea que es tan fácil como *decidir* cambiar. Las causas de la ira pueden ser diversas y quizá requiera cierto tiempo para descubrir el origen de su negatividad. Dése tiempo y tenga paciencia. ¡Respire! Relájese. Practique el manejo de tensiones. Puede solucionarlo y vale la pena hacerlo. Nadie tiene que estar todo el tiempo enojado o frustrado.

Pasa la pelota. Pasarle los problemas y el estrés a otra persona a fin de evitarlos uno mismo es un rechazo al compromiso y puede convertirse en una adicción. Es muy fácil sugerir sutilmente que su hermana fue la que olvidó reservar el salón para el ensayo, que su secretaria nunca le dio el mensaje o que su hijo está enfermo para poder quedarse en casa. Pasar la pelota a menudo va de la mano con la mentira. Ambas son formas de evitar la verdad y sus inevitables consecuencias. Tal vez piense que no es malo culpar a alguien más mientras esa persona no sufra. Después de todo, ¿qué jefe va a hablarle a su casa y gritarle a su hijo de cinco años supuestamente enfermo? No obstante, negarse a asumir la responsabilidad de sus acciones compromete su integridad. El hecho de aprender a enfrentar las consecuencias de sus actos le aportará un nuevo nivel de madurez; no una madurez aburrida y pesada, sino una madurez que faculta, con la que puede controlar su vida.

¡Lo enfrentó! Está bien, lo admitió: de vez en cuando tiende a desviar la verdad. Algunas ocasiones incluso la divide en dos. Desde luego que muy rara vez existe excusa alguna para mentir, especialmente si se trata de no herir los sentimientos de alguien y si la mentira en verdad no daña a nadie, incluyendo su sentido de integridad. Ahora la recreación de la verdad se ha convertido en parte de su rutina diaria y es probable que tenga problemas para asumir la responsabilidad de sus actos. Aprender a ser honesto es un reto, pero vivir sin mentiras lo hará sentir libre. Nunca tendrá que recordar qué dijo a quién, ni buscar una ficción creíble para remediar toda situación incómoda. En vez de ello, aprenderá a enfrentar la verdad y seguir adelante. Es mucho más sencillo y la gente finalmente podrá confiar en usted, y usted podrá confiar en sí mismo.

No puede cambiar sus relaciones hasta que cambie usted mismo

Ahora que ya tiene una mejor idea hacia qué clase de tendencias conductuales negativas se dirige, nos gustaría que ampliara su visión respecto a su hábito más allá de su propia vida y pensara en cómo afecta sus relaciones. Todos los malos hábitos antes mencionados afectan profundamente las relaciones, y reconocer lo anterior puede ser justo el impulso adicional que necesita para comprometerse a cambiar.

Posponer, perder los estribos y evadir las responsabilidades son conductas pasivo-agresivas. Manifiesta de manera inadecuada la ira, decepción o frustración que siente consigo mismo, con sus relaciones o con las circunstancias de su vida.

La persona que siempre pospone lo hace por un sinnúmero de razones, pero quienes están a su alrededor sufrirán en forma similar, es probable que forme parte del motivo que origina el hábito si tiende a posponer las cosas. Si no puede empezar (o terminar) los quehaceres del hogar, si espera hasta el último momento para terminar los proyectos o acoger la sobrecarga como su habilidad principal de estudio, las consecuencias no sólo le afectan a usted. Las personas con quien vive sufrirán la convivencia en un hogar en caos. Sus seres queridos entenderán que no pueden depender de que usted haga las cosas. Algunas de las personas importantes en su vida (jefes y maestros) buscarán personas más organizadas y confiables, y ¿adivine quién obtendrá las buenas recomendaciones y las promociones más jugosas? Usted no.

Si no puede llenar el lavavajillas o escribir un informe sencillo hasta que no llega la hora cero, ¿cómo puede esperar alguien que dedique constantemente tiempo y energía a sus relaciones? Es posible que no lo esperen y si lo hacen, los va a decepcionar una y otra vez, incluso en los detalles más insignificantes de la vida. Diez años de "olvidar" limpiar la cocina o llamar a su madre pueden agregarse a una relación seriamente dañada. ¿Será que en realidad está enojado con su madre? ¿Le gustaría tener otro tipo de relación con ella?

La persona enojada también es una pareja, padre, hermano e hijo igual de difícil. La gente aprende a andarse con cuidado a su alrededor para no caer ante su furia. Quizá le oculten lo que realmente sucede para protegerse. Usted nunca podrá desarrollar una relación absoluta con alguien que no puede abrirse con usted por temor a lo que haga. Controlar su ira no es ser deshonesto. Su "enojo" no es realmente usted, es aquello que lo atrapa en una emoción intensa que le impide pensar en forma más racional. Un paso importante sobre cómo aprender a interactuar en un nivel más profundo con los demás es que libere su ira sin lastimar a nadie (¡o destruir más propiedades!) .

Por razones obvias, mentir *compromete* las relaciones. Si miente, la gente no confía en usted, y si sus seres queridos no pueden confiar en usted, no podrá llevar una relación verdaderamente funcional. Lo primero y más relevante es dejar de mentir a las personas más importantes en su vida. Ellas merecen saber quién es, qué ha hecho, qué no ha hecho y lo que significan para usted. Las relaciones sinceras son sólidas, y si la honestidad destruye una relación, tal vez desde un principio fue débil.

Culpar y responsabilizar a otros es evidencia de que no puede manejar (o que en realidad teme) los rigores de una relación seria. Si no puede admitir que olvidó una reunión importante o que era su turno de llevar su auto a la oficina o a la escuela, ¿cómo puede admitir ante las personas más cercanas a usted que ha sido irracional, insensible o simplemente que estaba equivocado? No es fácil aceptar que está equivocado o que cometió un error, pero es vital para las relaciones sanas. Si una persona siempre "tiene la razón", la relación será de un solo lado y tarde o temprano se desintegrará o, peor aún, continuará; pero ambos participantes se sentirán desdichados. Empiece por asumir la responsabilidad de sus acciones con las personas que ama. Pronto aprenderá a transferir esta habilidad importante (este nuevo "hábito") a todos los aspectos de su vida.

¿Entiende la forma en que sus tendencias negativas le afectan tanto a usted como a sus relaciones? En capítulos posteriores estudiaremos con mayor detenimiento estos aspectos. Por ahora, lo importante es identificarlos y vencerlos. Hágalo por sus amigos, por su familia, por su pareja, pero más importante aún, hágalo por usted mismo. Ser el maestro de su destino no es sinónimo de egoísmo, más bien, ¡es la mejor forma de vivir en este planeta!

Yo puedo dejarlo cuando quiera... ¿Verdad?

Capítulo 16

Sea honesto

Se lo vamos a decir con toda sinceridad: no siempre es fácil ser franco consigo mismo o con los demás. La verdad duele con la frecuencia suficiente como para desanimarnos a revelar automáticamente nuestros verdaderos sentimientos y motivaciones. En cambio, algunos desarrollamos el mal hábito de ocultarlos, ya sea mintiendo, "olvidando" en forma conveniente o expresando ira con el fin de distraernos a nosotros mismos y a los demás de la realidad sobre la situación. ¿Esto lo describe a usted?

Por fortuna, hay una solución: enfrente la verdad y exprésela lo más frecuentemente posible. ¿Sencillo? Para nada. ¿Vale la pena? Absolutamente. La verdad lo hará libre. Ya no tendrá que ocultar de su familia, amigos y colegas, o incluso de sí mismo, sus verdaderos sentimientos o deseos. Un mal rato de vez en cuando no hace daño. Vamos a ver cómo lograrlo.

Las mentiras blancas y las mentirotas

Antes que nada, no se agreda demasiado si cayó en el hábito de las mentiras. En nuestra sociedad, esta práctica es virtualmente habitual. Hemos llegado al punto de aceptar que los políticos mienten (y no sólo para salvar los sentimientos de alguien). Es muy común engañar a los cónyuges, en los impuestos sobre ingresos percibidos y en solicitudes de empleo. Mentir es la forma más fácil en el mundo de evitar todo tipo de consecuencias desagradables.

Sin embargo, no cabe duda que el hábito de decir algo que no es cierto tarde o temprano deteriora sus relaciones, así como su propia sensación del ser. Quizá hoy en día le parezca una frase desgastada, pero ninguna clase de relación sana puede subsistir mucho tiempo sin honestidad y confianza.

Las relaciones pueden verse afectadas por mentiras más evidentes que "cariño, hoy tengo que trabajar hasta muy tarde". La gente miente por muchos motivos, incluso a las personas que ama. Cuando se trata de evitar herir los sentimientos de alguien (como decir que el corte de cabello se ve estupendo aun cuando sabe que durante las siguientes dos semanas no se verá bien), quizá no haya problema alguno en "estirar" la verdad. Pero si miente con el fin de evitar conflictos en sus relaciones o para protegerse de las consecuencias naturales, al menos está tomando el camino más cómodo para huir y lo peor es que se está engañando a sí mismo y a las personas que le rodean. Ciertamente no podrá solucionar los problemas de su relación y dará a sus seres queridos y colegas una sensación falsa de quién es y lo que considera importante.

Miguel de Unamuno, escritor filosófico español que vivió a principios del siglo XX, dijo una vez: "Caer en un mal hábito es empezar a dejar de ser". Lo anterior es cierto, sobre todo si nos referimos a las mentiras. Crear una vida con base en mentiras es como construir un castillo de arena. No se sostendrá y, tarde o temprano, se derrumbará.

Existen muchas razones para mentir, así como todo tipo de situaciones donde la mentira llega a ser "conveniente". Si tiene el mal hábito de mentir, vea si alguno de los siguientes planteamientos le suena conocido.

Decepciones y subterfugios

La siguiente mentira es la más obvia: se oculta la verdad a propósito para poder obtener una ventaja o alcanzar una meta. ¿Alguna vez ha mentido intencionalmente para confundir a alguien?

➤ "Soy soltero". (Mientras guarda en su bolsillo la fotografía de su cónyuge y del bebé al tiempo que desliza su mano sobre los hombros de la persona que le acompaña.)

➤ "Me encantó Yale, es todo un desafío tanto académica como intelectualmente". (Cuando cada vez tiene menos posibilidades de conseguir un empleo y dos años de estudio en la universidad de su comunidad no son suficientes.)

➤ "Yo te hablo, te lo prometo". (Cuando sabe que primero se le cae la mano antes que tomar el teléfono y marcar ese número.)

➤ "Nunca lo usé. Me lo llevé a casa y ya no me gustó cómo se me veía". (En tanto reza porque el vendedor no vea la mancha en la parte de atrás del saco.)

140

El gran gesto

¿Dice cosas que no quiere decir para provocar una reacción de la persona con quien conversa? Vea si usó alguno de estos comentarios durante una conversación:

➤ "¡Te odio!" (Para incitar ira.)

➤ "Fui el alma de la fiesta. Lástima que no llegaras". (Para incitar celos o remordimiento.)

➤ "Parece que bajaste de peso". (Para caerle bien a alguien. No se haga tonto: si la afirmación no es verdad y su amigo no le preguntó sobre su peso, no lo está diciendo sólo para hacerlo sentir bien.)

➤ "Tienes toda la razón, me equivoqué". (Para poner fin a una pelea.)

Aléjelo de usted

Como ya sabe, la mayoría de los malos hábitos se desarrollan a partir de la necesidad de evitar consecuencias, estrés, ansiedad, miedo, decepción... lo que sea. ¿Alguna vez ha mentido en una de estas situaciones?

➤ "Le juro que no vi el semáforo en alto, oficial". (Para evitar responsabilidad, incluso si de cualquier forma le levanta la infracción.)

➤ "Tienes toda la razón, me equivoqué". (Para evitar el inicio de una pelea.)

Atrápese a sí mismo en el acto

La mentira tiene diversas formas y provoca muchos resultados diferentes. Si su meta es tener un amorío, entonces la mentira respecto a su estado civil durante cierto tiempo le ofrece lo que desea. Decirle a su pareja que tiene razón y que usted se equivocó ayudará a evitar o desviar una discusión pero quedan para el futuro y sin resolver los asuntos más profundos.

No obstante, al igual que todos los "buenos" malos hábitos, mentir le permite evitar las consecuencias o los sentimientos inmediatos que de otro modo surgirían con la verdad. De esta manera, mentir puede ser una seducción, tentación y, de hecho, una adicción.

¿Miente con mucha facilidad? ¿Mentir se ha convertido para usted en un mal hábito? Descúbralo contestando las preguntas siguientes:

1. ¿En más de una ocasión ha empezado una mentira con "no me lo vas a creer, ¡pero te juro que es cierto!"?
   Sí ____   *No* ____

2. ¿A veces miente simplemente porque piensa que sería más interesante una mentira que la verdad?
   Sí ____   No ____

3. ¿Miente sin intención previa; sólo se le escapa?
   Sí ____   No ____

4. ¿Se empieza a creer sus propias mentiras?
   Sí ____   No ____

5. ¿Miente casi diario para evitar algún tipo de consecuencia?
   Sí ____   No ____

6. ¿Tiene la sensación de que la gente no cree lo que usted le dice?
   Sí ____   No ____

7. ¿Quiere decir la verdad sobre algo, pero se da cuenta que no puede?
   Sí ____   No ____

Si contestó afirmativamente a tres o más preguntas, tiene el mal hábito de mentir, y es probable que la mentira esté controlando su vida. Éste es el momento de aceptar la verdad como su nuevo *modus operandi*.

Tal vez descubrió que sólo miente ocasionalmente. ¿Aún considera que está mal? Depende. ¿Cree que conoce la diferencia entre una *mentira blanca* y una mentirota? Después de cada punto en la siguiente lista, marque una B si cree que el enunciado es una mentira blanca cuya excusa es perfecta, y una M si piensa que es una mentirota que compromete ya sea a usted o a la persona a quien le miente con:

➤ "¡Se me olvidó mi informe/presentación/trabajo de investigación en el tren!" (Ni siquiera lo ha empezado.)

➤ "¡Tu bebé está precioso!" (Usted cree que debe ser un bebé, pero más bien parece un chimpancé.)

➤ "¡Nunca haces algo que me haga sentir bien!" (Apenas la semana pasada le dio un masaje en la espalda y ¿quién lavó los platos ayer?)

➤ "¡No vi nada, oficial!" (Usted iba pasando justo cuando ese auto iba en reversa.)

➤ Se le olvida hacer una llamada importante a un cliente. (Cuando se acuerda, llama con la excusa de que tuvo que salir de la oficina inesperadamente y que no pudo llegar a la cita.)

➤ Llega muy tarde a una cena y dice a la anfitriona que tuvo un pequeño accidente automovilístico. (Gracias a Dios todos están bien.)

➤ Se le olvidó el cumpleaños de su mejor amigo, así que corre a escribir una nota prometiendo una enorme sorpresa y la guarda en un sobre. (Nunca sabrá que no estaba planeado, así que tiene un poco más de tiempo.)

En este caso no necesita sumar su puntuación porque, excepto por el cumplido sobre el bebé de su amiga (que es bastante oportuno), las demás son inaceptables.

"¡No!", protesta usted. "Tengo que mentir para conservar mi empleo o cuando menos para evitar lastimar los sentimientos de mi anfitriona o de mi mejor amigo." No queremos decepcionarlo, pero éstos son los ejemplos clásicos de negarse a aceptar las consecuencias de sus acciones. Véalo de la siguiente manera: quizá el hecho de que diga la verdad lo haga sentir sumamente avergonzado e incómodo a corto plazo, o tal vez requiera más tiempo y esfuerzo pero a usted no le interesa. Pero, oiga, ¿no prefiere que la gente sea honesta con usted? ¿No es lo que espera? Entonces, acéptelo, si sabe que debe ser honesto, será menos probable que se meta en una situación donde tenga que mentir de nuevo.

Lleve un seguimiento de la verdad

Esperamos que empiece a entender que casi todo mundo considera muchas mentiras "blancas", que en realidad son mentirotas, cuando menos en forma acumulativa o a largo plazo. Pero todos sabemos que verse obligado a sentir molestia y vergüenza no es un gran incentivo para dejar de mentir. "Si me produce más dolor, sin duda ¡dejaré de hacerlo!", piensa. ¿Ve? ¡Ésa es otra mentira!

Suponiendo que está comprometido con romper con su mal hábito, tenemos una estrategia mejor. A partir de hoy mismo, lleve un Registro de la verdad (queremos acentuar lo positivo, de lo contrario lo llamaríamos Registro de mentiras). Simplemente asigne un nuevo nombre a su Registro diario de hábitos, o elabore un archivo nuevo en un cuaderno o en la computadora, exclusivo para este ejercicio. Al final del capítulo le proporcionamos un ejemplo de cómo podría ser su Registro diario de hábitos en caso de que agregue a sus malos hábitos los problemas de comunicación como mentir o perder los estribos.

Durante una semana, escriba al final de cada día todo lo que recuerde haber dicho o hecho que no fuera completamente honesto. No se preocupe en anotar cualquier otra cosa que no sean las "incidencias de mentiras" de una semana. El punto es crear conciencia de cuándo miente, con qué frecuencia y cuáles son las circunstancias en cada situación. Es probable que ni siquiera se dé cuenta de los patrones fundamentales de su comportamiento.

A la semana, lea lo que escribió. ¿Le parece que tiene un problema? ¡Vamos al paso 2! Durante esta semana siga anotando cualquier mentira, luego, anote lo que pudo haber dicho que habría sido honesto. No se preocupe por realmente hacerlo, sólo anótelo. Esto le hará pensar en soluciones creativas y también conocer cuáles serían las consecuencias de sus actos si asumiera la responsabilidad.

143

El paso 3 es difícil. Probablemente ahora ya esté mucho más consciente de que está a punto de mentir antes de pronunciar las palabras. Cuando sienta que está por mentir, piense en una forma mejor e inténtelo, comprométase. Es muy factible que tenga menos posibilidades de encontrarse en situaciones donde sea necesario mentir porque ahora ya se acostumbró a tomar en cuenta las consecuencias.

Sabemos que es un proceso difícil, pero piénselo de esta manera: ¡tres semanas fáciles para llegar a ser una persona honesta!

El olvido

¿Así que se le olvidó sacar la basura, pagar sus cuentas o su aniversario? Quizá conscientemente cree que de hecho se le olvidan muchas cosas. Nos puede decir: "Discúlpenme, es que soy muy distraído". ¿Adivine qué? No le creemos. La distracción es un mal hábito y también es mala comunicación consigo mismo que conduce a decepcionar a otras personas. No está obligado a olvidar. Genéticamente, no está predispuesto a olvidar, es sólo que se ha convertido en un mal hábito conveniente.

Quizá no siempre sea divertido asumir la responsabilidad de, incluso, los detalles más mundanos (para usted) de su vida. ¿Quién quiere sacar la basura, cuando "se me olvidó" da como resultado que otra persona tenga que hacerlo? Usted intercambia un momento de flojera (física y emocional), y luego revuelve todo para compensar las cosas después del hecho, y desperdicia tiempo y preciosos recursos mentales. Su actitud hacia su pareja, colega o amigo es pasivo-agresiva. Al "olvidar" su aniversario, ¿realmente está diciendo que no le importa el acontecimiento (o su matrimonio)? ¿"Olvidar" asistir a una reunión importante es una forma de decirle a su jefe que no está satisfecho con su empleo?

Por otro lado, el hecho de tomar las riendas y hacer un esfuerzo consciente por recordar las cosas significa ser honesto con su verdadero yo y con la gente que le rodea.

Casi todos tenemos la capacidad para ser organizados y mantener las cosas bajo control. Lo que pasa es que usted, junto con miles de personas, muchas veces prefiere tomar la salida "fácil" (léase floja).

Si en verdad evita estar al tanto de citas y responsabilidades, éstas son algunas sugerencias que le ayudarán a empezar:

➤ Lleve un organizador diario y apéguese a él. De ser necesario guárdelo debajo de su almohada. Anote todas las citas importantes que programe, toda idea que tenga y todo artículo que desee comprar. Documente absolutamente todo lo que deba recordar después.

➤ Conviértase en un elaborador de listas. Listas, listas y más listas. Listas de compras, listas de gastos, listas de cosas por hacer, listas de cumpleaños que debe recordar, listas de eventos especiales. Colóquelas en el tablero de avisos, en el refrigerador, en la puerta de entrada o en el espejo del auto. Cuando salga, siempre lleve consigo algo con qué y en qué escribir.

➤ Compre notas autoadheribles y úselas. Muchas pantallas de computadora, calendarios, tableros de auto y tableros de avisos, están repletos con estas notas de papel multicolor, cada una de ellas con una anotación de información vital que uno debe recordar.

➤ Al iniciar el día, antes de que ocupe su mente en otra cosa, deténgase, siéntese, respire y relájese. Revise mentalmente su día usando como referencia, claro está, su agenda. ¿Qué va a suceder hoy? ¿Qué tiene que hacer? ¿A quién necesita ver o llamar? ¿Qué es vital y qué puede dejarse para otro día? Al terminar el día, justo antes de irse a dormir, revise su lista. ¿Cumplió con todo? Piense durante unos momentos qué debe hacer mañana. Relájese y respire. ¡Ahora duerma tranquilo!

➤ El yoga, la meditación, la respiración profunda y otros tipos de técnicas de relajación en realidad ayudan a despejarle la mente y enfocar sus pensamientos con mayor eficacia. Inténtelo.

Pérdida del aplomo

Tal vez diga entre dientes de manera impaciente: "Yo no digo mentiras, ni se me olvidan las cosas". "¿Podemos pasar a algo más provechoso?" Vaya, ahora vemos quién es usted. Es el del mal genio. Sí, la ira es una forma tan peligrosa de mala comunicación como la mentira, y cuando está enojado puede mentir con mayor frecuencia (dice cosas que no quiere).

La ira deteriora la autoestima y destruye la confianza. Al igual que la mentira y el olvido, la ira es el resultado de no poder comunicarse y puede dañar una relación. Cuando está enojado o incluso sólo molesto, no piensa con claridad ni lógica. Las cosas parecen más oscuras, menos razonables y menos tolerables para la persona enojada de lo que son para la misma persona cuando está de buen humor. La ira sólo le permite evitar una discusión de manera sana, medida y constructiva que le molesta.

¿Usted por naturaleza es una persona enojona? ¿Aprovecha la ira para evitar el estrés u otras emociones que le hacen sentirse incómodo? ¿Está demasiado enojado por su propio bien? A fin de ayudarle a manejar sus hábitos de ira, conteste el cuestionario siguiente:

1. ¿Con frecuencia se enoja lo suficiente para azotar puertas o lanzar cosas?
   Sí _____   *No* _____

2. ¿No es capaz de olvidarse de un incidente exasperante y se enoja de nuevo cuando se acuerda de él?
   Sí ____   *No* ____

3. Si alguien tiene más de 10 artículos en una caja para un máximo de ocho, ¿se le ocurre pensar en la violencia?
   Sí ____   *No* ____

4. ¿Enciende las luces, toca la bocina o hace ademanes ofensivos cuando alguien se le cierra en pleno tráfico?
   Sí ____   *No* ____

5. ¿Se le acelera el pulso cuando lo desafían durante una discusión?
   Sí ____   *No* ____

6. Si un amigo llega tarde a una reunión, ¿piensa en qué palabras hirientes le dirá mientras espera?
   Sí ____   *No* ____

Si puede contestar afirmativamente a más de una o dos preguntas, es el momento de que enfrente su ira. Obviamente es importante que, a fin de alcanzar sus metas y tener relaciones exitosas, debe contar con una actitud positiva. ¿Cómo puede dejar de molestarse tanto todo el tiempo? El primer paso es que admita lo que siente y luego explore qué hay detrás de ello. Quizá le sorprenda descubrir que el objeto de su ira no siempre es el problema fundamental. Éstas son algunas sugerencias que le ayudarán a manejar su ira:

➤ Si normalmente le molesta algo que alguien hace, hable con la persona cuando no esté enojado. Pregúntele cómo pueden resolver la situación para que usted no pierda los estribos y no diga algo que no quiere decir.

➤ Póngase en el lugar de la otra persona. ¿Cómo se sentirá ella? Observe la situación desde otro punto de vista y quizá pueda ver las cosas con mayor objetividad (y empatía).

➤ Olvídese de la situación durante un rato hasta que se calme.

➤ Cuando pueda, evite personas y situaciones que le irriten. No vaya a esa fiesta o restaurante si le disgustan la gente o el servicio. Si el tráfico está muy congestionado, tome una ruta alterna al trabajo. En caso de que un compañero de trabajo lo saque de quicio, pregunte si puede cambiarse a otro cubículo.

➤ Antes de que diga una sola palabra, incluso cuando sienta que está a punto de explotar, respire profundo, relájese y piense en la mejor forma de manejar la situación. En ocasiones, lo único que necesita para que no explote es una pequeña pausa.

Otra sugerencia, desde luego, es que lleve un Registro diario de manejo de la ira (elabórelo igual que el Registro de la verdad o el Registro diario de hábitos) a fin de que logre comprender mejor la causa de sus arranques temperamentales y las soluciones que le ayuden a manejar mejor sus emociones. Recuerde, tal vez descubra que libera su ira contra los seres que más quiere y no logra abordar directamente la raíz de su frustración.

Aquí hay una falta de comunicación

Muchos hábitos conductuales negativos pueden reducirse a un problema: falta de una comunicación eficaz y honesta. Ya conoce algunas sugerencias para superar ciertos hábitos específicos que involucran la falta de comunicación. Veamos cuáles son las principales fuentes de la falta de comunicación.

Supere el estrés

Muchas personas de entre 40 y 50 años se quejan de que se les olvidan las cosas y temen estar presentando los primeros síntomas de la enfermedad de Alzheimer. Sin embargo, casi siempre el origen de los olvidos ocasionales se relacionan directamente con el estrés. Piénselo. Cuando suceden muchas cosas en su vida al mismo tiempo, ¿empieza a revolver las palabras, escribe con faltas de ortografía, se le olvidan citas o recoger a los niños? Tener estrés es como conducir un auto con una fuga de aceite o el carburador tapado. No corre con eficiencia y el cerebro no trabaja a toda su capacidad.

Incluso si tiene menos de 40 o más de 50 años, el estrés puede ser la causa de que se le olviden las cosas, así como la pérdida de la paciencia. Cuando está bajo estrés, todo parece ser más difícil, incluso insuperable.

¿Entonces, cómo maneja el estrés grave?

➤ Haga ejercicio regularmente. Lo sorprendente es que cuando dedica tiempo al ejercicio, siente como si agregara tiempo adicional a su día, en lugar de perderlo.

➤ Reduzca la cafeína y el azúcar.

➤ Intente el yoga, la meditación o las respiraciones profundas, al menos durante unos cuantos minutos al día. (Lea *The Complete Idiot´s Guide to Meditation* para empezar con estos ejercicios.)

➤ No haga demasiados planes. Aprenda a decir no cuando su agenda esté muy llena. Tiene derecho a dedicar tiempo para usted.

➤ Duerma suficiente. ¿Es más fácil decirlo que hacerlo? Si puede, tome siestas durante el día, no consuma cafeína después del mediodía y programe su día de manera que en cierto punto llegue a un fin, de preferencia antes de media noche.

El dedo activador

En ocasiones, a pesar de sus mejores intenciones, suceden cosas que activan sus hábitos. Cuando sabe qué provoca los hábitos puede evitar aquello que los activa, lo cual es mucho más sencillo que detener la reaparición de la conducta. Llevar un diario para analizar lo que hace antes de enojarse, de empezar a posponer o de decir otra mentira, le ayudará a identificar sus detonadores. La estructura de su diario podría ser similar al que mostramos a continuación:

Lunes	Qué hice	¡Alerta del hábito!	Cómo me sentí después	Pude haber...
Mañana	Llegó el correo, ¡siete cuentas por pagar!	Le grité al perro.	Muy culpable; pobre perro, él no tiene la culpa de mis deudas.	Pedido el saldo de mi chequera y pagado de inmediato esas facturas para que no se quedaran ahí encima.
Tarde	Me sentí agobiado por esas cuentas.	Se me olvidó que iba a comer con mamá; cuando llamó, le dije que tenía gripe.	Mal por mentir y triste porque me perdí una comida gratis.	Organizado lo necesario para anotar la comida en un calendario que reviso todos los días en la mañana.
Noche	Cené demasiado; me sentí mal del estómago.	Pospuse hacer ejercicio de nuevo porque me sentía demasiado lleno y gordo.	Demasiado lleno y gordo.	Dejado el segundo plato de espagueti y el pastel de queso, y caminado un poco con el perro.
Qué tal me fue hoy	No muy bien. Me dejé llevar mucho por mis malos hábitos. Sin embargo, ahora me doy cuenta de lo que pude haber hecho. Me comprometo a esforzarme más mañana. Me lo merezco. (Ya me siento mejor.)			

A propósito de

La mejor salida que tiene es la que ha usado sólo para su desventaja: su boca. Hablar abierta y honestamente con familiares, amigos o incluso un terapeuta sobre los desafíos que enfrenta, es la mejor manera de controlar sus problemas de comunicación. El simple hecho de externar sus sentimientos y recibir un poco de apoyo es una sensación maravillosa. Después de todo, nadie es una isla. Permita que sus seres queridos le ayuden y entonces sabrá cómo corresponderles algún día, con honestidad y amor. (¡Hable sobre una excelente manera de acabar con la mala comunicación!)

Capítulo 17

Comience ahora mismo

¿Cuánto tiempo pospuso la lectura de este capítulo? Sabía que está aquí desde que leyó el contenido e incluso hace algunos capítulos le advertimos de su presencia. ¿Tomó al toro por los cuernos y se sumergió en él o estuvo leyendo información sobre los malos hábitos que usted no tiene, a fin de evitar este momento tanto como fuera posible?

No se preocupe, lo entendemos. El hábito de posponer las cosas es algo difícil de superar, pero muy común. No obstante, sin duda afecta ciertos aspectos de su vida más que otros: ¿Aspira regularmente la alfombra pero no puede trabajar en su disertación doctoral? ¿Puede escribir un cuento corto en un abrir y cerrar de ojos y sin embargo, en lo que respecta a la compra de regalos, llega cada Nochebuena al centro comercial justo antes de que cierren y suplica a los guardias de seguridad que le permitan entrar? Tal vez nunca pospone algo que pueda hacer en el trabajo, pero cuando tiene que llevar trabajo a casa, le atrae más ver la televisión. O quizá, a pesar de cuánto se esfuerce, no puede llegar a tiempo a ninguna parte.

Cuando no puede llegar a tiempo

Aun cuando normalmente no se considera una forma clásica del hábito de posponer, el llegar tarde es una manera, en especial molesta, de posponer. Algunas personas son impuntuales de manera crónica. Usted se conoce bien (al igual que los demás). Se engaña pensando que le toma sólo seis minutos llegar a cualquier parte de la ciudad, a la hora del día que sea. Cree sinceramente (¿en serio?) que puede estar listo para ir a una fiesta o a la oficina en 10 minutos. Y siempre se le olvida, hasta que ya tiene 30 minutos de retraso, que, cuando menos, necesita otros 30 minutos para terminar el postre que va a llevar o el informe que se supone debía terminar.

Tal vez sea impuntual de manera crónica porque no sabe programar bien su tiempo, de modo que le daremos varios consejos para organizar mejor ese aspecto de su vida. Llegar tarde a menudo es consecuencia de otras situaciones: quizá también esté expresando una conducta *pasivo-agresiva* y de control. Acéptelo, cuando usted llega tarde, otras personas sufren. Le están esperando, o si tienen la mala fortuna de irse con usted, también terminarán llegando tarde, aun cuando estuvieron listas para salir a tiempo.

¿Llega tarde de manera crónica simplemente porque es desorganizado o sus demoras son más como juegos de poder? Marque todos los siguientes enunciados pertinentes:

> ➤ Llego tarde sólo para cosas que no quiero hacer.
>
> ➤ La gente a menudo se irrita conmigo porque llego tarde, pero ése es su problema, son demasiado perfeccionistas.
>
> ➤ No me importa en lo más mínimo llegar tarde todo el tiempo. Yo soy así.
>
> ➤ Si tuviera más control sobre mi vida, no llegaría tarde tan a menudo.
>
> ➤ Me siento culpable cuando llego tarde.
>
> ➤ Llego tarde a todas partes de forma constante. La gente lo sabe y lo espera. ¿Por qué cambiar?
>
> ➤ Si fuera más organizado, no llegaría tarde tan a menudo.
>
> ➤ Odio llegar tarde. Las personas impuntuales son irresponsables, pero parece que nunca puedo llegar a tiempo.

Si marcó más de dos de los primeros cuatro enunciados, puede estar usando su impuntualidad para controlar a otros y ejercer poder. Si marcó más de dos de los últimos cuatro, probablemente sólo sea desorganizado y esté desmotivado. Si marcó más de dos en ambas partes de la lista, su impuntualidad quizá se deba a una conducta controladora y de desorganización.

¡Sí, usted! Una prueba sobre el hábito de posponer

Antes de continuar, vamos a identificar si tiene un problema con el hábito de posponer las cosas o no. Si no lo tiene, puede saltarse el resto de este capítulo; pero si no es así (y adivinamos que sí porque la mayoría lo tenemos), podrá proseguir ya con un perfil personal en mente. Elija una de las respuestas para cada una de las preguntas siguientes:

1. Llega tarde al trabajo...

    a. Nunca.

    b. Una vez a la semana.

    c. Todos los días.

2. La gente organizada...

    a. Debe ser un poco obsesiva.

    b. Es de admirarse.

    c. Es como usted... usted es una de ellas.

3. Limpiar su hogar es...

    a. Una labor que adora porque le permite organizar, organizar y organizar.

    b. Una labor que apenas tolera, pero la realiza con cierta regularidad.

    c. Una labor que evita a toda costa.

4. Lo que más le gustaría hacer en su día libre es...

    a. Organizar fotografías en archivos con fechas y por orden alfabético.

    b. Actualizarse en sus telenovelas y ordenar comida china.

    c. Relajarse un poco, luego realizar algún quehacer doméstico y trabajar en cosas de la oficina.

5. Cuando se enfrenta con una asignación difícil que su jefe insiste que puede terminar durante el fin de semana, usted tiende a...

    a. Ordenar los expedientes por colores, revisar la ortografía de las instrucciones y trabajar toda la noche para poder enviarlo por fax a su jefe el domingo.

    b. Esconder los expedientes bajo una pila de ropa sucia.

    c. Dividir la tarea en segmentos manejables, jugar con sus hijos una hora y luego ponerse a trabajar.

6. Cuando se acerca el momento de renovar su licencia de conducir...

    a. Planea unas vacaciones.

    b. Organiza su siguiente día libre de manera que pueda llevar el auto a servicio en un taller cercano mientras está en la oficina de tránsito y luego, camino a casa, poder recoger la ropa de la tintorería. Y todo esto tres semanas antes de la fecha de vencimiento de su licencia.

    c. Aprieta los dientes y va a la oficina de tránsito en su siguiente día libre.

153

7. Se supone que debe llamar a su suegra para discutir los planes para las fiestas. En cambio...

   a. Limpia la caja del gato, lava las ventanas, se corta las uñas de los pies, cualquier cosa antes de tomar el teléfono.

   b. Pide a su cónyuge que la llame, pero con una lista preparada de temas a tratar.

   c. Primero repasa los planes para las fiestas, hace la lista de invitados, prepara el menú completo y luego la llama justo en el momento que previó hacerlo.

8. La oficina que tiene en su hogar está...

   a. Limpia, organizada y eficiente. Construyó compartimentos y tiene charolas para todas las categorías posibles de documentos que podría encontrar.

   b. En alguna parte bajo una avalancha de papeles.

   c. Bastante funcional, aunque a veces los papeles están desorganizados y cada dos semanas tiene que dedicar cierto tiempo para ordenarlos.

9. La televisión es...

   a. Una distracción agradable mientras hace cosas que no le gustan, como doblar la ropa limpia.

   b. Su primera herramienta de evasión, absorbe su tiempo y su energía.

   c. ¿Qué es una televisión?

10. Su lema personal es...

   a. Cuando sea. Tal vez.

   b. No dejes para mañana lo que puedas hacer hoy razonable y sanamente.

   c. En esta vida hay un momento para todo, y es *ahora*.

Califique su examen como sigue:

1. A-1, B-2, C-3
2. A-3, B-2, C-1
3. A-1, B-2, C-3
4. A-1, B-3, C-2
5. A-3, B-1, C-2
6. A-3, B-1, C-2
7. A-3, B-2, C-1

8. A-1, B-3, C-2
9. A-2, B-3, C-1
10. A-3, B-1, C-2

Si su puntuación está entre 10 y 15, ciertamente no tiene el hábito de posponer, pero quizá tenga un problema de obsesión. Es tan limpio, organizado y eficiente, que en ocasiones esto rige su vida.

Si tuvo entre 16 y 24 puntos, pospone las cosas como la mayoría de nosotros: sólo a veces. Posponer con frecuencia es un problema para usted, aunque no en cada aspecto de su vida. El truco es encontrar lo que pospone y eliminar ese problema particular. Por ejemplo, tal vez nunca presente tarde una asignación ni pierda una cita, pero tiene problemas para encontrar un motivo para lavar los platos.

Si obtuvo entre 25 y 30, es una persona con un extraordinario hábito de posponer. Este capítulo se escribió con usted en mente. Puede usar su naturaleza como excusa, pensar que simplemente es tranquilo y no puede soportar el tedio de las labores absurdas o el trabajo irrelevante, pero tiene que darse cuenta de que éstos también son parte de la vida de todos. A nadie le gusta tallar lasaña pegada en un recipiente ni saldar una chequera, pero estas cosas importantes acompañan a un humano responsable. Más adelante le proporcionaremos consejos valiosos sobre cómo reducir su tendencia a posponer. Mientras tanto, es el momento de explorar algunas de las razones por las que empezar a cambiar puede ser difícil para usted.

Qué le detiene

¿Por qué posponer las cosas? ¿Por qué no sólo hacer el trabajo, llegar a tiempo y seguir adelante con su vida? ¿Ser pasivo-agresivo no es una forma muy tortuosa de lograr cosas, y no sería la vida más sencilla y eficiente si dejamos de posponer? Ciertamente. Pero nuestra mente a veces es demasiado compleja, para nuestro bien, y muchas cosas se pueden interponer en el camino de una conducta sensata.

¿Recuerda a Verónica, la diseñadora gráfica que posponía todo? Cuando examinó sus razones, descubrió que los resultados no valían la pena.

De acuerdo con el libro *Posponer y evitar tareas* de J. R. Ferrari y J. L. Johnson, la gente pospone por una de las siguientes creencias erróneas:

➤ Sobrestiman el tiempo que les queda para terminar una tarea.

➤ Subestiman el tiempo que les llevará completar una tarea.

➤ Sobrestiman la motivación que tendrán "mañana" o en cualquier otro momento en el futuro.

➤ Creen erróneamente que deben "tener ganas" de hacer algo para hacerlo bien.

¿Alguna de estas situaciones le parece familiar? ¿Le parece que el viernes está muy lejano cuando le dan una asignación el lunes? Piense de nuevo. ¿Cree que podrá terminar una labor compleja (aun cuando dedicó tres días de trabajo duro para completar una tarea similar)? "Trabajaré más y mejor *mañana*" es una trampa de postergación extraordinariamente destructiva. Una vez más, vamos a pedirle que lleve un Registro diario de hábitos (con algo de dedicación esta vez, ¡no lo posponga!). Dé seguimiento a la manera en que cumple o deja de cumplir sus responsabilidades diarias. Vea qué motiva sus demoras y sopese los resultados de sus acciones contra los beneficios potenciales de empezar y terminar una labor a tiempo. Tal vez descubra que su tendencia a posponer tiene algo que ver con nuestro viejo amigo el miedo.

Miedo al fracaso

Tiene sentido temer al fracaso. Nadie quiere fracasar, pero en ocasiones este miedo puede impedirnos, para empezar, intentar hacer las cosas. ¿Por qué empezar ese proyecto que le asignó su jefe si sabe, muy dentro de usted, que está un poco por encima de sus posibilidades? ¿Por qué no esperar hasta mañana para confrontar a su hijo adolescente por su mala conducta, ya que sabe que se desatará una discusión muy desagradable? Si no puede convencerse de que es suficientemente bueno o de que tiene la motivación necesaria para manejar algo, parecerá inútil siquiera empezar.

Por otra parte, tener miedo al fracaso no tiene sentido; si el temor le impide incluso intentar una tarea, el fracaso es inevitable. Los equipos que no se presentan a un juego "pierden por ausencia", pero de cualquier modo pierden.

¡Y pobres de ustedes los perfeccionistas! Porque temen al fracaso más que nadie, y tal vez sean los que más posponen en el mundo.

Si es usted tan perfeccionista que ni siquiera está seguro de ser realista, pida a algunos amigos cercanos que le ayuden a establecer algunas metas. (Escoja entre sus amigos no perfeccionistas, por favor, ¡o será el mismo cantar!)

¿Es usted perfeccionista? Conteste estas preguntas y averígüelo.

➤ ¿Siempre se siente insatisfecho después de terminar una tarea porque piensa que no la hizo lo suficientemente bien?

➤ ¿Con frecuencia se demora para concluir un proyecto aunque lo empiece a tiempo porque lo repite una y otra vez hasta que quede perfecto?

➤ ¿Siente que cualquier cosa menos que una calificación perfecta significa que es usted un fracaso?

Si contestó sí a cualquiera de estas preguntas, sufre de perfeccionismo. Los casos ligeros pueden impulsarle a niveles de desempeño más altos, pero considere los casos severos como una enfermedad crónica. Permita que este libro sea el primer paso de su tratamiento. Luego pruebe los siguientes consejos antiperfeccionismo:

➤ Establezca metas realistas con base en lo que logró en el pasado, no en lo que cree que debe lograr ni en lo que otra persona ha logrado.

➤ Practique haciendo algo en forma aceptable pero no perfecta, sólo para ahorrar tiempo. ¿Se acabó el mundo? ¡No! A veces no es necesario poner el 100 por ciento de su esfuerzo para concluir proyectos menos importantes.

➤ Concéntrese en llevar a cabo la tarea, no sólo en el resultado final. Recuerde que debe disfrutar el proceso, al tiempo que considera la meta como necesaria pero secundaria.

➤ Cuando empiece a sentirse tenso, tómelo como advertencia de que quizá está esperando demasiado de sí mismo. Vuelva a evaluar sus metas.

➤ Oblíguese a cometer errores de vez en cuando. ¿Se acabó el mundo? ¡No! En vez de reprenderse, piense en lo que aprendió del error.

➤ Recuerde que "todo o nada" no existe. "Algo" es una palabra perfectamente aceptable en nuestro mundo, al igual que la frase "bastante bien".

Miedo al éxito

¿Le teme al éxito? ¿Quién puede temerle al éxito? Es lo que todos queremos, ¿no cree? Bueno, no necesariamente. La mayoría pensamos que queremos tener éxito, pero si se acerca demasiado, algunos corremos en dirección contraria. ¿Por qué? En su programa, Rosie O'Donnell dijo que cuando logró estar más delgada que nunca, una vez mientras platicaba con un hombre, de repente se dio cuenta de que éste le coqueteaba. ¿Cuál fue su reacción? Corrió a comprarse un helado enorme para aliviar la ansiedad que dicha situación le provocaba. A veces tener sobrepeso o estar estancado en la gerencia media o "trabajar en una novela" es más cómodo e implica menos tensión que tener un cuerpo hermoso, administrar una compañía o ser Stephen King. Desde luego que nos encantarían las recompensas del éxito (imagínese la cuenta bancaria de Stephen King), pero, ¿qué hay de los cambios (buenos y malos) que vienen con él?

El miedo al éxito es probablemente más común de lo que piensa la mayor parte de la gente. Considere las preguntas siguientes para determinar si le tiene miedo al éxito:

➤ ¿Teme que ganar grandes cantidades de dinero significa ser adulto, con todas sus responsabilidades?

➤ ¿Cree que si triunfa es más probable que la gente quiera aprovecharse de usted?

➤ ¿Añora tener un peso más saludable o estar en mejor forma, pero se resiste a todos los esfuerzos para lograrlo?

➤ ¿En ocasiones se siente como un impostor, como si engañara a todos a su alrededor para que crean que es usted un adulto y que puede desempeñar el empleo que tiene?

El éxito, en especial cuando es repentino, ciertamente cambiará su vida, y la gente tiende a resistirse al cambio. Pero si nunca corre riesgos o procura ser mejor, puede llegar al final de su vida arrepentido porque nunca terminó esa novela, corrió ese maratón o emprendió ese negocio. ¿Qué es lo peor que podría suceder si triunfara? Si pierde amigos, para empezar no eran buenos amigos. Si de repente se vuelve millonario, puede usar su dinero para bien. Si se ve y se siente bien, probablemente vivirá más tiempo, no sólo porque está sano, sino porque tiene una buena imagen propia y mucha confianza. Pero si no se esfuerza por perder peso nunca lo logrará. ¡El éxito es maravilloso! Así que deje de posponer y ponga manos a la obra.

Sentirse agobiado

Estrés. Siempre está a la vuelta de la esquina, listo para mostrar su horrible cara, ¿no es así? El estrés ciertamente es un motivo importante para posponer para muchas personas, desde padres de familia hasta ejecutivos, incluso estudiantes universitarios. Cuando se tienen clases todo el día y siete exámenes el lunes, bien podría terminar comprándose un helado, como Rosie.

Cuando se está bajo demasiada tensión, lo primero que debe hacer, antes de siquiera empezar a trabajar, es combatir el estrés. Tome un baño caliente y largo. Haga algo de yoga. Escuche música relajante. Que le den un masaje. Tome una siesta (una corta, no se duerma todo el día por la depresión). Luego, cuando se sienta más calmado, haga una lista, asigne prioridades a su trabajo y empiece con las labores cruciales. Permanezca calmado y no trate de trabajar cuando su cabeza esté a punto de explotar. No necesita un desastre así en su vida.

Tropiezos en la administración del tiempo

Sin agendas secretas, sin sentimientos ocultos de resentimiento o ira, sin miedo al fracaso. Algunas personas posponen sólo porque no saben cómo administrar su tiempo en forma efectiva. Aquí hay una guía de estudio que llamamos "Los diez mandamientos de la administración del tiempo". Memorícelos y vívalos.

Los diez mandamientos de la administración del tiempo

I. **No dependeré de influencias externas para cumplir con mis tareas.**
No piense que ese trabajo se hará milagrosamente en dos semanas sim-

plemente porque ésa es la fecha límite que tiene. El trabajo tiene que hacerlo usted.

II. **No creeré que yo debo hacerlo todo.** No puede hacerlo todo, incluso aunque la gente así lo espere. Sólo importan sus propias expectativas, así que fíjese metas razonables.

III. **Aprenderé a decir no.** ¿No quiere participar en ese comité? ¿Desea contribuir con galletas para la venta de pasteles por quinta ocasión en este mes? ¿No quiere cuidar a los seis hijos de su vecino el fin de semana? Sólo diga "no" y observe cómo se encoge su lista de pendientes.

IV. **Abandonaré ciertas tareas por el bien de mi salud.** Sabe que debe llevar a cabo esos puntos que han estado en su lista de pendientes durante meses, pero, ¿no son lo suficientemente urgentes para empezar a realizarlos? Táchelos, en serio. Tal vez en otro momento pueda ponerlos de nuevo en la lista cuando no esté tan agobiado. Quizá.

V. **Dominaré el arte de hacer listas.** Las listas salvan el día.

VI. **Aprenderé a delegar.** ¿Para qué son los hijos sino para ayudar en la casa? Muy bien, entonces ésa no fue la razón principal por la que tuvo a esos pequeños inútiles, pero mientras sean parte del hogar... ¿Y para qué son los compañeros de dormitorio sino para ayudarle a estudiar (siempre y cuando les devuelva el favor)? ¿Y los seres queridos? Bueno, son importantes porque son sus compañeros en la vida, en el trabajo y en lograr que las cosas se hagan, ¿verdad? En realidad, ¿para qué son los servicios de limpieza sino para contratarlos?

VII. **Practicaré el manejo del estrés.** La lista más exhaustiva y bien pensada del mundo no servirá de nada si la toma con la mano temblorosa mientras se retira a una esquina, pensando tonterías. Si el estrés en su vida es demasiado, alívielo. Luego aborde la lista.

VIII. **Cuidaré más de mí.** Coma bien y duerma suficiente. Hará mucho mejor uso de su tiempo si su condición física es óptima. También su cerebro funcionará mejor.

IX. **No seré demasiado rígido.** Si fragua un horario elaborado que se vea así: 6:00 p.m., llegar a casa del trabajo; 6:15 p.m., empezar la cena; 6:30 p.m., revisar el correo; 6:45 p.m., poner la lavadora; 7:00 p.m., comer la ensalada; 7:10 p.m., pasar al platillo principal, etc., está siendo demasiado rígido. Nunca podrá apegarse al horario exacto siquiera un solo día, y una vez que no lo cumpla, se dará por vencido.

X. **Asignaré prioridades.** Establezca la diferencia entre lo que tiene que hacerse, lo que debería hacerse y lo que le gustaría que otros hicieran. Si pasa el día haciendo lo que tiene que hacer, considérese un éxito. ¿Recuerda cuando ni siquiera eso lograba? ¡Se ha convertido en un gran maestro de la administración del tiempo!

La flojera de siempre

No nos malinterprete. Una cierta cantidad de flojera, en ciertas ocasiones en la vida, es perfectamente natural y en realidad útil para liberar tensiones. Pero si tiene flojera crónica, se está reprimiendo, viviendo sólo el momento. Cuando llegue a los 60 años de edad (y eso es algo que no puede posponer), ¿quiere mirar atrás y ver una larga vida llena de televisión y margaritas al dos por uno? Tal vez no le suene mal por ahora, pero digamos que sólo tiene una vida. De repente, se acabó. ¿Qué hizo con ella? ¿Sacó el mejor provecho de la vida? ¿Vivió o sólo se dedicó a ver pasar el tiempo?

La flojera es un hábito con el que es difícil romper, y es la mejor amiga de la postergación. Pruebe estos consejos para romper con el hábito:

➤ **Haga más ejercicio.** Probablemente tiene tanta energía que el simple pensamiento de sentarse toda la noche frente al televisor con un enorme plato de bocadillos le sonará tedioso y bastante desagradable. Recuerde, hacer ejercicio no implica ir al gimnasio o correr un maratón: camine alrededor de la manzana después de cenar, use las escaleras en vez del elevador, ponga algo de música mientras limpia y ¡a bailar!

➤ **Consígase un compañero.** Busque un amigo con mucha energía para que le ayude a motivarse. Seguro verán algunos videos juntos, pero también puede alentarlo a caminar o a participar en un juego rápido durante el intermedio.

➤ **Reduzca su consumo de azúcar y grasa.** Acostúmbrese en la medida de lo posible a las proteínas con poca grasa que dan energía y a los carbohidratos complejos.

➤ **Establezca metas claras y razonables.** Si tiene metas claras en mente y recuerda por qué desea alcanzarlas, será capaz de motivarse usted solo.

¡Deje de posponer!

Muy bien, es el momento de establecer las bases revisando y resumiendo las mejores formas para evitar posponer, sin importar cuál sea su causa. No todos los trucos le funcionarán, así que siéntase en libertad de probar algunos. Muy pronto encontrará la mejor combinación para su perfil particular del hábito de posponer.

Divida las grandes tareas en pequeñas

Este antiguo método funciona de maravilla cuando una tarea parece demasiado intimidante como para abordarla. Si tiene que investigar sobre un tema complejo, divídalo primero en pequeñas ideas, luego trabaje con una a la vez. Si el armario de su recámara alberga colonias de mapaches o todavía tiene remanentes de su guardarropa de los setenta, dedique 30 minutos al día a ordenarlo, sacando todo lo que no ha usado en dos años, hasta que haya terminado. Y no pierda tiempo haciendo cada paso a la perfección; el objetivo es ir progresando.

Haga listas

Nos imaginamos que para este momento estará diciendo "¡Ya entendí, ya entendí! ¡Ya basta de tantas listas!" Pero las listas son la mejor manera (con frecuencia la *única* manera) de recordar lo que necesita hacer. También le permiten ver cuánto ha logrado conforme tacha incisos en ellas.

Recompénsese

La vida está llena de tratos, entonces ¿por qué no hacer tratos consigo mismo una vez que llega a la edad adulta? Si limpia la cocina antes de ir a dormir, dése un baño de burbujas de 30 minutos con velas y música clásica. Si pierde esos cinco kilos de más, cómprese un pantalón nuevo, ¡de la nueva talla! Cuando se presente una tarea desagradable, haga un trato antes de poner una sola excusa para posponerla. Quizá esté dispuesto a hacer el trabajo de inmediato.

El factor motivación

Es realmente difícil estar motivado cuando todo lo que se desea es dormir, ver la televisión o comer un helado. Pero la motivación es la clave para erradicar el hábito de posponer. Las metas claras y un sentido de quién es y quién puede ser son tal vez la mejor motivación que existe. Y no olvide a los amigos que le alientan, la buena salud que le da energía y la confianza que le impulsa.

Mañana será otro día

¿Quiere decir que después de toda esta charla volvió a posponer algo hoy? No se castigue o retrocederá. Tómelo como experiencia. Llámele el "factor resbalón" y siga adelante. Mañana será otro día y eso no es excusa para posponer; es excusa para empezar fresco. Incluso si logró progresar muy poco hoy (si sólo le llevó 30 minutos en vez de toda la noche empezar a limpiar ese herrumbroso anillo o hacer esa llamada a la tía Berta), está muy bien. De hecho, ¡es maravilloso!

Capítulo 18

Establezca una integridad emocional

Los seres humanos somos animales sociales. No somos como las arañas, tejiendo redes complejas o construyendo madrigueras elaboradas debajo de la tierra sin pensar ni necesitar a otra araña para intercambiar recetas o consejos sobre cómo hacer mejores telarañas. Todo lo que hacemos existe dentro de un marco social y es para nuestro beneficio y el beneficio de las personas que nos rodean. Los seres humanos prosperamos con la comunicación, una red social que nos mantiene comprometidos mutuamente. Llegamos a conocernos e identificarnos a través de las relaciones.

Los hábitos de buenas relaciones sólo pueden fomentar la productividad, la felicidad y la buena comunicación. Los hábitos de malas relaciones... bueno, ¿han visto últimamente el programa *Sexo y Ciudad*? Los hábitos de malas relaciones pueden dar rienda suelta a la destrucción. Si empieza a sentir que su vida es tan melodramática como una telenovela, es el momento de detenerse y averiguar qué está sucediendo en realidad.

¿Yo hice eso?

Muchos hacemos cosas y ni siquiera nos damos cuenta del impacto que tiene nuestra conducta sino hasta más tarde, o hasta que alguien nos lo señala.

Cuando una situación parece estar fuera de control, lo primero que debe hacer es dar un paso atrás y considerar si sus acciones contribuyen al problema sin que usted esté consciente de ello. Al mismo tiempo, al relacionarse con otras personas, debe fomentar una objetividad que le permita observar qué sucede sin dejarse llevar por la emoción del momento. Use su Registro diario de hábitos para anotar sus sentimientos y pensamientos cuando interactúa con alguien con quien tiene una relación difícil o desafiante. Revise el registro para ver si surgen detonadores, expresiones o resultados consistentes que indiquen un patrón en sus encuentros. Lo que descubra puede ayudarle a ver las cosas desde una perspectiva nueva y más creativa.

Los *mediadores* usan técnicas de comunicación para ayudar a las personas a ser más conscientes sobre cómo su conducta afecta a otros y a revelar el sabotaje en las relaciones. Digamos que se ve involucrado en una disputa sobre una reparación con su arrendador. No ha pagado la renta porque el techo está goteando desde hace tres meses y no lo han arreglado; es temporada de lluvias y no encuentra al arrendador en ninguna parte. Éste insiste en que usted nunca estuvo de acuerdo con el horario del constructor y que no quiere que nadie entre a su casa si no está ahí. ¿Quién tiene razón?

Una técnica de mediación eficiente es pedir a una persona que cuente su versión sin pausas ni interrupciones, digamos dentro de un límite de cinco minutos. Luego, la otra persona expone ese mismo punto de vista con palabras diferentes. Ambas tienen la oportunidad de expresarse y de escuchar su historia en boca de otra persona; se les obliga a "ponerse en los zapatos del otro". La *empatía* es sumamente importante para crear comprensión y trabajar para lograr soluciones que reconozcan ambos puntos de vista.

Las diez cosas más importantes que necesita de la gente que le rodea

Admitir que necesita a otras personas no es señal de debilidad. Simplemente es un hecho de la vida. Pero para algunos de nosotros, aprender a dar y recibir en las relaciones adultas es más difícil que para otros. Saber qué necesita de la gente y qué necesitarán ellos de usted a cambio, es un paso importante a fin de lograr la integridad emocional.

1. **Apoyo.** Si no se nos alienta y refuerza positivamente, la duda y el miedo pueden apoderarse de la situación y llevar a cabo su trabajo destructivo.

2. **Confianza.** La confianza le permite revelar su lado vulnerable, sus esperanzas y sus temores secretos. La confianza constructiva nos hace más fuertes mientras ayudamos a otros y recibimos ayuda de ellos. Pero confiar demasiado, muy poco o en las personas equivocadas, es un mal hábito común en las relaciones.

3. **Tacto.** Los seres humanos necesitan contacto físico mutuo, pero golpear la defensa del coche de enfrente o enviar mensajes electrónicos anónimos y groseros no es válido. Necesitamos abrazos, estrechar manos, palmadas en la espalda, besos. No hace daño cepillarle el cabello a alguien, alisarle las cejas o intercambiar masajes en los pies. El tacto nos hace sentirnos valiosos y vivos.

4. **Risa.** Si puede reírse de las altas y bajas de la vida, está en el camino correcto de poner casi cualquier situación en una perspectiva en la que se pueden encontrar buenas soluciones.

5. **Intimidad.** La intimidad va de la mano con la confianza y nos permite explorar quiénes somos y llegar a las personas que amamos. Sin ella, nuestras relaciones carecen de esa riqueza que se obtiene al permitir que se nos conozca.

6. **Comunicación.** Suena obvio, pero no puede tener una relación con alguien si no puede comunicarse. La verdadera comunicación significa ser capaz de decir lo que quiere decir en forma tal que permita a la otra persona entenderlo, así como ser capaz de escuchar a los demás con la mente abierta, el corazón amoroso y toda su atención.

7. **Comunidad.** En esta sociedad actual tan acelerada, con frecuencia se descuida el sentido de responsabilidad para con la familia, el vecindario, el estado y el país. Ser voluntario una noche a la semana puede ayudarle a estar consciente de su conexión con una comunidad mayor, ya sea ayudar a su hijo o hija con la tarea o visitar a los ancianos en el asilo de su localidad.

8. **Compartición.** Los grupos de apoyo como Alcohólicos Anónimos y Weight Watchers son muy populares porque permiten a sus integrantes compartir experiencias. Los otros participantes en el grupo entienden verdaderamente por lo que usted está pasando. Sólo saber que otros están en el mismo barco puede ayudarle a tener el valor y la fortaleza para remar solo hasta la otra orilla.

9. **Sexo.** La necesidad de tener relaciones sexuales es tan natural como comer y dormir. Asumir la responsabilidad de su sexualidad con madurez y compasión puede ayudarle a desarrollar relaciones sexuales sanas con base en la integridad emocional.

10. **Amor.** La necesidad de amor puede ser biológica o cultural, pero indiscutiblemente es una necesidad. Algunos tenemos el amor al alcance, mientras otros tenemos que luchar por él, pero es una meta que vale la pena el esfuerzo de toda una vida. Podríamos incluso aventurarnos a decir que el amor es el fin último de ser humanos.

El fino arte de compartir

Derivada de la palabra latina *communicare*, que significa compartir, la comunicación es el proceso por medio del cual intercambiamos información, ideas y sentimientos. Es la esencia de toda interacción humana y la base sobre la cual se cimientan las relaciones individuales, se llevan a cabo transacciones de negocios y se forman sociedades. Por desgracia, las cualidades que necesitamos para comunicarnos de manera eficiente —paciencia, atención y empatía— están muy escasas últimamente. Pero éstas son lo que necesita si desea establecer relaciones más sanas y satisfactorias. Podríamos escribir un libro sobre cómo desarrollar habilidades de comunicación más eficientes, pero mientras tanto, aquí tiene algunos consejos para empezar:

➤ **Ponga atención.** Cuando converse con un amigo o familiar, reduzca las distracciones. Apague la televisión, cierre la puerta de la oficina, elija un restaurante tranquilo. Haga contacto visual y observe el lenguaje corporal de su compañero para captar las claves y los mensajes no verbales.

➤ **Deje de interrumpir y de terminar los pensamientos de los demás.** Este mal hábito de comunicación es una forma segura de alejar a las personas de su vida. Cálmese y escuche. Respire hondo. Pregunte a la persona que está hablando si ya terminó antes de interrumpir. Y no sienta que tiene que llenar cada segundo con una conversación.

➤ **Rompa los patrones enfermizos.** ¿Con frecuencia asume el papel de "víctima" en sus relaciones, asignando culpas a otros por sus problemas? Si es así, haga una lista de sus logros y éxitos. Cada vez que empiece a quejarse o a culpar a alguien, haga un recuento de sus triunfos. ¿O es usted un "controlador" que necesita manejar todo aspecto de sus relaciones? Si le parece que sí, trate de delegar una obligación, actividad o decisión a un miembro de la familia, cónyuge, colega o amigo, cada día.

Desarrollar mejores habilidades de comunicación puede enmendar algunas relaciones que actualmente son difíciles, así como ayudarle a establecer otras nuevas y sanas. Como la caridad empieza en casa, vamos a empezar por abordar los lazos familiares.

Todo en familia

No hay duda de ello, las relaciones familiares representan algunas de las asociaciones más complejas y potencialmente irritantes conocidas por la humanidad. Hasta cierto grado, usted está atrapado en su familia. Quizá no tenga que verlos todos los días, o incluso no tenga que verlos mucho, pero su relación con su familia es una piedra angular importante en su vida.

¡Pero siguen tratándome como si tuviera doce años!

"¿Subiste de peso?", pregunta su madre cada vez que la ve. O tal vez su papá no entenderá nunca por qué estudio leyes para convertirse en músico. Quizá su hermano no esté de acuerdo con todo lo que dice. Su hermana casi siempre cuenta todos los secretos que usted le confía. ¿Cómo puede ser posible comunicarse como iguales con estas personas?

Por supuesto que no es fácil. Generalmente significa salirse de la función que está acostumbrado a desempeñar y permanecer firme. Reemplazar sus reacciones de enojo con un enfoque más objetivo y profundo puede ser el camino hacia revitalizar las relaciones familiares y evitar patrones de malos hábitos que están estancados y son improductivos.

Transforme las relaciones familiares

Ya sabemos que no es su culpa. Usted no empezó, fueron ellos. Pero estar a la defensiva no le llevará a donde quiere llegar, ¿no cree? Cuando menos no lo ha hecho hasta ahora.

En vez de eso ofrezca amor, respeto y cariño sincero, incluso si le cuesta renunciar a un poco de orgullo y requiere mucho esfuerzo y paciencia. Le sorprenderá cuánto cambiará la manera en que se siente y, eventualmente, la forma en que su familia lo trata.

Si...	Entonces...
Si tiende a sentirse desgastado y frustrado después de cada visita familiar...	Tenga una meta clara antes de entrar por la puerta, como "hoy no voy a criticar a nadie" u "hoy no voy a tomar nada en forma personal".
Si tiende a perder los estribos cuando alguien lo provoca por todas esas veces en el pasado...	Con anticipación, decida perdonar. El perdón es la cura más grande para la familia.
Si tiende a criticar y atacar a ciertos miembros de la familia...	Decida no culpar. La culpa es improductiva. Si algo le molesta, sea directo sobre cómo podría resolver el problema.
Si se siente como adolescente inmaduro o niño pequeño cuando está cerca de sus padres...	Decida ser adulto. Repase desde antes la conducta que esperan de usted. Piense en cuánto tiende a actuar, luego decida cuál sería la reacción adulta. ¡Entonces hágalo! (Después de todo es adulto, ¿recuerda?)

Amor, oh, el amor

Después de la familia, el reto más grande en las relaciones (y con el que es más probable que revelemos nuestros malos hábitos emocionales) son las relaciones de amor. O no podemos deshacernos de alguien, o nunca nos cansamos de esa persona. Tal vez no se comprometerán o quizá usted presiona mucho. O puede ser que el mayor problema es que después de 10 años de matrimonio ya no comparte la pasión de antes.

La verdad es que cuando dos personas imperfectas deciden formar una relación, inevitablemente surgen problemas. Tendemos a ocultar nuestros malos hábitos cuando tratamos de impresionar a alguien nuevo, pero una vez que hay familiaridad con esa persona importante, termina el hechizo. Desarraigar los malos hábitos antes de que destruyan su relación es un enfoque más productivo. Continúe leyendo y encontrará sus tendencias negativas en las relaciones.

Incapacidad para comprometerse

Usted la ama, o al menos eso cree. Por lo menos ella lo ama y está seguro de que es una gran mujer. ¿Entonces por qué no comprometerse? Tal vez él es todo lo que siempre quiso, pero ahora que lo tiene, algo falta. ¿Tiene fobia a comprometerse o simplemente está reaccionando ante una relación que le parece no muy adecuada? Conteste las siguientes preguntas para determinar su grado de fobia al compromiso:

1. La idea de contraer matrimonio con su "media naranja":

    a. Le hace sudar frío.

    b. Parece una parte natural de la vida.

2. En realidad le gusta la persona con quien está saliendo, pero tiene el presentimiento de que no va a funcionar porque:

    a. No le gusta la forma en que come el cereal por la mañana.

    b. No comparte su pasión por la política/los deportes/el ambiente/la comida/la filosofía/el jazz y otras cosas que son realmente importantes para usted.

3. Ha tenido una relación durante varios años y supone que el matrimonio es quizá el siguiente paso, pero no se atreve a mencionarlo porque:

    a. Piensa que si pronuncia la palabra matrimonio se arruinará una relación maravillosa.

    b. Desde el principio ha sentido que esa persona en realidad no es para usted, aunque sean los mejores amigos. Tampoco está seguro de que deba terminar con ella.

4. Ya le han lastimado antes. Su estrategia ahora es:

    a. Lastimar primero antes de que lo lastimen.

    b. Intentarlo de nuevo.

¿En dónde encaja usted? La incapacidad para comprometerse con alguien en una relación romántica (o en amistades o sociedades profesionales) puede ser ocasionada por muchas cosas: impulso por ser perfeccionista, sentimientos de no valía, necesidad de ser libre o temor de ser abandonado o volverse demasiado vulnerable frente a la otra persona. También puede estar arrastrando algunos problemas de su infancia; la forma en que sus padres se relacionaban definitivamente podría afectar su capacidad y deseo de formar lazos íntimos.

No existe una solución sencilla para dichos temores e inseguridades tan arraigados. Pero el primer paso es ¡intentarlo! "Comprométase". Encuentre a alguien y tóquelo y deje que le toquen. Si se trata de un romance, una amistad o una asociación de negocios, entréguese (su honestidad, su empatía, su buen humor) con el fin de que la relación progrese. Si sus hábitos de malas relaciones le impiden comprometerse con las personas que le rodean, tiene que esforzarse pues permanecer distanciado emocionalmente, si no físicamente, no le llevará a ninguna parte.

Presionar

También hay personas que están tan desesperadas por un compromiso que presionan mucho antes de que la relación esté lista. ¿Tiende a presionar mucho y muy pronto? Responda el cuestionario siguiente en la forma más abierta y honesta que pueda:

➤ ¿Piensa constantemente en el futuro de su relación en vez de en el presente?

➤ ¿Añora tener (y a menudo pide) algún símbolo o prueba de la relación, como un anillo, una declaración diaria de amor inquebrantable o (¡Dios mío!) un bebé?

➤ ¿Hace suposiciones sobre el futuro antes de haberlo discutido con su pareja, como "en esta fecha, el año próximo ya estaremos casados" o "pronto estaremos viviendo juntos"?

➤ ¿Se siente inclinado a dar a su compañero un ultimátum respecto a un compromiso, aunque no hayan estado juntos mucho tiempo?

Si contestó sí a cualquiera de las preguntas, podría estar haciendo que su pareja potencial se sienta muy incómoda.

Más que enfocarse en lo que usted quiere (o piensa que quiere), trate de saber qué siente su pareja. Puede experimentar una revelación y darse cuenta de que no es la persona que pensó, y ciertamente no con quien quiere hacer un compromiso serio. O puede descubrir que un enfoque menos agresivo tal vez los una más rápido de lo que se imaginó.

Sexo: ¿festín o escasez?

Y luego viene el sexo. Usted lo quiere, lo necesita, tiene que tenerlo. O solía quererlo y todavía es bueno en ocasiones, pero francamente tiene cosas mejores que hacer con su tiempo. O desecha el sólo pensarlo y honestamente no le importaría si no volviera a tener sexo nunca. O lo quiere pero no puede tenerlo porque lo desea por buenas razones y en su medio no existe la persona adecuada.

Incluso si usted forma parte de una pareja amorosa, el sexo puede ser un problema. Podría empezar a tener impulsos sexuales dramáticamente diferentes, lo cual sólo demuestra lo adaptable que pueden ser los seres humanos cuando el amor verdadero está ahí como apoyo. Pero en la mayoría de los casos, una relación sexual satisfactoria para ambas partes puede comenzar a deteriorarse debido a malos hábitos de comunicación.

Si usted y su pareja han perdido interés en el sexo, traten de averiguar por qué. Hagan una cita romántica con velas y rosas y, lo más importante, sin los niños u otras distracciones por unas horas. Escuche lo que dice su pareja y comparta sus sentimientos con honestidad. Si no pueden salvar los obstáculos juntos, no se rindan. Busquen el consejo y la asesoría de un terapeuta calificado. Desafortunadamente, el sexo es un tema que a menudo no se discute por temor o vergüenza.

La gente en general

Tal vez su problema no se limite a sus relaciones familiares o amorosas. Quizá implique a otras personas más alejadas en su vida. Convivir con otros es una de las cosas más difíciles y necesarias que tenemos ante nosotros. Pero algunos tendemos a tratar con la gente en forma predeterminada, con malos hábitos. Somos pasivo-agresivos, nos obsesionamos, idolatramos o suponemos lo peor.

Cazadores anónimos

¿Permite que una relación lo absorba completamente? ¿Se obsesiona sobre su pareja, incluso hasta el punto de hacer cosas que no admitiría, como espiar, leer el correo de su pareja o hasta seguirla en secreto? ¿Llama a menudo para asegurarse que su pareja está donde dijo que estaría? ¿Agobia a su pareja con regalos y afecto para asegurar su amor? Después de unas cuantas semanas o meses, ¿sus relaciones se debilitan poco a poco porque su pareja trata de escapar de sus obsesiones, y cuando usted se da cuenta, se esfuerza todavía más?

Si presiente que es obsesivo en una relación, trate de hacer una pausa en sus emociones, su contacto con la persona, incluso sus esperanzas y sueños para la relación. Poner un poco de tiempo y distancia entre la relación y usted puede ayudarle a entender por qué siente que necesita tanto a esta persona y qué espera que ella le ofrezca. Trate de imaginar cómo se siente esa persona respecto a esta conducta obsesiva: tal vez esté más asustada y enojada, que intrigada o halagada. Si ve que sencillamente no puede controlar su conducta, considere hablar con un terapeuta que le ayude a manejar la relación en forma constructiva antes de destruirla.

El síndrome del gurú

Técnicamente, un gurú es una fuerza positiva, una especie de guía espiritual que le ayuda en su búsqueda de "sí mismo" o a estar más consciente respecto a su espíritu. Sin embargo, la práctica no siempre está de acuerdo con este ideal. Cuando las personas encuentran a alguien que respetan o desean imitar, pueden entregarse por completo, abandonando su propio ser. A un verdadero gurú se le tiene confianza para guiar a sus seguidores por un camino seguro y productivo, pero hay muchas personas demasiado carismáticas que quieren sacar ventaja de ello.

Otra forma de ver este síndrome es en términos de tutor. Un tutor, como un gurú, es un maestro sabio y confiable. Seguro que hay algunos tutores maravillosos listos para ayudarle a crecer y que desean su éxito, pero hay que tener mucho cuidado. Si alguien quiere que invierta su dinero, recibe el crédito por el maravilloso presupuesto que usted formuló para su departamento en el trabajo, le pide que haga algo que le hará sentirse incómodo o que compromete las creencias que usted considera importantes, sea precavido. (Si alguien dice tener poderes sobrenaturales, desde luego que eso iza una bandera roja.)

Recuerde, ninguna persona puede "arreglar" la vida de otra. Todos tenemos que asumir las responsabilidades individuales y los retos positivos por nuestro bienestar y felicidad. Un verdadero maestro o tutor le ayuda a hacerlo fomentando su crecimiento e integridad emocional, y nunca le pedirá renunciar al control de su vida. De hecho, un buen tutor lo estimula para que tome las riendas de su vida y cabalgue hacia el futuro que imaginó y planeó.

Sepa quién es bueno para usted

Con todos esos familiares y parejas que no se quieren comprometer, y además las personas que presionan, los obsesivos, los supuestos líderes de cultos y demás, ¿con quién demonios se supone que puedo tener una relación? Cálmese y escuche a su corazón. ¡En serio! Los humanos tenemos intuición, y muy en el fondo, si pone atención, probablemente *sabrá* cuando alguien es bueno para usted. ¿La persona le hace sentirse bien consigo mismo? ¿La relación aporta energía y vitalidad a su vida? Si puede contestar sí a estas dos preguntas, la relación ciertamente va por buen camino.

Después, es importante observar sus metas para el futuro a fin de ver de qué manera la relación aporta a sus oportunidades de alcanzarlas. Si sale con alguien que quiere matrimonio e hijos muy rápido, y usted sabe que todavía está muy lejos

171

de hacer ese tipo de compromiso, esa relación quizá no es buena para usted. Saber lo que quiere y qué se necesita para lograrlo le ayudará a elegir sus relaciones con más sabiduría.

Si todavía se siente confundido y no sabe qué quiere o cómo controlar su relación, si teme que podría convertirse en un buen personaje de la telenovela de moda, busque a un terapeuta o consejero y hable sobre esto con alguien que pueda ser objetivo. Tal vez sea la diferencia y abra su vida a una nueva manera de interactuar con otros que le hará sentirse mejor consigo mismo y más feliz en su vida.

Capítulo 19

¡Eureka!

Identifique sus compulsiones

¿Su escritorio debe estar en perfecto orden antes de empezar a trabajar, o viceversa? Si considera que debe estar ordenado, su mal hábito puede caer en la categoría de compulsión: una acción que debe repetir una y otra vez. Realiza una acción o serie de acciones para liberar estrés y tensiones, para controlar su ambiente o para evitar manejar una situación que le incomoda. Se siente obligado, forzado, irracional y atraído a su mal hábito de conducta, ¡casi en contra de su voluntad!

Cuando no hay forma de evitarlo

Si está leyendo este capítulo quizá es porque sospecha que su conducta está en los límites (o ya los rebasó) de la compulsión. Antes de poder empezar a manejar su mal hábito, debe identificar cuál es, cuándo ocurre y cómo afecta su vida. El truco es que existe una delgada línea entre la conducta normal y la compulsiva. Lavarse las manos antes de cada comida es un hábito de higiene que a todos nos inculcan desde niños, pero lavarse las manos 30 veces al día y sentir que no tiene control sobre esta conducta es compulsivo.

Es probable que las conductas compulsivas nada más sean malos hábitos ligeramente destructivos, es decir, cuando sólo puede concentrarse en la revisión de esa hoja si usa el marcador verde especial para revisiones, o completamente disociador, como ocurre con el *Trastorno obsesivo-compulsivo*. Muchas personas tienen conductas obsesivo-compulsivas extremas, como el orden excesivo, para reducir el estrés, o evitar o prevenir algún acontecimiento espantoso (¡como la muerte!).

¿Cree que es compulsivo? ¿Sus amigos (quienes tienen que esperar mientras revisa doce veces para ver si está apagada la cafetera) mencionan la posibilidad de que tenga algunos malos hábitos que debería corregir? Conteste la siguiente prueba para ver cuán apremiantes son sus compulsiones personales.

Autoexamen apremiante que no podrá resistir

En cada enunciado elija la letra que mejor le describa:

1. Me enrosco el cabello...

   a. Sólo cuando me quiero hacer una trenza francesa elegante.

   b. Cuando no sé qué hacer con las manos ¡y necesito hacer algo!

   c. De vez en cuando, si estoy bajo estrés.

   d. Todo el tiempo, tanto, que mis amigos me sugieren que me lo corte.

2. Me lavo las manos...

   a. Antes de cada comida o cuando toco algo sucio.

   b. Hasta que las tengo realmente sucias.

   c. Antes y después de cada comida, antes de salir de la casa, cuando regreso, tal vez más seguido.

   d. Cada vez que puedo, ciertamente cuando toco la manija de una puerta. Uno nunca está lo bastante limpio. (En realidad, ¡así sucede con los médicos y las enfermeras.)

3. Lavo los platos...

   a. Después de cada comida.

   b. No tengo platos, como directo de la lata.

   c. Casi nunca. Cuando no encuentro un plato limpio, enjuago algunos de los sucios.

   d. De acuerdo con un programa que llevo en mi base de datos que actualizo diario.

4. Antes de salir de casa...

   a. Reviso que la estufa esté apagada.

   b. Tomo mis llaves y salgo corriendo. A veces se me olvida apagar la estufa, pero hasta ahora no ha habido un incendio.

   c. Revisaría la estufa si pudiera encontrarla.

   d. Reviso la estufa varias veces y luego llamo a la señora que hace el aseo cuando menos dos veces desde la oficina para corroborarlo.

5. Si mi jefe me pide quedarme hasta tarde...

   a. Puedo reorganizar mi horario con dos llamadas telefónicas.

   b. Invento una excusa en unos minutos.

    c. Me quedo, pero alguien tendrá que llevar a mis hijos a la casa.

    d. Me quedo toda la noche y llego temprano la mañana siguiente, durante una semana si es necesario. Pero primero tengo que revisar la contestadora de mi casa, 17 veces, para asegurarme de que no me falta nada.

6. Administro mi dinero para pagar las cuentas...

    a. A tiempo cada mes.

    b. Justo antes de que necesito usar de nuevo la tarjeta de crédito.

    c. Diez minutos antes de que me corten la luz.

    d. No muy seguido; nada más le pregunto a mi asesor de crédito.

7. Mi sueño de apostar...

    a. Empieza y termina con un juego de solitario en la computadora.

    b. Implica adivinar cuánto dinero habría en mi cuenta de cheques en un momento determinado.

    c. Es una emoción de todo el sábado en la noche.

    d. Se ha convertido en una pesadilla.

8. Cuando lanzo los dados, significa que...

    a. Estoy jugando Monopolio con mis hijos.

    b. Será mejor que mi familia no me necesite durante algunas horas porque estaré ocupado.

    c. Perderé más dinero y tiempo de lo que tengo, pero va muy bien como para dejarlo.

    d. No podré detenerme hasta que salga el sol; el jueves que entra.

9. Navegar en Internet es...

    a. Una pérdida de tiempo; sólo busco las partes importantes de información en la red.

    b. La razón principal de por qué no termino mi trabajo a tiempo.

    c. Sustituir el lugar de mis relaciones con gente "real".

    d. Absorber la vida de mi matrimonio y es lo único que ansío hacer durante todo el día.

Puntuación: ¡Sorpresa! Sean cuales fueren sus respuestas, está cayendo ante algún tipo de conducta compulsiva, o cuando menos molesta.

Si casi todas sus respuestas fueron A: en realidad es una persona bastante normal, responsable, organizada y ordenada, además de estable en lo que respecta a sus relaciones. Por otra parte, su cordura absoluta puede poner a sus amigos y conocidos contra la pared, especialmente si les recuerda siempre lo bien que hace todo. Sí, por lo general encuentra lo que necesita cuando lo necesita, pero otros se preguntarán qué oculta detrás de esa máscara de organización y eficiencia. ¿Alguna vez se ha hecho esa pregunta?

Si casi todas sus respuestas fueron B: su descuido está en el límite del lado compulsivo. Aun cuando no afecte seriamente su vida personal y profesional, su mal hábito quizá esté interfiriendo con sus metas y su sentido de autoestima. De igual modo, puede indicar una posible conducta codependiente; tal vez pierda cosas porque sabe que otros le ayudarán a encontrarlas. Quizá no se moleste en pagar sus cuentas a tiempo o limpiar porque sabe que alguien lo hará por usted. Probablemente sea compulsivo en ciertas conductas, por ejemplo, ver televisión, apostar o navegar en Internet, como una manera de no relacionarse con las personas en su vida.

Si casi todas sus respuestas fueron C: tiene una o más conductas en el límite de la compulsión, y puede afectar su habilidad para funcionar. Siga leyendo para que averigüe más sobre conductas compulsivas y qué hacer con ellas.

Si casi todas sus respuestas fueron D: su necesidad compulsiva de tener el control puede estar en el límite de la obsesión. Tal vez desee consultar a un terapeuta que le ayude a liberar esa fuerza que le imponen las conductas compulsivas y reprimen su existencia cotidiana. Siga leyendo para que averigüe más sobre conductas compulsivas y qué hacer con ellas.

Una vez más

Ahora que ya identificó el grado de sus conductas compulsivas, es el momento de empezar a pensar en deshacerse de ellas. Muchos hábitos perfectamente sanos emanan del deseo de evitar o prevenir situaciones estresantes. Si revisa que lleva las llaves antes de cerrar la puerta, está evitando la desagradable posibilidad de quedarse en la calle. Pero si lo hace más de una vez, siempre, su conducta es compulsiva. Tal vez no quiera salir de casa o quizá esté evitando asuntos que no tienen relación alguna con la conducta real.

La clave para dejar ese "una vez más" es investigar primero qué lo origina. Después de todo, está bien asegurarse que la tarjeta que le entrega el mesero después de pagar sea realmente la suya, pero hacerlo cuatro veces antes de irse es un poco más que una conducta prudente.

Su primera vez

¿Recuerda cuando le pedimos que se acordara de "su primera vez" en el capítulo 2? Piense de nuevo en las circunstancias la primera vez que ocurrió su mal hábito compulsivo. ¿Qué hay de la primera vez que actualizó su base de datos a las 2 de la tarde? Tal vez en cuanto terminó, alguien llamó diciendo que necesitaba precisamente la información que acababa de capturar. Qué fortuna que sea tan eficiente, y juró que siempre estaría listo a costa de lo que fuera. O tal vez el detonante de su primera vez fue justo lo opuesto: tomó la llamada, pero no tenía idea de dónde estaba la información. Se prometió nunca permitir que lo atraparan con las manos vacías de nuevo, y entonces ahora actualiza la base de datos tres veces al día mientras se acumulan las cosas que tiene por hacer y hay algunas que requieren atención inmediata.

Los activadores de las compulsiones casi siempre se deben a una experiencia muy positiva o muy negativa, pero tampoco tiene que ser suya. Quizá escuchó la historia de alguien cuya casa se quemó porque olvidó apagar la plancha, o de alguien que obtuvo la titularidad porque podía recitar miles y miles de frases de las obras de Shakespeare.

Ya sea que la causa sea negativa o positiva, finalmente lo que hacen las compulsiones es aliviar nuestros temores: el miedo al fracaso, a perder cosas, a comprometernos en una relación, a la humillación o incluso a la muerte. Al igual que en cualquier tipo de mal hábito, las compulsiones tienen el poder de calmarnos porque son repetitivas y predecibles. Pero el bienestar no alivia el miedo a largo plazo, por lo que nunca soluciona el problema fundamental.

Una vez que sabe qué provoca una compulsión, puede evaluar los riesgos y beneficios asociados a ésta.

Una mirada profunda a su compulsión

Observe los "detonadores actuales" en el análisis de riesgos y beneficios de María. Ella está tratando de ser honesta pero le cuesta trabajo descubrir la causa más destructiva: el miedo a cómo la juzgarán los demás allá afuera por la apariencia de su casa, no su familia inmediata, quienes de hecho son los afectados por la compulsión de María hacia la limpieza exagerada.

Análisis de riesgos y beneficios de María

Mi compulsión: una casa limpia

Mi primera vez: cuando estábamos vendiendo la otra casa

Detonadores actuales: aburrimiento, estrés relacionado con visitas (esperadas o no)

Riesgos:
1. No permitir que los demás tengan su espacio
2. No tener tiempo para otras actividades
3. Sentimientos de ansiedad anormales
4. Uso de la casa por parte de la familia y amigos

Beneficios:
1. Saber siempre dónde están las cosas
2. Disfrutar el hecho de limpiar

177

A fin de que aprenda a dominar su conducta compulsiva, ella deberá reconocer que lo importante es el amor de las personas más cercanas a ella, no lo que piensen los extraños. De ahí viene su "primera vez": cuando estaba "vendiendo su otra casa", era importante mantener la casa limpia para los extraños. Quizá le llevó tanto tiempo vender esa casa que el hábito se convirtió en compulsión. Tal vez la gente que finalmente compró la casa la eligió por su limpieza.

¿Pero cómo reemplaza una compulsión así? ¿Cuáles son las "recompensas" que esta mujer ve para seguir limpiando la casa?

Dice que "siempre sabe dónde están las cosas". Bueno, eso no tiene nada de malo. ¿Pero qué otras recompensas podría cosechar? Tal vez piensa que su familia la percibe como indispensable porque es la que siempre sabe dónde están las cosas.

La verdad es que su familia la considerará indispensable limpie o no la casa; así son todas las familias, personas indispensables entre sí. Al saber esto quizá pueda reemplazar su compulsión haciendo otras cosas especiales para su familia, como llevarlos a cenar o pegar notas en lugares donde sabe que las verán. Después de todo, si realmente se trata de amor, ¿no debería decir eso el mensaje?

Una buena mirada profunda a sus compulsiones revelará la misma cosa: que los mensajes negativos pueden reemplazarse con positivos. Llene el Análisis de riesgos y beneficios, y empiece el proceso de buscar en el fondo de su ser aquello que le preparará para cambiar su conducta compulsiva.

Su análisis de riesgos y beneficios

Mi compulsión: _____

Mi primera vez: _____

Detonadores actuales: _____

_____

Riesgos: _____

_____

Beneficios: _____

_____

Aprendiendo a detenerse

El primer paso para aprender a detenerse es reconocer su problema. En ese momento es útil la gráfica de riesgos y beneficios. Justo ahí, por escrito, está la prueba de su conducta, información sobre qué la hace surgir y las razones de por qué no debe dejarse llevar. Grábeselo en la mente durante unas semanas y vea qué le dice sobre sí mismo y sobre su mal hábito.

Las historias sobre cómo y por qué desarrolló su compulsión no siempre tienen un final feliz. Quizá apriete los dientes porque desde pequeño se dio cuenta que sus padres no toleraban "hablar a las espaldas" de alguien. Tal vez no entiende en realidad por qué muerde todo lápiz que cae en sus manos; lo único que sabe es que hoy le cuesta mucho trabajo dejar de hacerlo.

Los métodos para aprender a detenerse son tan variados como las conductas compulsivas que adquirimos. A continuación proporcionamos una lista de conductas y métodos posibles para modificarlas, pero debe considerarlos como un punto de inicio de su propio proceso hacia el cambio, y no como soluciones seguras.

Compulsión	Soluciones posibles
Limpieza	Reforzamiento positivo
Eficiencia	Meditación
Desorden	Reforzamiento positivo
Tics físicos	Sustitutos físicos; meditación
Ritual	Reforzamiento positivo

Sustitutos físicos

Los sustitutos físicos para los hábitos malos por lo general reemplazan un acto físico con otro. Un sustituto interesante y con frecuencia exitoso para tronarse los dedos, es apretarse una liga en la muñeca cada vez que sienta el impulso de recaer. Si se muerde las uñas, come goma de mascar, mueve de manera incesante las rodillas o cualquier otra conducta "personal" pero sumamente molesta, está manifestando un tic físico que quizá pueda sustituir con una conducta menos molesta. Éstas son algunas sugerencias:

➤ Forme una "O" con el dedo pulgar y el índice. (En silencio y con discreción, especialmente si lo hace sobre sus piernas detrás de un escritorio.)

➤ Presione la lengua contra el paladar en la parte posterior de la boca. (Ídem.)

➤ Respire profundo y cuente hasta 10. (Sí, en realidad funciona.)

Reforzamiento positivo

El reforzamiento positivo es el eslogan para el entrenamiento de animales, y por una buena razón. Es el método más efectivo de modificar una conducta. De hecho, uno de nuestros incorregibles perros aprendió a no ladrar a otros perros después de cinco minutos de reforzamiento positivo. Nada de galletas para perro. Nos impresionó.

Para un perro, reforzamiento positivo significa decirle "buen perro, buen perro", cada vez que se comporta como uno desea. Esto aunado a un fuerte "¡No!" cuando hace algo menos deseable, pero pronto verá que hay más "buenos perros" que "¡no!" en la comunicación perro-humanos de su hogar.

Ahora, ¿cómo funciona el reforzamiento positivo para los humanos? (¿Podría decirse "buen perro" y "¡no!" a sí mismo? Ya conoce la respuesta.) ¿Cómo se recompensa? ¿Cómo se castiga? Si las respuestas implican más malos hábitos, si deja de tronarse los dedos, de comer o de gastar con exageración, entonces terminará sin ganancia alguna porque los malos hábitos seguirán controlándolo.

Es posible que a usted le haga feliz lo mismo que hace feliz a todo el mundo: amor, calidez y respeto. Los mejores reforzamientos positivos son las pequeñas cosas que puede darse (un manicure a la semana por no haberse comido las uñas, un abrazo psicológico con un "bien hecho" interno) o cosas que otras personas involucradas en su proceso de cambio pueden ofrecerle (un abrazo real, un cumplido sincero, un ramo de flores). Puede hacer sus triunfos más públicos haciendo una joya especial o una flor en el ojal. Si alguien le pregunta a qué se debe, puede decir "es un premio que me di". Probablemente inicie una tendencia.

Meditación

No se trata de sabios o gurús, o de encontrar el niño que lleva dentro. La meditación es aprender a escucharse a sí mismo.

Existen tantos métodos de meditación como gente que medita, y sólo usted puede decidir qué método le funciona mejor. Algunas personas encuentran que repetir un mantra como "Om", detiene la interminable cinta de audio de detalles que reproduce nuestro cerebro toca para nuestra continua consideración. Otros usan métodos de respiración profunda para encontrar su ritmo interno. La clave es relajarse, deshacerse de la confusión mental y estar atento a los pensamientos y sentimientos mientras los experimentamos, en ese momento.

Siéntese cómodamente en meditación con la espalda erguida, de ser necesario, con una almohada como apoyo para la espalda baja. Inhale y exhale. Coloque las manos sobre el estómago y sienta entrar y salir el aire. Deje que el mundo se tranquilice.

Canalice su energía en una nueva dirección

Imagine nada más toda la energía que aplica al guardar meticulosamente las latas en los gabinetes de la cocina por tamaño y contenido, al arreglar esas toallas blancas de baño para que nadie se atreva a tocarlas (mucho menos usarlas), o al mover los pies debajo de la mesa cuando tiene examen en la escuela. ¿Adónde más podría ir esa energía? Cuando libere sus compulsiones, se sentirá con la libertad, flexibilidad y el deseo de probar cosas nuevas. Use esa energía para unirse a un comité de acción de la comunidad (que aprovechará su energía organizacional), hágase voluntario de un hospital o una clínica local (que aprovechará su agudeza aséptica), o corra 15 kilómetros (que le hará adquirir mayor fuerza y concentración). Las compulsiones, esos rituales que desempeñamos para lograr el dominio de nuestra vida, terminan por hacer lo opuesto: controlarnos. Una cosa en la vida es cierta: ¡todo es incierto! Al abrazar la riqueza de la vida y todas sus posibilidades, verá que la nueva sensación de energía, compromiso y sinergia con otros que llegan a su vida cotidiana es mucho más intrigante y apremiante de lo que pueda ser cualquier compulsión.

Capítulo 20

Su espacio muy, muy personal

¿Qué hace cuando está solo y no hay ojos que lo juzguen o lo observen? ¿Le gusta usar la misma ropa hasta que se para de mugre? ¿Se truena toda la espalda mientras está sentado en la computadora? (Se siente bien, ¿no? Mejor que un quiropráctico y también más económico.) ¿Mueve la mandíbula? ¿Eructa? Nos atrevemos a decirlo, ¿libera gas? (Seamos finos.) ¿Se come el cereal y luego se toma la leche directamente del plato hondo?

En el baño, ¿se lava las manos 15 veces al día; se pasa hilo dental por los dientes demasiadas veces; alterna seis tipos de champú y docenas de humectantes para cada parte del cuerpo; o se mete el dedo a la nariz?

Bueno, lo que haga en su santuario privado es una cosa, pero cuando empieza a exhibir esas actitudes eclécticas y peculiares (que hace en privado) ante un público no muy complacido de familiares, amigos e incluso compañeros de trabajo, su adorada conducta de repente se revela ante usted con toda su gloriosa odiosidad como un hábito horrible y muy desagradable.

Su espacio personal pueden ser los 10 centímetros a su alrededor en el tren subterráneo, los 6 metros enfrente y detrás de su auto en el tráfico, o puede ser su oficina, la zona donde se encuentra su computadora, incluso el sofá y la mesa de café en su sala. Lo que hacemos en nuestro espacio personal es sagrado.

Es por ello que los "conflictos" de espacio personal pueden convertirse en temas tan acalorados y tan, bueno, ¡personales! Como dueño de su espacio, puede sentirse con derecho a desempeñar cualquier conducta que elija con impunidad. Sin embargo, su vecino o cohabitante puede no estar de acuerdo, y llegar a discusiones sobre límites o fronteras. La situación se puede tornar desagradable. ¿Qué regla aplica a su sentido de espacio personal? ¿Sus reglas van de acuerdo con las reglas de la gente que le rodea? Veamos esto con más detenimiento.

Esas peculiaridades en realidad son molestas

A veces no podemos evitarlo. ¿Está nervioso? Se enrosca el cabello o se come una uña. ¿Concentrado? Mueve constantemente la rodilla y tamborilea con los dedos. ¿Estresado? Aprieta la mandíbula. Muchas veces su cuerpo responde a lo que sucede en su mente realizando una conducta que lo libera físicamente. Conocemos a una persona que, para reducir su estrés mental, se recuesta sobre el piso y se pone a hacer abdominales. "Es sano y centrado", dice. Sí, está bien, pero cuando está a la mitad de una reunión de negocios, podría ser un poco desconcertante para los otros 10 participantes.

Ése es el punto. Las cosas que hacemos para calmarnos pueden ser sumamente molestas y provocar estrés en los demás. La gente casi nunca se da cuenta de que su acción molesta a otras personas hasta que alguien se lo señala. ¿Le ha sucedido? Si alguien le dijo que lo vuelve loco algo que está haciendo con el cuerpo, es el momento de sacar su confiable Registro diario de hábitos y llevar un seguimiento de la conducta hasta que averigüe con qué frecuencia lo hace, dónde y cuándo, y frente a quién.

"Yo no fui": el de las flatulencias

Muchos liberamos gas, eructamos, nos tronamos o nos mordemos los dedos, movemos las piernas debajo de la mesa y tronamos la goma de mascar, y creemos que las otras personas no se dan cuenta. Pensamos que por esta vez nos libramos de que alguien se diera cuenta, como si de repente fuéramos invisibles. Y cuando nos atrapan es "¿quién, yo?" seguido por la culpa "¿y qué?"

Mire, cuando está en una situación pública, usted forma parte de todo el panorama. Lo que está sucediendo no es una película que está viendo, usted está en ella. Los demás observan lo que hace y opinan al respecto. Hacer la transición de percepción de observador pasivo a participante activo en los sucesos de su vida es el primer paso hacia ser propietario de lo que hace, asumir la responsabilidad de todas sus acciones grandes y pequeñas, valientes y molestas. Quizá se le dificulte si está incómodo o estresado. Por un momento pierde la capacidad de ver más allá de usted mismo. En su *solipsismo*, el pánico en su mente envía señales que asustan a su cuerpo, y sin darse cuenta está fuera de control: el estómago hace ruido, rechina los dientes y los dedos dan golpecitos a mil por hora.

La solución: pruebe un poco el manejo del estrés. Si puede, discúlpese de la situación y vaya a algún lugar privado donde pueda comportarse como quiera sin exhibirse o molestar a los demás. En principio, puede dirigirse al baño más cercano y sucumbir compulsivamente ante su mal hábito de conducta. Está bien. Pero después de más o menos un minuto, respire profundo y exhale. Hágalo de nuevo. Siga respirando hasta que esté más calmado. La respiración profunda permite a su mente y cuerpo trabajar juntos de nuevo en forma constructiva; transmite señales al cerebro para liberar sustancias que calmen y relajen el cuerpo; y envía más oxígeno al cerebro por medio de la sangre, aumentando su capacidad de pensamiento y concentración.

Lo importante es reconocer sus reacciones ante situaciones de estrés. Una vez que esté más consciente de lo que está haciendo y reconozca lo que otros ven y sienten al respecto, podrá lograr discernir qué le ayudará a cambiar o controlar su comportamiento.

"Tengo que ser yo": una cuestión de expresión pública

Luego encontramos a aquellos que saben perfectamente bien lo que están haciendo y el efecto que tienen en otras personas. Se llama "apretar botones". Esta técnica pasivo-agresiva puede enloquecer a la gente, hacerla enojar o simplemente disgustarla. Pero tenga la seguridad de que sea cual fuere su reacción, no hará que le quieran más.

Tal vez usted considera el eructo una parte natural de la vida, y si alguien no está de acuerdo es porque ha leído mucho sobre buenos modales. Podría eructar en dirección del Secretario de Estado en una cena en la Casa Blanca y sentirse orgulloso de ser un buen ciudadano. Después de todo, estamos en una tierra de libre expresión. ¿Pero eso le parece una manera de ganar amigos e influir en la gente?

Tal vez su pareja es, para su gusto, compulsivamente limpia, de modo que le expresa su desacuerdo bebiendo el jugo de naranja directo de la jarra y deja marcas de lápiz labial para delimitar su territorio. Lo anterior provoca discusiones interminables sobre "dejarlo ser" pero nunca aborda el problema real: que la limpieza y el orden de su compañera lo están volviendo loco.

Qué hay de un tipo que hace abdominales para centrarse durante las reuniones de trabajo. Otros compañeros pueden ponerse más que en guardia con esta conducta tan absurda. Quizá se sientan intimidados por una acción que denota un juego de poder: "yo soy más fuerte que tú", relegando a los otros participantes a papeles más débiles en la discusión.

Si lo que usted hace cae en esta categoría, deberá considerar si su curso de acción en realidad lo lleva a alguna parte. El punto que establece al expresarse con dicho desenfreno no involucra un intercambio de comunicación adulta que respete puntos de vista diferentes al suyo. Tomar en cuenta los pensamientos y sentimientos de los demás crea una *sinergia* que une a la gente, en lugar de separarla.

185

Hábitos de pies a cabeza

¿Entonces cómo resuelve este problema de la mente sobre la materia? Como ya mencionamos antes en este libro, un hábito es algo que su cuerpo o su mente aprende y llega a esperar su ejecución. Romper con un hábito al que está muy acostumbrado puede parecer tan absurdo como decir "ahora no me voy a cepillar los dientes todos los días". Usted sabe que cuando recorre en forma compulsiva todos los canales de la televisión con el control remoto, puede volver locas a las personas que están a su alrededor, pero usted así lo hace. ¿Cómo cambiar?

Enroscarse el cabello, meterse el dedo en la nariz, apretar o rechinar los dientes, tronar la goma de mascar, tronarse los dedos, comerse las uñas, mover las rodillas, golpear con los dedos, eructar, expulsar aire y todas esas cosas que usted hace

Algunos *tics* físicos y conductas molestas son más fáciles de remediar que otros. Para ello, deberá observar los siguientes criterios:

➤ ¿El tic de su mal hábito le produce algún daño físico? Por ejemplo, comerse las uñas hasta sangrar, apretar la mandíbula hasta sentir el Síndrome de Articulación Temporo-Mandibular, retiene sus desechos personales porque es ultra consciente, pero le dan agruras o molestias gastrointestinales. De ser así, sería conveniente que discutiera el problema con su médico, quien encontrará un tratamiento que le permita romper su mal hábito y curar cualquier daño provocado a su cuerpo.

➤ ¿El tic de su mal hábito es una respuesta puramente física al estrés en su entorno o a una relación particularmente tensa? Haga la prueba con el ejercicio de respiración profunda que mencionamos antes en este capítulo. Si puede, salga lo antes posible de la situación estresante, camine al aire libre para darse la oportunidad de calmarse y lograr una perspectiva objetiva. Otra estrategia es sustituir el resultado de su mal hábito con otra conducta menos molesta o destructiva. Por ejemplo, en vez de comerse las uñas, tenga cerca una de esas pelotas para masaje para las manos que se oprimen a fin de mejorar la fuerza de las mismas; hágalo cuando sienta el impulso de morder.

➤ ¿Usa sus tics físicos para despejarse mentalmente y lograr un control perfeccionista sobre su entorno? Todos tenemos cosas que necesitamos realizar para entrar a esa zona de concentración total. Tal vez usted deba prepararse en un lugar privado. Luego, cuando sea su turno de dar ese concierto solo de piano o ese discurso, simplemente entra y hace lo suyo en el momento. ¡No se puede controlar todo!

➤ ¿Sus tics y peculiaridades están dirigidos expresamente a incomodar a las personas que le rodean? De ser así, es probable que haya problemas más profundos que abordar en su relación de lo que está admitiendo. Si lame la cuchara y trata de pegársela en la punta de la nariz cada vez que esa persona importante quiere conversar sobre algo serio, hay un problema de equilibrio más grave que su molesta conducta.

¡Ya basta! ¡Ahora mismo!

Al igual que cualquier mal hábito, cambiar éste va a llevar tiempo y comprensión de la gente que lo aprecia. Si lo único que escucha es "ya estás haciendo eso de nuevo", pida un poco de campo de acción y recordatorios amables en vez de regaños constantes y una atención hipervigilante de cada cosa que hace, ¡o deje de hacerlo! Recuerde, los hábitos son conductas aprendidas. Con un poco de paciencia podrá volver a entrenarse en comportamientos sustitutos que tengan mejores resultados para el estrés, o podrá eliminar la necesidad de realizar su mal hábito del todo, abordando cuidadosamente los problemas de la relación que le provocaron actuar así.

No puede ser demasiado limpio

Si su hábito implica la limpieza excesiva de su persona física, es probable que caiga en una conducta obsesivo-compulsiva. Si es una persona que nunca está perfectamente limpia, el perfeccionismo quizá sea el estándar demasiado alto que también tiene en otras áreas de su vida. Es probable que existan circunstancias en su pasado que le han llevado a la necesidad de controlar su ambiente.

Lavarse las manos hasta que se resecan o sangra la piel no es sano, incluso si su intención escrupulosa es mantener una buena higiene. Los dermatólogos están de acuerdo en que lavar la piel con mucha fuerza o con demasiada frecuencia no es bueno. Tener tanto temor de los gérmenes puede imposibilitarle su desempeño en un ambiente cotidiano, lavando compulsivamente las manijas de las puertas o evitando lugares públicos como un gimnasio o el tren subterráneo, lo cual le impide participar y disfrutar la vida cotidiana. Dejar ir los rituales restrictivos se vuelve algo inevitable y natural que debe hacer.

Si sus rituales de limpieza diaria son exageradamente elaborados, consulte a su médico o hable con un terapeuta para reubicar su conducta en una perspectiva saludable.

¿No podemos llevarnos bien?

Cada año nace más gente en el mundo y nos encontramos compartiendo nuestro espacio personal no sólo con las personas que amamos y con quienes trabajamos, sino con extraños. Es importante reconocer que somos parte de una comunidad y que nuestras acciones tienen un efecto sobre la gente que nos rodea, y viceversa. En este siglo XXI lleno de estrés y un ritmo acelerado, es demasiado fácil desarrollar estrategias físicas para liberar el estrés y la angustia. Si lo reconocemos, quizá podamos trabajar para desarrollar hábitos que nos ayuden a convivir en formas positivas.

Capítulo 21

Domine al demonio organizacional

Mire a su alrededor. ¿Las sábanas de su cama tienen las esquinas como las de un hospital? ¿O parece la escena de un terremoto? ¿Cuáles son sus hábitos al conducir y cómo mantiene su auto? Aunque no lo crea, la forma en que trata su ambiente físico puede revelar mucho sobre su personalidad, y cómo puede afectar profundamente su vida y sus relaciones.

Un poco de desorden puede tener mucho efecto, al igual que un poco de organización. Le puede sorprender que tanto el desorden como el orden son dos lados de la misma moneda: no importa cómo la lance, revela un deseo de controlar su entorno y a las personas que lo comparten con usted.

Uno es lo que posee

¿Cómo es su casa? ¿Tantas cosas que es imposible ver qué hay? ¿Disciplina militar: calcetines enrollados y zapatos lustrados? ¿Se pregunta por qué todos inventan excusas para no visitarle? En la oficina, ¿se le conoce como alguien que nunca tiene más de un expediente en el escritorio o como quien necesita algo de buena suerte para siquiera encontrar su escritorio en un momento dado?

Se sorprenderá cuando le digamos que la mayoría de las personas se sienten igualmente incómodas en una habitación que está demasiado limpia o demasiado desordenada. Eso es porque los dos estilos crean un ambiente intimidante para las visitas. ¿No nos cree? Haga la prueba: tome una fotografía de cada habitación de su casa (también puede hacerlo en su oficina) y pegue las fotos en un pliego grande de papel blanco. Vaya a tomar una taza de té a un café local y lleve consigo el montaje de su casa. Mírelo, pero en realidad mírelo. Es su autorretrato. ¿Es éste un lugar que le gustaría visitar, ya no digamos vivir o trabajar en él?

Las preguntas aquí, aunque no lo crea, son las mismas que hacen los físicos a una escala mayor: ¿el universo está basado en el caos o en el orden? ¿Y verdaderamente hay una diferencia entre los dos? Veamos qué conduce a la gente a los extremos.

Todo está en su lugar

La gente no se vuelve ridículamente organizada de la noche a la mañana; se requieren años y años de práctica. Las personas meticulosas creen que obtienen gran placer de saber que cada cosa tiene un lugar y que pueden encontrarla en el momento que lo deseen. El placer del orden da a la persona meticulosa la idea de que el mundo tiene sentido, o que puede lograr que tenga sentido. Pero a menudo este placer a corto plazo puede ser un profundo miedo de los peligros de la vida que no puede manipular, controlar o dominar: un lugar donde todo puede suceder.

Como editora en jefe de una gran empresa editorial, Laura tiene que dar seguimiento al calendario y a los detalles de publicación de 200 libros cada año; es mucha información la que tiene que organizar. Laura bromea que si pudiera sacar de su cabeza todos esos detalles sobre los libros, tendría espacio suficiente para disfrutar el contenido real de los libros. Después de todo, en primer lugar es el amor a la lectura lo que condujo a Laura a perseguir una carrera editorial. Accidentalmente cayó en el orden compulsivo y está tan ocupada organizando todo que no puede disfrutar muchas otras cosas.

La verdad es que es imposible mantener el orden indefinidamente. ¿No es maravillosa la Segunda ley de termodinámica? El orden inevitablemente tiende hacia el desorden. Tarde o temprano, sucederá lo impredecible.

Demasiado orden

Clínicamente, el deseo de orden es una manifestación del deseo de controlar, y todos queremos controlar nuestro ambiente hasta cierto grado. Sin embargo, cuando tratamos de controlarlo todo, el deseo se ha convertido en compulsión y es el momento de examinar las causas fundamentales.

Algunas de las personas controladoras que conocemos emplean insidiosamente su arte haciendo creer a los demás que son indispensables. Esta práctica puede abarcar un rango que va desde la madre que todavía lava la ropa de su hija adulta cada semana, porque (dice ella) la hija está muy ocupada con su importante empleo, hasta el padre que tiene todo el hogar regido por un horario: su horario.

La persona demasiado ordenada dirá cosas como: "Si pusieras las llaves en el mismo lugar cada vez que entras, no las perderías" o "No sé cómo puedes encontrar algo en este desorden". La implicación es que esa persona puede encontrar cualquier cosa. La eficiencia, reza la teoría, hace indispensable a la persona demasiado ordenada. ¡Persona ordenada al rescate!

El deseo de orden de estas personas también puede surgir de una necesidad de controlar su entorno inmediato. Su argumento es que hay mucha incertidumbre en el mundo actual. ¡Puedes salir de tu casa y te atropella un camión! Tal vez no pueda controlarlo todo, pero puede tratar de controlar su espacio y así lo hace.

Qué está realmente fuera de lugar

El problema es que todo este control es externo. Está tan ocupado dando al mundo un modelo a seguir que puede evitar, a su conveniencia, ver su interior; y lo que hay adentro es temor a lo desconocido. Una vida que se vive con reglas y reglamentos, incluso los autoimpuestos, alivia algo de la responsabilidad y el riesgo de tomar decisiones vitales, así como la necesidad de confrontarse con sus sentimientos, deseos y metas caóticos e incontrolables. ¿Es usted la persona que se molesta tanto al ver que la pintura colgada en la pared está chueca que ni siquiera ve, mucho menos aprecia, lo que el artista pintó? Siga leyendo.

¿Cuáles de los siguientes enunciados son ciertos respecto a usted?

➤ Me molesta si mi día se sale de programa, tanto que no puedo hacer nada hasta que el programa vuelve a su curso.
Cierto _____   *Falso* _____

➤ Aprecio un escritorio limpio, pero no me molesta sentarme en la oficina de algún compañero de trabajo donde no se puede ver siquiera la cubierta del escritorio, ¡es su problema, no el mío!
Cierto _____   *Falso* _____

➤ Cuando peleamos, mi pareja desordena todas las toallas del baño y tira ropa sucia en el piso sólo para hacerme enojar más, ¡y le funciona!
Cierto _____   *Falso* _____

➤ Me gustan las habitaciones blancas, o cuando menos pintadas con colores sólidos. Los estampados y, ni Dios lo quiera, los texturizados me dan náusea.
Cierto _____   *Falso* _____

➤ Lavo mis anteojos cuatro veces al día con líquido para limpiar vidrios, y uso hilo dental tan seguido que mi dentista me dijo que ya no lo hiciera más.
Cierto _____   *Falso* _____

➤ Levanto y limpio lo de todos: "¿te vas a comer ese plátano?" "¿Puedo lavar tu taza de café?"
Cierto _____   *Falso* _____

Si marcó como ciertos la mayoría de estos enunciados, entonces está poniendo demasiada atención a enderezar el marco en vez de disfrutar la belleza y la aventura de la vida. Si está tratando de dominar, regular, manejar, supervisar, reprimir (todos son sinónimos de control), quizá tenga que aprender a soltarse, liberarse y revelarse. ¡Sea usted; líbrese de cadenas!

Encuentre su desorden interno y quiéralo

¿Por qué no probar algo de desorden? Sí, leyó bien. Empiece a colorear fuera de las líneas. Se sentirá un poco incómodo al principio, pero no se morirá.

¿Recuerda a Laura, la editora en jefe? Bueno, Laura quería secretamente hacer más que sólo leer los libros que su compañía publicaba, deseaba escribirlos. Problema: Laura ocupaba toda su energía física y mental en la organización. También perfeccionista (como lo son muchas personas compulsivamente ordenadas), Laura se dio cuenta que dedicaba demasiadas horas en la oficina asegurándose de que "todo estuviera en orden". Ella misma fue la gota que derramó el vaso: se negaba a cuidarse y nutrirse bien.

¿Hay algo que siempre haya añorado hacer pero que la estructura de su vida no parece permitirlo? Le ofrecemos este desafío: dedique una hora diaria a hacer algo que no tenga fronteras ni límites, y cuyo único propósito sea darle alegría. Pinte, escriba, cante, arregle el jardín. Recuerde empezar poco a poco, dando a esta nueva actividad unos cuantos minutos la primera mañana, y anote cómo se siente en su Registro diario de hábitos. Muy pronto, estará ansioso por hacerlo, expandirá el tiempo que le dedica y apreciará la sensación de libertad que le da.

Luego encuentre un lugar y un momento en su vida para ser desordenado. Dé a sus seres queridos el mismo lujo. Tal vez tiene siete aspiradoras pero secretamente desea tirar galletas sobre la alfombra y ver a los dos perros que adora disfrutarlas. ¡Hágalo! Quizá su pareja quiera dejar una pila de libros de cocina sobre las gavetas de la cocina durante la noche; ¡está bien! Una vez que se dé permiso de tener un pequeño desorden, quizá encuentre también una nueva libertad y flexibilidad en su enfoque hacia otras áreas de su vida. De nuevo, esto es un proceso y tal vez tenga que "trabajar" al principio para liberarse.

La teoría del caos... en casa

Desde luego, existen tantos desordenados compulsivos como ordenados compulsivos. No estamos hablando de unos cuantos platos en la tarja de la cocina o de una torre de periódicos junto al sofá. Estamos hablando de caos.

En algunos casos, el caos compulsivo se puede atribuir al *trastorno de déficit de atención* del adulto, una condición que puede dar como resultado la incapacidad de concentrar la atención en una tarea particular por más de unos cuantos minutos. Los síntomas de este trastorno incluyen la falta de capacidad habitual para poner atención, distracción excesiva, dificultad para organizar, ser impulsivo, inquieto e hiperactivo. Si estos síntomas le hacen difícil desempeñarse cotidianamente, debe considerar una visita al médico; el trastorno de déficit de atención es curable con medicamentos y terapia.

Sin embargo, el mal hábito de desorden de la mayoría de la gente no puede explicarse como un trastorno neurobiológico fundamental, sino que es más probable que esté cubriendo un problema de tipo diferente: el miedo desordenado a ceder el control. "Un momento", me dice, "desorden no significa control, significa fuera de control". Bueno, a primera vista así podría parecer, pero si vemos un poco más a fondo...

El desorden compulsivo puede tomar formas diversas. Hay quien empieza por guardar una revista hasta que, antes de darse cuenta, todas las habitaciones están atiborradas de piso a techo. Está también el joven adulto que vive lejos de casa por primera vez y que está determinado a probar que no importa si los platos se lavan o no. Está la mujer soltera que trabaja, quien tiene su casa hecha un desastre ("¿qué chica que se respeta tiene tiempo para esto?", dice).

Al abandonar aparentemente el control sobre su ambiente y situaciones, los desordenados compulsivos están en realidad manipulando y controlando a la gente y las cosas en su vida a través de conductas pasivo-agresivas. Los desordenados creen que obtienen placer por ser desorganizados, de la libertad de dejar todo en desorden. Pero este placer a corto plazo tal vez cubra el mismo miedo que tiene la gente compulsivamente ordenada: el miedo a los peligros del mundo que no puede manipular, controlar o dominar, un lugar donde todo puede suceder. Sidarta (Buda para nosotros) dijo: "Tira demasiado de la cuerda y se rompe; déjala demasiado suelta y no funciona". De cualquier forma, usted está fuera de tono.

Desorden dañino

El desorden empieza en una forma bastante inocente. Comienza con un calcetín en el piso o un catálogo en la mesa de la sala. Incluso cuando todos los calcetines están en el piso y es posible encontrar un par; y si tiene que pagar una cuenta, puede escarbar entre el correo del mes pasado (el cual está abajo o encima de la mesa del café) hasta que la encuentra. Después de todo, no hay nada perdido. Sabe que está ahí en alguna parte.

El problema surge cuando los calcetines ya no están en el piso y el correo no está en la mesa, cuando todo sólo se apila en donde caiga, calcetines sobre la mesa, el correo en la cama, los platos encima del televisor, y basura en todas partes. Cuando se llega a ese punto, ya no se invita a nadie de visita, y si alguien se presenta, se bromea que la sirvienta estuvo enferma esta semana. En otras palabras, incluso usted sabe que hay un problema.

Los terrores de deshacerse de algo

Otro efecto lateral del caos compulsivo es la incapacidad de tirar algo. En sus formas ligeras, esto puede ser un rechazo a deshacerse de un viejo tornillo porque está seguro de que es justo del tamaño que necesitará para arreglar el cajón del gabinete. En realidad significa que no puede tirar nada, ni siquiera las viejas revistas del *National Geographic* (porque los niños las pueden necesitar para la escuela) o pantimedias irreparablemente rotas (porque, bueno, usted sabe, podría necesitarlas para poner algo en la secadora). Una amiga nuestra es absolutamente incapaz de tirar una bolsa del supermercado, las dobla con cuidado y las mete en el pequeño espacio entre el refrigerador y la pared. Lo que intenta hacer con ellas nos intriga a todos (y probablemente también a ella).

En otro caso más bien triste, una mujer limpia los gabinetes de la cocina de su suegra recién fallecida y descubre que la anciana nunca había tirado ni un recipiente de queso; los montones eran una historia de cómo había cambiado la etiqueta de la marca a través de los años. No dejar ir y apegarse a todo es una estrategia muy controlada para detener el tiempo.

Alerta a los que guardan todo: actualmente casi todos los recipientes son reciclables. Si no tiene recolección a domicilio, incluso los pueblos más pequeños tienen puntos donde dejar la basura, o alguien dispuesto a recoger su papel, plásticos, vidrio y latas de aluminio. Y las bibliotecas tienen ahora cientos de ediciones de revistas disponibles en microfichas o discos compactos, así que ya no tiene necesidad de guardarlas. Quizá sea más fácil soltar el control si puede imaginar que todas esas cosas podrían ser útiles en otra parte o para otras personas.

Ponga orden en el hogar

No es tanto el temor de qué va a encontrar atrás del refrigerador, como el miedo a cambiar un hábito que se ha vuelto tan cómodo como un zapato viejo. Justo igual que un par de zapatos nuevos, al principio el cambio lastima.

Pero aquellos viejos zapatos fueron nuevos una vez y no supo lo maravillosos que eran hasta que los usó un tiempo. Al igual que no tiene que tirar los zapatos viejos para usar un par nuevo, no tiene que limpiar cada área de su vida para empezar en un camino nuevo y menos compulsivo. Para comenzar, pruebe este proceso sencillo de tres pasos:

1. **Tire (o regale) lo que ya no necesita.** Muchos expertos en organización sugieren usar la regla de un año: si no ha usado algo en más de un año, seguramente nunca lo volverá a usar. Por supuesto, hay excepciones para cosas como vestidos de novia, porcelana especial y recuerdos invaluables. Pero, una vez más, debe ser menos despiadado si quiere reducir su confu-

sión. ¿Necesita guardar todos los animales de peluche de su hija, especialmente ahora que ya tiene 16 años? La ropa talla 14 que no ha usado desde que bajó de peso hace tres años puede servirle a otra persona. Y el juego de carpintería que su suegro le regaló la Navidad pasada, que ni siquiera ha abierto, podría donarlo a alguna institución local en vez de que esté ocupando espacio en su ya atiborrado garaje.

2. **Almacene cosas para uso futuro o por propósitos sentimentales.** Por otra parte, no todo lo que quiere fuera de su vista tiene que terminar fuera de la casa. Consiga algunas cajas de cartón o bolsas para ropa mientras ordena sus pertenencias. Quizá haya algunas prendas de ropa que le gustaría guardar un poco más, incluso si no las ha usado en un tiempo. Su colección de fósforos o porcelanas pueden ya no pertenecer a su sala, pero podría encontrar un lugar para guardarlas hasta que tenga una vitrina adecuada. Sólo asegúrese de marcar las cajas con cuidado, describiendo el contenido para que no tenga que abrirlas todas cuando necesite algo y entonces empezar a crear otro nuevo problema de desorden.

3. **Encuentre el espacio más lógico y accesible para los artículos de todos los días.** Aquí la clave es la lógica. Una vez que haya identificado un problema organizacional, busque la solución más inmediata y sencilla. Si constantemente pierde las llaves, guárdelas en un gancho junto a la puerta y acostúmbrese a depositarlas ahí al entrar a la casa. Si siempre se está tropezando con su colección de libros de bolsillo, regálelos, guárdelos en cajas o construya suficientes repisas para ponerlos ahí.

El problema atemorizante para organizarse es por dónde empezar. De hecho, es tan atemorizante que muchas personas nunca pasan de ese punto. Por ello, nos gustaría hacerle una sugerencia sencilla: empiece en cualquier parte.

Exacto. No importa si es adentro o afuera, arriba o abajo, una habitación o un escritorio, sólo empiece en alguna parte. Comencemos con su correo. Marque la opción más adecuada:

➤ **Dos facturas:**

❏ Las avienta sobre el escritorio.

❏ Las paga de inmediato.

❏ Las pone en su "caja de finanzas" donde guarda la chequera y otro material financiero.

➤ **Carta de la tía Martha:**

❏ La lee de inmediato y la deja sobre el escritorio.

195

❏ La lee y la coloca junto a su computadora para contestarle después de la cena.

❏ La tira (de cualquier forma nunca le cayó bien la tía Martha).

➤ **Folleto de un club diciendo que quieren que se suscriba:**

❏ Lo avienta sobre el escritorio.

❏ Lo tira a la basura.

❏ Que me cobren luego.

➤ **El número de este mes de una revista:**

❏ Lo avienta sobre el escritorio.

❏ Lo usa para nivelar esa mesa que ha estado coja por años.

❏ La pone en la mesa de noche para leerla más tarde.

➤ **Otro informe de la oficina de compensaciones (¡usted ganó!)**

❏ Lo avienta sobre el escritorio.

❏ Lo tira a la basura.

❏ Contesta de inmediato (¡Eureka!).

Organizarse significa tomar decisiones. Las decisiones que afectan no sólo su ambiente sino también sus actividades. Decisiones que requieren opiniones. ¿Cómo puede contestar la carta de la tía Martha si no la encuentra? Y si la encontrara, ¿qué le diría? Bueno, no sabrá hasta que lo haga. (¿Podría ser eso lo que está tratando de expresar desde un principio?)

Dedique una hora diaria a revisar algo: un cajón, una repisa, un armario, una pila de algo, cualquier cosa. Quizá descubra que sus esfuerzos le acercan a su entorno y a las personas que le rodean, en una nueva manera que realmente lo libera más de lo que lo reprime.

Aquí hay algunos consejos para desarrollar sus habilidades de organización:

➤ No se deje agobiar por el "gran panorama". Aborde los problemas uno por uno, dividiéndolos en porciones manejables.

➤ Aprenda a ser despiadado con los documentos obsoletos o artículos inútiles. Si le parece, tírelos o dónelos a caridades.

➤ Use la lógica cuando designe espacio a sus papeles y pertenencias personales, pero permita que brille su personalidad única.

➤ Aborde cada artículo nuevo de inmediato. Distribuya el correo en 24 horas y guarde la ropa en cuanto llegue de la tintorería, y deseche los empaques de las compras.

➤ Deténgase a pensar antes de agregar cosas nuevas a su hogar u oficina. No deteriore el progreso que ha logrado añadiendo más cosas a la mezcla.

La teoría del caos en la oficina

Si su espacio de trabajo parece una planta de reciclado de papel, en vez de un lugar donde realmente se realiza un trabajo, entonces será mejor que se organice y rápido. Sea cual fuere el tipo de trabajo que desempeñe, desde construcción hasta ingeniería de alta tecnología y labores secretariales, su patrón sin duda espera que haga uso eficiente y productivo de su tiempo en el trabajo. No puede hacerlo si está rodeado de caos.

Es obvio que los mismos principios básicos aplican para organizar su espacio de trabajo o su hogar. Primero, para confirmar que tiene un problema de organización en el trabajo, empiece por hacerse estas preguntas:

1. ¿Me parece imposible tirar cualquier cosa?

2. ¿Constantemente estoy buscando cosas que perdí?

3. ¿Estoy rodeado de torres de papeles, expedientes, correo no abierto (o herramientas, equipo y órdenes de trabajo)?

4. ¿Tengo suficiente espacio para almacenar y lo uso correctamente?

5. ¿No logro guardar las cosas nuevas en cuanto las traigo al lugar de trabajo?

Si contestó sí a una o más de estas preguntas, ¡empiece a limpiar!

Ya que estamos hablando sobre el ambiente de trabajo en esta sección, suponga que hablamos sobre un problema con control de papel (desde luego que puede adaptar estos consejos a cualquier material de trabajo que encuentre).

Necesitará las siguientes herramientas y equipo en orden para iniciar:

➤ Un sistema de archivo (pero uno que le funcione bien).

➤ Un basurero (grande).

➤ Tres expedientes o cajas pequeñas, etiquetados "Por hacer", "Para archivo", "Para guardar".

➤ Su Registro diario de progreso o cualquier calendario u organizador.

➤ Determinación despiadada.

Ahora, tome el primer papel que tenga a la mano sobre el escritorio y póngalo en uno de estos cuatro lugares:

Por hacer: deberá colocarse en esta categoría cualquier material que requiera acción o atención dentro de las siguientes dos o tres semanas: cartas que debe contestar, el resumen de un proyecto que tiene que revisar antes de la siguiente reunión de personal, y así sucesivamente.

Para archivo: en esta categoría deberán colocarse los artículos relacionados con proyectos pendientes o proyectos futuros que vendrán entre uno y seis meses.

Para guardar: los registros importantes pertenecen en esta categoría, incluyendo manuales de empleados, recibos de gastos del último año y recuerdos de la compañía anterior.

El basurero: con algo de suerte, esta categoría será la más grande de todas y se debe a que aquí es donde entra la determinación despiadada. ¿Cuánto tiempo tiene que guardar la propuesta que su jefe rechazó hace dos años? ¿Alguna vez desarrollará esa campaña de publicidad usando tortugas marinas para la cual guarda una pila completa de números viejos del *National Geographic*? Si no es así, tírelos y hágalo ahora.

Ahora que ya limpió su escritorio y sabe dónde está todo, conservar el orden se convierte en la prioridad. He aquí algunos consejos para mantenerse en el camino correcto:

➤ Trate de revisar su bandeja de entradas por lo menos una vez al día, de preferencia a la misma hora. De otro modo, terminará bajo otra montaña de papel antes de que termine la semana.

➤ Elabore un sistema eficiente para los papeles. Tire los documentos no vitales, coloque en el expediente "Por hacer" aquellos que requieran acción, y todos los que pertenezcan a "Para archivo" o "Para guardar" en sus lugares adecuados. Si es necesario, agregue otras categorías, como "Para leer" o "Para circulación general".

➤ Maneje los papeles sólo una vez cuando sea posible. Pasar papeles de un expediente a otro es una pérdida de tiempo, energía y espacio. Cuando tome un pedazo de papel, póngale una marca. Si ve más de dos o tres marcas en cualquier papel, es el momento de darle salida, archivarlo, pasarlo o desecharlo.

Principio de la incertidumbre de Heisenberg

¿El qué de la incertidumbre de quién? Estamos de nuevo en el universo de los hábitos. De acuerdo con el principio de la incertidumbre de Heisenberg, nada está estático en el universo. Cada partícula está siempre en movimiento. Para cuando le da una ubicación, ya se movió. Entonces no podemos detener el tiempo ni podemos detener la materia. La danza del orden y el caos sigue sin terminar, pero tampoco ha tenido éxito en obtener el control. Lo mejor que podemos hacer los humanos es unirnos al proceso, el acto de vivir un día a la vez, sabiendo que sólo una cosa es cierta en la vida: ¡nada es cierto! Dicho esto, es importante que dedique tiempo a reconocerse y recompensarse por todo éxito que logre al romper con sus malos hábitos de organización. ¡Está aprendiendo a ir con la corriente!

Capítulo 22

Finalmente, fidelidad fiscal

La gente rica existe. Lo sabemos porque la hemos visto en la televisión, hemos leído sobre ella en revistas, tal vez incluso conocemos a alguien. Pero es posible que si sus malos hábitos caen en el reino del poderoso dinero, no sea uno de ellos. Por supuesto, no estamos diciendo que podría competir con Donald Trump si pudiera dejar de gastar dinero como si fuera agua y se apegara a un presupuesto realista, o cuando menos fuera capaz de pagar su hipoteca a tiempo cada mes. Algo sí es seguro: hasta que no aprenda a controlar su vida financiera, ciertamente ésta lo controlará.

Su estilo económico

Sin duda existen tantos estilos monetarios como huellas digitales. Algunas personas son ahorradores crónicos, les complace ver dinero acumulado en cuentas bancarias, mientras que otras tienen una actitud menos estricta que les permite gastar con libertad, pero dentro de ciertos límites. Ambos tipos pueden administrar muy bien, siempre y cuando eviten algunas de las trampas económicas más comunes que incluyen gastar con exageración, registros financieros desorganizados, problemas con impuestos y fobia a los presupuestos. En este capítulo le explicaremos estos infortunios y le daremos algunos consejos para empezar a sacarlo del pozo del dinero. Más adelante tendremos consejos para quienes piensan que todo el dinero del mundo está justo a la vuelta de la esquina.

¿Gasta demasiado?

El lunes en la mañana, promete: "Juro que esta semana no voy a gastar dinero". Pero camino al trabajo tiene la necesidad de comprar ese café en oferta doble, luego ve un panqué delicioso y, bueno, ¿quién se puede resistir a ese pastel de chocolate? Sus compañeros de trabajo sugieren comida japonesa y no puede resistirlo. En la tarde, se tropieza con un catálogo donde ve unos zapatos divinos. Casualmente marca el número indicado y los ordena. Al salir, se detiene en la tienda a comprar algunas cosas que necesita y sale con un reproductor portátil de discos compactos, 10 discos nuevos (¡había una oferta sensacional!) y una caja para guardarlos, además del papel de baño y el detergente que en realidad necesitaba. Después de comprar una pizza de camino a casa, se da cuenta de todo lo que gastó en menos de 12 horas.

Es tan fácil gastar dinero ahora. Las oportunidades nos bombardean cada segundo. En Internet, en televisión, en la radio y en cada esquina le esperan grandes ofertas, superahorros y "el producto de sus sueños". ¿Pero por qué algunos podemos resistirnos a estas tentaciones, mientras que otros mantienen su dinero en constante movimiento del depósito de su salario a retiros en el cajero automático? La respuesta: ¡un hábito!

Algunas personas tienen problemas gastando de más debido al estrés relacionado directamente con el dinero. Pero otras descubren que cualquier número de retos emocionales y prácticos provocan su hábito de gastar con exageración. En algunos casos, esto puede resultar en una adicción completamente desarrollada. Si piensa que sus hábitos de gastar dinero podrían ser un problema mayor, conteste estas preguntas:

1. ¿Habitualmente se lanza a las tiendas cuando experimenta una derrota o una decepción?
   Sí _____   *No* _____

2. ¿Sus hábitos de gastar le molestan emocionalmente, creando caos en su vida?
   Sí _____   *No* _____

3. ¿Sus hábitos de compra crean conflictos con alguien cercano a usted?
   Sí _____   *No* _____

4. Como regla general, ¿cuando compra siente cierta euforia mezclada con una sensación de ansiedad?
   Sí _____   *No* _____

5. ¿Internet se ha convertido para usted en otra forma de gastar dinero, ya sea apostando o comprando?
   Sí _____   *No* _____

6. Cuando vuelve a casa después de ir de compras, ¿se siente culpable, avergonzado, apenado o confundido?
   Sí _____   *No* _____

Si contestó sí a una o dos de estas preguntas, su mal hábito puede ser un problema que necesite intervención de un profesional de la salud. ¿Será que el traje de moda que tanto desea es realmente un sustituto de compañía, estimulación intelectual o sólo un receso del aburrimiento que siente el sábado por la tarde? Estas señales y síntomas de adicción a gastar o comprar (por falta de un mundo mejor) incluyen lo siguiente:

➤ Compra o gasta dinero cuando está decepcionado, enojado o asustado.

➤ Sus hábitos de gastar causan angustia o crean caos en su vida.

➤ Discute con otras personas respecto a sus hábitos de comprar o gastar.

➤ Compra artículos que no podría pagar con dinero en efectivo.

➤ Se siente perdido sin sus tarjetas de crédito y fuera de control con ellas.

➤ Siente que gastar y comprar son un acto prohibido que debe mantener en secreto.

➤ Se siente culpable, avergonzado, apenado o confundido después de gastar dinero.

➤ Miente a otros sobre cómo y cuánto dinero gasta.

➤ Pasa mucho tiempo pensando en el dinero, e incluso más aún revisando sus cuentas para poder gastar un poco más.

Aunque no sea un comprador compulsivo, todavía puede necesitar refrenarse para entender la diferencia entre "necesitar" y "desear". Una vez que identifique las razones por las que gasta con exageración, y aprenda a pensar profundamente antes de gastar esas monedas en algo que no esté verdaderamente en la categoría de necesidad (como pagar la renta o la hipoteca), empezará a tener control financiero. Aquí tiene algunos consejos para empezar:

➤ **Fuera de la vista, fuera de la mente.** Si todavía no ha comprado la computadora más moderna y de mayor capacidad que hace todo menos el desayuno, olvídelo y siga trabajando en su vieja y perfectamente servicial computadora de dos caballos de fuerza. No siempre es malo ignorar lo que está perdiendo. Y eso va doble para Internet. Si le es imposible resistirse a comprar, apostar y otras tentaciones de gastar dinero, ¡desconéctese! Aprenda a comunicarse a la antigua y menos costosa manera.

➤ **Lleve un seguimiento.** Aquí vamos de nuevo con el Registro diario de hábitos, sólo que esta vez seguirá el paso de cada moneda que gaste (cuando menos por un tiempo). Cómprese ese delicioso café, pero anote el costo. Todos los días. Al final de cada semana, sume los totales. Al principio se sentirá alarmado y sorprendido, pero le ayudará a reducir sus gastos.

➤ **Coma en casa.** Aprenda a cocinar. Es divertido y ahorra toneladas de dinero comparado con restaurantes o comida para llevar. Además, ahora es muy popular ser hogareño.

➤ **Póngalo para llevar.** Prepare su café en casa y llévelo a la oficina en un termo, igual que su comida. Muchos gastamos cantidades horribles en alimentos y bebidas en un día de trabajo.

➤ **Compre cerca de casa.** Sabemos lo divertido que es comprar desde el sillón de la sala, pero a menos que sea una oferta asombrosa, evite comprar por catálogo o por televisión. Cuando sume los cargos de manejo y envío, y pague todas las devoluciones de la ropa que no le quedó porque no tiene el mismo cuerpo que la modelo, habrá gastado mucho más de lo que le hubiera costado lo mismo en un centro comercial de descuento. (Y ya leyó lo que dijimos de Internet.)

➤ **No se inscriba en "clubes".** Tenga cuidado de otras trampas por correo como clubes de libros y discos compactos. Seguro al principio le dan muchas cosas gratis, pero después de eso, por lo general tiene que comprar un gran número de productos con precios altos, especialmente cuando suma el costo de los envíos. No vale la pena.

➤ **Deje de fumar.** Además de destruir su salud, fumar es un hábito muy costoso.

➤ **Trátese bien.** Sufrirá una caída si se fija límites muy estrictos para sus gastos; es probable que sucumba ante un peligroso "ataque" de compras. Haga espacio en su presupuesto para algunos lujos ocasionales; nada más no se exceda.

¿Registros financieros en desorden?

Usted no gasta tanto dinero, por lo menos eso cree. Por otra parte, no tiene forma de saberlo porque no ha saldado su chequera en seis años. Los estados de cuenta del banco enviados por correo por lo general acaban en la basura, sin ser abiertos. Y cuando emite un cheque sin fondos siempre teme abrir el sobre que revela la horrible verdad. Reza para que la persona que recibió su cheque de "hule" lo vuelva a presentar y que el dinero esté ahí esta vez.

Llevar mal sus registros es otro mal hábito, que puede causarle graves problemas financieros. El banco por lo general le cobra cierta cantidad por un cheque sin fondos a usted y a la persona que lo presenta. Además, si no tiene idea de adónde va su dinero, existen mucho más posibilidades de que lo esté desperdiciando. ¿No preferiría tener algo de seguridad financiera y mucho menos estrés?

Las personas que tienen problemas para organizar sus registros financieros tienden a experimentar niveles muy altos de estrés respecto al dinero, simple y sencillamente porque no saben si lo tienen o no. (Si es muy rico y no puede molestarse en saldar su chequera, ése es otro asunto. Puede contratar a alguien que lo haga.)

La buena noticia: puede liberarse de la ansiedad del dinero aplicando una pequeña estructura y dando organización a sus finanzas, incluso si descubre que no tiene tanto dinero como pensaba. Al menos sabrá la verdad y puede empezar a gastar de acuerdo a ello e incluso ahorrar.

Para iniciar el camino hacia la libertad financiera, debe estar fresco. No emita cheques hasta que todos los cheques en tránsito estén pagados, por lo general una semana después de que emitió el último. Luego llame al banco para averiguar su saldo y anótelo. *Nunca, jamás*, emita un cheque o haga un retiro en el cajero automático sin registrarlo y restarlo de su saldo total. Para hacer las cosas aún más fáciles, invierta en un buen programa financiero de software (como Quicken o Microsoft Money), que puede ayudarle a saldar su chequera, ilustrar la distribución de su dinero en forma gráfica e incluso crear un presupuesto.

¿Pesadillas con los impuestos?

Las leyes de impuestos cambian con mucha frecuencia, lo cual dificulta más las cosas para quienes se encuentran ante los desafíos financieros. Qué es deducible, qué no lo es, y qué va a dónde, son algunas de las preguntas que enfrenta cada año. ¿Qué puede hacer una persona?

Contrate un contador. Una persona competente y con conocimientos que elija realmente lidiar con los impuestos para que prepare sus declaraciones. Definitivamente, deseará contratar a un contador si trabaja por su cuenta, tiene empleados o ante cualquier otra situación fiscal poco común, a menos que sea muy ambicioso y le encante calcular estas cosas usted mismo. Los contadores son una gran inversión de su dinero, en especial porque sus honorarios son deducibles de impuestos.

Si decide hacer el cálculo de sus impuestos usted solo, dése tiempo suficiente para organizar sus registros, encontrar respuestas a sus preguntas y verificar sus cifras dos veces. Por fortuna, hay muchos libros y programas de computadora muy buenos, además de líneas telefónicas de ayuda que le brindan apoyo respecto a sus dudas en el pago de impuestos.

¿Tiene fobia a los presupuestos?

"Pero no quiero hacer un balance de activos contra gastos, o lo que signifique hacer un presupuesto. ¡Yo sólo quiero gastar!" se lamenta. Si es así, no está solo. La fobia a hacer presupuestos es muy común, aunque hacer un presupuesto y apegarse a él conduce a la cordura y, a menudo, a una buena cuenta de ahorros después de un tiempo. Además, los presupuestos pueden ser salvavidas, en especial para personas que tienden a gastar de más sin darse cuenta o que tienen problemas para llevar registros financieros exactos.

¿Usar la palabra "opción" en relación con "presupuesto" le parece extraño? Si es así, acaba de descubrir su mayor obstáculo hacia la libertad financiera. Presupuesto no significa "restricción" o "negación"; significa "opción". Crear un presupuesto significa tomar decisiones sobre lo que es importante para usted ahora y en el futuro. Usted establece sus metas y luego trabaja dentro del parámetro de sus activos financieros (su salario, sus gastos fijos). Quizá necesite limitar sus gastos en ciertas áreas (lo cual usted elige) para alcanzar esas metas (por lo que usted optó). Al final, el resultado positivo superará las limitaciones porque usted estableció el programa con el cual quiere empezar. Usted elige.

Desde luego, en ocasiones surgen gastos no presupuestados, como una descompostura inesperada en el sistema central de aire acondicionado en pleno verano o un viaje no planeado al servicio de urgencias cuando su hijo decide ser el hombre araña y se lanza desde un árbol. Pero para eso son las cuentas de ahorros y todos sabemos que nunca pondrá dinero en una cuenta de ahorros a menos que tenga un presupuesto.

Pruebe estos pasos sencillos para elaborar un presupuesto:

- ➤ **Entendimiento universal.** Si no está solo en eso, si tiene cónyuge, hijos y padres que dependen de usted, es vital que todos entiendan (aunque no necesariamente estén de acuerdo) las metas y prioridades financieras de la familia.

- ➤ **Registre sus activos y gastos.** Sí, de nuevo saque su Registro diario de hábitos y anote cada centavo que gasta y cada centavo que gana. Compare el registro con su presupuesto y vea adónde va el dinero. Probablemente le sorprenderá.

- ➤ **Reduzca lo superfluo.** Siga recortando lo no esencial hasta que sus gastos sean iguales a sus ingresos. No olvide distribuir algo de dinero cada mes para gastos inesperados y ahorros. La mayoría de los asesores recomiendan que asigne al menos el 10 por ciento de sus ingresos a su cuenta de ahorros.

La emoción de apostar

Es el sueño de la persona floja: obtener algo por (casi) nada. Estaría loco si no se emocionara ante el prospecto de ganar enormes cantidades de dinero con sólo comprar un billete de lotería por una cantidad ridícula, o insertando algunas monedas en una máquina de apuestas. Pero la verdad es que no existen las cosas gratis. Ya sea que prefiera ir a Las Vegas, jugar bingo, comprar lotería o jugar póker con sus amigos, la emoción de apostar a menudo cuesta mucho más de lo que vale.

Del casino al mercado de valores

No necesita una mesa de ruleta para ser apostador. Tal vez se emocione apostando en carreras de caballos o incluso en encuentros deportivos como el Super Tazón, apostando en Internet o invirtiendo en el mercado de valores. Puede incluso apostar en cualquier cosa sólo por el gusto de hacerlo.

Ciertamente no tiene nada de malo vivir en el límite de vez en cuando, si puede darse ese lujo. Y el mercado de valores se considera ahora una inversión sólida si se maneja con sabiduría. Sin embargo, cuando se convierte en un hábito que no puede mantener, financiera o emocionalmente, tiene un problema.

"Yo sé cuándo detenerme..."

Muchas personas apuestan por diversión y saben cuándo detenerse. Pero si tiene problemas para jalar las riendas, puede estar al borde de la línea que separa a quienes apuestan por entretenimiento de quienes lo hacen en forma compulsiva. Hágase las siguientes 20 preguntas para determinar si tiene un problema con su forma compulsiva de apostar:

1. ¿Alguna vez pierde tiempo del trabajo o la escuela por ir a apostar?
   Sí _____   *No* _____

2. ¿El apostar ha hecho infeliz su vida familiar?
   Sí _____   *No* _____

3. ¿Apostar afecta su reputación?
   Sí _____   *No* _____

4. ¿Alguna vez ha sentido remordimiento después de apostar?
   Sí _____   *No* _____

5. ¿Alguna vez apuesta para conseguir dinero con el cual pagar sus deudas o resolver sus dificultades financieras?
   Sí _____   *No* _____

6. ¿Apostar reduce sus ambiciones o disminuye su eficiencia?
   Sí _____   *No* _____

7. Después de perder, ¿siente que debe volver lo más pronto posible para recuperar lo que perdió?
   Sí _____   *No* _____

8. Después de ganar, ¿tiene una gran urgencia por regresar y ganar más?
   Sí ____   No ____

9. ¿Con frecuencia apuesta hasta perder sus últimos centavos?
   Sí ____   No ____

10. ¿Alguna vez pide dinero prestado para apostar?
    Sí ____   No ____

11. ¿Alguna vez ha vendido algo para poder apostar?
    Sí ____   No ____

12. ¿Se ha negado a gastar el "dinero para apuestas" en gastos normales?
    Sí ____   No ____

13. ¿Apostar lo hace descuidar el bienestar de su familia?
    Sí ____   No ____

14. ¿Alguna vez apuesta más de lo que tenía planeado?
    Sí ____   No ____

15. ¿Alguna vez apuesta para escapar de una preocupación o un problema?
    Sí ____   No ____

16. ¿Se ha comprometido o considerado comprometerse en un acto ilegal para financiar sus apuestas?
    Sí ____   No ____

17. ¿Apostar le provoca dificultades para dormir?
    Sí ____   No ____

18. ¿Las discusiones, las decepciones o las frustraciones crean dentro de usted la urgencia de apostar?
    Sí ____   No ____

19. ¿Alguna vez tiene urgencia por celebrar cualquier logro apostando durante unas horas?
    Sí ____   No ____

20. ¿Alguna vez ha considerado la autodestrucción como resultado de su forma de apostar?
    Sí ____   No ____

Los apostadores más compulsivos contestarán sí a cuando menos siete de estas preguntas. Si le parece que usted es así, por favor solicite ayuda profesional. Hay muchas personas igual que usted que pueden ayudarle a romper con este mal hábito antes de que éste acabe con usted.

Juegue sobre seguro

A todos nos gusta algo de emoción en la vida de vez en cuando, pero cuando se trata de su dinero, a menos que tenga grandes cantidades para despilfarrarlo, será mejor que juegue sobre seguro. Tome otro tipo de riesgos: invite a salir a esa persona atractiva, inscríbase en la universidad (aunque tenga casi 50 años), haga un viaje a algún lugar que no conozca (aunque no haya familiares a quienes visitar ni negocios que manejar), diga "te amo" a su hijo adolescente, inscríbase en un gimnasio y atrévase a lucir bien. El punto es que la vida puede estar llena de emociones y riesgos que no comprometen su integridad financiera ni provocan que las personas mal encaradas lleguen a su puerta a cobrar. Cambie la dirección de su búsqueda de emoción hacia resultados más productivos y ni siquiera extrañará ir al casino.

Otro esquema para enriquecerse rápidamente

Hay un último riesgo para su libertad financiera y está directamente relacionado con la ilusión de "obtener algo por nada". Es el engaño de hacerse rico rápido. Seguro ha escuchado el dicho: "Si suena demasiado bueno para ser cierto, probablemente lo es". Bueno, lo va a oír de nuevo.

Ya sea de un *esquema de pirámide*, cadenas de cartas, píldoras "mágicas" para perder peso, servicio de larga distancia o inversiones en bienes raíces, recuerde que nadie hace dinero sin esfuerzo. Las personas que tienen un golpe de suerte son en verdad muy pocas, y por lo general trabajaron más duro de lo que revelan. Para el resto, soñar que podemos hacer algo con nuestro tiempo libre (que significa aproximadamente tres minutos al día) que nos hará millonarios, parece un sueño hecho realidad. Pero después de haber invertido y perdido su dinero, va a despertar y se dará cuenta de que fue más bien una pesadilla.

Cuando se trate de su dinero, inviértalo sabia, cuidadosa y frugalmente. Si en realidad está buscando independencia y la oportunidad de ser empresario, investigue mucho antes de invertir su dinero en un negocio. Mientras tanto, no permita que habladores y embusteros le roben el dinero que ganó con tanto esfuerzo. Y *nunca* revele información financiera a alguien por teléfono por *ninguna* razón; guarde en privado los números de sus tarjetas de crédito, los números de sus cuentas bancarias, el número del Seguro Social y otros datos financieros. Nunca se sabe quién está del otro lado de la línea.

Poner en orden su casa financiera

Ahora que ya averiguó cómo dejar de gastar con exageración, empezó a organizarse, se apega a un presupuesto, combatió el deseo de apostar su dinero y dice no a los esquemas de enriquecimiento rápido, ¿cómo comienza a practicar la fidelidad financiera? Pruebe estos consejos:

➤ **No compre a crédito.** No acepte más tarjetas de crédito. Pague las que tiene, luego mantenga los saldos lo suficientemente bajos para que pueda pagar el total cada mes. ¿No tiene tanto control? Entonces no use las tarjetas de crédito y tírelas a la basura. Pague en efectivo. Quizá sea anticuado, pero funciona y le ayuda a vivir con sus medios.

➤ **Disminuya sus deudas.** Agregue un poco de dinero cada mes a su pago mínimo de tarjeta de crédito y reducirá drásticamente los intereses que paga y el tiempo para saldar la cuenta.

➤ **Viva dentro de sus medios.** ¡No puede tener un Ferrari!

➤ **Prepare sus alimentos.** Son impresionantes las cantidades aparentemente pequeñas de efectivo que puede ahorrar. Piense en el dinero que gasta por comprar café, comida y bocadillos todos los días y verá cuánto puede ahorrar preparando sus alimentos.

➤ **Pruebe métodos de intercambio.** Intercambiar cosas le permite cambiar sus habilidades y pasatiempos por artículos y servicios por los que de otro modo tendría que pagar. Si sabe tejer, ofrezca hacer un suéter a un platero a cambio del collar que quiere comprar a su hija para su graduación. Si sabe mecanografiar, intercambie con su vecino adolescente mecanografiarle un trabajo de la escuela a cambio de que le corte el césped 3 semanas.

➤ **Use cupones y deposite en el banco lo que ahorre.** Otra forma de ahorrar un poco de efectivo es recortar y usar los cupones que encuentre en periódicos, revistas y supermercados. Si necesita algo de inspiración, puede crear un fondo especial para el efectivo que ahorra, una pequeña indulgencia para usted mismo, como un masaje o una manicura una vez por semana, o algo más sustancial, como ropa para los niños dos veces al año.

➤ **Empiece a ahorrar, aunque duela.** Porque como todos los buenos hábitos, el resultado final es mucho mejor que cualquier inconveniencia temporal. Verifique sus prestaciones como empleado: muchas compañías tienen planes de ahorro que implican poner en una cuenta de ahorros una cantidad fija de su salario, una forma relativamente sin dolor de "pagarse a sí mismo primero".

➤ **Aprenda a hacerlo usted mismo.** Cocine sus alimentos, aprenda a reparar el auto o los aparatos eléctricos cuando se descompongan, inicie un "negocio" cuidando niños, practique medicina preventiva para mantenerse sano, haga sus propios regalos e investigue las oportunidades de entretenimiento gratuito en su área, desde parques naturales hasta películas gratis en la biblioteca. Nunca se sabe, quizá se divierta mucho en el proceso.

Hágalo. Podrá ahorrar y vivir con su nuevo plan de gastos si tiene en la mente sus metas financieras. Dígase: "Puedo renunciar a algunas cosas que deseo, con el fin de guardar algo de dinero para algo que querré, o necesitaré, en el futuro".

Capítulo 23

Adorador de la electrónica

En esta era de la información, muchos nos sentimos agobiados, muy comprometidos, sobreprotegidos y demasiado cansados (eso pensamos) por hacer ese esfuerzo de más en relaciones y actividades complicadas, de modo que los medios electrónicos nos seducen fácilmente con la oferta de una salida perfecta. No es necesario hacer una cita, se necesita poca energía y siempre está ahí, lista para distraernos y divertirnos. En este capítulo le mostraremos cómo reconocer si tiene problemas para controlar su necesidad de electrónica y qué hacer en caso de que así sea.

Sintonizar, desintonizar

¿Huye fácilmente mediante la televisión o la computadora para no abordar tareas o relaciones difíciles? ¿Ha llegado a depender de programas de televisión o navegar en Internet por falta de compañía, convirtiéndolos en sus compañeros íntimos?, ¿O quizá sean el teléfono, el celular y el fax los que ocupan su tiempo, distrayéndolo del aquí y el ahora con su falsa sensación de urgencia y conexión?

Si es víctima de las muchas tentaciones que ofrecen los medios electrónicos, está entre amigos. Muchas personas reconocen que su uso de Internet está tan fuera de control que los psicólogos le han dado nombre al problema: Trastorno de adicción a Internet, o incluso adicción virtual. Por simple observación, podría decir que el uso del teléfono está fuera de control: las personas en los restaurantes están rodeados de amigos, pero con el celular pegado a la oreja; o conducen por un hermoso camino en el campo con la oportunidad de observar la naturaleza, pero van en el automóvil hablando por el teléfono.

¿Qué sucede? ¿Cómo es que estas herramientas de comunicación se convirtieron en escapes insidiosos de la importante persecución de las conexiones humanas? ¿Cómo puede encontrar su camino de regreso de la realidad virtual a la realidad verdadera?

El bobo personificado

¿Cree que podría tener problemas para controlar el tiempo que pasa frente al televisor? Conteste estas preguntas para ver qué tan mal está:

1. ¿Qué es lo primero que hace cuando llega a casa después del trabajo?

    a. Besar a su cónyuge o pareja.

    b. Jugar con el perro.

    c. Encender el televisor.

2. Una noche libre el viernes, prefiere…

    a. Jugar un partido de baloncesto.

    b. Leer una revista de deportes.

    c. Ver un juego en la televisión mientras cambia de canal constantemente.

3. Ve la televisión durante…

    a. Una o dos horas por diversión.

    b. Sesenta minutos de noticias e información.

    c. Todo el día sólo para distraerse.

4. Cuando apaga la televisión se siente…

    a. Relajado.

    b. Estimulado.

    c. ¡¿Se apaga?!

5. Su control remoto es…

    a. Una herramienta útil.

    b. No lo ha visto en varios días.

    c. Su mejor amigo en todo el mundo.

¿Cómo le fue? ¿Cuántas respuestas C? Bueno, siga leyendo para ver lo insidioso que puede ser ver televisión.

"Al igual que las drogas o el alcohol, la experiencia de la televisión permite al participante evadir el mundo real y entrar en un estado mental agradable y pasivo", escribió Marie Winn, autora del éxito *La droga que se conecta*. "Las preocupaciones y ansiedades de la realidad efectivamente se evaden al absorberse en un programa de televisión..." ¿Qué podría ser un escape más perfecto que la televisión y los artistas que la habitan, personas con problemas aparentemente apremiantes como los suyos, pero que pueden resolverlos en 30 o 60 minutos de distracción en un drama o comedia?

Sabemos lo que está pensando: "Seguro, me gusta ver televisión. ¿A quién no? Pero no soy obsesivo. Puedo apagarla en el momento que quiera". ¿Está seguro? Hace veinte años Marie Winn pronunció otro enunciado que todavía es cierto: "La gente subestima su control sobre ver televisión... Con los placeres disponibles en la televisión, aquellas otras experiencias (leer, conversar, practicar pasatiempos) de alguna forma parecen menos atractivas, más difíciles". Y eso fue antes del video y la televisión por cable.

La buena noticia: puede aprender a no ser el bobo de la televisión. El primer paso: desearlo. Al final de este capítulo descubrirá maneras de liberarse de este problema.

Qué red tan enredada teje

Es más fácil sentarse y dejar que las cosas sucedan, ¿no cree? Evitar la toma de decisiones, apagar su cerebro y sólo apuntar y hacer clic. Quizá lo más fácil, pero a final de cuentas no sea lo más valioso, ya que tal vez lo haya descubierto si dedica mucho tiempo a navegar en Internet. Es otra actividad pasiva que no requiere que se involucre intelectual o emocionalmente.

Imaginamos lo que está pensando: solamente los adolescentes grotescos, con acné y sobrepeso son los que se vuelven adictos a las computadoras e Internet; usted no. Usted tiene una carrera, hijos, mascotas; no pasa mucho tiempo con ellos porque está en la computadora, pero los tiene.

Bueno, ponga a un lado sus suposiciones. Probablemente sí sea cierto que dedique más tiempo del que debería jugando en la computadora, navegando en Internet o conversando con extraños, pero no está solo. Aun cuando los investigadores no pueden precisar la cantidad de personas adictas a Internet, saben que la población fluctúa entre los 14 y los 74 años de edad e incluye una gran variedad de tipos de personalidad.

Las investigaciones en el campo de la adicción a Internet está en pañales, en parte debido al hecho de que la población de Internet sigue creciendo en porcentajes impresionantes. El doctor David Greenfield del Centro de Adicción a Internet estima que hay cerca de 10,000 suscriptores nuevos al día, diario, y que existen casi 150 millones de usuarios en el mundo.

Tres estudios que se llevaron a cabo a finales de los noventa ilustran un poco el asunto. En 1998, Kimberly S. Young del Centro de Adicción a Internet presentó un documento en la 105a Convención Anual de la Sociedad Americana de Psicología, que relacionaba los síntomas y la patología de la adicción a Internet con las apuestas. Para el adicto, tanto apostar como navegar en la Red al principio proporcionan la misma emoción que parece no tener otra salida, y sufre la misma depresión cuando no realiza estas actividades. De hecho, clasifica a las personas dependientes de Internet si durante el último año presentaron cuatro o más de los siguientes criterios:

➤ Sensación de preocupación con Internet.

➤ La necesidad de estar cada vez más tiempo en línea para sentirse satisfecho.

➤ Falta de capacidad para controlar el uso en línea.

➤ Sentimientos de inquietud e irritabilidad cuando intenta cortar o detener el uso de Internet.

➤ Uso de Internet para escapar de problemas o aliviar sentimientos de desamparo, culpa, ansiedad o depresión.

➤ Riesgo de perder una relación significativa, el empleo o una oportunidad educativa por estar en línea.

➤ Volver a conectarse aun después de gastar demasiado dinero en tarifas de Internet.

➤ Experimentar señales de abstinencia, como ansiedad o depresión, cuando corta el uso de Internet.

➤ Estar en línea más tiempo de lo que pensaba.

¿Conoce estos síntomas? Debería. De hecho, son muy parecidos a los de casi cualquier adicción conocida, incluyendo las apuestas, como señaló la doctora Young.

¿Pero realmente existe algo llamado adicción a Internet? En 1999, el doctor Greenfield y ABCNEWS.com llevaron a cabo una encuesta masiva en línea de casi 18,000 personas. La edad promedio de las personas que contestaron era 33 años, con un rango de 8 a 85. Predominantemente eran caucásicos (82 por ciento) y varones (71 por ciento). La mayoría eran empleados (85 por ciento) y universitarios (85 por ciento).

El análisis preliminar de los resultados indica que casi 6 por ciento de los usuarios de Internet cumple con el criterio de un patrón de uso compulsivo de la Red.

¿Cuál es el atractivo de la computadora e Internet? Hay muchos atractivos. Mire la persona que puede ser con una computadora, un módem y una línea telefónica.

El pretendiente: la conversación anónima personificada

¿Es tímido? ¿Tiene problemas para entablar una conversación con personas del sexo opuesto? ¿Se siente inseguro respecto a su apariencia? De ser así, quizá le llamen la atención las conversaciones por Internet. Un lugar para "charlar" puede ser nada más que un enorme baile de disfraces, donde se pone cualquier disfraz y se transforma en cualquier tipo de persona que pueda imaginar, y nunca tiene que quitárselo. Puede ocultar su apariencia, asumir géneros y personas, y sentirse menos inhibido que si tuviera que interactuar frente a frente.

Por alguna razón, las personas que tienen dificultades para comunicarse en forma directa son las más vulnerables a ser dependientes de las formas electrónicas de comunicación, particularmente Internet. Así buscan maneras de lograr una "intimidad" anónima, la ilusión de tener relaciones sociales sin cosas extrañas, incomodidades y temor al rechazo.

Internet es el entorno perfecto para ello. Su anonimato permite a la gente asumir personalidades diferentes y cubrir sus inhibiciones al "conocer" gente nueva. El doctor John Suler de la Universidad Rider es experto en relaciones cibernéticas y tiene una página fascinante en Internet llena de vínculos con sus artículos sobre la naturaleza de la vida y el amor en línea (visítela en www.rider.edu/users/suler/psycyber/suler.html). El doctor Suler cree que hay varias razones de por qué a las personas les atrae tanto "charlar" anónimamente en Internet.

Primero, piensa que el anonimato de las conversaciones por Internet le permite explorar diferentes aspectos de sí mismo; tal vez no sea una persona divertida, pero una vez que se conecta en línea, se convierte en un comediante. No tiene que presentarse por completo (con todo y verrugas por decirlo así), como lo hace en la vida real. En vez de ello, puede hacer sobresalir sus aspectos que más le gustan o los que más desea explorar. Incluso puede destacar sus cualidades positivas, en tanto suaviza o incluso oculta esas partes de sí mismo que más quisiera cambiar. El doctor Suler dice que de hecho puede ayudar a que la gente se dé cuenta de este cambio en la vida real porque adquieren práctica con Internet.

Suler también cree que Internet puede ser un lugar seguro para explorar sus fantasías y vivir una existencia diferente, sin daño alguno. Sin embargo, puede ser y tornarse peligroso cuando las personas pierden el rastro de la línea entre sus fantasías en Internet y la vida real.

Aunque participar en conversaciones por Internet puede ayudar a elevar la autoestima y la confianza en sí mismo a corto plazo (y en raras ocasiones puede conducir a tener amistades y romances en la vida real), al final quizá termine solo, en la oscuridad, mirando esa pantalla o sosteniendo el auricular del teléfono en una mano y el control remoto de la televisión en otra. Esa conducta se relaciona directamente con otro tipo de adicto a Internet, el amante.

El amante: relaciones en línea

Una de las secciones más interesantes del estudio Greenfield/ABCNEWS.com (que puede encontrar en www.virtual-addiction.com) concierne a las relaciones en línea y, específicamente, el comportamiento sexual. Los adictos a Internet experimentaron un mayor coqueteo y otras interacciones sexuales que los no adictos, pero le sorprenderán los números de ambos lados. De los encuestados...

Conducta	No adicto	Adicto
Coqueteo	20 por ciento	57 por ciento
Plática sexual explícita	9 por ciento	38 por ciento
Amoríos en línea	14 por ciento	42 por ciento
Contacto telefónico	19 por ciento	50 por ciento

¿Entonces dónde está el meollo del asunto? ¿Por qué tantas personas están interesadas en tener conexiones sexuales con gente que muy probablemente no conocerán jamás? La encuesta también nos ayuda a contestar esa pregunta. El doctor Greenfield encontró cinco razones diferentes de por qué los usuarios de Internet caen en este patrón:

➤ **Intimidad intensa.** Entre todos los usuarios de Internet, alrededor de 41 por ciento informan experimentar intimidad intensa al estar en línea. Un impresionante 75 por ciento de esas personas clasificadas como adictos a la computadora sintieron esta clase de cercanía en Internet.

➤ **Desinhibiciones.** El 43 por ciento de los usuarios regulares encuestados y 80 por ciento de los adictos a Internet liberaron sus inhibiciones (y tal vez el sentido común).

➤ **Pérdida de límites.** Otra reacción característica de estar en línea es la pérdida de los límites normales de uno mismo, incluyendo la sensación de privacidad. El 31 por ciento de no adictos y 83 por ciento de adictos experimentaron este fenómeno.

➤ **Sin límite de tiempo.** ¿Alguna vez ha perdido el rastro del tiempo o sentido como si el tiempo no existiera en Internet? De ser así, no está solo. De los encuestados, la vasta mayoría de los no adictos y adictos se sintieron de esta manera al estar conectados en línea.

➤ **Sentirse fuera de control.** Como podría esperarse, sólo 8 por ciento de los no adictos a Internet se sintieron fuera de control al estar en línea, pero 46 por ciento de los adictos admitieron sentirse así.

¿Qué hay de usted? ¿Hace amistades con personas del sexo opuesto (supone) y luego coquetea o llega más lejos? ¿Se pierde en esas relaciones irreales y con menos límites? De ser así, es el momento de reducir su exposición a Internet y concentrarse en la vida real. Más adelante en este capítulo le daremos consejos para hacerlo.

La admiración a los medios de comunicación: el navegar interminable

Otro tipo de adictos a Internet se pierde en Web llena de colorida información. Se conectan pensando que van a buscar ese artículo sobre el nuevo programa de televisión (hablando de red enredada), van navegando de una página a otra, y acaban leyendo sobre un centro de descanso en Tailandia. Sí, estamos de acuerdo, Internet es una herramienta educativa muy estimulante, pero igual lo es una biblioteca; también los libros que están en sus repisas; las revistas en su mesa de café (¿dijimos café?); y conversaciones con amigos, familiares y colegas. Aproveche Internet para toda la información maravillosa que le ofrece, pero tenga cuidado de no convertirlo en un sustituto de la interacción real.

El tahúr: juego riesgoso

¿Tuvo un día difícil en el trabajo? ¿Está enojado con los niños porque no limpian su habitación? ¿Cansado de luchar y perder la batalla por el respeto de sus padres y cónyuge? Entonces juega en la computadora y se olvida de lo demás, o incluso pretende que no existe nada más. ¿Quiere tomar un "pequeño" receso de lo que está escribiendo? Deslice el ratón hacia el icono del solitario y estará en camino. Si puede limitarse a uno o dos juegos, liberará cierto estrés y se divertirá un poco. Pero si la siguiente vez que levante la vista de la pantalla habrán pasado ya tres horas, no ha hecho nada por resolver sus problemas, excepto que se le enrojezcan los ojos y se canse mentalmente.

Y no olvide a los "tahúres" en línea, aquellos que juegan con fuego en las apuestas. Un nuevo juego de apuestas en línea de dos mil millones de dólares afirma tener todos los días nuevos adictos.

¿Alguno de estos perfiles lo describen? ¿Todos? Aquí hay un cuestionario que podría ayudarle a identificar y determinar más el grado de su hábito por Internet:

1. ¿Dedica más tiempo del que cree apropiado navegando en Internet?
   Sí ____   No ____

2. ¿Le cuesta trabajo limitar su tiempo conectado en línea?
   Sí ____   No ____

3. ¿Alguno de sus amigos o familiares se ha quejado sobre el tiempo que usted pasa en la computadora?
   Sí ____   No ____

4. ¿Se le dificulta alejarse de Internet durante varios días seguidos?
   Sí ____   No ____

5. ¿Su trabajo o su vida personal se ha vista afectada como resultado del tiempo que usted dedica a Internet?
   Sí ____   No ____

6. ¿Ha intentado sin éxito reducir su uso de Internet?
   Sí ____   No ____

7. ¿Le produce mucho placer y satisfacción estar conectado a Internet?
   Sí ____   No ____

8. ¿Ha dejado de disfrutar otros pasatiempos o actividades una vez agradables, a fin de tener tiempo para sus actividades en Internet?
   Sí ____   No ____

Si contestó sí a una o dos preguntas, no tiene problemas con sus hábitos de Internet. Acéptelo: Internet es una parte integral y fascinante del mundo, y tiene sentido jugar con él.

Si contestó de manera afirmativa de tres a cinco preguntas, podría estar encaminado hacia un problema. Quizá pasa más tiempo de lo que puede explorando Web o "charlando", lo cual significa que tal vez está rechazando sus relaciones, su trabajo y sus demás actividades de entretenimiento.

Si contestó sí a más de cinco o seis preguntas, debe empezar a controlar su uso de Internet. Ya empezó a manejar su vida, impidiéndole enfrentarse a asuntos importantes, establecer y conservar relaciones significativas, y tener una vida lejos de una pantalla inanimada e impersonal. Más adelante le mostraremos cómo hacerlo.

Aquí está un teléfono, allá un localizador

El teléfono es sin duda una pieza vital ahora que el mundo se ha vuelto tan grande, complicado e interdependiente.

Pero hay un límite. Si no puede contar el número de llamadas telefónicas que hace o recibe durante el curso de un día, si usa el teléfono como excusa para no salir de casa o dar atención completa a otras labores, puede tener un problema que requiere un poco de la vieja magia de "romper con los malos hábitos".

Cómo liberarse del canal de transmisión

El manejo de los malos hábitos de Internet, la televisión y el teléfono, no es diferente a cualquier otro mal hábito. En primer lugar, debe entender la participación de ese hábito en su vida.

➤ **Evitación.** Probablemente ya sabe que nunca va a progresar o resolver situaciones problemáticas desviando su atención del aspecto estresante aunque importante, hacia algo en lo cual no tenga que pensar como un programa de televisión o "charlar" en Internet. Concentre su atención de nuevo y se sentirá mucho mejor acerca de sí mismo y sobre las oportunidades de alcanzar sus metas.

➤ **Aburrimiento.** Confíe en nosotros cuando le decimos: ver televisión, navegar en Internet o hablar por teléfono durante horas no lo divertirá ni estimulará. En vez de ello, terminará sintiéndose agotado, con flojera, sin valía y, aunque no lo crea, aún más aburrido. Para aliviar el aburrimiento, debe involucrarse en algo activo, no pasivo.

➤ **Soledad.** La soledad es quizá la condición crónica más común y devastadora del ser humano. Superficialmente, ¿acaso existe algo mejor que miles de "personas" (personajes de los programas de televisión o conversadores en Internet) entren en su sala con sólo encender un interruptor?

Los adelantos en la velocidad y facilidad de comunicación están haciendo de la época en que vivimos una era muy emocionante como el Renacimiento en el siglo xv, cuando la Biblia de Guttenberg pasó por la primera prensa de imprenta y los libros cambiaron el mundo. Sin duda, la televisión, el teléfono, el fax, el correo electrónico e Internet representan un avance importante en el potencial humano, junto con el primer paso que dio Neil Armstrong en la Luna. Pero debemos usar estas herramientas de comunicación de manera tal que no nos aparte, paradójicamente, del contacto directo que nos hace únicos como humanos. Si tratamos de vivir sólo con la mente, estamos perdiendo el contacto con nuestro cuerpo, con otras personas en nuestra comunidad y con el mundo que nos rodea.

Existen varias técnicas que puede aprender para ayudarle a evitar malos hábitos electrónicos. Aquí le presentamos algunas para que empiece:

➤ **Lleve su Registro diario de hábitos.** Honestamente, no es por molestar, pero hasta que no entienda qué es lo que está tratando de evitar con encender un interruptor electrónico o marcar ese teléfono, no podrá dejar de hacerlo. Cada vez que sienta el impulso de hacerlo, anótelo. Explore sus sentimientos antes, durante y después.

➤ **Programe actividades alternas.** La parte realmente seductora de la televisión, las computadoras y los teléfonos es que están justo ahí frente a usted, listos y dispuestos a transportarlo. Si planea actividades con anticipación (boletos para un partido, una cena con amigos, sesiones con un entrenador personal) es mucho menos probable que se quede en casa vegetando.

➤ **Establezca y mantenga un límite de tiempo estricto para actividades electrónicas.** Vea televisión durante una hora, luego levántese y haga otra cosa, aunque sea por 15 minutos, lo cual por lo general es suficiente para romper la "conexión humano-televisión" que de otro modo parece un blindaje. ¿Quiere jugar algo interactivo en la computadora? Magnífico, pero déjelo en cuanto el juego haya terminado, gane o pierda.

➤ **Desconecte varias horas al día el teléfono, la computadora y la televisión.** Los teléfonos tienen contestadoras, las computadoras almacenan los correos electrónicos, y las reproductoras de video graban los programas de televisión que "tiene que ver" para que pueda disfrutarlos más tarde. Durante ese tiempo, lea un libro, haga el amor, camine por la colonia, aprenda a tejer. Diviértase.

➤ **Comience una nueva aventura.** Aun cuando las actividades como cenar fuera y sesiones de ejercicio le ayudarán a distraerse, la mejor forma de romper su mal hábito electrónico es desarrollar una pasión verdadera y apremiante por otra cosa. Piense en qué podría hacer con las horas que ve televisión o navega en Internet todas las noches. ¿Estudiar un diplomado? ¿Aprender un idioma nuevo? ¿Terminar el cuarto de visitas del sótano? Las posibilidades son interminables.

➤ **Aleje sus alimentos de la televisión, la computadora y el teléfono.** El mejor momento para comunicarse con sus seres queridos es en la mesa mientras comparten los alimentos, la conversación y las risas. Si cena con amigos o familiares no sólo será menor la probabilidad de que se encuentre frente al televisor o la computadora por el resto de la noche, también habrá avanzado mucho en cuanto a la procuración de relaciones saludables y amorosas.

➤ **No use de niñera las películas en video, la televisión o la computadora para sus hijos.** Todos los padres lo hacen de vez en cuando: sientan al niño frente a *La bella y la bestia* por enésima vez con el fin de descansar un poco. Pero si usted depende demasiado de una niñera electrónica, le estará negando a su hijo el tipo de estimulación intelectual y emocional que necesita, y a usted mismo la alegría de ser padre.

Capítulo 24

Cuando un ser querido tiene un mal hábito

El sonido de otra mentira; la vista de la televisión constantemente encendida; el olor del humo del cigarro; el contacto de una mano temblorosa por tanta cafeína; el sabor a whisky en sus labios; ay, el amor. Afecta todos sus sentidos, ¿no es cierto? Cuando se interesa por alguien, llámese amigo, colega, pareja, hermano o un padre, nota cualquier cosa en ellos, ¿verdad? Incluso nota las cosas molestas, tal vez en particular las molestas.

Ahí está el detalle. Además de su forma tan dulce de sonreír, está la manera desagradable en que mastica cada bocado exactamente 20 veces antes de tragarlo. Ella no sólo tiene el mejor sentido del humor del mundo, también rechina los dientes tan fuerte en la noche, que usted cree que le va a estallar la cabeza (¿la suya?). Si ama a alguien, tiene que aceptar sus malos hábitos; al menos eso parece.

Sabemos muy bien que nadie es perfecto. Incluso usted tiene una o dos conductas que le desagradan a la persona más cercana y querida. Todos lo hacemos; es parte de la vida. Con respecto a las relaciones, tiene que aprender a aceptar que lo irritante acompaña a lo encantador y lo desagradable a lo adorable.

La cuestión es saber dónde está el límite. ¿Qué tanto le molesta el mal hábito de su ser amado? ¿A qué grado destruye su vida o la de su ser amado? ¿El hábito mismo es lo que le molesta, o el verdadero problema es algo más que se refiere a la relación?

¿El amor debe ser ciego?

Al contestar estas preguntas tendrá que revisar una vez más qué es un mal hábito y su función en la vida de su ser querido, y en la suya.

Acéptelo: todos tenemos conductas que tienen el potencial de molestar, y algunas de ellas las presentamos con bastante frecuencia como para llamarlas malos hábitos. En la mayoría de los casos, la gente que amamos sobrelleva nuestra conducta. Pero ahora es el momento de preguntarse si usted puede hacer lo mismo por esa persona en su vida.

Tenemos una amiga que lleva una relación excelente con su madre. Realmente disfruta la compañía de su mamá y en especial le encanta ir con ella al cine. Pero hay algo que vuelve loca a nuestra amiga: en cuanto está a punto de terminar la última escena (mucho antes de que empiecen los créditos), su mamá se quita los lentes, abre su bolsa, se pone lápiz labial y está lista para salir del cine. Y cada vez que lo hace, nuestra amiga se exaspera y pasa un rato desagradable.

Otro amigo, Miguel, se divorció de una mujer cuyo problema eran las apuestas. Al principio, lo que más le molestaba era la atención que le restaba a su relación. Luego les cortaron la luz por falta de pago, las mentiras iban en aumento y en muy poco tiempo quedó en evidencia que la conducta de su esposa estaba fuera de control. Su mal hábito no sólo destruía paulatinamente sus propias metas, sino también las de él y las de toda la familia.

Los malos hábitos, por lo general, caen entre estos dos extremos. No es algo que pueda quitarse de encima en un abrir y cerrar de ojos, pero tampoco es algo terriblemente destructivo como las apuestas o una dependencia absoluta a las sustancias. Le molesta por una razón. Antes de poder ayudar a que su ser querido rompa con el mal hábito, debe averiguar por qué le molesta tanto.

Recuerde que los malos hábitos normalmente sirven como un escape para aliviar el estrés y la ansiedad. Si su pareja se sienta frente a la televisión todas las noches y no se preocupa por relacionarse con usted o con sus hijos, es probable que ver repeticiones de películas de asesinos en serie sea más que un gusto. En vez de ello, quizá use la televisión como una forma de evadir sus sentimientos de ira, depresión o incluso miedo a la intimidad. En algunos casos, también hay un nivel de agresión pasiva: tal vez utilice esa conducta, que sabe que a usted le molesta, como una forma de expresar su ira o de hacerlo enojar por cosas respecto a su relación que resiente pero que no discutirá directamente.

El problema aquí es cómo afecta la conducta a la relación, no el hecho de que la televisión esté encendida todo el tiempo. Más adelante en este capítulo discutiremos de qué manera puede abordar el tema del mal hábito de su ser querido y cuál es la raíz de éste. Mientras tanto, es importante que averigüe cómo se siente usted ante un mal hábito, cómo responde a éste y qué ocurre con su forma de responder.

La negación: identifique sus habilidades para relacionarse

¿Cómo reacciona cuando su ser querido actúa de manera molesta? ¿Lo regaña o se pone de mal humor? ¿Le grita o le da un ultimátum? ¿Lo ignora o lo rechaza del todo? ¿Encontró alguna forma de apoyo para que trabajen en conjunto a fin de crear una atmósfera sana para el cambio? Este cuestionario le ayudará a identificar el enfoque que tome hacia el mal hábito de su ser querido:

1. La habitación de su hijo adolescente parece zona de desastre, por enésima vez. Su respuesta es...

   a. Se convence a sí mismo de que no está tan mal.

   b. Le grita en cuanto entra por la puerta.

   c. Limpia su habitación.

   d. Llegan al acuerdo de que si limpia su habitación todos los días durante una semana, el fin de semana podrá llegar una hora más tarde.

2. Su esposo llega a casa del trabajo y aunque le juró que dejó de fumar hace dos semanas, puede oler el tabaco en su ropa. Su reacción es...

   a. Se convence a sí misma de que el olor es porque sus compañeros fuman.

   b. Le dice que es un débil y no le habla durante la cena.

   c. No menciona el incidente y manda su traje a la tintorería.

   d. Le pregunta qué sucede en su vida que provocó su deseo de fumar otra vez, y qué pueden hacer ambos para liberarse de ese estrés.

3. Usted y su madre tienen una discusión por teléfono y ella le repite algo que usted sabe que no es verdad. Su respuesta es...

   a. Simplemente le dice a su mamá que está equivocada.

   b. Le llama de nuevo y la acusa de mentirosa.

   c. Se dice que usted provocó de nuevo su conducta.

   d. Le llama de nuevo para discutir las razones por las que su mamá consideró necesario mentir.

4. Su hermana faltó a otra cena familiar porque perdió la noción del tiempo por estar en la computadora; usted sabe que "charla" con extraños, pero ella le dice que era algo relacionado con su trabajo. Su respuesta es...

   a. Le pregunta cómo va su trabajo.

   b. Se niega a invitarla para la cena de Acción de Gracias.

   c. Suaviza las cosas con la familia, diciendo que se le olvidó invitarla.

   d. Le ofrece su ayuda para que amplíe sus horizontes sociales, inscribiéndose con ella a un gimnasio o a un grupo de lectura.

5. Su colega tiene muy mal aliento y sabe que esto interfiere con su profesionalismo. Su respuesta es...

   a. Le dice que es sólo su imaginación.

   b. Le asigna tareas menos interesantes y se porta serio con él frente a otras personas.

    c. Lo aleja de los clientes que pudiera ofender y lleva a cabo reuniones con él por teléfono.

    d. En privado, lo alerta sobre el problema.

¿Cómo lo hizo? Si principalmente marcó en un círculo...

A, entonces puede estar en el proceso de negación. La forma en que maneja la conducta de sus seres queridos es pretender que no existe. La negación parece funcionar durante cierto tiempo porque les permite a ambos evitar confrontaciones de enojo o vergüenza. A pesar de que al final la negación los dejará atrapados en el mismo lugar: usted se siente resentido e indefenso, y su ser querido sucumbe en una conducta que tal vez deteriore su salud o metas en el futuro, y por lo menos sea una amenaza para su relación.

B, entonces su reacción es de ira y confrontación porque está muy enojado, ¿o no? Ya está harto de la conducta de su ser querido y no le importa decírselo. Lo malo es que el confrontarlo con ira puede ser contraproducente. Quizá esa persona responda con rebeldía: fuma, bebe o miente aún más sólo para afirmar su independencia. Por otro lado, los sentimientos de menosprecio y frustración podrían detonar la conducta ocasionando más estrés que es lo que intenta aliviar el mal hábito.

C, entonces puede estar cediendo, lo cual significa que en vez de buscar cambiar la conducta no deseada, permite que continúe. Cuando su hermana falta a una cena importante por su adicción a la computadora y usted suaviza las cosas ante la familia, permite que ella continúe con su comportamiento sin sufrir consecuencia negativa alguna. De hecho, usted está asumiendo la culpa, ¿cómo puede ser tan desconsiderada de olvidarse de invitar a su hermana a una cena familiar? En el patrón negativo del mal hábito de su hermana, usted se convierte en el participante culpable, el *codependiente*.

D, entonces está apoyando; ofrece su ayuda de manera gentil y alentadora. Seguramente ya sabe que la única oportunidad para tener éxito es el enfoque de apoyo. Más adelante le daremos algunos consejos para ayudar a un ser querido a enfrentar un mal hábito y luego trabajar para romper con éste.

Codependencia: juntos en el mal hábito

Quizá le parezca que son sólo palabrerías, pero si tiene una relación con alguien que tiene un mal hábito que en realidad le molesta, y esta persona no ha podido dejarlo y usted de todas maneras sigue a su lado, es posible que sea codependiente, es decir, que obtiene justo lo suficiente del mal hábito de su amigo o ser querido para seguir a su lado y aceptarlo.

Conteste sí o no para ver si tiene tendencias codependientes que le permitan a su amigo o ser querido continuar con su mal hábito:

➤ ¿Niega que el mal hábito sea un problema para su amigo o para los demás? La negación es el mal hábito de su amigo y usted sólo aumentará las posibilidades de que la verdadera naturaleza del hábito (y el daño que genera) sea reconocida por la única persona que puede hacer algo al respecto: el que tiene el mal hábito.

➤ ¿Usted lo "usa" con el "usuario"? Si su amigo es fumador, ¿usted cede y fuma un poco con el fin de ayudarle a sentirse mejor sobre el mal hábito como una manera de no abordar el problema?

➤ ¿Justifica el mal hábito? Muchas personas creen, o cuando menos dicen, que el mal hábito en realidad es algo bueno (incluso si los vuelve locos o de alguna manera es dañino para la persona). "Morderse las uñas le ayuda a calmar sus nervios." "Beber tres whiskys en la noche después de cenar le ayuda a dormir."

➤ ¿Actúa con aires de superioridad frente a su amigo que sufre con el mal hábito? Como podrá imaginarse, presumir de que usted es una persona saludable sólo puede inducir a antojos como respuesta o detonar sus tendencias.

➤ ¿Asume la responsabilidad para ocultar el mal hábito? Esta tendencia se vuelve útil especialmente si el mal hábito de su amigo es "infidelidad fiscal". Si se asegura de que pague sus deudas, aunque esto signifique sacar dinero de su bolsillo, usted está permitiendo el mal hábito.

➤ ¿Trata de recompensar la conducta "adecuada"? Si las palabras "si dejas de hacer...te daré..." le son familiares, entonces probablemente está en el camino hacia el desastre con su amigo que tiene el mal hábito. Esta persona bien podría aprender a encontrar el camino hacia su bolsillo (o hacia su corazón) subiendo y bajando el vagón de su mal hábito para cosechar las recompensas que usted le ofrece.

Si contestó sí a más de una o dos preguntas, tal vez su comportamiento sea codependiente, lo cual significa que su conducta está contribuyendo a la falta de capacidad de su amigo para hacer y cumplir con el compromiso de dejar el mal hábito. ¿Cómo superarlo? No es fácil y, dependiendo de cuán arraigadas estén sus tendencias codependientes (y qué tan seria sea la lucha de su amigo contra el hábito), tal vez quiera buscar terapia para ayudarle a solucionar la situación. Sin embargo, con sólo reconocer estas características en usted mismo, tendrá la capacidad de detenerse antes de actuar. Una vez que lo logra, empieza a progresar y ayudar a que su ser querido enfrente al reto de su mal hábito.

Abórdelo cautelosamente

No sabe qué decir o cómo decirlo; teme a su reacción; no es el momento adecuado. Hay una gran variedad de excusas, muchas de ellas válidas, para no enfrentar a su ser querido a un mal hábito. Sin embargo, si el hábito finalmente le molesta lo suficiente, tendrá que hacer el primer movimiento y externar sus preocupaciones. Éstos son algunos consejos para empezar:

➤ **Elija el momento, el lugar y el estado de ánimo adecuados.** El momento para discutir la tendencia de un ser querido a liberar gas en público no es frente a otras personas ni con ira. En vez de ello, aborde el tema cuando estén solos y en calma.

➤ **Identifique el mal hábito.** Aunque no lo crea, algunas personas no se dan cuenta de que tienen un mal hábito sino hasta que alguien se los señala. No saben lo suficiente sobre nutrición para elegir la dieta correcta o piensan que no beben demasiado. Si su ser querido no cree que recurra a su mal hábito tan seguido como usted lo ha visto, pida su autorización para llevar un Registro diario de hábitos. Es probable que si lo ve en papel pueda ayudar a que la persona se percate de ello. De igual modo, llevar un seguimiento le ayudará a apreciar cuando el mal hábito sea su problema y no el de su compañero. Si le molesta la inclinación de su amigo por expulsar gas en público, pero a él o a quienes le rodean no les afecta, y lo ve claramente en el Registro diario de hábitos, quizá la próxima vez usted esté más dispuesto a pasarlo por alto.

➤ **Exprese sus preocupaciones con gentileza.** Informe a su ser querido, sin enojarse ni dar ultimátums, cómo le afecta a usted el hábito y por qué cree que es importante romper con ello. Si principalmente le preocupa su salud, dígalo. Pero aun cuando el hecho sólo afecte su modo de sentir, también tiene derecho a expresarlo.

➤ **Pregunte cómo afecta el hábito a su ser querido.** Desde su perspectiva, el hecho de que su amigo siempre llegue tarde es abominable. A usted le irrita, le molesta pero parece ser que a su amigo no le importa. Sin embargo, cuando hablen del asunto, tal vez descubra que a su amigo también le mortifica, pero no sabe cómo ser más puntual. Escuche con toda atención la respuesta de su amigo a sus preocupaciones; saber de dónde partir le será muy provechoso.

➤ **Pregunte si su ser querido está listo y dispuesto a hacer un cambio.** Sabemos que es un cliché, pero tiene un mérito particular: la gente no cambia a menos que quiera. Si su ser querido no cree que valga la pena romper con el mal hábito, entonces ningún regaño y negociación en el mundo lo obligarán a cambiar. Otra forma de respetar el derecho de elegir de su ser querido es preguntándole. Las opciones son un aspecto muy importante en la vida de alguien. Si un mal hábito lo tiene fuera de control, darle opciones (no ultimátums) puede ser el primer paso en el camino hacia un crecimiento positivo.

➤ **Averigüe cómo ayudar, si quiere hacerlo.** Si su amigo decide que en verdad es el momento de hacer un cambio, dígale que usted está ahí para apoyarlo y, si está dispuesto a hacerlo, ofrecerle su ayuda práctica. Pida a su amigo que piense de qué manera lo puede ayudar usted. ¿Quiere apoyo constante o la oportunidad de vencerlo por sí solo (por ahora)? Pídale que sea lo más específico posible sobre qué necesita y usted también sea específico sobre sus límites. Un comienzo sano es fijar metas compasivas, deseos y límites.

Decida qué hacer por usted. Si su ser querido no está preparado para cambiar, usted tiene dos opciones. Puede decidir si vive con el mal hábito o alejarse de la relación. La mejor manera de tomar esa decisión es realizar el ejercicio de riesgos y beneficios. Si la relación le aporta lo suficiente para continuar a pesar del hábito, entonces usted es quien tiene que cambiar para que no esté constantemente bajo estrés y enojado. Si decide que el mal hábito de su ser querido es demasiado negativo, entonces deberá protegerse y proteger su salud poniendo distancia en la relación por un corto tiempo. Si decide dejar la relación del todo, asegúrese de obtener apoyo de amigos y consejeros que puedan ayudarle a elegir la mejor estrategia para crear un cambio positivo en su propia vida.

Avancen juntos

Usted no estaría leyendo este capítulo si en el fondo no pensara que puede ayudar a que su ser querido cambie. Desde nuestro punto de vista, tiene razón, siempre y cuando no acabe desgastándose usted mismo (emocional, económica o físicamente) más de lo normal.

Dos cabezas piensan mejor que una y lo mismo es cierto para dos corazones. Si trabajan juntos hacia la misma meta, el camino será mucho menos solitario para los dos. Una vez que acuerden que es necesario el cambio, entregue este libro a la persona que tanto ama y deje que la naturaleza siga su curso.

Capítulo 25

Los niños hacen las cosas más descabelladas

Los malos hábitos vienen de todos tamaños, incluyendo infantiles. Como cualquier padre lo sabe, los niños pueden compartir casi todo hábito conocido por sus contrapartes adultas, desde antojos constantes, tendencias molestas y compulsiones demandantes.

En este capítulo le daremos consejos que le ayudarán a enseñar a sus hijos buenos hábitos y a romper con cualquier mal hábito que puedan haber desarrollado hasta ahora. Descubrirá que dar forma a la conducta de los niños incluye tres aspectos: mostrar consideración y comprensión, enseñar y guiar con cariño, y dar un buen ejemplo. Vamos a empezar.

Es un asunto familiar

Y la peor parte es que por lo general aprenden estas cosas descabelladas de los adultos. Como lo discutimos en capítulos anteriores, la mayoría de los malos hábitos tienen sus raíces en la infancia; se desarrollaron como mecanismos de defensa en respuesta a ansiedades infantiles y por lo general implican conductas que aprendimos por observación. La mayoría de los niños empiezan a hacer berrinches, comerse las uñas, mentir o negarse a recoger sus juguetes porque ven que sus padres se comportan exactamente igual.

Entonces, ¿qué hacer para que cambie su conducta? Bueno, igual que es cierto para los adultos, su hijo primero debe reconocer que tiene un reto que vale la pena enfrentar (ya sea establecer un hábito saludable o romper con uno menos saludable) y luego trabajar junto con usted para vencerlo paso por paso. La mejor manera de hacerlo es juntos, como una familia.

Si la frase "ningún hombre es una isla" es cierta para los adultos, es todavía más cierta para niños pequeños. Los niños aprenden con el ejemplo, imitan lo que ven y prosperan con amor y aceptación incondicionales. Depende de usted mostrar a sus hijos el camino para cultivar buenos hábitos.

Comunicación, comunicación, comunicación

No hay nada más importante para crear una dinámica familiar saludable que mantener líneas de comunicación abiertas. Si sus hijos son preescolares, están en primaria o a punto de entrar en la adolescencia, deben saber que usted siempre está ahí para apoyarlos, y que aquello que dicen y hacen contribuye al crecimiento de la familia. Si puede proporcionarles ese conocimiento, tendrá mucho mayor oportunidad de verlos desarrollar autoestima, autodisciplina y buenos hábitos sanos para toda la vida.

Sin embargo, si usted es como la mayoría de las familias del siglo XXI, el tiempo de calidad que dedica es mínimo, y brindar amor y apoyo a diario (o incluso semanalmente) puede ser un desafío. Una de las mejores formas de asegurar que los canales de comunicación estén siempre abiertos es celebrar una reunión familiar una o dos veces por semana, a la que asistan todos los miembros de la familia y durante la cual se discutan todos los problemas y retos pertinentes de la misma.

La reunión familiar

Si éste fuera un mundo perfecto, todos los integrantes de la familia se sentarían juntos a cenar cada noche y a compartir los eventos del día en una atmósfera feliz y tranquila. Sabría qué hay en la mente de sus hijos y ellos sabrían qué hay en su corazón, y los problemas tediosos como los malos hábitos no tendrían oportunidad de presentarse.

Pero, como usted bien lo sabe, este mundo está muy lejos de ser perfecto. Entonces le sugerimos que haga planes para una reunión familiar semanal o quincenal. En estas reuniones puede discutir una amplia gama de temas, incluyendo cómo manejar los malos hábitos de un miembro de la familia y el progreso que está haciendo para romper con ellos.

Aquí le presentamos algunos consejos para que tenga una familia más fuerte:

➤ **Fije una hora a la semana.** La familiaridad y la rutina son cómodas para los niños de cualquier edad, y es importante saber que todos estarán juntos a una hora específica una o dos veces por semana.

➤ **Asegúrese de que todos sepan que deben asistir, y eso también va para usted.** Faltar a la reunión familiar no es una opción. Al hacer obligatoria la asistencia no sólo asegura que estará en contacto con sus hijos, también les infundirá el sentido de responsabilidad y compromiso.

234

➤ **Prepare una lista de problemas y retos por discutir.** Podría llamarle la "Cédula de discusión" y colocarla en un lugar donde todos puedan verla. La puerta del refrigerador es un buen lugar para esta lista, pero puede ponerla en cualquier parte donde todos la vean y anoten sus temas.

➤ **Incluya a todos en la familia.** Desde el mayor hasta el más pequeño, todo miembro de la familia tiene una contribución que hacer y debe asistir a la reunión.

➤ **Inicie la reunión con una sonrisa y una palabra de aliento.** Sin importar cuántos temas difíciles haya en la agenda, de usted depende establecer un ambiente positivo para la reunión y para la semana siguiente.

➤ **Nombre como presidente de la reunión a un miembro de la familia y vaya rotando la responsabilidad.** Eso incluye a los más pequeños de cinco o seis años, todos deben tener su oportunidad de organizar la reunión (y la diversión).

➤ **Aborde cada problema o preocupación que haya en la lista.** Es importante reconocer cualquier punto que alguien haya anotado en la Cédula de discusión durante la semana. Con ello evitarán concentrar su atención en un solo problema o una sola persona, lo cual puede ser agobiante para el involucrado.

➤ **Permita que las aportaciones de todos sean significativas.** No descarte sugerencias, no importa quién las haga o lo poco prácticas que sean. Discútalas cuando menos en forma breve y si una no parece adecuada, ofrezca otras alternativas.

➤ **Haga una lista de soluciones (puede nombrar a alguien que registre las metas) y colóquela junto a la Cédula de discusión.** Después de discutir a conciencia las sugerencias potenciales para cambiar una conducta o resolver un problema, decidan juntos sobre una o dos soluciones para cada punto y anótelas. Asegúrese de poner límites de tiempo para alcanzar las metas establecidas. Como todos participan en la decisión de las acciones a seguir, sus hijos sentirán que tienen un mayor control y estarán más dispuestos a tomar la iniciativa en lo referente a la conducta involucrada.

➤ **Aliente, aliente, aliente.** Como hemos enfatizado en todo el libro, nada funciona como el éxito y el reforzamiento positivo, y eso es cierto también para crear una dinámica familiar saludable. Si el límite de tiempo para cambiar una conducta no se cumple, discuta las razones y, si es necesario, ponga nuevos límites. Cuanto más valiosos haga sentir a sus hijos, es mayor la probabilidad de que confíen en, y aprendan de, usted.

Ahora que ya tiene una estrategia de comunicación establecida que les da a usted y a sus hijos algo de tiempo y espacio para abordar asuntos personales y familiares, es el momento de que aprenda el fino arte de la disciplina, el otro lado de la democracia dentro de la familia.

Disciplina no es una mala palabra

"No" es la palabra más dura que algunos padres dicen a sus hijos. Para otros, es la primera palabra que pronuncian, incluso antes de que el niño termine su petición o enunciado.

Pero decir no es distinto a proporcionar estructura y disciplina, mismas que todo niño necesita para aprender y madurar en forma sana. *Disciplina* es la suma total de todas las cosas que hace como padre para guiar, dirigir y formar a sus hijos; no es simplemente castigo o control, sino cooperación y comprensión. Igual que ocurre durante la reunión familiar, el contacto personal con su hijo respecto a su mal hábito o conducta debe permitir su participación, habilidad para tomar decisiones y sensación de autocontrol.

Presentar alternativas y consecuencias

No siempre es posible, pero cuando pueda ofrezca a sus hijos la oportunidad de sentirse valiosos tomando sus propias decisiones sobre su conducta. Puede hacerlo sugiriendo dos o más opciones aceptables sobre el comportamiento que desea cambiar.

Por ejemplo, si su hijo de cuatro años se niega a recoger sus juguetes al final del día, puede darle dos opciones: recogerlos antes de cenar o justo antes de ir a la cama (pero recogerlos es obligatorio). Si su hija de 10 años tiene dificultad para controlar sus antojos después de la escuela, dígale que puede comer algo saludable y el postre, o dos cosas saludables, mas no ambos.

Ésa es la parte de las alternativas; la parte de las consecuencias donde los padres a menudo sueltan las riendas. Cuando presenta a sus hijos las consecuencias de no haber realizado una labor o no romper con un mal hábito, su objetivo *no* es castigarlos por lo que sucedió antes, sino ayudarles a aprender para el futuro. De esa manera, sus errores no son algo que los avergüence sino más bien algo de lo que pueden aprender.

La importancia de las consecuencias es que su hijo primero debe entender que existen (y por qué) y luego saber a ciencia cierta que usted aplicará las medidas necesarias. Una consecuencia para el niño que no quiere recoger sus juguetes ya sea antes de cenar o antes de ir a la cama, puede ser que no podrá usar esos juguetes el día siguiente. Durante el tiempo que debería estar jugando, puede hablar con él sobre lo que siente respecto a las consecuencias de su conducta y sobre lo que puede cambiar la próxima vez para evitarlas. Después, sería una buena idea permitirle jugar de otra manera, tal vez fuera de casa con sus amigos, pero no con los juguetes que no recogió.

El fino arte de aplicar las medidas necesarias

Como lo sabe por experiencia propia, romper con un hábito o resolver cualquier clase de problema personal implica un proceso que requiere las medidas necesarias con consecuencias autoimpuestas o externamente imperativas. Esto también es cierto para los niños. A mayor edad de su hijo, más involucrado puede estar en el proceso, pero incluso los preescolares pueden aprenderlo. Los pasos incluyen:

➤ **Identificar el problema.** Los niños mayores probablemente sabrán que mentir, comer con exageración o gastar su mesada en un día no son ejemplos de conducta positiva. Los pequeños pueden necesitar algo de guía cuando se trata de entender por qué son inaceptables ciertas cosas que hacen.

➤ **Convocar a una lluvia de ideas para encontrar soluciones.** Los niños necesitan su guía para encontrar soluciones sanas a los retos que enfrentan. Pero, de nuevo, eso no significa que usted se responsabiliza. Los malos hábitos de sus hijos son problema de ellos, de modo que *ellos* deben encontrar maneras de resolverlos.

➤ **Acordar una fecha límite específica.** Una parte de brindar estructura a sus hijos es establecerles objetivos que deban cumplir en un tiempo determinado. "Para finales de esta semana sólo debes recordar que tienes que levantar todos tus juguetes antes de cenar". Si ambos acuerdan la fecha límite, entonces pueden trabajar juntos para cumplirla. Incluso si pasa una semana y todavía tiene problemas con los juguetes, quizá haya logrado un gran progreso sobre el cual construir en las semanas por venir.

➤ **Tener paciencia.** Tenga en mente que sus hijos son sólo niños y que pueden necesitar más tiempo que usted para aprender nuevas conductas e incorporarlas a su vida diaria.

Calmar los antojos constantes

Todos los tenemos, anhelos y deseos por "cosas no sanas". Para la mayoría de los niños menores de 12 años, esos anhelos son principalmente comida (aunque nunca es demasiado pronto para educarlos respeto a los peligros del cigarrillo, el alcohol y las drogas).

En lo que respecta a formar las conductas y actitudes de sus hijos hacia la comida y otras substancias, su labor implica los mismos deberes que se relacionan con otras conductas: ofrecer consideración y comprensión, enseñar y guiar con cariño, y dar un buen ejemplo.

Evitar conflictos en las comidas

Para muchas familias, las luchas de poder sobre los alimentos son las mayores que enfrentan, especialmente cuando los niños son preescolares o están en los primeros años de escuela. Esto se debe a que aprenden muy rápido que pueden elegir *no* comer lo que usted quiere que coman y así afirmar su voluntad en una lucha por controlar las horas de las comidas. Le ofrecemos algunas sugerencias que le ayudarán a establecer una tregua en el desayuno, la comida y la cena:

➤ **Elaboren juntos los menús y ofrezca opciones.** Ir al supermercado o por lo menos hacer la lista de víveres debe ser un asunto familiar. Si sus hijos odian el brócoli, por ejemplo, esto les dará oportunidad de elegir otra opción. Puede decir algo como: "Si no te gusta el brócoli, ¿qué te parece comer espinacas o chícharos? Estarás más sano si comes algo verde". Cuando vean los chícharos en el plato, sabrán que ayudaron a decidir ponerlos ahí y es más probable que los coman.

➤ **No castigue, plantee consecuencias.** No mande a sus hijos a la cama sin cenar ni los obligue a quedarse sentados en la mesa hasta que hayan comido todo. Mejor hágales saber que si no comen con la familia no podrán disfrutar del postre o ver una película más tarde.

➤ **No los obligue a comer.** Si insiste en que los niños coman un alimento en particular, sólo los estará invitando a rechazar todo lo que puedan. Promueva en sus hijos los buenos hábitos alimenticios comiendo alimentos sanos, pero, si su buen ejemplo no es suficiente, presénteles alternativas saludables. No los obligue a comer algo que claramente no les gusta.

➤ **Dé un buen ejemplo.** Cuando se siente a comer con sus hijos, concéntrese en disfrutarlo, coma buenas porciones de alimentos sanos y relájese. Sus hijos aprenderán de usted esto, al igual que muchas otras cosas.

Establecer hábitos de consumo saludable

Moderación, equilibrio y control son las actitudes que desea que sus hijos desarrollen respecto a sus hábitos de consumo. En verdad, si dominan la sensación de control sobre la comida y su vida en general a través de técnicas como la reunión familiar, es más probable que eviten caer en la trampa de problemas de abuso de otras substancias, como la tentación de beber una cerveza o una bebida alcohólica, o de fumar su primer cigarro. Aquí tiene algunas formas para ayudar a sus hijos a desarrollar un enfoque equilibrado respecto a la alimentación:

➤ **Evite llevar comida chatarra a casa, pero no la convierta en un tabú.** A todos los niños les encantan los dulces, el helado, las papas, y tienen muchas oportunidades para comerlas: en la escuela, fiestas de cumpleaños y en casa de otros niños. Si les hace sentir que el consumo de este tipo de comida es un agasajo especial en su casa en vez de algo normal o de un no rotundo, cuando menos reducirá la cantidad que consumen y tal vez incluso limitará sus deseos fuera de la casa.

➤ **Ofrezca porciones sanas.** Tener mucha fruta, nueces, queso y verduras como botana ayudará a que sus hijos aparten de su mente la idea de la comida chatarra, siempre y cuando tengan opciones disponibles de donde elegir. Cuando haga la lista del supermercado, pregunte a los niños qué botanas saludables quieren que les compre.

➤ **Dé un buen ejemplo disfrutando su comida y no obsesionándose por ella.** Si sus hijos lo ven contar de forma obsesiva las calorías o los gramos de grasa, o lo ven comer menos por algún problema de peso, entonces es probable que ellos también desarrollen problemas de peso. Si está librando la batalla de las cantidades, abórdela de manera sana y honesta con sus hijos, pero no la convierta en el enfoque de las comidas familiares.

Está por demás decir que mientras más pequeños sean los niños cuando inicien el camino de la alimentación saludable, más fácil será que todos lo recorran.

Evitar tendencias molestas

Todos tenemos esos tics de personalidad que deterioran relaciones y se interponen en el camino del progreso personal. Es posible que haya visto a su hijo empezar a desarrollar algunos. Veamos.

Necedad

"No lo haré, no lo haré y no lo haré". ¿Cuántas veces ha escuchado esta letanía de uno de sus hijos? La buena noticia es que cuando los niños empiezan a negarse a hacer exactamente lo que se les dice, significa que están desarrollando su sentido de identidad y su propia personalidad, de modo que usted tendrá que acostumbrarse, cuando menos hasta cierto grado.

Pero la contrariedad constante podría indicar que sus hijos simplemente prefieren no escucharle y eso puede ser muy frustrante para toda la familia. A fin de que las habilidades para escuchar de sus hijos mejoren, pruebe estos consejos:

➤ **Hable con sus hijos de manera respetuosa.** Hablarles bruscamente, interrumpir sus actividades en forma abrupta o gritarles cuando habla no es forma de llamar su atención. Es mucho más factible que reciba una respuesta positiva si habla en tono suave y con una sonrisa.

➤ **Cuando sea posible, pida, no ordene.** A veces tendrá que dar órdenes para que las cosas se hagan rápidamente, pero cuando le sea posible plantee su petición con opciones como "¿podrías poner la mesa ahora o en los próximos veinte minutos?"

➤ **Siempre aliente.** Es muy posible que deba enseñar a sus hijos nuevas labores o nuevos conceptos más de una vez antes de que los desempeñen o entiendan adecuadamente. Eso no significa que no escucharon la primera vez, así que trate de no impacientarse. En vez de ello, recuérdeles con gentileza la forma correcta y ayúdeles si lo necesitan.

No existen las mentiras blancas

La fabricación, también conocida como "mentir", es una parte normal de la infancia temprana conforme empiezan a mezclar la fantasía y la realidad. De hecho, inventar historias es una señal inequívoca de creatividad, así que no se preocupe demasiado si su hijo preescolar o en sus primeros años de escuela dice algunos cuentos. Los niños más grandes dicen mentiras por las mismas razones que los adultos, incluyendo proteger los sentimientos de otra persona o los propios, o simplemente para hacer las cosas "más fáciles" para todos los involucrados.

Aun cuando es cierto que la mentira ocasional de un adulto o un niño no hace daño, cuanto más grandes sean sus hijos cuando mientan y más persistente se vuelva el hábito, es más probable que usted deba hacer algo al respecto. Algunas sugerencias que le ayudarán a desarrollar hábitos de decir la verdad en sus hijos incluyen:

➤ **Dedicar tiempo para contar "cuentos".** En especial cuando los niños son muy pequeños, es importante promover su creatividad y reconocer que todos inventamos historias a veces. Si su hijo parece no entender cuándo se requiere la verdad absoluta, fije una hora cada día sólo para contar cuentos e insista en que se apegue a los hechos el resto del tiempo.

➤ **No les dé la oportunidad de mentir.** Si está seguro de que su hijo no terminó su tarea, no le pregunte si lo hizo, eso le daría oportunidad para decir una mentira. Mejor diga: "sé que todavía tienes que hacer unos problemas de matemáticas y ya es tarde, ¿quieres que te ayude?" Al hacerlo, informa al niño que las consecuencias de decir la verdad podrían no ser tan graves como cree y que no está enojado con él cuando las cosas no salen exactamente como se planearon.

➤ **Enseñe con el buen ejemplo.** Si sus hijos ven que usted miente cuando está en una situación difícil, lo imitarán cuando se enfrenten a cualquier tropiezo. Es más, no necesariamente confiarán en usted.

Pucheros, quejas y peleas

No existe un niño en el mundo que no se haya sentido frustrado o enojado, ni que actuara de acuerdo con esos sentimientos. Su forma de representarlo puede ser con pucheros, quejas constantes o pelear con usted, sus hermanos o amigos.

Es probable que los niños que siempre parecen estar enojados sientan frustración de sí mismos o de otras personas, incluyendo sus padres, otros niños o sus maestros. Se enojan particularmente cuando sienten que los controlan y no tienen opciones.

De nuevo, observe las tres estrategias para resolver este tipo de problemas: comprensión, comunicación y reforzamiento positivo. Aquí le damos algunos consejos para empezar:

➤ **Las palabras dicen más que las acciones.** Diga a sus hijos que no es malo que sientan enojo o decepción, pero insista en que expresen sus emociones con palabras, no con acciones violentas. También aliéntelos a expresar su enojo con palabras útiles, no ofensivas. El objetivo es resolver el problema en vez de regañar, minimizar o destruir. Recuerde que el odio destruye; el amor restaura.

➤ **Señale el problema.** Procure que sus hijos identifiquen qué los hizo enojar y que se lo expliquen de la mejor manera, dependiendo de sus edades y niveles de madurez. Puede llevarles algo de tiempo después de la expresión inicial de ira, así que tenga paciencia, incluso los adultos no siempre saben qué los está molestando en el momento.

➤ **Faculte a sus hijos.** También los adultos se enojan cuando sienten que no tienen poder para controlar su situación. Como lo analizamos antes, informe a sus hijos que no sólo tienen opciones cuando se trata de su rutina y actividades diarias, sino que también pueden expresar sus sentimientos. Ofrezca sugerencias como pegarle a una almohada, ir a su habitación y gritar muy fuerte una o dos veces, o calmarse escuchando música o hacer un dibujo de sus sentimientos. Luego aclare cuál es la conducta que *no* es aceptable, como pegarle a sus hermanos, maldecir o hacer rabietas.

➤ **Sea imparcial.** Si sus hijos pelean entre sí con mucha frecuencia cuando se enojan, trate de no tomar partido. Sepárelos para que se "calmen" unos minutos o unas horas, luego déjelos volver a estar juntos cuando las cosas se hayan calmado. Busque patrones en el tiempo y la esencia de sus peleas para ver si hay algún asunto específico o necesidad que deba abordar como padre para apoyar la relación entre hermanos.

➤ **Retroceda.** No discuta con los niños cuando estén enojados. De hecho, cuando se sienta atrapado en una lucha de poder con sus hijos, retroceda. Déjelos decir la última palabra (aunque pueda ser muy exasperante en el momento) y termine el encuentro, de preferencia con un gran abrazo. Reúnanse a discutir el problema de nuevo cuando hayan tenido la oportunidad de calmarse.

➤ **Dé un buen ejemplo.** Observe cómo maneja usted mismo la frustración. Si tiene arranques de ira frecuentes, particularmente si involucran gritos, maldiciones o manifestaciones físicas, sus hijos serán los primeros en imitarlo y luego, al madurar, asumirán dicha conducta como la respuesta adecuada a sus sentimientos de ira y frustración. Por otra parte, aclare que la ira es una emoción natural que no debe reprimirse o ignorarse. Es sólo la *expresión* de esa ira lo que podría necesitar ayuda, no el sentimiento mismo.

Recuerde que la clave para hacer que su hijo desarrolle buenos hábitos es permanecer calmado y ser consistente, en especial cuando se trata de manejar la ira. Siga así, con paso lento pero estable y ganará la carrera.

Identificar esas compulsiones

La palabra "compulsión" parece fuerte para usar cuando se habla de un niño pequeño. Pero si su hijo se come las uñas, se aclara la garganta por enésima vez en una hora, no puede evitar dejar la ropa tirada en el piso o parece incapaz de mantener su habitación limpia por más de un minuto, entonces tal vez se encuentre ante una compulsión.

Al igual que los adultos, los niños al principio usan hábitos como comerse las uñas, enroscarse el cabello y tronar la goma de mascar como una forma de liberar estrés y luego como una conducta aprendida. En la mayoría de los casos, el hábito es inofensivo pero molesta a las personas alrededor más que a los niños mismos.

Sin embargo, dicha conducta puede interferir con la autoestima de su hijo, su vida social e incluso su desempeño escolar si el problema es distracción o descuido. Existen maneras de ayudar a que sus hijos enfrenten estos retos, pero debe hacerlo con especial cuidado de no exasperarlos.

Morderse las uñas, enroscarse el cabello y otros "asuntos" personales

Aquí está el truco cuando se trata de los tics personales de un niño que vuelven locos a los demás: mientras más atención les ponga, más difícil será para el niño deshacerse de ellos. De hecho, podría ser que mientras más lo regañe para que "deje de pellizcarse la nariz" o "deje de mover la pierna", pasará más tiempo ejecutando la misma actividad.

¿Entonces qué hace? Bueno, lo primero es tratar de ignorar por completo el hábito. Es posible que su hijo lo abandone al madurar, y aquello que solía volverle loco pasará junto con el cambio de estaciones al cabo de seis meses o un año. Si no puede manejar ese enfoque, aquí hay algunos consejos que puede probar:

➤ **Promueva la privacidad.** Diga a sus hijos que hay funciones corporales que la gente realiza en privado, incluyendo expulsar gas, sonarse (o hurgarse) la nariz, limpiarse los dientes con las uñas, por mencionar sólo tres. Pídales que se disculpen cuando estén con alguien y sientan la necesidad de realizar esas actividades.

➤ **Observe los niveles de tensión de sus hijos.** Al mantener abiertos los canales de comunicación a través de las reuniones familiares y todas las pláticas posibles, podrá manejar y vigilar el estrés que experimentan sus hijos en la escuela, en el hogar y en situaciones sociales. El desarrollo de un hábito nervioso (como mover las piernas o enroscarse el cabello) puede ser señal de que la ansiedad va en aumento.

➤ **Nunca haga sentir a sus hijos neuróticos o "diferentes".** Recuerde que una de sus principales tareas como padre es ofrecer amor y aceptación incondicionales. Si su hijo tiene dificultad para romper con un hábito personal, trabaje con él el tiempo necesario y, si lo requiere, consiga ayuda profesional del médico de la familia, pero siempre hágale saber que nadie está completamente libre de malos hábitos como el de él.

Obligaciones, obligaciones y obligaciones

La responsabilidad cuenta a cualquier edad, al igual que el orden. Si usted mismo sufre de problemas de organización, estamos seguros que se sentirá inspirado a infundir en sus hijos buenos hábitos para que puedan evitar la pesadilla del desorden que conduce a la indisciplina. El hecho de asignar obligaciones a sus hijos y de establecer algunas consecuencias benévolas si no las cumplen tendrá una doble función: les infundirá el valor de la disciplina al mismo tiempo que les enseñará los buenos hábitos de la organización.

Una vez que los hijos llegan a la edad preescolar, nunca es demasiado pronto para asignarles algunas responsabilidades. Desde luego empiece con poco, quizá pidiéndoles que guarden sus juguetes cuando terminen de usarlos. Conforme maduren, puede sugerirles que hagan algunas cosas en beneficio de toda la familia, como poner las servilletas en la mesa para la cena o recoger el periódico de la puerta. Hacerlos sentir que contribuyen con la familia ayudará a que alimenten su autoestima al tiempo que aprenden a valorar un trabajo bien hecho.

Claro está que junto con las responsabilidades vienen las consecuencias de no cumplirlas. De nuevo, es importante que las consecuencias sean de acuerdo con la edad del niño y su nivel de madurez. Es obvio que no va a castigar a un niño de cuatro años por olvidarse de guardar un juguete, sino que debe hablar con él sobre la importancia de cumplir con sus obligaciones mientras ayuda a su pequeño a guardar los juguetes.

Aquí tenemos algunas sugerencias para hacer que sus hijos participen con entusiasmo:

243

➤ **Convoque a una lluvia de ideas para establecer las obligaciones.** En sus siguientes reuniones familiares, pida a los niños que ofrezcan sugerencias sobre qué obligaciones les gustaría (o cuando menos estarían dispuestos a) realizar. Los niños de dos o tres años pueden recoger sus juguetes, poner las servilletas en la mesa; los de cuatro años pueden sacudir los muebles, dar de comer a las mascotas, poner los platos sobre la mesa; los de cinco años pueden ayudar con las compras en el supermercado, hacerse sus emparedados, limpiar el baño; etc.

➤ **Enseñe bien a sus hijos...** Sobra decir que cuanto más tiempo y esfuerzo dedique a enseñar a sus hijos a cumplir con sus tareas, estarán más capacitados para realizarlas por sí solos en el futuro, sin necesidad de apurarlos.

➤ **...y luego hágase a un lado.** Es difícil aconsejarle cuándo hacerse a un lado y dejar toda la responsabilidad al niño, pero probablemente usted podrá decir cuándo está listo. Y en cuanto eso suceda, ¡hágase a un lado! Deje al niño asumir la responsabilidad de la tarea y hacerlo a su manera. Habrá errores y accidentes, y a su hijo se le "olvidará" terminar su obligación, pero tarde o temprano se hará cargo y usted se sentirá muy orgulloso.

➤ **Fije una hora para las obligaciones y hágala extensiva a la familia cuando sea posible.** Elija una hora al día o la semana en que todos cumplan con sus obligaciones. Diez minutos antes de cenar, los niños deben guardar sus juguetes y poner la mesa, y su cónyuge tiene que ordenar el patio. De esa manera nadie se queda fuera.

No olvide que es perfectamente normal que los niños traten de evitar obligaciones a cualquier edad, pero en especial después de que empiezan a ir a la escuela. Esto significa que deberá mencionar algunas consecuencias y recompensas adecuadas. Una de las frases más frecuentes que tal vez use sea: "en cuanto termines de lavar los platos, guardar tus juguetes o darle de comer al perro, puedes salir a jugar, ver un video o llamar a tu amigo". Otra oración común es: "si no haces (la obligación) no podrás (diga algo divertido)". Preferimos la primera opción sobre la segunda porque es inherentemente más positiva y alentadora, pero si todo lo demás falla, elija una consecuencia y apéguese a ella.

El poderoso atractivo de la televisión y las computadoras

Si es como la mayoría de los padres actuales, tiene hijos que saben más de computadoras y pasan más tiempo en ellas que usted, navegando libremente por el espacio cibernético durante horas. También lucha con ellos (como quizá sus padres lo hicieron con usted porque algunas cosas no han cambiado) respecto al tiempo que pasan viendo televisión.

Los niños se vuelven adictos a los medios electrónicos por muchas de las mismas razones que los adultos: están aburridos, se sienten ansiosos, se sienten solos. Una vez más, su labor es ofrecer alternativas y amor incondicional mientras les ayuda a romper su conexión con estas entidades poderosas. Aquí hay algunas ideas:

➤ **Promueva el aprendizaje de la computadora.** Si no puede con el enemigo, únase a él. Las computadoras están aquí para quedarse y son herramientas invaluables en la educación de sus hijos. La televisión puede ser entretenimiento y educación, si hacen las elecciones correctas como familia.

➤ **Observe y navegue con sus hijos.** El conocimiento es poder, especialmente respecto a los medios electrónicos. Podría sorprenderle bastante a lo que sus hijos están expuestos y la única forma de saberlo es estar ahí con ellos. Cuando menos dos noches a la semana, siéntese con ellos frente a la computadora mientras navegan y ven sus programas favoritos de televisión.

➤ **Use un dispositivo para bloquear la televisión y las computadoras.** Existen dispositivos tanto para televisores como para computadoras que protegen a sus hijos de ser expuestos a material inadecuado. Úselos.

➤ **Limite el tiempo que sus hijos pasan viendo la televisión o navegando en Internet y ofrézcales alternativas atractivas.** Establezca un horario para el uso de la computadora y para ver televisión. Al mismo tiempo, asegúrese de que sus hijos tengan suficientes actividades estimulantes para mantenerlos entretenidos. Inscríbalos en equipos deportivos u otras actividades extracurriculares, asígneles obligaciones de acuerdo con su edad y asegure que siempre hagan primero la tarea de la escuela.

Y así empieza

Nunca se hace el suficiente énfasis en el poder de practicar la paciencia y el amor incondicional cuando se trata de romper con hábitos malos y de establecer hábitos buenos en sus hijos. Aquí hay algunos consejos más para mantener a su familia en la dirección correcta:

➤ **Recuerde identificar la conducta que desea influenciar y discutir soluciones, juntos.** Con serenidad señale lo que no le gusta sobre la conducta y por qué, y asegúrese de que el niño entienda.

➤ **Involucre al niño en el proceso de romper con el mal hábito.** Si su hijo se enrosca el pelo en forma habitual o agita las rodillas, pregunte por cuál otra conducta menos obvia puede sustituirse. Hágalo pensar en ello y promueva respuestas creativas. Aunque los ejercicios de respiración profunda no parecen apropiados para los niños, verdaderamente pueden ayudarles a romper con malos hábitos relacionados con tensión. Sugiérale respirar profundamente cuando se sienta nervioso, aburrido o tenso.

➤ **Recompense y elogie a su hijo con frecuencia.** Y no los recompense o los alabe sólo por los esfuerzos hechos para romper un hábito. Felicite a su hijo con un abrazo y un beso por terminar su tarea, por hacerle reír con una broma o sólo por ser un gran chico. Además, piense en algunas recompensas específicas relacionadas con el hábito: si deja de chuparse el dedo por un semana completa, por ejemplo, permítale ver televisión una hora más el fin de semana o vayan juntos al acuario una tarde especial. No se preocupe, sabemos que pensará en muchas alternativas amorosas que ayudarán a su hijo a crecer tan saludable y fuerte como sea posible.

➤ **Mantenga abiertos los canales de comunicación.** De nuevo, la comunicación constante y una atmósfera de confianza son lo mejor que puede ofrecer a su hijo cuando se trata de romper con malos hábitos o de establecer unos saludables. Como padre, ofrezca incentivos positivos junto con los límites sobre la conducta de su hijo que se hagan valer de forma clara y firme. Continúe con las reuniones familiares y estará en camino al éxito.

➤ **Dé un buen ejemplo.** Ya lo dijimos antes y lo volveremos a decir: sus hijos aprenden a comportarse imitándolo a usted. Eso no quiere decir que no desarrollarán su propia y sólida personalidad, satisfarán sus antojos y tendrán tendencias y compulsiones únicas. Pero si usted maneja las tensiones, enfrenta desafíos y resuelve problemas con aplomo, compromiso y buen humor, es muy probable que sus hijos harán lo mismo.

Nadie dijo que sería fácil ser padre, ¿verdad? Bueno, esperamos que en este capítulo haya aprendido algunos consejos que le harán más fácil al igual que a sus hijos, crecer juntos lo más sanos y libres de hábitos que sea posible.

Capítulo 26

¡Siéntate, quédate quieto y pórtate bien!

Adoramos a nuestras mascotas, ¿verdad? Nos encanta su personalidad fiel y encantadora, y sus caricias. Pero un día, el gato de repente arruina el sillón con las garras o el perro persigue el auto del vecino por enésima vez.

En este capítulo le mostramos cómo abordar mejor los problemas de conducta más comunes de nuestras dos mascotas más populares, perros y gatos. (Es posible que los peces sean más comunes que los perros y los gatos, pero no tenemos idea de qué clase de conducta puedan tener ni qué consejos podríamos ofrecerles.)

Observe que no les llamamos malos hábitos sino "problemas de conducta". Cuando se trata de animales, no es fácil diferenciar las conductas innatas y los hábitos aprendidos, aunque, finalmente, no es importante. Quiere vivir en armonía con su mascota, y con un poco de suerte y paciencia, podrá hacerlo.

Vamos, perrito

Las necesidades básicas de su perro son relativamente pocas y sencillas. El perro requiere refugio, alimentación adecuada, acicalamiento y visitas regulares al veterinario. También prefiere el amor y la compañía de su dueño y progresa con base en una estructura, rutina y recompensas.

Los perros, al igual que casi todos los mamíferos, están diseñados para vivir en jauría o grupos familiares, que viven y cazan juntos. Cuando un perro viene a vivir con usted, su familia (si es que la tiene) se convierte en su jauría. Los perros también tienen el instinto para dirigir o ser dirigidos. En una jauría, un perro, al que se denomina "alfa", es el líder. En nuestro entorno nos convertimos en el líder alfa por la forma en que manejamos al perro y su ambiente. Usted debe tomar el control y ser el líder, pero un líder benevolente que ofrece amor, apoyo y paciencia. Éstas son algunas sugerencias para establecer su función como líder alfa:

➤ **Siempre elogie a su perro como si usted fuera el jefe.** Ponga las manos firmemente sobre el perro. Dele palmadas firmes.

➤ **Elógielo cálida pero rápidamente.** No exagere las caricias hacia su perro sólo porque le obedece. Déle una palmada rápida o un cumplido en tono cálido.

➤ **Regañe firme pero rápidamente.** Lo mismo va para castigar a su perro. No haga un escándalo, sino que simplemente tome su collar y déle un jalón rápido hacia atrás. Diga "¡No!" o cualquier otra palabra con tono firme y de desacuerdo, y luego suéltelo.

➤ **Actúe con consistencia y seguimiento.** Ésta es quizá la regla más importante cuando se trata de entrenar a un perro: como usted es el líder alfa, tiene que actuar con fuerza, lo cual significa que debe dejar claro lo que dice y no rendirse ante la mala conducta que desea cambiar.

Entrenamiento básico del perro

Aunque no lo crea, los perros aprenden igual que los humanos: por medio de acondicionamiento, que significa aprender con acciones, motivación con reforzamiento positivo y castigos ligeros. Existen muchos libros a la venta que le ayudarán a aprender la mejor manera de entrenar a su perro, y le sugerimos que lleve a su perro a una escuela de adiestramiento para que ambos aprendan de un profesional.

Las órdenes básicas que el perro debe aprender son:

➤ **Sentado.** Esta orden es útil para atraer la atención del perro y mantenerlo quieto cuando le está enseñando algo nuevo.

➤ **Sentado y quieto.** Con esta orden, el perro estará sentado y lo mantendrá así hasta que le dé la orden de levantarse.

➤ **Echado.** Cuando enseña esta orden, la finalidad es que el perro se acueste en el piso, sin importar distracción alguna. La orden "echado" es particularmente útil para romper con los malos hábitos de su perro porque puede ordenarle que se acueste justo cuando está a punto de tener una conducta peligrosa o molesta.

➤ **Echado y quieto.** Esta orden, como "sentado y quieto", mantiene a su perro en una posición tranquila y relajada hasta que lo libere de ella. Es particularmente útil cuando quiere que el perro deje de ladrar, lamer o brincar encima de sus invitados que acaban de llegar.

Para entrenar eficazmente a su perro, debe elegir una conducta de refuerzo adecuada así como los castigos adecuados, y el momento oportuno para aplicarlos. La forma de reforzar a su perro incluye darle palmadas, elogiarlo con voz suave y alegre, y darle algunos premios. Los métodos de castigo incluyen jalones fuertes en el collar y la correa, palabras duras en tono enérgico y un sonido alarmante como de lata (una lata de pelotas de tenis llena de piedras hace un ruido fuerte cuando la agita).

Para darle refuerzo y castigo se requiere ser oportuno. Por ejemplo, si acaricia y conforta al perro cuando le brinca encima al llegar a casa, sólo estará reforzando esa conducta. En vez de eso, deberá ignorarlo durante cinco o diez minutos hasta que se calme o, si la conducta es molesta, póngale una correa, dele un jalón y ordene la posición de echado y quieto hasta que se tranquilice.

Al mismo tiempo, también debe castigarlo en el momento oportuno; no tiene sentido castigar al perro horas o días después de que mordió sus zapatos. La mascota no puede hacer una conexión lógica entre su regaño y su mal hábito a menos que el castigo sea durante o inmediatamente después de la conducta inaceptable.

Tanto el refuerzo como el castigo deben servir para que su mascota no realice el "hábito" indeseable, y deben ser suficientes para que entienda que usted está molesto. Una vez que lo haya hecho, entonces puede intentar sustituirlo por una actividad alternativa y aceptable. Si su perro muerde sus pantuflas, podría jalarle el collar (vea las siguientes secciones respecto a collares) o simplemente decir "no" en un tono firme, quitarle las pantuflas y reemplazarlas con un juguete o un hueso.

Los diez malos hábitos más comunes del perro

Probablemente hay tantos malos hábitos en los perros como la cantidad misma de éstos, pero redujimos el alcance de nuestro capítulo a los 10 problemas de conducta canina más comunes.

Ladrar

Está por demás decir que un perro que ladra puede ser una molestia extrema para usted y sus vecinos. La verdad es que un perro ladra por alguna razón o, para ser precisos, por tres razones principales: para proteger su territorio (el cual es también territorio de usted: su patio, su casa, el espacio inmediatamente a su alrededor y su cuerpo); para saludar a la gente y a otros perros, y para liberar estrés (¡sí, estrés!).

Existen varias soluciones a este problema, dependiendo del carácter de su perro y la causa de sus ladridos.

➤ **Ladrar para proteger.** Tal vez sea buena o mala noticia que el perro ladre cuando alguien se acerca a la puerta o al patio. Usted desea que dé unos cuantos ladridos de alarma para anunciarle la presencia de un extraño, pero no quiere que lo haga cuando llega una visita conocida. Para hacerlo callar, jale el collar y diga con firmeza, "quieto" luego dé la orden de sentado y quieto, o echado y quieto. En cuanto lo haga y se quede quieto, elógielo.

➤ **Ladrar para saludar a otros perros.** Si su perro ladra al ver a otros perros, jale en forma firme su collar y diga "quieto" o "no ladres". Permita que los perros se saluden con el olfato, pero si su perro empieza a ladrar de nuevo, jálelo del collar y aléjelo.

➤ **Ladrar para liberar el estrés.** Muchos perros ladran cuando están solos porque, siendo animales de jauría, se sienten solitarios y abandonados. Si le parece que su perro hace esto, su obligación es liberar el estrés asegurándose que entienda que usted va a regresar. Párese afuera de la puerta hasta que el perro empiece a ladrar y regrese de inmediato, de preferencia con una caricia para calmarlo, luego regáñelo y póngalo en posición de echado y quieto. Salga de nuevo y repita el mismo procedimiento, regresando al primer instante que escuchó ladrar al perro. El mismo método básico funciona si su perro ladra cuando es él quien está fuera.

Pedir

Se requiere sólo una o dos ocasiones para que el pedir se convierta en un hábito arraigado, así que no debe permitirle que pida nada, para evitar problemas futuros.

Primero entrene a su perro para que aprenda la orden de lugar ("ve a tu tapete y échate") y la orden de echado y quieto. Antes de sentarse a cenar, ponga al perro en su tapete o en la posición de echado y quieto. Luego cene porque, como sabe, usted es el líder de esta jauría así que debe comer primero. Cuando haya terminado, puede liberar al perro de su posición y permitirle que coma en el plato especial para él.

Perseguir autos, a otros perros y a personas

La mala noticia es que perseguir es una conducta de jauría natural en el perro. Esto significa que bien puede desear perseguir todo, desde el perro de su vecino, una persona haciendo ejercicio en la calle o a otros perros y gatos.

Comencemos con las personas que hacen ejercicio en la calle y podrá aplicar este mismo método para que deje de perseguir a otros animales (aunque son más difíciles de controlar) y a los autos. Con el fin de corregir esta conducta, tendrá que practicar con frecuencia todas sus órdenes de obediencia (sentado, sentado y quieto, echado y echado y quieto). Luego, cuando crea que está listo, póngale collar y correa y pida a alguien que le ayude corriendo despacio alrededor del perro, como a unos tres metros. Si su perro empieza a seguir a la persona, jale la correa, diga "no" y póngalo en posición de sentado y quieto, o echado y quieto. Poco a poco, suelte la correa, ponga al perro en la posición sentado y quieto, y pida a la persona que corra más rápido. Si la ignora, elógielo. De lo contrario, jálelo de nuevo y diga "no". Cuando parezca estar listo, vaya a un lugar donde la gente corra y pruebe ahí el mismo método. Con paciencia y diligencia, su perro perderá el interés en las personas que hacen ejercicio y otras cosas perseguibles, y disfrutará de sus elogios y atención positiva.

Mordisquear

Desgraciadamente para nuestros zapatos, calcetines y otras cosas favoritas, mordisquear es un fenómeno natural en los cachorros y en perros mayores no entrenados. Los cachorros mordisquean porque durante los primeros meses de vida constantemente pierden los dientes de leche y les salen los nuevos. Es probable que les duela del mismo modo que la dentición en los bebés, y morder ayuda a aliviar la molestia. Si se permite a los cachorros que mordisqueen cualquier cosa que vean, entonces se convertirá en un hábito, incluso después de terminar el proceso de dentición.

Para impedir que su cachorro mordisquee sus cosas, déle objetos apropiados para que lo haga, como juguetes y galletas para perro. Cuando intente morder algo que no debe, regáñelo y después distráigalo con un artículo más interesante y adecuado. Cuando suelte lo que estaba mordisqueando y agarre lo que usted le ofrece, elógielo. El mismo método funcionará para un perro mayor, pero probablemente necesitará más tiempo y atención para que deje de hacerlo. Mientras no lo logre, ¡esconda sus zapatos favoritos!

Comer porquerías

Existe una conducta bastante desagradable pero muy común en los perros, conocida como *coprofagia*, es decir, comer sus propias heces fecales o las de otros perros. Aunque no lo crea (y quizá sea mejor no pensar mucho en ello), las heces por lo general contienen material no digerido o medio digerido que puede proporcionar nutrientes. De hecho, es una conducta perfectamente normal en los caninos.

Aunque digamos que es normal, para los seres humanos no es agradable contemplar esa escena. A fin de evitar que su perro lo haga, primero asegúrese de recoger todas las heces del patio en la primera oportunidad que tenga. Entrene a su perro para defecar con una orden (quizá necesite ayuda de un entrenador) y asegúrese de que su perro tenga mucha estimulación, ya que un perro aburrido a menudo se vuelve coprófago.

Algunos veterinarios sugieren que la causa de esta conducta puede ser una deficiencia de vitaminas B y K, así que tal vez sería bueno observar la dieta de su

251

perro para ver si le falta algo. Hable con su veterinario sobre la comida adecuada para alimentar al perro y las cantidades diarias.

Si está entrenando a su perro con correa, puede darle una terapia simple de aversión dejándolo que se aproxime a las heces. Si empieza a olfatearlas, jale fuerte la correa. Si las ignora, elógielo. Tarde o temprano entenderá la idea y abandonará esa conducta.

Pelear con otros perros

Una pelea de perros es atemorizante y peligrosa, y si su perro muestra una conducta agresiva hacia sus compañeros caninos, es importante que rompa con ese hábito lo más pronto posible.

La mayoría de los perros que pelean es porque quieren ser líderes, o sea el perro alfa. Cualquier estrés en el hogar del perro también puede provocar que quiera pelear para liberar su ansiedad. Cuando su perro manifiesta una conducta de pleito hacia otro perro, pruebe este método para romper con ese hábito: sáquelo a caminar con collar y correa. En el momento en que encuentre otro perro, observe cualquier reacción agresiva, como un gruñido o una embestida. Luego diga "¡No!" con voz firme y rápidamente llévelo en dirección opuesta con un jalón en la correa.

A cierta distancia, ordénele que se siente frente al otro perro. Si su perro intenta ir tras él o gruñe, diga "no" de nuevo y vuelva a jalarlo en dirección opuesta. Siga haciendo lo mismo hasta que el perro no muestre agresión. Si un perro suelto corre hacia su perro, mantenga al suyo en posición de sentado y quieto. Con el tiempo aprenderá a no pelear con otros perros.

Frotarse

Si tiene un cachorro o un perro adolescente macho, sin duda ha experimentado la vergüenza de verlo frotarse sobre su pierna o en las piernas de sus visitas, una almohada o el perro de un vecino. El hecho es que esta conducta es perfectamente normal; tiene hormonas igual que un chico adolescente.

En cuanto empiece a ver que se frota, tómelo por el collar y sepárelo del objeto, diciendo "no" en tono enérgico. También puede agitar una lata con piedras para distraerlo. Póngalo en posición de sentado y quieto, o echado y quieto por varios minutos. Asimismo, deberá mantener fuera de su alcance cualquier cosa en la que suela frotarse (excepto sus piernas, porque las va a necesitar). Asegúrese de que el perro haga mucho ejercicio porque si está agotado, es menos probable que presente esta conducta. Por último, hable con su veterinario sobre practicarle una operación para esterilizarlo, que es la solución más sana y duradera para este problema, a menos que esté planeando cruzarlo.

Saltar

El perro salta sobre usted o sus invitados con el fin de llamar la atención. Para romper con este hábito, haga lo siguiente:

➤ Póngase en cuclillas para saludar a su perro. Él quiere ver su cara.

➤ Enseñe a su perro a ponerse en posición de echado y quieto, luego practique esa posición cuando el perro salte. Elógielo y póngale atención sólo cuando esté en la posición de echado y quieto.

➤ La clave es ser consistente. No permita que el perro salte en ninguna otra ocasión, ni siquiera jugando.

➤ No deje que las visitas permitan que el perro salte.

Morder

En la mayoría de los casos, el perro quiere morder porque ve las manos, los tobillos y los pies como juguetes. Sólo tiene que enseñarle que su cuerpo está fuera del límite de su hocico y estará listo.

Para ello, algunos entrenadores sugieren mantener al perro con correa dentro de la casa. En cuanto se mueva para "atacar", déle un par de jalones a la correa y diga "no muerdas" o simplemente "¡no!" Póngalo en la posición de sentado y quieto, o echado y quieto. Repítalo tan a menudo como sea necesario. Si está sin correa, tómelo por el collar o la piel del cuello y dígale "¡no muerdas!" en tono firme y enérgico. De ser necesario, agite una lata con piedras en cuanto haga un movimiento. De hecho, corríjalo lo antes posible cuando abra el hocico. No espere a que le muerda.

Si piensa que muerde por miedo o ansiedad (si sólo lo hace a extraños, quizá ésa sea la razón), haga su mejor esfuerzo para calmarlo antes de que lleguen las visitas y salúdelas usted en forma cálida y serena. Asegúrese de que nadie moleste al perro y, si tiene miedo, no lo obligue a que se deje acariciar.

Problemas de orina

Un problema común entre muchas razas de perros es la tendencia a orinar involuntariamente cuando se les regaña. De cualquier forma, es sucio e inconveniente.

La solución a este problema depende de la razón de la conducta. Si el perro orina involuntariamente cuando usted o visitas llegan a casa, es porque le emociona ver a otras personas. Es probable que también sea un poco nervioso o sumiso por naturaleza. Lo mejor que puede hacer en este caso es ignorar al perro hasta que se calme. No le hable ni lo acaricie mientras esté emocionado. Espere hasta que deje de intentar llamar su atención, incluso si empieza a orinar. De hecho, si lo regaña tal vez se ponga más nervioso y orine más. Instruya a todas las visitas para que hagan lo mismo y en poco tiempo su perro mostrará más autocontrol.

Si el perro se orina cuando lo regaña, evalúe su manera de hacerlo. ¿Le grita demasiado fuerte o exagera su reacción ante pequeños errores que comete el perro? De ser así, es muy posible que el perro cambie si usted lo hace. Baje el volumen cuando lo corrija y elógielo cálidamente en cuanto responda en forma adecuada. Practique el entrenamiento en obediencia con muchos elogios y amor, a fin de darle seguridad y confianza, y disminuirá su tendencia a orinar por miedo o ansiedad.

Ven gatito lindo

Si tiene un gato, y suponemos que así es porque está leyendo esta sección, ya sabe lo singulares que son las criaturas felinas. Seduce la forma en que se mueven, intriga cómo se esponjan y enloquece la forma en que lo aman cuando lo necesita. Como escribió Mark Twain: "Si el hombre se cruzara con un gato, sería un hombre mejor pero deterioraría al gato".

Sin embargo, su gato hace ciertas cosas que simplemente lo vuelven loco. Tal vez rasguñe los muebles o escupa bolas de pelo dos veces al día. Quizá le pide cosas en la mesa o se esconde del mundo. Existen casi tantas cosas irritantes sobre su adorada mascota como las maravillosas cualidades que posee.

A diferencia de su contraparte canina, los gatos no son las criaturas que mejor se puedan entrenar en el mundo. No es imposible, pero se requiere mucha tenacidad de su parte y un poco de cooperación del felino.

Entrenamiento básico para el gato

En caso de que no lo haya notado, los gatos son diferentes a los perros. Casi nunca ve un gato con correa o que se siente con una orden. ¿Y por qué? Bueno, por una cosa, en su estado salvaje, los gatos no tienen que recibir órdenes para sobrevivir; son cazadores solitarios que nunca se someten a un líder dominante, y eso lo incluye a usted.

La buena noticia es que, al igual que casi todos los mamíferos, los gatos disfrutan la compañía y crean lazos de amor con sus compañeros humanos, y muy rápido captan la idea de que para hacerlo deben cumplir al menos con algunas reglas básicas de conducta a fin de recibir ese amor y esa compañía.

Para entrenar a su gato necesitará algunas herramientas básicas:

➤ **Su voz, tanto cálida (para elogiar) como firme (para regañar).** Al igual que con los perros, los gatos en realidad no responden a las palabras, sino a la forma en que las dice. Cuando intente romper con un mal hábito felino y reemplazarlo con uno correcto, necesitará elogiar a su gato en forma cálida por su buena conducta y de lo contrario regañarlo.

➤ **Cosas para distraerlo.** Un aplauso fuerte, agitar una lata de pelotas de tenis llena de piedras y una botella con atomizador llena de agua son tres herramientas maravillosas que puede usar cuando quiera distraer al gato de hacer algo inapropiado.

➤ **Tiempo para acariciarlo y acicalarlo.** Pasar un tiempo tranquilo y de calidad con su gato, acariciándolo, peinándolo y calmándolo es la mejor manera de fomentar la confianza y el amor entre ustedes. Mientras más confíe en usted, mayor será la probabilidad de que obedezca sus instrucciones cuando se trate de cambiar su conducta.

Al igual que su contraparte canina, los felinos sólo entienden el castigo si es gentil y aplica durante la mala acción. Si es usted demasiado exagerado, su gato sólo aprenderá a tenerle miedo, y si lo castiga cuando arañe el sillón o tenga un accidente, sólo lo confundirá y alterará. El amor incondicional, la paciencia y un poco de disciplina son muy efectivos para establecer una relación de confianza entre usted y su mascota.

Los diez malos hábitos más comunes del gato y qué hacer

Con las mascotas, del mismo modo que con los niños y seres queridos, debe cultivar la virtud de la paciencia. Las recompensas que reciba a cambio son incalculables. Recuérdelo cuando aborde cada problema de conducta de su gato.

Pedir

Hablando en términos generales, pedir *no* es un hábito natural de los gatos domésticos. Más bien, el gato aprende esta conducta cuando usted le da de comer de su plato o mientras prepara la comida en la cocina. Al cabo del tiempo, seguramente se aparecerá cuando esté comiendo o cocinando, en espera de recibir algún premio y, sin darse cuenta, estará "pidiendo".

¿Entonces qué puede hacer para evitar fomentar esta conducta? Primero, nunca permita que el gato asocie el pedir con recibir un premio de su parte. (En otras palabras, *nunca* le dé de comer de la mesa o de la cocina.) Segundo, sólo dé premios directamente cuando esté trabajando con él una técnica de entrenamiento particular y quiera reforzar la conducta aprendida. Por último, no titubee en decir "no" con voz firme a la primera señal de que esté pidiendo.

Morder

¿Alguna vez ha estado feliz acariciando a su ronroneante gato cuando de repente se voltea y le muerde una mano? Aunque no lo crea, es una conducta muy común cuando se les estimula demasiado con las caricias, especialmente en los hombros y sobre los cuartos traseros donde se concentran muchas terminaciones nerviosas. Lo primero que puede hacer es evitar tocar esas áreas al acariciarlo. Si parece tener algún otro punto sensible al tacto y lo muerde cuando lo toca, llévelo al veterinario ya que podría tener una infección.

Cuando el gato muerda, regáñelo con voz muy fuerte y quédese completamente quieto hasta que lo suelte. Esta respuesta muestra al gato que lo lastimó y que no está jugando. Tarde o temprano dejará de hacerlo.

Traer animales muertos a casa

Vaya, el orgullo que él siente cuando viene a usted con un pájaro medio muerto y lo deja caer a sus pies. ¿Sabe por qué lo hace? Porque lo ama y, de acuerdo con una teoría, quiere enseñarle a cazar, igual que enseñaría a su cría. No lo regañe por esta conducta porque es perfectamente natural y no lo entenderá.

La única forma de terminar con el problema de una vez por todas es mantener al gato dentro de la casa todo el tiempo, lo cual es también más sano para todos. Si cree que no puede tenerlo dentro, entonces póngale una campana en el collar para advertir a sus presas de su llegada y darles la oportunidad de escapar.

Arañar muebles

Todos los gatos necesitan arañar algo. A menudo es parte de la conducta para marcar su territorio y también es importante para ayudar al gato a mudar la capa superior de sus garras. Por eso depende de usted proporcionar a su gato una superficie adecuada para que la arañe.

Como bien sabe, su gato tiene una personalidad única y tendrá sus preferencias respecto a qué rasguñar. Obviamente, lo que usted quiere evitar es que arruine sus muebles con las garras. Debe ofrecerle alternativas aceptables, de preferencia antes de que se instale en sus sillones.

Éstas son algunas opciones que puede adquirir en cualquier tienda de mascotas:

- ➤ Postes cubiertos de alfombra.
- ➤ Tableros cubiertos de cuerda de hilo.
- ➤ Trozos de madera suave (por ejemplo cedro o pino).

Le sugerimos que compre (o pida prestado a sus amigos) al menos dos tipos diferentes de postes para arañar con el fin de saber cuál prefiere su gato. Unte un poco de hierba gatera al principio para atraer al gato. Si empieza a arañar el sillón en vez del poste, agite la lata con piedras para distraerlo, luego llévelo al poste. Otra forma de impedir que el gato arañe los muebles es rociar la tela o la madera con un líquido repelente para mascotas que puede comprar en cualquier tienda de mascotas y que puede ser muy efectivo. Otra opción es colocar cinta con pegamento por los dos lados en las áreas donde araña el gato —los felinos odian las superficies pegajosas.

Escupir bolas de pelo

Desafortunadamente, este horrible hábito también es natural. Los gatos y otros mamíferos mudan pelo todo el tiempo, pero los gatos, que se acicalan solos, ingieren su pelo al lamerse. Y aun cuando una cantidad pequeña de pelo pasará sin daño a través de su sistema digestivo, si se acumula suficiente, el gato tendrá que vomitarlo.

Por fortuna existen algunas cosas que puede hacer para evitar las bolas de pelo, incluyendo:

➤ **Cepillar regularmente al gato.** La mayoría de los gatos disfrutan el cepillado, siempre y cuando lo haga con suavidad y luego le dé un premio. Use un cepillo diseñado para atrapar el pelo suelto y cepíllelo una vez al día durante la primavera y el verano, cuando tiende a mudar más pelo.

➤ **Darle tratamiento a su gato con un remedio comercial para las bolas de pelo.** Los tratamientos comerciales para bolas de pelo están diseñados para lubricar las bolas de pelo y facilitar su paso por los intestinos. Aplíquelo al gato como se indica en el empaque o pregunte al veterinario.

Comer cosas que le hacen daño

Aunque en principio sabemos que son melindrosos, algunos gatos llegan a masticar muchas cosas como tierra, plantas y césped.

En la mayoría de los casos, las sustancias naturales como la tierra, el césped y las plantas no le harán daño, pero debe tomar algunas precauciones. Si come pasto o tierra de sus macetas o del jardín, asegúrese de no usar fertilizantes químicos en la tierra ya que podrían hacerle mucho daño si los ingiere. También tenga cuidado de los tipos de plantas que come; algunos (como las nochebuenas) pueden ser tóxicos para el gato.

Lo mejor que puede hacer por usted, sus plantas y el gato que adora la tierra, es comprar en la tienda de mascotas plantas "hechas para gatos". Estos recipientes de césped, plantas y tierra no contienen pesticidas ni fertilizantes que puedan hacerle daño.

Miedo a todo

Los gatos son criaturas solitarias que sobreviven por ser precavidos. Si su gato parece brincar a causa de una sombra, es porque su instinto de sobrevivencia es particularmente agudo, y quizá innecesario, sobre todo si es un gato doméstico.

Si su gato es muy nervioso, será mejor que se acostumbre a ello, cuando menos hasta cierto grado; es bastante improbable que pueda convertirlo en Superman a pesar de los esfuerzos que haga. Sin embargo, puede calmarlo hablando en voz baja cada vez que llegue a casa o entre a una habitación donde se encuentre. Esta "conversación" permite al gato identificarlo como alguien amistoso.

Si su gatito le teme a las visitas, puede probar este planteamiento: justo antes de que llegue su visita, ponga al gato en su canasta. Salude a su visita con alegría y calidez, y mantenga al gato en su canasta cerca de su invitado hasta que termine la visita. Luego sáquelo y elógielo mucho. Tarde o temprano, quizá le lleve varias sesiones, el gato estará lo bastante relajado para disfrutar su compañía.

Lamer su cabello

¿Su gato lame y juega con su cabello en los momentos más inconvenientes, por ejemplo, cuando intenta dormir en la noche o quiere seguir durmiendo en la mañana? De ser así, no está solo. Muchos gatos presentan esta conducta y, aunque la evidencia indique lo contrario, es porque quieren tanto a sus dueños que los atormentan. De hecho, cuando su gato parece estar arañando su cabello a media noche, en realidad lo está acicalando.

Su primer paso para romper con este hábito es cambiar de champú y enjuagarse el cabello con limón o vinagre, para que el gato perciba un sabor desagradable. Si no funciona, debe empujarlo con firmeza cada vez que se le acerque a la cabeza y colocarlo a los pies de la cama. Si tampoco funciona, bájelo de la cama o incluso sáquelo de la recámara.

Problemas con la orina y la evacuación

Sí, la caja de arena, la aflicción de todo dueño de un gato. Para ser honestos, en ocasiones el gato no logra hacer sus necesidades en la caja de arena por unos cuantos centímetros y eso es bastante fácil de manejar. Sin embargo, otras veces parece que defeca u orina a propósito en cualquier lugar de la casa, en ocasiones en sus posesiones favoritas. Con el fin de aumentar las oportunidades de que lo haga bien, asegúrese de mantener limpia la caja de arena. El gato es una criatura pulcra y es probable que tolere cualquier cosa menos un lugar que no esté inmaculado y sin olores para hacer sus necesidades. Límpiela diario, elimine los desechos y ponga un poco de arena fresca.

Si continúa orinando o defecando fuera de la caja de arena, debe limpiar el área completamente con un desinfectante fuerte para no dejar rastro del olor; de ese modo, será mucho menos probable que regrese a la "escena del crimen" y repita su conducta. Si ve que empieza a hacerlo, agite la lata con piedras, la botella de agua o use un tono de voz bastante fuerte para distraerlo. Luego tómelo y póngalo en la caja de arena. Pronto se acostumbrará.

Viva con su mascota feliz y sin hábitos

Esperamos haberle dado todo lo necesario para que empiece a crear un ambiente sano y feliz para usted y su mascota. Aun cuando requerirá cierta disciplina e incluso pase algunos momentos difíciles, la buena noticia es que sus principales herramientas son el amor y el afecto.

Capítulo 27

Cómo saber cuándo necesita más ayuda

"Haz un esfuerzo", "Cálmate", "Piensa positivo", "Compórtate como adulto", "Sólo es cuestión de fuerza de voluntad". ¿Cuántas veces le han dicho algo parecido durante su lucha por romper con un mal hábito? ¿Qué tan a menudo se lo ha repetido a sí mismo?

Una nueva visita a la cuerda floja

En ocasiones, la ayuda externa es absolutamente necesaria. ¿Cómo sabe si ha llegado a ese punto? Por desgracia, no contamos con una fórmula fácil para contestar esa pregunta, excepto repetir lo obvio: si piensa que necesita ayuda para su mal hábito, probablemente así sea.

Pero antes de continuar, dése otra palmadita en el alma. El simple hecho de tener el valor de admitir que tal vez su problema sea demasiado grave para que lo maneje por sí solo es un gran logro. Y continúa buscando respuestas. ¡Felicitaciones!

En el capítulo sobre la identificación de los antojos, le ofrecimos un cuestionario diseñado para evaluar si su mal hábito se ha convertido en adicción. Sus respuestas a esas preguntas deberán ayudarle a juzgar su necesidad de intervención externa. Modificamos un poco las preguntas para plantearlas en el contexto adecuado:

1. ¿Regularmente cae ante su hábito más de lo que pretende?
   Sí ____   *No* ____

2. ¿Ha intentado romper con su mal hábito pero le sigue abrumando el constante impulso por ceder?

   Sí ____   *No* ____

3. ¿Renuncia a otras cosas con el fin de entregarse a su hábito?

   Sí ____   *No* ____

4. ¿Continúa con una conducta negativa, aun cuando sabe que le hace daño a usted y a sus relaciones?

   Sí ____   *No* ____

5. Cuando intentó romper con su hábito, ¿alguna vez sintió los síntomas de abstinencia o las sensaciones agobiantes de ansiedad, tristeza o depresión?

   Sí ____   *No* ____

6. ¿Cada vez necesita más de la substancia o la conducta para alcanzar el mismo grado de placer o satisfacción?

   Sí ____   *No* ____

Si contestó afirmativamente a cualquier pregunta, entonces es probable que necesite guía y apoyo. Es obvio que está luchando contra un enemigo poderoso, que es muy molesto para usted y la gente que le rodea. Este enemigo puede estar deteriorando sus relaciones personales, su carrera, su autoestima y su salud. Asimismo provoca antojos e impulsos que no puede controlar, lo cual significa que se ha convertido en un problema que quizá no pueda manejar usted solo.

Cuando intentó dejarlo, ¿le invadieron sentimientos que le molestaban lo suficiente como para caer en su viejo patrón? Recuerde que los malos hábitos surgen de una necesidad profunda de evitar sentimientos, pensamientos y recuerdos incómodos. Sus malos hábitos parecían la mejor respuesta a una situación agobiante, hasta que se dio cuenta de que en realidad afectaba sus metas y sentido de autoestima. Sin embargo, en tanto no aborde lo que implica su hábito, podría permanecer atrapado en sus redes más tiempo del necesario.

Tal vez incluso logró romper con su mal hábito, pero a un precio muy alto. ¿Está ahora tan estresado y ansioso que todo el día tiene problemas? ¿Se siente peor ahora que cuando todavía tenía su hábito? Quizá se deba a los sentimientos que el mal hábito le permitía evitar y que continúan ahí, trabajando a potencia máxima y ahora no tiene forma de aliviar la ansiedad que le ocasionan. En pocas palabras, si aleja el hábito, se queda con esos sentimientos incómodos.

Para muchos de nosotros, en este punto empieza el verdadero trabajo (donde la terapia puede ser de gran valor). Con frecuencia, una persona objetiva, alguien de nuestro círculo familiar íntimo, amigo o compañero de trabajo, puede ayudarnos a explorar cómo llegamos a este punto en la vida y de qué manera podemos salir adelante. Asimismo, un médico puede determinar si es necesario ingerir alguno de los muchos medicamentos disponibles para ayudar a que uno supere los síntomas y el estrés de romper con un mal hábito.

Recibir o no una terapia: cuando un terapeuta puede ayudar

Un terapeuta capacitado brinda a sus pacientes perspectiva y orientación. Formulando preguntas y escuchando con atención las respuestas, el terapeuta puede ver las conexiones entre el pasado y el presente; los pensamientos y los hechos, y las emociones y las reacciones que usted no logra reconocer por estar inmerso en la situación. Lleva tanto tiempo viviendo con y dentro de su conducta, y sus defensas están tan elevadas, que necesita de alguien con capacitación y visión que explore con usted este nuevo terreno.

Como ya lo habrá descubierto (esperamos), muchas veces los malos hábitos son un círculo vicioso. Fuma para aliviar el estrés, por aburrimiento o para mantenerse al margen de sentimientos de inseguridad o soledad. Pero luego vienen los efectos posteriores: sus amigos lo molestan, se siente débil y temeroso, y entonces enciende otro cigarro para deshacerse de esos sentimientos.

Una de las pacientes de Gary, una mujer obesa llamada Leticia, no fue a consultarlo por su sobrepeso, sino porque su esposo ya no le respondía y había empezado a involucrarse en actividades fuera de casa que no compartía con ella. Leticia habló con Gary sobre el significado de sentirse abandonada y, al hacerlo, se dio cuenta de que siempre había esperado que su esposo la rechazara igual que otras personas la habían rechazado antes. Ese miedo le provocaba comer con exageración como una manera de sentir bienestar y tranquilidad. Con el tiempo, Leticia advirtió la función que su peso representaba en esta forma de satisfacer la expectativa negativa, conduciendo su matrimonio a un distanciamiento. De no haber hablado con Gary, Leticia jamás hubiera identificado las conexiones entre su conducta y el resultado potencial final .

Además de ofrecer una perspectiva, un terapeuta también puede fungir como un compañero y apoyo en su lucha por cambiar. Puede proporcionarle consejos como los que ha leído en este libro para ayudarle a superar el proceso, y luego adaptarlos para que concuerden con sus necesidades individuales. Mientras trabaja por romper con un mal hábito, el terapeuta puede ser su entrenador que evite que se agreda a sí mismo, lo aliente a continuar y lo ayude a visualizar estrategias nuevas para un crecimiento y un cambio positivos en su vida.

Cómo elegir el tipo de terapia correcto para usted

El análisis Freudiano, la terapia interpersonal, la *terapia conductual cognoscitiva*; existen muchas técnicas psicoterapéuticas, cada una con un enfoque diferente para descubrir los problemas emocionales fundamentales y trabajar hacia una solución. Por fortuna, no hay necesidad de que elija entre ellas porque los médicos más modernos están capacitados en diversas técnicas y cuentan con una variedad de enfoques para tratar a cada paciente.

Busque un terapeuta y hable con la compañía de seguros

¿Cómo debe decidir el tipo de terapeuta? En ese grupo, ¿quién podría ser la persona adecuada para usted? Hoy en día, quizá la decisión más inteligente sea preguntar en la compañía de seguros si el plan de su seguro de gastos médicos cubre servicios de salud mental y, de ser así, cómo obtener dichos beneficios.

Una vez que conozca el grupo de terapeutas que puede consultar, pida a su médico familiar que le recomiende el que convendría más. Pida un par de sugerencias, así como una copia de su expediente médico para que el terapeuta pueda examinarlo en su primera cita. Si se siente cómodo, también pida sugerencias a amigos y familiares.

Puede elegir de entre los siguientes profesionales de la salud mental:

➤ **Psiquiatras.** Doctores en medicina que se especializan en el diagnóstico y el tratamiento de trastornos mentales o psiquiátricos. Además de proporcionar terapia, los psiquiatras también pueden recetar medicamentos.

➤ **Psicólogos.** Son especialistas que terminaron una licenciatura en psicología, la cual incluye capacitación clínica e internado en asesoría, psicoterapia y pruebas psicológicas.

➤ **Trabajadores sociales.** Los trabajadores sociales certificados o con licencia terminaron una licenciatura en trabajo social con capacitación especializada en ayudar a personas con problemas emocionales.

Además de tener las credenciales adecuadas, el terapeuta también debe tener experiencia en tratar a hombres y mujeres con problemas similares al suyo. Por ejemplo, si tiene un mal hábito relacionado con la comida, necesitará buscar a alguien que ya haya tratado a personas con problemas de peso y trastornos alimenticios.

De qué manera le ayuda la terapia a romper con su mal hábito

Cuando se trata de ayudarle a romper con un mal hábito, un terapeuta puede elegir uno de varios enfoques, según sus necesidades particulares. En algunos casos podría usar la técnica práctica de "aquí y ahora", concentrándose en relaciones actuales, retos profesionales y dinámicas familiares. Otros se enfocarán más en su pasado con el fin de encontrar conexiones entre lo que sucedió entonces y su situación actual. Un buen terapeuta será flexible, adoptando múltiples puntos de vista dependiendo del punto en que usted se encuentra en el proceso y los nuevos desafíos que le esperan en su vida.

Uno de los métodos más útiles para tratar los malos hábitos es la terapia conductual. La teoría de esta terapia es que las conductas destructivas y negativas son respuestas aprendidas que se puede modificar o "desaprender", cambiando al mismo tiempo la forma de pensar y sentir. Una técnica básica de la terapia conductual es la modificación de la conducta, la cual se dirige a reducir o eliminar el mal hábito usando reforzamiento, es decir, recompensando una conducta deseada o castigando las indeseables. La idea de colocar estrellas doradas en el calendario todos los días por su éxito sobre el hábito es un ejemplo de una técnica de modificación de la conducta.

Algunos terapeutas le involucrarán mucho en su progreso diario, le harán sugerencias específicas sobre lo que puede hacer para romper con su hábito y otros aspectos de su vida que esté dispuesto a cambiar. Otros estarán menos involucrados, lo guiarán y apoyarán con gentileza, pero permitiéndole a usted llevar las riendas.

Ninguna técnica es mejor que otra, excepto en la forma que usted reaccione a ella. Lo importante es que se sienta cómodo con los enfoques que adopte su terapeuta, así como la armonía que se desarrolla entre ustedes. ¿Parece entenderlo? ¿Es empático? ¿Se siente cómodo sentado solo en una habitación con el terapeuta? Sólo usted puede contestar estas preguntas vitales, y si no puede responder en forma afirmativa, siga buscando hasta que encuentre un terapeuta con quien se sienta cómodo.

Finalmente, a pesar de a quién elija o qué enfoque tome, usted y su terapeuta deben trabajar hacia cinco metas básicas:

➤ **Sentirse mejor.** Tal vez se sienta frustrado, triste e incluso débil. Una de sus primeras metas deberá ser aliviar estos sentimientos hasta que sienta la suficiente fuerza y confianza para continuar. Si sufre de depresión o de un trastorno de ansiedad (secuaces frecuentes de malos hábitos arraigados), el terapeuta quizá le sugiera un medicamento por un periodo breve para ayudarle a romper el ciclo.

➤ **Identificar fuentes de estrés o infelicidad, y dar seguimiento a su progreso.** Sí, un buen terapeuta podría pedirle lo que le hemos sugerido tantas veces: llevar un Registro diario de hábitos con el fin de identificar qué provoca los sentimientos de estrés que alivia su mal hábito. De ese modo, le ayudará a interpretar esa información de tal forma que pueda aplicarla.

➤ **Hacer una evaluación precisa de su situación actual.** Su falta de capacidad para dominar su mal hábito puede hacerle pensar que su vida está fuera de control o no puede manejarse. Quizá piense que dañó irremediablemente algunas relaciones. Un terapeuta le ayudará a evaluar con mayor objetividad lo que debe solucionar en su vida, y qué hay en el camino correcto.

➤ **Identificar y cambiar patrones de pensamiento y conductas autodestructivas.** Si es como la mayoría de las personas con malos hábitos arraigados, grabó una especie de cinta de audio interna de autocrítica y pensamientos pesimistas. Una de las metas más importantes de la terapia es borrar esa cinta y grabar una nueva llena de pensamientos positivos de autoafirmación.

➤ **Reconstruir la autoestima.** La terapia le ayuda a identificar sus puntos fuertes y minimizar los débiles, al mismo tiempo que visualiza lo mucho que vale la pena su lucha por cambiar.

Algunos terapeutas gustan de tratar a sus pacientes en forma individual, y tal vez le pidan presentarse una o dos veces a la semana para sesiones de 45 o 50 minutos. A otros les gusta formar grupos de pacientes con problemas similares o incluso muy diferentes. Ambos enfoques tienen su mérito y pueden ser igual de eficaces, pero de nuevo, depende de lo que usted espera y lo cómodo que se sienta con su terapeuta.

Justo lo que recetó el médico

Ya lo dijimos antes, pero vale la pena repetirlo: a veces no es posible, o al menos es mucho más difícil, romper con su mal hábito sin medicamentos. Sabemos lo complejas que son las funciones internas del cerebro y la forma en que nuestra salud mental y corporal depende de un equilibrio adecuado de los químicos cerebrales llamados neurotransmisores.

Para muchas personas, un mal hábito ayuda a aliviar el desequilibrio químico porque la acción del hábito provoca la liberación de ciertos neurotransmisores, en especial dopamina y serotonina, que a su vez le permiten sentir placer y relajarse. Otros malos hábitos, sobre todo fumar y beber, actúan directamente sobre los "centros de placer" del cerebro. Dejar de fumar o beber le hará sentirse irritable, deprimido y letárgico.

Por fortuna existen medios seguros y efectivos disponibles, y no debe titubear en explorar sus opciones con su médico o terapeuta. (Aunque su terapeuta no podrá recetar medicamentos a menos que sea médico titulado, de lo contrario, lo referirá con alguien que sí pueda.)

Como mencionamos en capítulos anteriores, hay diversos medicamentos disponibles, dependiendo de la naturaleza de su mal hábito y las metas que desea alcanzar.

Éstos son:

➤ Medicamentos antidepresivos y ansiolíticos.

➤ Terapia de reemplazo de nicotina y otros medios de apoyo para dejar de fumar.

➤ Medicamentos para bajar de peso.

Doce pasos y más allá

La terapia individual o la de grupo no son las únicas opciones, y no siempre son las mejores. Tal vez pueda buscar un terapeuta calificado con quien se sienta cómodo, o quizá su seguro de gastos médicos no cubra la terapia y no puede pagar un tratamiento particular. Tal vez la interacción uno a uno no es para usted y necesite del apoyo sólido de un grupo de personas que enfrentan retos similares, incluso el mismo mal hábito. Reunirse con ellos regularmente puede ayudarle a obtener nuevas perspectivas sobre su hábito, ofrecerle sugerencias y consejos para ayudarle a romperlo, y hacerle ver una variedad de aspectos relacionados con el proceso del cambio.

Los grupos de apoyo más reconocidos son aquellos con base en el enfoque de doce pasos, como Alcohólicos Anónimos y los grupos que han seguido a éste. La premisa básica de los programas de 12 pasos es que la adicción es una enfermedad y que es vital la abstinencia total de la conducta o substancia negativa. De hecho, el primer paso es admitir que no tiene poder sobre su adicción. Otros pasos y tradiciones ponen énfasis en la honestidad, humildad cuidado consigo mismo y con el apoyo de grupo.

Además de los programas de 12 pasos, ahora existen muchos otros tipos de grupos de autoayuda para personas que enfrentan desafíos similares donde comparten sus pensamientos y experiencias entre sí. Estos grupos a menudo no tienen un líder profesional o una estructura formal, y su meta principal es brindar apoyo y valor, ayudar a superar la sensación de aislamiento, y divulgar información.

Encontrar el valor en uno mismo

Admitir que tal vez no tenga los recursos personales para combatir su hábito sin ayuda es señal de fuerza, no de debilidad. Significa que está dispuesto a hacer lo que sea necesario para romper con un hábito que está destruyendo su vida, sus relaciones y su autoestima. Al dar este siguiente paso, se estará diciendo a sí mismo que vale la pena el esfuerzo requerido para avanzar.

No estamos diciendo que no tendrá que trabajar mucho. Un terapeuta y un grupo de apoyo le ayudarán en gran medida mediante su perspectiva y orientación, pero de usted dependerá poner en acción los conocimientos que adquiera con el poder que radica dentro de usted para avanzar y lograr un futuro más brillante y sin hábitos.

Capítulo 28

Cambiando al mundo

Ha hecho lo impensable, inimaginable, insondable. Miró a su mal hábito directo a los ojos y dijo: "Este lugar no es lo bastante grande para nosotros dos". Preparado o no, decidió separarse de su mal hábito y empezar un camino nuevo. Aplaudimos sus esfuerzos de "tomar la vida por las solapas" como escribió la poetisa Maya Angelou, y arriesgarse en el proceso de cambio. *¡Carpe diem!* ¡Aproveche el día! Disfrute el presente.

¡Felicidades!

Tomar la decisión de embarcarse en un viaje de cambio es muy valiente, emocionante —y difícil. En ocasiones, el mal hábito que conoce parece muy familiar y por tanto más seguro que un futuro desconocido lleno de indicadores desconocidos. La vida es de descubrimientos y usted está a punto de aprender todo tipo de cosas nuevas sobre sí mismo al enfrentar y superar su mal hábito. Incluso quizá le sorprenda la dirección que tomen sus esfuerzos. Tal vez terminará cambiando y creciendo en formas que nunca esperó y que no puede siquiera predecirlas ahora.

Recuerde lo que dijimos al principio de este libro: Roma no se hizo en un día. No va a romper con su mal hábito de la noche a la mañana. Pero con persistencia, apoyo de amigos y familiares, y su confiable Registro diario de hábitos, estará listo para emprender el viaje.

Bombas de tiempo de los malos hábitos

Conforme progresa en el proceso de romper con su mal hábito, empezará a notar que muchas personas a su alrededor están atrapadas en malos hábitos. Notará ese grupo de fumadores parados afuera del edificio de oficinas a la hora de la comida. Levantará una ceja cuando vea que su ser amado prefiere pasarse dos horas "platicando" en Internet y cenando comida para llevar, en vez de platicar con usted durante una cena tranquila. Verá a la compañera de trabajo que parece modelo con su ropa de diseñador, pero que seguro no tiene el salario para darse esos lujos.

Las bombas de tiempo de los malos hábitos están en todas partes y su sistema de radar extrasensible para detectar hábitos los captará con mayor frecuencia que nunca antes. "Vaya, ¿cómo le hace la gente para salirse con la suya?", se preguntará. Bueno, lo hacen igual que usted lo hizo, día a día aferrándose a sus malos hábitos como talismanes contra un mundo áspero y lleno de estrés.

Quizá sea más fácil o más difícil para usted manejar las bombas de tiempo de los malos hábitos que encuentra a diario en su lucha por romper sus conductas desagradables. Algunos días se sentirá fuerte y superior, mientras que otros tal vez sienta el impulso de correr en la dirección opuesta: ese asunto va a explotar y no quiere estar cerca por ningún motivo. Incluso también habrá días en que sentirá la tentación y el sonido de esa bomba de tiempo del mal hábito y más bien le parecerá el reafirmante ritmo de los latidos del corazón. Después de todo, cada persona tiene cuando menos un mal hábito, ¿no es así?

El punto es éste. Tendrá altas y bajas, pero si se disciplina lo suficiente para apegarse al programa, esas altas y bajas se nivelarán y aprenderá que el hecho de que su mente le presenta una emoción fuerte, un antojo o el impulso de un mal hábito en un momento dado, no significa que tiene que usarlo. Deje que los pensamientos entren y salgan de su mente y considérelos como lo haría un observador imparcial. Separe sus pensamientos de lo que usted es y luego decida qué le gusta y desagrada.

En vez de pensar un millón de cosas a la vez, concéntrese en lo que está realmente haciendo, sintiendo y experimentando en el momento. Por ejemplo, si necesita algo que lo levante una tarde y se dirige a la cafetería sin siquiera pensarlo... bueno... empiece a pensar. ¿En verdad quiere ese café? ¿Está aburrido o simplemente necesita descansar cinco minutos de lo que está haciendo? ¿Qué sucede en realidad? Se llama atención, lo cual se enseña en muchas filosofías orientales y se usa en las clínicas de manejo del estrés.

Crear el cambio: un hábito a la vez

Si usted es como la mayoría de la gente, en realidad tiene más de un mal hábito. Mientras logra un cierto éxito en romper con uno, los otros asoman su horrible cabeza y exigen atención. Podría pensar: "Ese vaso de vino no sabe igual sin un cigarro". Poco a poco se encontrará examinando otras áreas de su vida desde una perspectiva renovada y quizá continúe con el proceso del cambio. El cambio es creación y eso es lo que está haciendo: crear un nuevo "yo" cada día. Explorará nuevos intereses, conocerá personas y aceptará nuevos desafíos, todo esto sin sus malos hábitos que lo repriman.

Tal vez los cambios que lleve a cabo empiecen a afectar sus relaciones con los demás; si progresa en el control de su temperamento, quizá le sorprenda ver que su asistente en el trabajo de repente llega a tiempo, incluso más temprano, en vez de media hora tarde todos los días. Su ser amado, en vez de comer esos alimentos procesados altos en grasa frente al televisor, prepara platillos nutritivos y deliciosos para disfrutarlos con usted en cenas acogedoras en casa. Romper con su mal hábito puede ayudarle a fortalecer sus relaciones con otras personas y acercarlo a la gente que más le importa en la vida.

Quién sabe, su ejemplo positivo quizá también ayude a que otros tomen la decisión de intentar romper con sus malos hábitos.

El deseo de persuadir

¡Deténgase! No presione demasiado a otras personas. Molestar a alguien para que rompa con un mal hábito o recordarle constantemente lo bien que va usted en esto, ocasiona que la persona se sienta como si fuera caminando por la cuerda floja o como si lo estuvieran empujando por un desfiladero, en vez de entender que está recibiendo su ayuda y respeto.

La *arrogancia* no es la cualidad más atractiva que una persona pueda tener y no puede darse el lujo de tenerla cuando se trata de romper con los malos hábitos. Todos estamos en el mismo barcos: todos somos humanos y estamos haciendo nuestro mejor esfuerzo por ser felices. Todos fuimos creados de igual manera, sin importar cuántos o qué clase de malos hábitos pudiéramos tener. Así que vea con compasión a sus semejantes que tengan malos hábitos; usted ha estado ahí y podría estar de nuevo. Es una forma de decirle que sea amable con la gente que está más abajo en la escalera porque podría encontrarse con ellos de nuevo si vuelve a bajar. Esas personas que desprecia hoy, quizá sean de quienes dependerá para que le ayuden en un momento difícil mañana.

En vez de molestarlos o incluso "alentarlos", pruebe un enfoque más sutil. Las investigaciones revelan que los mensajes más poderosos son los no verbales. Primero entendemos lo visual (lo que vemos), luego tomamos en cuenta lo auditivo (el tono de voz) y sólo hasta el final el cerebro registra las palabras que se pronuncian. En realidad, es cierto que las acciones dicen más que las palabras. La gente aprende mejor con el ejemplo. En vez de *tratar de persuadir*, recorra el camino que tomó para romper con su mal hábito que cada día lo fortalece más y le permite vivir sin la carga que una vez lo estancó. La gente se dará cuenta y entenderá por sí misma.

Hábitos de buena comunicación

Cuando nos sentimos bien con nosotros mismos y con nuestra fuerza interior, tenemos la energía y la compasión para ver el exterior. Contamos con la visión para darnos cuenta de que todos somos parte de una comunidad que en el siglo XXI llegará a todo el planeta.

Al romper con su mal hábito, aprende mucho sobre qué significa ser humano. Tiene muchas cosas por compartir con otras personas:

➤ Sabe lo frágiles, y lo fuertes, que podemos ser los seres humanos.

➤ Al examinar su vida, aprendió que puede hacer cambios positivos y entiende por qué hace lo que hace.

➤ Empieza a escuchar en forma más compasiva a la gente a su alrededor; hace su mejor esfuerzo por ser empático con otros, reconociendo sus puntos de vista, sentimientos y necesidades.

➤ Ya no está aburrido, estresado y ansioso todo el tiempo. Se siente estimulado, con esperanzas y listo para cualquier cosa.

Entonces use su nueva perspectiva (y el tiempo adicional que tiene al no realizar más su mal hábito) para ayudar a otras personas. ¿Cómo debe empezar? Bueno, aquí tiene algunas sugerencias:

➤ **Investigue las causas o los aspectos que son importantes para usted.** Busque un grupo que trabaje con asuntos que signifiquen mucho para usted. Quizá ya done dinero a alguna organización y ahí sería un buen lugar para empezar su experiencia como voluntario. Si no encuentra una organización así, qué le parece este pensamiento desafiante e intrigante: ¿por qué no empieza una? Puede organizar a sus vecinos para limpiar ese terreno baldío en la esquina, patrullar el vecindario, pintar la casa de un vecino anciano, tomar turnos para cuidar a la persona enferma de la calle, o formar un grupo que se dedique a poner una solución a ese crucero peligroso en su colonia. Las rutas creativas para el voluntariado son interminables, al igual que la necesidad de voluntarios.

➤ **Tome en consideración las habilidades que puede ofrecer.** Si disfruta del trabajo al aire libre, tiene destrezas para enseñar o simplemente disfruta interactuar con la gente, quizá desee buscar un trabajo como voluntario que incorpore estos aspectos de su personalidad. Muchos puestos requieren un voluntario familiarizado con cierto equipo como computadoras, o que posea ciertas habilidades como en atletismo o comunicaciones. Para uno de estos puestos, tal vez decida hacer algo parecido a lo que realiza en su empleo durante un día laboral, o algo que ya disfruta como pasatiempo. Esta clase de puesto le permite desempeñar el trabajo sin tener que capacitarse o prepararse para la asignación.

➤ **Aprenda algo nuevo.** Quizá le gustaría aprender una nueva habilidad o estar en una situación nueva. Por ejemplo, ofrecerse como voluntario para trabajar en los informes que emite el refugio local de animales mejorará sus habilidades de escritura y edición, lo cual puede ayudarle en su carrera. Tal vez ser voluntario sencillamente le ofrezca un cambio en su rutina diaria. Por ejemplo, si su trabajo de tiempo completo es en una oficina, puede tomar una asignación voluntaria más activa, como dirigir excursiones a un museo de arte o construir un parque para niños.

➤ **Combine sus metas.** Busque oportunidades de voluntariado que también le ayuden a lograr otras metas en la vida (incluyendo romper con su mal hábito). Por ejemplo, si quiere bajar un poco de peso, elija una oportunidad activa como limpiar un parque o trabajar con niños. Quizá quiera tomar clases de cocina.

➤ **No sature su horario.** Asegúrese de que las horas que quiere trabajar como voluntario vayan de acuerdo con su vida agitada para que no frustre a su familia, se agote o no dé lo suficiente a la organización que trata de ayudar. ¿Desea una asignación a largo plazo o algo temporal? Si no está seguro de su habilidad o quiere ver si le conviene antes de hacer un compromiso extenso, vea si la organización lo acepta bajo una base limitada hasta que tenga mejor conocimiento de las cosas.

➤ **También los altruistas pueden preguntar.** Aunque la mayoría de los altruistas están ansiosos por ayudar voluntariamente, deben tener cuidado al aceptar los servicios que les ofrecen. Si se pone en contacto con una organización para ofrecer su tiempo, quizá le pidan que se presente para una entrevista, llene una solicitud como voluntario, describa sus habilidades y sus antecedentes, igual que lo haría para una entrevista de empleo remunerado. La organización tiene la obligación de cuidar los beneficios de la gente, por lo cual debe asegurarse de que usted tiene las habilidades necesarias, que realmente está comprometido con hacer el trabajo y que sus intereses concuerdan con los de los altruistas.

➤ **Considere el voluntariado para la familia.** Piense en buscar una oportunidad para que padres e hijos, o marido y mujer, trabajen juntos como voluntarios. Cuando una familia trabaja en una organización altruista, la experiencia los acerca más, enseña a los pequeños el valor de dedicar su tiempo y esfuerzo, ofrece a todos habilidades y experiencias nunca antes vividas, y brinda a toda la familia una experiencia compartida.

➤ **Voluntariado virtual.** Sí, claro que existe. Si tiene acceso a una computadora y las habilidades necesarias, algunas organizaciones ofrecen ahora la oportunidad de hacer voluntariado por computadora. Lo anterior podría incluir dar asesoría legal, mecanografiar trabajos para personas discapacitadas o mantener contacto con un inválido que tenga correo electrónico. Este tipo de trabajo voluntario podría adaptarse bien para usted si tiene limitaciones de tiempo o transporte, o alguna discapacidad física que le impida moverse con libertad. El voluntariado virtual también puede ser una manera de ofrecer su tiempo si disfruta de las computadoras y quiere aplicar sus habilidades en un trabajo voluntario.

➤ **¡Nunca se me había ocurrido!** Muchos grupos de comunidades buscan voluntarios y quizá usted no había pensado en ellos. La mayoría sabemos que los hospitales, las bibliotecas y las iglesias usan voluntarios, pero hay otras instituciones en las que tal vez ni siquiera haya pensado, como guarderías infantiles, escuelas y universidades públicas, centros para personas que acaban de salir de prisión, teatros de la comunidad, centros de rehabilitación para drogadictos, organizaciones fraternales, centros de retiro y asilos para ancianos, comida para los menos favorecidos, museos y galerías de arte, prisiones, parques del vecindario, y un sinnúmero de opciones más.

➤ **Dé vida a su corazón por medio del voluntariado.** Ofrezca su corazón y su sentido del humor a su servicio como voluntario, además de su espíritu entusiasta, que por sí mismo es un don invaluable. Lo que recibirá a cambio será impresionante.

Esperamos que tenga paz, salud y felicidad en su jornada, y le deseamos lo mejor para que supere cualquier obstáculo en su camino para romper con los malos hábitos.

Glosario

En esta sección recapitulamos las definiciones de algunos términos importantes respecto a los malos hábitos. Esperamos que le sean de ayuda en su búsqueda de cambio y crecimiento.

adicción Patrón de conducta basado en una gran necesidad física o psicológica de una sustancia o conducta. La adicción se caracteriza por compulsión, pérdida de control y repetición continua de una conducta a pesar de las consecuencias.

Alcohólicos Anónimos Organización mundial que desarrolló el programa de los primeros 12 pasos para alcohólicos con base en el apoyo de grupo.

alcoholismo Enfermedad crónica, progresiva y potencialmente mortal que se caracteriza por la dependencia física al alcohol, la tolerancia a sus efectos y los síntomas de abstinencia cuando se reduce o se suspende su consumo.

anhedonia Falta de capacidad para sentir placer; pérdida de interés en actividades alguna vez placenteras.

ansiedad Aprehensión o inquietud sobre un peligro anticipado.

antojo Ansiedad, anhelo o deseo profundo por una sustancia en particular. Un antojo puede detonar una conducta habitual, como comer la tercera rebanada de pastel de chocolate.

cafeína Droga que se obtiene del café, el té y otras bebidas con efecto estimulante en particular en el sistema nervioso central. La cafeína es medianamente adictiva y quizá sea la droga más ingerida en el mundo.

compulsión   Conducta repetitiva sin propósito racional alguno. Un ejemplo de conducta compulsiva es gastar todo su sueldo en estatuillas de cerámica en un canal de compras por televisión, a pesar de que no quiere hacerlo.

conducta pasivo-agresiva   Representación de sentimientos fuertes en una manera indirecta. Decir "no, no, no te molestes, prefiero sentarme en la oscuridad" es una forma pasivo- agresiva de hacer que alguien le cambie un foco.

cumplimiento   Acción de cambiar la conducta para cumplir con las presiones externas de familiares, amigos o la comunidad: su cónyuge se da cuenta que mintió y emite un ultimátum acerca de mentir. Usted deja de mentir, cuando menos por un tiempo, pero en realidad no cree que mentir sea malo.

desconcierto cognoscitivo   Término psicológico que describe la dificultad que se presenta cuando las actitudes son incongruentes con la conducta. Es incómodo y estresante aceptar que son igualmente ciertos estos dos enunciados: "Yo (una persona inteligente) quiero fumar" y "sé que fumar es malo". En vez de eso alteramos algunas partes de la ecuación: "fumar no es tan malo" o "voy a dejar de fumar".

deslizamiento Freudiano   Término psicológico empleado para describir una conducta que notó el psiquiatra Sigmund Freud, en la cual una persona quiere decir o hacer una cosa, pero termina diciendo o haciendo algo que revela el significado, los sentimientos o las inclinaciones verdaderas de la persona.

desplazamiento   Mecanismo de defensa por medio del cual los sentimientos se redirigen de su objetivo verdadero hacia un sustituto más aceptable. Si grita al perro cuando sus hijos se están portando mal, desplaza su ira.

esquema de pirámide   Sistema ilegal y fraudulento de ganar dinero que para lograr éxito requiere una cadena interminable de participantes; también se le llama esquema Ponzi. Los participantes deben dar dinero a los reclutadores y luego inscribir nuevos participantes para que les den dinero a ellos.

estimulante   Medicamento o químico que aumenta la actividad cerebral. La cafeína y la nicotina son estimulantes, pero para algunas personas ciertos alimentos o ciertas conductas también les alteran el sistema nervioso central.

evitación   Término psicológico empleado para describir la tendencia de muchas personas a alejarse de situaciones que anteriormente incomodaron. Un mal hábito puede desarrollarse como una forma para evitar sentimientos de estrés y ansiedad en situaciones determinadas.

gurú   Guía espiritual, tomado de la palabra hindú que significa "disipador de oscuridad". En el mundo actual se usa la palabra "tutor" para describir al maestro u otra persona que nos ayuda a crecer personal y profesionalmente.

hábito   Patrón general de conducta que, con el tiempo, se arraiga y es difícil cambiar. Los hábitos pueden ser positivos (cepillarse los dientes, decir "te quiero" a sus hijos, hacer ejercicio tres veces a la semana) o negativos (fumar, comerse las uñas, gastar con exageración, apostar).

impulsividad   Actuar o hablar demasiado rápido antes de pensar en las consecuencias de su conducta.

internalización   Proceso por medio del cual una persona incorpora una nueva actitud porque ésta va completamente de acuerdo con su sistema de valores: no miente porque en el fondo *sabe* que es malo mentir.

Internet   Red de información social, financiera y de interés general que se transmite en forma electrónica, con líneas telefónicas a través de un módem en las computadoras. La adicción o el uso exagerado de Internet es un hábito bastante reciente.

jerarquía de motivación de Maslow   Teoría que clasifica los impulsos humanos que deben satisfacerse, por lo general en un orden específico (aunque la jerarquía es dinámica), antes de que los seres humanos puedan alcanzar su potencial absoluto.

1. Fisiológicos: hambre, sed, refugio, etc.

2. Seguridad: sentirse seguro y protegido del peligro.

3. Sociales: afecto, aceptación, etc.

4. Estima: también llamada ego, la estima implica respeto a sí mismo, logro, reconocimiento, estatus, etc.

5. Autorrealización: lograr el potencial creativo humano de la persona.

mentira blanca   Término que se usa para describir una mentira sobre un asunto trivial, la cual a menudo se dice para prevenir o evitar un conflicto.

metabolismo   Procesos químicos y físicos en organismos vivos que implican el aprovechamiento y el desecho de los alimentos.

negación   Mecanismo de defensa que permite a la persona negar la existencia de una conducta, un pensamiento, una necesidad o un deseo con el fin de evitar el estrés que provoca admitirlo. Puede negar que se truena los dedos para evitar volver loca a su pareja.

neurotransmisor   Sustancia química que transmite impulsos de una célula nerviosa a otra. Algunos ejemplos son: dopamina, serotonina, norepinefrina y adrenalina.

nicotina   Veneno incoloro de acción rápida que se encuentra en el humo del cigarro. En dosis pequeñas, la nicotina tiene un efecto estimulante sobre el sistema nervioso. La nicotina es la sustancia más adictiva de los cigarros.

obsesión   Idea, imagen o impulso recurrente, persistente y sin sentido; un pensamiento que no se puede evitar fácilmente ni hablar de él. Se puede obsesionar con una persona o una sensación. Si actúa por el impulso, se convierte en compulsión.

permanencia de objetos   Etapa de desarrollo descrita por el psicólogo infantil Jean Piaget que ocurre en los niños de entre 18 y 24 meses de edad; el conocimiento de que un objeto sigue existiendo cuando ya no se percibe. Así es como sabemos que la pizza que ponemos en el refrigerador todavía está ahí.

posponer   Dejar de hacer algo desagradable o gravoso hasta un tiempo futuro, o después de eso.

principio del placer   Término psicológico adoptado por Sigmund Freud que se refiere al impulso natural de evitar estrés y dolor a cualquier costo.

recaída   Regresar a una conducta o hábito después de que la persona lo ha dejado. Recaer no significa fracasar, sino una nueva oportunidad para aprender y avanzar una vez más hacia el cambio positivo.

reflejo   Reacción automática, física o de conducta, en respuesta a una acción específica.

sistema límbico   Parte del cerebro que los científicos creen que controla o dirige la memoria y la emoción. Se compone de diversas estructuras, conexiones y neurotransmisores (químicos cerebrales) que actúan en conjunto. La actividad del sistema límbico provoca y después alivia muchas conductas adictivas.

tendencia   Inclinación a comportarse de una manera en particular; predilección o propensión.

tensión   Cualquier factor físico o emocional que provoca una respuesta, positiva o negativa, en el cuerpo.

terapia conductual cognoscitiva   Enfoque psicológico que reconoce la interrelación compleja de los pensamientos y la conducta. Su objetivo es identificar y cambiar distorsiones y pensamientos, así como aprender a sustituir éstos por conductas más saludables. Esta terapia es particularmente útil para ayudar a que la gente rompa con los malos hábitos.

transferencia   En psicología, término técnico para conceder inconscientemente a otra persona los pensamientos y sentimientos que por lo general asocia con alguien más en su vida. Por ejemplo, de manera inconsciente asigna sus sentimientos sobre su madre a su esposa o compañera.

trastorno de déficit de atención   Trastorno neurobiológico tratable que se caracteriza por síntomas de distracción, impulsividad e hiperactividad.

umbral absoluto   Cantidad mínima de estímulo que se requiere para crear un impulso o detonar una respuesta.

OCT

LITOGRÁFICA INGRAMEX, S.A.
CENTENO No. 162-1
COL. GRANJAS ESMERALDA
09810 MÉXICO, D.F.

2001

Unrevised and Unrepented II
Debating Speeches and Others

By the Right Honourable Arthur Meighen

Foreword by the Right Honourable Stephen Harper
Prime Minister of Canada

Afterword by the Honourable Senator
Michael A. Meighen

Edited by Arthur Milnes
Inaugural Fellow in Political History, Queen's University Archives

Volume V in the Queen's University Archives
Library of Political Leadership Occasional Series
School of Policy Studies, Queen's University
McGill-Queen's University Press
Montreal & Kingston • London • Ithaca

"It has not been my habit in life to colour or distort principles in which I believe, with the idea that they must be so shaped as to be popular. I shall not do so now. With all deliberation I say that democratic institutions cannot long survive unless public men proclaim honestly, and expound fearlessly, what they believe, as the outcome of experience and conscientious thinking, to be for the public good. The temporary results to themselves cannot be considered. Time, though slow in coming, will some day vindicate the right. There is more worth living for in the vindication than there is in office or honours."

The Right Honourable Arthur Meighen, January 16, 1942

Editor's Dedication: To the memory of K. R. "Bob" Brown of Scarborough. History teacher and friend.

Table of Contents

Acknowledgements

This book would not have been published without the generous financial support of Senator Michael A. Meighen and the T. R. Meighen and Family Foundation. Senator Meighen has also been an enthusiastic and friendly source of encouragement throughout. This included his opening of private files held by the Meighen family since the days of his grandfather that allowed me to track down a much wider variety of speeches and articles from the distinguished career of the Right Honourable Arthur Meighen. These files included those kept by Arthur Meighen in the late 1940s as he prepared addresses for inclusion in the original *Unrevised and Unrepented*. As a result we were able to include a variety of speeches that were not part of the first book. Having read about Arthur Meighen since my high school days and even defended him strongly in a major essay I wrote for Professor C. E. S. (Ned) Franks about the King-Byng affair in his course, The Legislative Process in Canada, at Queen's in 1987, the thrill of being granted the trust to review Arthur and Isabel Meighen's personal scrapbooks covering their public and private lives is something I will always cherish. I owe a great debt as a result to Senator Meighen and his family.

Prime Minister Stephen Harper honoured us by agreeing to write the generous Foreword to this volume. In the Prime Minister's Office his assistant, David Curtin, also merits special thanks for his assistance. In Senator Meighen's Parliament Hill office, Loren Cicchini, executive assistant, and Willis Michalchuk, legislative and research assistant, went out of their way to provide help for which I am very grateful. Parliamentary Librarian William Young and his staff were also very helpful with research requests. House of Commons Curator David Monaghan arranged for permission to reproduce the official portrait of Prime Minister Meighen that graces Parliament Hill today. Senator Hugh Segal, as always, served as a source of inspiration and encouragement, as did former prime minister the Right Honourable Brian Mulroney. Former prime minister the Right Honourable Joe Clark helped me track down the authorship of a review of the original *Unrevised and Unrepented* that appeared in his family's newspaper, *The High River Times,* when he was a boy and I thank him for this.

In Toronto, Brian Macleod Rogers, a distinguished media lawyer and friend, generously provided legal advice for which I am more than grateful. At Queen's, University Archivist Paul Banfield and his staff at Queen's University Archives helped the project in ways too numerous to mention fully.

At the publishing unit of the School of Policy Studies, coordinator Mark Howes and Valerie Jarus worked long hours to coordinate the publication of this volume. I want to pay special tribute to Mark for his design work for the cover. Copy editor and book designer Anne Holley-Hime saved me from many mistakes and approached her work with great enthusiasm even though she was dealing with a confirmed computer Luddite. Queen's graduate student Ravi Amarath, now studying law in Nova Scotia, helped me assemble speeches in the project's early days and I thank him for his work.

When I was a high school student in Scarborough in the 1980s, it was my good fortune to be taught history and world religions by a friend of my father's, K. R. "Bob" Brown at David and Mary Thomson Collegiate Institute. Mr. Brown had to leave his duties mid-year while I was in Grade 12 due to his struggle with cancer. On his last day at Thomson he sought me out, despite being in great pain, and took me to a storage area. He said he wanted me to have a "few things" before he left. In that storage area were Canadian history books he had collected over the years. These included biographies of prime ministers Louis St. Laurent, Mackenzie King, Alexander Mackenzie, Robert Borden and others. Among the volumes he sent me home with that day was Roger Graham's three volume biography of our ninth prime minister. I remember first reading the speeches of Arthur Meighen thanks to him. Mr. Brown died while I was in Grade 13. In tribute to this teacher who helped shape my life and interest in prime ministers, I dedicate this volume to Mr. Brown's memory with great respect and appreciation.

Arthur Milnes
Kingston and Scarborough
November 2010

Foreword

by the Right Honourable Stephen Harper
Prime Minister of Canada

IT WAS NINETY YEARS AGO THIS SUMMER that the Right Honourable Arthur Meighen was sworn into office, becoming Canada's ninth prime minister. Born in Ontario, he had moved to Manitoba and first made a name for himself in legal and local circles in Portage La Prairie. He was the first prime minister to carry within him a real understanding of Canada's West.

Manitoba voters first sent Arthur Meighen to Ottawa in 1908. He quickly became known as a young MP to watch for his oratory and intellectual acumen. "Well," Sir Wilfrid Laurier said to a friend after listening to Meighen's first major speech in the Commons, "Borden has found a man." Sir Wilfrid then went on to compare the Meighen speech he had just heard to some of the greatest he had witnessed from parliamentary giants like Sir Richard Cartwright and Edward Blake.

After service in Sir Robert Borden's wartime cabinet, Meighen was chosen as Sir Robert's successor in July 1920. As prime minister he represented Canada at the Imperial Conference of 1921 and his work there helped spark the Washington Disarmament Conference. Though defeated in 1921, Meighen returned as prime minister in 1926 in the crisis over Mackenzie King's customs scandal. After the defeat of Meighen's fledgling government in the 1926 election, he was summoned to the Senate and became a member of Prime Minister Richard B. Bennett's cabinet. Until his appointment, it is said that no reporters covered the Red Chamber. The single fact of Senator Meighen's membership changed all that and journalists and others often crowded the Senate galleries to hear Meighen in debate. In 1941–1942, Meighen served again as party leader. He was the Conservative Party's indispensible man.

Though Arthur Meighen's time as prime minister was relatively brief, his legacy, as this volume attests, lives on. Regardless of party, observers then and now still rank him as perhaps the greatest debater and orator in Canadian political history. His addresses are both legion and legendary. Meighen's biographer, Professor Roger Graham, wrote the following of his subject's speaking style.

> He paid the voters the compliment of treating them as reasonable beings. His technique on the hustings was that of the able barrister: he built up his argument stone upon stone, made the logic of his case crystal clear, added just enough wit and sarcasm to expose the other side to ridicule, burst now

and then into a flash of eloquence; and delivered his whole speech calmly but with conviction in a voice resonant and powerful and in words of classic simplicity. He never talked down to an audience but he did speak so that all could understand and was rewarded by the knowledge that what he had to say was listened to with rapt attention. Meighen had the gift of gripping an audience, not with the spell-binding art of the demagogue, but by the urgency and earnestness of his speech, and many a man has testified to the powerful impact his words and personality had on those who heard him.

It was exactly fifty years ago, in August 1960, that Arthur Meighen died. The voice of one of Canada's greatest parliamentarians was silenced. In the House of Commons, another legendary parliamentarian, Prime Minister John Diefenbaker, took to his feet to pay tribute to his former leader.

I heard him speak on a number of occasions, and they were unforgettable. He had the unique distinction of having been the only Canadian who had held the four great offices of parliament, for he was both prime minister and leader of the Opposition in the House of Commons, and government leader and leader of the Opposition in the Senate. His voice was heard in adornment of twenty-three sessions of the House of Commons and thirteen sessions of the Senate. Arthur Meighen was my friend. I twice contested a seat in parliament under his leadership. I heard him on the hustings many times, and whenever I heard that man the words of Lord Curzon, as he described another great statesman, Right Hon. Herbert Asquith, came to mind: Whenever I have heard him on a first-rate occasion, there arose in my mind the image of some great military parade. The words, the arguments, the points, follow each other with the steady tramp of regiments across the field; each unit is in its place, the whole marching in rhythmical order; the sunlight glints on the bayonets, and ever and anon is heard the roll of the drum.

As Prime Minister of Canada I am pleased to commend this volume of Arthur Meighen's speeches and articles to a new generation of Canadian students. I offer my congratulations to the editor of *Unrevised and Unrepented, II,* Arthur Milnes of Queen's University Archives, and a special thank-you to my colleague, Senator Michael Meighen, for his support of this worthy collection, which will be an important resource for many years to come.

The Right Honourable Stephen Harper, PC, MP
Prime Minister of Canada
Ottawa
August 2010

Introduction

by Arthur Milnes

LESS THAN THREE YEARS BEFORE HIS DEATH, Arthur Meighen was honoured by the Canadian Club of Toronto. It was December of 1957 and the newly-elected Tory prime minister of the day, John Diefenbaker, had just paid fulsome tribute to Meighen with his own speech before club members. An overflow crowd filled the Royal York Hotel and waited with great excitement for Meighen's reply. He was, after all, considered the greatest living orator in Canada. Much was expected of him, even in old age.

Meighen's biographer, Professor Roger Graham, later described the scene. "When the hearty applause at its end had ceased Meighen rose somewhat unsteadily to his feet," he wrote. "All those who knew what mental anguish had been caused him by anticipation of this moment waited in anxiety while he stood there for some seconds, silent. And then, just when it seemed that he could not think of what to say, he began to speak in a low voice.

> I have in my long life some difficulties to face, some seemingly impossible situations to encompass but I frankly admit that the challenge now is more threatening than anything I can remember through this long stretch of decades. I am quite conscious that by no effort of mine could I for a moment hope to give an example to you of the virtues of speech that would meet your expectations after the most eloquent, exceedingly kind and overwhelmingly generous words that have just fallen from Mr. Diefenbaker. If I say no further on the subject, I hope he won't think that I immodestly accept the over-generous language he has passed upon me. It may possibly be not unkind to say that nobody and, least of thousands, myself could be worthy of them."[1]

Because Diefenbaker has praised Meighen's skills in Parliament—Meighen had graced both chambers of debate on Parliament Hill starting forty-eight years previously—the ninth prime minister then spoke the following words.

> There is only one boast I can ever make. Not a boast in any triumphant success—not at all—but I think I can say this, which not all could say, that I never rose there and sat down without having done the best that was in me. And what is more important, I cannot let you go away without acknowledging that I had much of the adventitious by way of example to help me; in many ways I was fortunate. Indeed I was almost incredibly fortunate in the fine men who stood around me, against me and in the fine men who stood with me. I tried to take advantage of what they had to give and of their abundance they gave me much.[2]

Meighen then paid his own tribute to two prime ministers he had served

---

1 Roger Graham. *Arthur Meighen No Surrender*. Clarke Irwin. (Toronto). 1965. Pages 182-183.
2 Ibid. p. 182.

in Parliament with, Sir Robert Borden and Sir Wilfrid Laurier. "I acknowledge what I owe to his [Borden's] great and surpassing care in all matters of fact and reason ... There never was a man—not in my lifetime—from whom one could learn so much of the art of leadership as from Sir Wilfrid Laurier. One of the lamentations that I still indulge in is that I did not learn more from him."[3]

That address was to be Meighen's valedictory. While there were to be a few other public appearances before he died in August of 1960, the Canadian Club reply to Prime Minister Diefenbaker was Meighen's last major address. He had, as he said that evening, "done the best that was in" him.

Twice prime minister of Canada, leader of the Opposition, government leader in the Senate, leader of the Conservative party, cabinet minister under Sir Robert Borden, Meighen played a crucial role in Canadian national politics from his arrival in the House of Commons after the 1908 election until he stepped down as Tory leader—the second time he had served in the post—in 1942.

His great legacy, however, is not to be found in a policy or program. Instead, it is Meighen's skill as a parliamentarian and orator that he is remembered best. "He was incomparably the greatest parliamentarian of my time, probably the greatest Canada had ever had, and from the first time I listened enthralled," Eugene Forsey was to write. "Never a note, never a repetition; every name, every date, every quotation impeccable; never at a loss; invincible with interrupters and hecklers; never ruled out of order. The speeches were masterpieces, alike in matter, structure, and manner; classical in their flawless English, memorable in their phrasing."[4]

Those privileged to have heard him in Parliament reported he was rarely bested. Meighen's long-time friend, journalist and senator, Grattan O'Leary, said he was, however, known to have been matched once. "The only time I ever saw him really taken aback was one night where a very witty Jewish Liberal, Sam Jacobs, made a strong protectionist speech, and when he sat down Meighen rose and invited the honourable gentlemen to cross floor and come to his spiritual home. Jacobs got up and said, 'Mr. Speaker, one of my ancestors did that sort of thing 2,000 years ago, and the world hasn't stopped talking about it yet.' Meighen raised his hand in salute."[5]

This Introduction is being written as Canadians mark Remembrance Day 2010. No more powerful address by a Canadian prime minister exists

3 Ibid. p. 182.
4 Eugene Forsey. *A Life on the Fringe: The Memoirs of Eugene Forsey.* Oxford University Press. (Toronto). 1990. p. 100.
5 Jack McLeod (ed). *The Oxford Book of Canadian Political Anecdotes.* Oxford University Press. (Toronto). 1988. p. 88.

than the one Prime Minister Meighen gave at the unveiling of the Cross of Sacrifice at Vimy Ridge in July of 1921. It bears repeating today.

> The Great War is past; the war that tried through and through every quality and mystery of the human mind and the might of human spirit; the war that closed, we hope forever, the long, ghastly story of the arbitrament of men's differences by force; the last clash and crash of earth's millions is over now. There can be heard only sporadic conflicts, the moan of prostrate nations, the cries of the bereaved and desolate, the struggling of exhausted peoples to rise and stand and move onward. Its shadow is receding slowly backward into history.
>
> At this time the proper occupation of the living is, first, to honour our heroic dead; next, to repair the havoc, human and material, which surrounds us; and, lastly, to learn aright and apply with courage the lessons of the war.
>
> Here in the heart of Europe we meet to unveil a memorial to our country's dead. In earth which has resounded to the drums and tramplings of many conquests, they rest in the quiet of God's acre with the brave of all the world. At death they sheathed in their hearts the sword of devotion, and now from oft-stricken fields they hold aloft its cross of sacrifice, mutely beckoning those who would share their immortality. No words can add to their fame, nor so long as gratitude holds a place in men's hearts can our forgetfulness be suffered to detract from their renown. For as the war dwarfed by its magnitude all contests of the past, so the wonder of human resource, the splendour of human heroism, reached a height never witnessed before.[6]

Meighen's reputation as a leading orator was cemented in the public's mind in 1949 when he chose to release *Unrevised and Unrepented Debating Speeches and Others*. For one who suffered many electoral defeats during a long career, Meighen was surprised at the positive reaction the collection of speeches received. From across Canada there were reviews that praised both the book and Meighen's decision to assemble and publish such a collection. Reviews appeared in large and small publications. One newspaper that took a special interest in the book was located in High River, Alberta. The *High River Times* published their review on January 5, 1950 and it read in part:

> Not many politicians in this or any other country could afford to have their speeches covering a period of forty years published unrevised in book form. This is the achievement of Right Honourable Arthur Meighen, PC, KC. The speeches are not only unrevised, but unrepented. He said what he thought at the time regardless often of what was politically expedient or profitable, and is able, now, many years later, to present them to the public, unafraid and unashamed. He is able to do this now because, like Goldsmith's preacher, he was unpracticed in the art of seeking power by doctrines fashioned to the varying hour, but like Kipling's artist, he painted things as he saw them for the good of things as they are. Few statesmen

6 Arthur Meighen. *Overseas Addresses June-July 1921.* Musson Book Company. (Toronto). 1921. pp. 45-46.

and, fewer still, politicians could afford to publish their old speeches without revision. If they did, it would not be without repentance afterwards for having exposed how wrong they were when they made the speeches and how stupid they were, later on, to publish them without revision.[7]

Readers will be interested to know that the author of that review was Col. Hugh Clark, brother of the newspaper's owner, Charles Clark. The colonel's nephew was none other than future prime minister Joe Clark.

In 2009 Senator Michael A. Meighen, Arthur's grandson, and myself, first met in Ottawa to discuss the idea of re-releasing *Unrevised and Unrepented* to mark its original publication sixty years before. In addition, July 2010 would mark the 90th anniversary of Meighen's first becoming prime minister when he succeeded Sir Robert Borden and became, up until that time, Canada's youngest-ever prime minister. We were also aware that August 2010 would also be the 50th anniversary of Arthur Meighen's death, meaning that whole generations of young Canadians had grown up mainly unaware of the ninth prime minister's contributions and skills.

At that meeting, the senator and I decided to attempt to preserve what was best of the speeches originally included by his grandfather in 1949, and to also add in additional speeches and articles that were not part of the first edition. To this end, Senator Meighen allowed me to examine scrapbooks and other family files his grandmother, Isabel Meighen, who died in 1985, had kept during the years her husband was in public life. Luckily, newspapers of the day widely reported addresses by public figures—often presenting them in full—and we were able to build a wider collection of Arthur Meighen's addresses. In addition, the work of Arthur Meighen's biographer, the late Roger Graham, proved indispensible in gathering further speeches and articles. Library and Archives Canada, through their website, www.archives.ca, enabled us to download major addresses of Meighen's from his period as prime minister in 1920–1921. The Library of Parliament also provided a great many articles featuring news about the new prime minister in the summer of 1920 and also the campaign of 1921 where Meighen first faced off against Mackenzie King. To better illustrate the flavour of the battles between Mackenzie King and Arthur Meighen, I have included a lengthy excerpt of press coverage of one of King's speeches during the summer of 1920.

While the words in the speeches have not been changed, the spelling and capitalization have been modernized. The reader, therefore, will be able to concentrate on the content, rather than the form. Similarly, references to page numbers in the original book have been deleted.

---

7 Pertinent Topics Discussed by H.G. The *High River Times*. January 5, 1950.

Readers will find that I have assembled the materials in chronological fashion. Like the original *Unrevised and Unrepented*, I made the decision to keep footnoting to a minimum and to forgo the use of photographs. Arthur Meighen was a man who believed strongly in the power of the spoken and written word. As in his day, it is hoped that Canadians today will consider his arguments as they were presented at the time.

This book is not to be considered a defence of Meighen before history. Those seeking to make judgments on the decisions he took and positions he advanced are invited to examine the work of Professor Roger Graham and others. Instead, this re-release of *Unrevised and Unrepented* should be seen for what it is: A celebration of Canadian political oratory at its finest. It might also be seen as a lament for a time in our history when Parliament and public addresses truly mattered in Canadian politics.

Studying Meighen's addresses also reminds us, as citizens, of the dangers politicians face when they deliver what we in the modern age tell pollsters we want: Leaders who tell the truth as they see it. Our ninth prime minister did not tailor his messages to suit the immediate needs of politics. Instead, he clearly laid out his platform and in doing so treated voters as equals. Unfortunately, he earned the respect of many audiences but not their electoral support. Here is Meighen during a radio broadcast during the ill-fated by-election in York South that ended his political career.

> It has not been my habit in life to colour or distort principles in which I believe, with the idea that they must be so shaped as to be popular," he told his listeners in January of 1942. "I shall not do so now. With all deliberation I say that democratic institutions cannot long survive unless public men proclaim honestly, and expound fearlessly, what they believe, as the outcome of experience and conscientious thinking, to be for the public good. The temporary results to themselves cannot be considered. Time, though slow in coming, will some day vindicate the right. There is more worth living for in the vindication than there is in office or honours.

Meighen's lack of political success, then, invites us to examine how it is we as voters and citizens respond to leaders who grant us this courtesy. The Meighen story serves as an unfortunate and cautionary tale for citizens and politicians alike.

This book is also a tribute to a man who gave his best years to public service. In 1925, Arthur Meighen was the main speaker at a banquet in honour of the Father of Confederation, Thomas D'Arcy McGee. "Canada has now reached a time when the lives at least of her founders have receded out of politics into history," he said. "There are no controversies of today which date back to the era of Confederation—nothing left now to distort the perspective with which we can view the men of that time and measure their powers, their motives, and their achievements. There are some of those giants who have stood every test, who have grown in stature through half a century of criticism and whose place in our annals is now forever secure."

Like McGee, Laurier, Borden and others, Arthur Meighen's own place in our annals is now secure. With the partisan guns now silent, it is fitting we honour this past prime minister and orator in our own time. In his words we find love of country, respect for Parliament and all our ancient institutions, a belief in public service and a celebration of our history. We do well to remember Arthur Meighen today.

Chapter 1

"Borden Has Found a Man"

Meighen on the Rise, 1908 to 1920

Maiden Address in the House of Commons
March 15, 1909[1]

I HAD NOT INTENDED IN ADDRESSING THE HOUSE on this resolution because I did not anticipate that it would meet with the opposition that it had encountered. I have been rather amused at many of the reasons to which honourable members have had to resort in order to bring themselves in line with the party whip and lead themselves to what the honourable gentleman who has just spoken has described as a conscientious conclusion to oppose the motion ... This resolution does not call for the appointment of a farmer because he is a farmer, but calls for the selection of a man in every respect fit to fill the position, and a farmer aside.

It may be that the Minister of Agriculture is a farmer, but it is impossible to argue from that that a man could not be selected from among the farmers of Canada who would be a good Minister of Agriculture. The Board of Railway Commissioners, as has been stated by honourable members, is a most important body. No one appreciates more than I do the importance of that board ... The appointment of this board was a distinct step in advance for the people of this country. We must remember, however, that the establishment of the Railway Board was brought about much in the same way as the reforms we are now trying to bring about by this resolution—by petitions from the farmers of this country, by the agitation of municipal bodies and the strong and earnest effort of members on this side of the House. When, under these circumstances, we are willing to accord to the government credit for the appointment of the board, surely that should be enough to allow these honourable members at least to follow their first and virgin determination and support the resolution.

Now, membership on the board, I admit, demands a high standard of

---

1 Meighen spoke in the affirmative to a resolution put forward by a fellow Conservative MP that "an able and practical farmer of the West" receive a vacant spot on the Board of Railway Commissioners.

qualification. I believe that the duties devolving upon the members of the Railway Board are of equal difficulty, in many respects, with those devolving upon the Supreme Court. A member of this board needs to be of Supreme Court calibre, perhaps not in legal attainments, but certainly in general mental qualifications. But I am not one of those who believe or fear with the honourable member ... that men of that calibre cannot be found in the ranks of our western farmers. There are men among these western farmers who are quite competent to fill the position if the government will make a choice among them. Believe that, knowing it as a matter of actual knowledge, I should be derelict in my duty did I not vote for this resolution ... And I further say that he who votes the other way at this time, acknowledging the immense interests as members have freely acknowledged, to be represented by the character of appointment aimed at, proclaims to his country and to his constituents, that in his opinion there is no practical western farmer qualified to measure for the office, and he must take full responsibility for that position.

The Military Service Act
Conscription
June 21, 1917

After the First Great War had been raging for more than two years, the Prime Minister of Canada, Sir Robert Borden, approached the Leader of the Opposition, Sir Wilfrid Laurier, in an effort to bring about Coalition. ... The Liberal-Conservative Government then in office had, after long trial, found it impossible to provide adequate reinforcements for the Canadian Overseas Army by the voluntary system. Sir Robert's proposal was that the primary purpose of Coalition should be a Compulsory Selective Service Law in terms to be agreed upon by representatives of both parties entering the new government. Representation in the new government was to be on a fifty-fifty basis. Having given the subject some days' consideration, Sir Wilfrid declined to cooperate.

Later, on June 11, 1917, sometime before the personnel of his Cabinet had been altered by the inclusion of many Liberals, the prime minister introduced a compulsory measure known as The Military Service Act *and explained fully its provisions. When motion for second reading was made later on, Sir Wilfrid Laurier moved in amendment:*

That the further consideration of this Bill be deferred until the prin-

ciple thereof has, by means of a referendum, been submitted to and ap-
proved of by the electors of Canada.

The following speech was delivered on June 21, 1917 in debate on the
above amendment:

NO ONE COULD BE PRESENT during this debate, or, if not present, could look
out with intelligent mind on manifestations of sentiment everywhere ap-
pearing, without being conscious of the momentous importance of our
pending decision. This is said not because there is any doubt as to what the
verdict of the House will be. Substantial unanimity—not necessarily entire
unanimity—on this side alone would probably carry the Bill. But the courage of certain honourable gentlemen across the floor—courage amid real
difficulties and, therefore, creditable in high degree—has placed the issue
beyond all question. What we must keep in mind, though, is not merely the
present, but what is of final, lasting consequence: in a word, we must so
conduct ourselves as to insure that the largest possible preponderance of
public support accompanies the enforcement of this measure. Enactment
of law is only a beginning; it is obedience to law which determines its value.
That is why this Bill of all Bills should be thoroughly considered and why
this debate should be conducted in such a spirit and upon such a plane as
will afford an example and inspiration to our people everywhere. The right
and honourable thing must be done. The right and honourable thing will
be done, and in our view it is embodied in this measure. The highest duty
of members of Parliament is to spare no effort to make plain to every reasonable man and woman in all parts of Canada that we pass this measure
and enforce it only because it is right and honourable; that we do so for no
unworthy reason or out of any spirit of vindictiveness, but because in this
crisis of our country it is the only course we can take which has the sanction
of both mind and conscience.

I regard the forwarding of troops to the front on the scale now being
undertaken as an all-essential, as something we cannot shirk. Does anybody
really think otherwise? Whatever means are necessary to procure these
men, they must be sent; and whatever action is necessary on our part to
support our army at present in France, we must take. No one has seriously
argued in this House—and in solemn truth no one seriously believes—that
we can despatch, as we have done, 350,000 men overseas, commissioned
by us to stand between our country and destruction, pledge them the un-
dying fidelity of a grateful people, watch them through harrowing years of
suffering, bathe ourselves in the reflected glory of their gallantry and devo-

tion, and then leave them to be decimated and destroyed. Surely, surely, an obligation of honour is upon us, and fortifying that obligation of honour is the primal, instinctive, eternal urge of every nation to protect its own security. There is no other way in which the security of our state can be to a maximum ensured, and certainly no other way in which its honour can be preserved.

In the next place, we are able to send these men; we have them here to send. Does anybody dispute that? It is argued feebly by some that we require all our men for industrial, commercial and agricultural pursuits. True we can use them all at home; there are opportunities in Canada to occupy them. But, Mr. Speaker, a reasonable mind must agree that we need them far more sorely in France. It is true we cannot send them without some inconvenience. The soldiers—millions of them—who represent France on that 350-mile battle line are not there without inconvenience to their people at home; neither are the soldiers who represent Great Britain. When men are sent away, necessarily more women will be employed in factories, more elderly persons will be employed on street cars, more boys will be employed on farms during summer instead of passing their time at lake resorts. There might even be a small diminution of production. But all this we can afford infinitely better than we can afford to allow our lines in France to be abandoned, weakened or destroyed. We can afford the men; we must send them. What way is there of securing them other than that provided here?

Some have suggested that if we withdraw this Bill we can sustain our forces by a continuation of the voluntary system. The honourable gentleman who has just sat down (Mr. Pardee) and who has delivered an address which will long live in our records, has indicated that without compulsion and merely beneath the shadow of this Bill more volunteers may be enrolled. I do not doubt that what he has in mind is true: quite probably beneath the shadow of this measure more men will enlist, under a sort of voluntary system. But that emphasizes—it does not destroy—the necessity for the Bill. Withdraw the Bill and its shadow vanishes; on the other hand, enact it into law, and, before an organization can be set up to give it effect over the length and breadth of Canada, thousands upon thousands will flock to the colours, knowing what is certain to come.

Who can contend, with justification, that the voluntary system has not been adequately tried, both in the way of vigorous effort and of length of time? The honourable member for St. John (Mr. Pugsley), if I understood correctly an interruption he made yesterday, feels that the voluntary system is now doing enough. Well, for one year it has produced an average of 6,000 to 7,000 men a month, while wastage in Canada and in England amounted to a very substantial portion of that total. In the two months through which we have just passed, the voluntary system yielded us not one man for four of those who were casualties among our troops in France. Add casualties in France and wastage in England to wastage in Canada, and it is as plain as a rule of arithmetic that further reliance on the voluntary system will in time—perhaps in a very short time—so reduce our forces that we shall have no substantial representation in the war.

We are told over and over that everything has not been done which might have been done. Perhaps that is so; all I know is that we have done everything that we were able to devise, that the resources of the Administration were able to evolve, to make voluntary enlistment successful. Has there been, during the whole course of this debate, a suggestion of any practical step which might have been taken and which was not taken? I have not heard one. Was there not a sufficient number of recruiting officers? Were the recruiting officers not the proper men? In some cases, quite possibly, they were not; no government and no minister who ever existed could select in every particular case the proper man. There may have been—there no doubt was—an English recruiting officer in Montreal, and such an appointment has been scornfully attacked. If memory serves me aright, there is a considerable English population there, and from it has come a creditable supply of troops. But there were French recruiting officers as well in Montreal. One would think, listening to the honourable member for Rouville (Mr. Lemieux), that the only man commissioned to recruit in that area was the Methodist minister of whom he complained. I asked from the Militia Department a list of recruiting officers in the Province of Quebec and in the city of Montreal. When I received today a long tabulation, I really thought for a moment they had sent me a list of French-Canadian recruits; the number was almost legion. Any honourable member can have these names copied for himself, and if he examines them he will admit that of those willing to serve the best were chosen. There was no way of forcing men to act.

If ever ministers of the Crown have been anxious about anything, present ministers have been anxious to retain the voluntary system, rather than disturb domestic unanimity, and no one has been more intensely in earnest about this than the prime minister himself. It is simply not true to say that at any time he made promise or pledge that compulsory service would never come. What he did do—and more than once—was to deny any present intention of resorting to that system and to express a most ardent hope that compulsion would never be necessary. To have that hope, that anxious hope fulfilled, I can think of no resource which was not exploited, no honourable appeal which was not made, no worthy exhortation that was left unuttered, no decent pressure that was not applied. Yes, I know, or can imagine, what is in the mind of honourable members. They are thinking of extremes resorted to which went away beyond these limits and, truth to tell, their thinking is absolutely right. The system became, at last, one which could be called voluntary enlistment only in a corrupted and attenuated sense. It became a system rather of conscription by cajolery—and not creditable to Canada. This so-called voluntary principle is illogical, it is unjust, it is cruelly unjust to many who volunteer to go; it is shamefully unjust to many who decide to stay. It provides no tribunal authorized to separate in public view two classes of men, the eligibles and the ineligibles, for a fighting war. It leaves everything to caprice. There is method and rationality in the plan before us now.

In objection it is urged that, however essential this plan may be, however ample may be the means at our disposal to carry it to success, we are restrained by constitutional limitations. There is no need of a long, wiredrawn argument as to our powers. Everyone who wants to face this issue rather than evade it will admit that there is no question whatever of jurisdiction; all talk of doubt is pusillanimous. If jurisdiction is not with us it is either in the Imperial Parliament or in the provinces. To suggest the first is an affront to Canada; to suggest the second is nonsense. What honourable gentlemen have really intended to argue is not that jurisdiction is lacking, but that we have never heretofore exercised this power, never declared by statute that the armed forces of our country, no matter how enrolled, whether by conscription or otherwise, could be despatched overseas. Even in this they are wrong, totally and obviously wrong. Sir George-Étienne Cartier was our first Minister of Militia. Under his guidance the first *Militia Act* following Confederation was passed. It provides that all males between 18 and 60 shall be "liable" to service. It sets out clearly the manner in which they can be compulsorily enrolled, and the same Act as amended in 1904 goes on to say that the armed forces of this country having been enrolled may be sent anywhere "within or beyond Canada for the defence thereof." This statute as so amended is still in force in those very terms and could be used today. It is laid aside not because the powers it gives the government are inadequate—that is to say powers in respect of compulsory enrollment and compulsory despatch overseas. These are quite ample. What is lacking is the right to select, the right to establish boards of inquiry who can make selections on a basis of facts. If *The Militia Act* is used there is indeed nothing that can be called *selection*. The men, after reporting, are chosen by lot, by chance, by hit and miss—a method abounding in inefficiency and injustice.

The honourable member for Kamouraska (Mr. Ernest Lapointe) in a well-constructed speech struggled manfully to uphold an idea which he and his leader have been cultivating—that it was the intention of *The Militia Act* to limit compulsion to defence within this country, or at most, to defence within this continent. The honourable member's speech was plainly designed for distribution in his province, and I address these words in reply particularly to my French-Canadian friends. A moment ago I quoted from clauses of the Act words which made all males between 18 and 60 "liable" to service and which authorized the Minister of Militia to send them anywhere "within or beyond Canada for the defence thereof." You are being asked to conclude, first, that the word "beyond" has no meaning, or if it has a meaning, its scope is restricted to North America. True, North America is not mentioned, any more than is Mesopotamia but the honourable member argues that those words have been interpreted as not to authorize a despatch of troops overseas. True, he quoted in support two distinguished public figures—Sir Frederick Borden, the Minister of Militia in 1904 when the amended Act was passed, and Sir Sam Hughes. Then somewhat over-inspired by the prestige of these authorities in matters of legal interpretation, he went on to make the following astonishing pronouncement:

> Until a few days ago, I do not think that anybody who has studied the constitutional history of Canada ever expressed the opinion that her militia could be sent overseas by virtue of that Act.

It is unfortunate that the honourable member forgot to inform his hearers that Sir Frederick Borden had at another place in *Hansard* used language indicating a directly opposite opinion and that Sir Sam Hughes after further study had completely altered his view and declared that under our *Militia Act* troops can undoubtedly be sent overseas. It is worth explaining also that neither of these two men was a lawyer. Sir Frederick Borden was a physician and Sir Sam Hughes an editor.

Let us examine further this edict or verdict of the honourable member for Kamouraska. Nobody, he says, who has studied constitutional history ever expressed an opinion that Canada's troops enrolled under *The Militia Act* could be sent overseas—not until a few days ago. To whom, I ask, when the amended Act was going through in 1904, would questioners look for guidance in matters of law—to the Minister of Militia, Sir Frederick Borden, or to the Minister of Justice, Sir Charles Fitzpatrick? And Sir Charles Fitzpatrick was asked for guidance and Sir Charles Fitzpatrick responded. He told the House in unmistakable terms, in language limpid clear that under the Act then being debated troops of this country compulsorily enlisted could be sent overseas, even to India, if in the judgment of the governor general in council the defence of Canada was being fought overseas. Sir Charles Fitzpatrick stated at that time that the discretion resided solely in the governor general in council (that is, the government) until Parliament later on could pass upon his decision. Yet, in the face of that declaration by the constituted legal authority of Canada when the Act was passed in 1904, and almost in the hearing of that distinguished man, the honourable member told this House that no one ever asserted such a thing until a few days ago.

MR. CARROLL: Does the solicitor general make a distinction between the power of the government to send conscripted troops overseas and the power of the government to send voluntarily enlisted troops overseas?

MR. MEIGHEN: I make no distinction whatever. The Act makes no distinction; it says that we may enlist troops voluntarily or by conscription, and that after we have enlisted them, we can send them beyond Canada for the defence of Canada. Sir Charles Fitzpatrick said, as anyone after a careful reading would have said, that it was a matter for the government, in the exercise of its discretion, to decide whether it believed the war being fought overseas was a war involving the defence of Canada.

Now I ask, and earnestly ask, honourable members seated around me—I ask particularly honourable members from Quebec—"Do you think that statement of the member for Kamouraska was a fair statement?" And further—"Do you think it was a true statement?" You will find it in days to come scattered through the homes and laneways of your province in the hope that it will incite your compatriots against the *Military Service Act.* No one, he said, who had studied constitutional history had ever, until now, expressed an opinion that our troops could be sent overseas under the old or the revised *Militia Act!* That is what the honourable member said no less than three times in his speech. I affirm, and challenge contradiction either right now or later from anyone within sound of my voice, that from the time our first *Militia Act* was passed in 1868 up to the present hour no student of constitutional history and no constituted legal authority in our country has ever said anything else.

We are told, however, that, even if we have always had, and have today, power to despatch our troops beyond Canada for the defence of Canada, we should not exercise that power. Why? The leader of the Opposition assures us that he is not afraid of an invasion of Canada. The honourable member for Bonaventure (Mr. Marcil) is also brave; he is not afraid of an invasion either. These honourable gentlemen in their predictions—because at best they are only prophecies—are either right or wrong. Whether they are right or wrong I don't know and they don't know, and, as a certainty, no human being knows. But let us come to grips on this question. One or the other is true: either we are in danger of invasion now or later as a result of this war, or we are not in danger. If the first is true, then no question arises; all agree that we should send our men and send them at once. If the second is true, then our defence is being fought out over there, and it is because the right honourable gentleman (Sir Wilfrid Laurier) believes that the armed forces of Britain and of France, Italy and Russia will emerge victorious that he sits comfortably in his seat, untroubled by fears of invasion. That means those nations are fighting out there the defence of Canada. How, then, can he shrink from the duty, which he must surely feel upon his heart, of sending the troops of Canada to sustain our own defence?

I pass on to examine some contentions advanced in support of the amendment moved by the right honourable Opposition leader. It has been a matter of much interest, and indeed of curiosity, to observe the wonderful variety of opinions collected behind this referendum amendment. A referendum amendment is really not an amendment at all. Very definitely it is not a policy: it is a negation of policy. Why has it been adopted as party tactics? Merely as an expedient to avoid facing the issue, and to gather behind the Opposition leader all support, however incongruous, that can be got together. What kind of opinions are behind the amendment? It is moved by the leader of the Opposition, who complains that we have dashed this Bill upon the House too suddenly and too soon. It is seconded by the honourable member for Edmonton (Mr. Oliver), who complains that we have already waited too long; that we should have taken this course and held a referendum a year ago. The leader of the Opposition argues that the Bill will be met with opposition, if not with resistance, on the part of French Canada and will bring about disunion in our country. His seconder, the honourable member for Edmonton, wants in place of this Bill another one which will take all of these 100,000 men out of French Canada alone.

MR. OLIVER: I would like my honourable friend to keep closer to the facts than that. *Hansard* is my record.

MR. MEIGHEN: I would not have said so if it had not been on *Hansard*. The honourable gentleman's words are capable of that interpretation, and of no other. I know he did not employ his language with an intention that that interpretation be applied.

MR. OLIVER: Thank you.

MR. MEIGHEN: He took the ground that this Bill would take men out of Alberta, out of the Edmonton constituency, from which enough men had already gone, his idea being to make the Bill unpopular in the constituency of Edmonton. This is what he said, as reported in *Unrevised Hansard*, page 2520:

We have been led to believe that a conscription measure would be fair to the country, and as we have done our duty, in a measure, so it would compel the people in other parts of the country to do their duty. Now, that is the kind of conscription measure I want to see, but that is not the kind of conscription measure my honourable friend has brought down.

MR. OLIVER: Hear, hear.

MR. MEIGHEN: He wants to compel those who have not done their duty to do it.

MR. OLIVER: Hear, hear.

MR. MEIGHEN: What does he say on the previous page?

Given a proper measure of universal military service, and there is equality in the distribution of the burden, an equality that docs not exist in the case of voluntary service. ... If there is not equality of service under the compulsory principle, then, instead of it being a democratic method of meeting a great emergency, it becomes an instrument of tyranny and unfairness in every particular.

Those are his words: "I want a conscription measure," said he, "that provides for equality of service." And how? By taking from areas which have not enlisted voluntarily until we bring about an equality.

MR. OLIVER: Hear, hear.

MR. MEIGHEN: How are we going to get an equality in this country unless in addition to the 8,000 of French-Canadian extraction already enlisted in the Province of Quebec we take 100,000 more?

MR. OLIVER: If it requires 100,000 men from the Province of Quebec for the Province of Quebec to do its share, then certainly take the 100,000 but my honourable friend does not suggest that it does require that.

MR. MEIGHEN: Would 108,000 from French Canada be any more, proportionately, than the present contribution from Alberta, and how can we get an equality unless the contributions are proportionately equal?

MR. OLIVER: I could not say without a pencil and paper. When my honourable friend attempts to make it appear to this House that I said anything which could be construed as stating that all the further military requirements of Canada should be supplied from the Province of Quebec, he is using language which has absolutely no foundation, and which is absurd on the face of it.

MR. MEIGHEN: I will leave the House and country to figure out how equality is going to be reached unless contributions are proportionately equal.

MR. OLIVER: Equality is what we want.

MR. MEIGHEN: What I have expressed is an inescapable conclusion from the honourable gentleman's words, and I do not intend that he shall shy away from that conclusion. He used those words for the purpose of currying favour in his own province.

MR. OLIVER: Will the honourable member be good enough not to impute motives to other honourable members of this House?

MR. MEIGHEN: I will not impute dishonourable motives but I have a right to impute motives not dishonourable.

MR. OLIVER: I rise to a point of order. My point of order is that the Solicitor General, or any other honourable member of this House, must take the statements of other honourable members as they are uttered and he has no right to impute any motives.

MR. MEIGHEN: I took the statement as it was uttered. I do not want to change the statement but surely I have a right to argue from it what I believe to be its inevitable conclusion.

MR. PUGSLEY: The Solicitor General entirely ignores what my honourable friend from Edmonton says he said and alleges that my honourable friend from Edmonton made a statement in order to curry favour with the district of Edmonton. I understand that is what my honourable friend complains of?

MR. OLIVER: Yes.

MR. PUGSLEY: Is that in order, Mr. Speaker?

THE DEPUTY SPEAKER: I do not think that the honourable the Solicitor General has imputed motives or has said anything to which the attention of the Speaker should be called.

MR. MEIGHEN: Yes, Mr. Speaker, the reasons presented to honourable members for the purpose of urging adoption of this amendment are incongruous and conflicting. Here is an amendment moved by the leader of the Opposition because he himself is against conscription. It is seconded by the honourable member for Edmonton because he is in favour of conscription. And its first sponsor is the honourable member for Bonaventure (Mr. Marcil) who does not know whether he is in favour of conscription or against it. It must be clear to everyone its purpose is to evade, and not to face manfully, a very great issue at this time. It is to avoid rather than to enforce the performance of duty. The amendment is a refuge of discord—a haven of the disunited. It is not a declaration of faith; it is a declaration of despair. We cannot win a war by referendums.

Do honourable gentlemen realize where they are when they support this proposal? Do they recognize the company they are in? I make appeal to honourable gentlemen opposite, who at other times and under brighter skies may have felt there was some principle behind a referendum, to argue out for themselves whether that principle has any application in a crisis like this. Is the referendum peculiarly suited for war? Is it suited to a time when the best and most deserving of our electorate are overseas, shifting and surging along a battlefront of continental scale, and when only a mere fraction of their number may possibly be counted in the vote? Results of twelve months and more have proved that recruits in numbers anything like those required cannot be obtained by methods of the past. The *Toronto Globe* has said that the voluntary system is as dead as Julius Caesar. Months ago the Liberal press of English-speaking Canada proclaimed that under it we could not get absolutely necessary troops. We have waited until we thought the public of Canada generally had realized that truth, and realized it with such overmastering conviction as to mean general consent to the enactment of a compulsory law. Why confuse the situation by a tricky referendum? Do not honourable gentlemen in their hearts admit that the passing of this amendment would bring joy to friends of Germany in every part of the world? It would be welcomed at Potsdam. It would be supported, were he here, by the head of the German nation himself. It would make headlines of elation in every German newspaper on this and other continents. Such is the company honourable gentlemen are in who support this proposal. Its passing would be a cause of rejoicing to every pool-room loafer, to every movie veteran, to every sporting fan, to all who have shrunk from duty; but it would be a subject of resentment, regret and pain to men who have nobly done their part to preserve the liberty, and uphold the honour, of Canada.

What does this proposal really mean? A referendum on the principle of the Bill! What does that mean? Is it intended that one interrogation shall appear on the ballot: are you in favour of conscription? Well, first, a conscription law has been in our statutes throughout our history, and for fifty years no party has uttered a word against it—not even a voice from the wilderness. But think—if only that bald question is to be put, have not voters a right to say, "Tell us what kind of conscription; we cannot answer intelligently until you do. What is to be your method of selection? What classes are going to be called? In what order will you call them? Are you going to insert a provision that there must be equality by provinces?" That last question would be hurled at us by the honourable member for Edmonton himself. There would scarcely be a man entering the poll who would not have some such protest. And they would all be right. We would, therefore, have to submit the entire Bill to a vote. Then a situation just as bad arises. Everyone opposed to conscription votes "No." And scores of thousands who favour conscription vote "No" as well. The honourable member for Edmonton would be first: "Not until you have equality by provinces," is his cry. Another sincerely believes that the classes start too young; another that they start too old. Do honourable gentlemen really suggest that this great measure—on the success of which depends the sustenance of our army in France, depends the support of those who have appealed to us in language we can never forget, appealed to us for months, yes for years, to add to their numbers, to reduce their burdens, if possible to limit their perils—that this Bill, on which so largely depends the honour and security of our country—should be exposed to such improper hazards, to such unfair opposition, as it would encounter under a conscription referendum? We as a people have a right to deliberate, and in a constitutional way to vote, to negative, if we so desire, any policy which is still open for us to decide. But surely the prosecution of this war with the whole might of Canada is not in that category. That question has been passed upon. If there ever was a time for a referendum—which I deny—it was in August, 1914; it is not now. We have committed ourselves as a nation, we have signed the bond, it is for us to discharge the obligation. The prosecution of this war by every effective and honourable means is now a matter only of good faith: 300,000 living men and 20,000 dead are over there, hostages of our good faith. All that remains for us is a choice between fidelity and desertion, between courage and poltroonery, between honour and everlasting shame.

We must rise to the level of our responsibilities. We must not be afraid to lead. Ministers of the Crown have been execrated from end to end of Canada for failure of leadership and all the rest. Many of those who have skulked at home, but who should be at the front, have lampooned the able and overburdened head of this government, crying out tiresome jargon about failure to lead. Newspaper after newspaper has done the same. Well, here is leadership. Let those who lagged behind and comforted themselves with this monotonous complaint—let them walk up now, close the gap and stand beside the prime minister. The people of Canada, we have oft been told, call out to Parliament, to members of this House, for strong and fearless leadership. Are we going to answer that call with our hands in the air crying back to those people: "For heaven's sake, lead us." Such is the amendment we are now asked to support.

Lastly, the shadow of disunion is raised and we are pressed to turn back. One cannot help but observe that those who hold over us this threat are, one and all, opposed to the measure anyway, on other grounds. There will inevitably be difference of opinion, but quite plainly there will be nothing in the nature of schism unless honourable gentlemen are determined to create it. I am as confident as I have ever been of anything in my life that if members of this House, reading and studying this measure, and hearing it debated, will go to their constituents and tell them the meaning, purpose and spirit of this Bill, there will be no possibility whatever of discord or resistance. Why should there be? There is not a clause that is unjust as between provinces, or races, or creeds. Very positively, and very obviously, there is neither intent, nor possibility, of unfairness to the Province of Quebec. Never was more anxious care taken in drafting a law. The Minister of Justice, whose home is in Montreal, will be in charge of its administration.

Let us use our reason: We went into war by resolution of Parliament and we were a unit—not a negative vote! Over there, three years after, the same war still rages, week by week and month by month, with greater and greater intensity. The enemy is adding to his strength. On our sectors reinforcements are failing. The prime minister has faithfully portrayed the situation, and his analysis, dependable to a last detail, shows that without this law our divisions will sink before our eyes from four to three, from three to two and perhaps from two to one. Can honourable members in sight of such a prospect threaten to split this nation unless we hold our hand and calmly witness the abandoning of our defenders and the humiliation of our country? One can hardly contemplate anything more wicked, and I cannot believe it will occur. But only by such conduct can there come the disunion of which we are warned by honourable members across the floor.

There is another consideration. If we retrace our steps as these honourable members, under threat of schism demand, and suffer, as we must, consequences which no man can measure, are we not destined to be a divided people then? There may be danger of disunion growing out of a great issue, even when our decision is right; but may there not be still greater danger when our decision is wrong? Regrettable, and worse than regrettable, would be disunion on any line and for any cause, but lamentable beyond parallel and beyond forgiveness would be a disunion born of infidelity to the nation's defenders and the nation's life.

I appeal to our friends opposite, and to those around me as well—for party divisions as we once had them are not just the same today—I appeal to all of every political faith to take the course which alone will command our self-respect, and which will entitle us to the regard of our own people, of our allies, and of generations to come.

Extracts

from *The Daily Province*
Vancouver, B. C.
December 17, 1917

Honourable Arthur Meighen, KC, Minister of the Interior in the Union Government, delivered one of the best speeches ever heard in Vancouver. Clear, logical and definite, with the call of duty sounding in every sentence, he drove home his points in a manner that created wild enthusiasm and his peroration brought the audience to their feet cheering.

He had dealt with the failure of volunteer recruiting and the uneven distribution of military burden, particularly in the Province of Quebec. He has stated that already Canada was deserting her troops. He had pledged that the *Military Service Act* was to be enforced fairly throughout every province and every race, and that 50,000 troops would be going overseas in a few weeks. He declared that to wait for the taking of a referendum some time next year meant retreat and meant quit.

"No nation in the world ever got though a war by referendum," he said. "The democracy that tries to fight a war that way goes down, and deserves to go down. Think of people stuffing their ears to the cries of their defenders and promising a referendum six months in the future.

"Think of people answering appeals of these our hero sons, aflame with the spirit of victory, for immediate help with the promise of an off-chance for some more troops in a year or a half-year from now. Surely no one will hold this thing close to the eye and really see it and then decide that a referendum is anything else than to raise the white flag.

"If we are just, think it out this way. How would we like to get the news tonight that France had decided to have a referendum next June as to whether she would continue to hold her lines or not. There is not an honest man in Vancouver who wouldn't admit such news meant in reality the classing of France with Russia. How would we like to get that news even from Old England?"

"Suppose the United States, which is determined to have half a million men beside our boys in a few months, should change their minds and we were to get word tomorrow that they had reconsidered their position and instead of sending the men, decided to hold a referendum next summer. I ask seriously every man and woman in this audience to tell me where his heart would go if he read such an announcement from the great American president. Then, please answer me this: How can Canada take a course which none of our Allies can take, save with shame to herself and peril to the world?"

"For three years," pleaded Mr. Meighen, "Canada has been the inspiration of the United States. Let us not now be their despair."

"Russia right now is seething in a cauldron of revolution. Italy is reeling from a mighty stroke, and gallant France has her whole people in the line."

Then he concluded: "And what of Britain! What of Britain! Incomparable Britain! The mainstay, the forefront of embattled democracy. Groaning under a burden that might stagger half the world, she borrows $5,000,000 more and sends it to bind the wounds and restore the homes of your sister city, Halifax, smitten in the holocaust of war—Britain, the hope, the reliance of the Entente, faithful to the last to every ally. United around Britain they will win and they all know that comes what may, though the world may crash; Britain will stand true, undismayed, unconquerable."

Fearful events thunder upon us day and night from every side. The skulls of our people are being pressed and tempted. Hold firm. Stand steady as a rock. The prime minister of England a few weeks ago called to the children of this Empire in every land to show the world the ancient temper of our race and rise as one man against the foe. Come, all of us then, and join this Union and hold the ship steady through the tempest of terrible events: hold it steady against Honnzellen without and against Bolsheviks within. "Let every man and every woman keep those words flaming in front for a few more hours and the day will be saved for Canada."

Canada's Natural Resources

Delivered before the Royal Geographical Society, London, England, on June 24, 1918. The author at that time was Canadian Minister of the Interior. The president was in the Chair, and at the close of this speech the Right Honourable Walter Long addressed the meeting and expressed thanks on behalf of the Society and of its many guests.

THIS AUDIENCE IS GATHERED UNDER THE AUSPICES OF AN INSTITUTION of long and distinguished history, and I gratefully acknowledge the kindness by which I am permitted to appear upon its program. The normal activities of this Society have, as your secretary has informed me, been interrupted and in important directions suspended by the rude clang of war. It is not the part of Britons, though, to surrender to naked force what has been found to be good, and for that reason your organization keeps its strength and lends its resources to the great cause. "By these things men live," and long may the Royal Geographical Society survive the agony of this conflict and the accursed system which brought it on.

I have had the advantage of a perusal of several issues of your *Journal*—a precaution undertaken, unfortunately, after, instead of before, my acceptance of the invitation to address you. This perusal has emphatically convinced me of my inability to contribute any material of that scientific and informative character which distinguished past performances from this platform, and I am free to say that had my inquiry and study preceded my rather hasty acquiescence in your kind proposal, you would have been spared the digression on which I now am launched.

It will be impossible for me to add anything of value or very much of interest to the knowledge of those who hear me in respect of the geography of Canada. Our governmental activities have been commercial rather than explorative. Our country is young; our territory is vast. The Dominion is indeed in extent something akin to a continent, and in its 3,729,000 square miles of area approximates closely to the dimensions of Europe.

Its more accessible and productive regions have offered such obvious and distinct advantage to the settler that these portions have almost wholly absorbed the attention of our population, so much so that definite information as to our great hinterland is meager in the extreme. The unexplored area in 1916 is estimated by Mr. Camsell at 900,000 square miles, or 25 percent of our entire domain. It stretches with casual interruptions from Hudson's Bay westward to the Yukon and eastward to the Labrador coast. The best I can do is to present with what clearness I may a brief topography of the Dominion and a partial sketch of her possessions. There may be much in what I say characterized by indefiniteness and of the nature rather of indications than of positive ascertainment, but such is necessarily unavoidable in the present state of Canadian prospecting and exploration.

Canada may be likened to a monstrous torso resting on the American continent, both arms being severed by political divisions. Alaska on the west has gone to the United States, and Newfoundland, the oldest British possession, is still aloof on the east. Nevertheless the area remaining is somewhat larger than the United States, Alaska included.

Speaking broadly, the general slope of the country is northward, some two million square miles—or over half—draining into the Arctic Ocean and Hudson's Bay. About one and a half million square miles fall towards the east, draining into the north Atlantic, and about half a million square miles on the western coast beyond the Rocky Mountain range drain into the Pacific. Only a comparatively negligible basin, less than 13,000 square miles at the southwest end of the western prairies, drains into the Gulf of Mexico.

To obtain a systematized view of Canada's general physical features, and consequently of her mineral contents, it is convenient to make a few bold divisions. In geological formation the Maritime provinces of Prince Edward Island, Nova Scotia, New Brunswick and the southeast portion of the Province of Quebec constitute the northern end of the Appalachian mountain system. The chief basic constituent is pre-Cambrian rock—covered of course in the main with later and more fertile deposits—and within this geological province are found minerals which inhabit the Appalachian system along the Atlantic states and which have added so much to their wealth. Coal, iron, and gold predominate, the first-named being, up to the present, of greatest importance commercially. Their significance in the national balance sheet I will call to attention later. The next geological province is the lowlands of the St. Lawrence basin, draining from south, north, and west into this mighty river. This formation is Paleozoic. Minerals found and the nature and productiveness of the surface generally are true to the record everywhere of that formation. Over this territory is now spread the larger portion of Canada's population.

What I might describe as the main framework geographically and geologically of the Dominion is the Laurentian Plateau. This is a tremendous V-shaped territory stretching from Newfoundland and Labrador on the Atlantic coast across Quebec and Ontario around the southern basin of Hudson's Bay, and thence northerly, and to some extent westerly, toward the vast northland. As everyone knows, the rock formation of this plateau is of granite character and of pre-Cambrian age. It is widely believed that at one time the great mass, if not all, of North America was constituted by this formation, the overlying strata and deposit now existing being the product of succeeding ages of erosion, volcanic action and vegetation. This pre-Cambrian granite abounds throughout Canada in minerals, viz., in copper-nickel, cobalt, silver, zinc, lead, and iron. A tongue of these rocks projects southerly into the State of New York, and supports there large and varied mineral industries of that state. Another tongue crosses southerly from Canada into Michigan, Wisconsin, and Minnesota, and contributes to these states the Michigan copper mines and their great Lake Superior iron ranges.

It may be of interest to know that products of these mines, though they are out of Canada, contribute more as yet to the traffic of our great lakes than even the tremendous western wheat fields. Within this plateau in Canada are found the great nickel mines of Sudbury in Central Ontario, from which mines the British Empire and our Allies in this war have drawn almost all their nickel supply, so vital now to military and naval equipment. Close by are the great Cobalt silver deposits, and further east are corundum deposits of Ontario and molybdenite and asbestos deposits of Quebec. These latter, and as well the nickel, are respectively the world's largest reserves. On the extreme east, though in Newfoundland, are the world's greatest iron mines—mines which, in furnishing material for our steel production, have contributed vastly to the war effort of Canada. All great minerals known to occur in the developed southern edge of this plateau have been noted by explorers in northern reaches of the same formation. Copper in particular seems to be abundantly prevalent in our northern and western expanses, so much so that discoveries are heard of from almost every quarter, wherever the prospector travels. Eskimos, who are located at various points northwesterly from Hudson's Bay to the Arctic, have their spears, snow-knives, ice-chisels, fishhooks, and arrowheads beaten out of pure native copper, and even use copper tops for their smoking pipes. Their stories agree with the explorers' as to vast quantities of native copper along our Arctic coast and on neighbouring islands. Within the present populated area, however, there have recently been discovered deposits of this metal of present commercial importance. One mine lately opened at Scist Lake, northwest of The Pas, is so rich in copper that ore has been shipped in substantial quantities, forty miles drawn by wagons to the Saskatchewan River, 190 miles taken by barges to The Pas, and thence 1,500 miles by rail to a smelter in British Columbia; and after carrying this burden of transportation so rich is the ore that it yields a profit.

The Atikokan iron range just west of Lake Superior, and Michipicoten mining district north of the same lake, are conclusive evidence of the presence of commercial iron in the northern as well as southern reaches of this plateau. Immense deposits of these various minerals will in good time be uncovered.

The meager character of our information, as to the earth contents of our country, may be judged from the fact that our nickel mines just referred to were unknown until about twenty years ago, when they were accidentally discovered in the construction of a railway. The premier silver camp of Canada at Cobalt, although only a few miles from one of the earliest routes

of travel and from silver-lead deposits known for 150 years, remained un-
discovered until fifteen years ago.

West and south of the Laurentian Plateau is the great interior plain constituting the larger portion of Manitoba, Saskatchewan, and Alberta. This
territory is principally agricultural and rests upon a rock formation of later
Cretaceous age. It contains coal in great abundance, as well as mineral clays
and cement material.

On our farthest west comes the fifth and last geological province: the
Cordillera. This is a northern projection of the great Cordillera range which
extends over the whole western coast of North America and covers a territory in Canada 1,300 miles north and south by about 400 miles in width.
Included in it is the mountainous region of British Columbia and the Yukon. This entire range stands unparalleled anywhere for the continuity and
extent of its mineral resources, and in Canada as well as in Alaska are to
be found within its folds the same deposits of gold, coal, copper, lead, and
zinc which characterize the entire system throughout its continental length.
Values of production are constantly growing, but possibly in no portion of
Canada is the extent of the unprospected so vast as in this territory. This
range has given to the Dominion its majestic system of mountains which
constitutes one of the great tourist attractions of the world. The Rockies
range in height from 10,000 to 13,700 feet, but the highest known point in
Canada is Mount Logan of the St. Elias Range in the Yukon, which rises to
an altitude of 19,539 feet, or three and two-third miles.

It may interest some to recall that 100 miles west of the Cordillera,
and only twenty-five to thirty north to the Peace River, is a plateau 10,000
square miles in area and about 2,500 feet higher than surrounding land.
Though close to a much-navigated river, only one white man has ever
crossed this plateau. There is a lake on it sixty miles long, never yet even
mapped. The heights swarm with caribou, and it is called Caribou Plateau.
There is another north of Lake Athabasca. It is 47,000 square miles in extent. One point in it at the north is a paradise for Indian hunters, who gather
there every fall. This plateau also only one white man has ever crossed; he
was Samuel Stearne, who traversed it twice 145 years ago.

It is a tendency of people far removed in point of distance to form exaggerated notions of the outstanding physical features of a country, and as
a consequence I find that our Dominion suffers somewhat in the eyes of
strangers from erroneous ideas as to its rigorous climate. Canada is indeed
a northern land, and there are undoubtedly large portions of its Arctic and
sub-Arctic territory within which by reason of shortness of seasons and ex-

tremity of climate ordinary pursuits of life cannot be followed, but the proportion of this territory and its effect in an estimation of the capital assets of the country are not nearly so great as is the prevailing impression. While the atmosphere as a rule grows colder as one proceeds northward, it must be remembered that elevation as well as latitude must be taken into account in arriving at natural conditions governing climate. The elevation of the great body of our western country, for example, is thousands of feet lower than it is south of the United States boundary, and climate moderates as lower levels are reached. It is stated on competent authority after careful study, that spring in the Peace River district—a territory of vast extent and fertility—in Central and Northern British Columbia and in Alberta, begins earlier than it does further south, and indeed advances southeast at the rate of 250 miles per day. Summers in the northwest are warm, and, as civilization advances, are not unduly short. Not only is elevation lower—accounting in part for this phenomenon—but mountains on the north as a rule are also much lower, and through their passes blow Chinook breezes from the Pacific. The presence of almost innumerable lakes, many of them of great extent, throughout our northwest, exercises as well a moderating influence on climate.

The value of Canadian agricultural production, as well as its promise, is too well known to justify elaboration by me. It is my purpose, though, to say a word as to certain of our resources with regard to which less definite impressions exist.

Coal deposits, while very far indeed from being fully explored, may now be estimated on a reasonably safe basis. So far as discovery has yet proceeded, we do not appear to possess anthracite coal in quantities comparable with those enjoyed, for example, by Great Britain or by the United States. We have, however, even of this variety, quite substantial quantities. Located in western Alberta, in the basin of Cascade River, are deposits of anthracite estimated at 400 million tons. Total tonnage of anthracite in Canada appears to be approximately two thousand one hundred million. This is less than 20 percent of anthracite tonnage estimated to be in reserve in the British Isles.

Coming to bituminous coal, our reserves are undoubtedly immense. The Province of Alberta alone, which is indeed a territory veritably charged with this mineral, is underlain to the extent of about 30,000 square miles with bituminous and semi-bituminous coal. Nova Scotia is, of course—now at all events—our greatest coal-producing province; and indeed, Canada, measured by the standard of production rather than of reserve, cannot be said to stand as yet in the front rank of coal countries. War conditions, or war necessities, are proving the mother of invention, and there can be little doubt that the not distant future will see a marked advance in coal mining. For the present it may be worthwhile, although by no means in the nature of new information to members of this Society, for me to emphasize the stupendous reserves which lie in the bosom of our Dominion. Including only anthracite and bituminous coals, the best estimate available places our reserves at 285,000 million tons. Including lignite, which is already in use, and for greater use of which the provincial and Dominion governments are organizing, the total deposit may be placed at 1,234,000 tons. This constitutes about 70 percent of the entire coal reserves of the British Empire, and of this more than four-fifths is in the single Province of Alberta. The British Empire is said to contain one quarter of the world's coal reserves. Much of this great natural wealth in Canada is inland, and may not experience rapid development, but, on the other hand, there are vast supplies close to water transportation on both east and west shores which will share more and more in foreign trade. Another feature of importance is that not a single province is without some supply, and only a limited though thickly populated territory in Central Canada is far removed from larger sources of this fuel.

Closely allied in modern commercial calculations with coal is water power. Here the Dominion stands in a position of great natural advantage, and what is of perhaps more immediate consequence, in a position of relatively rapid present development. It is a matter of much interest, as well as of stupendous importance, that the great hydrodynamic powers of Canada are located profusely throughout the very territory which does not enjoy the advantage of coal deposits. Throughout southern Ontario and Quebec, and Manitoba as well, are to be found as superbly placed and as mighty water powers as exist in the world. It is not worthwhile in our time to discuss all water-power resources of the Dominion, for many of them are situate in districts which at present are without substantial population; but confining ourselves to the peopled parts of Canada, a fairly thorough survey has been made by competent engineers under the Water Power Branch of the Federal Interior Department, and this survey places our potential commercial water powers at a capacity of 18,805,000 hp. Of this total there has already been developed 1,735,600 hp, or a little less than 10 percent. Such an achievement is, in my humble judgment, creditable to Canadian resource and governmental activity, especially when regard is had to paucity of population and to the short period over which operations have proceeded. Water-power development in Ontario and its control are something from which every Canadian can take confidence and hope. Of this eighteen million-odd potential horsepower in settled portions of Canada, a little less than six million is in Ontario, and six million is in Quebec. The falls are all within easy transmission distance of great industrial centres, and, properly directed and coordinated with our other fuel resources, constitute a magnificent basis upon which the future industrial progress of these great provinces rest. A single horsepower is estimated for power purposes as of the fuel value of ten tons of coal. There is being used in Canada in water power the equivalent of an annual consumption of 14,600,000 tons of coal, or not far below our present coal importation. Coal is destructible and exhaustible; water power is indestructible. Among exports of Canada today is an item of 275,000 hp or the equivalent of practically three million tons of coal, which amount almost represents total anthracite importations into the Dominion. Exported power is being utilized by United States industries for war purposes. ...

An interesting feature is that 78 percent of total water power now in use is publicly controlled. Of the balance, 14 percent is consumed by pulp and paper manufacturers situated mainly at points more remote from industrial centres, and the remaining 8 percent is used in electro-chemical and similar processes. The electro-chemical industry appears to be due for rapid advancement in Canada. Its products at present are, I believe, almost wholly used for war purposes. Indeed, through provincial and Dominion control, priority is given to war productions in allotment of all our developed water power. The Dominion stands second in the world, and not far below the United States, in the wealth of its hydrodynamic natural resources. There are no three countries in Europe whose water-power potentialities added together would equal those of Canada. When it is considered that one-fifth of our railway tonnage consists now in haulage of coal, some idea may be obtained of the importance of water resources in the commercial expansion of our country.

I would not venture to discuss before scientific men any explanation of the extraordinary abundance of waterfalls, but, briefly put, my rough understanding is this: the phenomena of the glacial age in their retreat from the earth's surface necessarily lingered last in its northern zones, and these waterfalls are the immediate progeny of those phenomena—a liaison between us and those far distant times.

If there is one possession more than another the value of which we have failed to realize ourselves, it is our forest wealth. There are no good guesses as to the extent of this resource, for the reason that forest exploration even to this day is singularly incomplete. The best qualified experts we have, while reluctant to hazard an estimate, place the extent of tree-covered territory at between 500 million and 600 million acres, of which perhaps 300 million acres are covered with merchantable lumber. Ravages of fire accompanying settlement have devastated vast areas and destroyed a deplorably large proportion of this element of our national capital. It is true burnt-over mileage is in process of reforestation, but progress is slow. However, through the activities of provincial and federal authorities, organization for control, conservation, and proper utilization of our forests is becoming more and more efficient. Forest area is spread over the length and breadth of the Dominion, except perhaps in the very farthest north, and is everywhere except there in quantities and locations commercially valuable. It is noteworthy that even in the older provinces of Nova Scotia and New Brunswick the greater portion of land is still tree-covered, such area in Nova Scotia being two-thirds of the whole, and in New Brunswick about four-fifths. The Province of Quebec is the most richly endowed; and so great is the entire supply that utilization of our forests for lumber, fuel, pulp, and paper, though substantial and great enough to constitute one of the foremost of our exports and source of wealth, is, even under present conditions of administration very substantially less than their annual increase from natural causes alone. The pulp industry of Quebec in particular is extending with great rapidity, but as yet it is estimated—though with a degree of uncertainty due to inadequacy of our investigations—that depletion by use is not more than one-sixth of natural growth. In farther western provinces the proportion will be less. British Columbia has, as is well known, an empire of forest wealth. The trees in that province reach majestic proportions and attain a venerable age. Douglas fir, which is the principal variety, grows at times to a height of 300 feet and to a diameter of 15 feet. It is true that these dimensions are exceptional, but elevations of 250 feet and diameters of from 6 to 10 feet are common. Sitka spruce—a variety which flourishes along the coast—has proven of superior value for aeroplane production, and is now being utilized in substantial quantities for that purpose. Large islands on the Pacific coast are especially fortunate, and annual growth in that region, due to climatic and soil conditions, is much more rapid than in other portions of the Dominion. For purposes of preservation, silviculture and reforestation, forestry branches have been established by the Dominion government and by most provincial administrations. A total of 159 million acres have been allocated to forest reserves, and over these areas organizations of the various governmental branches exercise supervision. Their activities are directed first to protection of their respective reserves from forest fires, and in this respect have, particularly in recent years, achieved a considerable degree of success. The total number of fires during 1916 was 891 as compared with 1,455 in 1915 and 1,986 in 1914. The total area burnt over in the last fully recorded year was

116,310 acres, of which area only 2,000 acres could be classed as merchant-able timber. The Dominion organization also oversees lumber operations and woodcutting within other areas, and in established reserves has commenced a system of reforestation, though as yet on a modest scale. Nurseries have been instituted, and last year some seven million trees were distributed for planting free of cost to farmers on the western plains.

If one of my listeners takes up a railway map of Canada he will be impressed with the comparative narrowness of the belt of settlement which stretches across 3,500 miles from ocean to ocean. There appears to be an almost illimitable area of barren land—and indeed barren land it is geographically called—stretching away toward the vastness of the Arctic. There is, however, one feature of this territory to which it is fitting now to call attention. The land is by no means barren. It supports a wealth of plant and animal life, and no barren land can do that. The few explorers who have visited these regions, commencing with Stearne in the latter half of the eighteenth century, report very enthusiastically not only on the splendour of its summer climate, but on the richness in many parts of its plant and animal production. Its fur resources are enormous, and it is not improbable that the animal product of this territory will yet become commercially valuable. All explorers unite in affirming that the country is literally covered with enormous flocks of caribou. Mr. Thompson Seton declares that at a most conservative estimate there must be thirty millions of these animals inhabiting those western northlands. They are said to be easily domesticated. They weigh from 100 lbs. to 400 lbs., and when slaughtered their meat equals the best of beef. It is not impossible that post-war conditions as to meat supply and as to transportation will direct attention to this resource. Musk ox also are present in large numbers. The black fox is, of course, already a subject of domestic production, and fur farming promises to constitute a stable industry.

A word now as to governmental control. Canadian industrial expansion has proceeded chiefly along lines of private initiative and enterprise. The stimulus of individual profit remains, in almost every field, the most potent force in our development. Every motive of honour and of interest enjoins that that stimulus be not blighted or destroyed. There is no spirit of confiscation abroad among Canadian people or Canadian public men. Such of our resources as from time to time pass from public ownership into private hands are thereafter subjected to control, only that waste and a locking-up for selfish and speculative ends may be avoided, and by no means that their legitimate earning power may be checked. Dictates of wise policy have suggested that our invaluable water powers—an asset of a clearly distinctive character—should be to the utmost possible extent not only state-owned and controlled, but state-developed and operated. All arguments that go anywhere to support government monopoly apply with peculiar force to water powers. The long years required in production of a forest crop render forest supervision also a proper sphere of government activity. But private enterprise has and will have in Canada abundant opportunity. No just right of invested capital is now being disturbed or will be disturbed. While our people realize that in the evolution of industry the tendency is, in some spheres at least, for units to collect and grow larger and larger, ultimately maturing by slow degrees into a single unit and into state proprietorship and operation, still, while that is realized, there is no spirit of rampant or headlong socialism in possession of the Canadian mind. There will always be British fair play. Capital is as safe in Canada as in any country on earth.

I have recounted some material resources to which the Dominion is heir, but I would fail indeed to represent that country if I did not tell you of another inheritance which she prizes most of all: the full free stature of nationhood, with equality of citizenship and equality of opportunity into which she has grown under the aegis of the British Crown. That heritage is the Ark of the Covenant to Canada as to every British community, and every piece and pillar, every line and letter of it she will guard with her life. And let me say this more, and I am a proud man to say it now at this very hour of destiny when the truth which I express means the most: Canada is a faithful child of these islands. Crossed with the blood of your great ally France, and influenced industrially by the almost overwhelming current of the vast Republic that surges to the south, Canada nonetheless is British, sternly, dependably British. In feeling and in thought, in sentiment, in aspiration, in the sense of her mission in this world, Canada is British—never more British than now. She believes and always wants to believe that Britain stands for real democracy. Our country is unitedly, determinately democratic. She hopes and expects that out of the welter of this war of democracy, a war in which she strains, as in honour she must, every fibre and muscle of her half-grown frame—she hopes that out of it all there will come not so much avenues to greater masses of wealth, but a wider area of opportunity, an improvement of living conditions, a higher general conception of public duty, a releasing of human energy for the pursuits of science and art—an advance for democracy all round over the whole universal line, and an advance commensurate with the cost.

CHAPTER 2

Prime Minister Meighen

1920-1921

The Toronto Daily Star
Thursday, July 8, 1920

Meighen Studious at the University

Was Quiet and Unassuming, His Classmates of the Same Year Say
Up in Mathematics
Took Part in Elections, But Didn't Evidence Political Inclinations

Honourable Arthur Meighen, the new premier of Canada, who graduated in Arts from University College in 1896, was not given to the wild pranks that sometimes mark the career of genius. His classmates say that he was quiet and unassuming, very studious and at that time was a brilliant mathematician, which perhaps accounts for his present ability to dissect with piercing analysis the arguments of his opponents.

The university record shows that in his first year he took the general course, in his second he ranked fifth in first class honours in mathematics, in his third, seventh in second class honours in physics and in his fourth, second in second class honours in honour mathematics …

Mr. A. R. Clute, of Messrs. Jennings and Clute, who was president of the graduating class of the same year as Mr. Meighen: "I knew him well," said Mr. Clute this morning, "but I was not thrown into much contact with him as he was in the mathematical department and I in political science. He had a high standing and was very studious, but he seemed to me to be the last man who would develop into a politician. It may have been the effect of the West, which seems to breed politicians.

It is interesting to note that Mr. George S. Henry, acting leader of the Conservative Opposition in Ontario, was in the same years as Mr. Meighen, the new premier.

"I know him very well," said Mr. Neil Sinclair, barrister, who took his Arts degree in the same years as Hon. Arthur Meighen. "I used to walk over to the university with him almost every day. He took mathematics and was a top-notcher in that subject. He showed marked ability during his university course. I believe that he developed his talent as a speaker later, when he went

West, but he took some part in the university elections. He was then in the People's party as against the inside party, but I believe that in politics he was a Conservative at that time. He was very quiet and unassuming."

The Toronto Daily Star
Thursday, July 8, 1920

Youngest Premier
First Ontario Man

Honourable Arthur Meighen is the youngest premier of Canada since Confederation and the first Ontario man to hold that office. Owing to his residence in the West, he may also claim to be the first westerner.

Ontario men have succeeded well as provincial premiers, although Meighen is the first to reach the Canadian chieftainship. Premier "Billy" Martin of Saskatchewan, who came into the Commons with Meighen in 1908, was born in Norwich, Oxford County, and married in Perth County a score or two of miles from Meighen's home. T. C. Norris of Manitoba is a native of Brampton, Ont. Charles Steward of Alberta is a native of Strabane, Wellington County.

The Toronto Daily Star
Thursday, July 8, 1920

Meighen, Able, Cool, Won't be the Unready
Youngest of Premiers Has Fine Mental Equipment for His Work

It has been said more than once that if a young man has brains, character and industry, he is likely to make a success of what he undertakes. Belief in the efficacy of this "eternal triangle" of virtues is strengthened by the career of Hon. Arthur Meighen, the first Ontario-born premier of Canada and the first resident of the Great West to achieve that position. He has also been called "a typical Tory." That, however, would be rather a compliment to his Conservative colleagues at Ottawa, few of whom approach Meighen in mental calibre; hence his elevation to the premiership while still in his forties. It is his viewpoint which is "typical." He is a strong partisan. Any government which he leads is bound to be Conservative in all but name, and eventually in that as well.

Honourable Arthur has run true to form from the time he selected a township instead of a city for his birthplace, as all successful men are supposed to do. He has plugged away at everything he has been given to handle—and a ... man for competitors to look out for. He has burned the midnight oil studying the insides of dry but important subjects while other politicians were glad-handing about their constituencies. If he had a middle name it would be "efficiency."

He thinks quickly, has shrewd foresight and abundance of courage. In fact, he is a born fighter. He will inevitably be compared to Sir George Foster of years ago, but he is a stronger executive than Sir George ever was though his keenly analytical speeches may lack the flavour of ready metaphor which made Sir George famous. Both say things at times (or at any rate Sir George used to in his less mellow days, and Mr. Meighen does still) which sting and rankle rather more than is good politics. But the new premier may replace acerbity with urbanity more rapidly than his alleged prototype, who was a sour apple, or a prickly pear, or whatever the right comparison is, for more years than the victims of his tongue cared to count.

It would not be fair to deduce that Mr. Meighen is an unpleasant man to meet. He impresses everybody with his thoughtfulness, ability and courage. In fact he is over thoughtful at times when a man of less concentration and absorption would be strewing smiles and handshakes and practicing the social amenities which go with the business of being a leader. But perhaps, now that leadership has become his business, he will acquire these little graces. He has made a success of other things. There is no reason to doubt that he will bring to his new task an equal adaptability. He has not the "shop front" of Sir Robert Borden—the term is used in no offensive way—but he might well acquire, and doubtless will, the appearance of listening graciously and with all the time in the world at his disposal which marked Sir Robert's reception of delegations ... It will be gathered that Canada's new premier is a good thinker rather than what is known as a "good fellow." Yet, the apparent coldness, which he at times exhibits, may be in part the diffidence which characterizes many particularly able men. Underneath it all, he has a warm and kind heart.

He also has an agile mind. Tired politicians who have listened to his dissection of parliamentary documents have sometimes breathed a heavy sigh and called him a hair-splitter. The fact is that he has that type of enquiring and inquisitive intellect which delights in "following through" rather than in scratching the surface. Such faults as his arguments may possess arise largely from those processes of mind. But these same processes of mind make him an adroit and skilful fencer in debate and an opponent in whom it would be a mistake to underestimate.

Mr. Meighen has won leadership fairly. His political views can hardly commend themselves to Liberal-Unionists, but his ability to defend them and the energy which he will devote to that task are not at all in doubt.

The Globe
Toronto, Friday, July 9, 1920

Humpty-Dumpty Ministry Clings to Ledge of Wall Trying to Put Off Tumble

And Sir Robert Goes A-fishing
"To Take It Easy For A While"
Meighen Working to Hold Government Majority
In House of Commons—Posing as "Friend of Quebec"
and Seeking to Placate Labour—The Situation at Ottawa

(Staff Correspondent of the *Globe*)

OTTAWA, July 8—Humpty Dumpty sitting on a wall had a more secure seat than that which will be occupied by the Meighen government just about to be formed. When, on Saturday or Monday, the "double shuffle" occurs, by which a new administration not "based on the people's will" avoids an appeal to the country, it will be found that Hon. Arthur Meighen has inherited or had "wished on" him a Cabinet which will be good just so long as he does not attempt to rule or thwart it.

It will be Premier Meighen with a Borden Cabinet—a Borden Cabinet weakened by secession of seven of its strongest members and the death of another, which has resisted practically all efforts to reconstruct, reorganize or reform made by the experienced but baffled Cabinet-maker who retires from the job on Saturday.

With a few honourable exceptions, the new Cabinet will be held together by love of office rather than by devotion to Meighen, and the new premier will be well aware of that fact. His strongest ally is the common fear of the threatening disaster involved in a general election. There are younger Conservatives with whom he would prefer to ally himself, but the momentum of events is too much for him. He will have to content himself with trying to get Cabinet representation of the Maritime provinces, and then turn his attention to British Columbia and the West.

It will be the old piecemeal policy inaugurated by Sir Robert Borden, but even then he will not be able to pick the "strong men" to back him up. He must choose only those who, whether big men or small, stand some chance of being elected.

A FRAGILE AFFAIR

In old Conservative constituencies there might be some chance with Tory candidates, as Hon. Arthur Meighen will always be recognized as a Tory premier, but even there it will be found that new agencies at work have destroyed the value of old rallying cries. He needs a very cautious hand because, in case the "Humpty Dumpty Cabinet" should once fall, "all the King's horses and all the King's men" could not put it together again.

That eventually would be best for the new premier, so that in Opposition he might gather about him men of his own choice and way of thinking in preparation for some time, a decade or more distant, when he might be called again to power. That this ending is likely was recognized by the government newspapers, which, in the days when the choice of the new premier was uncertain, used as the strongest argument in favour of Hon. Arthur Meighen that what was wanted was one who would be an energetic and aggressive leader of the Opposition. Whatever the new leader may think himself of the manly course of appealing to the country, his followers will have to be chased from the flesh pots of Egypt before they will consent to a term in the desert. Too many of them know the exile would be permanent for them...

THE LABOUR PROBLEM

The Winnipeg elections showed how popular Hon. Arthur Meighen's arrest of the strike leaders last year had been, but it is proposed to accentuate and fan the differences between the international labour organizations and the one big union in the hope that the government might get in behind the former and "curry favor."

FRIEND OF QUEBEC

A futile effort has already been started to convince Quebec that the new premier is "one of its best friends." Who to get in place of the Hon. N. W. Rowell, who, after nine years of exceedingly active political life, is now leaving for a rest of two or three months in England, is a problem. It is now certain that Major Hume Cronyn of London would not accept a portfolio because of his business interests, and possibly, because of his former political affiliations. Sir Edward Kemp might be asked to remain if he feels like it on his recovery. Reduction of portfolios is in order in any case.

Sir Robert Goes A-fishing

Sir Robert Borden is believed to be intending to go off on a fishing trip on Saturday, or soon afterwards. Some are unkind enough to remark that it was this impending event which hurried on the decision of a successor. He quits office gladly, in view of his depleted health. An effort to canvas him as to whether he had plans for future activity was met by the answer that he was going "to take it easy for a while."

That was the advice of his doctors, and doubtless it will be followed. The fact that the High Commissionership in England has yet to be filled, and the Canadian Minster Plenipotentiary to Washington to be appointed, however, makes talk still buzz about the names of Sir Robert Borden and Hon. N. W. Rowell. But immediate action is not anticipated.

The Globe
Toronto, Friday, July 9, 1920

First Evening with Children
How the Wife of Canada's New Premier Receives the News
Mrs. Meighen, herself

OTTAWA, July 8—Writing in *The Ottawa Journal*, "A.R.N." has this to say of Mrs. Arthur Meighen, wife of the new premier of Canada:

Probably the least perturbed of those who heard the news last evening that Hon. Arthur Meighen had become the prime minister of Canada was the prime minister's wife. Mrs. Meighen—her three great passions in life are her husband, her children, and her home—spent her first evening as the first lady of the land playing with her children and visiting quietly with some guests who have been staying at her home.

"There isn't anything to say about me," she said to *The Journal*. "I'm very much as I was yesterday. I don't think I realize it yet, though I do know it is a very high honour that has come to us."

Mrs. Meighen's greatest interest is her children, whom she would much rather talk about than their new and exalted position.

There are three, and all products of Ottawa public schools. Teddie, the eldest, is farming on Senator Sharpe's farm in Manitoba, where he has gone for two summers, although he is now only 15 years old. He has just been promoted to the third form of the collegiate. Max, who was working out a game of solitaire, is next, and, with Lillian, attends the Cartier Street Public School.

RED CROSS WORKER

Devotion to her children has led Mrs. Meighen to forego the doubtful pleasure of the semi-public life which other cabinet ministers' wives have chosen. During the war, forsaking her usual custom, she was an active Red Cross worker in Ottawa Women's Canadian Club, but even then she said that she could not do much, for she wanted to be at home when the children came from school. They were always calling for "mother" and she like to be there to answer.

Outside of Ottawa Women's Club she has no active connection with other societies. If she allows her name to be on the directorate of many institutions, an "honour" often conferred on the wife of the prime minister, it will not be of her own inclination.

The Meighens have been married for fifteen years. Mrs. Meighen was Miss Jessie Isabel Cox, and was born in Granby, Que. Her mother is Mrs. Wood, of Winnipeg, and in whose home the family usually spends part of the summer.

A SCHOOL TEACHER

Mrs. Meighen taught in the public school at Portage la Prairie for two years, and it was then that she met the premier, who was a collegiate teacher. They were married on the first day of June—before the school year was finished, whereby hangs a romance, it is said. Mrs. Meighen's brother served in the air force during the war. Her father died many years ago.

On Sunday they all attend Chalmers Church, and being Presbyterians with principles, their pew is seldom vacant.

The Toronto Daily Star
Thursday, July 8, 1920

Honourable Arthur Meighen

The new premier of Canada is a man of character, resource, industry, ability and courage. He has been one of the dominating forces in a Cabinet whose Unionist complexion necessitated compromises which, it is fair to be assumed, will now disappear. Mr. Meighen has won his way fairly to the top. He is the logical leader of the Conservative party. Under his leadership the word Liberal will drop out of the policy, if not out of the name, of the party he leads.

All the forces of Conservatism will naturally gather to his banner. His premiership, in fact, has finally clarified the situation so far as Conservatives and Liberal-Unionists are concerned. The Liberal-Unionist who remains under his leadership is not likely ever to return to the Liberal fold, nor to leave the Conservative party. But those who sever their connection with him will do so with the utmost respect for the qualities of intellect which have brought him, while yet in his forties, to the position of highest responsibility in the Government of Canada.

The Toronto Daily Star
Toronto, Friday, August 12, 1920

Prime Minister Shows Keen Interest in City

Honourable Arthur Meighen on Tour of Harbour
Seeks Real Grasp of the Situation—Inspects Baldwin's New Plant
Follows Laurier in Regard to Interviews

Displaying his best brand of humour and in a happy frame of mind, Premier Meighen, who is spending the day here as the guest of the city, talked and joked freely with officials and newspapermen, but good-naturedly declined to make any serious statement.

When newspapermen sought an interview in the National Club, he played a little joke on them.

"Yes, I have a long statement to give out that I have just written. It's a good interview—the most I ever said," he announced, and the scribes craned their necks as the prime minister dug down in his trouser pockets. "Here it...," he laughed, pulling out a roll of bills. "That's a good statement," he laughed, as he put back the bills.

"No, I have nothing to say," he added in a more serious tone. "I'm here today and I'll be in Hamilton tomorrow and all is well," he finished, still smiling, probably at the look of disappointment on the scribes' faces.

The premier, accompanied by Mayor Church, spent two hours during the forenoon abroad the Harbour Commissioner's steam yacht *Bathelma*, in making a thorough inspection of the improvements now under way at both the city's and government's expense and, when it was all over, when asked for his views on the situation, said: "Why speak of the commonplace?"

"Do you not think this waterfront is worth spending money on?" he was asked. The premier smiled.

FOLLOWS LAURIER'S EXAMPLE

"You go and collect all the interviews given by the late Sir Wilfrid Laurier and read them over; then come and ask me," he advised. As Sir Wilfrid always declined to be interviewed after having been once misquoted, the newspapermen suggested that every premier, according to Sir Wilfrid's hard precedent, should allow at least one misquotation before declining to be interviewed. "Oh, I've been misquoted a hundred times," smiled the premier.

INTERESTED IN HARBOUR

The premier evinced great interest in every phase of the harbour works. Upon reaching the ship channel at the eastern end of the works, the party went ashore and walked about for nearly a mile spending considerable time at Baldwin's Canadian plant. Here President A. M. Russell of Baldwin's explained to the premier just what was being done. "We are getting along nicely," said Mr. Russell, when asked by the premier how the company was meeting the power shortage.

The extent of the ship canal—400 feet across with a depth of 24 feet— impressed the premier. He agreed with the Toronto men that most desirable factory sites had been created by the improvements.

In passing the Island Stadium, Mayor Church remarked that "Billy" King would be holding a big picnic meeting there tomorrow. The Premier smiled, and the mayor added: "But it's going to rain tomorrow, Mr. Premier."

GUEST AT CIVIC LUNCHEON

Upon their arrival at the Harbour Commissioner's dock the party was taken in motors to the King Edward Hotel, where the mayor had arranged a private complimentary dinner of a non-political nature in honour of the premier...

"How's *The Star*?" greeted Hon. Arthur Meighen, prime minister of Canada, extending his hand off the Canadian National from Ottawa early this morning. "Working hard like yourself," answered the newspaperman. "That's right," agreed the premier.

Characteristically Premier Meighen twice forgot his watch upon leaving the train. Running his fingers through his vest pockets he made the discovery, that the timepiece, which he must follow closely these busy days, was missing. He hurried back to his room in the car to find it. But before he reached his room it occurred to him that he ought better tell Dr. Charles Sheard, MP for South Toronto, about the arrangement he made for taking breakfast at the National Club; a short talk followed and the Premier and Mrs. Meighen prepared to leave the car again. "Oh, my watch," Mr. Meighen reminded himself, and back he went again this time returning with the ticker.

"He forgets some things for a minute, but he remembers everything in the end and that's what counts," observed Mayor Church who, with Dr. Sheard, received the distinguished visitors to Toronto.

Accompanying the prime minister and his wife were Mr. and Mrs. Meighen, senior. When the train pulled into Union station shortly before eight o'clock, they were in the living room of their private car. The premier was shaving.

"He'll cut himself and spoil his good looks," remarked the premier's mother good naturedly. She didn't quite approve of her son shaving on the train, but under the circumstances he would just have to be careful.

GETS BRAINS FROM FATHER

When told that a representative of *The Star* was present Mrs. Meighen, senior, recalled stories written about herself after her son had been called to the premiership. "Did you read the story in the Toronto papers about me baking bread?" she laughed. "Well, that was true all right. But I told the girl reporter not to put anything about that in the paper, and she said she wouldn't put anything in that was wrong."

"We saw some good pictures of you and Mr. Meighen in our papers, a whole page of them in *The Star*," added the mayor. "Oh the papers yes, the Toronto papers are all right," agreed Mrs. Meighen. A member of the party was curious to know who the premier followed in his habits and nature. "Well, if he has brains," declared Mrs. Meighen, "he gets them from his father, but if he has grit and determination, he gets that from me."

Inquiries for "Arthur" at this point brought the information that the premier was still shaving. Meantime the train crew began shunting the cars to another track. "He shouldn't shave on the train," asserted Mrs. Meighen, apprehensively. That her son was working too hard she asserted with equal emphasis.

APPREHENSIVE OVER SON'S HEALTH

"I wish he could cancel that Hamilton visit and get a rest; he needs a rest," she declared. "Will you try to get him to cancel his engagements for a day or two?" she asked Dr. Sheard. "I'll have a talk with him," promised the local MP, who has been a friend of the Meighens for many years. "Yes, I wish you would. I want him to get fit," continued Mrs. Meighen. "He works every minute of the day, and do you know the other night he was writing all the time until the train left. He works all day in his office and he has to speak so often, I wish you could get him to rest."

When the prime minister made his first appearance shaved and smiling, he did not look as tired as his mother judged him. Unhesitatingly, he had a smile and a word for everyone around him and the matter of where he would take breakfast was uppermost in his mind. Dr. Sheard extended an invitation to go to his home in Jarvis Street, but the premier expressed a wish to meet some Toronto people at the National Club, so the premier and Dr. Sheard went to the club and the premier's wife and parents motored to Dr. Sheard's residence.

When *The Star* photographer asked permission of Premier Meighen to take a photograph of Mrs. Meighen upon her arrival at the National Club today, the prime minister smilingly asserted that he had no authority in the matter. "You'll have to ask Mrs. Meighen," he said. Mrs. Meighen, however, thought it was for the premier to say. Thus burdened with the responsibility the premier requested Mrs. Meighen to stand beside him for a snapshot. "My goodness I feel foolish," she remarked and everybody chuckled.

The Globe
Toronto, Friday, August 13, 1920

Old Tory Party of High Tariff, Says Mr. King

Federal Liberal Leader Criticizes Premier Meighen's Speech
Usurping Government
Bruce Liberals Gather at Paisley
Messrs. Dewart and Pardee Speak

PAISLEY, Aug. 12—Honourable W. L. Mackenzie King took the earliest opportunity to reply to Premier Arthur Meighen at this afternoon's gathering in Riverside Park before an audience of 2,500 Bruce county people. Referring to Premier Meighen's remarks, which gave the new party, born on the ruin of Union Government, the credit for being the only constructive political engineers of the country, while all others were classed as wreckers, Hon. Mr. King declared: "The language he used was characteristic of the old-fashioned Toryism, which sees only itself and cares nothing for the rest of the community."

The government was hotly attacked on many points. Premier Meighen was likened to the priest and the Levite who passed by, and his party dubbed the "middle-of-the-road" party, and charged with practically turning old, established parliamentary procedure into an autocracy, "the worst in the history of modern times."

Hearty Welcome Given

The Liberal leader was met at the station by the committee of the South Bruce Reform Association, by the Chesley Brass Band, which saluted Mr. King with the strains of *O, Canada*, as he issued from the car, and by gaily decorated motor cars, which formed a procession. The streets were decorated, and the Liberal chieftain, Messrs. Hartley Dewart MPP, F. F. Pardee, MP, and R. E. Truax MP, were given a hearty welcome.

In a brief speech Hon. Mr. King thanked the citizens at the town square for the welcome; following dinner, another procession took the leader to the park.

During the course of the day two little girls presented Hon. W. L. Mackenzie King and Mr. Hartley Dewart, KC, each with a large bouquet. Like the candidate in *Pickwick Papers*, Hon. Mr. King saluted the little maids with a kiss but Mr. Hartley Dewar, receiving his bouquet first, did not set his chieftain the example.

Liberal Victory Predicted

All the speakers were given a hearty welcome and close attention, and cheers greeted predictions of a Liberal victory when the delayed appeal to the country was made by the old Tory party of the many aliases.

New Name Camouflage

After a brief introductory address by Alex Mcwhinney, MPP, Fred Pardee, spoke. He paid a tribute to Hon. W. L. M. King and to R. E. Truax, member for South Bruce. The country could not be deceived by the camouflage of a new name, which merely disguised the old Tory party with its big interest affiliations, Mr. Pardee declared. It was the same old high-tariff party back again, setting the interest of the classes before the interest of the masses as ever. He took up the statement made by the Union Government that the Liberal party followed a policy of "fiscal humbug," and showed that the Liberals served the public by reductions in tariff on many occasions. "Mr. Meighen's speech simply says that he still stands by the big interest, that he is for the big interests and the classes, and intends to legislate for their benefit, "while the public could take care of itself," said Mr. Pardee. He also referred to Murdock charges that the government had consistently blocked any effort of the Board of Commerce to reduce prices.

PREFERS "PARTIES" TO "GROUPS"

"I don't like to hear the parties in the Provincial Legislature spoken of as groups," declared Mr. Hartley Dewart, KC, in opening his speech. He pointed out that while the Liberals in the Legislature had supported some government legislation it was a party, and acted as a party, in stating that no one wished to tell the people just what kind of government Ontario had. Mr. Dewart pointed out that Premier Drury objected to its being known as the Farmers Government, preferring the People's party, while Hon. Peter Smith added "the Common People's party."

"I see where Mr. James Simpson now calls it the National Farmer-Labour party," remarked the Ontario Leader. "When a government does not know what to call itself, perhaps some of the people who supported it will find the good old Liberal party and the policy of Liberalism a good thing to tie to."

CRITICISM DUTY OF OPPOSITION

Mr. Dewart also attacked a suggestion that the recall be used. "Some people say I am too critical of the Farmer's Government," said Mr. Dewart, "but it is the duty of the Opposition to criticize; if it does not do so it fails in its duty. We are not entitled to censure for doing our duty. The farmers criticize the profligate former government, but we find them making the same mistake. Do you mean to tell me that you want private cars to be used at all times? Do you mean to tell me that ministers should travel around the country in private cars on junketing trips? That the parliament buildings should have private suites fitted up for ministers and their relatives, and be turned into an apartment house? It was not the idea the farmers had when they elected the men who are sitting in the seats of power today," declared Mr. Dewart.

Dr. Johnson's remark that patriotism is the last refuge of a scoundrel by dragging in the returned soldiers with pleas of giving them employment in steel plants with government affiliations and in the building of barracks. "We thought that the returned soldiers themselves would say: "Let us save on munitions and barracks and get the country on its feet." They are always thinking of the returned soldiers; I suppose that is the reason they voted themselves the increased salaries, on account of the returned soldiers," said Honourable Mr. King, amid laughter.

LIKEN MEIGHEN TO PRIEST AND LEVITE

The Liberal chieftain took up Premier Meighen's speech at some length. "See the picture for yourselves. When our prime minister, not so very old, yet who portrays himself as walking down the middle of the road, seeing nobody but himself, and treating those to the left and right of him as the off scouring of Canada—when I read this I remember the story of my youth in which the priest and Levite and the Samaritan and the bruised and broken man in the road were mentioned—I tell Mr. Meighen if he wishes to take the position of the priest or of the Levite the party I represent will be quite content to take the part of the Samaritan and help to bind the wounds and cure the suffering of our country after the Great War. I stand for the party making for the improvement and welfare of the masses in the country," he declared. "Premier Meighen says that they are the builders, and that we are enjoying the work of pulling down."

FOR FREEDOM OF PARLIAMENT

Honourable Mr. King continued to look at the record of Premier Meighen's party in the last session. When there has been any constructive legislation worth naming, he said, it has been advanced by the Liberal party seeking to restore the rights of the people. The efforts of the Liberal party will turn to getting back that freedom of Parliament which will help to insure good government in Canada.

BOUQUET FOR MR. FERGUSON

It was the Liberals who exposed the timber scandal, Mr. Dewart claimed in declaring Hon. Howard Ferguson "the most corrupt minister who has ever disgraced Ontario political life." While the Farmer's Government was taking credit, the Liberal party had turned over most important evidence for the government's use, not caring for the political advantage gained, but merely as a public duty.

COMMISSIONS AND BOARDS CRITICIZED

Claiming further that the present government continued to delegate its power of action to commissions, boards and committees, in defiance of the principle that the members elected should rule, Mr. Dewart named many of the sixteen commissions or boards appointed, with comment on each—the

Board of License Commissioners was termed cumbersome and useless, and others came in for criticism. The Mother's Pensions Board, Minimum Wage Board and Superannuation Board were not objected to, as being necessary.

If North York returns a Farmer it will only have the effect of keeping out of Parliament a man who is necessary for the good governing of the Dominion, Mr. Dewart declared, in paying a tribute to Hon. W. L. M. King.

On behalf of the South Bruce Liberal Association, George Durst, president of that body, then read an address of welcome to the Liberal leader, and the final prediction that an election would see Hon. W. L. M. King premier of Canada, was greeted with prolonged applause.

OLD TORY HIGH TARIFF PARTY

Honourable Mr. King, in a speech of nearly two hours, reviewed the record of the government from the beginning of the last session up to the birth of the hybrid creation bequeathed as a legacy from Sir Robert Borden to Premier Arthur Meighen. Liberalism and Conservatism have nothing in common, he declared. You might just as well have a national wet and dry party, national milk and water party, or anything else. They are trying to monopolize the names of all parties, but it is the old Tory party of high tariff hiding under a number of aliases, which they keep changing to deceive the people as to their aim.

Touching on the militia expense, he declared the government justified.

RESTORE PARLIAMENTARY INSTITUTIONS

The assembling of Parliament last session in the new buildings at Ottawa seemed to express the note which the Liberal party thought should dominate all Canada, namely; the restoration of parliamentary institutions, said Mr. King. These institutions, under the destructive influences of the war, had been, if not destroyed, at least wholly disregarded. The achievement of representative government under the British system had been the result of militant liberalism through centuries of struggle and endeavour. In the post-war period the first and foremost duty of liberalism was to reestablish on firm and enduring foundations and in wider compass "all those institutions, customs, practices and usages in our parliamentary system, and matters pertaining to government, which comprise the charter of freedom we possessed prior to the commencement of the war."

As a party in Opposition, the Liberals had sought to carry on this work. During the war Parliament had ceased, in large measure, to be a deliberate assembly and become merely a machine for registering the will of the Executive. "To restore the supremacy of Parliament, the authority of Parliament over the ministry, and the power of the people over Parliament has therefore become the paramount duty of the hour."

LIBERALS' FIRST MOVE

Criticizing the vacuity of the government's proposals contained in the Speech from the Throne at the opening of the last session of Parliament, Mr. King said this procedure had deteriorated into nothing more than a mere ceremonial. The first move of the Liberal party had been to challenge the right of the government to continue in office after the conclusion of the war without consulting the electorate. All that had transpired since has served only to prove that the representations of the Liberal party were right. It was apparent that the absence of Sir Robert Borden was only a subterfuge intended primarily to afford the ministry an excuse for holding together and avoiding controversial measures pending the selection of a new prime minister at the end of the session."

"In other words," declared the Liberal leader, "Parliament has been made to serve, not the good of the people, but the exigencies of the ministry in its determination to hold onto office regardless altogether of the people's will. It is not government of the people, by the people, for the people; it is government of the people by self-constituted autocratic executive for the sake solely of office, patronage and power.

FLOUTING THE CONSTITUTION

The difference of the ministry to constitutional methods was further exhibited by the introduction of legislation of which no mention whatever had been made at the opening of the session. Measures of great concern to the people of Canada were brought down in the concluding weeks of the session. The Opposition protested, but avoided obstruction. Criticism had been made that there should have been more resistance, but, while the provocation was strong, public reasons for not adopting such a course were stronger than the consequences of such a course would have involved.

The desire of the Opposition was to see normal conditions restored. Resistance and prolonged obstruction would have perpetuated in Parliament the passions of the war, which it was hoped were subsiding.

ESTIMATES MISLEADING

As an indication of the continued indifference of the government to a proper conduct of public affairs, Mr. King pointed out that the presentation of the estimates in the House of Commons had been misleading, and questionable methods had been adopted in connection with the militia estimates. Examples might be given to illustrate wherein the administration, so accustomed to doing as it pleased in all matters, revealed itself wholly indifferent to an honest and honorable procedure.

"The truth is," he asserted, "that members of the War Administration have become so accustomed to dealing in millions of dollars that expenditures involving thousands are beneath their consideration; they have become so accustomed to doing everything by executive order that they no longer have regard for Parliament where it is possible in a way to ignore its presence. There will be no change in this respect, no return to a responsible ministry, until we have a new and properly representative Parliament."

CRITICIZES ACQUISITION OF G.T.R.

Mr. King sternly criticized the government's attitude in negotiating for the acquisition of the Grand Trunk railways. This was the largest financial transaction Canada had ever undertaken. "The Government gave neither to the people nor to their representatives in Parliament the slightest intimation that it was contemplating any such transaction until the matter had all been consummated." Rights and privileges were conceded to the security holders of the Grand Trunk in England which were denied to taxpayers of Canada. "Any due appreciation of the rights of the people would have reserved to the peoples themselves the right of passing at a general election upon a policy so far-reaching."

Similarly, in the creation of a merchant marine, Parliament was ignored, as well as in an important contract with the City of Ottawa. In another case the government defied Parliament and its own followers in continuing the War Purchasing Commission.

GENERAL ELECTION ONLY REMEDY

"The only effective means of remedying the evils complained of, and of freeing Canada from the baneful influence of the control of its political affairs, is that which a general election affords. By all that constitutional usages and procedure demands that right should be afforded the people of Canada without delay. The government has lost entirely the confidence of the people. It is either a new administration and as such not entitled to continue in office without approval of its policies by the people; or it is the old administration under a new name, with a new policy and a new leader, in which event it has exhausted the purpose for which Union Government was formed and has no mandate to continue in office."

Ontario Intelligencer

Thursday, August 12, 1920

(Address by Prime Minister Arthur Meighen, near Stirling, Ont.)

Meighen's New Policy: the Good Old Gospel of Hog Protection

Deliverance of government leader

at Stirling yesterday contained no

startling features—Attacks on

United Farmers—Good sized crowd

present—Other features of interest

A spirited defence of the record of the Borden government, with a formal review of the policy of the new federal administration, marked the address of Hon. Arthur Meighen, newly elected prime minister of Canada and leader of the new National Liberal and Conservative party at Porter's Picnic near Stirling yesterday. Mr. Meighen declared that the extent of tariff duties now levied was the lowest in average for forty years, and lower, considerably lower, than had obtained between 1896 and 1911. He said the tariff policy would be to keep Canadian workmen employed in Canada, affording to Canadian industries just enough advantage to make it pay them to stay in this country and expand.

Some six thousand people, it is estimated, attended the gathering. Rain fell at the commencement of the speech-making but cleared away later in the afternoon.

Other speakers included the member for West Hastings, Mr. E. Guss Porter, KC, Hon. S. F. Tolmie, Minister of Agriculture, Brig-Gen. Ross, and others.

Mr. Meighen's speech, in part, was as follows:

"I welcome with eagerness the opportunity of addressing this great gathering of my fellow citizens. It would be hard to imagine an audience more representative of Canadian life. Men and women are here in about equal numbers—and now of equal electoral power. Men and women are here in hundreds and in thousands from every walk of life—labourers from our towns and our farms, merchants and salaried men, manufacturers and transport officers and workers. Professional men, there are some of them too, but the largest body are the men and women of the farm. I hope my words, if they have any value, will have equal interest for all.

TRIBUTE TO BORDEN

"Sir Robert Borden, exhausted and broken with twenty-four years of public service, has laid down the premiership. I think I speak the mind of every sincere and intelligent Canadian when I say that he gave this Dominion an example of great devotion. I believe I agree with the vast majority, including many who honestly differed from some articles of his policy, when I say he gave us as well an example of great capacity. It is one of the penalties of fame that the best words cannot be spoken and the best estimates made while the subject is under review and still lives, but I am confident history will do early justice to our late prime minister and place his name close to the front among the servants of democracy in this tried and belaboured generation.

"I am here to give an account—brief and summary it may be—of the government which he formed in 1917, a government in which was represented every existing political faith. It was formed at a time of anxiety and peril; at a time when as a consequence of the war the currents of public opinion in this country and the alignment of parties had been profoundly disturbed and changed. It was formed to bring together as one mighty driving force all those who agreed on the great paramount duties of the nation. Out of that union has grown a national party. I shall speak to you later of the National Liberal and Conservative party—why it is and what it aims to do.

"Let me say now that no party was ever better born or better bred. Like similar parties in England and France, it is a product of the war. It is Conservative and Liberal—it combines the best traditions and meaning of both words. It is national because its care is the nation; its field and vision are nation-wide and nation-big.

THE MILITARY SERVICE ACT

"The first duty of the government elected in 1917 was to prosecute the war—to enforce the *Military Service Act* to get men to maintain our four divisions; to equip them with the best that a nation can provide. That first duty was discharged. I don't think there is anyone within or without this country who will say that it was not well discharged. The army was maintained at strength to the last hour of the war. No other army in France was better equipped or perhaps as well supplied.

"The *Military Service Act* was enforced to the full limit of its provisions. Like every other Act that was ever passed, it operated more slowly and with more difficulty in those localities where public opinion was strongly massed against it. But had the war lasted by a few weeks longer, which fortunately it did not, that Act would have placed in the army the full limit of 100,000 men which its provisions allowed us to provide. In the enforcement of the Act we were met with determined opposition. Tens of thousands insisted on both courts of appeal and placed every obstacle in the way the wit of men could devise. In the spring of 1918 both the British and French armies had suffered unbelievable reverses. The Italian army had suffered disaster. Russia had long ago collapsed. The American troops had not arrived. The French government had been driven from Paris and the French capital and the channel ports were marked as the immediate mile post in the triumph of Germany. There is not one man in a hundred thousand who realizes yet how narrow was the ledge upon which we stood in the early summer of that year. We had to get more men and get them in time or fail in the war's greatest crisis. The same problem was oppressing every Allied government. The only way in the world which we could get the men in time to do any good was to go [with] the *Military Service Act*. We went beyond it. We did not even then go to anything like the lengths they went in Britain and other countries. We had believed the *Military Service Act* with its provisions for exemptions would have met the situation. It did not; things got worse faster than any nation on this side or the other side ever dreamed of. With the Germans pouring shells into Paris and ready to control the channel, what was the good of talking about next year's crop? With the whole Allied line threatened with collapse what was the use of talking about past intentions or even past promise. The only thing to do was get in quick and hold the line. We abolished the exemption of men 20–23. We got the authority of Parliament. We got the men and got them quick and they helped, and helped mightily, to save the day. Now I want to know—did we do our duty. Weak men and paltry men, in order to get votes, try to charge us with the sacrifice of life. It is hideous and inhuman to read and hear such stuff. I tell you it is because Canada did what she did at that time, and other countries did the same or even more, that tens of thousands of lives have been saved and are back home today."

THE GOVERNMENT PLEDGES

From this Mr. Meighen proceeded: "The government of Sir Robert Borden had gone to the country in 1917 on twelve definite pledges; some relating to the war, some relating to reconstruction and peace, and of these twelve every one had been redeemed. The civil service has been vastly improved, over half a million per annum had been saved in the Printing Bureau alone. The overseas soldiers have been demobilized expeditiously and everything considered, equitably to all. The transportation problems of Canada, precipitated on us chiefly by the future of the Transcontinental and Grand Trunk Pacific railway projects, had been grappled with courageously. Some 23,000 miles is now the property of the Dominion, perhaps the largest railway system in the world. Because a very great proportion of this mileage is constituted by roads projected ten or fifteen years ago and long before they should have been projected, roads that cannot get the traffic to pay for many years to come, there is bound to be a deficit in operation of our system, but better operate and control it ourselves with a deficit than continue to pour money indefinitely into the coffers of others. The whole system is managed like any other system, by a board of directors, wholly independent of the government, charged with the task of making it succeed.

VOTES FOR WOMEN

"The women have been given the franchise. Good relations have been maintained between employers and employed, less time proportionately has been lost in strikes than in England or the United States, or in any other English-speaking country. A merchant marine of sixty vessels has been projected, forty of them are already in the water and Canada will soon have a fleet of 360,000 tonnage plying into all the great ports of the world. The vessels launched are bringing satisfactory returns, are an asset to the country and should be the pride of Canadians everywhere.

REPLY TO CRITICISMS

"The government while engrossed in this work, because never had so much been crowded into so short a time, was continually the object of reckless and utterly baseless attack. Today you will find these attacks in the partisan press. The most familiar allegation we hear is that the members of the government are merely greedy of office, seeking nothing but places for themselves. I need not do more than bring to mind the fact that today they sit behind the government as private members, five ex-ministers of the Crown, all of whom are supporting the administration. These men felt it was the duty of the government to carry on, but many of them retired because they could not afford the further personal sacrifices. Can anyone tell me, when in the history of Canada before such a thing took place? For the purposes of the war alone we have been compelled to spend close to two billions of dollars. A committee of Parliament has been available to every member who desires to inquire into a single item that he questioned, and no one item of expenditure has yet been successfully challenged. Indeed whole sessions have passed when the Committee was never called or had practically nothing to do. I do not remember any experience of this kind before in the history of Canada. We have faced our accusers in the House and the task has been easy."

THE NEW PARTY POLICY

Mr. Meighen proceeded to outline the policy of the new administration and the National Liberal and Conservative platform. He sketched the conditions of other nations, dwelling particularly on the turbulence that disturbed the trade currents of the world and that had wrecked the industrial life of many countries. He referred to recent tariff charges in Great Britain, Australia, South Africa, Belgium and France, showing that all these countries were looking in the direction of additional duties on imports and most of them had adopted strong protective measures. Referring particularly to Australia, he quoted the platform on which the Australian government was recently elected:

"This tariff will protect industries born during the war, will encourage others that are desirable, and will diversify and extend existing ones."

He also quoted the platform of the opposition party in Australia:

"We shall protect established Australian industries and also develop and foster new enterprises. Whilst giving adequate protection by means of an effective custom tariff we shall arrange that the workers in all industries will get their full share of the benefits of protection."

It is noteworthy, he said, that in that country the Labour party and the government party as well were a unit on the necessity of at least a moderate protective tariff, and an increase over the degree of protection heretofore accorded. Canada seemed the only country where an agitation for lower tariff had made the slightest headway. Mr. Meighen then discussed the extent of tariff duties now levied and showed them to be the lowest in average of forty years and lower considerably than had obtained between 1886 and 1911. He discussed in particular the duties on agricultural implements, and vigorously attacked both those who would overturn the system that had made industrial Canada what it is, and the smaller faction who would join hands with the wreckers but who know their policy to be destructive. The tariff opposition to the present administration he described as composed of, first, free traders, and, second, fiscal humbugs. Those who would go the farthest, indeed, the whole road of free trade, those who would go the farthest regardless of consequences, would be in absolute control if by any chance the present government were defeated. Mr. Meighen further discussed the tariff from a revenue standpoint and referred to the limitations of other methods of revenue. Those other methods this government had been the first to apply and had applied vigorously and to every same limit. Concluding his tariff discussion he said:

NO MORE BORROWING

"The financial policy of this government is to go in debt no further.

"The financial policy of this government is to get revenue to carry on the work of government and to pay our debts.

"The tariff policy of this country is to keep Canadian men in Canada.

"When you find working men's houses put up in hundreds for sale you will soon find hard times for everybody.

"The policy of the government is to enlarge the employment market and add to the size of Canada.

"The policy of the government is to make good here and keep people here with plenty of work for every class of men.

"The policy of the government is to give Canadian industries of every kind just enough advantage in the Canadian market as to make it pay them better to stay here and expand than to diminish their plants or to leave.

"We are starting now an inquiry, the most thorough we can make, to determine what is absolutely necessary to secure these ends.

"Wherever there is a tax or schedule that is not absolutely necessary it will be wiped away.

"We intend to see that no wreckers or theorists, however enthusiastic, imperil the well being of this county by blindly fixing less."

THE PREVALENT UNREST

"I have dwelt strongly and at some length on the wisdom of reasonable duties on imports as a factor in the industrial development of Canada, but there is something else which just now is even more important to consider. I refer to the feeling of unrest prevalent in this country as in other countries in a greater degree, the tendency to find fault with every government, to instill prejudice, to tear down existing institutions, to undermine the principles which lie at the root of British forms of administration, and to oppose everything permanent and tried with conflicting groups of thought. Such movements as the Bolshevism of Russia and the Jacquerie and Jacobinism of France, the I.W.W. and O.B.U. of America, get a strong foothold, threatening all established institutions. We have in Canada, in addition, the ambitions of political groups to gain an ascendancy, irrespective of the interests of others to whom they are opposed.

"The attitude of mind is unreasonably critical and censorious. Nothing that a government can or will do is satisfactory. The people in the towns grumble at the high price of farm produce. The farmers grumble at the high prices they have to pay for products of the town. The ordinary businessman is complaining of the burden of taxation, federal, provincial and municipal. In the midst of it all, the Reds, the Soviets and the One Big Union are carrying on an insidious campaign in their lodge rooms, and by means of spoken and written propaganda, with the object of destroying everything not of their class, just as Bolshevism in Europe is wrecking nations and seeks to overturn the whole world. The state of Russia today is worse in respect of despotism and dictatorship than it ever was under the worst Czar that reigned. The Baltic nations are helplessly involved in revolution and groups. Some other nations are little better. Bolshevism in Russia, which does not represent the views of one-tenth of its population, is maintained by a standing army, by sheer force, and that under a system which is supposed to be opposed to militarism, to despotism and all forms of tyranny."

WANT NO EXPERIMENTS

"In these days when the world is in a condition of flux; when trading conditions are seriously disturbed and their future course incapable of being predicted; when the currencies of all countries are inflated; when nearly all the important nations are overwhelmed with war debts; when few men and few nations quite know their own mind; when the peoples of the world are still reeling from the awful tragedy and shock of the war and are feebly groping for light; when the credit system of the world, around which all productive industry resolves, is endangered; and when in many countries the rule of law and order is annulled and the red hand of physical force appears as a distinct menace to civilizations, it is surely little short of madness to think of departing from tried and proven policies which have successfully stood the test of time. We cannot afford to sail our national craft in uncharted seas."

STANDS FOR UNITY

"I stand for unity in Canada, for solidarity of conditions and freedom of enterprise within our own borders. The lesson for Canada and the free peoples of the British Empire is to avoid the pitfalls of all the nations which have preceded it and sunk into oblivion and of those as well that are writhing now in chaos and suffering. I shall strive with all my power for national unity with all my energy for national solidarity; for moderation of thought and action; for orderly progress for the maintenance of law and order and for policies which have brought us where we stand."

TWO CLASSES IN CANADA

"The old party alignments are pretty well grown over now. Six turbulent years have done the work. The old battlements are more or less destroyed. There are still, I know, voices tuned to the old music but the great mass of men and women are thinking and must think along other lines.

"Looking over the world today and then fixing eyes on Canada I see only two divisions of our people—only two classes in this country. I see on the one side those who hold steady, who walk firmly in the middle of the road, who learn from experience, who believe in industry and ordered liberty, who still have faith in the good of British institutions and British principles that have made us what we are. On the other side I see those who have given way to prejudices, to class consciousness, to a passion for change and experiment, whose minds are occupied in nurturing suspicion and hostility against other classes of the state.

"On the one side I see the builders of this country on foundations tried and true. On the other side are those engaged in the cheerful exercise of tearing down. I put the question to you—are you going to be a nation builder or a nation wrecker?"

PLEA FOR UNITY

"Let us gather in millions around institutions that we love. Let us gather around a standard that we know and that our fathers knew. Let other people indulge if they must in the sport of freak governments and heterogeneous parliaments and experimental policies of state, but let us not forget the lessons of fifty years in our own land—now what has been written for our instruction abroad. Let us hold to the path and to the principles that have led us into lusty strength, into peace with honour, into relative happiness and plenty, and made of us the most vigorous and promising of the younger nations of earth."

Response To A Welcome Home

Delivered before a large outdoor gathering in the Town of St. Marys, Ontario, on August 16, 1920, in response to a number of addresses. The occasion was a welcome back of the speaker, as prime minister, to his home surroundings, by the people of St. Marys and neighbouring countryside.

VERY OFTEN IT HAS BEEN MY LOT to address audiences of my fellow-citizens, but so different is this occasion from any other within my experience, and so profoundly am I moved by what has been said and done today, that there is danger of emotions becoming stronger than will, and the discharge of duty next to impossible. It is not wholly a constraint born of knowledge that the path I must travel in my remarks is necessarily narrow, not just a feeling that most fields of discussion are forbidden; indeed, not so much a barrenness of topic as a sense of fullness of memory, a crowding to the front of all the past seeking room in one's mind at once out of the vista of these twenty, thirty, yes forty years.

When accepting the invitation of your mayor and the reeve of Blanshard and the president of your Board of Trade to be their guests, I had no conception at all that anything so magnificent as this was in contemplation. The extent of your preparations, the vast amount of organization and hard work it has entailed, the very dimensions of this event and the overwhelming kindness of it all quite overpower me.

I have met, this afternoon, playmates of some decades ago; boys with whom I shared a desk at school, neighbours of the old days on the farm. Everything seems to have been ordered, and everybody seems to have come, necessary to bring back into one great day all the happy associations of youth.

No one is prouder than I to be a British subject, no one more thrilled by the splendid history and heritage that is ours as a member of the great British Commonwealth—and no one more resolved that we never lose our attachment to the "sceptred isle" and "happy breed of men." Nevertheless, I am glad above all things today in being born a Canadian, nor could one have conceived of a more fortunate birth or a bringing-up more healthful and wholesome than was provided for me in this garden spot of old Ontario. How very little you and I reared in this countryside have been denied at the hands of a bountiful Nature.

The hardships of the pioneer had been well overcome before my time. Privations of life had been removed. The stubborn turf had been cleared, the woods had fallen and the good old British stock had planted themselves and turned a forest into a smiling land. Schools and churches were as numerous as they are today. Libraries were available for all, not perhaps in convenience but within reach and good in quality and teaching. Every home had its quota of books; there was no plethora, but there was sufficient real literature to wake the hunger of the mind. It is in truth better that there was not so much as to dissipate the conviction that books are a prize and a treasure. These circumstances, linked with the supreme advantage of a good home, are about all of value that a youth can hope to possess, could he choose for himself his nativity and environment—those things which go so far to determine his destiny in life.

It has been said by the provincial treasurer, [Hon. Peter Smith] the honour and generosity of whose presence I want publicly to acknowledge, that a tendency exists today unfair in its hostility to men in public office. Just previous to his utterance I was giving inward expression to the opinion that no human being, and certainly not myself, could ever hope to be worthy of the tribute being paid me here and the words of eulogy employed. There is not so vast a chasm between one man and another in this world as many people think. Only a short distance, bridged mainly by harder work, and sometimes by better fortune, separates those who occupy positions of distinction from those who perform tasks of undoubted worth in humbler walks of life. Never could I hope to reach any pinnacle of achievement which would for a moment entitle me to the sentiments spoken this afternoon, but if that is true it is just as true, as stated by our friend, the treasurer, that while we who can be called, for the time being, fortunate, merit not many of the good things said about us, we are just as innocent of a large proportion of the frailties and misdemeanours charged against us.

These are days of censoriousness, unrest, discontent and even disorder, a condition which has become epidemic the world over. As yet it reflects itself here in Canada in only a minor and lighter form, but in such times it is particularly true that grave results are bound to flow from an attitude of antagonism of one class of the community toward another and of all classes toward those in authority. It is a phenomenon which has followed in the wake of every great war in the past and has precipitated itself upon this afflicted generation to a degree unparalleled for many years. I hope I am not speaking words of delusion in expressing a belief that as respects Canada the crest of this evil wave has been passed. With good reason it may be hoped that here in our country, a veritable land of Canaan in a troubled world, we shall be first to taste the sweets of a return to a better harmony and sanity. I believe that already softer winds are blowing and a brighter sun is shining, and that if each in his own sphere holds high his head and keeps steady his thinking, we will not suffer, as it looked a short time ago we might, the agony which other nations have so long and so bitterly endured.

One thing upon which we can rely is the intellectual health and moral stability of our people. If this foundation holds—and it never was better in comparison with other populations than now—we need have no fears as to our future. Out of the goodness and greatness of our country and the preponderating wisdom of her councils, out of the hard, dependable common sense of our citizens, out of the zeal and pluck of a dauntless breed of men, there will come triumph over the infection of unrest and disorder and all vicissitudes that beset an advancing civilization, just as certainly as there has come triumph over the forces of war.

My last word must be one of simple thanks to the people of this town and the townships around, and particularly of the old Anderson neighbourhood where childhood days were spent; to all from far and near I extend my deep and lasting gratitude. Do take home the assurance that the toil you have expended so liberally and the kindness you have shown so lavishly have made an indelible impression upon me.

There are many faces we miss in this throng—many who in the years since I lived among you have passed to the beyond. Some have surrendered their lives in the war lately closed—surrendered them in the same gallant way as did the young man [i.e., Lieut. W. J. Wright, BA, late principal of St. Marys Collegiate Institute] named in honour by Mr. Martin [i.e., S. K. Martin, BA, former principal of the same school], who truly was one of my treasured friends. Their names and their deeds we never can forget. But nonetheless, St. Marys is St. Marys still. It is the old family home, and there cling to it endearing recollections which can circle around no other place on earth. This is the home of boyhood and young manhood, the home where first were learned those simple truths last to fade from the mind, the home of earliest friendships the most sacred and inserverable of all, the home around which linger memories of brothers and sisters now far away and of one generation which has gone forever. Time changes much. It destroys and builds again, but the attachments and affections I have described abide to the end.

> Love is not love
> Which alters when it alteration finds.

This event will be an inspiration to me, a new starting point from which will date another season of labour, another and better effort, which if it does not result—and it will not—in achievement that wins the approval of all my fellow-citizens, should at least merit a fair measure of assent and be such, I trust, as to deserve general recognition that my motives were unselfish, my labour unstinted, my conduct unstained, and that at all times I was animated only by a desire to serve my native land.

The Globe
Toronto, Tuesday, September 14, 1920

Premier Bids Labour Aim at Commonwealth

Says Problems of Employers Must be Given Consideration

Help by Cooperation
Given Good Hearing by Delegates at Windsor Congress

WINDSOR, Sept. 13—Premier Meighen was accorded an attentive and critical hearing this afternoon, when he accepted the invitation of the Trades and Labour Congress of Canada to address it during its opening session. His address was not marked by any of the bitter attacks which he has made against Radicals and radical movements. In fact there were no personal references to individuals and movements. He had the opportunity extended of liberty of speech by President Tom Moore, who hoped that he would express himself as he desired.

In opening, Premier Meighen declared that the reason which impelled him to accept the invitation of the Congress executive was that a large proportion of the people of Canada could be reached through the convention. He said that he would follow the direction of the scripture, which was to speak "plainly as I ought to speak."

Premier Meighen laid claim to being a labourer. He pointed out that there was a time when he could have become a member of a Labour organization if his wanderings had not taken him elsewhere. "I want to speak to you, however, as one of your members, for I feel there is little difference between you and me," said the premier.

LABOUR'S WORK AND FUTURE

Devoting some moments to a sketch of the history of the American trade union movements, Premier Meighen expressed the opinion that the aims of organized Labour, as summarized at the formation of the American Federation of Labor, have remained pretty much as they were stated to be. He admitted that organized Labour had raised the status of the wage-worker, and believed that there was room for improvement.

Proceeding, the premier declared that the lines of further progress would have to be education of public opinion, of loyalty to organization, and also of loyalty superimposed to Canada, which brings public respect and confidence.

INDIVIDUAL EFFORT NEEDED

"What I ask of you is that you give attention to three or four vital facts that must not be lost sight of if we are to act reasonably and intelligently," continued Hon. Mr. Meighen.

"Suppose your own president, or someone else of your own selection, were chosen prime minister of Canada, he would find himself faced by facts that he could not ignore, regardless of the pressure which might be brought against him. The first is this: If this country is to keep its place in the world's industrial progress and to provide for a good, average prosperity at home, a means of paying our debts and paying our way, then we must rely upon the principle of individual initiative, individual effort, and individual reward.

All of these are necessary if we are to get our feet on solid ground and to progress as a country.

"There may be some who are of the opinion that we should adopt in this country some communication system and thus make our way alone instead of in competition, industrially, with the other nations that are based on the principle of individual endeavour and individual effort. Then I wish to say that the witness of recent events in Europe will have gone a long way to shatter such theories. We must hold to the individual reward for individual effort, properly controlled by the government as the basis.

"Keeping in mind that the effort of the individual is the basis of nations, we must remember that there is a steep and wide disparity as well in the ability of the individuals, and especially between the good judgment of individuals, there lies a disparity that no legislation can ever remove."

CANADA NOT SINGLE IN WORLD

"Canada is not a single and separate element in the industrial world. We are one of the throng of competing nations, and as such we must take care that we do not place upon ourselves a disability that will hold back our progress, because the effect of that disability will react severely upon Canadian working men more than upon anyone else. It is certain that we cannot continue as a nation with the competition of the outside. Nothing should be secured at the cost of injustice to the wage-earners. I say this because I am in full sympathy with the working man. I have more sympathy and respect for him than for any other class or group. I have no sympathy for anyone who does not labour.

"But if you place upon Canadian employers a burden which puts them at a disadvantage, then you are taking a step which is bound to result to your own injury, by reacting most seriously not only on the employers, but particularly of the employees.

"The only way to make progress is by working in cooperation with countries, to the end that we may all march forward together to the lifting up of the status of those who are needy."

Premier Meighen told of what the government had done for Labour. It had raised Senator Robertson to the status of a cabinet minister, had evolved a scheme of technical education for the training of mechanics, and had established employment agencies from coast to coast.

THE LABOUR COVENANT

Touching upon the Labour covenant to the League of Nations, the premier declared that unless it was adopted by all little good could result from it.

"What practical good is to result from that? Unless you get, first, concurrence and recognition by other nations alongside which we work you can never make any progress toward the goal you seek. Other nations must do it as you do it. The duty of the government of Canada, as well as of all other governments, is to seek to make practical progress toward putting in effect its terms by cooperation with the other countries concerned. Canada abides not merely to the letter to the convention, but to the spirit of that convention, and loyally will do so as long as I can speak for the government," said the premier.

CHAPTER 3

Meighen Versus King
in the Commons: Round 1

Speech before the House of Commons
February 15, 1921[1]

RIGHT HONOURABLE ARTHUR MEIGHEN: Mr. Speaker, my desire is to extract
as fairly as I can what there is of substance in the speech delivered by the
leader of the Opposition (Hon. Mr. Mackenzie King) in the way of an attack
on the position assumed by the present government—to extract it and place
it before the House in such forum that at least the House can understand
what the attack means and what was the argument by which it was sought
to support that attack. I will have to drag the substance from under a mass
of hyperbole, but the effort must be made.

I may have the aspiration—but if I have I certainly have not the talent—
to rival my honourable friend in the power of declamation, a power that he
has exercised throughout most of his life and which he has brought to some
degree of perfection. All I aim to do in my humble way is to place before this
House, in understandable terms, and through this House, before the country, the position this government honestly takes; and the position which it
believes it is in duty bound to take in the interests of the people.

My honourable friend (Mr. Mackenzie King) places before the House
an amendment to the address, in which he declares that this government,
has not the confidence of this House. Well, if that is the whole purpose of
the amendment, it has no purpose at all. If the motion for the address is
defeated, that means that the House has no confidence in the government.
So the first question that arises in one's mind is: Why is this motion before
the House at all? Why is this amendment here? It serves no purpose in the
world—that is to say, so far as getting an expression of opinion on the part
of this House is concerned as to confidence in the government. I do not
think I will proceed very far before the House will understand just what my

---

1 Meighen was speaking in reply to a motion put forward by Liberal leader Mackenzie King
that declared the government's ministers "do not possess the confidence of the House or of
the country, and ... their retention of office constitutes a usurpation of the powers of popular
government." See Roger Graham. *Arthur Meighen Volume II And Fortune Fled*. Clarke Irwin.
(Toronto). 1963. p. 36.

honourable friend had in mind in bringing up this naked amendment for discussion. It was not so much to throw an issue into Parliament as to see that Parliament did not get an issue at all.

Last session we had this same amendment—or, rather, we had an amendment calling for a dissolution, which my honourable friend says is still his persistent object and purpose. But he had the grace last session to embody in the amendment some reasons why in his judgment dissolution should take place. Last session he read the following as the reasons why the House should dissolve and an appeal to the people should be made:

> The regrettable protracted absence of the prime minister, the widely accepted belief that it is not his intention to return to the duties of his office, the makeshift arrangements for the direction of important departments to which no minister has been regularly appointed, the attempt to carry on the public business when the three eastern Maritime provinces are entirely unrepresented in the Cabinet—these and other things—

The other things being all unspecified

> —operate to produce a condition of uncertainty and instability from which a vigorous and efficient administration of the Dominion's affairs cannot be expected.

And those reasons are absent from this amendment. Why? Because they all ceased to be true. The very opposite is the fact in every instance, and my honourable friend, in search for some reasons that he could append to and embody in his amendment, finds none at all; so he simply comes forward with no reasons and states that the House should express its lack of confidence in the government.

He wants to know by what right this government is in office. By the same right that every government is in office in Canada today or has ever been in office in this country—by the right of the confidence of a majority of the Parliament elected by a majority of the people. My honourable friend thought we had no right to be in office last session, but on every vote the government was sustained by a large majority, particularly on the vote in which he wished to declare that a dissolution should take place. "Oh," he says, "you may have a majority in Parliament, but you should not be there because you have a new prime minister and a new government." Did not all the members of the old government, he says, go out of office with the prime minister? Why certainly they did. Did they not all declare allegiance to the new prime minister and the new government and take the oath of office again? Certainly they did; that is the case with the advent of every new prime minister in the history of every country. That was the case in the instance recited by my honourable friend of Sir John Abbott and Sir John

Thompson. It was also the case when the present member for Shelburne and Queen's (Mr. Fielding) resigned the post of premier of Nova Scotia and was succeeded by Mr. Murray. It was the case when Mr. Hardy became premier of Ontario. It was the case when Mr. Martin, the present premier of Saskatchewan took office there. It was the case when Mr. Stewart, the present premier of Alberta, took office in that province. It was the case when Mr. Oliver, the present premier of British Columbia, took office in his province. In every case all the members of the old government went out when a new government came in.

But, my honourable friend says, I would concede you the right if only in point of character, in point of purpose and in point of aim you agreed with the government whose place you took. Well, I tell my honourable friend that in point of character, in point of purpose, and in point of aim, we are in full accord and harmony with the government we succeeded, in every respect and to the last jot and tittle. In purpose and in policy we are the same. In every respect we are a continuation of that government—in every respect in which Mr. Hardy's government was a continuation of that of Sir Oliver Mowat; in every respect in which Mr. Murray's government was a continuation of that of the honourable Mr. Fielding at that time; in every respect in which Mr. Martin's government is a continuation of the government of Mr. Walter Scott. In all these respects we follow in the direct line of the government whose place we take in office. Did my honourable friend refer to the policy of this government in seeking to show that there was a divergence and departure from the course pursued by the late administration? He never referred to policy at all. The policy is published and is well known; in no particular does it diverge; in no particular is there a departure; this government is a legitimate successor and continuation of the government which it succeeded.

What, then, does my honourable friend resort to in order to show that we have no right to be in office notwithstanding the fact that we enjoy the confidence of a majority of Parliament and notwithstanding that our term of office is still some two years from its expiration? "Oh," he said, "you came into office in 1917 on the basis of a union, and you are a union no more." I try to put it in some understandable form. He argued, in substance: You are not, in point of the constitution of your government, in line with, in accord with, or the same as, the government you succeeded. Well, how do we differ? He reads the names of members of the government who have gone—members of the government led by the honourable member for King's Nova Scotia (Sir Robert Borden) and shows that some of them have retired from office;

and he wants to know how it is that we assume the virtues of those who have retired. Well, really, I am not able to put that in understandable form at all. It is true that some have retired from office; I suppose six or seven or eight have done so. But of all those who have retired, only one retired because of any difference in principle or policy from the government from which he departed—only one who after his retirement failed to support the government of which he had been a member, and did not continue the support of that government in this House. Because men retire from office feeling that for reasons of their own they cannot longer give the kind of public service and the great labour required of public office, does that mean that the character of the government is altered? Does that mean that the government lacks public confidence? Why, one might just as well argue that if a member of the government dies it is evidence that public confidence is gone. Never in the history of this country has a government sat in office with so many ex-ministers of the Crown sitting behind it in full accord with its policies and principles. And, forsooth, that is the government my honourable friend refers to in language of unparalleled exaggeration as composed of merely office-seekers and office-holders, eager to draw the salaries of ministers of the Crown, filled with all manner of scriptural vices and extortion and excess. Rather than draw the fruits of office and engage in the responsibility and continued labours that the enjoyment of office entails, there have gone from this government, one after another, men who are not only in full accord with the policy of the administration, and with all members of the administration, but, whose belief and expressed belief it was that the duty of the government was to carry on as before.

My honourable friend tells us that in 1917 when this government was elected, the issue was the carrying on of the war, and he is right. That was the great issue of the 1917 contest, not only great but overwhelmingly great: that was the issue that overshadowed all others, and in the main was the reason for the vast popular majority which this government succeeded in obtaining. But does that mean that this government has no duty save to carry on the war? But if it had no duty save what my honourable friend himself is willing to accord it, namely the duty of dealing with the problems of war and the problems that succeed and grow out of the war, this government's duty is not yet done. Is there an honourable member who will argue that we in Canada are even substantially past the problems of the war? There is not a problem that confronts us now, not a difficulty that we have to surmount, not a mountain that we have to scale, that is not placed where it is and is not of the magnitude that it is by reason of the war, and is not directly, in point of character and origin, related to the problems of the war and growing out of the war itself. Is re-establishment complete? I agree, very much has been done; I believe more has been achieved in this country than in any other. But to say that all the problems of re-establishment are solved is to utter language that undoubtedly argues a lack of acquaintance with conditions in Canada at this hour. But, though the war and the problems of the war were the first duty of the government, though the carrying on of the war was the great overwhelming issue in the contest that elected this government, the duties of this government were just as wide and sweeping in their scope, just as inclusive of everything that pertains to government in Canada as were the duties of any government ever entrusted with power. In the platform on which we appealed to the electors in 1917, though it was set out in the plainest terms that the carrying on of the war was the great purpose of that campaign, there are no less than thirteen or more other distinct duties which the government set itself to perform; some of them related to the war, many of them only remotely related to the war, many of them not so much connected with the war as are the problems that now confront us. This government set itself the task of carrying those duties out.

Was this government absolved from the duty, yea, the necessity, of dealing with every question that ordinarily comes within the scope of the functions of a government? If we were so circumscribed, if we were so restrained, who was to carry on this work? Who was to be responsible? Was nobody to attend to it? Did we not have to attend to it? "Ah," my honourable friend says, "you have no business to touch the tariff at all; you should not touch anything except something connected with the war." Does he know that during the very first year after the government was elected and while the honourable member for Marquette (Mr. Crerar) was a member of the government and all the elected members of the government were there, the tariff was affected, the tariff was, indeed, reduced? And the following year the same? In every year of our existence the necessities of the tariff situation were attended to. No general revision was brought on, but that was because the time had not come when a general revision could be made with advantage to this country, when the necessary information could be obtained and when we would be in a position to lay before Parliament the terms of a revision that would be sufficiently studied and thought out. But in relation not only to the tariff, but to every other subject, the government had dealt with these problems in the same way as it would deal with the war or any problem arising out of the war. It is true that in the concert of principles upon which the members of the government came to common ground in the fall of 1917 we did not then agree on any matters of permanent tariff policy for Canada, and the words of the Minister of Immigration and Colonization (Mr. Calder) quoted by my honourable friend this afternoon were true and apt words: they spoke no more than what was the fact. But because it was not necessary to agree upon that issue for the purpose of union at that time, did that preclude us from agreement at any time on what should be the lines of tariff policy in this country during the constitutional term of office of this government? The Minister of Immigration and Colonization did not say so. My honourable friend himself never thought so until very lately. Why, when, did it occur to him that this Parliament had no right to deal with the tariff? That is a new thought that was born in his mind in the course of the Peterborough election. Will the House believe that it is not yet twelve months since the leader of the Opposition seconded a motion in this House demanding that the government deal with the tariff at once? But let me come back to the argument that I did not fully complete, namely, that the composition of the government is different in that those who came from the Liberal party are not so numerous as they were before. My honourable friend quotes some six or seven; he claims, I think, that there were eight who were there. Well there are five today, and there is one who has been deceased for only a very few days, so that it seems to me it is straining a little too much to say that a reduction from eight to six is such a breach of the whole constitution of this country that we are landed now in chaos.

When my honourable friend was being carried away with the magnificence of his own declamation, particularly in those last fifty awful sentences, surely the thought came to his mind—and if it did not, it must have come to the minds of many of those who sit around him—that he was overdrawing the picture; that even if everything he had argued for was right, even if the little points he made had driven him to the conclusion that he sought, he had wholly overstated the consequence and so grossly exaggerated it that it was becoming pretty close to the absurd. Is the whole moral structure of this country going to go to pieces, because a government retains office when Parliament has by no means run its full term but when in the main the great issue upon which it was elected has been decided? Even if he is right in his contention, does it necessarily follow that there has been some terrible, vicious, vile and permanently destructive act perpetrated against the people of the country?

But in the first place, when did the doctrine first arise that after the great, say even the only, issue upon which an election is fought is decided, the government ceases to function? When was that subscribed to by any writer on constitutional law or history? When was it subscribed to even by honourable gentlemen opposite? In the history of this country there have been many elections in which there was virtually one issue, and one issue alone, upon which the verdict of the people was obtained. That was the case in 1891. That was the case in 1878. That was the case in 1904, when the late leader of the Liberal party in this country, assisted without a doubt by my honourable friend, went to the electors of Canada on the issue of building the ill-fated Transcontinental railway. When he was returned, with the help of my honourable friend upon that issue, and when, in pursuance of the mandate which they said they had obtained, they went on with the construction of that railway, did the fact that they did so mean that their functions were ended? Were they then believers in the theory that they had no mandate from the people of this country to do anything else except to build the Transcontinental railway? And in 1911, when honorable gentlemen opposite were defeated on the issue of reciprocity, when there was indeed a new and big departure in public policy proposed in this House by honourable gentlemen opposite, and when the country was appealed to on that issue, and as a consequence reciprocity was defeated, did it follow that the government should not continue—that they had no power for example, to deal with other grave issues that confronted the country? And even if the prime minister through stress of circumstances should be compelled to resign and a new prime minister should come, does it mean that the new prime minister is a usurper, and guilty of all the crimes ascribed to me by the honourable member (Mr. Mackenzie King)?

Then he told us we were the only government in the civilized world that had denied the people the right to elect a new parliament after the Armistice. Well, I do not know that we need be very much disturbed as to the precedent that may be set in China, or even in Germany, or Austria, or Russia, but if there is anything in my honourable friend's contention that can be argued from precedent set in any of the dominions or the motherland, then possibly he would have said something that would have given colour to his contention. But is that the case? One would have thought by his reference to Australia that their position was quite analogous to ours, and by his reference to New Zealand that the case was the same there. Is he aware that in New Zealand the government there was elected in 1914, and that although by the constitution of that Dominion they had only a three-year term for their Assembly, actually, by extending the life of Parliament, they went until December 1919, over six years, and then appealed to the country? And because, after more than six years—when their term was three—they went to the country, my honourable friend argues that in this country, after three years—yea, a year ago, he said, after two years—when our term is five and when our election was held in December 1917, we must by virtue of the example of New Zealand, go to the country too. In the case of Australia, the facts are very similar, although there was no extension there. In the case of Great Britain, the Lloyd George government, which was the successor of the Asquith administration, but which did not feel that because Mr. Asquith retired it must appeal to the country at once, carried on for some years. It did appeal to the country late in the winter of 1918, I think, but only after that Parliament speaking from memory, for seven or eight years, whereas its term by constitutional practice is about five years. There is therefore no argument to be drawn from any British case.

Here in this country we were elected on a war issue; we actually went to the country in war time. The British government did nothing of the sort. They did not go to the country at all until after the war was over. The war being over they appealed to the country, whereas we went to the country just shortly before the war was over; that is the difference between us and the British government.

My honourable friend says: You went into power as a war government, and now that it is peace time it is your business to step out. If that is the case, a peace government that is elected in peace time should step out when war comes. Does my honourable friend remember the hue and cry he himself raised and that his leader and the members of his party raised, when, in 1914 after the outbreak of war, the government then in office, a peace government, elected in peace time, was complained of for even contemplating an election at that time. Why, they fairly tore the purple off the clouds for fear we would go to the people, although we, a peace government, were then confronted with the difficulties of war. My honourable friend's argument, if there was anything in it, would work both ways.

The fact is both the spirit and the letter of the constitution of this country may be defined thus: The term is five years; the usual practice is four years; the government is entitled to hold office during that term, provided it maintains the confidence of the representatives of the people as reflected in the parliament elected. In the history of this country or any other that I have any knowledge of the only departure from such a practice has been on occasions where some overwhelmingly important issue has arisen, where a departure of policy of major consequence is proposed by the Administration, and when, as a result, it is desirable that the will of the people as to that departure be known. Those occasions have arisen in Great Britain;

they have arisen in Australia. Will my honourable friend say that they now have arisen here? Is there a great, sharp issue of public policy dividing this House? Is there, Mr. Speaker? Did you hear anything of it in the speech of my honourable friend? I would like if such an issue could be raised, but we do not propose any radical departure of public policy in the first place. We do not propose to give the people of this country anything save what they have voted for almost times without number in this country.

Where, I ask again, is the great issue that has arisen? Oh, my honourable friend says, the only issue is that you should not be there—that I should be there instead of you. Well, what would be the issue in the country if we dissolved Parliament? The issue my honourable friend raises would be settled once dissolution took place. He says we should appeal just for the sake of an appeal, that we should have an election just for the sake of an election. Well, you have an election once you dissolve Parliament, but on what are you going to fight the election in this case?

If a big issue does arise, if it is clearcut and unmistakable, if it goes to the very fundamentals of public policy, then there is justification for a government laying down the reins of office which the people have entrusted to them, even before the full maturity of its term. But until that does arise, and in that form, while a government maintains the confidence of Parliament, it is recreant to its duty to depart from office and abandon the trust reposed in it and be stampeded by the voice of a party press or a party leader, whoever he may be. The honourable member quotes words used by myself in Winnipeg in 1917. By every word of that speech, by every word of that appeal, I stand. I invite the honourable gentleman to quote more from that speech; I do not think it will detract at all from the quality of his own. He quotes as well from speeches of the honourable Minister of Immigration and Colonization (Hon. Mr. Calder), by whose remarks also I stand. Undoubtedly, if three, four, or five members of a government retired at the same time and for the cause assigned by the honourable member for Marquette (Hon. Mr. Crerar), that is a blow from which perhaps no administration could recover. That is one thing. For one minister to retire merely because he disagrees on a point of public policy—not, mark you, because he does not think we should touch the tariff, but because he thinks we did not touch it enough, for that is why he retired—that is a very different thing from many men retiring at the same time because of a divergence of views on a great issue of public policy. It is one thing for one to retire at one time and another at another time merely because they cannot give more of their time to public service; but it is a wholly different thing for all to retire in a section from the

administration on a point of principle and policy. Now, I hope my honourable friend apprehends that difference; if he does not I should be glad to try
at least to emphasize it more.

I was endeavouring a moment ago to indicate to this House that my
honourable friend had a reason for placing this amendment in the naked
shape in which it appears before Parliament. I intimated that in my judgment it was anything at all but because he was anxious to throw before the
electorate of Canada a clear issue for discussion and decision. It was rather because he was intensely anxious to see that no clear issue got before
the electors at all. He says that all that it is appropriate to discuss now is
whether the government should be in office or not. Last year he told us that
the House should dissolve as well. This year he tells us that we should not
discuss the tariff at all, but last year he complained because we had nothing
about the tariff in the address. Last year he bewailed the fact that there was
no declaration of principle in that address as to the policy of the government. Let me read what the honourable gentleman said. Reciting one complaint after another in regard to the address that had just been delivered
from the Throne, he used these words:

> But, sir, there is a further limitation in the speech from the Throne which
> serves to reflect the mind of the government in another particular. The
> speech discloses an entire absence of any policy on the part of the adminis-
> tration in regard to the economic, social, and political questions which are
> uppermost in this country at the present time.

Complaining that the government had not declared in the announcement from the Throne at that time its position in regard to the great economic questions which he declared then divided the country, he proceeded
in the next paragraph to complain because, instead of proposing a reduction
of duties on foods, we had dared to insert in the address a reference to a
solution of the opium problem. He said:

> I submit that the people of this country are much more concerned at this
> time with the question of foods than the question of drugs, and that it
> would have been much better if the ministry in advising His Excellency
> what should be brought before this Parliament for discussion, had pro-
> pounded some policy which would help to relieve the high cost of living
> instead of skirting about that great isle and dragging in small affairs such
> as legislation for regulating the sale of drugs.

It did not seem to be in the mind of the honourable gentleman then that
the government elected in 1917 had no authority to deal with the tariff. It did
not seem to be in his mind that the government so elected had nothing to
do with questions extraneous entirely from the war. Indeed, he complained
because no explicit declaration of policy and principle was included in the

speech from the Throne; and later in the session, in the debate on the budget, instead of contending then that Parliament had no right at that time to revise the tariff, he complained in his speech that the revision that had been promised had not been brought down before, and urged this House that, pending the completion of the work of the committee which was to investigate tariff matters, pending the completion of that work and the revision that would ensue, the House should then, at the last session, revise the tariff in the manner described in his resolution. That resolution was rather vague, it is true, but which was intended to give the people of the country the impression that there should be a revision right there and then with a view to reducing the cost of foodstuffs and the costs of implements of production and some other things that were vaguely embraced in the resolution he proposed.

Now, will the honourable gentleman tell me how it is that if the last session was too late to revise the tariff, this session is too soon? Will he tell me how a Parliament elected in 1917 had power last session to revise the tariff and has not that power now? Will he explain the constitutional principle upon which he distinguishes the one from the other? Will he tell me how it is that, if Parliament last session had revised the tariff, that if the same parliament that sits here now had done what he decided it ought to do and had the right to do, the constitution would have remained inviolate and chaste, whereas, should we dare to touch the tariff now, insofar as even a single article is concerned, the whole thing would go to smash?

I think I can explain the change that has come over the dream of the honourable gentleman. In the last few paragraphs of his speech, he referred to certain by-elections. He referred to some that took place a year ago, some that took place a year and a half ago, and others that took place more recently. He had been contending for a long while that we could not lay any claim to the virtues of the administration of the honourable member for Kings, Nova Scotia (Right Honourable Sir Robert Borden); and having laid down that proposition and established it, as he thought, to perfection, he then proceeded to ascribe to us all the misfortunes that had befallen that administration. It would be interesting indeed if the honourable gentleman would tell us by what process of reasoning he strips us of any credit for what that administration did and then attributes to us all the misfortunes which he says befell it? The fact is that very little attention was given by that government to by-elections or any other elections once it was made certain that there was a majority behind it in this House determined to carry through to a successful conclusion the vital program laid before the people in 1917. This government came to power with the support of almost seventy of a majority in this Parliament and its first, almost its exclusive, function was to carry on the duties of office, and it was negligible, even indeed it it were a duty at all, to seek government support in by-elections. As time went on the condition modified gradually, as would naturally be the case, and we have been able of recent months to give more time to those contests. Since this government came into office there have been five by-elections, in every one of which this government was represented by a candidate standing for what the government stood for. In the by-elections in St. John and Colchester we had such candidates. We thought it was at least of importance that the people of those counties should know well what we were standing for, and should have some one to vote for who represented those principles. I see a smile on the face of the honourable member for East Quebec (Mr. Lapointe), and I am reminded of a similar smile that swept over his countenance just about a year ago, when he pointed to the fact that, except for the prime minister, there was no representative in the Cabinet of the bereft Maritime provinces and when he told the House that the reason there was none was because we dared not open a constituency there. That is the last occasion that I remember seeing the same vivid smile on the face of the honourable gentleman.

MR. BUREAU: Then the prime minister must have been blind for a long time.

Mr. MEIGHEN: Well, we had a contest in those two constituencies, and the leader of the Opposition proclaims in this House the total lack of confidence in the present administration in the city of St. John because the Minister of Customs was elected only by a majority of a little over four thousand. Why, he said, we (the Opposition) only put in a candidate at the last moment. Why at the last moment? What was the matter with the first moment? I can remember well when that seat was opened. I can remember well when the challenge of the member for East Quebec was accepted. I remember well when the leader of the Opposition announced through the press of this country that there would be no election by acclamation there; that he would see to it that the government was confronted with a real candidate in the constituency. But, somehow or other, he was not able to carry out his threat until very close to the contest. It was not possible even then for him to get a candidate to stand in the county of St. John for what he stood for. At last when one did appear he tried to at least bring some show of success by proclaiming that rather than be a Liberal he would be an "independent Liberal," and in that capacity he ran.

In the county of Colchester my honourable friend (Mr. King) and his party had no representative at all. Not a man in the county of Colchester represented his party. Perhaps there was not a man in the county who knew what his policy was. There was a candidate of the honourable gentleman (Mr. Crerar) who is represented today by the distinguished member for Red Deer. There was a candidate of that party in the county of Colchester and they had some rather questionable support—support from men who advocated very strange doctrines, very strange doctrines, indeed, doctrines put into practice in only one country in the world that I know of. But that party had a candidate and its candidate was buried under a majority of some fifteen hundred voters.

Then there came an election in the County of Yale and in the County of Elgin on the same day. Did my honourable friend have a candidate in the County of Yale? I do not hear him say either yes or no. But he supported a candidate in the County of Yale. Now I am going to state the reason why it is that this amendment—in its naked form, stripped of all substance—is put before the House. My honourable friend supported a candidate in the County of Yale all right, but a candidate whose views had just as much relation to his own as the blood of a South African negro has to mine. Were the tariff views of that candidate in the County of Yale in accord with those of my honourable friend? Had they the faintest resemblance to them? The only tariff view he had, or ever espoused, was the determination to see to it that there was sufficient protection on fruit. He did not care much about anything else so far as I heard, and I heard him make several speeches and I read his platform. He was determined that there should be sufficient protection on fruit anyway, and I suppose because of that he was supported by the Leader of the Opposition. Did my honourable friend from Red Deer (Mr. Clark) or the party that he represents have a candidate in the County of Yale?

MR. CLARK (Red Deer): I was not there.

MR. MEIGHEN: Well the only affiliation of the candidate with the honourable gentleman's (Mr. Clark's) party that I could discover was that he called himself a farmer. In point of platform, in point of argument, and in point of principle he was just as remote from the party led by my honourable friend from Red Deer as the South Pole is from the North.

MR. CLARK (Red Deer): I believe in cheap fruit.

MR. MEIGHEN: Yes, but that was not the chief desideratum of the candidate of the Farmer party in the County of Yale. Well, the result—very fortunately for this country, and fortunately for Yale and to the credit of the electorate—was the return of my honourable friend (Mr. McKelvie) who so happily seconded the address this afternoon.

In the County of Elgin there was a candidate that stood, I think—although he was very chary about pronouncing his views—on something akin to the Liberal platform of 1919; but he too sought to evade the odium, or whatever it might be that attached to that platform, by declaring himself an independent Liberal. At all events, so near was he to my honourable friend in name at least, that he succeeded in being buried at the foot of the poll by some thousand or more votes below the second candidate; and the vote that in that county individually stands behind a policy that this government frankly supports was divided in the Town of Aylmer and divided throughout the county between the so-called independent Liberal candidate, and the candidate that supported the government so the candidate following my honourable friend from Red Deer managed to be elected by a narrow majority. If there is consolation in that for the Leader of the Opposition, it is at least a striking demonstration of the contention that in certain circumstances consolation is not very hard to discover.

Now we will come to the election in Peterborough. I have been anxious to say a word about that election, mainly for the lesson that may be drawn from it by my honourable friends angularly across the way—they who have been courted by the honourable member for Shelburne and Queen's (Mr. Fielding), they whose affections have been sought to be engaged by the leader of the Opposition, and a marriage with whom was the purpose of his extended trip through the prairies and on through the Rockies. I would like to draw the attention of my honourable friends to what took place in the County of Peterborough; to where my honourable friend stood—in the County of Peterborough and to where his candidate stood; to the tactics pursued by the gentleman supported by my honourable friends in a contest in that county. Does anybody in this House know today on which side of this great issue, an issue which, a year ago, my honourable friend declared to be vital to the electorate of Canada, the successful candidate stood? One would think to hear the address of the leader of the Opposition that the people of Canada were not the least concerned about anything in the way of policy, that it really did not matter what the government stood for, that it really did not matter what the government had achieved in a great and prolonged crisis—that matters industrial, social and economic were not of the slightest concern to them, but that all they were concerned about was whether or not we or he should sit in the seats of power. That is what he endeavoured to contest West Peterborough on, and he then and there put himself in a position that he will find the utmost difficulty in extricating himself from just so long as he is a public man in Canada.

He supported, I said, a candidate in Yale who stood for protection on fruit—on foodstuffs; he supported a candidate in West Peterborough who stood for free trade on foodstuffs and protection on everything else; and my honourable friend expressed delight—a really most inscrutable delight—in the election of a candidate in the county of Elgin who stood for protection on nothing at all. My honourable friend also seeks a working alliance with the honourable member for Red Deer (Mr. M. Clark), and is very hopeful he is going to get it; he wants from honourable gentlemen angularly opposite nothing on earth but their votes to place him in power; he is ready to accept any candidate—even one of them—as long as such candidate will support him, it does not matter what his principles or policy are, all those things count for nothing; the only thing that counts is whether the candidate will vote for the honourable member for Prince, the leader of the Opposition. Here is the candidate supported in West Peterborough, and this is the platform that he ran on, supported by the leader who declared throughout his whole speaking campaign in Western Canada that his policy was practically identical with that of the farmer's party—practically identical—that they were both great Liberal movements, both in full accord with these historic principles of Liberalism. I will read some of the "historic principles of Liberalism:"

"I am not and never have been a free trader and do not support free trade."

"But," says my honourable friend, "maybe he just wants a tariff for revenue." That is the camouflage that is often thrown over it. Well, see how he expresses it, if all he wants is a tariff for revenue. He declares that "I will stand by Canada's industry and Canada's labour until the last," in contradistinction to being a free trader. That is one of the "historic principles of Liberalism," fought for in the county of Peterborough, and supported by the honourable member for Queen's and Shelburne (Mr. Fielding) and by the leader of the Opposition. Then he goes on:

"You know my record for the last fifteen years, and my policy has been Peterborough first."

That is not all; perhaps there is something more direct than that. All this is from his own published advertisement, signed by thy Liberal committee of the county of Peterborough, and consequently must be in full harmony with the "principles of Liberalism." Here are a few more specimens of Liberalism:

"I believe in the protection of industries ..."

That is pretty straight.

"... and the protection of labour. I believe in a greater and more prosperous Peterborough." Can anyone dispute that belief when it is expressed by a man whose very existence depends on the progress of industry and its consequent results? Mr. Gordon will be one of the first to suffer from the effects of industrial depression brought about by a lower tariff."

I know that is not all, and am sure my honourable friends opposite will have no difficulty at all in seeing how striking is the "issue that divides the electorate of Canada" on this tariff matter. Here is another specimen:

"I stand for the protection of industry, and by that I mean the protection of labour. The standard of living and character of the working home are grand tests of civilization."

Such are the "historic principles of Liberalism" fought for in that county. I ask attention to those matters on the part of my honourable friend from Red Deer and all those who sit around him, whose affections are sought to be entwined by the honourable gentlemen opposite, and who know right well that they exist in his mind as public men for one purpose, and one only—to catch the low tariff vote in certain parts of Canada while he catches the high tariff vote in other parts of Canada, and by the numerical addition of the two tries to exalt himself to power.

This candidate in the Peterborough election declared that I was guilty of conduct unworthy in a public man, that the tariff was not an issue, that he stood for protection, and that I would deserve all I might get for being so "shameless" as to obtrude the tariff issue there at all.

Now, I ask this House: Are we to be invited by the leader of the Opposition to dissolve Parliament and go to the country on this issue—because he told us last session it was the great issue, and I do not know what has arisen since—when no human being in this Dominion knows where the leader of the other party is on the issue, and when he is determined that no human being shall ever know? In the Speech from the Throne which we are discussing now there is a paragraph that defines clearly and definitely where the government stands, a paragraph that states the principle in words that no man can fail to comprehend, a paragraph that in so stating our policy places it exactly where it stands in the published platform of the party. I should like to know how we are to get that issue to the people until my honourable friend does the same. And he has a chance now. May I ask you Mr. Speaker: Has he accepted the chance? Is there a single honourable gentleman in this House, on that side or on this or anywhere else—particularly among those whom I am addressing now, behind the honourable member for Red Deer (Mr. Michael Clark)—is there one single honourable gentleman here who does not believe that the leader of the Opposition, instead of accepting the issue laid down in the Speech from the Throne, will now commence a process of evasion and dodging, a process that he has been carrying on for months in this country? Is there an honourable gentleman in this House who even has a suspicion that the Liberal platform of 1919 will ever be put into effect if the Liberals are returned to power? Did the honourable member for Shelburne and Queen's (Mr. Fielding) give any reason for that hope in the speech he made to elect Mr. Gordon in Peterborough? The burden of his speech was just this: I am not quoting the Liberal platform, he told them; I have not a word to say about it; but you remember what was done in 1896—and we will just do the same old thing again. They would do the same thing again as was done in 1896 by the party whose leader declared in Western Canada that his principles were identical with those of honourable gentlemen behind the honourable member for Red Deer.

Now, will my honourable friends angularly opposite but draw the lesson from that? I have never disputed the honesty of the mind of my honourable friend from Red Deer—never disputed it for a moment. On this tariff issue would he prefer to support a party whose position he knows and knows to be consistently maintained, or would he rather support another party whose position he does not know from one week to another, and who, he in his heart believes would put into effect the principles and policies of this government on the tariff if he were returned to power? I ask him to say, in allegiance to his conscience, which of the two he would rather support. Does he think that in the state of confusion that now prevails throughout this country, where the issue is evaded and avoided and dodged at every opportunity—as it is going to be dodged, if I mistake not, even in this debate—does he think that in these circumstances there is any possibility of a declaration on this issue on the part of the people of Canada?

We are not proposing any departure from the historic policy of this country pursued under this government, under the late government, under the government of which the leader of the Opposition was himself a member. We are not proposing any departure. If we were we would not have the support of the Minister of Immigration and Colonization (Hon. Mr. Calder)—the one man who, as between himself and the leader of the Opposition and the members who sit around him, has been consistent on this tariff issue. He is standing where he stood when the Liberal Party were in power on the tariff issue; he is standing just where the member for Shelburne and Queen's (Mr. Fielding) intends to stand and said in Peterborough he would stand if the Liberal party got into power. The difference between him and them is this, that in the meantime he is not pretending to stand somewhere else whenever it suits a constituency so to pretend; that in the meantime he is not seeking an alliance with men whose principles are diametrically opposite, by camouflaging his own. That is the difference between the Minister of Immigration and honourable gentlemen opposite.

Right now, they have an opportunity to show the people just where they stand on this issue. Are they ready to abide by the platform of 1919? If they are, let this session not go by, let this debate not go by, until honourable gentlemen stand up squarely to the Speech from the Throne and tell the people of Canada that that is so. For such can be the only issue if a dissolution of this Parliament takes place.

My honourable friend tells us that we are usurpers, and all the rest of it, because we are holding power. Do you know what he has started already in Western Canada? Do you know the tactics pursued by his press?—and a most subservient press it is. Why, they are declaring in those provinces today that if Parliament is dissolved at this time it is a "sharp trick" on the part of the prime minister. Does my honourable friend know that? If this House is dissolved, they say, at this time, before the western people are placed in a position by a redistribution bill to have their voice in the policies of this country; if we take the step of dissolving Parliament, it will be a sharp trick on the part of the prime minister. This is what the press of the West says, a press supporting my honourable friend. Well if they say that before we dissolve, what do you think they are going to say after we do? Do you think "sharp trick" would at all compare with the language they would use then? Why, from one end of the country to the other, there would be a roar of protest from the Liberal press— in which the leader of the Opposition would join, I have no doubt—on the ground that we had robbed the electorate of that country of their due voice in Parliament; that we had stifled it for five years merely to catch a chance verdict of the people. Let the leader of the Opposition look at the columns of the *Calgary Albertan*, a paper that supports him to the hilt—and let him see there a challenge to me to dissolve Parliament and deny the West their rights. I invite the attention of honourable gentlemen angularly opposite to these facts. Do they want the West represented by a fraction of its proper and due representation in a Parliament that may last for five years? Do they think it is better to do that in order to get a verdict on the tariff issue in the state the tariff issue is in today by virtue of the manipulations of honourable gentlemen opposite? Does my honourable friend from Red Deer think it is worthwhile? Now, I would like him to say.

The West will be undoubtedly entitled under the census to from ten to twenty-five—no one knows how many more seats in this Parliament. If this

House is dissolved before redistribution that representation is denied. If this House is dissolved nothing can be gained except a confused and utterly uninterprctable verdict on the tariff issue that can get no government anywhere and can be a mandate to no government at all. Indeed, there can be no result whatever except the return of at least one consistent body to this House, large or small, and the deception of both wings of the other body. That is the only verdict that could be given under the conditions that obtain today. Consequently, I submit to you, Mr. Speaker, that under the circumstances that obtain now; under the conditions of public policy and the discussion of public principle that today obtain, by reason of the statements and speeches of public men, the clear duty of this government, for the present at all events, is to carry on and to carry out its policy so long as a majority of the members of this House repose confidence in the administration.

That duty we intend to perform. That duty through three and a half years we have sought to discharge. I do not think that in the history of Canada any other government has more zealously held to its program, more clearly, definitely and determinedly sought to carry out the mandate upon which it was elected, to discharge all the duties of government. In doing so, it neglected its party affairs and, indeed, by some of its policies, though they were in the public interest, shattered its party organization from coast to coast. That has been the record of this government. From now on until the dissolution of this House we intend to pursue the duty that we have pursued until now. The course that we pursue will be submitted to this Parliament elected by the people of this country, and while we enjoy the confidence of the representatives of people of this country we do not intend to shrink from our course or to be stampeded from it by the declamation of the leader of the Opposition.

My last word is this. In the past few months since I have had the honour to discharge to the best of my ability the responsibility that now is mine, I have missed no opportunity to obtain from the leaders of honourable gentlemen opposite specific and clear statements of their position on the issue which they say should be submitted to this country for decision. I regret to say that I have failed. In the speech from the Throne that great paramount issue and others as well are placed before this House for discussion. The position of the government on that great issue is unmistakably clear and the opportunity is given to honourable gentlemen opposite, of all shades of opinion and from all parts of the country, to be equally frank in their statement of their position. Let them first discharge that duty and, until they do so, let them not say that there is sufficient issue for the country to decide.

CHAPTER 4

Meighen Versus King
in the Commons: Round 2

Speech before the House of Commons,
ahead of the Imperial Conference called by David Lloyd George
April 27, 1921[1]

RIGHT HONOURABLE ARTHUR MEIGHEN (prime minister): Mr. Speaker, it
was not my intention, certainly it was not my desire, to take part in this
discussion until I had had the advantage of hearing the opinions of as many
honourable members as desired to speak, with such suggestions as they
had to offer of help to any member of the government who would represent
this country at the forthcoming Conference of Prime Ministers. But in view
of the rather extraordinary, certainly most unprecedented, step which the
leader of the Opposition (Mr. Mackenzie King) has taken in seizing advantage of a special opportunity given for discussion of a subject such as this,
to move an amendment to Supply, I think the position of the government
in relation to that amendment should at once be made known. I speak, I
think, the undoubted fact when I say that the practice of having discussion
preliminary to the visit of a representative of this country to a conference of
the prime ministers or other representatives of the Dominion and of Great
Britain has not heretofore been observed. I, at least, do not remember hearing myself or having read of a discussion in the House specially set, looking to anything in the way of direction or in the way of restraint upon a
representative who would speak at such a conference for Canada. When I
say that, I do not mean to imply that the example that we are setting this afternoon so far as discussion goes, is not a good example. Had that been my
judgment or the judgment of the government, it would have been our duty
to say so rather than to fix a date and to invite discussion. On the contrary,
I think the example of giving an opportunity for discussion this afternoon
and of having Parliament informed in advance as to the particular purpose

---

1 Meighen was speaking in reply to a motion by Liberal Leader Mackenzie King which stated,
"At the coming conference no steps should be taken in any way involving any change in the relations of Canada to other parts of the Empire and ... in view of the present financial position of
Canada, no action should be taken implying any obligation on the part of Canada to undertake
new expenditures for naval or military purposes." Ibid. p. 64.

of the discussion is a valuable one. It seems to me that much good can result from a free interchange of views between various members of the House from all sides, and particularly that good can result when we have in mind the special character of some of the subjects that must be reviewed at the conference this June. Indeed, the government has been of the opinion that very little progress can be made along the lines of solution of some of the questions that we must review, until the fullest opportunity for discussion in Parliament has been given, involving as it does, a very considerable passage of time, because the discussion of one day, or one week, or one month would not be of much value, but also that little can safely be done until there has progressed throughout the whole country such study of the question as will lead the representatives who go overseas and indeed those who stay within this House in no doubt as to what would be acceptable to the people of this country in the way of decisions by Canada. That much, I think, can be accepted; at least, I submit that as the expression of my opinion.

But the occasion is seized to move an amendment to Supply, designed to place some restraint, whatever it may be, upon the hands of the Dominion's representatives going to a conference of the prime ministers of the empire. I venture to suggest that not only has no such thing been done with reference to other conferences of a similar kind that have been held in years gone by dating back some twenty years, but no such step has been taken preliminary to the taking part in such conference of representatives of other dominions of this empire. Why is such a step inadvisable? I answer first of all, and I think, if I went no further, the answer would appeal to the House as conclusive—because such action is out of harmony with the whole principle of conference. A conference is held in order that conditions present in the various dominions represented there may be disclosed and fully made known before the representatives of all, in order that facts that may not be known to others and that are known to some, the importance and the proportions of which may not be fully understood in certain parts of the Dominion, but are understood in others, may be stated and measured in order that the views that are held in some portions of the Dominion as being of great consequence and in others as being of less importance, may all be brought together and the whole situation canvassed, and such conclusions reached as seem to be possible to the whole and for me advantage of all. That is a definition that I modestly advance as expressive of the very nature of conference itself. Such being the purpose and the object of conference, we are taking, in my judgment, a false step if Parliament takes any action designed to map out the course which the representatives of this country

should take as to specific subjects which will be under discussion and review. Let me follow this out a little further. Suppose the action which we
are asked to take this afternoon, and which we are requested, I fear with
some satire, to assume is in no way intended to embarrass the government,
but rather to be of assistance to the government in this great task—suppose
the action we are asked to take this afternoon is to become a practice to be
followed by the other dominions, and that it is to be pursued not only as to
the special subjects enumerated in the amendment, but as to other subjects
(because if we are right in directing as to one we are right in directing as to
another); suppose that is to be followed to its logical conclusion, in Australia, in New Zealand, in South Africa, in Newfoundland, in India, in Great
Britain, and that the delegates go to the conference directed by their governments along certain lines, or along all lines, then why do they go there at
all? What is the conference for? Has not the conference been blasted at the
hour of its conception? Indeed, the step we are asked to take this afternoon
is the first step towards making the consultative and conference principle
of no value at all in the promotion of the common interests of the empire.

The honourable leader of the Opposition asks me not to accept his
amendment as a motion of want of confidence in the government. Well, if
the honourable member has confidence in the government, and especially
in the prime minister as regards this conference, I do not know why the
motion is advanced. But next, a motion in amendment to Supply is, prima
facie, a motion of want of confidence. I was interested some days ago in
hearing the result of the researches of the honourable member for Shelburne and Queen's (Mr. Fielding) in an effort to persuade Parliament that
a motion to adopt the old reciprocity pact of 1911, in amendment to Supply,
was in no way intended as a want of confidence motion. He had succeeded
in digging up actually two amendments to Supply since Confederation that,
had not been taken as motions of want of confidence in the government—
two in fifty-four years. Consequently, it does not need to be argued to be
impressed that a motion in amendment to Supply, prima facie, is a motion
of want of confidence. But much more is it so when coming from the leader
of the Opposition, it seeks to place manacles on the hands of a representative of this country going to attend a conference of prime ministers of the
empire. But aside entirely from the question of whether it is or not, surely it
is not the part of wisdom for this House to start upon a course which, if followed, will destroy the only line that we can take as separate dominions in
association with Great Britain to promote our common concerns, and make
possible our continuance as an empire on the basis on which we now stand.

While I am on my feet I will have something to say, because I could not do so later, as to how this conference comes to be called, and the subject matters that will there be reviewed, I shall as well attempt to distinguish it from other conferences that are in some respects similar. As I do so, I will make reference to the questions put to me by the leader of the Opposition who has just sat down.

In the Imperial Conference in 1917—I am pretty sure it was the Imperial Conference and not the Imperial War Cabinet—a resolution was adopted to this effect; that the subject of any necessary readjustment of the constitutional relations of the various dominions to each other and to the motherland was a subject of such importance and complexity that its consideration should be deferred to some special conference to be held succeeding the war, and that whatever was done should be in full recognition of the autonomous powers of the dominions, should in no way be any subtraction from any of those powers, and further, should recognize the rights of the dominions to an adequate voice in determining those features and principles of foreign policy in which the whole empire is concerned.

Perhaps, before I go further, I should endeavour to distinguish the various conferences that have been held, so that the House will not be in doubt as to what has constituted the one class and what the other.

The Imperial Conference is the first. That has been held periodically since before the commencement of this century. In 1907 a resolution was adopted by that conference, Resolution No. 1, providing that that conference should be called regularly every four years. That is a conference of representative ministers of the various parts of the empire and of Great Britain. The president of the conference is the Prime Minister of Great Britain, but the conference is called at the instance of the Secretary for the colonies, and the mechanism, the secretariat of the conference, is under the latter's supervision. As a matter of fact, he usually presides, in his capacity of vice chairman of the conference. The subject matter that has been discussed from time to time at the Imperial Conference has had to do with the concerns of the empire as an empire, concerns in which each portion was interested, concerns which might possibly be referred to as domestic concerns of the British Empire. It had not to do with questions of foreign policy.

During the war there developed what was known as the Imperial War Cabinet, a name to which some exception might be taken on the ground that it indicates really more than the assembly actually was. Exception, by the way, was taken to the name on the part of the late leader of the Opposition, Sir Wilfrid Laurier, who was of the opinion that "council" would be a more appropriate term than cabinet. The Imperial War Cabinet developed during the war. It was a meeting of the ministers of the British government, such as were selected, and of the ministers of the other governments of the empire, and therefore as regards composition was virtually the same as the Imperial Conference itself. Its chairman was the Prime Minister of Great Britain. The secretary for the colonies had no special relation thereto. It was called by the prime minister of Great Britain, and the subject matter that was taken up and reviewed by the War Cabinet differed essentially from the subject matter that came before the Imperial Conferences. The War Cabinet had to do with matters of high policy, with matters affecting foreign affairs and particularly with matters related to the united prosecution of the war on the part of all branches of the empire. So much for that. I should say that one subject relating to foreign affairs was taken up earlier, in which Canada had a hearing, namely the renewal of the Japanese Alliance in 1911. In respect of this the representative of Canada, Sir Wilfrid Laurier, had a voice. But that voice was expressed, not at a meeting of the Imperial Conference, but at a meeting of the Committee on Imperial Defence, which was quite another body. In passing, I may say that provision was made by the Imperial War Cabinet whereby any of the British dominions might have a minister of its government present at all sessions of that Cabinet, between its plenary sessions, dealing with war matters. But inasmuch as that privilege was never taken advantage of, there is no need to do more than refer to it now. At the Peace Conference at Paris the ministers from the various dominions—I believe the prime ministers of all were there—considered that it would be necessary for them to meet in order to make certain arrangements and have certain discussions which, in their judgment, would be essential before the Constitutional Conference, contemplated by the resolution of the Imperial Conference of 1917, to which I have alluded, should be held. Though an attempt was made then to fix a meeting place and decide upon a time, no success was achieved, and it was only last October that, in a confidential message received from the prime minister of Great Britain, it was suggested that, as other prime ministers could conveniently be present in June, Canada should be represented by its prime minister at a conference to be held in Great Britain in that month.

The Glorious Dead

Delivered in France at Thelus Military Cemetery, Vimy Ridge,

on the occasion of the unveiling of the Cross of Sacrifice, July 3, 1921

The Great War is past; the war that tried through and through every quality and mystery of the human mind and the might of human spirit; the war that closed, we hope for ever, the long, ghastly story of the arbitrament of men's differences by force; the last clash and crash of earth's millions is over now. There can be heard only sporadic conflicts, the moan of prostrate nations, the cries of the bereaved and desolate, the struggling of exhausted peoples to rise and stand and move onward. We live among the ruins and echoes of Armageddon. Its shadow is receding slowly backward into history.

At this time the proper occupation of the living is, first, to honour our heroic dead; next, to repair the havoc, human and material, which surrounds us; and, lastly, to learn aright and apply with courage the lessons of the war.

Here in the heart of Europe we meet to unveil a memorial to our country's dead. In earth which has resounded to the drums and trampling of many conquests, they rest in the quiet of God's acre with the brave of all the world. At death they sheathed in their hearts the sword of devotion, and now from oft-stricken fields they hold aloft its cross of sacrifice, mutely beckoning those who would share their immortality. No words can add to their fame, nor so long as gratitude holds a place in men's hearts can our forgetfulness be suffered to detract from their renown. For as the war dwarfed by its magnitude all contests of the past, so the wonder of human resource, the splendor of human heroism, reached a height never witnessed before.

Ours we thought prosaic days, when great causes of earlier times had lost their inspiration, leaving for attainment those things which demanded only the petty passing inconveniences of the hour. And yet the nobility of manhood had but to hear again the summons of duty and honour to make response which shook the world. Danger to the treasury of common things—for when challenged these are most sacred of all—danger to them ever stirred our fathers to action, and it has not lost its appeal to their sons.

France lives and France is free, and Canada is the nobler for her sacrifice to help free France to live. In many hundreds of plots throughout these hills and valleys, all the way from Flanders to Picardy, lie fifty thousand of our dead. Their resting places have been dedicated to their memory forever by the kindly grateful heart of France, and will be tended and cared for by us in the measure of the love we bear them. Above them are being planted the maples of Canada, in the thought that her sons will rest the better in shade of trees they knew so well in life. Across the leagues of the Atlantic the heartstrings of our Canadian nation will reach through all time to these graves in France; we shall never let pass away the spirit bequeathed to us by those who fell; "their name liveth for evermore."

Educational Values and Ideals
Delivered before the University of Edinburgh,
on receiving the honorary degree of Doctor of Laws, July 18, 1921

I AM EAGER TO TELL YOU in simple words, and without undue superlatives, of the sense of pride and gratitude with which I accept this honour at your hands. There are many fine things which we have been forbidden to covet by the lawgiver at Sinai, but an honorary degree from Edinburgh was not included in the list. Nothing could have been more prized. Indeed, the only reason it was not coveted was that the possibility of receiving such a distinction had not entered my dreams. To know that it has actually come leads me to the conclusion that, after all, there is some advantage in living a long way off. There are not many amaranthine wreaths that come by way of unearned increment, but this surely is one.

Scottish universities are ancient foundations, and we have had enough Scots among us in Canada to teach us why this should be so. Those intrepid adventurers, half warrior and half tillsman, who first raised the standard of civilization in this country, had to overcome almost every obstacle that man and nature could marshal. They found a rigorous climate and a rugged obstinate soil; they lived in the midst of enemies. But they and their descendants created out of a rough, defiant wilderness this marvel of industry, this land of learning, this home of culture. When the Scot transferred himself to Canada he repeated there what his ancestors had achieved at home. He did not choose the soil of easiest tillage, very often the reverse; but he was building for his children; his care was for generations to come. Some of our provinces owe their settlement in large degree to his courage. Nor was his mind centred on the pursuit of wealth and comfort. More perhaps than any other race the Scots of early days in Canada set their hearts on education, and it was a rule of their lives that, whatever else might be denied them, they would lay foundations upon which their children could erect in the new land that system of intellectual discipline and development which had been the pride of their fathers in the old. It was a custom of those families to select the son of greatest promise, or more than one if by any means they could, and at whatever cost, whatever sacrifice, to give those sons every advantage which universities of their own, or even of this country, could afford. It is because of the stern idealism of such families that we have had good schools in the Dominion almost as long as we have had settlement. We are in the habit, as people are in every country, of pointing to increase of production and trade, to triumphs of engineering and construction, to the administration of our law; and nothing is easier than to find immediate causes or policies to which good results can be traced. But the simple and useful truth is this: whatever of moral and intellectual virility Canada enjoys, and she has much, not in her cities alone and around her cathedrals and colleges, but out on her frontiers and in her homes,—whatever she enjoys of that moral and intellectual virility which is the real parent of every achievement, she owes to the severe self-discipline, the passion for education of her pioneers.

This explains a fact which already all of you know, all of you who take interest in the Dominion; it is the early growth of our seats of higher learning. Even before Canada received its present political institutions there were established several universities. Those institutions were modeled pretty much after yours. My own alma mater, Toronto University, owes its inception to the energy and devotion to learning of a Scotsman. Compared with this ancient foundation its tradition is short, but when one remembers that the British flag has flown over Canada for only a hundred and sixty years, a university with a charter a century old is no longer juvenile. It has grown to extraordinary dimensions, and is now, I believe, if measured by the number of students within its pale, one of the largest in the Empire.

The preoccupations of a new country are, as you know, intensely practical; and institutions of learning like all other institutions, moulded as they are by national temper, have in such a country greater tendency to concentrate on the practical than they would have in older lands. I hope that tendency will not drive too far. I hope that the example of Edinburgh will again be contagious, that the example of other grand old universities in these islands will keep us right. I do trust that all this glamour of the practical will never be allowed to obscure the lofty but fundamental purpose of every seat of learning: the enlargement of the mind, the cultivation of the understanding, the purifying of taste. To these ends every branch of university studies should be subordinate. Only in that way can they cause the light to shine; only in that way can they diffuse those better things which interest and invigorate, which inspire and sustain, which comfort in adversity and temper in triumph; only in that way can they contribute to the production of those finer fruits of literature and art and science by which people of our own and future ages are wont to judge the human standard of a nation, and which survive without concern of time long after the nation itself may have passed away.

Meighen on the campaign trail
The great issue to be resolved: the time has come to render a clear verdict

Montreal, Quebec
September 30, 1921[2]

TODAY IT IS MY DUTY to address an impressive assembly of my fellow Canadians in the largest city in Canada. I undertake this task not with the confidence of possessing the extraordinary talents that might garner me an hour of triumph, but with the satisfaction of having faithfully discharged an important public duty and of always being ready to meet, with the clearest language and the fullest defence, any challenge and any adversary which may come forward. As a Canadian whose home is far from here, I come to Montreal with a sense of pride for the stability and importance of this metropolis, this capital without a parliament, this centre of education and finance, this city which has earned the honours of perfect maturity, but which finds in its progress only the promise of even better days.

---

2 One of those in the audience that evening was Liberal Chubby Power. He later wrote the following account concerning the speech and Meighen's performance. "At that meeting I would say that 90 percent of the audience—and it was an immense audience, even for Quebec—were French Canadians, and probably not more than 75 percent understood English. Practically the entire audience was not only bitterly opposed to Meighen, but eager to have revenge on the party that had imposed conscription. James Scott, who was the candidate against me and a popular man in Quebec, succeeded in introducing Meighen commendably and without any great trouble, but immediately on Meighen's attempting to speak there were interruptions from all sides.

Anyone at the meeting would after five minutes of his speech have been sure that it would have been impossible for the orator to carry on for more than a few more minutes. But he gradually took command of the crowd and overawed all his interrupters. His answers were sharp, incisive, cutting and unsparing of anyone's feelings. The extraordinary factor is that few of the audience, and practically none of the interrupters, even understood the phrases that he addressed to them, but his manner, his air of conviction, and his readiness to reply were such that they were driven into silence. It would be difficult to imagine anyone placed in a similarly difficult position being able to overcome the obstacles Meighen overcame that evening. I can only account for it by the thought that he appeared to be alive, resourceful, sure of himself, unafraid. Before long it was seen that Meighen would not only be able to finish his speech but would receive the plaudits of the crowd. I have been at many of our most turbulent (public meetings), but never has it been my privilege to witness such a demonstration of the sheer strength of a fighting personality. He made no attempt to please; he simple crushed opposition." Norman Ward (ed). *A Party Politician The Memoirs of Chubby Power*. Macmillan of Canada. (Toronto). 1966. p. 76-77.

HONOURABLE AND PATRIOTIC GESTURE

The pleasure that this visit gives me is augmented by the presence on this platform of three French-Canadian ministers belonging to this province and of Mr. Ballantyne, representative of the English-speaking minority. Regardless of the political opinions of the people of Quebec, they must all be open-minded enough and fair enough to admit that Messrs. Belley, Normand and Monty made an honourable and patriotic gesture when they entered the ministry in order to give this province and Canada's French-Canadian population the representation to which they are entitled in the nation's council and which should continue to exist to the greatest advantage of the entire Dominion. You will also admit, I am sure, that these three French-Canadian ministers represent their compatriots with honour, are cultured, have records of service in public affairs and, by their very integrity, command respect from all. I was very happy to see that their names were greeted with favour, not only in this province but throughout Canada.

GOOD UNDERSTANDING

The time has certainly come when we must encourage the existence of better sentiments and conduct the public debates on a higher plane. If we do not take advantage of this election to raise our thinking to the level of the truly Canadian issues, far from the shouts of race, we may as well admit right away that the present generation will hardly be able to hope for these better days. I believe that the people of the Province of Quebec fervently wish the improvement of present conditions: that is to say, that they want to have harmony and good understanding. I have had abundant proof of such a desire. But some people seem determined to prevent this from being achieved. There are some who appeal to the people in a language which borders on treason, for the purpose of arousing feelings of revenge against the other parts of Canada. I ask you, I implore you not to forget that the men who make such appeals are politicians. My advice to you, as well as to the people of the other provinces, is this: do not take them too seriously. Through these appeals they are, above all, trying to capture votes. But their conduct is nevertheless blemished by treason, whether or not they are accountable under the Criminal Code. It betrays Canada, the country we love. It is important for me to say this evening what I believe is to be the attitude of the other provinces. They do not believe and nothing will ever make them believe that there is reason for revenge on one side or the other. They want to unite with the people of Quebec, and they want to resolve with you the issues of today and not those of the past. They want to follow this course of action not in a spirit of servility and not by making apologies either, but because it is in the best interests of Canada. I hope it will not be in vain that I ask you to respond to these aspirations. I ask the best men in both political parties to join me in this appeal and to conduct this struggle on a field that would leave no relics of the lamentable divisions of the past. If this hope can be achieved and achieved now, the worst of our dangers will have been avoided. If there is failure on one side or the other, we will perhaps be witness to irreparable calamities. The ministers who are here are veering towards sincerity for their compatriots, as devoted friends of their province, resolved to work to make Canada a united and prosperous nation. I hereby let them know my recognition for the promise they made to lend their assistance in this crisis. They are worthy successors to those men of another generation whose names are revered in all the homes of this country, those men who appeared in this province when leaders were needed and whose work made possible the existence of the Dominion, which we are called upon today to preserve.

OUR PARTICIPATION IN THE WAR

Can we not summarize the past in a single word? We took part in the war because our honour demanded it, because it was obviously in our interest, and because each of the public leaders and each political party agreed that we should take part in it. It became a gargantuan battle; pressing appeals were made upon this country and upon all who were engaged in it, appeals surpassing everything we had anticipated and taxing the national strength to its utmost limits. During this period, we managed the government's affairs, as immense as they were, and we did it with all possible devotion. Having taken the bull by the horns, we worked with all our energy to win the victory. I personally know of no other means of bringing to a proper conclusion a war or a battle after the appalling suffering that the entire world has endured, after sacrifices unprecedented in the annals of the entire world, sacrifices which we have endured and from which we are suffering today, but which other nations have endured more than we, after all that, the glorious flag of victory flew on the side of the Allies. All the nations of the world now admit that Canada fulfilled a noble role and I am able to say without vain conceit that the work required to lead Canada well during the war was well achieved and is an honour to us.

ACHIEVEMENTS OF PEACE

The war is over and now we are enjoying peace. Let us join together to complete the works of peace. We find ourselves beneath the weight of an enormous debt, but we can carry this weight and we are proud to bear it because it was accumulated in a good cause and because it is ten thousand times lighter than would have been the loads and the oppressions of defeat. Today we count ourselves among the most fortunate people in the entire world. Our finances are the most secure and the most sound with the exception of perhaps those of only one other country. Our trade, even though disrupted and experiencing some trying days, is solidly maintained. We have high unemployment but we must not forget that we have proportionately less and less suffering than any other country that went through the war. We must concentrate our first and finest efforts on helping the unemployed and finding them jobs; but do not allow the gravity of our task to make us forget that, while some other countries have accepted erroneous concepts and adopted a false policy and while millions of their citizens are coming to grips with family and death, while we see desolation, disruptions and despair everywhere, and while we hear appeals for help, for our part we are capable of coping with our difficulties, and the future that faces us is not sombre, but brilliant. I say again: Let us turn our spirits and direct our energies vigorously towards the work that awaits us.

CANADA'S FISCAL POLICY

What is the first thing to do? At the very foundation of any hope for stability and prosperity is Canada's fiscal policy. What will this policy be? Each province in the Dominion has a great deal to gain or lose in the near future through a wrong decision on the tariff issue, but no province has more to lose than the old Province of Quebec. Now, what is the tariff issue and what should you do about this issue? There is one tariff issue and it is very vital, and, in my opinion, it is replete with dangers and must be decided by the Canadian people without delay.

THE CRERAR-WOOD PARTY

There is a party led by Messrs. Crerar and Wood, or perhaps I should change the order of precedence, who have conducted for several years, and energetically over these past four years, a determined campaign aimed at the complete reversal of this country's fiscal policy. This party is confident it will succeed in this election. Those who form it know what they want. They have written it in black and white. In the last few years, they have built a powerful organization. They have grain companies and all types of commercial enterprises and they use their resources in their political propaganda. They have practically exterminated the Liberal Party in the West and they have achieved a great deal along similar lines in the Province of Ontario. They will do what they want to do if they have the majority and neither Mr. Crcrar nor Mr. Wood will succeed in having them back down from their position or modifying their intentions, if their candidates are elected to Parliament. I have never tried to diminish and I do not want today to belittle the strength of the farmers' political movement or the insidious danger of their appeal to the classes, and I am asking you, as I am asking all Canadian audiences, not to belittle it but to rise up and contemplate the facts. Right now, as in the past, they are trying to gain strength through an alliance with certain elements in the labour circles, and you only have to read about what is happening to see that they hope to employ the radical school in order to secure greater vigour for their federal campaign. I already drew the public's attention to this fact several months ago and I was severely reprimanded, but what I said was true and the events of the past few weeks have proven that it is absolutely true, and anyone who wishes to be believed cannot deny the truth today. I know they are only trying to reach some understanding with their workers in order to satisfy their own purposes against the interests of the latter, but I do not think that this will take them very far. I also know that thousands of their own members do not want an alliance with the extremists because the farmers are more interested in agriculture than in politics and above all they want security in ownership. They are also more vehemently opposed to the "isms"—communism, socialism, etc.—than any other person in this country. Now you ask me what it is that this political movement is determined to obtain. Here is what they are engaged in and what each of their candidates is committed to support, as I understand from the program they have published:

(a) Protection is denounced in three separate paragraphs as bad and evil;
(b) "Immediate and substantial reduction of customs duties";
(c) "Increase in British preference to 50 percent and free trade with Great Britain in five years";
(d) "Unlimited reciprocity with the United States";
(e) "Duty-free entry of all agricultural implements and kitchen utensils, of all cars, of coal, wood, cement," and quite a long list of other items.

I submit this to the people of Montreal this evening, just as I submitted it to the people of Portage la Prairie, Tuesday evening. Do you want this to be Canada's policy? Do you not recognize that this policy means the removal of this country's tariff protection? This is indeed, above all, what it means because it is a denunciation of the whole principle of protection. Furthermore, you cannot remove the tariff from all manufactured implements, household utensils, food provisions and a dozen other general classes of merchandise, in fact from almost everything we are obliged to consume in this country and maintain protection on other things at the same time. How can a responsible man or woman think of destroying the protection for this country's vital industries and leaving the other smaller industries without any protective measures? Such a thing has never been done anywhere, will never be done. It is unfair, it is biased, it is impossible, it is harmful. So, I say that this program carries in it the abolition of this country's protective system and I say that the people of Canada, here and everywhere else, must decide now whether we are ready to abandon protective tariffs or not. I will add only this: if you are not prepared to do this, would you not be better to adopt the straight, open and sure way of supporting protective tariffs by fighting those who fight it? Is this not the necessary strong, honest and fair course of action? Is it not the safest thing to accomplish? I ask this question of all who are listening to me and I ask you not to forget it, and to keep it in your mind until election day. That is the real question you will decide when you vote in this important campaign.

PROTECTION IS NECESSARY

Why talk of protection, you ask me? Are not the Mackenzie King Liberals who are standing in this city all in favour of protection? Well, I am going to tell you why I am talking about protection. I am talking about it because in this battle I am absolutely and flatly opposed to the adversaries of Canada's protection and because I know that these adversaries are strong enough that, to vanquish them, it is necessary to carry out a direct, open battle without double-talk. I am talking about protection here because I talk about it in the Prairies. I fight the opponents of protection in the Prairies. It is the only way I know to defend any cause and it is the only way I know to ensure success. You know, and all who have studied this issue responsibly and at length know, that protection is suitable and necessary for this country; it is more important than any other political issue or measure; without it, we do not stand a chance of succeeding in the industrial foray. You are not unaware of it, I know, and if you are not unaware of it, I say that it is essential you express this opinion so that no man and no party can be mistaken about your decision. You know this and, so, do you believe you are doing the right thing giving your trust to men who, on the battlefield and in the camp of the enemies of protection, never dare to fight these enemies, deny themselves and pretend, while smiling, to be the political friends and allies of those who openly and vehemently attack this country's entire protection system and who want to destroy it?

I hope I have said enough to prove to you that there really is a battle over this point, a true and major battle. If there are some who do not grasp the whole picture and do not understand all the significance, they will certainly be more informed about the subject before many months.

THE MACKENZIE KING GROUP

What can I now say about Mackenzie King's Liberal group? To hear about this point in the Province of Quebec, you would believe, if you were not better informed, that they are committed and generous protectionists and that, in their hands, everything is secure. I can prove to you just as clearly as if it was a matter of the addition table, that either they intend to strangle and destroy protection or that nothing is secure in their hands. I do not like to read in the middle of a speech, but it is necessary tonight because if someone does not read it to you, you will never know, here in the Province of Quebec, that there exists a program called the Liberal program. Over the course of numerous sessions of the House of Commons, the opposition has proposed first one thing and then another as a tariff policy; one day it asked for duty-free agricultural implements, the next day, it asked something else and all its Quebec MPs, or almost all, voted in favour of these resolutions. Lastly, in August 1919, exactly two years ago, the opposition called a cross-Canada Liberal convention and the following tariff program was unanimously adopted at this convention:

> That it is in the best interests of Canada that the burden of customs taxes be considerably lightened so that it is possible to achieve two projects of the greatest importance.
>
> First—to reduce the very high cost of living that hangs over the majority of the people.
>
> Second—to reduce the cost of production tools in the industries whose basis are the Dominion's natural resources; resources it is absolutely necessary to develop in the interest of our country's progress and prosperity.
>
> That, to this end, wheat, flour and all wheat products; the principal food commodities, the agricultural implements and machines, tractors for the farms, machines for the mines and flour mills and the sawmills, as well as the parts required for repair, raw and milled lumber, gasoline, fuel and lubricating oils, the nets, ropes and material necessary for fishermen, the cement and the fertilizers, be duty free, as well as the raw material that goes into them.
>
> That the tariff be lowered and provision be made for considerable reductions in the cost of clothing, shoes and other general consumer items, other than luxury items, as well as in the cost of the materials used in manufacturing.
>
> That the preferential British tariff be adjusted to 50 percent of the general tariff.

And the Liberal Party hereby pledges to implement, through legislation, the terms of this resolution when this party returns to power.

LIBERALS AND FARMERS HAVE THE SAME PROGRAM

I am quoting word for word. While I was reading this program, you could only have been struck by its similarity to the Agrarian Party's tariff policy. Mr. Wood and Mr. Crerar's program asked that coal be duty-free and the Nova Scotia Liberals refused to accept this and so they removed coal from the program. Messrs. Wood and Crerar had pledged that vehicles were to be duty-free. The Ontario Liberals objected to that and the duty-free vehicles were shelved. However, except for these two items, they have swallowed almost the entire program of the agrarian politicians. You ask me why they acted this way. Everyone knows. They acted this way to gather into their fold all the antiprotectionists in this country. They acted this way to gather the Agrarian political party into their ranks. That's why they acted this way; but what is important to remember is that they did act this way and that their program on this matter is now in black and white. It is not a statement of principles. It is a series of precise commitments on the fiscal issue. It is a set of authentic promissory notes on which all the blanks have been filled. To make a clearer statement, they added at the end that they would put this well-defined program in the form of a law when they returned to power. Some "duty-free tools," this has only one meaning. It cannot mean anything else. Some "duty-free food commodities," this has only one meaning. It cannot mean anything else. "Duty-free wheat and wheat products," this has only one meaning. It cannot mean anything else. The "duties on shoes and clothing," this has only one meaning. It cannot mean anything else. These promises, the promissory notes, they must be honoured or they must be denied.

I now ask you, citizens of Montreal, I ask you, citizens of Quebec and I ask the citizens of Canada: Do you expect them to honour them or deny them? On which alternative are you relying? I know what most of you are thinking. You are not expecting them to come into power. As for Mackenzie King's program, the program he accepted in becoming his party's leader, I say the same thing as I said to you about the Wood-Crerar program. You cannot remove the protection for Canada's major and vital industries.

PROTECTION CANNOT BE DROPPED

You cannot drop the protection of Canada's large vital industries, the many industries engaged in the manufacture of production tools, things that are essential to us; the producers and manufactures of food commodities that are a basic necessity for us. I say that you cannot treat the large essential industries this way and maintain an ordinary protection system. This is inequitable; this is wrong; this has never been done anywhere and cannot succeed because it is unfair, faulty in principle and wrong. When you decide for or against the Liberal fiscal policy, you are choosing between protection and its complete removal. The battle line is therefore clearly drawn. They have chosen their position and must abide by it. In other parts of the country, they are waging the battle on this program, preaching these doctrines and binding themselves to its fulfillment. The position that I take, that of the government and the party which supports it in all the provinces of the confederation, is opposed to this program from the leading ranks all the way to the rear guard. We are battling in the whole country against the policy of Mr. Wood and Mr. Crerar and all those they represent, and we are waging the same battle against the sworn policy of Mackenzie King and all that it represents.

STRANGE STATE OF AFFAIRS

It is pointless to argue here against Mr. Mackenzie King's fiscal policy and the commitments he is assuming.

This evening I am in the province from which he expects his strongest support, but at the same time, in the province which, I know, has the least sympathy for the policy he advocates. How can this strange state of affairs be explained? There is only one way to explain it, and it is this: There seem to be many who believe in the government's policy and have no doubt as to its sincerity, but who are led by habit rather than reason to vote against the government. They do not want any part of the Mackenzie policy. They see only disaster in the fulfillment of his party's commitments. On what then, do they base their ideas? Here is what seems obvious. They have no faith in the commitments of King and his partisans, solemnly sworn at the convention, but they have every confidence that these pledges will be broken. They have no confidence in the program of these men, but they are relying on their duplicity. This confidence can be explained to a certain point. The leader of the Liberal Party devotes half his time to soliciting a merger with the Agrarian Party, begging it pitifully to help him and insisting on the fact that the two parties' promises concerning tariffs are practically the same. He re-reads to them the Liberal convention program and pleads with them to let him join them to topple the government. He makes the Liberal convention program the instrument of his appeal. He uses the rest of the time for the colossal ineptitudes of this program. He is now and has for the past two weeks been making every effort to explain to the population of Toronto and the eastern provinces that the removal of taxes on agricultural implements does not at all mean a tax removal; that the rebate for food commodities is not a rebate; that the clearance of cement is not a clearance, but that all this means something else which he does not specify. In a word, it is a brazen renunciation of his commitments and promises. The free rate of duty, he says, is only in the "letter." The well-defined promises in his program are promises, he says, only in the "letter," and he states to the Canadian people that "the letter kills but the spirit gives life." I side with him in that the absolute removal of taxes on agricultural implements kills, just as the abatements on food commodities do. They kill not only hundreds of industries making these products, but they just might kill him too. But think quietly for a moment: about the "spirit" of the removal of the duty on cement. It is possible to form an idea of the "spirit" of a principle, but Mr. Mackenzie King and his followers at the Liberal convention committed themselves not to a principle but to actually follow a precise and tangible course of action without beating about the bush. For the leader of the Liberal Opposition and for his partisans, there remain only two alternatives. All they can do is publicly repudiate their statements of two years ago. They have to repudiate the commitments so—at ease. What can be said about those who speak of the "spirit" of abatements on agricultural implements; of the "spirit" of removing taxes on food commodities, about their convention, or, failing this, to declare publicly to the country that they intend to give the force of law to their commitments. Any other conduct is disgraceful and dishonest. I doubt that the people of this Dominion wish to see the Liberal program become the law of the country and I know they do not approve of dishonesty. They do not want quibbling. As a nation, they assuredly do not want to place their seal of approval on an act of flagrant and obvious duplicity.

THE TWO OPPOSITION PARTIES ARE ON THE WRONG TRACK

Now you know the Opposition's principles. I have read to you their statement of faith. You also know what the Wood-Crerar Party is seeking. I have read some of the articles in its program, what it is committed to, what it has decided to do. Yet we have arrived at a stage in the country when, as I will explain shortly, it would not only be absurd but disastrous to enact laws consistent with the commitments of either of these two parties. Both are on the wrong track, absolutely the wrong track and the wrong track in the same direction, from which it follows that everything about them is wrong and that the country can in no way take the chance of dealing lightly with this question. All I am asking the Canadian people, all Canadian people, is to vote for their true convictions. Study the question realistically and vote for what you deem to be the truth. Vote for those who are pointing to the right road for the solutions to today's vital issues. Vote for the policy which you sincerely accept as the true Canadian policy and vote for those who wage the battle against the enemies of this policy, whoever and wherever they are.

THE PRESENT TARIFF IS LAURIER'S TARIFF

I notice that the leader of the Opposition calls the present tariff a protective tariff for schemes, monopolies and trusts and states that he advocates a tariff for "the producer and the consumer." But, the present tariff is the tariff of the Laurier government to which the leader of the Opposition belonged; if then, this tariff protects the schemes, monopolies and trusts, he is among those who bear the responsibility. This tariff has been lowered since 1911 and on average it is substantially less than it was then, but, except for the reductions, it is the Laurier tariff. What a joke, all this nonsense about a protective tariff for schemes, monopolies and trusts. It would be much more honest and surely much more courageous on Mr. King's behalf to detail these schemes, these monopolies and these trusts. His duty would be to name them, one after the other, and then state that he means to remove some duties on the items that they manufacture. Is that not his course of action in black and white? In truth, and every businessman sees this if he stops and thinks for ten minutes, major industry will suffer much less from a tariff reduction than the small industry which manufactures the same product. None of our industries is comparable to the American industries that compete with them, and it will be the small industries that will disappear first if the tariff is insufficient to allow them to compete. Small industry, not large industries, is therefore, in one word, the factor which must determine the duty to be charged on a given item. Were a major industry to see the tariff on its products removed, its trade in Canada at zero profit, it will increase its production in the United States or will build its factories beyond the borders and ultimately the owners will have much less to lose than Canada if they have been forced to leave.

IT IS TIME TO RENDER A CLEAR VERDICT

The tariff is the means through which, in a world where protection prevails everywhere, a country can keep at home a system of industries which provide work for the people by ensuring preference for its own markets, by keeping and favouring its population, by avoiding becoming the dumping ground for the surplus production of other countries whose markets are protected and, at the same time, by not being for these countries only a supply source for the raw materials that are the foundation of their industrial life. The time is now or never to rise up against the enemies of the protective system, whatever banner they follow. The time has come to render a very clear verdict and settle this question forever.

On the border that separates us from the United States, we must face a situation which requires that Canada openly reveal its attitude. In 1913, the United States decided it was better for them to reduce the tariff. They reduced it, but by still leaving it higher on average than the Canadian tariff. Even after this reduction, they sold nearly two dollars of merchandise in Canada for every dollar of products they bought from us. In the past five years, they have sold us on average $773,000,000 per year and have purchased only about half this amount. Changing their attitude this past spring, they adopted the Fordney tariff, the most formidable barrier they have erected against us in a long time. It is therefore obvious that they do not want to purchase from us even as much as they have since 1913. They closed the door to the more than $168,000,000 per-year of farm products which we were selling to them. They also refuse some of our other products. The Wood-Crerar party, the party that knows what it wants, tells us that the way to react is to reduce the Canadian tariff and buy even more merchandise from them. Mr. King, after burning his program in effigy, declares that we must have a general tariff reduction. His policy, as he defined it recently, is to say to Canadian farmers: you have to stop shipping the products of your farms to the United States. You cannot enter it except for a heavy tariff, and $160,000,000 of your products are excluded. The right way, he says, is to reduce our already very moderate tariff again and open our doors to the immense flow of American agricultural products, which will be sold here in competition with our own farm products. This cannot be fair. I do not believe that this can be the right, the worthy policy. I am convinced that it is not in our interest. It is unfair to this country's agricultural industry, unfair to everyone. We buy so much from the United States right now, compared to what we sell to them, that our dollar is worth no more than eighty-eight cents at the border. So great is the demand for their currency to pay for the excess merchandise we purchase from them, that the exchange for this currency rises continually and the exchange we pay them each year amounts to $50,000,000. There is only one remedy of which I am aware for this state of affairs: this is to reduce our purchases and increase our sales, and I know, as everyone knows, that the means of not achieving this is to reduce the tariff, for, by this fact, our purchases will increase fatally to the time when they remove their tariff, which will only reduce our sales.

NEW AVENUES OPEN TO TRADE

Our goal now and always is to open trade avenues between our country and the countries which consume our products. Those will be the permanent avenues which will ensure true markets on which we can rely and which will grow. The United States is our natural competitor, the strongest competitor we have. It buys quantities of our goods and uses part of them but the greatest portion it simply distributes to the final consumer, and the more it uses, the more it has to sell and the more it multiplies its trade opportunities. Nobody preaches or has ever preached the doctrine of "neither exchange nor trade with the republic." This is invention pure and simple. But every Canadian, I believe, must admit that what is best to do is to devote our energy to shipping our products, directly to those who need them and consume them, and to rely as little as possible on American fiscal policy, on the American factories and on the American means of distribution. It is this more informed policy that we have wanted to follow for forty years. Numerous lessons have proven to us that it was the only good one. Let us face the American tariff with the resolution to follow faithfully the path we have mapped out over these long years. That is the spirit which drives Canada and which will be confirmed on election day.

Our situation today is not such that some legislation by the authorities in Washington must make us alter our goal, and we have no intention of putting ourselves in such a position that Canada's vital interests can be annihilated by the variations in the United States tariff.

THE GOVERNMENT WAS NOT UNFAIR TO THE FARMER

Our government has not and has never had, anymore than any other government in Canada, the desire to be unfair to the agricultural population. This government has reduced to the lowest possible figure the duties on agricultural implements. It has reduced them from an average of 20 percent to an average of 14 percent since 1911. They are the lowest in all the customs scale. To bow to the desire of many farmers, we accepted three years ago the United States' offer of free trade for wheat and wheat products. However, because of the war, this project was finalized only last fall. Six months later, the United States rescinded this agreement and imposed a duty of 35 percent on wheat and 20 percent on flour. We stopped a similar agreement for the free trade of potatoes, an agreement which the Fordney tariff reversed by taxing potatoes at 25 percent per bushel. Similar reciprocity was granted with regard to fishing rights, but this spring the United States again changed its mind on that and our fishermen had to modify their way of trading. Every Canadian must be convinced today, if he was not already, that our development and our pride demand that our tariff legislation be based on Canadian interests; that our tariff remain free of any entanglement with that of our most powerful competitor; that we push ahead with the development of the existing and permanent markets in the countries which today consume our surplus products and which themselves do not have the same kind of surplus. That is the policy I am submitting for the approval of the Canadian people.

THE RIGHT SOLUTION

If the 1921 election brings the right solution to this issue, then everyone will know that it is finally settled and that the country can march forward. We cannot progress before we have made a decision about it. An unclear victory will bring instability and stagnation, the intrigue that pits the groups against each other and the sterility that results from such a state of affairs. What the country needs above all is a precise, reasoned statement on Canada's tariff policy. May this question be finally settled and business everywhere resume its growth and industry its development; the uncertainty and hesitation will disappear, energy will put the gears into motion, unemployment will cease and we will once again be headed towards the greatest and longest phase of progress that this country has ever entered. It is my intention that we speak of other issues than that of the tariff. Until recently, only the tariff existed. Today we speak of economics and railroads; I am accused of autocracy and the importance of these questions is proclaimed. The present government fears no question.

THE RAILROADS

The railroad deficit is definitely a large figure which will stay that way for some time to come, because in 1903 and the following years, the federal government ventured into railway enterprises that required colossal expenditures which this country must pay off since there is no one else to pay them. Do they have good grace, those who, after having accumulated against this country the debts for their railway policy, debts we must meet today, rise up to lament the deficit which is, after all, only the consequence of their lack of foresight when they were at the helm of public affairs? They appear in a very tragic light those who, after having equipped this country with a transcontinental railway, come to beg the Canadian people to restore them to power so that they can practice economics.

THE COST OF GOVERNMENT HAS REMAINED STATIONARY

Except for this inevitable expenditure, with which we must cope bravely, we have been trying from year to year to lighten the burden and I am confident that it is possible except for this expense and the extraordinary disbursements to meet our obligations towards those who fought our battles, to close the books on the interest on the war debt and to maintain the new administrations born of the war, the cost of government has remained almost stationary for ten years. We have cut back considerably, albeit regrettably, on public works. We have reorganized a variety of the administration's services, and by so doing, achieved great savings, and I dare say that the ordinary administration of the government today does not cost more than 3 percent more than ten years ago. I doubt very much it could have limited its spending to the figure of ten years ago.

READY TO MEET THEIR ADVERSARIES

We are ready to meet our adversaries on any field they choose on the spur of the moment; but it is difficult to respond to demagogic accusations of autocracy without clarification of the specific action being charged. [It is a] waste of time to deal seriously with such vague idle chatter. The important thing is to let nothing cast a shadow on the issues on which the government has been attacked in the course of these past years; the important thing is to proclaim our policy in a straightforward and clear manner so that all can see what it is they are to decide; the important thing is to square off openly and solidly on this field, and put an end to all suspense, as well as to the insidious and treacherous attacks, and to extinguish once and for all the hope that one can triumph by simultaneously claiming the two principles which are at stake here. Render a verdict in favour of a straightforward, clear and honest policy. Let Canada proclaim its decision so loudly that no one in the world fails to hear it or risks misunderstanding it.

THE GOVERNMENT HAS FULFILLED ITS DUTY

The administration of Canada's affairs during and since the war was a gargantuan task. It was necessary to improvise, launch and administer organizations one after another, and more than one of them has required as much effort and created as many difficulties as the entire public administration of twenty years ago.

The conduct of ordinary affairs cannot be exempt from mistakes and sometimes, serious mistakes. There is not a single businessman who has not made decisions that he himself would criticize today. The government of a major country is an immense and complicated responsibility. Sincerity of intent, straightforward political principles, courage and devotion to the service of the country will produce the best results. Perfect results or nearly perfect results are impossible. They are but the predictions of charlatans. I ask you, as reasonable men and women, to apply this proof; it is the only one that is worthy. Take whatever sphere of government activity you wish for the past eight years. Take the organization of our armies, the supply service, the mobilization and the leadership of our troops and lastly, the demobilization. Examine our institutions for caring for our invalids, for establishing our soldiers on the land. Look at all that and consider the administration of our finances and the endeavour to advance our trade. Take the trouble to do this and you will find nothing that cannot be improved; but I say with assurance—and I want to see my challenge met—you will find nothing that does not compare favourably with the same effort by any other nation which took part in the war. I would like the Canadian people to be aware of the judgment made by the foreign observers who briefed themselves about what is happening in Canada. Our deeds and gestures over the course of the past few years will be in praise of the country in the coming years—whatever certain critics may think today.

Turning Towards the Future

No, we are not repudiating the past. We have fulfilled our duty, but we must turn towards the future. We ask the electors in this province to follow in our footsteps and to give us their best people to help us lead the march. Let us start out with the same buoyancy, hearts high. Let us make sure that we are taking the secure and straight roads, and not idle fancies and perilous roads; that our sights are set on better things, a better era, a future filled with hopes, instead of being mired in the discord and dissension of the past.

Unity, Stability, Progress

Today they no longer have a reason to exist; they can only undermine and drain our energies. In the midst of the agitation and tumult of a world given over to unprecedented disorder, in the midst of the suffering of innumerable peoples, prey to the ravages and calamities of the war or victims of error, the slogan etched more deeply than ever on the heart of every Canadian should be: Unity, Stability and Progress.

CHAPTER 5

Leader of the Opposition and Prime Minister Again
The King-Byng Crisis Years
1925–1927

Thomas D'Arcy McGee

Delivered on April 13, 1925, in the Chateau Laurier, Ottawa, Canada,
on the occasion of a dinner to mark the one hundredth anniversary
of the birth of D'Arcy McGee

THE STORY OF A NATION'S HEROES IS THE FOUNTAIN from which it draws the wine of its later life. There is no inspiration that quickens the ambition of youth, stimulates public service and deepens love of country like the memory of great men who have gone. England has erected her empire of today around the names of Cromwell, of Bacon, of Newton, of Shakespeare, of Pitt, and Burke, and Wellington, and Canning, and a hundred other luminous figures who have adorned her past. The flames of Italian patriotism have been fed for generations at the shrine of Cavour, of Garibaldi, and of Mazzini, and in France there is not a home that has resounded with the praises of Charlemagne, of Colbert, of Richelieu, and of Napoleon; while in the United States, the perfection of modern democracy, tens of millions of citizens do homage to the memory of Washington, of Franklin, of Marshall, of Lincoln, and of Grant.

Canada has now reached a time when the lives at least of her founders have receded out of politics into history. There are no controversies of today which date back to the era of Confederation—nothing left now to distort the perspective with which we can view the men of that time and measure their powers, their motives, and their achievements. There are some of those giants who have stood every test, who have grown in stature through half a century of criticism and whose place in our annals is now forever secure. One of these is Thomas D'Arcy McGee.

With unreserved enthusiasm I congratulate the authors of tonight's event—and particularly Honourable Charles Murphy to whom we owe its inception and to whose driving power we certainly owe its success. It will be a good thing for the national spirit of Canada; it will help develop a real national personality when we can all join in veneration of the great deeds of the fathers of our country. It will help marvellously the cause of unity in this Dominion when all of us can realize that we as well as other nations have our patriarchs, men and women who have lived great lives, given to their country the last full measure of devotion and left an inheritance of fame which is to every province a common treasure and a common pride. Here we are gathered in hundreds three score years after the death of D'Arcy McGee and we are going to see to it, if we can, that this great Irishman, this great Irishman, this great missionary of Ireland, this far greater Canadian and missionary of empire, comes at last into his own.

D'Arcy McGee was Irish in lineage and nativity, but in every element of his character, in every vein of his being, in every bud and blossom of his personality he was more Irish still; all that the world admires in that race he possessed, a fine generous nature, a delicate sensibility, a passion for the beautiful in everything, in language, in landscape, in literature, in the deeds and thoughts of men. His imaginative gifts added the sheen of beauty to his writings and his speeches; but they did more than that; their spell upon him was so great that they commanded his course in public affairs. Wherever McGee the statesman went, McGee the orator was there, and McGee the poet was not far away.

His boyhood mind was nourished in the most revolutionary of Irish schools. As a talented young man he was drawn into the company of a set of brilliant intellectuals, a group of daring spirits who planned by a combination of oratory and shotguns to overthrow British power. He trained his eloquence by matching flights with Thomas Francis Meagher, who with the possible exception of Emmett, was the most vivid and spectacular of anti-British platform warriors in the last century. With this beginning he set out for America, carried his shining sword into journalism and determined to establish himself in the new world as the special guardian and tribune of his race. But the mind of D'Arcy McGee, while brilliant and imaginative, was fundamentally intelligent, receptive to reason and responsive to experience. He served his people devotedly every hour of his sojourn in the United States, but he soon came to the conclusion that human frailty was not confined to old England, that a republican government had no monopoly of liberty, and that the grievances which had racked his soul under British rule had their counterpart in other lands and were after all not such as should be removed by revolt and revolution, but by the far more certain process of constitutional reform. In this feeling he turned his footsteps to the British flag again, took up his abode in Montreal, and gave to this country the last and best decade of his life.

For the task which was awaiting him in Canada, D'Arcy McGee was wonderfully equipped. The young colony had been torn by feuds and schisms, the bickering of rival races. Cliques into which men were divided and subdivided had brought the *Act of Union* of 1841 into a condition of unworkable futility. The Atlantic colonies were isolated and unhappy, and were seeking access to our larger western populations. People generally were weary of the crudities and bitternesses political strife. Into all this the fresh, buoyant spirit of McGee came like sunshine after a night of storm. Free from the antipathies of either faction, but with an intelligent sympathy for both, he set himself to preach the evangel of unity, and through all the changing phases of our pre-confederation struggles he pressed cheerfully and dauntlessly on. A relentless militant in other lands, he became a tireless peacemaker in ours.

He caught at once the vision of a great confederation—the union of our provinces in a federal system; this ideal seized his intellect and took possession of his heart; he saw in it the one plan and the only plan of salvation, and to bring about such a union he consecrated all the resources with which he was endowed.

With Upper and Lower Canada struggling to work together, but jealously gathering into rival camps divided by speech and creed, it was a tremendous event to have a man arrive who was a peerless master of the language of the one and a devoted disciple of the religion of the other. At a time when our maritime East and maritime West were further apart than the antipodes are today, it was a wonderful thing that a man should appear whose faith in British institutions had been tried in the furnace of experience and who believed with the ardour of a crusader that the genius of those institutions could weld these sundered colonies into one. The picture of a united Canada which filled the mind of D'Arcy McGee captivated his whole being. He could see nothing but the grandeur of a great young nation towering over the asperities of sectional strife, divisions obliterated, hostilities quieted, distance annihilated, the mountains of the Pacific offering shelter to the harbours of the Atlantic. He could see under union a national culture developed, a national literature nourished; he could see the exposed and straggling limbs of British dominion on this continent gathered into one living frame as guarantee against American absorption. Standing before an enchanted legislature in 1860 he said:

> I look to the future of my adopted country with hope, though not with-

> out anxiety; I see in the not remote distance, one great nationality bound, like the shield of Achilles, by the blue rim of ocean—I see it quartered into many communities—each disposing of its internal affairs—but all bound together by free institutions, free intercourse, and free commerce; I see within the round of that shield, the peaks of the western mountains and the crests of the eastern waves—the winding Assiniboine, the five-fold lakes, the St. Lawrence, the Ottawa, the Saguenay, the St. John, and the Basin of Minas—by all these flowing waters, in all the valleys they fertilize, in all the cities they visit in their courses, I see a generation of industrious, contented, moral men, free in name and in fact—men capable of maintaining, in peace and in war, a constitution worthy of such a country.

His voice rang through the whole inhabited area of Canada. An eloquence which had thrilled audiences in Ireland before he was twenty, which had defied British power in the hectic halls of Dublin, which had challenged and conquered hostile parties in the great republic, was turned in the full glow of its maturity into a mighty summons athwart British America to give birth to a British nation. The fiery insurrectionist of Carlingford had become the incomparable evangelist of empire.

To Sir John Macdonald and Sir George-Étienne Cartier it was given to stand at the front of those men who are known now, and justly known, as fathers of our country. Close around them were George Brown, Tilley and Tupper. It was these men whose skill in the management of parties, whose experience as men of affairs, whose understanding of the unquenchable aspirations of minorities, whose patience through years of adversity and unbending determination to succeed enabled, at last, the lines of our constitution to be settled and the foundations of this Dominion to be laid. To them all honour is due and to them throughout our history increasing honour will be done. But if Macdonald and Cartier were the architects of Confederation, D'Arcy McGee was its prophet. He it was who in its grandest form caught the vision splendid; he it was who spread everywhere the fervour with which he was himself consumed; he it was whose restless pen and matchless platform power carried right into the hearts of the masses his message of tolerance and good will. It was D'Arcy McGee who was the triumphant missionary of union.

The full harvest of what our fathers sowed has been slow to ripen. Still it is true, and only the voice of unthinking ingratitude can deny, that in these fifty years we have garnered much. The obstacles encountered have been greater than we had believed, but they have been as nothing when compared with the obstacles and dangers which by our union we surmounted. And if in these later days we feel again the pains of sectional dissension and there are searchings of heart about our future, let us put on the armour of men of old who fought the same dragons in far more perilous array; let us look back across the span of two generations and watch the bold, brave figures of the captains of that time; let us learn from their patience and emulate their courage and highly resolve to enrich by our devotion the noble heritage they have handed down. And when distrust moves among us to estrange race from race, or class from class, or to whisper in our ear that we are not our brothers' keeper, let us listen over the hills to the reverberating eloquence, the lofty patriotism, the warm-hearted toleration, the wholesome wisdom of Thomas D'Arcy McGee.

July 26, 1926
Canadian Press

1911 Parliament Had Sudden End

Dissolution Same Then as This Year, Premier Meighen Says Course Was Proper

Mr. King's Constitutional Claims Scorned by Prime Minister

SYDNEY, NS, July 26—"On constitutional matters, the late prime minister enjoys bad health," declared Premier Meighen here tonight, dealing with the campaign keynote speech of Mr. Mackenzie King. "He loves to rave about usurpers and to be doubled up with constitutional pangs," Mr. Meighen added. "Whenever Mr. King is out of powder the constitution is in danger."

"Mr. King complained," went on Mr. Meighen, "that we insulted parliament by securing dissolution without completing the business of the session and having formal prorogation. If this is so, Sir Wilfrid Laurier insulted Parliament also in 1911, for the dissolution then was just as sudden; there was no formal prorogation, no finishing of business—the members learned of dissolution in the corridors and on the streets. No one then complained of parliament being insulted because there was no one in politics at that time who had chronic constitutional phlebitis. Sir Wilfrid Laurier's course was perfectly proper, so was ours.

"Had Mr. King got his dissolution when he asked for it on Monday, June 28, the result to Parliament would have been exactly the same, and Mr. King and everyone who has the slightest knowledge of parliamentary affairs knows it. Mr. King would like the country to believe now that all he asked the governor general for was assurance that some time later he could get dissolution; that is, after the session's work had been completed and formal prorogation had taken place. This, in face of the record, is just chatter and nonsense. In the first place a prime minister would scarcely reign because he couldn't get a promise of what a governor general might do at some later time and under some other circumstances. If a prime minister could be found who would resign on that account he would not likely choose the moment between a debate on a vote of censure and the vote itself to announce his resignation.

"A Mere Formality"

"In the next place, Mr. King told Parliament on June 28 that he had asked His Excellency that day at noon 'to grant dissolution,' and that His Excellency had refused. He told Parliament also on June 29, that he had the day before presented to His Excellency an order-in-council dissolving Parliament, which order-in-council His Excellency said he was unable to assent to. If His Excellency had assented to such order-in-council presented to him by Mr. King, and delivered it to Mr. King, Parliament would by that act have been immediately dissolved. Mr. King told Parliament that he resigned because His Excellency refused to do this. It is a little late now to be telling us that he really did not intend His Excellency to sign and deliver the order, but that it was only presented as a mere formality.

"The proof adduced that Mr. King's government intended to formally prorogue is amusing. He says he had the formal order prepared. So had we. Indeed, the speech from the Throne to be delivered at prorogation was also prepared by myself and completed. Those things are always prepared in advance of prorogation. But when later dissolution was decided on, whether by Sir Wilfrid Laurier, by Mr. King, or by the government of which I am the head, this superseded all else, and the assent of His Excellency thereto immediately dissolved Parliament.

Mistaken Often

"Mr. King assumes a low level of intelligence on the part of the people of Canada. In this he has proven himself mistaken more than once in the past.

"Very suddenly Mr. King has become exceedingly solicitous that no one shall think he would attack the governor general. His first word in Parliament on the famous June 28, just before he announced his resignation, was to complain of His Excellency for having refused his dissolution. Those who will read *Hansard* of June 30 and July 1 will have no difficulty in understanding the character of the campaign Mr. King then intended to conduct. He has learned a lesson since and now seeks to convince the people that he intended to only attack myself. It seems a pity that he gave the wrong direction to his lieutenant, Mr. Bourassa, and to many another Liberal who is now ringing the charges against the governor general wherever it is thought that such a campaign can safely be waged."

WOULD REMOVE DISCRIMINATION

Premier Meighen emphasized his policy of "reasonable protection fairly applied." He declared that, under his government, tariff discrimination against the Maritimes would be removed, and that there would be protection against depreciated currency.

"We are asking for a mandate," exclaimed the prime minister. "When we get that mandate then a policy will be put into effect of reasonable protection, not for one section, not for one industry, but for every section and every industry of this Dominion. And this statement I make "It won't matter whose vote we need to stay in office; if we can't get it on the faith of our protection policy then we won't have the vote. We will go out of office and appeal to the people of Canada."

The Constitutional Crisis, 1926

From a speech delivered at Cobourg, Monday evening,
September 13, 1926. The events giving rise to and constituting this crisis
are set out below and need not be recounted. The general election
of that year took place the following day.

IT IS NECESSARY TONIGHT, as at every meeting, to refer to another subject—a most unusual and unfortunate subject to be injected into a campaign.

Mr. King, throughout, has determined to avoid to the utmost the record of his government, and particularly the Customs scandal, and to dwell upon an alleged unfairness and breach of constitutional practice which he says was dealt out to him by His Excellency, the governor general of Canada. Never before in the Dominion has such a subject been made an election issue, and certainly, not for very many generations, has the head of any party in Britain sought to divide the people of that country over conduct of the occupant of the Throne. The undesirability of such a schism is just as great in Canada as in Britain. For purposes of his own, Mr. King has made himself author and parent of the controversy. This responsibility, I make bold to say at the beginning, he has taken with a very plain object but without any justification whatever.

The best approach toward making the issue and its merits clear will be a recital of facts. In such recital I promise you the utmost care and good faith, and by that care and good faith will ask to be judged.

Before prorogation of the Parliament which ended last year, Mr. King's party, then in power, had a total of 118 members in the House of Commons. The Conservative party led by myself had 49; the Progressive party had 68.[1] On September 5th, Mr. King secured, as was his right, a dissolution. On that date, in announcing dissolution, he proclaimed to this country at Richmond Hill, Ontario, that he was doing so because he had not an adequate majority to enable his party to cope satisfactorily with great problems confronting the nation, and that these problems could not be solved in such a Parliament as had been elected in 1921, where the government did not command a substantial majority in the House of Commons. It is quite true his government did not command a substantial majority, or any majority. It was, through most of its term, in a minority of one, but was maintained in power steadily and without difficulty by votes of the Progressive party.

After the election of October 29th, things were vastly worse for Mr. King, instead of better. He, himself, and eight of his ministers had been defeated. The Conservatives had strengthened from 49 to 116 members; the Liberals had been reduced from 118 to 101; and the Progressives had gone down from 68 to 28.[2] This was, I think, the biggest change in any election in Canadian history.

Mr. King announced, a week later, that he could take any one of three courses: (1) Resign; (2) Call for another dissolution; or (3) Meet the House and see how the Progressives would vote. The second alternative was preposterous; he had no shadow of right to another dissolution, and no person to my knowledge, except himself, has ever suggested that he had. He had, however, a right—if he did not wish to resign—to meet the House and carry on as long as he could. This is the course he chose, and Parliament was called to meet on January 7th last. His majorities were very narrow; twice he had only one; the largest he ever had was 15; the average close to 8.

During the session a motion was placed on the Order Paper by Hon. H. H. Stevens, alleging maladministration of a serious character against the Department of Customs, and demanding investigation by a parliamentary committee. On February 2nd, while this motion was still waiting to be called, the Minister of Justice, Hon. Ernest Lapointe, moved that some days later the House should adjourn until March 15th in order to give Mr. King a

1 Including three Labour who almost always voted with the Progressives, and one Independent.
2 Including two Labour and two Independent.

chance to get a seat. Mr. Stevens moved in amendment that there be no adjournment until a committee of seven members had been appointed to investigate the alleged scandals in the Department of Customs. Owing to Mr. Stevens' insistence, a committee was appointed and on June 18th brought its report to Parliament. Conservative members were definitely not satisfied with the majority report, and when its adoption was moved, Mr. Stevens proposed an amendment. This amendment declared that in respect of subjects investigated the conduct of the government and of the prime minister himself had been "wholly indefensible," and the conduct of the minister of customs "utterly unjustifiable."

While this amendment was being debated, Mr. Woodsworth moved a sub-amendment, striking out from Mr. Stevens' motion those words which censured the prime minister, the minister of customs and the government, and substituting certain words criticizing other unnamed persons and recommending dismissal of the deputy minister of customs. This sub-amendment, you will be careful to note, deleted all censure of the government and any member thereof. It received the endorsement of the prime minister and the entire administration. The Conservative party vigorously and indignantly opposed it, and when a vote was taken on the night of Friday, June 25th, this sub-amendment was defeated by a majority of two, which meant that the stand taken by the government demanding that it be relieved of censure was voted down in Parliament. Soon after, one of the Progressives, Mr. Fansher, moved another sub-amendment, leaving untouched the words of censure still standing in Mr. Stevens' motion and including censure of the other persons covered in Mr. Woodsworth's defeated sub-amendment. To this the Conservative party agreed, but the Speaker ruled it out of order. I thought the Speaker was in error and appealed to the House against his decision. This appeal was carried against the government by a majority of two. A motion to adjourn, on the part of the government, was then made. They had had a very bad night. This motion to adjourn was defeated by a majority of one. After further debate on Mr. Fansher's amendment, it was agreed to by the government and unanimously passed. Finally, at 5:15 Saturday morning, a government motion to adjourn was carried by a majority of one. Mr. Stevens' motion of censure was still under debate, and, of course, a vote on it had to come.

That weekend Mr. King put through an order-in-council dissolving Parliament and submitted it, as was necessary, to the governor general for his approval. The governor general refused.

When the House met again on Monday afternoon, Mr. King announced that there was no government; that he had asked His Excellency, the governor general, for a dissolution of Parliament and had been unconstitutionally refused; and that he had thereupon resigned, and that Canada was without any government whatever. On the floor of Parliament he criticized the stand taken by the governor general. At this point the utmost accuracy is required, and I quote from *Hansard* Mr. King's words in justification:

> For a hundred years in Great Britain there is not a single instance of a prime minister having asked for a dissolution and having been refused it. Since this Dominion was formed there is not a single instance where a prime minister has advised a dissolution and been refused it.

Thus, without warning, the prime minister of Canada proclaimed to the nation and to the world that an injustice had been done him by the representative of the Throne in Canada, and to establish such injustice he uttered two very serious sentences, spreading them through the press of our country. I have just read those two sentences, and, knowing thoroughly the meaning of my words, now declare to you that both are misleading, and the implications of both are false. This will be dealt with later.

Thereupon the tub-thumping started. We had not been accustomed to constitutional problems of this kind. Very few knew much, or anything, about them. A cry went forth that "Downing Street" was interfering in our affairs and striving to injure the Canadian prime minister. There are parts of Canada where such cry is effective, and it would, indeed, be effective anywhere if people thought it was true. But it wasn't true; it had not a shadow of truth. The governor general was right and Mr. Mackenzie King was wrong. This will be established at the bar of history without a question, and I will establish it in your hearing tonight, as clearly and as briefly as possible; but for the present will adhere to my promise to complete first a recital of the events which constitute the crisis and which brought on this election.

The news of Mr. King's request, of the governor general's refusal, and of the government's resignation, reached me just a few minutes before entering the Commons that Monday afternoon. Before the news broke immediately after lunch, I had never even imagined that Mr. King would ask for dissolution. We all knew the session was nearly finished, but it was the first session of that Parliament. Realizing that there were quite a number of private bills awaiting final disposition by one House or the other, and a few public bills either awaiting such final disposition or still to be approved by His Excellency, I rose immediately Mr. King sat down and invited the prime minister to meet with me at once so that we could try to work out together some way of finishing the session's business. This would save these incompleted measures, much time and travel of members, and a lot of expense. Mr. King curtly refused, and informed the House there was no prime minister and no government. The Commons then adjourned. At this point I add only the fact that never before in the history of this country, of Britain, or of any part of the British Empire had a ministry behaved in this fashion, and, of its own will, left its country without any government at all.

A little later the same afternoon I was invited by His Excellency to form a new administration. It became at once my duty to decide whether there was a reasonable prospect that I could carry on in the House of Commons as it then stood. In my previous parliamentary life I had necessarily studied with some care constitutional rules in respect of dissolution, and, on first meeting His Excellency that afternoon, was persuaded that Mr. King's course had been quite wrong. I had also held, during the latter part of the session, informal conversations with a number of members of the Progressive party and was confident that these members would give me independent support, if I should be called upon to form an administration. There was no question but that I could form a government—and a strong government—from supporters in the House. Nevertheless, I requested time to consider the matter further, and promised to see His Excellency that evening. When we next met, I expressed belief that my chances of being able to carry on were good, and accepted the invitation to try.

At this point it must be remembered that under our law, for reasons which never appeared to me sufficient, any member of Parliament who was not a minister when elected and becomes one after, with a portfolio carrying salary, loses his seat automatically and must be re-elected. This is because a minister drawing salary has accepted what is described in the statute as an "office of emolument" under the Crown. A member who becomes merely a minister without portfolio, even though he is then or afterwards named acting minister of one or more departments, draws no salary and consequently does not vacate his seat. I was advised, however, by the justice department that if I accepted the post of prime minister I could not accept it merely as an acting prime minister, and, therefore, could not avoid the salary attached to the office; and, consequently, that my seat would be vacated. The immediate situation was not easy. If the usual number of ministers were to be chosen and assigned portfolios with salaries attached, it would mean that these ministers could not sit in the House of Commons and that we would be short approximately seventeen seats—including my own—of our strength. Mr. King has insisted from the beginning that this is what I should have done; indeed, was compellable to do. He said he had known when he resigned that this is what I would have to do, if I undertook to form an administration. If he is right, just think what it means. It means that once a session has started no government can be supplanted by another unless that other can command at least seventeen supporters more than its opponents can command. If this is true, then any government leader whose party has been clearly defeated, though not heavily defeated, at the polls, can by merely adopting Mr. King's opinions be tolerably sure of lasting through the entire term of another Parliament. One's indignation at such nonsense is better unexpressed. Had the session been over, the usual procedure would obviously have been followed, but as there was a small portion of its work still to complete, and, as all members—especially the Progressives who came almost entirely from the rural West—were anxious to get the business done and not be delayed six or seven weeks awaiting ministerial by-elections, another plan was adopted.

What I frankly described as a temporary government was formed. It consisted of seven ministers—all members of the House of Commons—and of myself as prime minister. My colleagues were, however, not appointed ministers of departments, but were merely named acting ministers of departments. Acceptance of such duties carries the same responsibility in every way, and the same powers in the House of Commons, as ministers appointed with portfolios, but those accepting draw no salary, and, therefore, do not vacate their seats, and, of course, need not be re-elected. In my own case, as just explained, this was not possible, and my seat was vacated. Such a necessity fixed a definite handicap upon me and upon the government as a whole—though not enough handicap to satisfy Mr. King—because a leader outside instead of inside has difficulty, especially in a House of three parties, in mustering his utmost strength in each debate and in the vote which follows. I was, however, quite sure from Mr. King's attitude in the House that Monday that he would agree to no adjournment—indeed, he spurned my suggestion that I discuss such a subject with him—and his subsequent conduct and language in the House the ensuing week clearly showed that under no condition would he have agreed to adjournment for the purpose of having ministers appeal for re-election. Besides, as stated before, this procedure would have been very disappointing to, and resented by, many members, especially the Progressives. Consequently, it seemed to me that by far the more appropriate course was to form a temporary government for the purpose only of finishing the session, and immediately thereafter to put the administration on a permanent basis for the future.

Shortly after announcing this plan, I learned with pleasure that the

Progressive party had, through their leader, advised His Excellency of their general attitude; this general attitude being that they would be fair to my government and assist it in finishing the session's work. Beyond expressions of encouragement and confidence which previously I had had from a number of them, there was no other specific intimation as to what, after the session's work was finished, would be that party's conduct in future sessions, but I was confident—and for good reason—that with sound and sane administration there would be sufficient support from them to enable us adequately and successfully to carry on. Very few Progressive votes were necessary for this purpose.

The new government met Parliament on Tuesday afternoon, the day after Mr. King's resignation. All oaths of office required by law, and all oaths of office not required by law but which had customarily been taken, were on this occasion taken with scrupulous care. These consisted of the necessary oaths of each minister, taken then or previously, as privy councillor, and of a special oath of office by myself as prime minister, secretary of state for External Affairs and president of the Privy Council. No member of the government except myself was made minister of a department, but all were named acting ministers. There had been acting ministers on many occasions throughout the whole history of Canada, and none of them had ever taken an oath of office, and no oath of office for them was provided by law. The permanent head of the Privy Council department—that is, the clerk of the Privy Council—certified in writing that all appointments had been made in exactly the same way as had been the custom in such cases for years past, and the permanent head of the justice department also gave a written opinion that all orders-in-council appointing these ministers were validly passed and were as effective as if made on the recommendation of any committee of council. These opinions were later read in full to Parliament.

So we had a temporary ministry of eight privy councillors—one the prime minister with portfolio; the others acting ministers. What a terrible thing! Jugglery, someone called it. "Illegal," screamed Mr. King; and one effervescent gentleman from England said it was unprecedented in the annals of the Empire. Well, I can give him a list of precedents as long as his arm, and some of them in Canada, and not less than a dozen of them of governments where there was not a single minister with portfolio.

On that Tuesday afternoon, the first important business was resumption of the debate on Mr. Stevens' motion of censure as amended by the Fansher motion. It contained then and always a declaration that the prime minister's conduct and the conduct of his government in respect of administration of the customs department had been "wholly indefensible" and that the conduct of the minister of customs in respect of the Moses Aziz case had been "utterly unjustifiable." Mr. Rinfret, a supporter of Mr. King, moved a sub-amendment striking out all words of censure in the Stevens' amendment. Objection was taken by Mr. Geary, Conservative, to the validity of this sub-amendment; the Speaker's ruling approving its form was appealed from, and the Speaker was sustained by a majority of one. After considerable debate, the Rinfret sub-amendment deleting censure came to a vote and was defeated 119–107—a majority for the new government of twelve. Shortly afterwards, on the same evening, the Stevens' amendment (as amended by Fansher's motion) definitely censuring the late administration, came to a vote and was carried by a majority of ten. Following upon this the original resolution to adopt the committee's report as amended by Mr. Stevens' motion of censure also came to a vote and was carried by a majority of ten. Thus ended the first day of the Meighen government, and three of the most important Parliamentary divisions in Canadian history. One could not think of a subject which would more definitely test the general attitude of the House of Commons as between the old government and the new than that decided in those three divisions.

The following day—Wednesday—Mr. King tried another tack—a want-of-confidence motion. He thought if he put the tariff question up to the Progressives, he would force them to vote against us; so he moved a resolution declaring that the House was opposed to the new government's tariff policy. After long discussion, this came to a vote in the evening and again the government was sustained, 108–101—a majority of seven. Here for the fourth time, and this one on an issue of major policy chosen specially by Mr. King because of his belief that on this article of policy, if on any, he could compel the Progressives one and all to oppose us, we had a result quite the contrary—an expression of confidence by a majority of seven. I do not claim that those Progressives who voted with us meant thereby that they agreed with our policy. Very probably the correct interpretation is that they had at least as much confidence in us on tariff matters as in the previous government, and that any differences they might have with us on that subject were not sufficient to justify them in withdrawing their general support. So up to this point the score stood thus: on matters of administration, a definite censure of the previous government emphasized by three decisive divisions; on matters of policy, refusal to withdraw confidence in the new government even on the most critical issue.

During this same day, Mr. King, seeking to stop progress in voting supply, moved that the chairman of committee of the whole House leave the Chair. This was defeated by a majority of 21.

One would think that already Parliament had given ample evidence to vindicate the measure of confidence I had expressed to His Excellency, which measure of confidence was that I had a reasonably good prospect of being able to carry on.

On the afternoon of July 1st—Dominion Day—a new line of attack was tried. Mr. King and his followers seemed determined that no business of the session would be gone on with, and that the House of Commons should be used only as a prize ring for their own purposes. They fixed up and moved a fantastic fabric of legal phraseology, the end and effect of which was to declare that the government as constituted was not legally a government at all.

Ordinary, sensible persons would surely think that such a serious, indeed astounding, pronouncement of constitutional law should, if its authors were sincere, be passed upon, not by laymen and politicians of whatever party, but by legal and constitutional authorities. They had in fact already been passed upon by those very authorities—the permanent officers of the Privy Council and of the Department of Justice. Their opinions were read to the House and were definitely, firmly, and unreservedly in our favour. If those men were not considered sufficiently competent, then the only higher and appropriate tribunal would be a court of law. Repeatedly, by public appeal, I and others have challenged Mr. King or any of his party to take their question in a manly way to the courts, the same as the Honourable George Brown had taken a similar question in days gone by, but this challenge they declined. Very manifestly they had come to the conclusion that here was a subject on which it should not be difficult to mislead and confuse the lay mind. It was Progressive votes they were after. I would not for a moment say that the Progressive members were not men of intelligence, and comparable in that respect with those of other parties, but I do say, first, that this was not a subject on which it was possible to test the confidence of the House of Commons in either a government's policy, its administration or its personnel, and second, it did not raise a question appropriate for determination by either a parliamentary vote or an election, but by a court alone. It was seized upon only because it was peculiarly susceptible to all kinds of misrepresentation and confusion. One has only to read the speeches made upon it to be certain that that is exactly what took place. When a vote was reached on Thursday night, a Progressive member, Mr. Bird of Nelson, who was against the government, had been paired with Mr. Kennedy of Peace River, who intended to support the government but who was ill. That means, each of them had promised not to vote. Mr. Bird broke his pair—the first time I remember seeing it done in the House of Commons. He stood up and voted, and the result was a majority of one against the government. Mr. Bird had quite a period in which to retract while the vote was being counted and before the Speaker declared the result, but left it until a verdict had been announced, when it was too late to retract. He then expressed regret. This, however, was by no means the only trouble over pairs in those three disorderly days.

It is now time to discuss this last resolution. It declared that ministers of my temporary government had been guilty of breach of parliamentary privileges because, to quote:

> (1) They have no right to sit in this House and should have vacated their seats therein if they legally hold office as administrators of the various departments assigned to them by orders-in-council;

> (2) If they do not hold such office legally, they have no right to control the business of government in this House and ask for Supply for the departments of which they state they are acting ministers.

You will wonder just what those words mean. If Mr. King had wanted to make them simple, plain and understandable, it could have been done, but he did not do so. Take that first assertion! "The ministers should have vacated their seats if they legally held office as administrators of the various departments." This resorts to an old device; it assumes something as true which is not true. Ministers without portfolio do not hold office at all, except as members of the government. They act as ministers of departments and do the work, but they have no portfolio, hold no office and draw no salary, and, therefore, do not vacate their seats. These men administer departments but they do not hold office as administrators. You can see how easy it was to confuse men unaccustomed to such matters. The assumption in the first statement was false and that made the whole assertion false. The second is of the same type exactly—this one based on three untruthful assumptions inserted just to make it plausible. "If they do not hold office legally, they have no right to control the business of government in this House and ask for Supply for departments." It assumes that ministers without portfolio hold departmental office as ministers. They do not. They simply do the work but do not hold the office. It assumes that ministers control government business in the House. They do not. The House itself controls all its proceedings. Third, it assumes that ministers need to hold an office to ask for Supply. They do not. A minister without portfolio can ask for Supply with just as much authority as a minister with portfolio, and has done so in our history many, many times. In Mr. King's own government which got such a rebuke in 1925, Hon. E. M. Macdonald was for quite a length of time acting minister of National Defence. Further, he was acting minister when there was no minister holding the office. He acted in the House exactly as the minister would have acted had there been one and had he been there. He asked for Supply and got Supply. I could give other instances in this country or any British country. Talk about asking for Supply! One does not need to be a minister at all, with portfolio or without portfolio, to be competent to ask for Supply. All one needs, even if he is only a private member, as has been shown by precedent time and again, is authority from the government in power. Surely this is enough to make clear to you the subtle dishonesty of the resolution upon which Mr. King and his cohorts thundered to Parliament for almost a day, and with which they succeeded in bewildering and misleading honest members of that House.

The air was filled with charges about the new government and its ministers not being "responsible." Why weren't they? A minister does not become responsible just because he draws a salary; he does not become responsible merely because he has an office in a department; he becomes responsible because he is a minister sworn of the Privy Council. That is the foundation of his responsibility. If the present leader of the Liberal party would look up the history of his predecessor, Edward Blake, he would find what I have just said, expressed by him with definiteness and force, and he would find his own empty contention on this point treated with scorn.[3] The temporary government of those days was, in Parliament and out of Parliament, and, as long as it existed, under the fullest possible responsibility, the same as any government that ever was formed, and this the ex-prime minister knows just as well as I do.

Mr. Garland, one of the Progressives who supported us consistently until the last vote, made a public statement two or three days later saying that the intimation which the Progressive party had given the governor general of their intention to be fair to the new government and to assist it in finishing the session's work was based on an assumption that the new ministry would be "legally constituted" and, therefore, "capable of functioning." Mr. Garland was quite justified in this public statement. Such an assumption is only fair and right. But surely he should have added that the proper tribunal to determine whether a government is legal or not, and, being legal, is capable of functioning, was not the House of Commons but a court of law. As he, himself, realized and stated, it was a naked question of law. Mr. King chose the House instead of the court, and for a very obvious reason. He would have cut a sorry figure before a bench of judges. Again I invite him to have some courage and try. The performance of Mr. King and his confederates

3 Ontario Parliamentary Debates, 1871: p. 31.

on Dominion Day 1926 will, in calmer days to come, stain the pages of our history. The motion by which enough Progressives were taken into camp on a subject of constitutional law was a work of guile; it was a plant; it was a piece of verbal chicanery; it was a wily, sinister artifice to take advantage of men untrained in legal reasoning; it was, in plain language, a fraud.

Later on, Mr. King raised a hue and cry through the country about my arrogance; declared that for two weeks I was sole adviser of the governor general; that there was no one else in the government constitutionally competent to advise; that other ministers were impostors illegally appointed, and that all contracts made by them were invalid and worthless. No one can imagine claptrap more preposterous! Besides myself, seven ministers were qualified and competent to advise the governor general in the same way precisely as other ministers had been qualified so to advise ever since Canada was a country. A minister becomes qualified so to advise by being sworn of the Privy Council, and in no other way. "No man," he said, "in England or in Canada ever dared to be the only adviser even for a day." Well, I did not, but Sir Wilfrid Laurier did, for two days in 1896, and he acted perfectly properly. I, myself, remember that just a few years ago Mr. Balfour, to meet a temporary emergency, suggested that either Lord Rosebery or he himself, or both, be the sole government of Britain for the period of an election campaign! To expose any further the torrent of nonsense talked on this subject those days and since would be a waste of time. Apparently there was determination to part company with truth, and to get back in power by any means whatever.

That one-vote majority against us meant that in the opinion of the House of Commons, thus obtained, our administration was not legally and constitutionally a government, and, therefore, not qualified to act as such. This result taken in conjunction with the defeat of the King government the previous week forced us to the conclusion that neither one side nor the other could carry on in the then Parliament. We, therefore, recommended dissolution to His Excellency. This request was granted, and rightly granted, as will presently be shown.

Let us now revert to the initial question in issue.

Was the governor general right or wrong in refusing dissolution to Mr. King on June 28th?

In announcing his resignation, Mr. King declared His Excellency was wrong. For the first two days the tocsins rang throughout Canada that this right and duty of the King in England and of the governor general in Dominions to refuse dissolution had gone into the discard and was dead. The idea was to get an impression spread round that "Downing Street" was interfering, that we were being thrown back to what they called "colonial" days. This simply was not true. The representative of the Throne in Canada has discretion and duties in these matters, and, if he does not exercise them, a prime minister and government can play fast and loose with the Constitution of our country, just the same as a prime minister and government in England, if all checks and balances were gone, could play fast and loose with the British Constitution. True, over there they would be less likely to do so.

As read to you near my opening, Mr. King's first assertion was that for one hundred years no prime minister in Britain had asked for a dissolution and been refused. His next was that since Confederation no prime minister in Canada had asked for dissolution and been refused. First, the question is not whether there has been an instance either in England or in the Dominion. There would presumably be no instance unless there was a wrongful request; and, consequently, it would be very rare that there would be a refusal, especially in Britain. There they have high, and very high, regard for correct procedure and Constitutional rights. They do not welcome—indeed, they avoid to the utmost—anything in the nature of a party division over the conduct of their King. But in Britain, nonetheless, there is not a shadow of question that the power and duty of the Throne in this regard is still intact and is essential to preservation of the rights both of Parliament and people. I venture to assert that there has not been a prime minister of that country, in this century or the last, who has ever disputed either that power and duty or the necessity of its continuance. Both, on the contrary, have been propounded in the plainest and strongest terms by leading figures of the United Kingdom, right up to the present time—by Edmund Burke, by Peel, by Gladstone, by Disraeli, by Lord John Russell, by Sir John Simon, by Asquith, by Lloyd George—nearly all great names in the Liberal hierarchy of Britain. Parenthetically the corresponding vice-regal right and duty has been proclaimed in this country by Alexander Mackenzie, by Edward Blake, and by Sir Richard Cartwright—all stout and honoured Liberals—and only because they knew it was real and that its maintenance was essential to our constitutional system. Less than three years ago Mr. Asquith denied most emphatically that a request for dissolution could not be constitutionally refused. He further denied that the Crown can permit any ministry to put its subjects to the tumult and turmoil of a general election merely because it finds itself unable to command a majority in the House of Commons.

No public man in Britain, to my knowledge, has ever sought to dispute or even to modify a famous pronouncement of Edmund Burke that a ministry must yield to Parliament and not contrive that Parliament be new-modelled until it is fitted to their purposes. If the authority of Parliament, he said, is to be upheld as long as it coincides in opinion with His Majesty's advisers, but to be set at nought the moment it differs from them, then the House of Commons will shrink into a mere appendage of administration and entirely lose its independent and effective character.[4] Surely great figures in public life like Burke, and Russell, and Gladstone, and Blake, Sir John Simon and Asquith, men of pre-eminent capacity and lifetime training in constitutional law and practice—surely these are the authorities we should look to on this question. And these men are not discordant; they are in agreement.

Nothing less than universal has been the common sense doctrine that no government can be in a position to hold the sword of dissolution over Parliament to be used at its own unrestrained will if members don't vote to its satisfaction. Such a condition of affairs would destroy the independence and usefulness of a House of Commons.

Mr. King said, as quoted a moment ago, that no prime minister had been refused dissolution in the past hundred years. Mr. Asquith himself, the man who stoutly upholds the doctrine, asked for dissolution in 1910, not, be it noted, because he was without a majority or was having trouble with the House of Commons, but because he had introduced a great new measure affecting the Constitution, on which the Commons had supported him, but on which he felt the electors should be consulted. Nevertheless, he was seeking to dissolve only a year following a previous dissolution obtained by himself, and his request was not granted—at least it was not granted at once. Subsequently, four days afterwards, he renewed his appeal. The King imposed a condition. Next day Mr. Asquith agreed to the condition, and dissolution was then conceded. If there is a right to delay and, having delayed, to impose a condition, there must be a right to refuse. This I think is the only instance in England in the hundred years, but in the British dominions and in British provinces and colonies, where the same principles apply, there have been thirty or forty refusals in a much shorter period of time, and I venture to say not one of the requests which preceded them was as deserving of refusal as Mr. King's.

In Canada there has been no recorded instance since Confederation of refusal to a federal government, though no one in public life has ever questioned the right. But there have been three rejections to provincial governments—notably in Quebec and New Brunswick—and the same principles apply in both spheres. The reason there has not been one in the federal

4 Burke, *Works*, Little, Brown, 1901. Vol. II: pp. 553-5.

arena is that no prime minister before Mr. King has been known to make an improper request.

In other dominions, however, there have been several refusals. They are more likely to occur in countries where there are three substantial parties. There was one in Australia in 1904, another in 1905 and a third in 1909; the first being to a Labour government, the second to a Free Trade government and the third to a Protectionist government. Again, as recently as 1913, in the Commonwealth of Australia, a doubtful case arose. The governor general asked for counsel from the chief justice of the Commonwealth and was advised that he had full power to grant or to refuse, and was supplied with principles upon which he should make his decision. In New Zealand also there have been repeated instances. Without question an improper request should be declined. Otherwise, as made very clear by *The New Statesman*—a prominent Labour newspaper in England—when discussing this Canadian case, a prime minister can, by mere persistence, prevent his own expulsion from office. I read:

> When he finds he cannot control Parliament, he appeals to the electorate. The electorate rejects his appeal, and back he goes to Parliament and furbishes up a temporary majority. Parliament becomes tired of him and is ready to condemn him, and he asks the governor general to allow him a second appeal to the voters. Presumably, if Lord Byng had acceded to his demands and he had not improved his position at the election, he would again have claimed the right to meet Parliament and made another attempt to conjure up another majority, which would probably have been available until members earned another sessional indemnity. Then the majority would have crumbled away, and by his doctrine he could have demanded a third dissolution.

This is what I described a few moments ago as playing fast and loose with the Constitution.

What then is a wrongful request? It would be very easy to quote a string of authorities and precedents. This case does require any lengthy list. To be brief, I will go straight into the camp of the enemy and read you principles, and sound principles, as defined by the most effusive champion, and almost the only champion, Mr. King has at the present time. By the way, you have been hearing a lot about Downing Street domination—about interference from overseas. Downing Street—that is, British ministers or officials—has not lifted a finger or uttered a word. Over there they have more common sense and know their proper place.[5] The only interjection from across the

---

5 Subsequently, it transpired that Mr. King had himself taken what is considered a most unconstitutional course of urging His Excellency to consult the British government, i.e., Downing Street, on the question. The governor general refused to do so, no doubt for the unanswerable reason that this responsibility was his and his alone. Mr. King did not make known his extraordinary conduct until after the election.

water has been from a Mr. Berriedale Keith, who for a long time has pro-
fessed himself—and with some acceptance—as an authority on this question. He has been shooting his edicts across the Atlantic quite vigorously,
and in justice to him I venture to believe that when he first took his stand
on this Canadian case, there were a lot of facts which he had not been told.
Since then he has been driven into inconsistencies and contradictions, so
much so that no ordinary mind can tell where he stands from day to day. He
is not a clear-thinking man, but one very much in need of what Macaulay
described as "purification of the intellectual eye." Anyway, he is the authority Mr. King depends on, so I am going to speak from his writings before
he knew of this case. In a book published only two years before, he gave
the following rule, and please note that in propounding it he was dealing
with Constitutional practice in England where he seems to think the King's
discretion is narrower than a governor general's discretion in a Dominion:

> It is for instance, obvious; that the Crown could not constitutionally grant a
> prime minister, who had obtained one dissolution and had been defeated,
> a second dissolution of Parliament if any other means of carrying on the
> government could be found.[6]

Now, let us apply this rule prescribed by Keith himself: First, Mr. King's
government had one dissolution. Second: In the first six months of its first
session thereafter, it was defeated on a most important motion—a motion
in amendment washing out censure from a previous motion—a motion in
amendment which it had vigorously and tenaciously supported. Its defeat is
what prompted its appeal for dissolution. Third: An alternative government
could be found, and was found; and further, the alternative government was
successful in four decisive votes, all going to questions of policy and administration. It was then defeated by one false vote on a legal question which
it was monstrous to submit to Parliament, and which, in any event, did not
go to any question of policy, of administration or of confidence. It would be
impossible to find any case more clearly and indisputably within the four
corners of Mr. Keith's own rule than this case in Canada.

Again, Mr. Keith used this language:

> The normal form of the refusal to accept ministerial advice is when a min-
> istry beaten in Parliament, or which is losing its hold on Parliament, asks
> for a dissolution in order that it may strengthen its hand in the country.[7]

You will observe this is declared to be not an exceptional but a "normal" case for refusal. In the Canadian situation, Mr. King's ministry was

6 *Constitution, Administration and Laws of the Empire* 1924: pp. xiii-xiv.

7 *Responsible Government in the Dominions*, 1912, p 180; repeated in 1928 edition, p. 154.

defeated in Parliament. In the Canadian situation, that ministry was losing its hold on Parliament. Either one of these conditions, according to Keith, was sufficient; and both were present. Also in the Canadian case the ministry was asking for dissolution in order that it might strengthen its hand in the country. Mr. Keith has been very busy lately berating our governor general because he followed Mr. Keith's advice. Indeed, everything this man ever pronounced on the subject before June of this year told in favour of the governor general's course.

But the precedents and principles I have recited, though conclusive, are not necessary at all. Mr. King did something which no prime minister of Canada, of a province of Canada, no prime minister of Britain, of a British Dominion or a British colony, at any time or any place, ever did before. In the middle of a debate on a motion censuring his government and censuring himself, he went to the representative of the Throne and presented an order-in-council dissolving Parliament. It was a step not only unprecedented anywhere, but incredible. Acquiescence on the part of the governor general would have been an utter abdication of duty, and equally incredible. If the House of Commons has one function more sacred than another, it is to hold an administration to practices of honour and efficiency. Charges of maladministration had been made against the government. These charges had been investigated, and arising out of that investigation a motion of censure was before the House. Already two divisions resulting from that motion had definitely indicated an impending government defeat when the original motion should come up for decision. The Commons of Canada was sitting there trying the case. The House—to use the language of Edward Blake uttered in a similar though far less flagrant instance, in 1873—"had within its cognizance a great cause pending between ministers and their accusers." At this point Mr. King went to Rideau Hall, demanded that the jury be dismissed, demanded that the Parliament trying him should no longer live. Never, never, I say, has there been such conduct in the long history of parliamentary government.

You ask: "What is Mr. King's answer?" Here is his answer. First, he says it was not a motion of censure. Not a motion of censure? To say that a motion describing his own conduct and the government's conduct as "wholly indefensible" is not censure, is grotesque; it is an affront to common sense. When he was pleading in the House for his followers to vote against it, he himself declared time and again that it was a motion of censure. His minister of customs—another who was specially accused—told the House it was a motion of censure. His minister of agriculture, Mr. Motherwell, also pleaded with members to vote against it because it was a motion of censure. Mr. Motherwell went so far as to quote the celebrated speech of Iago—quite forgetting its original purpose—and apply it to the King government:

> Good name, in man or woman, dear my lord;
> Is the immediate jewel of their souls.

On this point, even Mr. King's champion or apologist—whatever you like to call him—Mr. Keith, certainly has not agreed with him. You are wondering how Keith gets over this mountain in his attempt to justify Mr. King. I will tell you. He just refuses to discuss the subject. He persists day after day and week after week in forgetting all about it. What else could he do? I have never heard or read of anyone who, having recognized that dissolution meant avoiding a vote on a censure motion, still said there was a right to dissolution.

The other explanation Mr. King gives is no better. He says: Granted dissolution was asked for in the midst of a debate on a motion of censure; I was then in no weaker position than I would have been if defeated on the motion, and, even if defeated, I would have had a right to dissolution. He would not. Even had he stood his ground for a vote, the fact that he had obtained the previous dissolution less than nine months before made it absolutely necessary, especially so soon after the election, that every reasonable effort should first be made to find a government which had a fair prospect of continuing with the existing Parliament. On this, British and Canadian statesmen have agreed, and their academic apostles have also agreed, until Keith, a few weeks ago, went back on all his published principles. But it is true that Mr. King's position would have been much better after defeat on censure than it was when he tried to get dissolution to avoid defeat. There are circumstances in which an accused person or a litigant is permitted to appeal from a lower court to a higher, but no one ever heard of an accused person or a litigant, in the middle of his trial and before a verdict, demanding that the court be dissolved, that the jury be dismissed in order that he may appeal. This is precisely the preposterous conduct of which Mr. King was guilty.

This conduct puts him out of court on every count, and out of court he will remain through all time at the bar of history.

A democracy has an absolute right to the judgment of Parliament on the behaviour or misbehaviour of its administration. Think of the importance of that right in this very instance. A committee of Parliament had investigated charges and Parliament was moving, by discussion, to its judgment on that committee's report. In the thrust and parry of debate across the floor, where each speaker meets his foe in combat, light and reason are thrown on the issues and truth is encouraged to emerge. To this, and to the verdict finally reached, the public was entitled, and all this Mr. King determined to keep from the nation.

From every angle of approach the governor general was right and Mr. King was wrong. For His Excellency to have yielded would have been to make himself an accomplice in an unheard of assault on the prerogatives both of Parliament and people.

A right decision cannot be converted into a wrong decision by any subsequent event. Besides, when it was made there was at least a reasonable prospect—and nothing more is necessary—that another government would be acceptable to Parliament as it stood. This prospect was indeed afterwards proved by repeated majorities on every test of a political issue—notwithstanding that the succeeding prime minister was debarred from his seat by an outdated law. We lost finally by a spurious vote on a spurious legalistic fabrication—no subject for Parliament at all.

Of the necessity for dissolution then, and of our right to be granted dissolution, there can be no doubt. By that last vote Parliament had demonstrated that it would not consistently support any government. It had not so demonstrated when Mr. King applied on June 28th. We had not asked to dissolve while a motion of censure was under debate. Mr. King had. Our administration had not been censured by the House of Commons. Mr. King's administration had been. We were clearly in a stronger position than was the Ramsay MacDonald government when it asked for dissolution less than two years ago and Ramsay MacDonald's request was granted.

Just one last word. Nobody claims, least of all the present governor general of Canada, any right on the part of the King's representative to choose as between parties the stamp or colour of government. That is for Parliament alone. The King's representative, in the limited sphere as guardian of the Constitution still reserved for him, can only make sure that Parliament is not denied that right. It makes no difference to a free people, said Edward Blake, whether their rights, as reposed in their Parliament, are invaded by the Crown or by the Cabinet. What is important, he said, is to secure that their rights shall not be invaded at all. Blake, at the time, was denouncing an order of prorogation which postponed for three months the moving of a vote of censure, and he urged with great power preservation to the utmost of the form and principles of the Constitution and the rights of a House of Commons which our ancestors had handed down.[8]

8 House of Commons (Canada) Debates, as reported in the Toronto *Globe*, Nov. 6, 1873, and Toronto *Mail* of the same date.

In fidelity to this teaching, in simple performance of the duty it impos-
es, guided and directed as well by other great figures over a wider range, in
our present and our past, the governor general of Canada, in silence and in
dignity, has done his part. His part being done, it has been my humble but
proud privilege to stand at his side.

The Lord Byng of Vimy is not on trial in this contest. His court is the
court of conscience and of history. The immediate fortunes of two political leaders and two political parties are before the tribunal of their masters. But more than they, and far more important than they, the people of
Canada themselves are on trial. Not by showy strategy—to use a most flat-
tering term—not by empty dexterities of politics can popular institutions
either flourish or survive, but only by all ranks seeking steadily the truth
and toiling in its light, preserving from the past what has proven good, and
thus building on foundations which are solid and abiding. Yes, the people
of Canada are on trial. On the integrity of their thinking, as reflected in the
verdict of tomorrow, will depend in no small measure the standard of our
public life for years to come.

CHAPTER 6

To the Red Chamber

1927 to 1941

Bloor Collegiate Institute

Bloor Breezes, 1927

PROGRESS IN EDUCATION, AS PROGRESS IN LIFE, can be achieved only by the cultivation of wholesome habits. The most wholesome of all habits is work. He who learns at school how to keep his mind really working, that is, applied in concentration to things worthwhile, has possessed himself of the key to success.

The one property that no one can afford to lose is time. This is an inexorable maxim acknowledged by all in every age who have had any record of accomplishment.

In Stern's *Koran* we find it written, "It is better to do the idlest thing in the world than to sit idle for half an hour." "Be always resolute with the present hour," said Goethe. "Every moment is of infinite value; it is the representative of eternity." Leibniz, the great mathematician, declared that "the loss of an hour is the loss of a part of life. Napoleon remarked to some boys at school, "My lads, every hour of lost time is a chance of future misfortunes." Seneca had a maxim, afterwards adopted by Frederick the Great, "Time is the only treasure of which it is proper to be avaricious." The idler is always complaining of the want of time; seldom are those words in the mouth of a busy man. Thomas Jefferson wrote home to his family, "No person will have occasion to complain of the want of time who never loses any." William Shakespeare might have said of millions of others what he said of a deposed king of England, "One day too late … has clouded all thy happy days on earth."

The habit of filling the hours with useful mental activity is the finest treasure that any boy or girl can take away from school.

Responsible Government
Defence of the Hamilton Speech

This address was delivered on October 10, 1927,
at the opening of the Winnipeg Conservative Convention.
Its background and the circumstances attending its delivery
are disclosed in the speech itself.

THE SPECTACLE, WHICH GREETS ONE FROM THIS PLATFORM, is indeed magnificent. I am looking into the faces of many thousands of Canadians from every corner of this vast country; men and women who believe that the Conservative party is a party of principle and a great agency for good. When one addresses you he can rightly assume that you adhere in sincerity to its faith, and are determined to forge and consolidate that party into the mighty power it ought to be. Such an event as this is doubly gratifying to one who has been long associated with your councils and has taken some part in your battles.

It does not seem to me fitting that I should have anything to say, especially at this stage, upon the subject of policies or tactics looking to the future. These things will be left to the proper time and to appropriate committees. My words this afternoon will relate entirely to history, but to very recent history. They will relate, indeed, solely to one event which took place in the latter part of my six and a half years of leadership. I intend to have something to say now with regard to a speech I made at Hamilton in November, 1925.

It is my intention to deal in the frankest and plainest language with this subject. The time has come at last when I can do so before the right tribunal, the tribunal to which I was, and am, responsible, and do so without involving the party as a whole, or any organization, or any others except myself. For the first twelve months after delivering that speech I refrained from defending my position, not by any means because of personal desire, but because, being still head of our party, I was persuaded, rightly or wrongly, that its unity would be better served by silence. For the past twelve months I have been a private citizen; I am a private citizen today, and a private citizen I intend to remain, and as such speak in defence of a proposal made as leader, and made in good faith because I believed in its merits. It is only truth to say that the pronouncement was not accepted by a substantial section of the Conservative party at the time, and with my retirement from leadership, the Conservative party became entirely free from its commitment. I do not speak today with the object of re-establishing that speech as binding upon the party now. No such concern is in my mind. What I shall say will be in my own behalf alone. The right to speak in my own behalf now is something which no man can dispute. It is not dependent upon privilege or courtesy, and is a right I propose to exercise to the full.

It is far from my wish to appear before this Convention as now harbouring a grievance or a complaint. Of the rank and file of the Conservative party I have never had cause for grievance, and for them have feelings only of loyalty and gratitude. No leader whom this party ever had received more devoted support or more generous treatment at the hands of his followers in the House of Commons. But as for the Hamilton speech, it surely is true that I have suffered from a grievous misunderstanding both as to its meaning and its scope. To this misunderstanding my own absence from Canada for a considerable time after the speech was made contributed not a little, and throughout these two years a section of the press of the country, and especially the Liberal press, has contributed a great deal more.

It becomes necessary now that you be given in exact language the entire text of the Hamilton speech insofar as it relates to the point at issue. The text from which I read was handed to the press before the speech was made, exactly in the language now read from this platform, and was delivered in that language at the banquet in Hamilton. It is my earnest hope that every man and woman in this audience will follow carefully these words.

> The great object of the Conservative party in the late campaign was to obtain from the people of Canada in every province a decisive verdict on the fiscal issue. To this end we concentrated our efforts. I am glad to say that in a large measure we succeeded. Canada has suffered, and suffered severely, from the uncertainty and haphazard downward revision of the last four years. These dire consequences had come to every province. In most provinces of the Dominion we found the government and government speakers striving desperately to confuse this issue and to divert the public mind from the results which had flowed from their own drift and folly. In Ontario they failed, in British Columbia they failed, in the Maritime provinces they failed; only in the Province of Quebec did they succeed. I do not speak the language of resentment or of bitterness, I speak only the language of truth when I say that never in the history of elections in this Dominion has a great party stooped to methods at once so dishonest and so dangerous as did the Liberal party in the late campaign in the Province of Quebec. While the prime minister was talking unity in English-speaking Canada and was presenting himself as its only true guardian and apostle, his lieutenants were adopting every means known to the platform speaker or the pamphleteer to stir up all the old war animosities and to conjure new fears and new hostilities in the minds of the good people of Quebec. There is nothing in what I say which is open to dispute. There was indeed much concealed, but sufficient was spoken from the housetops and thundered in the press to make clear for all time the character of the campaign. I will quote only the utterance of one man, and he a very eminent man, the prime minister of Quebec. Speaking on the Island of Orleans on the 26th October, the Honourable Mr. Taschereau used the

following words as quoted in *Le Canada*, a Liberal paper edited by a Liberal member of Parliament, in its issue of the following day:

In the present contest you have to choose between two men, Mr. King and Mr. Meighen. I do not wish to be lacking in Christian charity, but I believe I am guilty of no wrong when I say that Mr. Meighen is the man of conscription, that it was he who sent our men to fight in Flanders fields. It is he who by his conscription has filled the cemeteries of Flanders with 60,000 Canadians. Has he grown better since? Has he reformed? Has he had perfect contrition? No.[1]

I do not mention the utterances of obscure individuals or of pamphleteers. Those in high authority in the Liberal party harped on the tragedies of war and ascribed all that Canada had suffered to the Conservatives of today. Illustrated sheets were distributed in thousands, depicting your humble servant as a tyrant and a man-eater driving the sons of Canada with a whip to be slaughtered in foreign lands. New wars were prophesied and were declared to be part of the program of the Conservative party. A war with Turkey, indeed, was to come right away if the Conservative party were returned. Do not conclude from all this that the people of Quebec are at fault; do not conclude that the people of Quebec are arrayed in sentiment against the rest of Canada; do not even conclude that there is any lack of fidelity there to British connection because these things were done. These were only plays, these were only fantasies conjured up by political leaders in order to mislead the people and gain an election verdict. If the rest of Canada had thought that the Conservative party favoured war or was looking for war, the rest of Canada would have voted against us just as decisively as did Quebec. It was not against our policy, or against our principles that the people of the Province of Quebec voted on the 29th October, it was against a gross misrepresentation of both our principles and our policy. Your humble servant was depicted, for example, as ready to despatch the sons of Canada to wars all over the world, even without the authority of Parliament. How men can find it in their hearts to utter such words passes my comprehension. The Conservative party believes in British connection and believes in the British Empire; so does the whole of Canada, so does the Province of Quebec. The Conservative party believes in exerting the whole influence of Canada within the empire to make sure and ever surer the lasting peace of the world. The Conservative party believes that within the empire the security of this Dominion can best be sought, and the Conservative party believes that the whole of Canada is ready at all times to take every honourable step to make our security certain. This and no more is what we have always said and what we have always done; this and no more is what we will ever do.

In the late war, as in every war, the government had to decide its course and submit that course to Parliament. Never did we think of sending troops from Canada until Parliament had approved our decision. Parliament met on the first day it could be called and gave its unanimous support to participation by this country. Never would any government so much as dream

---

1 Honourable Mr. Taschereau has since denied the correctness of *Le Canada's* report, but has failed to furnish a text of the language he did use on the occasion in question.

of sending troops beyond our shores unless the authority of Parliament was first obtained. Indeed, I would go farther. I do not anticipate that we of this generation will ever be called upon to take part in war again, and I earnestly hope that our children and our children's children may be free from the curse of war, but if ever the time should come when the spectre of 1914 should again appear I believe it would be best, not only that Parliament should be called, but that the decision of the government, which, of course, would have to be given promptly, should be submitted to the judgment of the people at a general election before troops should leave our shores. This would contribute to the unity of our country in the months to come and would enable us best to do our duty. It would not mean delay. Under the stress of war delay might be fatal. Let me make clear what I mean. The government would have to decide and decide quickly what was best in the interest of Canada. The government would have to act on its judgment, but before there was anything in the way of participation involving the despatch of troops, the will of the people of Canada should first be obtained. I have myself not the slightest fear but that if danger threatened the empire, and therefore, threatened Canada again, this country would respond as it responded in 1914, but I believe in future it will be best for all that before a government takes a step so momentous as the despatch of troops the will of the people should be known.

For the moment there should be emphasized only two things with regard to that pronouncement. First: the proposal does not deal with or affect in the least degree the question of the proper relation of Canada to the mother country, or as to what Canada should do in the event of another war. It does not modify in the faintest manner the historic fidelity of the Conservative party to British connection. It does, on the contrary, most clearly embody an affirmation of unalterable and unswerving devotion not only to British connection but to all that British connection honourably involves. In the next place—and this is a feature which is new, and a feature affecting procedure alone—it declares that the Conservative party would undertake, in the event of finding it its duty to participate overseas in another war, first of all to carry the country on its program and to stake its governmental life on its success. This and this alone is the commitment to which the Conservative party under my leadership was bound and from which it is now free.

The best way to apply intelligence to a problem is first of all to get the facts. Let me recite in simple language a few outstanding conclusions of history. I do so in a belief that the facts now to be recalled are the only important ones bearing on this question, and that in the light of them an intelligent opinion can be formed.

First. It is not and never has been a part of Canadian policy to maintain in this Dominion a military organization capable of immediate participation in the event of an outbreak of war abroad. The best we have ever done has been to maintain the nucleus of an organization out of which, and by which, an army can, in the course of some weeks, be trained and welded and made a fighting force. At the present time it is exceedingly doubtful if we have even that. This much, however, we ought to possess, and this much the Conservative party has always demanded; but so far as I know the Conservative party has never committed itself to a policy involving the large outlay required for maintenance of an army immediately ready for war. Situate as Canada is on this continent, public opinion, rightly or wrongly, has not favoured such a policy, and I do not believe public opinion favours such a policy today. At the present time I am not discussing whether we ought to launch on a more extended program. I am merely stating the fact that we are not doing so, and also that, so far as I know, we don't propose to do so. Further, from present indications it is not the intention of the Conservative party at this convention to put itself on record as prepared to advance beyond the responsibility which I have defined, a responsibility which we ourselves assumed when in office and by which we were limited. This postulate is put before you because it is a big and a very important truth. It is a truth in the presence of which, and in the light of which, the proposal at Hamilton was made. If it is the intention of the Conservative party to go further and commit itself to the maintenance of an army in this country immediately ready for war, then this convention should manfully take responsibility and come out frankly and declare for such a policy. With the humility which befits one who is now of the rank and file, I venture a prediction that the Conservative party will do no such thing. Therefore, I ask you to remember that by virtue of policies, of long history firmly established and recognized, this country cannot send troops to participate abroad except after many long weeks of training and organization. In the last war close to six months were required before we had troops ready to take part. Five or six weeks are ample for a general election.

Second. Because a government makes an appeal to the people, it does not mean any delay or weakening of executive action, of preparation or of training. The experience of 1917 demonstrated clearly that not only preparations for the conflict, but, indeed, the conflict itself, may be carried on with relentless vigour while the judgment of the electors is being secured. It is the duty of government to make its decision. This was emphasized at Hamilton. It is the duty of government to follow up that decision logically and thoroughly and to lose not a day nor an hour in the execution of its task. This, too, was emphasized at Hamilton. A government which permits delay, and, therefore, adds to peril when it believes its country is in danger, is a criminal at the bar of history. Unless convinced that no delay was necessitated in the procedure advocated at Hamilton, I would not believe that such procedure could be defended.

Third. There exists in this country an apprehension, altogether unwarranted we all know, and most unjust, that if a Parliament is elected whose majority is Conservative, that Parliament is likely to plunge the country into war. This fiction has been dinned into the minds of vast numbers of our people, especially in the great Province of Quebec, by Liberal leaders and by the Liberal press. A slander more malicious has never before stained the pages of our political history, but this very poisoning of the wells has been the chief occupation of Liberal leaders in that province for years, and their conduct has had its effect. It has had its effect especially on large sections of the women of our country. Such an apprehension in the minds of our people, whether French-Canadian or English-Canadian, is not only unjust to the Conservative party, but it is bad for Canada and it is bad for the empire. Here, far away in Winnipeg, it may not be easy to realize how deeply seated this impression, this apprehension, has become, but there is not one man who knows this Dominion and has moved among all its people, who will not agree that I have understated rather than overstated the truth.

A fourth fact must be recited. After the outbreak of war in 1914, the Conservative government of that day came to its decision; manfully and promptly it proceeded to execute that decision, and, not long after, very seriously contemplated the submission of its course for ratification to the people of Canada. It is not divulging any secret to say that the Conservative government of that time never were closer to any step which was not taken than a decision to get the vote of the people approving of its course, and their mandate to carry on. In a long journey through the vicissitudes of the next four years there were many hundreds, if not thousands, of Conservatives who told us that it would have been better for Canada if that appeal had been made and if the people had spoken in the early days of the war. Recriminations bitter and blighting which became rampant during the struggle would in that way have been silenced by the most authoritative voice with which a democracy can speak.

From this onward I am going to make some attempt to reason on those facts. At the moment I ask you, my fellow Conservatives, this question:

If the government of Sir Robert Borden in the fall of 1914 or early in 1915, had gone to the country and said to the electorate, as it would have said: "We believe this war is a righteous and a necessary war; we believe the very destiny of Canada is in the balance; we believe the life of the empire is at stake; we have pledged this country to the combat and we want you to ratify our conduct; we want you to proclaim to the world that Canada will do her duty; we want you to add to the strength of our cause the sanction of the Canadian nation." If the Conservative government had taken that course, who is there who would have said "It is not British?" Who is there who would have declared it was a threat of separation or a hauling down of the flag?

Yet this is the language which has been applied to me because I advocated that in future this very course be taken.

I hope I may assume that there is no one here who disputes my statements up to this point. Those are four great truths. I do not think they can be denied and do not believe they will be controverted. The Hamilton speech was predicated upon them. Suffice to add that for my part I consider those facts incontestable.

Referring again to the first, the traditional, the actual policy of Canada in the matter of military organization—to maintain only the nucleus of an armed force—there may be some who say that while such is and has been Canadian policy this should not always be so. Possibly they are right. I am not arguing the point at present. What I say is that this is the actual condition and the prospective condition. We have no military force ready to take the field in a distant war, or within many weeks of being ready. We have no honest intention of having such a force, and we may as well be frank and say so. There is no reasonable prospect now of that policy being changed. Assuming these conditions, it follows that so far at least as time is concerned we shall certainly have abundant opportunity to make an appeal to the nation. And let me repeat, these are not merely temporary conditions; they are historic; they are conditions beyond which today we cannot see and in the midst of which we must abide.

Coming now to the concrete proposal, what are the objects to be served? Surely it is worthwhile of itself to demonstrate to the electors of a British country that their constitutional control of that country is real and not merely a sham. There may be nations where an autocracy is possible, but never a nation of British people. I know that no one suggests autocracy in Canada, but it is to my mind tremendously important that the voters of Canada do not harbour the idea that their control is nominal and farcical or applies only to matters of minor concern. There is nothing so certain to breed discontent as a belief down in the hearts of a people that they are not being trusted in the matter of great public policies; that they are victims of a pretense; that the very principle of democratic control is flouted at will by those in authority; and that while the masses are allowed to speak on matters of trivial consequence, they are really given no voice and are even warned in advance that they will have no voice when it comes to a question of great and momentous import. It is this very feeling which is the prolific breeder of suspicion and discontent and has been many times the mother of disturbance. So I say it is abundantly worthwhile in this country that there go forth an assurance to the great masses of our people, men and women, that democratic control in Canada is not a farce and that their immediate responsibility is real and vital. I speak these words after many years of close contact with our affairs, and I believe the principle I am now trying to expound is not a mere lifeless platitude, not the empty heraldry of a demagogue, but a great and living truth.

Still further let me say that, in this Dominion, with its varied racial composition and in presence of the consequences of many years of propaganda designed to create in the minds especially of one of our two great parent races distrust of a Conservative majority in respect of this very issue, it surely is doubly important that the whole people be given renewed assurance that they will not be ignored. Speaking with a confidence born of some practical experience, a confidence which it is just possible a few years of trial will generate in others, I say it is worthwhile to quiet apprehensions honestly held by large and estimable sections of our country; that it tends to unity, harmony and goodwill to have all assured that these apprehensions are the product of nothing but mischievous party propaganda, and that in fact as well as in name the people are the real rulers of Canada.

No one would suggest, or ever did suggest, that a Parliament elected with a mandate on a question of this kind should be dissolved and a new Parliament secured. What has been stated is that where a Parliament has no such mandate and was elected on other issues altogether, then so long as the will of the people can be obtained without involving either added danger or delay, the people must be given opportunity to express their will. You can justify refusing that right by showing that there would be an impairment of preparatory effort; that there would be an imperilling by delay of the national defence; but to show this is, in my judgment, after the experience of the last war, an utter impossibility. It cannot be shown, because it is not true.

This brings me to the necessity of answering objections which have been raised against the proposal. I have taken pains to gather these from every possible source, and shall give you all of a rational kind which have been urged. Permit me to state in the most emphatic language that almost everything which has reached me in the way of protest has been based upon a misunderstanding, usually a misstatement, of what was said. The public was given an impression at the very first that I had uttered something of a general nature antagonistic to participation in wars of the empire; that I had expressed a sort of frigid and indifferent disdain of empire responsibility; that the cornerstone of Conservative faith had been shattered and the flag itself besmirched. The public also got an idea—and this was the main misconception—that what I had proposed was a submission of the whole question to a plebiscite, the intimation being that a Conservative government would be satisfied no matter what the result. At this point it might be well to read again an extract from the exact text of what was said at Hamilton.

> I believe it would be best, not only that Parliament should be called, but that the decision of the government, which, of course, would have to be given promptly, should be submitted to the judgment of the people at a general election before troops should leave our shores. This would contribute to the unity of our country in the months to come and would enable us best to do our duty. It would not mean delay. Under the stress of war delay might be fatal. Let me make clear what I mean. The government would have to decide and decide quickly what was best in the interest of Canada. The government would have to act on its judgment, but before there was anything in the way of participation involving the despatch of troops, the will of the people of Canada should first be obtained. I have myself not the slightest fear but that if danger threatened the empire, and, therefore, threatened Canada again, this country would respond as it responded in 1914, but I believe in future it will be best for all that, before a government takes a step so momentous as the despatch of troops, the will of the people should be known.

You are asked to note first that, insofar as those words touch on the question of Canadian responsibility, I took precisely the same stand that the Conservative party has always taken, and I trust will always take. Most clearly it was stated that while control of our conduct is in Canada, our responsibility as a member of the empire would not be shirked. No, there has not been one article of our tenets doubted or denied; our flag has not one shred of it been furled. And I ask you to note secondly, that what was proposed was not a plebiscite in any sense whatever, but an appeal to the people in the British way, by a Canadian government in a general election, to ratify its course in lending a hand to the empire, and to return it to power. I call attention to these features because for me there has been nothing so hard to endure as the flippant taunt that I did not propose to risk anything ever again, or to have the Conservative party risk anything again; that my feelings had become anti-British, or, in the language of some, that I would fain haul down the flag.

It has been declared over and over again that what was said at Hamilton was an invitation to separation; that it was proposed in the event of war to give Canada an opportunity to separate. I did not need to give such opportunity. No man and no party could give it, because Canada has now the opportunity to separate, and has had it for a quarter of a century. Adherence of this country to the British Empire has been throughout this generation a matter of our own free will, and because it has been a matter of our own free will, British connection is just as secure today as in the days of Macdonald. Let the people of Canada think, though, that it is not a matter of their own free will, and do you believe Canadians will be as proud of their imperial position as they are today? What was said at Hamilton was not that any Conservative government would invite Canada to separate, but that as soon as we felt it our duty to participate we would invite Canada—the whole of Canada—not to separate but to seal the bonds again with blood for the sake of our own security and the life of the empire itself. What was said at Hamilton was that if the forces of separation were to succeed, they could only do so by defeating the massed strength, the last phalanx, of the Conservative party; that if the forces of separation were to succeed, they could only do so over its prostrate form. And this is the declaration for which I have been arraigned by ribald newspapers as guilty of disloyalty and treason! This is the declaration on account of which I have had to listen to the gibes of a Lapointe and the silly claquery of a Motherwell! If a plebiscite had been proposed with a Conservative government looking indifferently on, such an idea would be repugnant to the Conservative faith, and I would justly have been condemned. No such thing was suggested. What was pronounced was this—that a Conservative government would stake its life on a contract to carry the country on its program.

Does any Canadian in his senses suggest that if a government was not certain of success in such an election, they would dare commit this nation to a conflict? In the last half century of British history I do not believe there has ever been a war in which Britain was engaged, where, at the commencement at least, overwhelming masses of the people were not in its support. So far as Canada is concerned this has certainly been true; and, indeed, if there was not a majority and a very large majority of our population in favour of the conflict when the conflict commenced, there would be no possibility of making the conduct of that war on our part a success. The terrible disasters which some people rashly conjured up would prove in the practical event an absurd delusion.

Others have advanced an argument that the very submission of such a question to the people contemplates that a government's decision to participate might be reversed, and this, they say, would be very serious. Well, I suppose theoretically it does, but in an exactly similar sense a submission of the same question by a government to Parliament contemplates as well that the government's decision may be reversed by Parliament. Now, is there a Canadian today who would suggest that a government should, without authority of Parliament, engage in war and despatch troops of Canada to war abroad? There is not one. How is it then that to contemplate an adverse decision by Parliament is righteous and constitutional, but to contemplate an adverse decision by the people of Canada means an end of the British Empire? I don't believe these objections signify anything to those who have a practical knowledge of our country and are acquainted with its history. The party of Macdonald was not afraid in other days to trust the people and I would be sorry to think that in the confession of faith of the Conservative party now to trust the people is an act of heresy. Canadians have never failed in the past in these matters and they will not fail again. But even if they might, what I say is this: if a country under the leadership and impetus of a great party cannot be brought to see the need of war, then it cannot be bludgeoned into a course which it resents, and I tremble for the government that would try.

It has been said as well that a general election would divide our people and that this would be harmful to the unity so necessary in war. Here is a contention which is worth examination. My first argument is that a general election does not make division, it only records it. It may indeed accentuate division, but there is this great truth to remember—that, after all, a minority which has been denied a right to express its opinion is a far more dangerous minority than one which has been permitted to exert the full limit of its strength and has been shown that the mass of people are against it. It is the very spirit and genius of British institutions that a minority knows how to submit to the will of a majority, provided it has had a chance first to show its full strength at the poll. In the actual event of war, which I think very unlikely in our time, what would almost certainly happen would be this— that an Opposition would be compelled to join hands at once and unite with the government at the penalty of political extinction. In the presence of that overwhelming demand which must exist before a war commitment can be made, an Opposition, knowing that the prime minister of the time, after pledging his country to the conflict, is bound by his word to submit his government to the people—an Opposition under such circumstances would find it the part not only of duty but of wisdom to join hands at once and we would have an end of politics for the whole war, and not for part alone.

There are those who cry out against a wartime election as the worst of all evils. That it has objectionable features no one will dispute; but those who refuse to contrast those features with the consequences of any other course are submitting themselves to the influence of emotionalism rather than to the light of reason and experience. No one to my knowledge has ever argued that the wartime election of 1917 could have been avoided. The consequences of any alternative were so manifest and so appalling that every voice against an electoral contest was silenced. We got to the pass where there had to be a mandate, and that mandate we set about to obtain. If, then, there was no way of getting through the last war without an appeal to the people, will someone please tell me what is the ground for hope that we can avoid such an appeal in the next? Humanity today stands in no fear of any minor conflict; the only dread—if dread there be—is of a great world-devastating war—one which if we enter will command the last limit of our strength. Again I ask what is the ground for hope that our experience will be happier, and harmony will be more persistent, than in the last? Is it not better, then, to get the authority of the nation first, and authority to do all that may be necessary to see the struggle through and save the nation's life? If in 1914 an appeal to the people had been inevitable because of an antecedent binding engagement of the prime minister, I have not the least shadow of doubt that each of the two great parties would have been compelled right then to have formed a union. The temper of the country would have tolerated no contest on mere partisan lines. There would have been an immediate union, an overwhelming verdict, and the election of 1917 would never have taken place.

Another objection is advanced, and with this one it is not easy to be patient. We are told, "The people would not know the facts and could not intelligently judge. A government or a Parliament," we are assured, "has inside and vital information and would know best what to do." This was not the case in the last war and I do not believe should ever be the case. The whole truth went out to the nation; there was no reason for reservations and there never should be reservations. The time has gone by when the people of a British country can be asked to accept conclusions, to be denied the facts and to put their sons in uniform.

Some have written me and said, "Oh, we would be quite prepared to get the verdict of the people in an election before anybody is sent except volunteers, but we object to getting a verdict for the sending of volunteers." Carefully analyzed, does not that mean simply this—that the government of this country, without a mandate from the nation, may carry on war in any part of the world, provided only that military service is governed by caprice and chance? Put another way does it not mean this—that a government may, merely on the authority of Parliament, commit a country to war on a limited liability scheme, but if it is going whole-heartedly and thoroughly to its task, it must have public approval? How can anyone, after serious thought, argue such a proposition as that? For myself I cannot comprehend any such thing as a limited liability war. If we are ever forced into war again, which heaven forbid, let us go at it man fashion from the start, and I submit we can do so best after we have shown that the people are on our side.

If a country takes the responsibility of despatching troops to far-off theatres, it must right then take the responsibility of supporting those troops, when they get there, with reinforcements and everything else. There is no logic in saying that a government may, without a mandate, send its volunteers abroad and compel others to pay, but that it must get a mandate before it can support them there and compel others to go. The responsibility to support troops sent abroad is incurred the moment those troops are despatched. It does not arise some time later. How then can it be argued that no mandate is necessary before a responsibility is incurred, but a mandate is imperative before the same responsibility can be discharged?

My object was not and never has been, to throw a shadow of indifference or doubt over the fidelity of this country to its rightful obligations as a member of the British Empire. My object was, first of all, to remove an apprehension which was doing injury to Canada; to quiet fears which were utterly unfounded; to assure the whole people that this is a real British democracy and that whenever they can be consulted in the British way on a great public issue they will not be ignored. My object was not to sow dissatisfaction in the heart of a single Canadian, but, on the contrary, to plant the seeds of contentment; to give assurance to the whole people that their just rights would be respected, and thereby to establish on a firmer and a more lasting foundation British institutions and British fidelity.

For the time you have given me and for the patience with which you have followed me, I am deeply grateful. This defence has been brief, but I do not want to go beyond my rights. For almost two years I have been silent, but must now make plain to this convention that if what I have said this afternoon is made the subject of attack, I claim the right to reply and intend from this platform to exercise that right.

To conclude, I will venture a word of some personal significance. It is spoken under the influence, perhaps under the handicap, of deep feeling. It has never been my custom, nor have I the needed gift, to kindle fires of sentiment or of passion. Whatever resources I may have were intended for another kind of appeal. But extraordinary occasions bring products meet for themselves, and this is a great and extraordinary occasion, moving in its retrospect, moving in the wonder of its outlook to none perhaps so much as to myself.

This great party is being born anew. Dark years of strife and cloud and pain lie behind it as they lie behind our country, behind the empire, behind the scarred and suffering world. Among such years my lot of service and of leadership, and the task of my colleagues were cast. It was ours to cope with the subtle and sinister forces of the post-war interval, amid which all men, all parties, all nations were staggering to their feet. It is probable, far more than probable, that errors may have marked my course. But now that I stand apart, after nearly two decades, from public office and heavy responsibility, there is this conviction within me which means a great deal; I can look in the face of the Conservative party, of the whole Canadian people, and all the world who care to listen, and say there was no falsity or faltering, no act, no deed, no episode over which the pen of history need be shaded, no period or place into which the keenest enquirer may not go. There was no matter over which now I want to make petition. The book can be closed and I am content.

Looking again to the future, and bringing up the past only to shed its light, let me say: There will be more danger on the side of the party itself than on the side of the leader you will choose. Even here at this convention the supreme consideration is not: who shall be the leader of this party? The supreme consideration is: what manner of party shall he have to lead? The chords of memory unite us with the past, and this is the time and this the place when all of us, and the millions we represent, should catch the spirit and hear the voice of the noble founders of our political faith—those men whose children to the second and third generation adorn our gathering now. If those men could speak, they would call on us to keep ever in front the vision which inspired our fathers, and, in order that this party may be strong to achieve that vision, they would plead that we be loyal to each other and to those who serve for us. They would urge us to be conscious of our mighty heritage, proud of the imperial fountain of our freedom and of the flag that floats above us, worthy of those ideals of British liberty and justice which have sent their light forth and their truth among all races of men. To our history, our principles, our traditions let us be faithful to the end.

American Forest Week Luncheon
Congress Hotel, Chicago, Illinois
23 April 1928

THE GENEROSITY OF THE CHAIRMAN'S WORDS has made the task of addressing you a good deal more than ordinarily difficult. I am not accustomed now to public speaking; it is over a year and a half since I was in public life. One can hardly recognize himself in the description which the chairman has given.

He says there is no such thing as fame. Well, I believed I know other spheres of life wherein immortality is more easily secured than it is in politics. At one time during the brief period of my first premiership, I was making a tour of western Canada. In one of the cities there, a custom had become general of calling all the students in the city together and having me address them after four o'clock. When that function was over, the president, who had been principal, told me that during the forenoon one of the teachers had questioned her pupils as to their knowledge of Canadian public men and affairs, told them of my approaching visit, and finally asked how many were there who could tell who I was. A tense and long silence followed; the fact was, nobody knew. Eventually one boy, after repeated questioning and urging, put up his hand and said, "He is a movie actor." (Laughter)

For four years during the latter period of the war, I was head of the Department of the Interior in Canada, which department has charge of the administration of such of those assets of the Dominion as consist of land, water and forests, coal, minerals and the like. In that capacity necessarily I came in contact with our Forestry Branch; and so great became my interest in its work that it has remained in my memory more indelibly than any other sphere of the service conducted by the Department of the Interior. Consequently, an appeal to take part in this Forest Week demonstration was readily responded to; and I am very glad indeed to be in this metropolis and take my part.

The inauguration of Forest Week is an attempt to bring home to the consciousness of all the people of our two countries the importance of forest preservation to the life of these nations. To bring it home, I said, to *all* the people. If that object is worthy of such great effort by governments and by those interested organizations which undertake the task, then there must be a situation of proportionate importance and we must inquire what that situation is.

Many facts have been brought to your attention by Mr. Ambrose and Dr. Cowles, and these facts have been so well presented as to make my task much lighter. However, I am going to review hurriedly certain circumstances which seem to me outstanding and dominating; establishing a condition so crucial as to challenge the energies of all our people.

The forests of North America are one of our chief assets; the forests of the world are in the very front ranks in value of the properties of mankind. We have been accustomed to regard them on this continent as almost infinite, and our fathers as well as ourselves, in that happy delusion, have indulged in a mad extravagance which has brought us to the precarious position we are in today.

The forest is something which in all sanity we must not destroy. If we do, we commit a crime against our children for which no other services can ever atone. The forest is something we have a right to use, but beyond using it we have no other right. We are, however, consuming today all the forest produces and, regarding the world as a whole, some 18,000 million cubic feet besides. That is to say, in the use to which mankind is putting its forest, we are exhausting the income and eighteen billion cubic feet of capital. This destruction is added to by the ravages of fire and insects—in some countries more than in others. The outstanding fact I want to impress upon you is that we are invading the capital assets of the world as a unit, annually, to the extent of that colossal total.

Coming home to this continent—to Canada and the United States; it must be impressed that we are mutually interested in each other's conservation programs because we depend on your forests to a great degree and you on ours to an even greater degree. In the United States you are consuming your annual income which comes by growth four times over every year: three-fourths of all the use you put your wood to—three-fourths of the resources thereby consumed—is taken out of your capital. Relative to our resources, we in Canada are not using them to the same degree; but we are exhausting our timber resources to a greater degree because we have not as yet controlled fires as well as you have done nor have we gone quite so far in the control of forest insects and diseases. I do not, therefore, come to the United States to press home lessons on you which we do not need at home; there is no people needing them so definitely, so emphatically as we do ourselves. We are dissipating our forest wealth faster than is any other country in the world. We once had 925 billion cubic feet of timber. We have used it prodigally. Our logging operations have been wasteful to a degree. We have shipped lumber all over the world and after all our extravagance we have got the use of only 13 percent of what we were endowed with by nature. If nothing else in that way of depletion had gone on we would have been all right, but so careless have been our people—so careless have been our governments—that we have lost 60 percent by fire and we have only 27 percent left. Therefore, a resource, once so abundant as to almost defy comprehension, relative to the population of our country, is well on the way to extirpation. At present, taking an average over the last five years, we have lost about fifteen million dollars a year by fire alone. This is only the direct loss and does not include the indirect loss so vastly greater, due to local cessations of industry, and to the destruction of young trees—features so forcefully brought out by Dr. Cowles. But the ravages of insects are vaster still. The Dominion of Canada today could pay off its whole debt, including its war debt, if we could only have conserved of our wood resources what insects have destroyed in the last thirty years. It is estimated that we have lost at the rate of a hundred million cubic feet a year over the period of two generations. These figures are staggering. I don't suppose any amount of organization or scientific effort employed in those earlier times could have preserved what we then possessed in forests, but if the same degree of public interest and effort had been brought to bear in the days of our grandfathers, which we are trying to bring to bear now, Canada would be infinitely richer. Canada, indeed, in point of material assets would be in an independent position in the world today!

The facts are even worse. At the rate we are going in the Dominion, we are having burned up every year and having eaten up every year more timber—how much more it is difficult to state exactly but certainly more than we are using for all purposes—for fuel, lumber, pulp, and paper. And at the extravagant and reckless pace we are proceeding, the available wood resources of our country will be exhausted in something under twenty-five years. There are, of course, other very limited wood resources far beyond the regions of present industrial activity, but we must not so soon have to resort to such territories; we have no right to send posterity there in search of timber merely because of our own prodigality. Even including those territories, considering the increased exhaustion of timber year after year for useful purpose, we are visibly within the end of all resources in the world of wood.

Now I said at the commencement that you in the United States had conquered the external foes of forests more successfully than we. You started sooner. You owe your start very largely to two men distinguished in your history—to Theodore Roosevelt and to Grover Cleveland. You started scientific forest conservation twenty-five years before we did. You, therefore, do not suffer timber losses from fire and insects in the alarming proportion we do. But in the Untied States, for uses that are legitimate, you are already invading your timber capital to the extent of three-fourths of all you consume.

So on the other hand, there is this consideration: about one-third the total area of the Dominion is fit for timber growth and for timber growth alone; in fact about three-fourths of it is not fit for agriculture. I do not know what the proportions would be here, but judging from railway trips, especially through some of your southern States, I do not think they would be very different. Much, of course, of our Canadian land not suitable for either agriculture or timber is valuable for mineral exploitation; and in this last development we see an extension of our territory northward by almost double. Canada now, looked upon as an industrial area, is almost double of the size it was fifteen years ago. With regard to soil, however, about three-fourths is unfit for agriculture, of which area about one-half is fit for timber growth. This is to say, about one third the area of the Dominion is primarily adapted for the production of timber. So we have an immense territory over which we can operate to redeem errors of ourselves and our ancestors and try to hasten the time when there will be restored to our children the outdoor country which our forefathers enjoyed.

This is an objective we are bound in honesty to reach; it is an objective we can reach only through the vigorous, resolute conduct of government, associated with the active cooperation of the people. And there is a point I should seriously like to impress: many of the objects of government may be secured by legislation which can be practically enforced. If, for example, you in America want to conserve your mineral supply—want to curtail your mineral output year by year—it would not be difficult for the governments of your states and your federal government to pass legislation easily enforceable to secure that end. This does not apply at all to timber conservation. Legislation cannot be passed, which is capable of enforcement and which will reach the objective. The careless individual with a cigarette can do more harm for your children and for mine than ten thousand of them could do good, and only the force of public opinion and only the demands of an aroused public opinion, the pressure of an alarmed public opinion, can ever produce the atmosphere which will curtail the depredations of the wastrel who is careless in starting fires.

We in the Dominion might pass laws session after session; we might establish organizations or forestry forces away beyond our capacity to pay. But if we do have public opinion which itself enforces the law, if we have not that sentiment of hostility against the offender, we never in the world can save the forest of Canada. Consequently, in this field of conservation, it is, I believe, absolutely essential to supplement the effort of government by the forces of education, by the dissemination of knowledge, by the awakening of public interest—keen interest—if success is to be achieved. They have done so with considerable results in Europe; they were driven to it sooner than we. They saw the end of their resources long, long years ago; then their public opinion helped their governments to protect the great properties of the state. But even in Europe—the best parts of Europe—they are even now invading their capital account by 3,000 million cubic feet a year; and this where they have done better than in any other part of the world.

So you see the goal is a long piece away. It may be in the mind of some to inquire, "Is it really necessary to reach that goal so that in this generation we consume only what is grown?" I affirm it is; I affirm that any other course is dishonest. Today at our rate of consumption, suppose we overcome wholly the ravaging forces of fire and insects, at our rate of consumption, we need and are using more than the increment at the present time. What reason is there for saying that our children will not need so much? As a matter of fact, they are certain—with the progress of civilization—to need and use more lumber, if only they have it to use. It took nine pounds of wood per head to satisfy the paper demands of the United States and of Canada in 1850; it takes 158 pounds per head now. I think it will take still more in twenty-five or thirty years from now. There is no real substitute for wood pulp. There may be developed substitutes in a minor ways as for example the making of paper from straw but, if so; it will be at the expense of agriculture by taking away what should go back in the soil to reserve its fertility. There is no real substitute; and there is no substitute which we have any right to force upon our children.

Insofar as the present generation consumes more than its income, in our wood resources, to that extent it is taking something which does not belong to it; it is robbing posterity of its just rights and not a posterity many generations ahead but the next generation. We are at the stage now where the very children we are toiling for are soon to suffer because of our carelessness and prodigality.

If we are going to be honest; if we are going to do what we know is honest and right; we are bound to bend every effort to see that we live within our income in the consumption of our wood supply. These words apply just as much to our own country as to the United States. How many are toiling and sweating through a long and weary life in order that their children may have a better start than they had themselves—may have some legacy under a will to enable them to commence their life work on an easier plane and have a better time. Is it not worthwhile for the parents of today who bring about destruction of the great natural resources of our country to be brought to the realization that they do their children more harm in this way than they possibly can atone for by leaving them a legacy. I would rather a child of mine be born in a country rich in natural resources, as nature intended it to be, than born with any endowment in cash under a will but in a decimated land. I consider it infinitely better that he start in a country where he has a chance to make assets of his own than that he be left an endowment which at best can only give him an advantage of very doubtful real value over his fellows.

We owe posterity, first, the free institutions which our forefathers fought for and which we enjoy; and, secondly, we owe posterity its endowment of the bounties of nature unencumbered, uninvaded by our prodigality through the development of which they can make their way and improve in their turn the lot of mankind.

This is an interest common to the republic and to Canada. We have our differences, but here we can agree. The facts are common to both countries and the conditions are the same. The principles that apply are identical. Here is an interest on which we can unite our forces and, by unity of effort, achieve a success such as in other great trials of the world the Anglo-Saxon race has to its credit.

Canadian Defence Quarterly
Volume VIII
October, 1930, to July 1931

The Path to World Peace: A Universal Association of Nations

THIS IS AN AGE NOT OF ORGANIZATION but of organizations—societies, clubs, boards, leagues, commissions—and one gets bewildered by the endless maze. But with it all the world is not well organized. It is not well organized for the purpose of distributing among its population the fruits of their toil by brain and hand in accordance with the contributions of each, and it is certainly not, as yet, well organized for the greatest of all consummations, the establishment of permanent peace.

But though there may be too many heterogeneous institutions, there is one certainly that has the right to live, one that can demand the loyal service and enthusiasm of every lover of his race. It is the World Alliance of International Friendship.

This alliance has a responsibility whose very immensity must stagger its officers and challenge its adherents in every nation. Its responsibility is to see that the people of the world do not forget what war really is; that they continue to hate war and resolve to rid [the world] of it forever. For if the people do not so resolve, and stay resolved and mightily resolved, there is going to be war again.

Is it worthwhile to get rid of war? Is it worthwhile to make the biggest effort united humanity ever made? Is it possible? There are many who think it is not. Certainly it is the most difficult task mankind has ever attempted, but the first thing we must decide is that it has to be possible and has to be done. It is infinitely important for us to get to understand that war has to be ended, and why, and one of the objects of this alliance is to drive home that truth and the reason behind it into all corners of the world.

I will tell you the reason as I understand it. Civilization has to end war, or war will end civilization.

Do we believe that to be true or do we not? If we do not, it surely is time we did, and if we do, then this race of human beings has to adjust itself to new facts, that is, facts which never existed before; it has to adjust itself to new tremendous facts or pass out.

What are these facts? The chief one is this: Science has given us so great a command over the elements of nature, that millions can be snuffed out in this day in a mere matter of moments. Where hundreds fell before in manly contests arm to arm, great cities now, the whole countryside, can be eaten up in the insatiate maw of chemistry.

As soon as war got into three dimensions, that is, got into the upper air and under sea, as well as on the surface, vast possibilities were opened up. When you get in three dimensions, weapons come into play which cannot be matched with other weapons and the issue decided as it has been decided in the past by a test of strength and skill.

Let me repeat, such a test cannot be made in three dimension war. Take the submarine; the Germans had only some thirty in use at any time in the last great struggle. These required ten thousand men. Against those thirty submarines were arrayed four thousand surface vessels, great and small, trying to suppress them; against the ten thousand men on the submarines were one million trying to resist them. And besides, immense mine fields, shore batteries of cannon and all kinds of immobile defences. In defiance of all these, the submarines destroyed eleven million tons of allied shipping and hosts of human beings. In the air attack at Whitsuntide in 1918, there were only thirty-three planes carrying on the offensive, and of these only six were lost, although they were opposed by one hundred British planes and as well by eight hundred guns, four hundred searchlights and a whole division of troops. Have we any idea of what the submarine and airplane of tomorrow can accomplish? Why, the French today can drop in one raid, one hundred and twenty tons of bombs ten times as powerful in explosive destruction.

There is death and desolation multiplied one hundred times already. In a single factory in Germany there is produced now two thousand tons per day of nitrate of ammonia—a compound which can be quickly converted to the most terrible of explosives. In the whole course of the Great War there were dropped in England only three hundred tons. We have even now British experts and American experts arguing as to how many cruisers each country is going to be allowed. General Groves is authority for the statement that one hundred modern airplanes in ten minutes can lay a cloud of poison gas from fifty to one hundred and fifty feet thick over an area of one hundred square miles. How long would a thousand cruisers last against a weapon like that? Airplanes travelling three hundred mile an hour, undetectable by sound, can carry gas bombs which would depopulate London. The only way these weapons can be met is by reprisals. Reprisal will follow reprisal until the civil population passes, this nation today, that nation tomorrow, by millions into eternity.

What we now call "The Great War" was won chiefly by pressure of blockade—a blockade perfected by the cooperation of your American navy—a blockade which denied the means of living to one hundred million human beings not in the combatant ranks at all. This, too, was by way of reprisal, and it was carried on until the civil population cracked. In the next war there will be air blockade, and can the imagination picture what it means? If we ever have another, women and children and workers at home will be encircled with fire and sword the same as the Tommy and the Jar Tar.

We hear a lot about freedom of the seas and rights of neutrals. Neutrality did not prove to be tolerable for very many or for very long in the last war. Seventeen hundred neutral ships were sunk with thousands of neutral lives. Up to the twentieth century there was never a neutral ship sunk on the high seas in war. I wonder if people really think that neutrality is going to be possible in a great struggle of the future.

There is another reason why the whole institution must go. While it exists at all, those who want to escape its curse cannot escape. The sea is one, and the air is one, and you might as well say the world is one, and as one it must stand or fall according as it shows capacity or fails to show capacity to meet the new conditions which mankind has brought upon itself.

It is hardly worthwhile to adduce another reason. But this also can be said, that war has lost its efficacy; it never can bring victory again; it can only bring defeat and despair for both conquerors and conquered; it can leave nothing behind but victors in reaction and vanquished in revolution, and all alike impoverished. War once served a human purpose; it can now of is very nature serve such a purpose no longer; it solves no problem; it affords no security; it offers no prizes to the victor.

But, someone says, What about international law? Why not outlaw, by international agreement, these barbarisms that besmear the conduct of belligerents? Britain, they say, has offered to abolish submarines. Why not then have all agree to banish both airplanes and submarines, the bombing of cities and poison gas? Well, perhaps it might be done on paper, but that itself would be hard enough, but if it got to paper there would be its end. No agreement to limit the means of destruction ever yet stood the test of war. Century after century has told us that you cannot make rules or make laws to govern war. War is itself the negation of law; it means that the reign of law has collapsed. The Declaration of Paris (1856) was acknowledged by virtually every power, but not one of its provisions stood up when put to the awful test. The Declaration of London also had to go. Times change, methods change, old rules do not apply to new conditions, and they are not observed even if they do apply. All these prearranged regulations crash and are consumed in the furnace of war. A belligerent fighting for his life will stop only where it is in his interest to stop. He may restrain himself rather than make an enemy out of a neutral, but he knows no other restraint.

Here we stand then in the presence of these stupendous facts, great facts, new facts, which make it imperative that war as an institution has to go. The question is: can mankind at this fateful epoch make and enforce the biggest decision in history? Can mankind once more accommodate its institutions to its necessities? Can it demonstrate again that capacity for adjustment by which, and by which alone, it has survived the crisis of the past? Failure of capacity for adjustment is nature's unforgivable sin.

The Great War taught us a lot, and some real progress has been made. We have the League of Nations provisions of the Treaty of Versailles, the Four-Power Pacific Convention, the Locarno Treaties and the Pact of Paris. Without a doubt these treaties are all of value; they are evidences that the nations are moving to a conviction that stupendous changes have come and that an appalling fate awaits us if we do not meet those changed conditions.

The Treaty of Versailles defines an aggressor nation. It is a very simple definition—that nation is an aggressor which refuses to postpone the making of war until such time as its case has been reviewed by International Pacific procedure. An aggressor as so defined is put under drastic disabilities. But the League of Nations is still a long way from masterful maturity and being a dependable fortification against war. The United States is not a member and there is much wanting in the provision of a background of force behind the League's decisions.

The Four-Power Pacific Treaty is an exchange of mutual guarantees between four great powers, looking to the respecting of each other's possessions, and enjoins each of those powers against war until a conference of all has reviewed its cause of complaint. It is, however, local in its application, and there is no ultimate reserve of force provided to restrain an aggressor nation. Nevertheless it marks a most creditable advance.

The Locarno Treaties are of like significance and they embody certain sanctions against the aggressor, which, within their scope, bring satisfaction and comfort. The Pact of Paris, too, is an achievement highly honourable to this country and to France, who together led the way, and to the fifty odd nations who have joined in its terms. It is perhaps the most convincing evidence of all of that will to peace which through twelve years has spread far and deep over a maimed and chastened world. It outlaws war, solemnly, finally—so far as war can be outlawed by a marked contractual pledge. Does it really go that far? Yes, it does, save for the right of self-defence, and indeed save for the right of self-defence, it goes farther still. It leaves all signatories free to draw the sword against another signatory who fails to abide by its covenants. It must be added through that he is free also not to draw the sword.

In a spirit not of caviling but of gratitude, and profound gratitude, for all that the Pact of Paris means, permit me to say that the gaps in it are very wide and very dangerous. I think it unlikely that you could point to a war in the past hundred years where both parties to the struggle did not claim for their conduct the sanction of self-defence, and where the people of each country did not sincerely believed in the justice of their claim. Besides, what appears to be self-defence at first may afterwards, in the light of fuller disclosures, turn out to be a skilful and concealed aggression.

In 1870, for example, there occurred the Franco-German war. The first day of its outbreak Mr. Gladstone addressed a letter to Queen Victoria, in which he declared that the unmistakable sentiment of both parties in the British Parliament was against France as having forced hostilities. I need hardly add that later developments completely reversed this verdict, and reversed it for all time. But the Pact of Paris would never have stopped the siege of Paris in that awful year. Furthermore, as there are no material sanctions, it is very likely that provocative or impatient statesmen will, in a crucial hour, feel confident that others will not oppose them, and that they can gain a quick and easy victory. Do not let us, I beg of you, be too easily content. All these treaties are good; they are all encouraging; they testify the existence of an essential fundamental, a consuming hunger, and anxious groping for peace on the part of the masses of mankind. But look over the span of these last twelve years, and tell me what it is that has accompanied this procession of treaties across the panorama of history. The heartbreaking answer is in every man's mind—it is a remorseless growth of armaments, more destructive, more colossal, than the world has ever known.

Within a single decade of the Great War, which cost ten million lives and left a legacy of woe and wailing, of debt and death, whose groaning will not cease in two generations, within a decade of this war which was to end all wars, we have witnessed a multiplication of armaments, more costly by hundreds of millions, more destructive many times over, than any that staggered nations before the great catastrophe. Peace-hungry host in every continent stand aghast; conference follows conference, but each country has its own viewpoint and each is governed by fear. Yes, the policy of those governments is dominated by fear. It is out of fear that Britain pleads for the right of cruisers, which she thinks will guard her trade routes and assure her people food when Armageddon returns. It is in fear born of the bloody battles of her past that France watches even yet across the Rhine, the Channel and the Alps, and while she looks with hope but without sureness to Locarno and the Pact of Paris, she gathers her decimated youth around her home fires again, tells them the story of Sedan and of Verdun, and warns them to depend upon themselves. Italy is summoning memories of ancient Rome, and fears, or seems to fear, the hostility of neighbours jealous of her restoration. "Russia", says Churchill, in a memorable sentence, perhaps a little extreme, "Russia, self-exiled, sharpens her bayonets in her Arctic night, and mechanically proclaims, through self-starved lips, her philosophy of hatred and death."

What of the United States? The favoured of all nations, powerful, strategic—strategic by its power, strategic by its history, strategic by its geography, strategic by its universally acknowledged devotion to peace, strategic by its association in language and in blood with an empire equally devoted, the United States holds, as does no other power, the key to the safety of the world. And the United States is arming not for aggressive war, we all know that, but arming for purposes of neutrality, arming to preserve its rights in neutrality when a great war comes again.

This then is the situation which we face—a long concourse of nations wanting peace, knowing as they must know that a real war now could crush them one and all, drive them back through centuries to primitive poverty and emaciation, until our civilization passes out as did civilizations of old, knowing all these things, but nevertheless fearful, and arming, ever arming, in response to the instinct for security.

We know, they know, everybody knows, that security by armaments for one country means insecurity for another, and that competitive armaments will end where they have always ended, in competitive war.

What is the conclusion? It is the plainest conclusion ever drawn from the plainest facts. There has to be found a substitute for armaments, something else that will bring security not only to one but to all.

There is manifestly nothing in effect now which goes far enough, for

armaments still keep up, and larger every day. We have the Bryan Treaties, the Peace Treaties, the Pacific Treaties, the Locarno Treaties, the Pact
of Paris, all these; but armaments multiply in every quarter of the globe,
armaments that carry with them the menace and well-nigh the certainty of
war. Try these treaties by that test which is virtually the only test, and as a
substitute they fail. We are a long way yet from being adequately organized
against war, though we know, if we know anything, that the one supremely
important task before our world today is to bring about that organization,
nothing else and nothing less.

I am going to say something now which I hope will be heard in thoughtfulness and not in resentment. Such an organization cannot be brought
about without the United States. That sentence opens to my last observation. It embraces within its periods the conclusion of the whole matter, and
on the faith of it I make my appeal. Does this country accept the truth of
that sentence? I do not know; but believing as I do that destiny hangs on the
American nation coming to accept it, I dare to implore you not to lightly cast
those simple words aside. From your own viewpoint you, yourselves, must
make decisions, and from that viewpoint I am hardly qualified to judge, and
perhaps I have no right to speak. But these hundred million people are, like
all the rest of us, citizens of the world and far more vitally interwoven with
its fate than we are apt to appreciate and understand. I speak to you as one
from without, as one from a nation among many whose hands already are
joined. I speak as one who wants you with us, and especially as one from a
neighbour who knows you and trusts you and has never trusted you in vain.
It was one of your own number, a great president of the United States, who
pointed the way and portrayed the objective in language which can never be
excelled. He said that the only substitute for the war system of his day was
"A universal association of nations to maintain the inviolate security of the
highway of the seas for the common and unhindered use of all the nations
of the world, and to prevent any war." Down the vista and toward the palace
which your president pictured in those words we all must march, for there
only is the home and the citadel of peace.

I know of the historic disinclination of this country to re-interpret an
admonition of its first patriarch and president. "Entangling alliances" was
a phrase brilliantly coined to describe a peril of the eighteenth century, but
surely it should not be used now to prevent that cooperation by which alone
we can escape a far greater peril of the twentieth. Something to take the place
of competing armaments has to be found, and I despair of finding it except in
"a universal association of nations" including as fundamentally indispensable

the United Sates of America—and association within which means will be found to define and identify a guilty power and to hold that power in restraint.

There are those who say it is impossible to define an aggressor, to adjudicate on facts in the light of that definition, and put a finger on the offending power. The answer is, it has already been done. The League of Nations' definition to which I have some time ago referred has actually worked, and because it has worked a Greco-Bulgarian war in 1925 was avoided.

There are still more who say that sanctions to restrain an aggressor cannot be provided, and if provided, cannot be applied. The difficulties, I know, are great. To overcome them means some limitation of certain attributes of sovereignty which nations have always claimed. But after all, everything worthwhile in the way of cooperation entails something like that and the appalling truth is there is no other way in which mankind can adjust its affairs to great new facts of this present time, and make sure of survival.

Senator Borah has argued that to provide for force against an aggressor in a Pact of Nations looking to peace is an anachronism, and he applauds the Pact of Paris because it has no such provision. The very compact of this United States, the compact upon which it is built and its peace and order rests, provides for that very thing. The covenant of man with man over the whole sweep of this republic, the covenant by which you are citizens of one nation, binds each and all not only to obey the law and keep the peace, but to put forth when called upon the hand of force to hold in check an offender. It is not anachronism; it is the very essence of the social contract itself; it is the principle by which the integrity of a nation is assured and the reign of law sustained.

The practically minded man keeps telling us this whole plan is utopian. Maybe so; but there is nothing too utopian if it has to be done. The civilization of today would be utopian to all ages gone by. He tells us it presupposes confidence in a world court on the part of at least a dozen mighty nations and submission to its decrees. Even so; I put against him the plea of necessity, for otherwise man who has conquered the forces of nature is in turn conquered by his own discoveries; man who has made a slave of the elements becomes himself a slave. He tells us it means the curtailment of a sovereign right asserted by every state from the beginning of recorded time to make war when it deems itself aggrieved. So it does. I put against him the plea of necessity; the sovereign right of a single people to fight must yield to the sovereign right of all to live. He tells us finally that it means the allocation of forces now controlled by governments, those physical forces which make for international destruction, that it means their allocation to abide the judgment of an international congress and their steady reduction to the dimensions of an international police. Let us all pray that it does. I plead again the law of necessity, of imperious overwhelming necessity, for a movement toward this goal is the only substitute for the armament system of this day, a system which left alone may in no distant time send civilization crashing to its doom.

Nationalism, I know, is rampant still—narrow, short-sighted nationalism—and that nationalism must be abated. Every nation wants peace, I verily believe, but nations are self-centred and fear and distrust are with them tremendous factors still. Let us remember, on the other hand, by way of inspiration, that the inter-relations now of people with people are more intimate, the printed and spoken word passes night by night over deserts and oceans to every land. The processes of our minds, the longings of our hearts can be communicated without ceasing and on a universal scale. The bitter lessons of these years and the dangers looming ahead can be taught and retaught without hindrance over the whole range of nations. And surely there are common chords of humanity which will vibrate still when touched in unselfish appeal by brothers in the crusade for international friendship of every tribe and tongue.

Not today, perhaps not tomorrow, can this evolution in human relationships be brought about, and anarchy, which long ago by the organization of individual states had to yield to law and order there, be banished also from the larger field of international affairs. Not today, perhaps not tomorrow, can all this be done, but the time for preparation is now, the time for learning and for teaching and for mission work, for high resolve, for definite progress day by day, that time is now, and let us all rejoice to take our part.

To the Conservative MPs' Study Club
January 31, 1934
Ottawa, Ontario

GENTLEMEN, I AM FILLED WITH FEELINGS that I had better not undertake to disclose when I again confront a large group of members of Parliament. It is many years since I spoke in your hearing, and I fear that the subject matter and treatment of my remarks today will be very far afield from those topics and that treatment to which you were accustomed to listen from me years ago. Time moves rapidly in this age; much water has gone under the bridge since 1926, and the thoughts of men are moving with the process of the sun.

My subject matter today is going to have no special relation to Canadian political affairs. I hope none of it will be interpreted as a reflection, however oblique, on any policies being pursued by the present administration. I have no such reflection in my mind. I think the major movements of the last two or three years taken on the part of the greater nations have been sound. More by luck than by prophetic vision, I had occasion to advocate some of them. But a study club gives me the chance to reveal my own difficulties at this time. I may not get much farther than revealing them, and if I end with all of you somewhat in a mist, the only explanation must be that that is where the speaker is himself. I will have no trouble in making clear any thoughts which have arrived at finality in my own mind; but we are at a time when it is very, very hard to see farther than a short distance ahead.

I have confidence that from the worst effect of the depression through which we have laboured and struggled for four years we are emerging. And looking to the future, if one does not define that future, only to call it the immediate future measured certainly by months, possibly by years, I have a very considerable and a very comfortable confidence that we shall witness improvement.

The journey down was a swift and inexorable one, and no contrivances of man seemed able to halt its pace. The journey up has commenced, and I do not think it will be any more easily thwarted than was the journey down. But looking past what one might describe as the very limited future, I find the greatest possible difficulty in discerning a general trend of mankind for decades ahead. I do not think we are going to get into any permanent direction along the route we are traveling now; I do not think our footing is going to be very stable, and I am not at all sure that we will not ultimately land in troubles greater than those from which we have emerged.

The cause and the meaning of this travail through which our race is toiling seems to baffle even the best of thinkers. We know that the world ought to be prosperous. Prosperity consists in the production and distribution of the means of living, the amenities of life, the needs of the race from the most simple to the most complex. That power of production has reached a point never even contemplated by our ancestors. It has reached an efficiency accelerated greatly by the necessities of the war which has no parallel in the past. But the mechanism for getting the results of that efficiency and of that wealth of production seems hopelessly inadequate in this day and generation.

I want to impress upon you, if I can, what strikes me as the main, for nothing is the single, cause of this dilemma; and I do so without by any means implying that there is inherent or inevitable disaster in the process. It ought to have been a fine, excellent and beneficial process. The main cause for the maladjustment, the dislocation of today is, of course, machine production and power production. We all know of the tremendous evolution which has taken place by mechanism, but I do not believe we have got into our minds yet any comprehension of the gigantic dimensions of it all, and of the fearful impact it has made on the world's economy.

In olden times, in fact until, we may say, one hundred years ago, the unit of energy in production of the needs of man was the human being, just the small one hundred and sixty pound individual who could work eight hours a day and six days a week for fifty years. He was the unit, and his power of production was about equal to his power of consumption. There were varieties of efficiency and industry of individuals, some much more effective and capable than others. There was a distribution of the results of toil roughly in accordance with that efficiency and industry; but man himself was the source and unit of energy. The whole structure of this world's economy was built upon that unit.

We had political divisions; we had more or less industrial nationalism within these political divisions and we had a world financial economy; we had free and universal competition; and these institutions suited very well while the unit was the single human being. In those times it was possible for all, save when thwarted by devastations of nature, to attain sufficient for their livelihood and reasonable comfort. But commencing with the last century, the machine came into play. For many decades and indeed well into this century that machine was merely the hand maiden, the instrument of the individual, not taking from him his toil, not asking from him his occupation, but alleviating the drudgery of it all and assisting him to achieve what in still earlier days he had to achieve by his hand. Such, in the main, was the nature of the mechanism which stood beside the individual and helped him along and made life easier through that hundred years. But, not suddenly, somewhat gradually, then steadily and swiftly, commencing thirty or more years ago, and still more swiftly under the compulsions of the war, a new apparition of mass mechanism came into view; namely, the great power contrivances of our time. We have passed the machine age, as we accepted it in the days of our youth. We are now in a power age, and the effect of this great gigantic application of power has been not to assist the individual to do his daily work, but actually to take his place in countless numbers and occupy the posts which multitudes of human beings occupied before. It is the effect of all this to which we have not yet been able to adjust ourselves, and in respect of which I do not see very much immediate prospect of adjustment along the lines which various nations are traversing now.

Imagine one single big turbine developing a power which would require nine million people to exert if the turbine were not there, and the monster handled by a small handful of men. When you multiply by two, three and even five, the effect, of course, is tremendous. When you multiply by twenty, thirty and then by thousands, it is not easy for us to conceive the effect. In the manufacture of flour for thousands of years, an individual could produce practically a barrel a day. In the mill of present times it is thirty thousand barrels a day, and operated virtually by an insignificant quota of men. It is only in the last few years that brick makers began to manufacture on their present scale. In brick manufacture four hundred and fifty bricks per day was about the maximum of the individual, and it did not take such a big proportion of the world to supply the rest of mankind even at that rate. Now a single individual, by the help of a machine makes four hundred thousand, a multiplication of almost a thousand. These articles are among the elementary needs of mankind.

If the biggest ship of today had to be propelled by the same force used by Xerxes at Salamis, it would take the whole population of the Province of Ontario to make it move. These are illustrations of what has gone on, and what is going on. The important thing to keep in your mind is this: it is the development of the last twenty years which is the most amazing of all. It is not what was accomplished up until 1914, but what has gone on since. Why, the automobile takes just a twelfth of the men to manufacture it now than were required before the war. World production went on amazingly, not only throughout the war, but after, because of necessity, and individuals got money not only for their wages but for other things, money borrowed by the state, and it all added to the circulation of currency, and as a consequence we had what we call prosperity. But during the ten years that succeeded, the volume of products of the human race increased by 70 percent; and in that same ten years the number of men actually at work producing those products diminished, and diminished by a very, very serious percentage. And what went on up to 1929, the years succeeding the war, has gone on at an accelerated speed since. Times of depression have the effect of accentuating the necessity from an economy standpoint and, therefore, the importance of machinery in production and of power in production.

We are now struggling to get back to the productive abundance of 1929. We are getting back somewhat; we are adding some more to employment—I am speaking not of Canada, but largely of the United States—but the improvement in the United States anyway is mainly improvement due to state activities in construction works. If they should get back to the peak of the tremendous productive abundance of 1929, in the United States they would still have six to eight millions for whom there could be no work found; and with the process of time, even though that maximum abundance of production might be maintained, the numbers of unemployed would steadily increase. They cannot fail to do so. Why, the Boulder Dam, which is now in process of completion, will supply power otherwise supplied by eighteen million men, and the dam in the Tennessee Valley which Mr. Roosevelt has projected, will supply power vastly beyond those dimensions. This brings about a condition where it is impossible, in our present economy, to give the joy of work to vast millions of our race. There are thirty millions today without it, even though hours of toil and intensity of toil by those who are employed have been steadily lessened.

It is perfectly reasonable to ask these multitudes, these armies standing still, and mainly standing beside idle machines, for whose product no market can be found. It is reasonable to ask them to be patient, to tell them that new conditions have come upon us; that we are honestly struggling with those conditions, and are cognizant of their consequences; that they must wait until we are able to bring back what we call stability and normalcy, and get them to work again. There is nothing unreasonable in such an appeal, but it is unreasonable, indeed it is an impossible request, to say to them: this is your permanent assignment in life; in this idleness you must remain; in this idleness you must deteriorate (because idleness is the mother of deterioration and degeneracy); we will supply you with nutriment to keep body and soul together and with this you must be content. Such a dictatorial attitude to the unemployed of the world will not be accepted. It cannot be accepted because it is not reasonable; it is not rational; it is not right; and, therefore, we must address ourselves to the fundamental major problem of determining just what change has to be made in industry, perhaps as well in monetary economy, to enable a solution to be found.

If there is anyone who can show me how it can be found, how a sane, wholesome means of livelihood can be provided for these vast and ultimately increasing millions, then he will do more than all the books I have read have been able to do, or all the economists I have studied have been able to do. If anyone can show me how it can be done under our present system of international finance, then I will be the happiest man intellectually that can be found in our country. I will then be able to see light ahead and see it some distance ahead; but I cannot today.

What is going on? We are struggling, the United States is struggling, and Germany, writhing in agony, is struggling to make more goods with these vast machines, knowing they cannot possibly distribute these goods among their people, and then to hurl them over the tariff walls of their neighbours, and by smuggling and by bonusing and by every scheme on earth to get them over. On the other side, we have their neighbours struggling to throw them back and to throw more back on top of them, to force their own goods on people who are intent to sell, to force them on other countries. To get this done, they take bonds from out of the country into which they are success- ful insinuating their exports. The United States decided they would have to loan money after the war, and they did loan it. They increased their exports by that means. Tariff walls grew higher and they flung their exports over the top. They got higher still, and they flung them still higher. They loaned money to foreigners to buy these goods, and they have their paper bonds today. We have paper bonds of the same kind, and Britain also. Every pro- cess of reason tells us that these bonds or the mass of them cannot possibly be paid. There is no way of paying between one country and another save by goods and services. Goods are barred out, and services are elsewhere performed. So the fantastic exhibition that we are witnessing is not going to alleviate world conditions. There has to be some way found of adding to the standard of living in the country which produces the goods, of adding to powers of consumption, to means of purchase.

Some of you may think that I am moving close to the advocacy of some- thing in the way of Communism, where the state will produce everything and then divide it up among its people. Well, one may have to become a convert to this dogma, but I venture to say I will be the last. I will struggle against it the longest. No one can be more an individualist than I am. I believe that when the hour strikes, if it ever strikes, that responsibility for individual destiny is removed from the back of the individual and transferred to the state, then the downhill journey has commenced. When individual responsibility, if not for his living, at least for the comforts of his living, is removed from the single man's shoulders to the shoulders of the collective whole, then social degener- acy is near. Surely society has not to be preserved at the price of the extinction of all that is worthwhile in life. The problem is to find a method of placing at the disposal of all ready to work, not only work to do but ample money there- fore to purchase goods, so that with increase the collective producing power of the nation, standards of living will gradually rise.

We have gone past the time when we can say, as they said in days of old, "If you don't work, you starve." Even those who, under a proper, sane and just economy, refuse to work cannot be left to starve, and I do not think the time will ever come when we will allow them to starve. They will have to be provided with at least sufficient to enable them to live on the lowest scale.

Indeed a measure of humiliation should attach to all in that category, young and old. For what is obtained, though, above that lowest scale all must work. There must be means provided whereby they can find work to add to that minimum standard of living and bring themselves and their families something of the comforts of life.

There are schools of thought which have poured out plans for getting these things done. I have read the teachings of technocracy. I cannot follow their reasoning; in fact I cannot find it. I cannot locate sovereign reason in their works at all. They have sentences and paragraphs which mean absolutely nothing and which they know mean absolutely nothing. There is another school of thought headed by pretty able men, among whom I am told John Maynard Keynes has enrolled himself, who have dissociated their minds from the old basis of international finance. Writers of this school declare that the only way through is for the state not only to establish itself as a unit politically—which, of course, all states have done for decades and centuries gone by—not only to establish itself as a unit industrially—which most states have done and which states are doing more and more all the time—but also to establish itself as a unit monetarily and to have the money of the country derived from and controlled by the same central power which dictates its political activities and directs its economic activities. The idea is to have that money in no wise based upon anything of material value like gold; but wholly upon the state's aggregate power to produce; on the people's power collectively to bring into being all the needs and amenities of life from bread to artistry. The idea is to found a money issue on that sanction alone and then distribute such issue, first, pro rate up the bare necessities of meager living and thereafter, in accordance with production and the contribution of each citizen. Some go father in details than others, but there is quite a body of enlightened opinion behind this philosophy—behind the principle of complete national sovereignty in the sphere of money. Certainly the objective is admirable.

What baffles me for the moment is this—I hope it is not more than for the moment—how can this be effected with the observation, as respects honest debts now existing of those principles of honour, without which no country can survive, and, indeed, with which society itself is moribund and lost?

There are today vast mountains of debt owing by communities, by individuals and by groups of individuals to others. The aggregate debt of the world is nothing less than four hundred billions of dollars owing to those who have been most thrifty, who have been most industrious, who have been most intelligent; and surely nothing can be sound or can be the seed out of which a harvest of better times will come that ignores those obligations, turns back upon them and says to creditors: Well, it is just too bad!

I cannot conceive a solution which leaves these obligations out; and I cannot comprehend how the contrivances of the monetary nationalists are consistent with the preservation of debts of honour, and the discharge of those debts of honour. I do, however, venture to say this: We are going to witness, perhaps not in two, three, four or five years, but in years beyond, a movement not at first of our own country (for every country has to take account of its own peculiar position), but of others, toward the consummation of national monetary systems with national issue of the tokens of wealth, resting on national productive power and on that alone, and commensurate therewith the tokens of each country being good among its own people and within the boundary of its own land. I do hope someone will be able to demonstrate how this will not be detrimental to the preservation of those existing obligations of honour which I think all of us are bound to see acknowledged and to the fullest possibility discharged.

I hope I have opened the door to some thinking. I should like to believe there are those here who can answer my own difficulties and questionings— I am by no means certain that I can answer yours. But I am quite sure of this: The process that has been so swiftly going on for the last two decades cannot safely be continued for another two with the world's monetary systems as they are. I believe that if we shut our eyes resolutely to major, fundamental, far-reaching changes, we are likely to encounter changes far more disturbing and devastating. We must open our eyes to realities and face them like men, and face them in time.

The troubles of agriculture are much akin to troubles in other spheres. A single farmer today, it is estimated, can perform work in the way of production energy which took three thousand farmers to perform in 1840. There is a lot of difference between three thousand and one; there is not so much difference between two and one or three and one, but the difference between three thousand and one is mountainous. In this there is much by way of explanation.

Surely it is superfluous even to intimate that we will never find rescue from the harassment into which we now are flung, by reversing the wheels of progress, by doing, for example, as I hear they have done in Saskatchewan, building a bridge by human hands instead of mechanism of today. Never in the world will we get any better by casing away what we know is or ought to be for the benefit of our race and going back to a barbarous age of grinding, grinding toil. Let us never for a moment fail to see that the machine has done tremendous things, that power development has done simply unbelievable things for us, though it has brought problems to our doors which seem beyond our strength. It has done wonderful things; it has changed the whole task of making a living from what was in the days our fathers, heavy, hard, sweating toil, into the practice of alertness, dexterity and skill. It has rebuilt wherever it has flourished, the slums of cities. It has mitigated the rigours of climate and of season. It has carried not just a few, but a vast proportion of our race in travel, joyous travel over the continents and oceans of this world, and it has brought the comforts and entertainment of kings into millions of humble homes. We will never throw overboard such a magic power. But we have learned that whereas until lately we thought these things just made human blessedness and human ease and human joy, the truth is we cannot buy blessedness and ease and joy except by bloody sweat of body or of mind, except by troubles and trials. Our cold intellects now have to be applied and concentrated as never before to find some way through these trials and troubles into which inventions, the harvest of human ingenuity, have brought us.

Such is the main cause, if I may venture to speak somewhat pontifically, of the world disturbances of this hour. It is this fearful rivalry to get rid of goods that is the cause of quarrels among nations everywhere. Europe today is writhing in the throes of mutual hatreds, largely because of inability on the part of nations to get products exported, products which should for the most part be in universal and abundant consumption at home. If national energies were centred first on ample internal distribution, thereafter a complementary trade in smaller surpluses would be a natural and not a dangerous growth.

These are the thoughts which I set out to lay before you. I am sure a study club is a good thing among members of Parliament. It seems to me times must have improved; there was none in the days when I was leader (laughter). As a last word I tell you this: In the long story of man's life on earth, there never was a time when the need of addressing ourselves resolutely to the fundamental, major troubles of the day was so essential on the part of public men. There never was so great a necessity of having not only reverence for the past and the true lessons of the past, but an open mind for something new and something better, something that meets existing conditions, something that will relieve us from thralldom to what is archaic and unsuited to the imperious circumstances of this portentous time. (Applause.)

MR. WILSON: I should like to ask Mr. Meighen to give us his ideas of the program of the United States under the NRA [National Recovery Administration].

Right Honourable Mr. Meighen: Speaking broadly, I look with keen sympathy on the efforts of Mr. Roosevelt. I think that is the right attitude for Canada. I believe his country is receptive to the character of treatment he is seeking to apply more than is any other country in the world. It is nearly wholly self-contained; it has gone through a chastening which has produced a state of mind amendable to discipline. And furthermore, I think the main principle of his NRA is anything at all but 100 percent wrong. I cannot follow him in his processing taxes and his efforts to reduce production. In this he may be right; I may be wrong. But I do think that the old law of competition, the survival of the fittest as we called it, was an inevitable as well as a natural law applicable to the contest which prevailed between individuals in earlier times, applicable as between the comparative efficiency of one man and another. It is not necessarily a law which is right for greatly changed conditions, where the units of production are gigantic entities, corporations of tremendous size mainly units of capital taking the form of machinery. There the old law of unrestrained, ruthless competition results merely in the mutual destruction one by one of each company by the other. Surely, we have had an example in our own paper industry. We have limited supply of pulpwood in Canada, not enough for a great many years, a supply which ought to be conserved, used so far as it can be wisely used, and the balance saved for the future. The law of unsupervised competition has been in operation, with the result that we are in haste to get rid of those irreplaceable reserves; every single company is fighting to get more and more of it out of the country at any price at all, until one after the other has rushed into bankruptcy.

Millions of dollars, the savings of hard-working, thrifty people have been wasted and thousands of men are idle, standing beside idle machines.

Mr. Roosevelt seeks to improve on that mad process by invoking a code in each single industry, a code in the main adopted by the participants in that industry, finally sanctioned by government and therefore enforced by law. I say all power to him and all success to him. I do believe he will get results that at least will throw some light on the future just a little further ahead. The experiment of the United States is a contribution to mankind. We will learn a lot from the consequences which flow from the operation of the NRA.

Mr. Roosevelt seeks also to mitigate the hardships of unemployment by dividing up work through a shorter day, and shorter weeks among a larger number of his people. In a word he is bringing about to a greater degree economic nationalism in his country. He has not yet embarked upon monetary nationalism, but I am not so certain that this is not in the back of his mind.

The main features of Mr. Roosevelt's policies are codes and code supervision to modify destructive effects of ruthless competition, and the shortening of the hours and days of toil in order to distribute means of livelihood among a larger proportion of his people.

I do not think there has been a contribution to world effort and world enlightenment in the last five centuries as important as that being made by Mr. Roosevelt. I know his plan is still unproven. It may be wholly right; it is more probably partly wrong, but out of it at least there will come an experience which will be, if read with intelligence, of vast benefit to the race and particularly to us who watch it at such close range.

The Greatest Englishman of History

Address delivered before the Canadian Club,
Toronto, February 24, 1936

IF ONE CAN FIND in the speeches of D'Arcy McGee a portrayal of any great figure, it is certain to be striking and impresssive. Seventy-two years ago, on the occasion of the three hundredth anniversary of Shakespeare's birth, this great Canadian said:

> I come as a debtor to acknowledge his accounts to his creditor, as a pupil to pay homage to his master, as a poor relation to celebrate the birthday of the founder of his house, as a good citizen to confess his indebtedness to a great public benefactor, as an heir-at-law to repay, in ever so imperfect a manner, his obligations to a wealthy testator who has left him riches he could never hope to acquire by any labour or exertions of his own.

In such a spirit does every student of Shakespeare approach his shrine. Students he has had, and many, all through this long stretch of time and in every land on earth, but to the rank of student in its proper sense I do not dare to aspire. For half a century I have read his works with the ardour of a devotee, and it is the testimony of a lover rather than the learning of a critic which I desire to bring you today.

My life, like that of most of you here, has been spent in the busy battlefield of affairs. In literature I am only a layman and it is to laymen alone that I have a right to speak. But for years I wanted, and opportunity finally came, to satisfy what seemed a sense of obligation; to reach back among giants of long ago and put my hand in gratitude on the man, who, more than any other of all the bounteous past, had contributed to make my own life worthwhile to myself, to bring light and warmth and joy to those pilgrimages of the mind which fill one's quiet hours. What I seek to do is to pay tribute in my own way to him who appears to me to have quaffed most deeply and passed around most generously the very wine of life and to have left to us of later times the richest legacy of all the dead.

This is an age of cinemas and sport. Those diversions on which our fathers thrived are not at all in general acceptance now. It is well to remember that there is no law of inevitable betterment applicable to our race. It should be our constant endeavour to get the most out of our time, for the road downward is easier than the road upward. After all accumulations of wealth and harvests of science, good literature is still our finest possession, and reading it vastly the most profitable occupation of our leisure. My hope is to do something, be it ever so little, to re-awaken interest in the very best of its treasures, the writings of William Shakespeare.

It may as well be said quite frankly now that I am not going to moderate my language below the level of unparalleled veneration which I feel for the memory of this man. There are those who say that enthusiasts of Shakespeare are always searching for superlatives and leave their senses by the wayside. Maybe so! Ben Jonson, who lived with him, said that he loved him to the very borders of idolatry. I join with hosts of others, who know him only from his works, in the same paean of affection.

Admittedly there are imperfections in his writings; sometimes he was hasty or careless, inartistic in his puns and quibbles, even once in awhile inconsistent. But these things are only spots on the sun; they are merely incident to the glorious freedom with which he traversed our world of fact and fancy. He swung through his work with a joyous strength and did not always stop to complete the finishing and polishing.

Let us look first at the biggest fact of all about him. By common consent of leading critics of many nations, by an acclaim which can now be said to approach the universal, Shakespeare stands as the greatest intellect of whom we have record in the literature of the world. That, I know, is an assertion sweeping and challenging, but in support of it one can call an array of witnesses more formidable than was ever gathered to endorse any other verdict given on this earth as to the comparative achievements of men—Carlyle, Macaulay, Emerson, Browning, Dumas, Goethe, Ruskin, Oliver Wendell Holmes—and behind these the chorus of an unnumbered throng of lovers of literature in every land. No one is loved, though, just because he is a genius, and we do not read men long unless we like them. We have to look at the elements and attributes of his genius, and, through both, to the man himself.

When we speak of great intellect, we at once enquire—Well, what doctrine did he preach? What were his views on religion, or the principles of government? What light was he able to throw on the overwhelming mystery of existence? I have read and revelled in everything Shakespeare wrote, and I have not found any doctrine that he preached or tried to preach. No man ever known was farther from bondage to theory or dogma or slogan. He had a definite mission. What he lived for was to reveal human life as it is, ourselves, our friends, the high, the low, the great, the little, on fortune's tide, in sorrow's plight, conduct, character, and their changes under the buffetings of fate; and this he did with an understanding so luminous, so powerful that it passes the mortal frontiers of admiration, and with a sympathy as boundless as the globe. What makes it of value to us, besides the rich enjoyment we get from it, is this: We find our interest in our fellow beings quickened; we find it growing broader and deeper and more wholesome. Out of it all we emerge, without any particular explanations advanced or special ideas established, but we do feel surer than we ever did that it is worthwhile to live, that there is always at hand an eternal common sense ready for the using, which will see us through, and that everywhere there is a right and a wrong, a good and a bad, and that the good is to be loved and the bad to be avoided and deplored.

I do not appeal to busy folks to study Shakespeare. I just say to you— Read him and enjoy him; read his works over; read the best of them, or those you like the best, and then read them over again, and keep on. You will discover that each time you like them better; that each time you get more out of them. There is nourishment for mind and soul rich and various all along his shores. You will find yourself gaining possession of a storehouse which is adding light and charm to your everyday existence. You will find yourself thinking more of your species, more of your friends and more of your enemies. You will realize that this man understood all of them; that he saw to the very depths of all of them; that he did not hate them but loved them, and that he loved them, if for no other reason, just because they were part of the great panorama and that every one of them added something to the astounding spectacle of creation. There never has been anything in all history more engaging than the fathomless sympathy of Shakespeare.

If he does not come to you with a solution of the riddle of existence, you will never conclude that he has not explored and wrestled with this problem, as, of course, everyone has. No mind ever travelled farther than his into the darkness. He sailed all the seas of human thought and encountered all the storms, and saw the great miracle more closely than did any man of whom we have record. So truly splendid and majestic is his vision that he seems at times to be expressing an inner and infinite harmony appertaining to the very universe. But whatever his subject, whatever stage he mounts, he is immediately master of the scene. As soon as he enters an arena his mind sets everything in order, and it is not the order of the trim garden or the carefully elaborated show; it is the order of nature herself.

What I want earnestly to impress is this: that in Shakespeare sheer intellect is the essence but only the essence of his genius. It is adorned by a generosity of character, by a magnanimity which makes his mind a very heaven of hospitality. You like to go with him on his excursions; you know that you will have lots of joy and lots of tears, and, though you may come back a mystic, you certainly will not come back a cynic.

The rest of what I have to say will be less general and less analytical. Its purpose will be to have you enjoy some of the more obvious values of this man's productions, some things nearer the surface and to be found on any one of hundreds out of the thousands of his pages.

It is a wonderful thing just to watch in operation his powers of expression. In doing so never forget that, while language is the vehicle of thought, it is a great deal more. It is part of the texture; it is inseparable from thought itself. Nobody says things in the Shakespearean way because nobody thinks in quite the Shakespearean way. Similes come trooping to his pen because his mind sees myriads of objects in their relations and in their unity.

All of us have felt at times the sting of ingratitude, a sense of despair over love's labours lost. But who ever expressed such a feeling in terms so arresting and with an appeal so memorable as did Cardinal Wolsey in his famous monologue in Henry VIII. The cardinal, after long years of service, had been abandoned by his king:

> Farewell! a long farewell, to all my greatness!
> This is the state of man: today he puts forth
> The tender leaves of hope; tomorrow blossoms,
> And bears his blushing honours thick upon him:
> The third day comes a frost, a killing frost;

> I have ventur'd,
> Like little wanton boys that swim on bladders,
> This many summers in a sea of glory;
> But far beyond my depth: my high blown pride
> At length broke under me; and now has left me
> Weary and old with service, to the mercy
> Of a rude stream, that must forever hide me.
> Vain pomp and glory of this world, I hate ye:

> O, how wretched
> Is that poor man that hangs on princes' favours!

> And when he falls, he falls like Lucifer,
> Never to hope again.

Some people question the authorship of parts of *King Henry VIII*. I cannot believe that anyone but Shakespeare ever wrote those lines. Think of that comparison to a boy swimming on a bladder. One of the things which has always amazed me is his power to take a commonplace incident like that and weave it into the fabric of the finest poetry.

You and I have mused a hundred times on a tendency of the masses to turn on their heroes; to cheer for the latest victor just because he is a victor. There is no better told story anywhere to illustrate this frailty than one given in Julius Caesar. Pompey, a popular idol, has been crushed, and Caesar returns to Rome a conqueror to receive what they called a triumph. This is how a tribune addressed those Roman crowds:

> O you hard hearts; you cruel men of Rome,
> Knew you not Pompey? Many a time and oft
> Have you climb'd up to walls and battlements,
> To towers and windows, yea, to chimney-tops,
> Your infants in your arms, and there have sat
> The livelong day, with patient expectation,
> To see great Pompey pass the streets of Rome:
> And when you saw his chariot but appear,
> Have you not made an universal shout
> That Tiber trembled underneath her banks,
> To hear the replication of your sounds,
> Made in her concave shores?
> And do you now put on your best attire?
> And do you now cull out a holiday?
> And do you now strew flowers in his way,
> That comes in triumph over Pompey's blood?

A poet's great gifts, of course, must be creative. Shakespeare created by delineation, until his dramas seemed to reproduce every possible experience. This was his incomparable power, but in the execution of his task what a master he was of the choice of words! There are some so precious just where they are placed that they are simply unforgettable. Macbeth, conscience stricken, after a murder, sees the blood of Duncan on his hands:

> Will all great Neptune's ocean wash this blood
> Clean from my hand? No; this my hand will rather
> The multitudinous seas incarnadine,
> Making the green one red.

One of the best speakers who ever addressed this club described that word "incarnadine" as nothing less than a triumph. The adjective "multitudinous" as applied to the ocean is even more conspicuously right.

Some years ago I found it impossible, for weeks, to recall in exact terms a sentence of Cleopatra, which had struck me on reading as peculiarly perfect and worth remembering. The Egyptian queen had put into a terse phrase her determination to be constant, unshakable of purpose, and said the moon was no model for her because it moved and was not a fixed star. I tried, off and on for days, to express her idea, the substance of which I remembered perfectly, but all my efforts produced only a puny second best. At last the Shakespearean original returned, and this is it:

> —from head to foot
> I am marble-constant; now the fleeting moon
> No planet is of mine.

Speaking of Cleopatra, will anyone ever again dash off an apostrophe to a conqueror like the one she spoke over the dead body of Anthony?

> His legs bestrid the ocean; his rear'd arm
> Crested the world; his voice was propertied
> As all the tunéd spheres.

Even this did not mean as much to Shakespeare as the tribute he had Anthony lay on the tomb of Brutus. In it Brutus was proclaimed a gentleman, the highest praise an Englishman can bestow:

> His life was gentle; and the elements
> So mix'd in him that Nature might stand up
> And say to all the world—"This was a man!"

Simple and beautiful! It has been on the lips of orators since the days of Addison. Where it should be is engraved on the tomb of the poet himself.

There was no aspiration of the human spirit that he did not understand and share. He knew the longing of every natural man, especially of every stricken man, to be kindly remembered after death. This is from the last dying words of Hamlet spoken to his friend Horatio:

> If thou didst ever hold me in thy heart,
> Absent thee from felicity awhile,
> And in this harsh world draw thy breath in pain,
> To tell my story.

There is a glorious abundance in his powers of definition and description. Analogies roll into his mind from everywhere like rivers into an ocean. He may come to the same subject over and over again but his treatment will always be fresh and different. It will be the same topic, but gleaming and glowing in a new attire. We all remember his encomium of sleep:

> Sleep that knits up the ravell'd sleave of care
> The death of each day's life, sore labour's bath,
> Balm of hurt minds, great nature's second course,
> Chief nourisher in life's feast.

What a princely procession of similes!

At another place King Henry V complains that the poorest slave gets more of this blessing than he does:

> —thou proud dream
> That plays so subtly with a king's repose:
> I am a king that find thee; and I know
> 'Tis not the balm, the sceptre, and the ball,
> The sword, the mace, the crown imperial,
> The intertissued robe of gold and pearl,
> The farcéd title running 'fore the king.
> The throne he sits on, nor the tide of pomp
> That beats upon the high shore of this world,—
> No, not all these, thrice-gorgeous ceremony,
> Not all these, laid in bed majestical,
> Can sleep so soundly as the wretched slave.

On still another occasion King Henry IV finds himself in the same predicament. He discovers that a sailor boy even outside in a thunderstorm sleeps perfectly well while he, a king, wanders around torn with care. We marvel at the versatility with which the dramatist swings off into another sector and drives home the same truth again. The quotation I give you now has always impressed me as one of the noblest flights of poetry:

> How many thousand of my poorest subjects
> Are at this hour asleep!—O, sleep, O gentle sleep,
> Nature's soft nurse, how have I frighted thee,
> That thou no more wilt weigh mine eyelids down,
> And steep my senses in forgetfulness?
> Why rather, sleep, liest thou in smoky cribs,
> Upon uneasy pallets stretching thee,
> And hush'd with buzzing night-flies to thy slumber,
> Than in the perfumed chambers of the great,
> Under the canopies of costly state,
> And lulled with sounds of sweetest melody?
> Wilt thou upon the high and giddy mast
> Seal up the ship-boy's eyes, and rock his brain
> In cradle of the rude imperious surge,
> And in the visitation of the winds,
>
> Canst thou, O partial sleep, give thy repose
> To the wet sea-boy in an hour so rude;
> And in the calmest and most stillest night
>
> Deny it to a king? Then, happy low, lie down!
> Uneasy lies the head that wears a crown.

A famous American has made this fine observation: After finishing a play, he says, one would think all subjects, cogitations, by-paths of mortal interest had been exhausted, but the next play opens like the dewy gates of another day.

The rapturous strength of the man imparts to his readers an exhilaration. There is no straining, no tiring. In method he is always distinctive, invigorating, resourceful.

Owen Glendower was boasting that earthquakes and other prodigies accompanied his birth; the front of heaven, he said, was filled with fiery shapes, and argued from this that he was a person extraordinary—not in the roll of common men. Hotspur sets out to explain that earthquakes are natural events—and this is how he does it:

> Diseaséd Nature oftentimes breaks forth
> In strange eruptions; oft the teeming earth
> Is with a kind of colic pincht and vext
> By the imprisoning of unruly wind
> Within her womb; which, for enlargement striving,
> Shakes the old beldam earth, and topples down
> Steeples and moss-grown towers. At your birth
> Our grandam earth, having this distemperature,
> In passion shook.

If ever there was a passage definitely Shakespearean, it is that.

With him Comedy and Tragedy walk hand in hand just as they do in life, and of both he is a consummate master. He has created as much human interest in Falstaff as in Caesar—Falstaff, a corpulent, sunny-souled mountebank who trifles with truth, who exudes wit as he drips with perspiration and "lards the lean earth as he walks along."

His characters are faithfully men and women, not caricatures; so their views and moralizings change under pressure of events. Richard II was quite emphatic about the divine right of kings as long as he was a king:

> Not all the waters in the rough rude sea
> Can wash the balm from an anointed king;
> The breath of worldly men cannot depose
> The deputy elected by the Lord.

But when Bolingbroke defeated him his philosophy took another colour:

> —of comfort no man speak:
> Let's talk of graves, of worms, and epitaphs;

for

> —nothing can we call our own but death.

The poor dejected king then comes to that superb soliloquy which most of you, I fancy, are anticipating right now. I will give it in a moment. Abraham Lincoln used to read these plays in bed at night. Once he got up, wandered through the White House corridors in his long nightdress, book in hand, woke up his secretary, John Hay, and read him these lines:

                    —let us sit upon the ground,
And tell sad stories of the death of kings:—
How some have been depos'd; some slain in war;
Some haunted by the ghosts they have depos'd;
Some poison'd by their wives; some sleeping kill'd,
All murder'd :—for within the hollow crown
That rounds the mortal temples of a king
Keeps Death his court; and there the antic sits,
Scoffing his state, and grinning at his pomp;
Allowing him a breath, a little scene,
To monarchize, be fear'd, and kill with looks;
Infusing him with self and vain conceit,
As if this flesh, which walls about our life,
Were brass impregnable; and humour'd thus,
Comes at the last, and with a little pin
Bores through his castle wall, and—farewell king!

An American critic has expressed the opinion that there is more meaning wrapped up in the short proverb I shall give you now than in any other single sentence in our language:

              Love is not love
Which alters when it alteration finds.

and yet how simple!

There is another so pregnant and inspiring that we should keep it ringing in our ears for life:

              Yield not thy neck
To fortune's yoke, but let the dauntless mind
Still ride in triumph over all mischance.

In *Measure for Measure*, Claudio is being put to the test as to whether he will give up his life to save the honour of his sister. Skilful arguments are advanced to persuade him. Claudio is impressed, but ventures to put forward a view against embracing death. At this point Shakespeare comes right to the verge of the unknown and looks down into its darkness: he does not know what is there, and his mind plays in fancy's field with an exuberance which is all his own:

Ay, but to die, and go we know not where;
To lie in cold obstruction, and to rot;
This sensible warm motion to become
A kneaded clod; and the delighted spirit
To bathe in fiery floods, or to reside
In thrilling region of thick-ribbed ice;
To be imprison'd in the viewless winds,
And blown with restless violence round about
The pendent world;
              'Tis too horrible!

> The weariest and most loathed worldly life
> That age, ache, penury and imprisonment
> Can lay on nature, is a paradise
> To what we fear of death.

No one should close an appreciation of Shakespeare without giving his hearers those truly magnificent outbursts of poetic fervour—two of them in number—in which this great Elizabethan seer has reached, by unanimous acclaim, the very loftiest heights. The first is from *The Merchant of Venice*, where Lorenzo is interpreting to Jessica the oneness of our life on earth with the eternal scheme of things, the universal concord of creation:

> How sweet the moonlight sleeps upon this bank!
> Here will we sit, and let the sounds of music
> Creep in our ears: soft stillness and the night
> Become the touches of sweet harmony.
> Sit, Jessica. Look, how the floor of heaven
> Is thick inlaid with patines of bright gold:
> There's not the smallest orb which thou behold'st
> But in his motion like an angel sings,
> Still quiring of the young-eyed cherubins,—
> Such harmony is in immortal souls
> But whilst this muddy vesture of decay
> Doth grossly close it in, we cannot hear it.

Poetry sublime!

The other is from almost the last and perhaps the most perfect of his plays *The Tempest*. What I shall quote you now was never intended as a scientific hypothesis but is strangely in accord with beliefs of scholars in this twentieth century. Its closing lines clung to the rugged intellect of Carlyle, and were many times repeated by him in the last years of his life. I found them about a year ago, inscribed on a plaster scroll, held by the hand of Shakespeare in a statue of the poet at Melbourne.

> The cloud capp'd towers, the gorgeous palaces,
> The solemn temples, the great globe itself,
> Yea, all which it inherit, shall dissolve,
> And, like this insubstantial pageant faded,
> Leave not a rack behind. We are such stuff
> As dreams are made on; and our little life
> Is rounded with a sleep.

Twice I have mentioned Carlyle. The nineteenth century produced no mind more searching or realistic. His life was devoted to study. Once, when past the three score years and ten, a Miss Bacon was visiting at his home— probably a far down relative of the great Sir Francis. She intimated in conversation that perhaps, after all, Bacon had written these Shakespearean plays. "It would have been just as easy," said Carlyle, "for Francis Bacon to have created this planet as to have written Hamlet." Later on, the old sage of Chelsea said something more: "This man Shakespeare," he said, "knew more about animals, plants and all the visible world a hundred times over than I do. How—how did he learn it?" When Carlyle said that, he was seventy-seven. Shakespeare died at fifty-two.

Who was this man?—this man acknowledged now by two hundred million people as the architect of their language, who at any rate shares that honour with the translators of the Bible; this man who became, says De Quincey, the glory of the human intellect; this man on whose forehead, says Elizabeth Barrett Browning, there climbed the crowns of all the world; this man, who, in the concept of D'Arcy McGee, planted his compasses in his own age and with them swept the circumference of time: Who was this man? He was the son of a Warwickshire peasant. He has told us much of others but very little of himself. He kept no diary, did not live for his biography, did not even think it worthwhile to record the date of his birth. Born of old England's middle class, he took his place in youth among the myriads of her children, no favourite of fortune except in his brain and gladsome heart. Back from the ancestors of his father and of his mother of the lovely name—Mary Arden—there came, there must have come to him, the richest strains of English blood, for never was man born in that island more truly an Englishman than he. Confident he was of fame, as shown by his sonnets, and zealous to deserve it; but unbelievably careless in making certain that the foundations of that fame were preserved. He took no pains to publish his writings, did not even collect them, was content with a misprinted Hamlet and an interpolated Othello, but strained every effort to secure for his family a coat of arms, that he might enjoy in law, as he merited in nature, the coveted title of gentleman. Years after his death, two others, under no obligation, took upon themselves to gather together the scattered and deserted children of his brain, and thus saved for the healing of the nations the finest flower and fruit of the human mind. After having earned, by long years of toil, a place on the highest mountain of remembrance, he neglected to confirm his seat and muddled through to immortality.

Tolerant to a fault of others, an admirer of other nations—and in these respects again exhibiting qualities characteristic of his people—he was nonetheless splendidly English in his patriotism, and never did his verse ring with a deeper sincerity than when he sang of

> The land of such dear souls, this dear, dear land,
> This precious stone set in a silver sea.

or of her soldiers

> Whose arms were moulded in their mother's womb

and

    —whose limbs were made in England.

True to the genius of his race, Shakespeare was a chivalrous and consistent champion of the Reign of Law. Read the oration of Ulysses on this subject in Troilus and Cressida. Opinions, of course, imparted to his characters cannot be attributed to himself, but nevertheless there are times when his own principles shine through. He believed in respect for authority, and a just seniority of station, as essential to the whole plan of civilized society.

Like his people also, he knew no vindictiveness; his soul was aglow with a happy perennial humour, and he faithfully portrayed his countrymen as fortified with this unconquerable grace against all vicissitudes and saved by it even in their blunders.

He was English, too, in the reverence of his reaction to the profundities and mysteries of life, and in the attraction these subjects had for his mind. And, just as surely, he was English in his practical commonsense views on the day to day problems of living, in his distrust of theories and the exactions of logic, in his conviction that it was actions and not axioms that counted and in his enthronement of conduct as above all else, above ideas and above beliefs.

Then again, he had no freak habits, no eccentricities such as are usually attributed to genius. He was jovial, even convivial, joyous in company, contemplative even to sadness in solitude, and would have liked himself to be described as he described another—a plain blunt man who loved his friend. He paid his way, depended on no one but himself, insisted on his legal rights, made money because he produced best sellers, provided well for his family and retired in comparative wealth to his country home at Stratford to spend the evening of his days. In all this there is something that smacks of England. Yes, English were the traits he possessed, and he possessed them in super-quality and superabundance. True enough, as is so often said, Shakespeare belongs to the world, but it was England who gave him to the world and it was no exotic that she gave; it was an English product through and through. This is not to say that geography has special significance. He is the pride, in just right, of the entire Celtic Anglo-Saxon race. But if it be true, and it is, that what really makes a nation is a heritage of common memories, common exploits, common sufferings, then surely he is the peculiar and immortal pride of that great country, of whose children he is the all-expressive voice, in the book and volume of whose memories, achievements, traditions, he takes the noblest and the sovereign role.

His name is honoured now in every quarter of the globe. It is written first on the scroll of fame in country after country, which, for years after his time, had never heard his name; in nations, which, in his day, were still unborn, and in continents which were then unknown. Pilgrims in tens of thousands journey yearly to his tomb.

It is said that as a young fellow on the streets of London, to earn an honest shilling it was his custom to hold horses outside a theatre for patrons who were listening to plays. Many a grateful admirer, in the generations who since then have come and gone, has tried to look back across the centuries to that figure in the dark, lonely lane, to picture the well-knit form, the kindly face eloquent with intelligence, and behind, the brain rejoicing in the morning of its promise, and then to think that there was the lad whose name and fame would one day be more precious to England than all her other possessions. Is there a privilege in the realm of fancy which any of us would more dearly prize than to be allowed to transpose himself on time's dial plate back to those distant and now hallowed years, to take his place on a London thoroughfare and watch the approach of this man of destiny, or at a by-path on the Thames where he sometimes tramped to attend a play called Hamlet, to see him walking by, buoyant, reflective, benign, the pointed beard, the classic brow, showing equal courtesy to high and low, and to realize that there was passing there the intellectual monarch of his era, the king of England's kings?

These delights cannot, unfortunately, be ours, save in a land of dreams—but into that land how many have wandered just to indulge such visions. With a reality, though, with a fulness of reality which commands a gratitude more than we can utter, Shakespeare is with us still. The bounty of his overflowing mind is open to us all. It has spread to the alcoves of every library and reposes, let us hope, on the mantel-piece of every home. "God forbid," said Coleridge, "that these plays will ever fall dead on human hearts," and may the time never come, especially to us his heirs in direct descent, when lighter preoccupations and alluring diversions of fleeting value will lead us into habits of neglect unworthy the priceless treasure which this, the greatest of Englishmen, has bequeathed to the sons of men.

Tribute To Sir John Abbott

Delivered at the old Anglican Church at St. Andrew's East,
County of Argenteuil, PQ, on October 3, 1936,
on the occasion of the unveiling and dedication
of a memorial tablet to Sir John Abbott.

I HAVE SPENT THE FORENOON wandering around this beautiful village which nestles on the banks of a typical Canadian river winding through a fertile and picturesque countryside to join the Ottawa. To my mind there came impressions of the good fortune which fell to young John Abbott, in that his childhood was assigned to so charming a locality. How richly blessed is the youth who is able to spend his early carefree days in quiet and lovely surroundings such as these hills and streams provide! He can carry on his reflections and build his castles undisturbed by the artificial contrivances of cities. He has the measureless advantage of solitude, and, without solitude in one's younger life, a habit of real thinking is less likely to be cultivated.

It is indeed interesting to witness this ceremony today. More than forty years have passed since Sir John Abbott died, and now, in a church founded by his father, and amid scenes where he roamed as a boy, this tablet to his memory is erected by friends and descendants of friends who knew him most intimately in life. His Excellency, the governor general, has well said that such a tribute would be vastly more appreciated by him than would any monument in a public place in our capital. Sir John Abbott, as we all know, was a man of modest, retiring disposition whose enjoyments were among his friends and in private life. He really had no taste for the storm and bustle of politics.

As one reviews his career, one is struck by the fidelity with which his characteristics as a man are reflected in his performances as a statesman. Sir John Abbott was essentially a lawyer. The great energies of his life were given to law. Solid and logical attributes of his mind equipped him for success in law. In that profession he reached the highest posts of distinction—certainly the highest in the realm of commercial jurisprudence. In Parliament his principal achievements were along very similar lines. It was he who evolved and drafted the first bankruptcy law for Canada. This measure he took charge of and piloted through Parliament, and so well was his work done that the framework of our insolvency legislation even now is very much the statute of which he was author. He had what we call a legal mind, but he had at the same time an exceedingly practical mind. He knew the requirements of business and what the administration of big enterprises meant.

It was Sir John Abbott who worked out and finally established as law our jury system of today, or rather the scheme of administration of our jury system of today. He it was also who planned and finally had enacted notable reforms in our revenue laws. As a result of those reforms the stamp system came into actual use, and out of enactment of that time has grown the very extensive practice of collection of our revenue by stamps. It is noteworthy that in all these endeavours he laid his foundations well. On the groundwork

put in place by Sir John Abbott the legislation on these subjects today has
been with much fidelity constructed. These are services such as one would
expect from a man of his type, predisposition and training. They illustrate a
truth that what one does in the sphere of public performance is pretty much
a reflection of what one is in his private activity as a citizen.

Your very distinguished guest, governor general, spoke of certain points
of similarity between His Excellency's own experiences and those of the
man whose memory we are honouring. As between myself and Sir John
Abbott I can think of only one comparison. There was a similarity in our
tenure of high office; both were exceedingly brief. His was brief because of
the visitation of ill-health, and mine because of other impediments which
have since become somewhat epidemic.

This is a day long to be remembered by the people of these parts. It is a
day long to be treasured by the Abbott family, not a few of whom have, in their
own time, done honour to their distinguished kinsman. Those of us who have
come among you to take part in tribute to one whose illustrious and useful life
this county made available for Canada join in a hope that over long years to
come the inspiration of this event will not easily be forgotten among you but
will return and still again return with all its happy memories.

The State Of The World

Delivered at a luncheon at Cleveland, Ohio, on November 13, 1937.
Quite unexpectedly this address was broadcast.

YOU HAVE GIVEN ME—all through this day—an exceedingly warm and delightful welcome. In real earnestness I thank you.

Under the rigidities of timing for radio purposes, the attaining of balance and a rounded argument is difficult. One has to be in position to stop
at a pre-directed moment.

Within the circumference of twenty-one minutes I am going to try—
probably to the disappointment of many—to say something about the state
of the world. That subject may not be very relevant to the design of this
meeting, and I fear you neighbours of ours will be concluding that Canadians can think of nothing else. This conclusion is, indeed, not very far from
truth. All of us would like very much to forget the terrible events of today
and turn our eyes from a forbidding future, but in all seriousness I say we
must not and we dare not. Speaking definitely about the people of my own
country, I assert that we ought to be much closer to realities than we are.

I shall be content to lay down two or three postulates, which I respectfully submit are true, and which also I respectfully submit are of incomparable importance to us all. I shall not leave out of mind that this country decides its own course. We in Canada decide our course. We are not in the same boat, but we are pretty much in the same waters, and it will not hurt us as neighbours to discuss these things among ourselves.

My first is this: The peace of the world is precarious. There is no peace in Asia; its two mightiest nations are at war. China at this hour is in the agonies of a merciless and murderous invasion; China is being done to death.

Great nations of Europe are in battle with each other even now. They do battle under other banners than their own and on the soil of Spain. There can be nothing more obvious than that the averting of a major struggle, which, if it comes, will have consequences no man can imagine, is a task calling for the united efforts of all peace-seeking powers—powers bound together by mutual purposes and mutual trust. I do not think any of us can remember a time of peace when the future was overcast by clouds so dark and so persistent.

A great newspaper of your city says today that these conflicts are inspired by ideas foreign to American soil. That is true: but these conflicts are nonetheless real facts, and from their consequences I fear we cannot escape.

Why have we all this trouble?

Many people say it is because of drastic provisions of the *Treaty of Versailles* and a consequent psychosis of rancour in the hearts of the vanquished of the last great war. We have to admit, though, that this cannot account for the aggression of Italy; it cannot account for the aggression of Japan. Both these countries were victors in the Great War. Indeed, no sooner had Mussolini declared that, after conquest of Ethiopia, Italy could take rank among the satisfied powers, than he proceeded on his still more dangerous project of intervention in Spain. The last war was not brought about by any impositions of preceding treaties. Germany was living in a Europe which resulted from another *Treaty of Versailles* imposed by herself. Even if we attribute the cause of that war to others, we cannot say that it was brought about by any injustices deriving from previous treaties forced upon the powers.

It is said the League of Nations has failed. All we have today is a half League of Nations. With the United States, Germany, Japan and Brazil out, and with Italy in defiance, there is nothing left but a shattered remnant. We are compelled to admit that as an instrument of collective security the League of Nations which we have, or did have, has not proved equal to its task. Any league which recognizes the unrestricted national sovereignty of

each of its component elements can never be an instrument of collective security. In my own judgment the present league could not have become such,
even if every country in the world had been a member.

My second postulate, therefore, is that if one big truth has been learned
from the last fateful decade, it is that collective security can only be attained
when founded on collective force. Collective force can never be commanded
while the sovereignty of individual nations remained unimpaired.

This republic of the United States, the United Kingdom, the republic
of France, the soviet republic of Russia—these countries are all prepared to
draw the sword in defence of their own territories and their own vital interests; but as yet they are not prepared—and in this respect the attitude of the
peoples of all of them is the same—as yet they are not prepared to go to war
on behalf of a covenant—a covenant, say, against aggression—unless those
vital interests are challenged. Until the obligations of a covenant become as
sacred and as certain of enforcement as the vital interests of an individual
nation, there never can be a possibility of that collective force upon which
alone collective security can rest.

Some place their trust in economic sanctions—and in threat of non-recog-
nition of territories taken by aggression. Look back over these last two years: it
is hard to find inspiration for the hope that these methods alone can succeed.
Sanctions carry in their bosom the danger of armed resistance, and nations
not prepared to fight hold back from their application. A practical unanimity
is necessary and this proves impossible. An agreement not to recognize new
conquests will of itself never deter. More than one country in the past has managed very well without recognition. In a word, we have been compelled to learn
the heart-breaking lesson that a nation determined on expansion, and burning
with nationalistic fervour, will not stay its hand unless it sees another power or
a union of powers stronger than itself reaching for the sword.

Others say the situation might be cured by a concession of colonies to
over-populated powers. Germany at this very time demands return of colonies taken from her in the Great War. Peace cannot be secured without concessions, and peace is worth many concessions, but I want to examine the
sincerity of this demand and the value of the concession, if made.

German colonies, almost wholly in Africa, were conquered in the Great
War—conquered mainly, in fact, by military forces of the Union of South
Africa. By the terms of Versailles, these colonies were handed over to the
principal allied and associated powers. Please note, they were handed over
to the greater powers who won the war, and not to the League of Nations.
They, however, accepted the colonies, dividing them among themselves in

the apportionments in which they were conquered, all accompanied by a declaration made to the League of Nations that each one would so administer its territory as to take no advantage to itself, but wholly for the good of the colonies and the general good of the world. This declaration was asked for by President Wilson of the United States, and readily complied with by all nations concerned. In fact, an examination will show that in the same spirit and on the same principles Britain has administered her own colonies for many decades.

German colonies of pre-war times, administered now under the mandates I have described, are, for purposes of trade, not a whit more of advantage to Britain than they are to Germany. All British colonies in Africa, including mandated colonies, are forbidden by the mandate or by treaties to give preferences in trade to Great Britain, and indeed, the great bulk of their trade is with countries other than Great Britain. One-sixth of the whole exports of British West Africa goes to Germany herself. Even before the war, Germany could not, by reason of treaties, take any advantage in trade out of her South African possessions. Her trade there was almost negligible. She had only twenty thousand people in all her colonies, as contrasted with her own population of sixty-six millions. Her sales to her colonies were 1/180th of her total sales and her purchases 1/200th of her total imports. Whatever position she was in when the colonies were hers, she is in just the same position today as regards the procuring of raw material and the benefits of trade. A nation can only become of special commercial benefit to another major power if that nation is exploited by such other major power. Germany claims that all would be different if she could purchase raw materials in her old colonies with her own currency. Raw materials, like any materials, can only in reality be purchased by the creation of credits due to exports. No colony can continue to take mere paper for its goods.

There is a feature of this problem which it is very important to understand. Great Britain benefitted out of the late war in no way whatever materially. In fact, no country benefitted. What Great Britain did obtain was greater security. That greater security she throws away if Germany is to be permitted to establish armed strength across the line joining the old British dominions in Africa. The advantages, and the only advantages, which Germany can obtain from recovery of her colonies are advantages from a military standpoint. You can realize the feelings of people of the British Dominion of South Africa. What they want is security, and they see in a return of these colonies the imperiling of their country.

I quite agree that if surrender of those mandated territories to Germany would contribute in truth to stabilization of world peace, those territories should be at once returned. Leading papers of England are prepared to discuss their return. For myself, I despair of finding in this method the slightest alleviation of that tension under which the world is straining today.

On the other hand, there are some alterations of viewpoint which I think all of us must make. We have to realize the necessity of equalizing trade conditions over the whole range of nations. We cannot expect over-crowded and aspiring people to be contented if their trade is selfishly throttled.

Another change of viewpoint I think also must be made. The barriers of immigration must be lowered. This applies more to our country than to yours. We people in possession of the world's richest and widest territories, with comparatively thin populations, can hardly expect mankind to remain at peace if we stand on our shores and forbid all others to come. There is something to be said from our own immediate standpoint for this policy, but I do not believe it can be continued compatibly with our expectations of peace.

Another speaker remarked a few moments ago that we are living in swiftly moving times. Yes, the pace of the world grows faster, the pressure becomes heavier as complexities of civilization multiply. Distances are closing up, events crowd upon events and thunder past us with terrifying speed. Perils and perturbations everywhere shoot their repercussions swiftly around the brief compass of our globe. Anything in the nature of a world confederation is yet far, far away, and even when it comes, a readiness and willingness to do battle in the last resort for the covenants of that confederation will be an inescapable price of peace.

I have only a moment left, and in it shall give you one article of my own confession of faith.

Because of her geography, because of her tradition, Britain carries a mighty responsibility. That responsibility she is discharging with unquestioned fidelity not only to her own people but equally to humanity at large. That responsibility she is discharging with an intelligence, not, of course, beyond challenge, but entitled to very great respect. I believe that Great Britain is the stoutest, the most patient and the most determined of all forces on the side of peace. The potency of her voice depends upon her power and the cooperation of her friends. Canada is doing something to reinforce that power; she ought to do more. I believe that if war must come again, Great Britain is our first line of defence, yours and ours—perhaps our only external line—and I say "amen" to those writers of this republic who proclaim that the problem of defence for this entire continent will be changed, and changed vastly for the worse, if that line of defence should fall.

The Canadian Senate

Queen's Quarterly, Volume XLIV, 1937

THERE ARE FEW COUNTRIES—and no major country—in which there is not a second chamber. They are all constituted somewhat differently, but the reason for each is based on the same considerations. In England, in France, in Germany and in the United States, in Italy and even in Spain, the restraint of a second chamber has been deemed wise by those who founded the constitutions of those respective nations.

In this Dominion, away back beyond the period of its birth as a Confederation, our provinces had second chambers known as legislative councils. These were thought necessary because the responsibilities of those individual provinces were then akin to the responsibilities of nations. After we became one, the legislative councils of the several provinces fell away until now there is but one left—that in the Province of Quebec. The explanation is, first, that after surrender of the larger sections of their sovereignties, questions that still remain for the deliberations of legislative assemblies were such as could be dealt with by one body alone; but more importantly for this reason: that the limited functions these assemblies, with the residue of powers now remaining, were not so great as to fail to afford quite ample time for their careful and mature consideration and discharge.

In this Dominion it was the Fathers of Confederation who saw to it that there should be an upper house, and they defined its place briefly but clearly at the Conference of Quebec which was held two years before Confederation was accomplished. It was there determined that this chamber should be established, that it should be a nominative chamber, and that its composition should be based upon the territorial principle and should not be in proportion to population.

There are criticisms and always will be, that the nominative system, with appointments exercisable by the Crown on the advice of the government of the day, is foreign to that spirit of democracy and to the genius of our people. In that connection it is well to recall that for eleven years prior to Confederation the nominative system had been abolished and the elective system adopted in the Legislative Council of Upper Canada; therefore, it was after eleven years' experience of the nominative system that the latter was chosen by the great men of that time. Later will be discussed the propriety of that choice and the unwisdom of changing it now.

It will be kept in mind that the composition of the Senate was put—on a motion, it so happened, of a statesman from New Brunswick—wholly on the basis of territory; the three Maritime provinces, who were coming in then, to obtain twenty-four of the seventy-two seats; Lower Canada, Quebec, to have twenty-four, the Ontario twenty-four. Later the West as added, and, irrespective of population, the West was given twenty-four seats as well. This is emphasized so that it may be clear that there are special responsibilities attached to that joint parliamentary trustee, called the Senate. Our Maritime provinces declined to enter Confederation if the control of Canada's parliament was to be wholly in the hands of a majority, because under those circumstances they felt their views would be swept out of effect by the larger populations in our mid-continent areas. Lower Canada also insisted on the territorial principle, and that principle is still the basis of the Senate's composition. From this it is clear that there devolves upon the Upper House a duty of having special and peculiar regard to minority and sectional rights in Canada, to see that the majority exercising its full force in the representative chamber where population controls is not permitted to ride over the proper rights and privileges of minorities. Or to put the point in another way, the Senate has the particular duty of standing guard over the Constitution as it applies to all sections of Canada, of making certain that provincial rights are maintained inviolate, that the relationship which the *British North America Act* established between the provinces on the one hand and the Dominion on the other hand is respected, whatever may be for the time being the arbitrary action of a bare majority.

When one passes from this phase, there is no special function in the sphere of legislation which the Senate possesses which is not equally shared by the Commons of Canada.

Sir George Ross tried to impress, in a book published twenty years ago, that senators were particularly vested with an obligation to hold inviolate responsible government in the Dominion—inviolate as against imperial domination. There is a very little substance in such a claim, for the reason that when you have a battle won for nearly a hundred years, you will do better to consider it won and not be continually trying to win it over again. Neither the Senate nor the Commons has in practical affairs any very heavy obligation in respect of responsible government.

The Senate is not a representative chamber; its personnel does not spring directly from the spoken word of the people; yet it is as much a chamber of the people as is the House of Commons. Its members do not come from any special class or caste, as in some lands; they come from the ranks of the people; they have popular sympathies and popular interest at heart. The Senate

was constituted by the people through the Fathers of Confederation, and rati-
fied by the vote of the country, because in the belief not just of a few but of
this whole Dominion it was in their interests that there should be a review of
Commons legislation, with special protection of minority, sectional and territorial rights. Of all these delegated duties the Senate is the trustee; most of
them it shares with the Commons and has responsibility just as direct as has
that House, and it should make it a duty hour by hour to live up to the full
standards which were doubtless in the minds of the Fathers of Confederation
and which today are as vital to Canada as they were at that time.

What are the limitations of the Senate?

There are those who say: "You should be very chary about reversing the
will of the elective chamber; in fact, if you do so more than once or twice,
you should prepare for your demise. You are not elected and, therefore, you
have not the same rank and status as those who are elected." There probably was reason for not making the Upper House in this country elective.
If it were so, then the Senate of Canada would become in large degree a
reflection of the Lower Chamber, and it would be necessary for members so
to conduct themselves, each in his own groove, so as to ensure, first of all,
the favourable opinion of that special constituency from which the member
comes, and, secondly, the dependable cooperation and support of the party
to which he had belonged and does belong. If those considerations are to be
in the mind of members of the Senate, they never can discharge properly
the functions which are theirs, nor can the Senate in these circumstances be
more than a mere replica of the Commons, and its performance will become
a wasteful repetition of the debates and controversies which take place in
the other chamber.

In a word, we might as well have two Houses of Commons, one of which
would be redundant, as to have an elective Senate.

Some say there should be other reforms; for example, that members
of the Senate should be chosen by different bodies. These ideas have been
debated for many years, but beyond the suggestion that a limit of age might
be applied, there is not any which has made very much appeal, or which did
not carry within its compass a danger of detracting from the Senate's value
in the discharge of those special powers, functions and duties for which that
body was created.

If I were asked what the Senate should do in respect of measures; by
what outstanding, clear and easily understood principles it should be guided, this would be the answer:

Where there is a mandate for legislation which comes before the Senate; where such legislation was clearly discussed and placed on the platform of the successful party in an election, then only in most exceptional circumstances should there be any attempt or desire on the part of the Upper House to refuse to implement a mandate by its concurring imprimatur. No one, however, who has thought the subject out can say that under no circumstances should legislation coming to the Senate from the Commons, though clearly supported by a popular mandate in an election, fail of support in the Second Chamber. It has been plainly and tersely enunciated by Sir John Macdonald, by George Brown and by Maritime statesmen, as well as by Tache of Quebec, that the Senate's duty, or one of its duties, is to see not only that wise legislation, having for its purpose nothing but the public good, is allowed, irrespective of mandate, to become law, but in certain conceivable events to see to it as well that the public of Canada, which may at one election have endorsed extraordinary proposals, has opportunity, if such proposals are of a particularly dangerous or revolutionary character, to think the subject over again; in a word, that the Senate may, under certain circumstances be allowed to appeal from the electorate of yesterday to the electorate of tomorrow.

It may be asked whether there is any chance of such a contingency arising. Cast your eyes westward, where under the influence of drought and depression, and under the influence of other urgings not usually brought to bear on public matters, the Province of Alberta departed in the last provincial contest from long-tried and tested principles of finance, to embrace what is undoubtedly a mere mirage. If such a step were taken by this whole Dominion under similar circumstances, I wonder if a chance to think the subject over once more, and to make certain that the judgment of the electorate of Canada was a deliberate judgment and one to be sustained, should not as a bounden duty be granted. Such a contingency may not arise; but it never can be laid down as a rigid rule that even a mandate is universally obligatory upon the Upper Chamber or that it would be its duty in all circumstances to acquiesce blindly in any measure. It is enough to emphasize the fact that there is authority behind a popular mandate which the Senate never can ignore, and that only under very special circumstances should that chamber, even for purposes only of delay, fail to comply with an electoral judgment.

The great mass of legislation has, however, no relation to any special dictum of the people in an electoral contest at all. The great mass of legislation springs from circumstances of the hour. Something has to be done, in the judgment of the administration, and the administration works out its solution in such a manner as it deems fit, and submits that solution to Parliament. There is no question of a mandate at all in the case of at least 98 percent of the measures which come to either House. In respect of legislation of this kind, I would not go so far as to aver that the Senate should in all cases have no regard to the wishes of the Commons, but only to its own viewpoint. If it is a subject naturally within the purview of government, something to do with administration; if it is a reflection in a bill of what the government should be and feel itself best suited to handle, and if it does not affect positive principle going to the root of our institutions, then I would say that even though it was thought a better way might be devised, even though it was thought that on a balance of merits the bill failed, it would be wiser for the Senate after making, if it can, such remedial amendments as will improve the measure, to allow the government to have its way.

Many a time I have considered, and a majority in our House have agreed, that some problem demanding solution was being timidly shelved by referring it to a Royal Commission—a favoured practice of our time; whereas it would be much better if the matter were wrestled with by the government itself and some method found by the administration to meet the necessities of the hour. Though in such a case much can be said for a reference back, the Senate does not take that course. It tries to put the legislation into the best form it can for giving effect to what the government wants done; it tries to make it, as far as care can make it, practical, proper and fair to all concerned, and then it lets the legislation pass.

As regards private measures, steps have been taken lately to encourage introduction of these in the Senate; indeed, great advantages are now obtained by their introduction there, and the effect is likely to be that private measures are largely going to be initiated in the Upper House. This course is, I think in the public interest.

There may be reforms in other lines that could be effected. It would be of advantage if ministers, whose seats are in the House of Commons—though they do not necessarily have to be—had access to the Senate, if desired, when legislation coming from the department of the minister desiring access is under review in our chamber. If entrance to the Upper Chamber were possible on the part of ministers, it would add to the efficiency and harmonious working of our system of parliamentary government.

There is another development which has come in recent years. There are more bills both public and private being initiated in the Upper Chamber than at any time in the past. It is a too prevalent opinion that the proper place for initiation of legislation is in the Commons alone. Doubtless the

larger volume must always be first submitted there, and especially legislation which is the outcome of an election mandate. But there is an increasing
body of public business which has to be dealt with session by session, which
does not go to even the fringe of politics, but has to do, say, with the regulation of commerce and finance; such things, for instance, as amendments
to insurance laws; the establishment, for the first time in this Dominion,
of shipping laws; and matters of that sort. Such subjects can be presented
first to the Senate, and now most frequently are so presented. There is thus
given to these measures a care which, on account of pressure of time and
other complications, the Commons is incapable of giving. There is only one
class of legislation which, in point of law, must be initiated in the Lower
Chamber, and that is such as to do with taxation of the people, or such as
creates a charge on the Treasury. It is not certain, indeed, that the limitation
in law is even as restricted as it has been thus expressed. However, whether
it be so circumscribed or not, that Senate would be very ill-advised which
sought to encroach upon the territory which I have just defined. Far better
that subjects which fall within the domain of taxation and of charges upon
the Treasury should have their initiation in the Commons, as is the case in
England. Whether or not this is the law in Canada, it ought to be the practice
in Canada.

The Senate is worthless if it becomes merely another Commons divided
upon party lines and indulging in party debates such as are familiar in the
Lower Chamber session after session. If the Senate ever permits itself to
fulfill that function and that alone is the scheme of Confederation, then the
sooner it is abolished the better. This practice is not to be deprecated in
the House of Commons. If we are going to have a democracy, the practice
must continue. There have to be parties and party manoeuvres; there have
to be conflicts and controversies innumerable in variety and wearisome in
length. The great scheme of bringing sections together, letting each see the
viewpoint of the other, has to be worked out in the representative chamber.
Sometimes we are too impatient and critical of governments in allowing
what seems inordinate time for discussion of public business. That discussion is good, but it is not the function of the Senate. Members of the second
chamber must get away; lift their minds from those hard-drawn lines of
party, or they cannot serve their country. They have to make up their minds
to give every government fair play and not to stand in the way of legislation
unless they are convinced it must be defeated on its merits, and that the
consequences of failure to defeat it would be serious; not to stand stub-
bornly in the path of any government proposal unless it is brought there in

their judgment to serve the ends of party by largess in this or some other part of the Dominion rather than the true interest of the nation. The Senate, too, has to see to it that legislation which is initiated in the Upper House is put in the very best form possible so that it may be found to meet those real needs for which it was designed, and so that when it leaves its hands it is going to be an instrument of business and not merely a breeding place for litigation, to become, in due course, a paradise for lawyers. It is the business of the Senate as well, on receipt of a measure from the other chamber, first of all to study the principle behind it, and in every case to study it with a sympathetic mind, and, unless there is grave reason for resisting it, to devote its best efforts to improve the measure in its detail, and then go give that measure's passage its full support.

The task of the Senate in the practical working out of the business of parliament is to see that every measure, when it passes from its hands, is a piece of legislation well done. To this end our chamber sits but a short time each day. Rarely does it sit throughout the period fixed for both Houses. It adjourns when its work is done as far as concerns the recording and explaining of decisions arrived at, and repairs to its committees, and mainly to two major committees, the one presided over by the Right Honourable George P. Graham and the other by Senator Frank Black of New Brunswick, for detailed study of bills. This study and review it grinds away day by day for several hours, and often into the night. Its labours included the re-arrangement, very often the recasting, and nearly always the re-expressing of bills and resolutions—for the former sometimes of enormous dimensions.

It is before these committees that the public is heard. Hearing the public—that is, all interested from any angle in the measure under review—is only one function of the Senate, but a very necessary and important function. If it makes itself a debating society, this duty, so vital if our work is to be well done, could never be discharged. It is our part to make sure that conflicting interest from every end of this country have an equal hearing, so that everyone concerned has opportunity to express his view and tell us that this or that provision is not going to work, and why. Thus, all contentions and all arguments are advanced before a bill takes its final form. This system has been developed very successfully with the full cooperation of both sides for the House, because there still are sides, though they do not stand out very strongly. This is the service the Senate has tried to render, and on this record and this general scheme of procedure it is best discharging its duty to the people of our country.

There is, between the place each House should occupy in Canada, a distinction fundamental and imperative. The House of Commons is and must be the forum of debate. It must be there that champions of conflict-ing policies meet and struggle and decide their issue. There is the arena where young ambition goes; there he enters the lists and flashes his sword in battle with his peers; it is there that leaders of public opinion, and those who aspire to lead, mount the rostrum and brave the storm, the bustle and the hurricane, the arrows of a hundred foes in front, and the scowls of critics behind; there they press on in the measure of their talents and their cour-age to the glittering prizes of our public life. The House of Commons is the place where West and East each finds out what the other wants; where races blend their thinking; where classes learn, or ought to learn, by contact and conflict, that they are all of the same clay and need pretty much the same laws. It is the melting pot of the nation.

The Senate has a more prosaic task. Its duty is to see that great prin-ciples upon which the Dominion has reposed are carefully reflected in its statues, to design legislation so as to meet the realities of business, to review and temper proposals of the other House so as not unnecessarily to discour-age enterprise or restrict the area of employment; to oppose the ravages of partisanship from whatever source they come, and at least to give public opinion time and opportunity to be deliberate and to be understood; to be governed not so much by emotional appeal or fleeting spasms of popular fancy, but to listen to the accountant, the operator, the employer, the em-ployee and the unemployed, and to make sure that legislation when finally passed will work with fairness and facility. The second chamber should be a workshop and not a theatre. For this function the Senate was created, and this function it must with thoroughness and fearlessness perform.

There are things, though, which it cannot do. Some time ago a prominent and popular Canadian, a man of opposite political association to myself, said: "I am thankful in these days for the Senate! No matter what wild and extreme radicalism may sweep the country, the Senate will stand firm; it will save the ship." This surely is worth saying and remembering: The forces of wild and extreme radicalism must be met right out among the ranks of our people, in their houses and meeting places—there the power of reason and common sense must be applied, the lesson of long experience must be taught, or noth-ing will save the ship. Surely we have leaned from tragedies in other lands that the tide of a mad, militant and persistent majority never can be stemmed. It must not become a majority. If in this country the trade of politicians is to be what is has been too often, to fatten on the fruits of class hatred, class envy, class animosity, to reap a harvest of votes by fanning these dangerous fires, then do not depend on the Senate or anything else to hold in place the foundations of democracy. Because it may be too late. There are those who believe that dire things can happen even in the presence of fair and equitable laws. It certainly is not too much to say that they can more easily take place when territory is large and distances are great, when population derives from a multitude of races and when the forces of sanity and industry are selfishly indifferent and at the same time divided.

What the Senate can do is to devote its energy within its own sphere to making our laws practical and sensible, to give the best possible chance to workers and especially to the humblest worker, to encourage the upward climber and to attach a wholesome penalty to voluntary idleness, to remember always that there is nothing so vital to the common weal as security to life and property, and to offer no countenance to dishonesty and confiscation.

Remarks Upon Judging a Speaking Contest
Canadian Council on Boy's and Girls' Club Work
April 20, 1937, Ottawa, Ontario

LADIES AND GENTLEMEN: The other gentlemen who, with myself, have been honoured with a trust to choose the winning candidate among the speakers whom we have just heard, have requested me to state their decision to the meeting.

You will have heard these fine young Canadian boys deliver their addresses and have realized the tension which they must have undergone, and the uniformly creditable manner in which they have performed. Some of you will have come to definite opinions as to who should win, but probably there would be a wide variance of view if the opinions of all were asked. We have come to our judgment and it is fitting that I should say a few words on the considerations which have brought us to the decision which I shall now announce.

We think the prize for the contest should go to the young man from the Province of Quebec, Mr. Roger Ellison.

In public speaking as in all other tasks in life the first thing to keep in mind is the object to be attained. The object of public speaking is to convince, and all other desires should be subordinated to this one great aim—to persuade your audience to your own way of thinking.

To enable a speaker to convince an audience he must first be thoroughly convinced himself and he must make himself the absolute master of the facts and all the facts which have brought him to his own conclusion. There must never be permitted the slightest doubt on the part of his audience that the speaker is in complete command of everything which bears on his subject. He must feel himself that his armour cannot be pierced by any shaft, no matter how well directed.

Having put himself in this position of mastery, his next task is so to arrange in his mind the order of his presentation that he will move, while he is on his feet, steadily and impressively to the goal he has in view. Except on very special occasions, and solely for purposes of publication, he should not seek verbally to prepare his speech. There are very few who cannot express their thoughts, providing their thinking itself is clear. If the speaker keeps in mind every instant his one definite objective, and is master of the material which bears on that objective, he will not have much difficulty in driving that material home. There is too much tendency, particularly on the part of those who are new at the task, to pay excessive attention to form and scant attention to substance. If one has capacity as a speaker at all, or even potential capacity capable of being developed, then if he devotes his time and efforts with whole-hearted concentration on the matter he wants to present, the form will take care of itself.

I have no thought of indicating to young people that their sentences may be ill-constructed or that their order may be illogical. An ill-constructed sentence or faulty logic reacts on the speaker himself. It tends to confuse and to discourage. The place to get in the habit of constructing one's sentences properly and moving rationally from one point to another in argument is in ordinary conversation. The young man who is careful in his conversation, who sees that he leaves no sentence unfinished and no thought ill-expressed, will carry the same habit into his public speech. When he is on his feet he cannot afford to have the energies of his mind wasted upon form; he must concentrate those energies upon substance and substance alone.

The young man from the Province of Quebec spoke in his own language, as was his right. He displayed in no small degree, and in our judgment rather better than did his competitors, the qualities which I have just emphasized.

To those of us who have been privileged to listen to our French-Canadian fellow-citizens in Parliament and on the platform, it is a truism to say that in the art of speaking they have as a rule natural advantages over English-speaking Canadians. They seem more to the manner born. The average French-Canadian who speaks English well can acquit himself better on the floor of Parliament in this language which he has learned by hard toil than can the average English-speaking member, speaking in his natural tongue.

I very warmly congratulate the winner of the prize tonight and bespeak for him a very interesting future if he is ambitious and continues to work hard to attain success.

The Defence of Canada

Delivered before the Conservative Convention at Ottawa on July 5, 1938

I AM, OF COURSE, HUMAN ENOUGH to feel very deeply the cordial demonstration with which you have greeted my name, but hardly capable, under the circumstances of the moment, of expressing my thoughts.

Honoured by your committee with an invitation to speak to this assembly, I had intended merely to outline my views on domestic policies, well-known though they are to you all; and indeed such a course would be much more my own desire than that which I shall pursue. But yesterday I agreed to undertake the task, with the approval of your distinguished leader, of reviewing with you a subject which, if we look openly and squarely at it, towers above all others in its consequences today—the subject of our external relations and our duties in respect of defence at the present time.

In approaching this matter, I realize, more fully perhaps than any of those present, that I must keep in mind, in every word as I am compelled to improvise them now, the significance of this great gathering, called from the far-flung limits of this broad continent and derived from varying origins and from varying traditions; and I must observe with scrupulous care that spirit of tolerance and openness of mind which always must characterize discussion of such an issue.

I yield to none in my devotion to peace; I yield to none in regret that the time has come again when peace-loving countries of the world can no longer confine their meditations to local and domestic affairs.

The time, unhappily, is here when we are compelled to turn our eyes, temporarily at all events, from the hoped for insurance against war, which we called collective security, and to admit that we no longer can look to that creation, great in its conception—the League of Nations—for the protection which, until very recent years, we thought it would afford.

Nor do I yield to anyone in my appreciation of the enduring importance of Canadian constitutional rights and autonomous powers.

I would be the last to consent to the surrender of any of those attributes of nationhood which over our history we have reached, though I deplore and have often deplored the constant disposition of some to be forever fighting over again the battle of autonomy, which was won and conceded long decades ago.

I ask all of you present to look abroad, to look around and canvass in your hearts the situation which meets your eyes. Can anyone do so and sit with complacency at his fireside and think that from the single standpoint of Canada no duty devolves upon us?

Can anyone commune with his own thoughts and for a moment contemplate that there flashes in the sky no peril to this our home?

A division of international sentiment into new camps has taken place. In the main, those peoples of the world who love the institutions of democracy are feeling as one, seeking to act as one, in recognition of a common heritage. And against these—one should not yet say against, but contrasted with these—are those who appear to have revived that worship of the kingdom of Might, that love even of the horrors and devastations of war which not so long ago broke forth and almost crushed our civilization, and which, with deep lamentations, we are now compelled to acknowledge as threatening us all again.

In the midst and throughout the history of this development we have been proud to witness Great Britain, standing in line by the side of France, exerting her every effort, her every ingenuity to hold fast the fabric of world peace, and to prevent a conflagration which too often has seemed impending. We have seen that noble Lion enduring humiliations never before endured, bringing to his aid a patience which has been the consternation of humanity in a resolve to prevent resort to arms—hopeful still, struggling still, while his government is goaded by the great Labour Party and the Liberal Party to put into effect without delay retaliatory measures which might hurl mankind into an inferno of war.

We see the world getting steadily smaller—distance is no longer a defence.

In that situation it is difficult indeed to convince ourselves that we have no concern. My first proposition is this: While acknowledging and sharing the conviction that our primary duty is the protection of the security and happiness of this Dominion, I address this simple question to the minds of all those within my sight; is there such a thing as the separate and independent defence of Canada? Is such an idea more than a fantasy and a delusion? Is it within the compass of possibility or even within the contemplation of common sense?

Look the world over. Can you see a single nation which can confidently say that its own defence is entirely within its single power? And, looking over great nations whose heritages do not compare with ours, can you believe for a moment that this country, with its vast domain and its small population, can in its hours of sanity ever come to the conclusion that the defence of Canada is something within our single capacity?

Surely you must agree there is no such thing as the separate and independent defence of this Dominion. Then I ask, where do we look? Where, from the selfish standpoint of Canada, is it wisest first to look? Where have we looked through the long history of this country? And when we have looked there, have we ever looked in vain? The answer is in the mind of every one of you.

I have endeavoured to speak to you, all of you, the language of reason and not the language of passion, because if ever the hour struck when reason alone should dominate our thinking and determine our convictions, that very hour is now.

I do not claim that we of the Conservative party are the only citizens of this country who realize that the strength and loyal fidelity upon which through these years we have leaned, and upon which still we can rely, is that great motherland, the senior partner in this empire.

I question if there is a single responsible leader of the party in power today who, if he were asked, would not admit the truth of every sentence I have uttered up to this moment.

In my hand is the *Hansard* report of a speech delivered on March 24th last by him who is mainly responsible for defence policy in our country, the Honourable Ian Mackenzie. I ask any of you who think that I have drawn an exaggerated picture of world peril, any of you who think I have described in exaggerated terms the relationship of this country to that peril, to listen to these words of the present minister of National Defence, with every line of which I am in complete accord:

> We are confronted with very grave international problems which at any moment may explode against the ordered progress of our national life in the Dominion of Canada.

Those are pregnant words. Where does the minister of National Defence look for the strong arm which we may call to our aid, the nation with whose hands we may join our own to insure our common defence?

Now, note again his words:

> In regard to the exact position of Canada it is only fair to say that today the main deterrent against a major attack upon this country by a European power is the existence of the British fleet in the North Atlantic.

The main deterrent against a hostile force, the arm which surrounds and has ever surrounded our country is the arm of that fleet!

What is our defence, says our minister of National Defence, when we turn to the westward and look toward the Pacific? He admits that the best that Canada can expect to do by herself is to provide against sporadic, occasional attack, but that in respect of a major assault this country depends in the Atlantic on the fleet of Britain, and in the Pacific on the presence there of some other friendly power.

It is assumed that the friendly power which he had latterly in mind is the republic to the south.

No one will go further than I to live in amity, in cooperation, and alliance in time of peril, with that great nation; but I say this, in the presence of everyone:

Note, if you note nothing more, that the first line of defence of that republic, as the first line of defence of this Dominion of Canada, is the same British fleet—the same fleet which stands today between our peaceful homes and the thunderings and flashes of a storm-ridden world.

I ask you seriously to consider and to answer: is our problem of defence now in association with Britain while Britain still is strong—is the problem of defence for us Canadians not an easier undertaking, not an undertaking more clearly within the compass of our strength, than would be, if the British Empire falls, our problem of defence in association with the United States of America?

Those who can seriously consider depending alone upon such an association—as I cannot—ought to be able to imagine what this stupendous question of defence would mean to us if we relied upon that association after the empire of Britain falls. This Dominion, as does democratic civilization, hangs upon the maintenance of the power which has all along centred in that great empire, the shield of the world today.

I am not uttering words with which only adherents of the Conservative party can agree. Again let me quote from the language of our minister of defence in the present government. On last March 24th he laid down these principles:

First: Each self-governing portion of the empire is primarily responsible for its own local security.

Second: The security of the empire is a matter of concern to all its governments.

He said also, quoting with approval a report of the Imperial Defence Committee, "each of the self-governing dominions is responsible for protecting its territory and coastal trade against aggression until support comes from outside."

A VOICE: Go on.

Certainly I will go on. I have not finished. I am not accustomed to quit any task in the middle, but have gone far enough to show that the independent, separate defence of Canada is an idle dream and that we can better take care of ourselves in our present relationship with Britain than under the best possible conditions were England to fall.

What is the pertinent question at this moment? Within the course of a few days, in fact on Friday last, it was disclosed in the Parliament of Canada that approaches had been made to our government by the government of Great Britain, not, it is pretentiously urged, in the form of official requests, because Britain never would make a formal request of this Dominion until she was certain that such request would meet with an affirmative reply, but, to use the language of the prime minister of Canada, in the form of "confidential, informal and exploratory conversations."

The specific nature of that approach he has not had the candour to disclose. But he goes on in his address of Friday last to say that if a formal request is made to this Dominion that the British government be permitted to establish in Canada, at the expense of British taxpayers and for the training of citizens of Britain, a flying school and flying facilities, such request will be met by the government of Canada with a naked negative, in the name of Canadian autonomy.

I yield to none in maintaining the principle of control of Canada over the forces of Canada, civil or military; in maintaining trusteeship of the Canadian government over the citizens of Canada and the arms of Canada wherever they may be; and in maintaining that such control be exercised even in time of war, though our forces then may be under a form of unified command.

But I want to know when the principle ever developed in this Dominion that if Britain wants to train, not our men, but her own, with only such of ours as choose to join and by consent of our government may join—to train her own men for her defence, the defence of her liberty within which comes our liberty, for the defence of her shores and our shores, she cannot control the training of these men on the soil of Canada; that she cannot herself conduct that training as she alone knows how to conduct it; that those who are to use the men after they are trained, and who are manifestly the best-equipped to do the training, shall not be freely granted such right.

These trainees, remember, are to be airmen of Britain, unless Canadians wish to join the government approval, for only in that way can Canadians join the Royal Air Force at this hour.

These are to be her own people, to be made ready for her purposes and ours. The whole thought is that they may develop their training, modified maybe from month to month as necessitated by ever-growing scientific developments, modified from month to month as disclosed to be essential for proper coordination of air defence with naval defence, for proper development of the protection of the heart of the empire and, simultaneously, of the shores and homes of Canada.

I ask you: Have we come to the pass in this country that Canada locks the gate on Britain when the Old Land asks for permission to establish at her own expense, and train in her own way, her own citizens for their defence and ours?

This subject is fit for this convention's concern. This subject this convention cannot ignore. This subject today arrests the attention of the Canadian people and must continue to arrest it until the decision of the nation is known and rings throughout this empire and goes to the ears of the government of Britain.

Is it the spirit, is it in the heart of the people of Canada now when opportunity comes, in which we really can cooperate and do something of value, that, instead of stretching out the arm, we assume a posture of tremulous apprehension, apparently afraid that Great Britain may conquer Canada; that we become absorbed in an anxious analysis of constitutional niceties instead of trying to make our partnership worthwhile?

To compress into a last sentence the conclusion of this whole matter: if we call ourselves partners in this Commonwealth—and many prefer that title to member nations of a Commonwealth—let us behave the way partners behave when they have a common purpose and when they know that purpose is right.

Let us at least be ready to help others to help themselves and thereby to be of advantage to us all. Let us act in these matters of mutual defence in a spirit of common interest and not in a spirit of distant and suspicious deliberation.

Let us open our eyes to the truth that a building up of our defence is a thousand times more important to us than punctilious constitutional technique. Let us live and work on the assumption that this partnership in the British Commonwealth is a partnership we desire to endure, a partnership we aim to deserve, a partnership we are proud to own.

I want this country to stay, and not only to stay but to be worthy and fitted by its conduct to stay, within the compass of the British shield.

I want that first, because I believe that thereby we provide in the best, the safest, the sanest and surest manner for our own defence; and, second—and here I speak for myself—because within that shield I have lived to this hour and my forebears have lived for centuries, and there we love to be.

But if there are those who are not stirred by the same feelings, those who, perhaps naturally, cannot be expected to be so stirred, those who declare their only interest and only affection to be Canada, to them I address no words of criticism or hostility, but I do in the deepest sincerity present to them this thought: Keeping your eyes focused on this land we call our own, looking to its future with clear vision and undivided devotion, is it not true that when we take the course we have taken in the past, when we do as we ought to do now, when we rise to the high calling of free associates for a worthy end, we do the best we know how, to save the soil of Canadians, to save the liberties of Canadians, to save the lives of Canadians, to preserve the name of our people as a people of good faith, a people of self-respect, a people of honour, among partners who themselves are staunchly loyal, and in the presence of all nations of earth?

An Introduction to Sir Robert Borden's Memoirs
October 1, 1938

THERE HAS AT TIMES BEEN COMMENT on the reluctance, or at any rate on the failure, of Canadian public men to write books. Statesmen of other countries, and particularly of Great Britain, have added much to general information by compiling in the form of autobiography or historical review an account of the times and events in which they themselves played a part. Some, indeed, of the more gifted have in that way made permanent contributions to literature. In Canada, whether from lack of inclination or because of a too limited area of readers and of market, the practice has made little headway.

Sir Robert Borden has, in this as in other respects, set an example. His *Memoirs* put together in the last years of a long and exceedingly toilsome life are now offered to the public. Few there will be who will not be disposed to welcome with generous hospitality this final evidence of his insatiable industry and devotion to his fellow countrymen.

The broad features or divisions of Robert Laird Borden's career are well known—the birth and rearing on the Grand Pré farm in Nova Scotia; the urge to learning from an extraordinary mother; the early qualifications as teacher; the law studies and law practice; the House of Commons adventure; the War premiership; the empire statecraft; and, throughout all, that solid success with which by intense concentration he crowned every stage before the next was reached; these things are familiarly known in this and other lands. What is most worth noting is that there was lying in his path, either as a boy or man, no adventitious fortune. Latent in him throughout all the long journey from a humble childhood to the height of his great achievements there was a firm conviction that he and he alone was master of his destiny and that no one could assist him much and no one thwart him long ...

Something which was always well understood by Sir Robert's friends and colleagues becomes known to everybody in these pages—though politics was in overwhelming degree his life work, and though he earned therein an enduring place in our history and in the history of the British Empire, it was by no means the kind of life he wanted, and certainly not the kind of life he loved. To Sir Wilfrid Laurier the House of Commons was an arena designed and appointed to his taste. It was the home of his intellect and he liked it. To Sir Robert Borden the House of Commons was a workshop and little more. He had capacities which made him extremely useful, sometimes incomparably useful, in that chamber, but he had not the faculties which would enable him to grace all occasions and drink delight therefrom.

He was weighty but not a happy warrior. The futilities of ill-considered discussions irked him. Waste of time in Parliament or in Council was a burden for him to endure. When he came to a conclusion as to what was in the public interest, he wanted that thing done and was impatient of restraints imposed by the clamourings of what the press calls "public opinion" ...

It is interesting to examine the qualities which account for the advance to high place and high achievement of one to whom the atmosphere of his life work was uncongenial. The key, of course, was toil—ceaseless, indomitable toil. But toil requires willpower, and as well it must be directed by a mind of native strength, a mind of resources and vision, able to adjust itself to emergencies. Sir Robert entered Parliament at 42. Already he had attained a credible standard of scholarship and had moved steadily and irresistibly to the forefront of the Canadian bar. A student and lawyer he remained throughout his life. Never did he cease to gratify his love of literature, not only is his own language, but in German and in French, and to an extraordinary extent in the ancient classics.

And in the House of Commons or at the table of the Privy Council those of us who listened over many years of his elaborations of policy and disquisitions on all manner of subjects never failed to recognize in action the thoroughly trained and abundantly stored legal mind. His pre-eminence was reached only when his responsibilities became immense. Then it was that he proved himself not only the consummate lawyer, comprehending clearly the manifold implications of diverse courses opening out before him, but the businessman with an organizing brain, meeting new conditions with new methods, selecting his pivotal officers and fearing not to change them, keeping his perspective true and striving toward a long range of objectives in the order of their consequence.

His mind was essentially constructive, but he was able to see the reverse as well as the inviting side of any project and to weigh its advantages and disadvantages the one against the other. The soundness of his judgment will, as time goes on, be more and more impressed on the student of that harrowing period when he was at the head of affairs. It is not too much to say that there stands against him on the ledger of Canadian public service no major error, the penalty of which now weighs down upon us. If he made mistakes, they were more of manner and method than of business statesmanship.

There will be those who differ from the author of these volumes in views expressed and comment offered on some pages. It is quite understandable that Sir Robert, in setting down his impressions and recollections at the close of a long career, may not have felt himself under the same necessity to exhaust all pains in making certain that his opinions thus recorded were wholly justified, as he had always considered himself to be under when, upon his decisions, depended the welfare of his country. Whatever criticisms may be sincerely directed against his public conduct, this at least can never be said: that at any time in the discharge of the terrific responsibilities which crowded upon him through the most critical period in Canada's history, he failed to give to every duty the maximum of thought and care. It may be doubted if any political leader ever exercised such scrupulous supervision of the written record. Evidence to support his conclusions was documented and preserved with admirable system. Caution born of two decades of lawsuits was always with him. At no time did he himself find embarrassed by mis-statements of the past...

This Dominion has produced few, if indeed it has produced any, who would be entitled to a place in the front rank of public speakers. To such distinction the subject of this sketch would not at all lay claim. He was a competent speaker on the hustings, a still more competent Parliamentary debater, and the basis of his competence was at all times discernible. He knew with admirable thoroughness the subject he was undertaking to discuss: he knew just where he was going, never by any chance beyond his depth, and never venturing on a flight above the natural level of his eloquence. The construction of his addresses was almost invariably good. His memory was capacious and dependable, something of a value beyond calculation on the floor of Parliament. On the other hand, Sir Robert lacked a certain versatility of expression, a power of illustration, an instantaneous command of phraseology—gifts rare indeed but necessary to the justly pre-eminent. He was by nature and by training under complete self-control—so much so that his hearers caught the same spirit. Knowing their leader was at his best when aroused, his followers would find great joy if only the enemy would bait him, and one can remember being happy when word went round that "the angry spot doth glow on Caesar's brow."

Once he entered the lists he feared no foe; he stood to his part in form worthy of a leader's role; but his highest title to the esteem of his country-men will be his record as a man of action.

During the Great War and for a time thereafter, relations of the British dominions with the United Kingdom were more intimate than they had been before or have been since. Conferences under various titles were frequent; they were burdensome in length and grievous in agenda. The heads of states, assaulted daily for four long years with news of poignant gravity, confronted in sombre succession with all kinds of unprecedented exigencies, were liter-ally tried as by fire. Among those who were not found wanting was the prime minister of Canada. As he grew in the confidence of his associates, special tasks were assigned him, and all were discharged with notable ability. Some, particularly at the Peace Conference (at Versailles), he was compelled to de-cline. Mr. Asquith, and more importantly, Mr. Lloyd George came to depend much on his prudence and sagacity. When in 1921 it was decided that states-men from a dozen leading nations should meet at Washington to reshape on more enlightened principles the foundations of world security, there was sincere satisfaction expressed at Westminster that Sir Robert Borden was named to attend on behalf of Canada. His friends will ever be proud to re-member that he took a laborious and distinguished part in the most practi-cally useful international gathering of this twentieth century.

There are those whose desire it is to bid farewell to the things of earth in the full flush of their everyday activities, to drop, as it were, beside the forge. Others plan their journey in the hope of a restful eventide when the weary but rewarded traveller can stroll leisurely along the glades, conscious of having wrested something of victory out of life, and looking back in unspoken pride on the storm-torn terrain over which he has fought and toiled. It cannot be said that Sir Robert Borden chose to be of the latter class, but such was the disposition of fate. An overwrought nervous system, which an iron will had held to the post of duty through heavy, torturing years, at last gave definite signals which could not go unheeded. As the summer of 1920 opened, re-tirement became inevitable. Thereafter, with a slow restoration of health to a point where to live had meaning once again, he was privileged for seven-teen years to enjoy a serene and honoured but by no means idle repose and to survey from the vantage ground of an unrivalled experience the puzzling transformations of what he had confidently believed would be a better world. Throughout this whole period he, himself, never ceased to contribute as best he could. In the League of Nations he had the deepest interest. In the for-mulations of its covenants he had taken a not inconspicuous part. It was the expression and embodiment of that spirit of international cooperation which, in his view, alone could keep mankind at peace. To the advancement of the League's mission in Canada he gave generously in many ways, but best of all he gave leadership. One is saddened indeed to think that within the space of his own fast fleeting years he should witness the inexorable receding of the horizon on his hopes, and that before his eyes should close, the very soul of the new dispensation should have been surrendered.

To the last his passion for work and aptitude for affairs never left him. The texture of his mind equipped him for a place of commanding usefulness in business, and where such responsibilities were entrusted to him, as they were in three important spheres, he devoted himself to his duties with unstinted energy and as if to the manner born. On at least one occasion he was sought from across the seas for a very difficult mission in Ireland, but for this he did not feel himself in the best position to ensure success. Within his own country, though, for which he had laboured long, and which he truly loved, he told himself at all times be prepared to assist every good cause and to respond to every worthy appeal. A series of lectures was prepared and delivered in the University of Toronto, and in the University of Oxford—lectures which have become textbooks in their fields. Many—very many—came to seek his counsel, some from the care-laden seats of statecraft, some with other troubles, and, we may be certain, they never failed to get the best that was in him, whether former friends or former foes.

Happy indeed are they who, as the night of life approaches, find that the inner vision does not fade. Happier still are they who, as the shadows lengthen, have full assurance that they bore with head unbowed a strong man's measure of the heat and burden, who are conscious that they enjoy the undimmed confidence of everyone who shared with them their struggles and anxieties, and who have just cause to hope that when all is over there will be heard from their fellowmen the simple but sincere benediction: "He served his country well." Of these was Sir Robert Borden.

Farewell Tribute to Mr. Bennett

Spoken on the occasion of a dinner in honour of the
Right Honourable R. B. Bennett, K., PC, LL.D,
at the Royal York Hotel, Toronto, January 16, 1939

THIS DINNER IS BY WAY OF TRIBUTE to Mr. Bennett—a demonstration of esteem to a very eminent Canadian who has already done a life's work and is leaving to reside abroad.

If one should attempt at the present time, and in a gathering such as this, to make an appraisal of the service our guest of tonight has rendered this country, he could not expect his estimate to be accepted either by Canadians as a whole or by those assembled here. We are too close to the events, too near the controversies which lately divided our people and which raged around his head. But what is one to do? It is impossible—for me at any rate it is impossible—even to merit a hearing, if one confines himself to the eulogies which are commanded by custom when one speeds a departing guest. Mr. Bennett may forgive me, and he may not—there are some things for which he has never forgiven me—but platitudes of affection do not appertain to him. He is not, as Laurier was, so spontaneously affable, a personality so universally gracious and engaging that one likes him, sometimes follows him, though he believes him wrong. He is not, as Macdonald was, so intensely human and companionable as to be loved even for his faults. He is, as everyone knows, a different stamp of man altogether. He is a product of this generation rather than of the last. He is a man of affairs, a man who has been in contact with realities, and hard realities, from his earliest years to this very hour. On the rough, ruthless battlefields of life he has triumphed, and he depends, and does not fear to depend, upon his achievements for his following and his fame. It seems to me best, therefore, to give a very brief review of what Mr. Bennett has accomplished in public life. I give it from the standpoint of one who believed in the important elements of his policies—though I know there are many here who did not. What I shall say will be candid and certainly without offence, and all are at liberty to differ and still be welcome at this banquet.

We can pass over the far-away years at the turn of the last century when the young, slender Calgary lawyer was scintillating in territorial politics in Western Canada, also his later period as a private member at Ottawa. At these times, politics was only a secondary feature of his life. His real work was in other spheres, and that work he was performing with the same boundless energy which he afterwards devoted to public affairs. When at last in 1930 he found himself at the head of the government of Canada, he faced for the first time a task which challenged all his powers.

This is an age of business, and to a degree unknown in older times, government is a great business organization. Legislation and administration nowadays touch business at every point, and it is of cardinal consequence that those who forge the weapons of legislation know something of the principles upon which alone our commercial and industrial activities can live; that they know thoroughly well from hard experience the competitive relations of this country in the world of affairs.

In 1930, even before Mr. Bennett came to office, our Dominion, in common with all other lands was headed down the slope into a depression of unprecedented intensity. I for one believe it was fortunate for Canada that we had as prime minister a man who understood the meaning of it all, a man who had a firm grasp of practical affairs, who turned away from mere slogans and nostrums and went about getting something done which would stimulate production and revive our trade. It was well we had a man who knew this was the only way we could fortify our national finances and re-employ our people.

You may differ if you like, but the Ottawa Agreements of the spring of 1932 were a really big achievement, a landmark in the history of this country. Wrapped in the body of those agreements was a revolution in the fiscal policy of Britain. What happened? Right from the fisheries of the Pacific to the farms of the Maritimes, from the forests of British Columbia to the apple orchards of Nova Scotia, they gave new hope and new life to our people. They steadied and strengthened the financial structure of Canada. For the first time in the history of North American depressions this Dominion led the United States up the hill. These agreements we owe in very great degree to the business vision and iron resolution of the guest of tonight. Let us assume—and critics of Mr. Bennett will certainly contend—that the recent modified arrangement in which the United States is included is wise and for the public weal. On that point I will say this: that, aside from the balance of commercial advantage or disadvantage, there is a great deal to be said for Canada entering into an arrangement which makes possible at this time a trade agreement between England and the United States. Granted then, for the moment, the wisdom of this modified plan, there is no disputing the fact that this plan could not have been consummated but for the effect of what was accomplished in 1932. The man whose willpower literally blasted a way to those agreements should not be an unhonoured prophet in his own home.

Another fine piece of work should be mentioned now. It is the St. Lawrence Treaty. Only those who have some comprehension of the complications of our federal system, or provincial water rights and power requirements, of federal responsibilities in respect of navigation, of United States' counter-requirements in navigation and in power, and of the inevitable difficulties of making an agreement on any subject of great consequence with the American republic—only those can realize what it meant that, after months of labour and a long succession of disappointments, a treaty was finally reached between representatives of these two North American countries for the development of the River St. Lawrence. It is true this agreement failed to gain approval in the American Senate. The same fate has awaited almost every treaty of moment we have ever effected with the United States, but, nevertheless, a Herculean task was done. At last the ground is laid, indeed the structure is in being, which should make consummation of that task a relatively simple thing when the two countries are ready again. It certainly is not too much to say that the Dominion of Canada was fortunate having those negotiations conducted on her part by a man who had a broad, thorough and practical grasp of all interests involved.

These two achievements alone would have been sufficient to mark Mr. Bennett's tenure of office as a period distinguished by important performance.

In that period also, Canada for the first time laid the foundations of her law of shipping. Until this was done we had been able to get along under the *British Shipping Act*, but, because of the Statute of Westminster, we needed a code of our own. That code was enacted after two sessions of work, and I can say that in difficulty of draughtmanship and in multiplicity and complexity of detail, it was one of the most onerous pieces of legislation ever constructed. Though almost a volume in itself, it is a public service excellently done. Four years of operation have demonstrated the practical efficiency of all its provisions.

I can no more than mention the reconstitution of our *Patent Act* and our several insurance statutes, and there were many other useful measures which had been long delayed.

Let me come, without further recital, to better-known legislation which marked the last session of Mr. Bennett's regime.

There are many excellent citizens who have still something of a horror of what is called the New Deal program of 1935. I am a long way from being a visionary radical, but I know something about that legislation, and make the statement that in all its important features it was sound and timely. Our guest will not be offended when I say that what a lot of people have still in their minds like a nightmare is not the legislation, which was enlightened, but the speeches, which frightened. The statutes, indeed, received almost unanimous approval from both Houses of Parliament. This is not the time to impeach the wisdom of their being submitted, as they were, to the Privy Council on a question of constitutional jurisdiction. Personally I do not think they should have been so submitted, and personally I think that in respect particularly of those statutes which implemented treaties already made by this country, such as the *Hours of Labour Act* and the *Day of Rest Act*, the chief justice of Canada was right, and the negative verdict of the Privy Council was wrong. I not only think, but know, that that verdict has precipitated our Dominion into a constitutional chaos from which we cannot emerge for years. Far from ranging myself with those who seek to sever this Dominion from the motherland in the matter of constitutional appeal, I, nevertheless, lament a decision which maims and paralyzes our country's powers as a nation, and condemns us to perpetual incapacity in the making of proper and necessary arrangements with other countries on subjects which are usefully dealt with by treaties, and treaties alone. Anyway, this legislation of 1935 is a credit to the prime minister of that time and will be a beacon light to guide our footsteps in years to come after we emerge, if we ever emerge, into that state of constitutional regeneration which we are groping for today.

There is something more I want to say and it is not intended—nor is anything else intended—as a reflection on any other public man. For five sessions I was leader of the Senate, and for three later sessions, leader of one section of that House—the section favourable in a general way to Mr. Bennett's party. Throughout that entire period, and it was a long one, the leader of the Conservative party recognized, without limitation, the distinct and independent status of that branch of Parliament. The Senate, during his term of premiership, altered government measures hundreds of times, altered them in important features, even defeated policies submitted with his recommendation, but never did Mr. Bennett interfere or seek to interfere with duties of the second chamber—never at any time did he go so far as to complain, or even to make suggestion that we should take another course. He has a right understanding of how the constitution of Canada should work.

We sometimes hear it said: "Oh, Mr. Bennett was defeated. His party was crushed. Its members in the House of Commons are few. He failed as a leader of Canada."

This reasoning I dispute.

What I am about to say certainly will not add to my popularity, probably it would be better to say, will not rescue me from unpopularity, but the opinion is mine and it is going to be expressed.

I think R. B. Bennett did a splendid job as prime minister, and I do not think it argues in the least to the contrary that he met defeat at the hands of the voters of Canada. I go further and say this: that in our Dominion where sections abound, a Dominion of races, of classes and of creeds, of many languages and many origins, there are times when no prime minister can be true to his trust to the nation he has sworn to serve, save at the temporary sacrifice of the party he is appointed to lead. Without a question there never was a prime minister who could have done so in the years when Mr. Bennett was in office. I believe in the British system of democracy, and would submit to almost anything before surrendering those liberties which we as British subjects enjoy, but if anyone tells me that fidelity to party and fidelity to country are always compatible, or that the wisdom of mere numbers is the wisdom of heaven, then I tell him that he loves applause far more than he loves truth. Loyalty to the ballot box is not necessarily loyalty to the nation; it is not even loyalty to the multitude. Democracy has failed and fallen in many lands, and political captains in Canada must have courage to lead rather than servility to follow, if our institutions are going to survive. There must be something better than an ambition to be re-elected, or democracy will fall, even in this Dominion.

The guest of tonight must not leave our shores with any consciousness in his heart of failure as directing head of this country. There was no failure in that capacity. He certainly cannot now leave our shores without knowing that he has the admiration of many, the gratitude of some, and the respect of all; and after tonight he must know that his friends can be numbered in legions, and to number his friends in legions such as he sees before him now must be some gratification, because, of the whole succession of leaders we have had in our country, he, most of all, never feared to make a foe.

Mr. Bennett, in a few short days you will be a citizen of Canada no longer; but your rank will be high. You will take your place as one of a great people with noble history. You will be a citizen of the first of nations, and no prouder title did a free man ever share. We know the part which that nation played in our own time—in dark days of the world's travail. We see her now twenty years after, holding the light of reason before threatening powers, striving to find a way of peace, striving again and striving still again, suffering disappointments, it is true—cruel disappointments—suffering perhaps passing humiliation, if only the reign of common sense can be restored, a convulsion averted, and mankind saved from an ocean of blood. Surely this is an object worth striving for—even by the bravest of our species. Chronic critics may snipe and flippant ingrates may scoff, but in the beclouded hearts of humanity at this hour, Britain is the world's chief hope. The masses of human beings in two hemispheres, longing for wise guidance and a chance to live—the masses of our race amid the threatening thunders of our time—look to her for leadership and help. And, as they look, they know that if all should fail, and the dread hour should strike, the stoutest heart in the long whole range of nations will beat from those islands—the last to abandon the struggle for peace, the last to leave the field of war. To her the worried world looks today, to her we look, and by her we stand, that the light of the individual soul shall not be quenched and that human liberty shall not perish from the earth.

Oh, you critics of this continent and especially of this country, just look in upon yourselves! What are you doing to strengthen the defences of democracy? What is your country doing? How far are you trying to persuade and to help your country to act?

For critics of the British government in those islands where they are bound by consequences of alternative policies—for them we must have respect. But for you critics here, who refuse to be bound by anything, but who always find fault; for you who never define any course, but who always find Britain wrong as soon as Britain acts; for you who roar and scream for peace and then complain about the price; for you how can we have respect?

Great Britain's past is the pledge of her fidelity. The best we can ever hope for is this: that our standard of loyalty to duty will measure up to the standard of Old England.

There are those who seem to think that we on this continent need have no concern for the fate of Britain or of France; who are building up with insidious industry distrust of Britain's policy, indifference to Britain's life—professors, neutrality experts, continentalists, provincialists, wise-crack correspondents—men who want to save us by new constitutions and resolutions, brave men who I suppose are going to jump into some kind of North American resistance after the front-line has gone. These men say that the time to start defending democracy is not now but will arrive after three-quarters of its fortifications have been swept away. They tell us in Canada that our turn to look around will arrive, and they themselves will fight like demons, when guns are booming against these Eastern cities and war planes of the enemy are roaring over the Rockies!

When the call for decision comes, these theorists will count for nothing.

Right now we depend, and depend as never before, on the common sense and vision of our public men, and on what Disraeli called the primitive and enduring virtues of our race.

And you, Mr. Bennett—I envy you. You are leaving us for a stage which has summoned men of spirit and of brain for centuries past. You are not going over there to loll around in idle comfort in some sequestered vale, however well you may have earned your rest. That is not the way you are built. The gleam of your eye tells me that there are years, many years, of glorious living still ahead, before that frame falters and the glimmering landscape fades. You are going over there to put your hand to work, to any and every work, big or humble, which you can find to do; to add the weight and wealth of character and training that is yours to Britain's will, to Britain's brain, to Britain's might, to Britain as she is seen now, leading Europe's crusade for peace, and bending herself under the most appalling load that ever bore down upon a nation. Over there, there is work for you.

Such is the mission beckoning you—of that I am sure. Canada will follow you with pride; Britain will welcome you with pride; but what do these things matter? It will be a worthwhile close to a life of toil, a fitting climax to a fine career.

Declaration of War, 1939
Delivered in the Senate on September 9, 1939,
on motion for approval of a declaration of war against Germany

OPPRESSED AS I FEEL, and as indeed everyone must feel, with emotions which grow out of the gravity of this time, I would very gladly follow the example of the mover of this resolution (Hon. Mr.Lambert) and of the seconder (Hon. Mr. Prévost), and speak with unwonted brevity, thus allowing action more quickly to follow our words. It is my hope, though, and I shall try, to contribute something that may clarify—I do not dare to say inspire—public thought and promote unity among our people. Let me premise a few sentences before entering upon what chiefly I have to say.

No one would for a moment think that any motive can animate me, or for that matter anyone else in this House, except a yearning to assist our country. In whatever I say as to the government and its head I am going to keep in mind that this government is the Government of Canada and represents us all, and that the prime minister is no longer to be regarded as the head of a political party; he is the head of our Dominion. In him must be typified the honour, the dignity, the sense of duty of our whole nation. It is he who must interpret now our interest and our duty and show us that they are one.

It must not be presumed, because I do not make issue of certain subjects now, that I am not thinking something else might be done which is not being done. There are matters on which many of us would act differently, but we must realize that a united front at the present time, and indeed throughout if it can be secured, may on balance be of more importance than even the prevailing of a better line of conduct. Therefore, I defer controversy to the utmost and seek that my words shall have the effect only of encouragement, of assistance, and of rallying to our cause the devotion of our people.

There has been confusion in the public mind and in the mind of many of us up to now as to just what this government purposes, some confusion and wonderment as to whether we really have been at war or not. On the latter phase the statement of the honourable leader of the House (Hon. Mr. Dandurand), and the corresponding statement of the leader of the government in the other chamber, have set all our thinking at rest. It has been the commitment of the present administration, as I have always understood it, that Parliament would determine what should be our participation in any war. Apparently this has now been interpreted in somewhat extended form as meaning that Parliament has to determine whether we are at war or not. I do not think any good has come from this special way of advertising far and wide the status of Parliament. Parliament always decides anything within the competence and function of Canada to decide. No other body and no one else can do so. I have never felt that is has been within the single competence of Canada to decide as one isolated fact whether we are at war. I do not feel so now. Either we are part of the British Empire or we are not; and we know we are a part. We cannot as such be at peace while the head of this empire is at war. The pronouncement of Laurier on this subject stands, and will ever stand. We could, without physical restraint, refuse to be at war, by moving outside the circumference of the empire; I say without physical external restraint, for Great Britain would bring none to bear. But Canada as a member of the British Commonwealth cannot refuse.

We may, of course, and must, decide what shall be the measure of our participation. We always have so decided, and always on the recommendation of our government, exactly as we are doing today. The only difference has been this, that the confusion, which has already done some harm, comes because of the present artificial and circuitous device. Further, this circumnavigation has prevented us taking our stand at a time when the decisive taking of a stand might conceivably have been of some value in preventing war itself. It is by no means impossible that if we could have declared ourselves two weeks ago as we knew we ultimately would—subject, if you will, to confirmation by Parliament when it would meet—then, before the final die was cast by the arbiter of Germany, our declaration might have had some effect in holding back his hand from that awful throw. I did what I could to have this government take such a course several days before Poland was invaded. My efforts failed.

We now have been at war for some time. We are to make a declaration on the passing of this resolution. The orders-in-council laid on our table two days ago proclaimed distinctly, in many places, a state of war. I have perused them. In order-in-council after order-in-council reference is made to the enemy; and provision is made for internment of enemy aliens. Unless we were at war when these orders were passed, there could have been no enemy, and therefore no enemy aliens. No wonder the public mind has impatiently sought the light!

I close these remarks by saying this: It is unfortunate that Canada stands in the position of having contributed to the prevention of this catastrophe precisely nothing.

Now, what confronts us? On the merits of our case there is, I am confident, no difference of opinion. Let us hope it will not later be said that we have been dragged into this conflict to serve selfish purposes of Britain or of any other country. For myself, I am not a critic of the course the British government has taken throughout these later months. There are some who are critics. I may be wrong—I have been wrong. This thing I know, that all through these years the door of British councils has been open. Our Canadian government has been in a position, and probably has been invited, to makes its wishes known, to give its advice. How far, if at all, it has availed itself of that privilege, I know not. It is probable Canada has said nothing. But after communication to us of facts and proposals as they evolved from day to day and month to month, after being given every opportunity to make suggestion or criticism, of which no advantage has been taken, then, even though there be those who think something else might have been done, who criticize a Berchtesgaden conference or a Munich conference, such persons cannot possibly be heard today against united action in our land.

We have witnessed a long struggle for peace, a struggle all could follow, a struggle carrying in its train impatience and internal attacks, involving indeed passing humiliation. We have seen the prestige of governments deteriorate because of exhaustion of every possible effort to restore the reign of common sense and save the world from torture. We have now to admit that all this has failed. At such a pass, surely there are none so perverse that they cannot see the reality and magnitude of the issue. Germany claims that the *Treaty of Versailles* was severe. Oh, yes, it was. You cannot fight a great war and look forward to a soft or even generous peace. You can look back and wish there had been one. I do not know whether we should have been better off if the treaty had been more generous. There are those, and they have some vindication today, who, in the light of what has happened since, believe that the treaty, and still more its aftermath, erred on the side of confidence in Germany, on the side of liberality. But whatever may be said about the treaty, is there among reasonable people who believe in right, who

believe in justice innate and equal between man and man, not just in proportion to individual strength, who value those achievements of civilization
which alone make life worthwhile, is there a single being who can be blind
to the issue which faces us now? Germany, or rather the man who stands
in sole command of that country, said, "We must have room to live," and in
order to have room to live he invaded Poland, where density of population
is double what it is in Germany itself. He gave his word, on the honour of
his country, first to Austria, then to Czechoslovakia, then to Poland, then to
Britain, and at a moment opportune for himself he flung every covenant to
the winds and declared for the rule of blood and iron.

If the principles of Hitler are to prevail—and they will prevail unless
the Allies win—then the world as we have known it will have passed away.
It will mean not just another dynasty in Europe; it will mean another and
a cruel dispensation for all humanity. It will mean that there is nothing left
us worth living for.

I come to Canada's duty, and to the means by which that duty is to be
discharged, as revealed by the government. There are some things contained in the Speech from the Throne and in what has been said by the
prime minister, particularly in his remarks of Sunday, the 1st of September, for which I am grateful. The prime minister said, "There is no home in
Canada, no family and no individual whose fortunes and whose freedom are
not bound up in the present struggle." Those words express no platitude;
they are meaningful and true, as true as ever fell from human lips. Learn
well those words. Then your own minds will tell you the duty that flows
therefrom, what rational beings must do so that this struggle may end in the
only way which will mean either liberty or life to us all.

The prime minister also said that we take our stand "for effective cooperation by Britain's side." I am grateful for those words. That decision flows
from the first premise. Let us remember that declaration, and let us stand
as one people to make certain that it is translated into deeds, and translated
with no avoidable delay, and that no guilt falls upon Canada in respect of
our part in this struggle.

There is one misapprehension—I will call it that—with which I should
like to occupy the attention of honourable members for a moment. Many
a time and oft we have heard the assertion that our duty is to defend our
own land. While it is true that this is our primary duty, I rather regret the
prominence that assertion had in the speech delivered elsewhere yesterday,
and I refer to it now only to make certain that it is not misunderstood. That
our first duty is to do all we can to render our own people and country se-

cure from attack by air, and from internal disturbance, there is no question. What I want to be emphatic about, as I have been many a time before, is this: that when we shall have done everything we can to protect ourselves in that isolated sense, we shall not have provided for the safety of Canada. We shall have carried out only certain local duties which, if we were not here to perform them, would have had to be performed by an expedition to our shores from the strength of Britain. But security as so conceived is merely local and temporary. That we must, in and around our national home, do, and do well, military, naval and air policing, I quite agree, and agree as earnestly as can the most ardent advocate of Canadian defence. But, I ask honourable members, what becomes of that form of protection if on crucial battlefields the arms of the Allies fail? Will Canada then be secure? The few provisions we have already made for our own defence, and any others that we may build up with our own strength, will they mean our survival? No. We shall know nothing but perdition unless this new world war is won.

I read with pleasure an address delivered by the minister of justice in the other House on 31st of March last. He appreciated rightly the actual state of our defences and impossibility of providing anything in the way of ultimate protection by efforts of Canadians alone. He said we must look elsewhere for that, as we have ever looked. Against, attack, he said, we can but do our best till help comes. And then he asked: "If we depend on others to help us, how can we refuse to those others, when in need in a common cause, the help of Canada?" We cannot. If there is a mind which can deny the immensity and certainty of that truth, I cannot understand that mind. Are we defending ourselves now? Well, we try, but we are not equipped. The present is not the time to criticize our incapacity. But while we sit in these seats this afternoon, warships of Britain line the shores of our Dominion. The security of our coast cities today rests under the wing of the British Navy.

An Honourable Senator: Hear, hear.

Right Honourable Mr. Meighen: This is pertinent only because the truth is pertinent, and will always be pertinent, that the big, decisive battlefield is not here; it is over there. German submarines along the Atlantic coast may be reduced or destroyed; that does not make Canada secure save for the moment. The fate of our country hangs suspended on the success or defeat of the arms of Britain and France. Keep ever before you those words of the minister of justice: "Shame on the land whose people say, 'We accept our defence from you—our survival depends on you—but if you look to us for help in the most critical struggle that ever the world has seen, you look in vain.'"

Are there those who, abandoning all sense of obligation—I had almost said, all sense of decency and honour—would say, "Even though those nations fall, we can scuttle from under their wing to the wing of another?" One must be very careful in the words one employs on this phase of the present issue. Another nation to the south has its rights, as sacred as our own. It is judge of its own obligations, its honour and its interests. It is a great, friendly and powerful republic. What its course will be I will not venture to predict, but I will venture this: it is only human nature that the course of that great country will not be uninfluenced by the conduct of this Dominion, its nearest neighbour and friend.

AN HONOURABLE SENATOR: Hear, hear.

RIGHT HONOURABLE MR. MEIGHEN: But can we look forward, even if we are of a spirit to do so, to such an alternative? Let us get together and seriously think. I have heard it said that the duty of the United States, in fact the duty of this continent, is to keep the war away from us so that we may preserve the treasures of civilization. Yes, I should like the war to be kept away from us; it is very, very important that it should be; but does anyone know any means of keeping the war away from us except to defeat those who, if they are not defeated, will bring the war over here—right to our doors and our homes?

AN HONOURABLE SENATOR: Hear, hear.

RIGHT HONOURABLE MR. MEIGHEN: There is a way to save the treasures of civilization. So far as my mind can carry me, there is only one way, and that is to defeat the destroyers of civilization.

SOME HONOURABLE SENATORS: Hear, hear.

RIGHT HONOURABLE MR. MEIGHEN: That is, to see that Britain and France come triumphant through this struggle.

If it is permissible for us to peer into the future, let us inquire just what the situation would be in the event we must provide against, which we abhor even to put in words, and which we definitely do not believe will occur—a defeat of the Allied Powers. I read somewhere just a few days ago an article—I will not permit myself to mention the writer's name, but he is a man of eminence—giving expression to the sentiment that he could contemplate without despair the destruction of Great Britain and of France. The efforts of the dictators, he said, in bringing about such destruction would so exhaust them that this continent would be safe for a quarter of a century. Meditating on that pronouncement, I do not know whether one should express astonishment at is callousness or at its stupidity. Germany, defeated in the last war, beaten to her knees, stripped of her arms, drained in large measure of her life blood, rose from that prostration and in ten years was again a threat to civilization. Will anyone tell us that Germany as she may be tomorrow, with subservient allies standing at her side,

Germany triumphant, Germany with the resources of her victims at her feet, able to levy on the most virile and richest people the world has ever known, would not at once be a menace? Can anybody imagine this war ending with her triumph and there remaining a single Atlantic island now in the possession of Britain or France which would not be a German possession? I do not mention Canada. You can judge of the fate of this country just as you like. Leave it aside for the moment. Just picture German occupation of the West Indies, the Cape Verdes—all those Atlantic territories and bases of air warfare. Do you tell me: "We will not permit their occupation by another power?" I know the republic to the south cannot countenance their occupation by another power: the policy of that country from its birth has been to deny the right of cession of those islands and to regard the taking of them by another power as a hostile act. And that country in such policy has been absolutely right. Therefore—and this is all I ask you to accept—imagine, if you will, a day when the massed might of Germany crushes to the ground the forces of Britain and of France: then, not in twenty-five years, nor in twenty-five days, but in an instant, the battle must be taken up by the arms of this continent. The burden then will be as much on the backs of Canadians as on the backs of citizens of the United States. If we are still a free people when that awful hour strikes, we shall know then, certainly, what a burden is; we shall know what a death struggle is. We could not get within two thousand miles of the homeland of our foe, and he would be at our doors. All I beg of you to believe is this: The tremendous task we stand in front of now is simple in comparison with what would face us if this issue between the forces of Germany and the forces of Britain and France should end in disaster for those who are at once our allies and our kin.

Let us not lull ourselves into false reasoning by any theory that duty in this crisis arises out of sentiment alone. Why, duty today arises out of our will to live. If we have a will to live and to preserve the reasons why we want to live, then we must build everything behind those great powers who have defended for generations the citadel of liberty and have led the world along the path of light. If the dark day comes—I mean the day of final darkness—then everything we have preached and everything we have debated will be forgotten, and the state of our minds and the anguish of our souls will be a thousand times more bitter than what possesses and distresses us now. If we do not win this war on the banks of the Rhine, we shall have to fight it on the banks of the St. Lawrence and the Mississippi. We may far better take advantage of the light we have and learn the lesson which that light reveals. We can then get the meaning of this thing into the minds of all our people, of all who are willing to think.

I say no more. But as we square ourselves for the task ahead, as we stand erect and commence the long journey through troubles, through trials, through tragedies, through blood, let us not forget that others of our lineage for the same great purpose have trodden this path before. Let us remember every hour the two great nations from which we spring, the two great nations who today stand at the side of Poland, the two great nations who have set out together to preserve the treasures of civilization in the only way they can be preserved, to save the altars of liberty, the altars of religion, the altars of democracy, from destruction by pagan force. To the heritage we derive from those heroic peoples let us all be true.

Business Men's Branch, Canadian Legion
BESL, Military Institute, Toronto
April 3, 1940

WHAT I SHALL SAY TONIGHT will not add to my popularity, if such a thing exists. But, having in mind in overwhelming measure the portentous events of this time, I am going to tell you what reflections are weighing on me now. They differ from those which occupy the minds of most of our people.

You are the Canadian Legion of the British Empire Service League, and I take it that you feel just as I do about the British Empire and what it means to this world and where we would all be if the trident of that empire should fall. I am wondering—and this wondering I will try to explain—whether our western continent has any conception of the truth, and of how vital to us is this matter of whether or not the British Empire triumphs. It is always a fact that a condition of affairs which has existed all our lives and back into history is just taken for granted; that such condition of affairs, solid, as it seems, in the very fabric of the universe, is going to be forever dependable and existent just as now. For more than a century the whole economy of this world has rested pivotally upon the British Empire. Peace, which was the glory of the last century, peace, under the aegis of which this Dominion became a nation, the United States became a mighty nation, very rich and very great—that peace was created by the might, and preserved by the might and by the liberalism, of Britain. There always has been and there always must be one great country which maintains conditions under which civilization can thrive, or under which civilization is throttled. For nearly two hundred years that country has been Great Britain, and other nations far and near have taken Pax Britannica for granted, without even acknowledging that the sovereignty of Great Britain has been, through their history, the keystone of their liberty.

This supremacy, if you call it such, of the British Empire was very seri-ously threatened a quarter-century ago. Had it fallen, the world would not have been the same as the world we live in. Because of the old-time tenacity of British people, because of the courage and sacrifice of France, and later the help of the United States, we were saved from a fate which was so close. It is now challenged again.

Perhaps I should not ask you to accept alone the conviction of one who is so British as myself. I know of no authority on this subject anywhere high-er that the authority of a great Frenchman, who is one of the world's first writers, certainly one of the world's foremost students, and who has given his estimate of what Britain means to this generation. Andre Siegfried is a Frenchman—not a drop in his veins save the blood of France. He is one of the most travelled men I know. He has written a famous book *America Comes of Age*, and many more. Very lately he has put on record his ap-praisement of what Britain means to his own country and to others. I am going to read, not from his best-known work on the same subject, but from his last, published as an Oxford Press pamphlet, *World Affairs*.

He says this:

> Little by little, I have come to understand that the conception of the Brit-ish Empire does not concern only the British; Western civilization and the white race itself are jointly interested in its continuance, good health, and prosperity. The jealously of some other countries has contrived to obscure this idea, but today, when the very foundations of the liberal civilization of the eighteenth and nineteenth centuries are shaken and threatened with ruin, I, a Frenchman, count it a duty to point out what the British Com-monwealth means to the world.

Further and more specifically he says:

> Not less than Europe, the United States profited by the existence of this empire which undertook in the world certain functions that the United States had nei-ther the desire nor, for that matter, the immediate capacity to discharge. Some power was needed to undertake to police the seas and to support the prestige of the white race before other races. That Britain should undertake this ap-peared to the Americans entirely natural and, on the whole, very useful. It was necessary, also, that some nation should occupy itself as agent, middleman, universal distributor. Absorbed in the immense task of settling a continent, the Americans left willingly to the British an international economic task for which they felt themselves ill-equipped. What is singular is that American opinion had no awareness of this situation: its approval of the British system was tacit, and perhaps it would have been startled if anyone had pointed out to what ex-tent the British Empire was needed for the normal development of the United States. About this time a very popular little game in the New World consisted of twisting the tail of the British lion.

Listen also to this:

> It is surely not extreme to say that if, in 1917, the United States entered the war at the side of the Allies, the reason was that American leaders realized that the defence of the empire was necessary for their own security ... It is very evident that, if the white civilization is to maintain itself in the world with the supremacy which it has today, a power of imperial scope is indispensable, a power willing to assume the political and military burdens that the defence of such a position involves. Britain is this power. One trembles to think what a really serious defeat would signify tomorrow.

One more quotation—the last:

> It is also necessary to envisage a further hypothesis, that of another power of the white race substituting itself for England in the economic guidance not only of Europe but of the world beyond Europe. As we know, Germany was a candidate for this function; she made in 1914 and in the preceding years several efforts with a view to taking for herself an imperial position, not only on the European continent but in the world. To this program we cannot doubt she always adheres. Now it is certain that a planet dominated and ruled by Germany would be entirely different from what we have known until now under the British leadership. Perhaps the material results would be remarkable, but at what price? Would not constraint succeed liberty, and should we not see disappear some of those human values which we justly regard as the most authentic evidences of progress?

Those words were written in the early fall. Those words were written before the butchery of Poland. I wonder had he written later would his forebodings not have been still more harassing and more terrible. I wonder if we, who feel a certain security because of the width of the Atlantic, have any notion what colour of sun would rise tomorrow if the Maginot Line were broken. Only the other day someone told me, and will be telling you almost any day of the week, that we are all right, as we have the United States to protect us. I do not feel all right. It is not very long ago that I read an article by a former president of the United States, in an American magazine, in which he extolled the security of his nation and said that should the democracies in Europe go down, the task would so strain Germany that this continent would be safe for a quarter of a century. Has he or have you any conception of the terms of peace in the event of a German victory? Can you imagine a peace which would exempt from domination one single island in the Atlantic? Does not such domination mean immediate war for us all? When peace is dictated by triumphant German, South America will be a thousand miles nearer the new war bases of the Reich than that continent will be to the United States. Nazi organizations all over this hemisphere will find fertile soil. In the name of reason why don't we take a look at stark realities and think? Can any person of common sense imagine a Europe, an Africa, in the grip of Hitler, the one-time British Fleet directed from Berlin, and a free continent over here? Talk about wishful thinking! It is stupid. Before that hour strikes, the Nazi fifth column will be a powerful column right from Cape Horn to Hudson Bay. There will be a thousand Danzigs all over this continent. In such a plight there would be seen the United States and ourselves, or what is left of us, facing European dictatorships in the pride and arrogance of triumph. I beg of my fellow-countrymen to think. We are right now in a struggle which can only end in the collapse of our civilization or in victory for the British Empire.

There are many who are comfortable, or say they are, because we, ourselves, are not going through a bath of blood; who complacently assure us that Britain is winning the war by her blockade. I am not here to criticize Britain—at this hour I could not if I tried. Would that we could handle our affairs as she is handling hers. Would that one could witness all around us more of a passion to help our defenders and less of a disposition to find fault. Would that those who, throughout the United States and Canada, attacked the failure of the Allies to rush to the defence of Finland, had had the common sense to wait until they knew the truth—until they knew what in fact had been done and what would have resulted from the violation of Scandinavian neutrality by forcing a march over Scandinavian lands. It is always a tendency of human nature to criticize where criticism is safe. I am not here to decry the course Great Britain is taking, but I do not believe that the arm of the blockade is enough. It is true that German imports are virtually cancelled, but in the United States, the country which has most to lose because it has most wealth—in the press of the United States it is stated that while exports to Germany have decreased in five months of war by sixty-three millions, exports to countries around Germany have increased sixty-eight millions. I mean exports to countries such as Hungary, Switzerland, Belgium and Yugoslavia—exports composed in the main of cotton out of which they make explosives, and iron and steel out of which they make guns. Everyone knows where those exports are going. These papers tell us, almost in a spirit of boasting, that they are beating out the British blockade. When you see Argentine exports to Switzerland going up in two months— January and February—from 417,000 to 7,000,000 pesos, and Argentine exports to Italy going up from 2,452,000 to 11,800,000 pesos in the same period, it is time to get the meaning of these things into our heads. We are out on a long, rocky, bloody trail, and we are not working at the job. We have not summoned our courage to the height—it just isn't our duty.

There is one psychology, and one only, that dominates the whole atmosphere of neutral Europe—the psychology of fear. Can you think of any other reason why Norway and Sweden did not allow Britain and France to go to the rescue of Finland? Over the whole neutral world there is a prompting to keep out, to say the job must be done but let other people do it—a desire not to get hurt. I am not sure that this sentiment does not account for much that we see in Canada.

Truly we are a great country, full of autonomy and status and what one of our leaders has called "the hallmarks of sovereignty"! Hallmarks do not matter at all. What matters is the very citadel of our sovereignty, the security of our existence, the foundations of our liberty. If Britain is ready to train 100,000 airmen here—if Britain can train them better than we can, and heaven knows she can, then who cares who trains them? Two years of delay in this paramount task may mean two years' slaughter of our sons, and may mean even worse. But we are full of vanities and imaginings about out stature, and we boast and our eyes glisten.

We have been seven months at war. Not one man enrolled in the name of this Dominion has yet seen the face of an enemy on land, on sea, or in the air. There is no war spirit in Canada. What is the use of fooling ourselves? What do we see on every hand? Strikes, threatened strikes, holidays, sports, elections—these are the order of the day. There has been no war leadership in this country and there is none now.

To my mind, the insolent dissolution of Parliament and the forcing of an election on a party basis was a cardinal sin against both the Dominion and the empire. A bitter party fight was inevitable, and a bitter party fight was a catastrophe. It split in two the war support of Canada from coast to coast. It weakened the arm of this country for months or years. Is the government today drawn from every element that stands behind this war? It is not. What we should have is an administration representative of every patriotic element in the Dominion. From then on, no more elections, nothing but the persecution of the war.

What did we hear in the late election? One leader in Saskatchewan was saying that some wanted to fight without limit; some did not want to fight at all; he was in between—for moderate participation! Another leader in Quebec was saying he would fight so far and no farther; he would never go the length of financial embarrassment! You cannot win a war by talking about what you won't do. The moment we send an expeditionary force to face the German line, we are bound to stand behind those men. We have no moral right in the world to send one man to face the enemy, unless we make it our duty to stand behind that man, and stand behind him whatever the crash of events and whatever the cost. There was never a victory won except through determination to win. A man by the name of Paychek went so far and no farther, and we are in the same mood. We take victory for granted—far too much for granted. Just think of tomorrow if the Maginot Line cracked. Well, if I know anything, our lives from that day would be worth very little. This is the time to go out to win. Every friend of liberty and decency should get under the flag and go on. Let me just suggest that some moment a year hence, two years or longer, you hear over the radio that the dread hour has struck, that the line has broken, that the British Fleet has gone down in a storm of fire and a sea of blood. Where then will the leaders of Canada look for salvation? The twelve months to follow would be of such a world-rocking type that none of us would feel that we were living on the same planet.

With all my faith in British tenacity, I pay tribute to the gallantry and skill of the army of France. But there is a limit to all things mortal. You remember 1917, when France was hounded close to the door of destruction, blood streaming from her veins, not far, not far, from the breaking point. Thousand of Canada's sons went through the Gethsemane of Passchendaele, but France was held together. Are you not thinking that this might happen again? Someone has said that we will win the war with guns and not with men. When I see millions called to the colours in Britain after only seven months of war—when the voice of France's new premier calls out for men and more men—when armies are gathering in the East millions strong—when there are danger spots in the Balkans—don't tell me that we do not need men.

So far there is nothing for us to boast about. There is a lot we can do. We are a considerable country, but the people of the Dominion of Canada have to get some realization of the nature of this war. We have not yet put forth our strength or a fraction of our strength. We need men. We need guns. We need munitions. We need everything, and everything else can stand aside until this country wages war in the spirit and with the might that these awful times demand.

CHAPTER 7

Reluctant Leader 1941-1942

Regina Leader-Post
February 14, 1941
Study in Solitude

SENATOR ARTHUR MEIGHEN IS BECOMING a singularly lonely figure in our political life. What strange willfulness drove him to erect his own Chinese wall separating himself from the vast majority of his own countrymen?

For that is what Mr. Meighen seems consistently to have done in his public speeches during the war. Particularly is it true of his recent remarkable utterance in Toronto. It so happens that Right Honourable Ernest Bevin and certain other Labour ministers in the Churchill cabinet have been making statements with respect to post-war British economic policy that Mr. Meighen finds profoundly disturbing.

They feel evidently that the government will have to become a more active agent in assuring a fair deal and greater social security for the broad masses of the people.

Hence the senator's astonishingly reactionary warning:

"If property, profit, the reward of toil, the fundamental instinct of the human race to gain, to acquire, to have, to reach somewhere, is taken away, then I for one do not feel that we have anything worth fighting for."

Were Senator Meighen speaking for a great national party, such a statement would be a serious thing because of its obvious consequences for Canadian unity. But it is not to be supposed that he is speaking for anyone but his apparently frustrated self.

His attitude toward the war effort has been consistently destructive. He has concerned himself almost exclusively with unfavorable criticism of everything the federal government has undertaken without offering any practical alternatives. That a leader of his recognized ability should act as he has at a time when sound counsel and direction are needed is a keen disappointment to his own party and to the public in general.

The essence of democracy is faith in the good sense of common people.

The British, it would appear, are determined upon certain changes in their manner of life. But it is highly unlikely that a people who cherish freedom as they do will ever peacefully accept anything resembling the type of regime which Stalin calls "socialism" in Russia. Mr. Meighen is wrestling with a nightmare; it will dissipate with the dawning of a new day.

Meanwhile in the United Kingdom, his old chief, Right Honourable R. B. Bennett, is wrestling with the far more real problem of aircraft production, unperturbed by the awful omens and portents that Senator Meighen sees from afar. Deeds are often more eloquent than words and Mr. Bennett has demonstrated forcibly that he sees in the issues of this war something eminently "worth fighting for."

Nor should this be deemed remarkable. It will be remembered that Mr. Bennett wrote some far-reaching social legislation into the statue books, albeit the courts treated his New Deal in rather cavalier fashion. The former Conservative chieftain said at that time, "The old order is gone. It will not return."

Lest there be any doubt in the matter, he added (and surely Mr. Meighen must have writhed at the words): "In my mind, reform means government control and legislation. It means the end of laissez-faire."

Senator Meighen may if he chooses continue building his Chinese wall; the nation will scarcely be interested. It is primarily concerned with the present tasks of winning the war. But the need for post-war reform is by no means being lost sight of. To believe that the future must simply be a reincarnation of the past, is to be both blind and selfish. If the era to come is not to be broader and finer than the past then indeed will the war have been fought in vain.

Regina Leader-Post
February 24, 1941

Mr. Meighen Replies

Sir, —Someone has sent me a recent editorial in *The Leader-Post*, entitled "Study in Solitude."

Though this emanation give little evidence either of the illumination of "study" or of the introspection of "solitude," its crafty misrepresentations call for a reply.

You quote the following short extract from a speech I made lately at a meeting of the Federal Charities in Toronto:

"If property, profit, the reward of toil, the fundamental instinct of the human race to gain, to acquire, to have, to reach somewhere, is taken away, then I for one do not feel that we have anything worth fighting for."

On this sentence, which seems to me to express a truth which no person who is both honest and intelligent would dispute, you base a diatribe of peculiar malignancy and bitterness. First of all, I would like to ask you: Do you, yourself, dispute the truth of the sentence which you quote? If you do, be good enough to tell your readers what is wrong with it, and particularly in what respect it is false. I have challenged more than one editor already who has given place in his paper to correspondents whose rantings were similar to your own, and have never received anything in return except an acknowledgment that what I said was right.

Indeed, in your editorial you, yourself, say that to think of such a thing as I describe taking place is "wrestling with a nightmare." One would hardly think that to bring about something the very thought of which is a "nightmare" was worth the blood of our sons.

You may say that a people who cherish freedom will never peacefully accept "what Stalin calls 'socialism'." What is the difference between saying this and what I said? When Mr. Bevin, along with others of the Labour Party of Great Britain, say that they are in favor of "socialism in our time," I fail to see why I should be made an object of editorial Billingsgate for taking them at their word. "Socialism in our time" has for years been on the masthead of the Labour party of Great Britain, and judging from the speeches of its leaders even since they entered the Churchill government, is there to this day. If you know of some other recognized form of socialism of a wholly different character and colour from the socialism of Stalin, it would be interesting if you would define that form and define it not in the language of vague electioneering platitudes, but in definite, meaningful terms which can be translated into legislation.

You seek to make it appear that I spoke against "a fair deal and greater social security of the broad masses of the people," and that I was arguing that the future must be "simply a reincarnation of the past." In using such language, you were not speaking the truth. I made it very clear in the short speech I made that I was by no means satisfied with things as they stand, and went so far as to say that as soon as any specific legislation could be shown to lead to a wider and more equitable distribution of the world's goods among the people who work therefore, that moment the case for such legislation was established. I said that if socialism is to be substituted, it would have to be accompanied by force and had always been so accompanied. It would be difficult, I think, for an editor who regards the very thought of socialism as a "nightmare" to logically deny the truth of my words.

You are equally far from fact in your scornful references to what you describe as my "consistently destructive" attitude toward the war effort. I am enclosing three pamphlets containing five speeches which I have made in the senate—the only ones on the war effort in general—and I would be glad if you would select any portion from these somewhat extended remarks which you can truthfully describe as "destructive."

Your readers would no doubt be amused by your attempt to contrast unfavourably my position with that of Mr. Bennett. You have apparently suddenly developed an admiration for Mr. Bennett, and especially for the following sentences which he used not long before his defeat in 1935: "The old order is gone. It will not return." Very shortly after he used those words, *The Leader-Post* became feverishly active, not to get rid of the "old order," but to get rid of Mr. Bennett.

Yours truly,
Arthur Meighen
Toronto, Feb. 18.

Regina Leader-Post
February 24, 1941 p. 11

Senator Meighen and the Future

Elsewhere on this page appears a letter from Right Honourable Arthur Meighen in which the senator takes *The Leader-Post* to task for its recent editorial, "Study in Solitude," and charges us incidentally with craft, malignancy, bitterness and misrepresentation.

The article in question was based upon a speech by Senator Meighen in which the following passage occurred as a commentary on the need for post-war social reform as advocated by Right Honourable Ernest Bevin and other British leaders:

"If property, profit, and reward of toil, the fundamental instinct of the human race to gain, to acquire, to have, to reach somewhere, is taken away, then I for one do not feel that we have anything worth fighting for."

Mr. Meighen desires to call attention to a fact which was certainly not widely publicized and which we emphasize now in fairness to him and because it rather modifies the impression which the quotation *in vacuo* seems generally to have created. He made it clear, he writes, that he was "by no mean satisfied with things as they stand, and went so far as to say that as soon as any specific legislation could be shown to lead to a wider and equitable distribution of the world's goods among the people who work therefore, that moment the case for such legislation was established."

Very well. Yet the preceding utterance still appears to us objectionable and that for three reasons.

In the first place, the statement was tactless and inexpedient, tending to antagonize large groups of well-meaning citizens who are strongly in favour of the war effort and not satisfied with conditions as they have been.

In the second place, this war for democracy is being fought in defence of the right of peoples to decide their own destinies. If the British people really wish to achieve social change along the lines indicated by Mr. Bevin, that is clearly their right and privilege.

Finally the statement clearly conveys the impression that if the system of private enterprise is not to be maintained, the war is not worth fighting. To that *The Leader-Post* takes vigorous exception. Surely Mr. Meighen would prefer to live even under a constitutional socialist regime headed by his own countrymen than under the Nazi heel.

Hitler, prophet of Nihilism, stands for much more than an economic system, and as Mr. Meighen himself said in the Senate on Sept. 9, 1939:

"If the principles of Hitler are to prevail—and they will prevail unless the Allies win—then the world as we have known it will have passed away. It will mean not just another dynasty in Europe; it will mean another form of the whole constitution of humanity. It will mean that there is nothing left to us worth living for."

Let us be clear on one point. *The Leader-Post* has not and does not advocate socialism, though, like Mr. Meighen, this newspaper is acutely aware of existing inequalities.

It seems grossly unfair to assume that British leaders like Mr. Bevin and Mr. J. B. Priestley envisage anything resembling that which Stalin is still pleased to call socialism. That is a nightmare; a ghastly, blood-thirsty Asiatic despotism, repellent even to those not-so-squeamish people who once believed in Lenin. Can Mr. Meighen imagine any government in tolerant, easy-going Britain starving millions of its own people into submission, hunting down others with its Ogpu blood-hounds, maiming them in torture chambers, banishing them to the Arctic wastes, dooming them for political offences and without trial to labour on chain gangs building roads and canals?

If he can, his imagination transcends even his legal acumen. But that precisely is what Stalin calls "socialism" in Russia.

Finally Mr. Meighen denies that his attitude has been destructive; en-closes five of his senate speeches, invites us to select any portion which can be truthfully so described. We commend to our readers the addresses of May 21 and May 29, 1940, specifically. They consist very largely of fault-finding. He called the war effort "the scorn of many in Canada," inquired why our friends to the south should come in when we were "just going through the forms," and generally objected to what Mr. King had done or had failed to do in 1940, in 1938, in 1935, and even in 1921.

If that type of argument can truthfully be called "constructive," then obviously Mr. Meighen speaks a different language from that of this newspaper.

Regina Leader-Post
March 7, 1941 p. 15

Mr. Meighen Again

SIR, —I HAVE JUST LOCATED YOUR ISSUE OF MONDAY LAST and read your reply to my letter which appears therein. Firstly, I congratulate you on the much more reasonable tone which characterizes your reply as contrasted with that of the original article.

The sentence you extracted from my speech is as follows:

"If property, profit, the reward of toil, the fundamental instinct of the human race to gain, to acquire, to have, to reach somewhere, is taken away, then I for one do not feel that we have anything worth fighting for."

You still take objection to this sentence for the following three reasons, which I will answer one by one:

First, you say it was "tactless and inexpedient, tending to antagonize large groups of well-meaning citizens." The sentence was a very emphatic statement of opposition to socialism, and in it I defined socialism and defined it correctly. In your reply you, yourself, use the following language:

"Let us be clear on one point. *The Leader-Post* has not and does not advocate socialism."

Now, will you kindly explain why it is that for me to attack socialism is "tactless and inexpedient" and tends to "antagonize," while it is quite harmless for you to announce your opposition in equally definite terms?

Your second reason is worded as follows:

"If the British people really wish to achieve social change along the lines indicated by Mr. Bevin, that is clearly their right and privilege."

Will you tell me where I denied them this right and privilege if they wished it? You know I did not deny them any such right or privilege. I referred to a lot of loose talk about a "new world order" in Canada, and said that if it was to be the new world order envisaged and often advocated by the British Labour party and Mr. Bevin, I was opposed to it. You now say you are opposed to it yourself.

Your third reason is that even if private enterprise is to be extinguished, we should prefer to live under what you call: "a constitutional socialist regime" than under the Nazi heel. My contention, which I thought I argued out thoroughly was this: that there can be no such thing as a "constitutional socialist regime," for the reason that if the form of such a thing is erected it cannot function except by the use of force in all its manifestations. I showed that it had never been constituted in any country except by force, and maintained by force, and that the aggregate of the world's work as performed today by the world's millions can be achieved only in one of two ways: (1) by a reward to the worker in the way of property earned, or (2) by force. I do not think that governmental authority, however erected, which functions by force and bloodshed, and which is accompanied by starvation—for starvation has always ensued and must ensue under any socialistic regime—is worth the blood of our sons merely because the authors of these ghastly consequences are to be Anglo-Saxons.

I rather expected that you would employ most euphemistic language in describing some imaginary model of socialism. I, therefore, asked you not to indulge in the use of electioneering platitudes, but specifically to define in meaningful words, which could be translated into legislation, the form of socialism which you have in mind. From this very pertinent question you gracefully retreat. It would be pretty hard to translate the words "constitutional socialist regime" into a statute.

In your first assault on me you said that my "attitude toward the war effort has been consistently destructive." I sent you five speeches and challenged you to extricate from these quite extensive comments on war effort the features which you could truthfully describe as "destructive." You bring forward two, the first consisting of six words and the second of five. It was in your judgment destructive to say that Canada's war effort on that date (May 29, 1940) was "the scorn of many in Canada." Not only was the statement true, but the making of the statement by myself, and in various forms by thousands of others, resulted in what is admittedly a much greater war effort. Is this not constructive? You say that I asserted on the same date that we in Canada were "just going through the forms." In this you make a misrepresentation to your readers. I asserted no such thing. What I said was this (referring to the United States): "Read their press. They are wanting to know why they should go in when we are simply going through the forms." Do you deny that United States papers were giving expression to just that argument? If you do, please let me know.

The duty of an Opposition is not adulation of a government. That can safely be left to the "Leader-Post." An Opposition's duty is criticism, which results, or is designed to result, in better work. Such criticism is constructive.

Yours truly,
Arthur Meighen
Toronto, February 27

In Aid of British War Victims
Toronto, July 7, 1941

WE ARE MET HERE UNDER CIRCUMSTANCES quite unusual and for a purpose quite unusual. It is not in the thought of one of us present that this feast has been prepared for our own enjoyment, or for the benefit of anyone we know or can name, or primarily for the honour of anyone ...

Britain has set the example. To every one of those stricken countries, though besieged herself, she sent her aid. To every country that fights Hitler even now; she gives her help and gives it in treasure and in blood. "Play the man and do the right" is her only appeal, and the nation that responds she salutes and gives it the pledge of her ancient king: "He today that sheds his blood with me, he is my brother."

I observe at our table tonight a very creditable representation of natives of China. That message goes to the Orient, to the great nation from which you come. We do not forget that not for months, but years, you have occupied Japan busily by day and kept her awake by night.

If Britain's example had been followed; if her honourable approaches had been met by other powers with comprehension and with courage, this world would not be in the plight it is in at this hour. Greece would not be crushed; Yugoslavia would not be crushed; Libya would not be overrun. Selfishness is still the curse of mankind.

Canada herself has a long stretch of ground to cover. We can assume no superior mien. Too fast we cannot work—too much we cannot do.

In this war distance is our great delusion. We are mesmerized by a few hundred miles of water, across which we cannot see. We comfortably assume, though in our hearts we know it is not true, that even in this planetary convulsion it is some other people's fate that is in the balance and not our own. Roosevelt speaks the truth; Stimson speaks the truth; Wilkie speaks the truth: Knox speaks the truth; I make the statement that every man on this continent of acknowledged capacity who has been over there and seen with his eyes and read with his mind, tells the same story. It is a story of Rauschnigg, the story of Thomas Mann, the story of Vansittart, the story of Churchill. They tell us that Hitler and his Nazi hosts are out to enslave this world. Masters and slaves in the old jungle sense, that is in their system: that *is* their system and you cannot name one human being whose experience fits him to speak, in whose mind there is the slightest doubt but that with that system they mean to envelop this earth.

There are some who talk the language of puny localism, but examine who they are. The men I want to hear are men who have been on the scene, men who can look from the heights, men in the midst of action, men who have struggled with this monster—and these men all agree. Don't bother with people who talk in terms of wars long past and war technique long past and forgotten. The man who thinks that we can live here in freedom with all other continents in Nazi power, that man is only a nuisance. Who can describe the folly of him who would trust to our defence after the Atlantic is controlled by the enemy and after three-quarters of the fortifications of civilizations have been swept away?

We know what is in front of us—but we don't act as if we know. We send two divisions and a few airmen to the British Isles—and we struggle with words—we beg and implore a few thousand more to go. We say that there is our first line of defence. It is not. France was our first line of defence—France, Poland and Norway. Our next line of defence was in Greece, in Yugoslavia and in Libya. Those lines of defence have gone—they have passed to the enemy. England is not and never was our first line of defence—it is more like our last line. This I say, and let him think otherwise who will, but let him remember the warning: if that embattled fortress falls, in 1941 or 1942, our last line of defence is gone. You ask me—would I not still fight on? Certainly I would fight on, fight on the shores, on the hills, in the lanes, in the rocks, in the air, fight as long as a gun is left and a breath of life remains. But it is time we got over the idea that there are ramparts here and ramparts there between us and ruin. These ramparts do not exist. Our one defence is around the British citadel and there we have to go. These other things are delusions. Forty million brave people are gathered around that citadel as one man—and if we do as they do, dare as they dare, die as they die, if die we must, that citadel never will fall. There is no roundabout route to victory by packs and committees and canals. There is nothing but a hard, rough, agonizing bloody road between us and the precipice, and the time is short.

A few moments ago I mentioned Sir Robert Vansittart. He speaks from the vantage ground of long contact with Germany and the Nazi rule. Let everyone read his pamphlet, *Black Record*. There the history of this will to destroy and to enslave is traced for centuries. More than a hundred years ago Heine expressed it thus:

> Christianity—and this is its fairest merit—subdued to a certain extent the brutal warrior-ardour of the Germans, but it could not entirely quench it; and when the cross, that restraining talisman, falls to pieces, then will break forth the frantic berserker rage whereof northern poets have said and sung so much... The old stone gods will then arise from the forgotten ruins and wipe from their eyes the dust of centuries, and Thor with his giant hammer will arise again, and he will shatter the gothic cathedrals... When you hear a crash such as never before has been heard in the world's history, then know that at last the German thunderbolt has fallen...

Now, in our day—right now—that German thunderbolt has fallen—after four other wars begun by them had devastated humankind. Fight this thing we must—for if you and I could only get up close and see the horrors of German mastery, not one of us would want to live if Hitler wins. Those horrors are on a hemispheric scale—their brutality, their beastliness, baffles all description. Nothing of the cruelty of the Middle Ages can compare remotely with the Gestapo and the concentration camp. Those who ought to know, and without question do know, tell us that if this thunderbolt overwhelms us, the clock goes back a thousand years and stays back for a thousand years.

For twenty-two months and more Britain has stood against this holocaust, and for thirteen of those months she has stood pretty much alone. Many have helped—her dominions have helped. It can be said that all of them, or all but one, have done much, but there is an awful lot we have not done. Reasons could be given yesterday; reasons can be given today—this fear and that fear can be held to view. But no reason is good enough, and there is no fear that cannot be hurled aside and must be hurled aside. We are not full out, and we have to go full out and go where the battle is, and go now.

Get a view tonight of the people overseas whom this fund tries to help. There they are, in grips with the foe, their precious possessions desecrated, their homes one by one in ruins, their children buried alive, their ships sinking, their food threatened, but cheerful, clear-sighted, grandly led, adamant in their resolve; their women militant as their men, giving blow for blow and preparing to give two for one. Over there heroism is not isolated, it is in the mass. They know they must lead and endure the worst. They know that on them hangs the fate of mankind. Vansittart applies to those people the fine verse of Housman.

> They stood and held the sky suspended,
> They stand and earth's foundations stay.

Every man, woman and child in that island is arrayed, he says, against the brazen horde. They understand the cry of Atlas; they are conscious that if they fail the heavens fall and the human spirit sinks under a second flood—a flood without an Ark. Those are the people we are asked to help and that we are bound to help. Surely never was an assault more brutal in the annals of mankind, never was a threat so terrible and so universal, and never were fellow-beings so deserving, in the long history of human suffering and human heroism.

Sir John A. Macdonald

Address delivered on June 7, 1941, at a commemoration service
held at Kingston, Ontario,
to mark the fiftieth anniversary of the death of
Sir John A. Macdonald, June 6, 1891

THE FOOTSTEPS OF TIME MOVE FAST, and how short the term of life—very brief it is to those who are eager to toil and to achieve.

The thought now, though, deepest in every mind must be—how short, how narrowly bounded its human vision. Here in this place, hallowed by every Canadian, we meet fifty years after his death to do honour to the man who more than any other founded our country, and we meet under the shadow of the blackest clouds that ever overcast this world; we meet amid the fires, the thunders of war, distant perhaps in space but not in meaning, threatening all we possess and all we are. Sir Wilfrid Laurier ascribed to Macdonald as his highest attribute a far-reaching vision beyond the events of his time; but not to Macdonald, or to any statesman of his era, did there come into contemplation any such tide of tragedy as rages in our day. We ourselves, let us confess, cannot pierce the future even as far as our fathers did, for events become swifter and bigger as man's mastery over nature becomes more and more supreme.

We turn aside for a mere moment to pay tribute where tribute is due and to gain inspiration if we can, courage if we can, wisdom if we can, at the fountain of history.

If it had been given to the penetrating mind of Sir John A. Macdonald to see beyond the veil and to foreshadow those strains and perils which now surround his country, I am not sure that his course at any stage of his career could have been different from what it was. He was a Canadian, struggling with the diversities and jealousies of far scattered people. With him it is true Canada was first. Sir John Thompson said that his chief's daily thought was expressed in Webster's words: "Let our object be our country, our whole country, and nothing but our country." His true and deep Canadianism was to him "a pillar of cloud by day and a pillar of fire by night." But with him Canada was first not in any narrow sense of singleness or priority but only in the sense of his own immediate duty. Never at any time did he lose sight of, or subordinate to a selfish Canadian purpose, the oneness of our interest the oneness of our security, and the oneness of our destiny with the British Empire. From the first message to his people, delivered in this City of Kingston in 1844 to his last great appeal in the year of his death, he never ceased to affirm his conviction that our prosperity rested on the permanence of our place in that empire and that our freedom as a nation depended on its unity and its strength. In this he was powerfully supported by his colleagues from French Canada, who loved him and shared his faith. They knew well what we all know in our country and what the crashing events of this hour are driving home to every quarter of this continent—that the cornerstone of liberty must not be broken if liberty is to survive; and that cornerstone is Britain. We do honour to him here as the father of our Canadian Confederation, but right in the heart of England, in the Cathedral of St. Paul's, honour has been rightly done him as one whose services to the empire deserved to be ranked with those of Wellington and Nelson.

Legend and biography are full of tales which illumine the personal life and reveal the personal charm of Macdonald. Those qualities we describe as human were his in almost incomparable degree. Of these we have heard today. We have read of them for half a century. Never have they found expression in terms so graceful, so memorable and so generous as in that immortal tribute paid him in the House of Commons by Sir Wilfrid Laurier. Not even the rich and stately eulogy delivered by Sir John Thompson at Hamilton in 1893 can last as long as Laurier's great speech. We are not likely ever to forget the salute to "Canada's most illustrious son," the story of the devotion, ardent devotion, and affection with which he was followed, of the "inner, subtle, and indefinable graces of soul which win and keep the hearts of men," of the angel of death touching him with his wing, of his struggle against enfeebled health and declining strength, until the hand of fate pinned him to his bed to die. We read in many places of his tact and his urbanity, of the amiability and gentleness of his nature, of the kindness, humour and forbearance which seemed the only weapons he would turn to attacks from those who should have been his friends. From every source we learn of his patience, his unbounded and unending patience. These are virtues possessed by a few—a very favoured few—but possessed in equal degree by Sir John's great rival and successor. They are virtues in public life of almost unbelievable importance, virtues valued most by those to whom they are denied.

The gifts I have just described helped him tremendously—they helped him to office, they helped him stay in office, they helped him in the supreme art of governing men. But do not make the mistake too often made of thinking that these talents stood alone, or that they were the basic and enduring talents which accounted for his usefulness to Canada. The truth is he was the most practical of men, a toiler, a builder devoted indefatigably to getting things done. No one can read his history, his letters, and especially his speeches in Parliament, without realizing the comprehensive grasp of facts, the order with which, under his hand, those facts fell into position, and consequently the firmness of conviction with which he could drive home his conclusions. Contrary to the general belief, he could reason just as well as he could appeal. His mind was quick, clear and vigorous, his nature earnest and tenacious; without these solid qualities he never would have reached the place he occupies in history as a parliamentary leader.

A reading of *Hansard*, or of discussions outside Parliament, shows a marked difference between the methods of Macdonald's day and of our own. Into the causes I will not enter except to say that universal suffrage may be one. Whatever the reason, you will search in vain among the speeches of Macdonald or of his contemporaries including, of course, his opponents, for anything in the nature of a class appeal. He assumed and they assumed that the good of the state was the only talisman, that, next to the safety of the nation, the main objective of legislation must be to help those who need help most, to give opportunity to the unadvantaged, to encourage and assist those who are down to rise. They knew, and they assumed everybody else knew, that as soon as it could be shown that any article of policy would contribute to this end, that moment a case for such policy was made. From this point of view they argued the merits of whatever legislative step was in issue. They did not consider it the part of necessity or the part of honour to attribute other designs to their foes. Never will you find in the speeches of Macdonald or of his Opposition those attacks on the successful few and that flattery of the many, accompanied by portraits of heaven, which abound now in the orations of more countries than our own.

When the time came to Macdonald for an appeal, he made it; and it was a manly appeal and a very effective appeal. Sir John Thompson quoted one of these efforts, made at a time of great difficulty and danger. It may not be a finished literary production but it would be hard indeed to conceive of anything more admirably designed to rouse the loyalty of his friends and recover wanderers back into his fold:

> I have fought the battle of Confederation, the battle of Union, the battle of the Dominion of Canada. I throw myself upon the House. I throw myself upon this country, I throw myself upon posterity, and I believe that, notwithstanding the many failings of my life, I shall have the voice of this country and this House rallying round me. And, sir, if I am mistaken in that, I can confidently appeal to a higher court—to the court of my own conscience and to the court of posterity. I leave it with this House with every confidence. I am equal to either fortune. I can see past the decision of this House, whether for or against me, but whether it be for or against me, I know, and it is no vain boast for me to say so, for even my enemies will admit that I am no boaster, that there does not exist in Canada a man who has given more of his time, more of his heart, more of his wealth, or more of his intellect and power, such as they may be, for the good of this Dominion of Canada.

Sir John Macdonald does not stand alone in the galaxy of our eminent men; but his greatest rival, to his eternal credit, has awarded him the primacy among the founders and builders of our nation. For the heavier tasks of today there is more to be learned from him than from any other. If we govern ourselves, each one of us, by the principles which governed him; if we work as he worked; dare as he dared; and follow the star that lighted his life, we will serve our country as we ought to serve it and, with God's help, we will save it.

A Profession of Faith

over CFRB, Friday, January 16, 1942

THE SUBJECT UPON WHICH I SPOKE to you last week—a truly all out war effort—is the subject that should absorb the minds of us all; indeed, that must absorb our minds, if we are to do our duty and save our nation. Other matters are raised by the CCF in South York. You are entitled to know my position on them and I shall state it: but I beg of you, one and all, not to forget the truth of the sentence with which this short address has opened.

It has not been my habit in life to colour or distort principles in which

I believe, with the idea that they must be so shaped as to be popular. I shall not do so now. With all deliberation I say that democratic institutions cannot long survive unless public men proclaim honestly, and expound fearlessly, what they believe, as the outcome of experience and conscientious thinking, to be for the public good. The temporary results to themselves cannot be considered. Time, though slow in coming, will some day vindicate the right. There is more worth living for in the vindication than there is in office or honours.

My purpose is to state my convictions simply and plainly. It is not to quarrel with those who think otherwise. The vital necessity now is to agree on things of immediate and mortal consequences, to get together and see that those things are done. Other matters which must obviously wait until the war is over to be decided can surely wait until then to be debated. In Britain they are not wasting their energies and dividing their people over these other matters now.

That said, here is my profession of faith. I am an individualist. I believe in freedom under law; and I believe in that prized and precious inheritance in all its fullness and with all its implications. Law means, of course, law made by the people's representatives freely chosen. It must have for its objects, first, equality of opportunity for all without distinction—for all ready to do useful work with hand and brain; second, control and restraint of the citizen to the full extent required to prevent injustice to others; third, subject to such restraint, the right of self-expression for every man and woman—self-expression in word and act and life.

This is our inheritance of liberty, to preserve which our ancestors have fought through the centuries, and we fight today.

But, while I am an individualist, I am far from saying, and never have said, that we have managed what may be called our individualist system well. There have always been defects, and grave defects, as there are in all things human. Further, and with emphasis, it must be said that the swift evolution of machine production and the accompanying growth in the power, numbers and impact of companies on national life, brought about, in pre-war days, and especially in the 1920s, an era of exploitation and speculation which was not properly controlled in this country or in other countries, and where the public was inadequately protected. In that defect was one important cause of the prolonged depression when all suffered, and particularly the workers suffered. Long lines of unemployed walked angrily through our streets and through the streets of almost every land, and the fault was not with the unemployed. No one measures the gravity, yes, and the difficulty, of this problem more seriously than I do, and no one can be more resolved than I am that those lines of workless men and women, those days when opportunity disappeared from their lives, shall not return. To wish and demand is one thing; to think out practical remedies is another. How many confine themselves to wishes and demands!

More than one reform will be needed. I believe, for example, that there should be an authoritative body brought into being, to whose jurisdiction all companies must submit. It should be a body vested with powers similar to those exercised by the Securities and Exchange Commission of the United States—a body which will control promotions, reorganizations, mergers and the like, to the full extent that the public interest demands; which can and will prevent exploitation and ruthless financialism in whatever sphere. Further, there is nothing more important in providing evenhanded justice than to see that the people's savings are as secure as laws can make them secure. I have made suggestions looking to the better things in this direction. More than one of them the present government has adopted. I am convinced there must be more thoroughgoing supervision of corporations' activities all along the line. These specific steps, I think, are right, and I shall try to advance them into law. In general I favour all reasonable and useful social reforms.

As one who believes in the betterment of the system and not its destruction, I cannot express my own views more clearly than in the words of Wendell Willkie:

> I know that this system has been abused—and abused most by those who have gained most from it; that under it the good things of life have been concentrated in the hands of too few people; and that its benefits must be shared by all men or it will not survive. But I believe that by wise legislation and human social controls the system can be made to function for the greater, not the lesser, good.

I now repeat a statement I have many times made in public: The moment it can be shown that any proposed legislation is designed to distribute more equitably the good things of life among those who toil therefore, that moment a case for such legislation is made.

Extravagance is burdensome and makes for inefficiency. Economy should always be the watchword. Perhaps it cannot be the first, but it should be an ever-present consideration even in time of war. Our expenditures, we know, must be tremendous and our taxation must be high, and our taxation must be levied on those able to pay, and on an accelerating scale. For everything necessary in the way of taxes or other sacrifices to win this war, no rights of property or income can be allowed to stand in the way. Our material resources must be placed at the disposal of the state, as well as our manpower. All our possessions cannot even weigh in the balance against the lives of our sons.

There are those who say that I have opposed Excess Profits Taxes. This statement is wholly untrue, and I fear I must add, knowingly untrue. Excess Profits Taxes are a tax on the profits of companies, calculated on the earnings over and above an ascertained minimum base. Under our present law, this minimum base is arrived at by taking average profits for the four years which preceded the war. I have urged that the minimum base be arrived at otherwise, namely, that it be fixed at a certain low percentage, no matter what may have been the earning previous to the war. It will at once be seen that at present the method of fixing the minimum base gives great advantage to companies which were prosperous in pre-war years. It bears heavily on young or unfortunate companies which were economizing, in the process of building up their strength, and had little or no profits prior to the war. There should, I submit, be no advantage thus allowed the more prosperous concern. All should be treated alike. What I urged, therefore, was that if a company earns a small percentage—say 5 percent—it should bear an appropriate tax, and that in proportion as its earnings exceed this low minimum, its percentage of taxation should increase, accelerating as the profits increase—and this no matter what may have been the earnings in pre-war years. Excess profits are excess profits no matter how the minimum base is ascertained, and I urged before, and urge again, that the fairer method is to fix the minimum base the same for all. Further, more, not less, excess profits taxes would thus be collected. It is grossly unjust and patently untrue to say that to advance such a contention is to oppose the levying of excess profits taxes. Beyond the point just mentioned, there is no difference in principle on the whole subject of profits, between the present government and myself. The government believes, as I believe, that it is in the interest of the state to leave an incentive for efficiency, an incentive of profits however small, not because profits are sacred, but because to do so produces more goods and more revenue, and, therefore, is better for the state. The British government follows the same course.

Before closing, I feel justified in making an appeal. Surely this is no time for bandying about reckless and baseless aspersions on one's political foes. Particularly it must be said that nothing could be more destructive to the urge for united effort, so vitally necessary in the struggle we are in, for our lives and liberties, than to be fomenting antagonism between class and class. It should be remembered that these are the very practices which embittered and poisoned the politics of France, and paved the way for the ruin in which that proud and once powerful nation is now engulfed.

My opponents in this contest differ from me on subjects which are, admittedly, important, but I do hope that on the one subject which transcends all others—the persecution of this war with all its trials and sufferings, right through to victory, without limit, without reserve and without fatigue—they are, at this crucial stage of the journey, at one with me. With them and with all others who are so inspired, I am ready to join and ready to work until the last gun is fired. If we can get together and fight in the same ranks against the foe, we can win this war; if not, we may lose and we may deserve to lose.

My faith in Canada and its future is still unshaken. After we emerge in honour and triumph from the climatic clash of all ages, we can wrestle with our "isms" and our opposing views. I give my opponents, and all of you, the assurance that no one in that happy hour will toil harder than I will for better laws and brighter days.

War Forces Unite

over CFRB, Friday, February 6, 1942

I WOULD INDEED LIKE IF EARNEST and thinking Canadians would stand up now and take a clear view of Canada and of this tormented world. A very grave decision is to be made by many of those Canadians on Monday next, and it is of nothing less than infinite importance that they be seized with a comprehension of terrible realities which surround us.

The world as we have known it is being shattered. Vast areas already are crushed and broken, and unnumbered millions are being starved and enslaved. The tide of destruction is not receding. It is moving remorselessly over the universe, and week by week, month by month, its shadow looms nearer, blacker and more threatening. Nations one by one which sought to creep within the tent of isolationism have been struck down at their firesides and now have no hope left in life except to be some day rescued by those countries whose counsels they spurned.

Sister dominions of our own, who bravely went forth to give battle to the foe where best they could hope to defeat him, are now encompassed and imperiled. The enemy, ruthless, brutal and powerful beyond parallel in history must be beaten in Europe and in Asia and on the seas, or those sister dominions will fall. If we will only rise out of the murk and squalor of our miserable internal bickerings, the picture I have drawn is, in very truth, the picture we will see.

Those of you who listened to me over the air in two previous addresses, or who have heard me since in many public speeches, will know that I have sought to the utmost of my strength to drive into the minds and consciences of our people the tremendous, the imperious, and the absolutely inescapable, demand of the hour. Whether we like it or whether we do not like it, those demands call for union and for action; they call for union in a march forward. Those demands expose the dire dangers of division and delay. The only road to victory is forward, and forward we must go, or perish. There is nothing more fatuous and futile than self-satisfaction in the hour of peril. There is nothing more fatal than timorous counselling in the presence of a deadly enemy. There is nothing more treasonable than pandering to shibboleths and courting popularity when the life of the nation is in jeopardy. Of all the admirable thoughts spoken by Mr. Winston Churchill in his long life, that for which I honour him most is his recent forthright declaration to the British Commons that the sure road to defeat and death is to fight a war in the temperamental atmosphere of a Gallup poll.

Finance Minister Ilsley used this striking language two days ago: "The world," he said, "is in flames." He added that on the magnitude of Canada's effort might well hang the result of this whole stupendous struggle. He might have gone farther. I say the margin as we see it now is so close that Canada's conduct will decide whether we win or lose. In this state of affairs what do we find as we look around this Dominion? We find evidence wherever the eye reaches of failure to comprehend the utter peril we are in. We find evidence of waste of human energy. Thousands upon thousand are idle. Our streets, our offices, our dance halls, our theatres throng with young men and men of middle age, vast numbers of whom are not throwing themselves behind this struggle, or are finding it impossible to get a place to help or are heeding only the comforts and pleasures of the moment. Our recruiting officers plead in vain to fill the fighting ranks. Even our mobilized regiments have wide gaps that cry aloud for recruits and that spell rebuke to our system.

Those who know these limitations have to be removed must join hands to remove them. There are those in the government who want them removed. Some think one way and some think another, and they unite on a plebiscite to evade a decision. No people can be justly called on to vote in a plebiscite until at least they know what is going to result if the vote is "No" and what is going to result if the vote is "Yes." This the government refuses to tell us because on this very subject the government is divided, and the division is plain to the world.

A plebiscite at any time is un-British. It is the negation of representative government. Hitler has used the plebiscite, and other dictators have used it.

It is out of line with British tradition. It is a flunking of the Constitution duties of government and Parliament. When this plebiscite is over we are going to be not ahead but farther behind than we are now. It will not placate, it will feed the schism about which we hear so much.

There is always a right thing to do, and if ever in the life of man there was a time when the right thing had to be done, that time is now. No man knows how this plebiscite may result. Even if a majority should vote "Yes," there is no one, not even the prime minister, who knows what will happen then. If he announces then that the nation must stand up to its duties and go forward to total war, his difficulties in doing so will be as great as they are now, indeed they will be worse.

But, people of Canada! people of South York!—suppose the verdict is "No." Perhaps I should address myself to the Government of Canada. I say to them—Suppose the verdict is "No." Have you thought out what is going to happen then? Do you seriously propose that in that event we can keep on as we are? Do you seriously propose that the state of affairs which has brought the Canadian public to the frame of mind it is in today will then permit you to drift as you are drifting? Do you really think that when the clash comes which will shake this world, and our ranks are depleted, our reinforcements exhausted, do you really think that in that hour the people of Canada will tolerate that things shall still keep on as they are?

Remember, Mr. King, the hearts of Canadians are with their defenders. They are with their fighting defenders. You know they won't suffer those defenders to be deserted, and what is eternally important, you know they will be right. Have you considered this event, Mr. King? If not, I beg of you to consider it now.

Plebiscites in British countries are wrong, but of all questions the human mind can think of, the most dangerous one to go to a plebiscite is the question as to whether those who vote or those they love should be compelled to go to war.

People of South York! With all earnestness I say to you: These are the things that matter. You have four thousand of your boys in our army. Those boys cannot vote but you know how they feel. They want, and you want, this nation organized behind them and organized without restriction and without delay. You want—I am sure you want—your voice on Monday to call for total war. You can sound a note for Canada on Monday that will be heard from shore to shore. I hope your voice will be so strong and true that it will point the way for this whole Dominion. Make sure, I beg of you, that the verdict of South York will bring cheer to the men who have gone to defend us.

The Last Hundred Years

Address at St. Mary's, Ontario, September 13, 1942,
on the occasion of the hundredth anniversary of the town

IT IS AN HONOUR TO BE INVITED and a happiness to come back to resume the role of fellow-townsman. This role, I can assure you, was long ago much enjoyed, and this afternoon fond memory brings around one the light of those earlier days.

A century is but a moment of history. In these times, however, such moments are vibrant with great events. Mankind has travelled far and witnessed much in the past hundred years. Some think we have learned but little, especially of the true purpose and principles of living. If so, the conclusion is lamentable beyond expression or conception, because without any doubt at all, the penalties of failure either in thinking or in character become heavier as the complexities of civilization multiply.

In 1842 Canada was emerging from the animosities of an unfortunate rebellion, and was struggling with problems very similar to those which beset us still. In Europe nations were seething with social unrest—just the same thing that is all around us now. Poverty and want were rampant, far worse than we have ever known them on this continent. Britain had just launched herself on a journey toward universal suffrage, and very many believed that along that path was social salvation. They fondly hoped that with everybody voting the day of their worries would be over. Prophets of a millennium of social security were almost as numerous and just as confident as they are in our own time. Hope springs eternal—but somehow or other troubles never stay long away.

In the same year, 1842, India was the seat of Britain's anxieties. There were wars on her frontiers just as there are now, but oh, how small was the sum of the perils faced by Melbourne and Peel compared to those which today flame before the eyes of Churchill! Then it was a matter mainly of tactics; now it is a strain, and the very uttermost strain, on the manpower and willpower of the British nation. Then it was a choice of the wisest diplomacy and the least suffering; now it is a choice of life or death.

It was in that year that an English historian wrote his famous essay on "Frederick the Great," from which most of us have derived our impressions of that not very admirable man. One wonders what Macaulay would have written had he known that the creed of blood and iron pumped through German veins by that ruthless tyrant would harvest out since in the massacre of millions and the scourging of humankind for a century.

True enough, your hundred years of life have been only a moment, but how crowded that moment has been with wisdom for all who will try to learn. It has been crowded with lessons and it has been charged and super-charged with interest. The years have been prolific with inventions, with discoveries, with events, which to the end of time will grip the human mind.

In that period man has entered the majestic arsenal of nature and there has captured and brought forth for the service of his fellows her mighty forces—forces which for long ages had been hidden and unknown and which only nature could call into being. In that period we have seen those mighty forces set to work with high efficiency in tremendous mechanisms. We have seen these mechanisms naturally and necessarily falling into place in great units of production which absorb the savings of and help to support, millions of people. And we have watched those great units of production adjust themselves slowly and cumbrously into an economy of free enterprise—the same economy of free enterprise to which they owe their birth and under which alone a free civilization can survive. In the midst of this adjustment, with its inevitable and serious imperfections, we find ourselves today. But the ills which flow from those imperfections we can take care of and steadily remove, if only we keep our feet on the ground and our common sense intact.

In this same century the restless, buoyant human intellect has peered into the mysteries of that astounding spectacle we call the world. It has penetrated far and toiled with amazing energy and patience. It has brought back to us tales of wonders bewildering. It has told us of a universe of staggering immensity and incredible antiquity, beyond the powers of human language to portray or human imagination to conceive. No map will ever disclose to us even a segment of the heavens because any map upon which a speck the size of this earth could be seen with the naked eye would have to be as large as Europe. And yet, notwithstanding myriads of constellations, followed by myriads more and multiplied by myriads again, stretching wherever we look into endless space, we are told that only one, this little grain of dust we call the earth, is at all likely to be the home of man or of any form of life as we understand life to be—indeed, that before such life could exist on any other star, not only must a miracle have taken place but two miracles must have happened together. The all but indomitable intellect has reached out and examined the starry occupants of heaven and confidently informs us of the temperature of far-distant planets and even of their chemical components—all this of planets so far away that light travelling from them at the rate of one hundred and eighty-six thousand miles per second takes thousands of years to reach us.

The scientific mind returns from its journey through space to bend its light on the incomprehensible minuteness of an atom. The atom is held before us and we are told its character and conduct, and even composition, though the thing itself is so small as to be as far beyond our capacity to see as the Milky Way is beyond our capacity to reach.

Then, within the compass of these two extremes, which for want of better terms I call the infinitely large and the infinitely small, there has been revealed to us a biography of life in this our earthly home. And what a biography it is! We learn of its humble beginnings, its long struggle, its endless complexities, its abounding diversities, its pitiful frailties, its cruel strength. Over the ages we are carried in a recital of throbbing interest documented by evidence found in the footprints of onward-marching time, and in the end we are left in amazed wonderment by it all and more than anything else by the perfect conformity, throughout the universe of means to ends, a conformity which only nature can achieve.

When one lifts his head from the contemplation of these things, he feels himself prostrate before the unimaginable grandeur of it all and the all-pervading providence presiding within, without and around.

The more we learn the more there is left to learn. The vista of the unseen at once intrigues and appalls. Macneile Dixon, whose book, *The Human Situation*, is one of the great productions of this century, reports to us, after long biological study, that it is just as impossible for a man to understand a moth as for a moth to understand a man. "Before the mystery of memory"—for memory seems to be the deepest of enigmas—"Before the mystery of memory," he says, "all the sciences flee in despair." Yes, although what we now know is much and precious, and we salute men of science for conquests they have won and light they have shed, the whole seems to reveal more than anything else the vastness of the great unknown—the great unknown whose farther boundary recedes with every advance of knowledge, and still again recedes. Our learning, like our experience, is an arch "wherethrough gleams that untravell'd world whose margin fades forever and forever" as we move.

During this period, far from your peaceful town but within sight of every observant mind, tremendous events have taken place. In the middle of the nineteenth century, when you were just started on your journey, you saw the rise of democratic institutions in many lands—that is, of government by the people through parliaments freely elected. In Britain, in the United States, in France, and in the expanding British dominions, you saw these institutions grow into every appearance of maturity and permanence. Throughout nearly all of Europe and our own continent, through some of

Africa, and through much of South America they took form as the years passed, and in varying degrees acquired substance as well.

Those of us who are old enough remember how sanguine we were as we passed into the twentieth century that mankind at long last was coming into its own. But no such millennium was near. The people of a nation can make success of government by Parliament only if education is general and the level of honesty high. I mean honesty both of Parliament and of people, honest of character and of thinking. Without these the path downward is a Gadarene slope. Prejudice takes the place of reason; the demagogue finds himself with the handiest weapons, and too easily reaches power. It is an obligation of every citizen to read and ponder the last quarter century of French history. What lessons it has for us! We can think, as we look back, of nation after nation whose Parliament degenerated and passed away or became only a shell. Others could not sustain the shattering impact of war, and at a time at which in earlier days we had hoped to see the flowering of free institutions over civilized humanity, we witnessed instead their melancholy disappearance and the resurgence of selfish despotism. Even before the outbreak of this worst of wars, one could travel from the Atlantic seaboard in Europe all the way east to the shores of the Pacific in the Orient and never set foot in a country where democratic institutions had survived. They had been just houses built on sand.

Parliamentary government! Freedom! In the very hour in which you are gathered here to start your second century, what remains of this thing, this finest product of human aspiration and human toil, this hope, this last hope for the emancipation of mankind, is under the test of war. In Britain, its ancient home, in Britain, mother of freedom, in British dominions, in the United States—for these are its only strongholds left—it is going through a furnace of fire. Its fate hangs on an issue which at this moment wavers in the balance, and with it your fate and my fate and our children's fate. If the light that lit the century goes out, there is nothing left for us.

This is the hour to be true to ourselves, true to our history and our lineage, true to our friends and our Allies. Remember, we are in the fourth year and we have not yet started to win. We in Canada have to fight this war as if to win or lose depended on ourselves. Once a nation is in a fight like this, there is no other way to behave. The more our Allies do, the more we must do. Look at the United States: there is an example of a giant aroused. What they accomplished in the last war was not a circumstance to what they are doing now. Their huge industrial machine is rolling swiftly to the top of its might, and what is far more significant, within three, four or five months of the day they threw the gauntlet down, their guns, their tanks, their ships, their men were fighting in every quarter of the globe—no privileges, no preferences, no reservations. The nation was in it for its life and all men were servants of the state.

And what of Britain! What of Britain! When the great and ancient country, in the crash of 1940, in the blackest hour that ever enveloped this planet—when Britain shook her lone fist in the face of Germany, shook her lone fist in the face of the master of Europe, she made herself again the standard-bearer of human liberty; she made herself a shining beacon and the world's hope.

I cannot give you any recital of Britain's part in the conflict, taken from British propaganda, from literature poured forth to impress her great efforts on other countries. I cannot do so, because they send out no such literature. From a circular published by the American government I find this:

> Britain's armies have fought ten campaigns and garrisoned strategic bases such as Iceland, Malta, Gibraltar, India and the Middle East. Britain's fighting forces have suffered 183,500 casualties, 71 percent of all the empire's dead and wounded. Britain's navy, with never less than 600 ships at sea, has sunk 5,520,000 tons of enemy merchant shipping, and convoyed 100,000 United Nations' ships with loss of one half of one percent of those convoys. Britain's airforce fought and won the greatest air battle in history; its coastal command has flown more than 50,000,000 miles.

The old land has four and a half million men in her armed forces. She has four times as many serving out of Britain as have her four dominions together serving outside their countries. She has five and a half millions more in vital war work, and of these, one million are women. Women are being taken from their homes and put into essential war work at a rate of twelve thousand per week, and three-quarters of those women are married. The age of conscription for her men runs from eighteen and a half years to fifty-one. She has poured out the great bulk of her production to her allies, mainly to Russia, and to battle areas overseas. Her fighter planes and her bombers are as yet unmatched.

I lose patience with people who talk about Britain emerging wrecked and bloodless from this war and sitting powerless in the councils of peace, while others of the United Nations will sit there supreme. It is too soon to talk about councils of peace, but Britain has fought wars before. Stripped she will be of her wealth, drained she will be of her blood, but her abounding spirit will have soared to heights untouched in other centuries. The leader in victory will be leader of the rescued nations.

The century you have been through thrilled with interest from its opening year to this Anniversary Day. It was warmed and illuminated by the triumphs of peace: it was scourged by the brutalities and ennobled by the sacrifices of war. The cycle you enter now? ... its key hangs by a sword. But, come what will, come the best, its aftermath will be heavy. The air is full of talk of new eras and new orders. There is no man fit to live who does not long for happier days for the masses of mankind, and there is no man worth very much who would not toil his utmost to bring better things about. But better things come only by clear thinking and hard work—not by dreams, demonstrations and resolutions. The road upward has always been steep and thorny; it has never been a primrose path and not likely ever will be. Keep in mind, though, this eternal truth: Difficulties do not crush men, they make men. All these things we are ready to face and we will face them cheerfully just as soon as we have made certain that this nation is going to live. Make sure of that and there is solid ground for hope that sunshine serene and abundant will one day light the coming century. It may indeed, as decade follows decade, provide for our children a great deal more of warmth and happiness than we ourselves have seen. If the Allied nations can not only succeed in striking down the wicked authors of this crime, but can accomplish man's greatest task and make a conquest of war itself, closing it like a tamed beast within the encircled nations, then our future will in very truth be better than our past. Let us not, however, strain to pierce the veil of tomorrow. Our day's work is here, and now.

I must close. Permit me to express what you all feel, sincere sympathy for those among you whose families already have suffered. The scythe of time swings swiftly in these days. Week by week, hour by hour, we must fortify ourselves with new resolve and new courage. We are on the threshold of tremendous events. The stoutest hearts, the clearest minds, the tireless toilers—to them will come the victory.

The CBC—A Party Instrument
War Lethargy
Spoken at the opening of the Conservative Convention
at Winnipeg on December 9, 1942
On this occasion the speaker handed over leadership
of the Conservative Party to the convention's choice,
the Honourable John Bracken

IT HAS NOT BEEN MY PURPOSE, nor am I now attempting to make what has been foreshadowed in the press as a keynote address. Such an undertaking did not seem to me appropriate for one who must soon pass from the stage. This duty has, indeed, been well performed already and I am glad to accept the very excellent speech which Mr. Hanson has just delivered as reflecting the spirit of this multitude and the resolve of the great party in whose name we gather.

When, sixteen and more years ago, I retired from active politics, I expressed an intention of remaining so retired, and now ask you to believe that that statement of intention was sincere. There are those who have a love of public life for its own sake. Of these I am not one. Many a time have I wished that love were mine. Some five years later, however, in the winter of 1931-32, our leader of that day, Mr. Bennett, now the Viscount Bennett— and a very able man he is—urged me strongly and repeatedly to accept a seat in the Upper House, that I might be chosen as leader there. It was Mr. Bennett's view that there was a worthwhile, long-term work to be done in that Chamber, and, as well, an immediate task of no small importance. I responded to our leader's appeal and devoted several years to an endeavour, in cooperation with my colleagues—and many of them on both sides were very competent—to make of that House a truly valuable part of our constitutional machinery and a real service to our nation. To the credit of Mr. Bennett I want to add that no man ever gave another freer scope than he gave me; no prime minister ever before committed to the Senate constructive work of such consequence, or ever accepted from it with so good a grace such a formidable catalogue of amendments to legislation initiated in the House of Commons. Whatever was our success in raising that Chamber to a stature of real national worth, it was in no small degree due to him.

Years passed, and not long after Mr. Bennett's defeat one could plainly see that the usefulness of the Senate was doomed to diminish. It was contemptuously ignored by the government of Mr. King, and condemned in its legislative sphere to desuetude and idleness. The House of Commons has been steadily manoeuvred into almost the same position, so much so that parliamentary government in this Dominion has become little more than a memory.

Under circumstances which many of you recall, I found myself in a situation, about a year ago, where after dissolution of a Conservative Conference at Ottawa and return of its members to their distant homes, I was asked, on the authority of a vote which was reported to me as unanimous, to take upon myself again the duties of leader. There were difficulties about any decision; my earnest wish was to be left alone, and such wish in the form, indeed, of a definite negative decision had been previously expressed to the Conference. I decided finally that there could be just criticism, in that very peculiar juncture, if I failed the party, particularly in time of war; and accordingly an acceptance was later despatched and I addressed myself to the task of performing those functions of opposition leadership vital in all democracies, and imperatively essential when a party government with partisan practices persists in remaining in power in war. By a combination, by a common resolve of not one, not two but three party leaders—the Liberal, the CCF and the Communist—I was denied admission to the House of Commons. News of my defeat was received with gloatings and coarse rejoicings by ministers who at the time were leading this country in war!

I have accepted the verdict of South York and have not sought another seat. This is due in no small degree to an irremovable reluctance to ask favours again, or what appear as favours, from an elected member or from a constituency, and to vend myself from riding to riding in the hope of being accepted. I have, instead, devoted my time since, with what intelligence and energy may be mine, to an endeavour to guide the party along lines, or rather into lines, which seem to lead to a broadening of its outlook and an enhancement of its opportunities, and to enabling it, when called upon by the people of Canada, to provide a representative, a constitutional and a truly progressive government for this Dominion—a government which, surely, if ever in history, the nation longs for and needs at this very hour.

Rightly or wrongly, I have felt that to give such guidance according to my lights is my bounden duty, so long as I am leader and up to my last hour in this high office. With that thought in mind, the call for this convention was worded in the wide terms in which it appeared. I express my gratitude to the National Convention Committee for having unanimously endorsed those terms, and at this point welcome, and welcome warmly, those who, believing in the principles embodied in that announcement, have come from other affiliations, or no affiliations at all, to join with us in the great work which is now ahead.

We are assembled here from all provinces, from all creeds and races. We include in our numbers descendants and near-of-kin of the great men who founded our country; and we include, perhaps more than any other assembly could include, outside of an assembly of veterans themselves, those who have given of their all and given of their blood for the triumph of our nation in its hour of need. We are gathered in no spirit of joviality; we are not here to thump drums and sound slogans; we are not here to debate personalities of other years, or to thrash over quarrels of other times. We are here because we see in front, and very near in front, a tremendous task to perform—a task which is recognized as momentous and immediate by all divisions of the press and by all schools of thought, by men and women of all parties and all sections of our country.

We at this convention have an opportunity to do big things for Canada. Nothing less than big things must be done. I beg of you to sink all other thoughts and join together to do those very things.

My resolve was, until persuaded otherwise a few hours ago, to confine my words to a statement of intentions and of the hopes I had for this party, and then to leave the convention open and free from all restraint. I speak at this time only under the prerogative which derives from my position as leader. No one can follow me. Therefore, it is not for me to invade territory which might be controversial as among ourselves. To that rule I shall strictly adhere.

I have been asked to present my views upon two issues, which today protrude into immediate and far-reaching significance and which stand out, or ought to stand out, with tremendous appeal to the people of our country. This shall be done with all the brevity and clarity in my power.

You will observe that the instrument on my left is a loud speaker; it is not a radio. This convention, recognized universally by all classes of the Canadian people as of definite and outstanding significance, has been denied by the Canadian Broadcasting Corporation of Canada coverage over their lines—denied the right to carry its speeches, its arguments and decisions, or any of them, into the homes of our country. It has been forbidden access to millions of Canadian listeners, by an authoritarian commission appointed by a government constituted from a single party. Our Convention Committee appealed for the privilege of having the speeches of their leader and of the chairman of this convention, outlining the purposes of this assembly, carried over CBC lines throughout Canada. They were peremptorily refused by the commission, every member of which is an appointee of the government of Mr. King. They were not only refused free use of this radio, which is granted to every Cabinet minister on demand, but, after offering to pay regular charges for time, they were again repulsed.

As you will have seen in the press, the chairman of the commission has assured us that in this conduct they could not possibly have been moved by any party bias or by any pressure from above, because in a White Paper— how important that it was white—in a White Paper they had announced many months ago that there would be no political controversies allowed over the radio in time of war. Therefore, he said, that closes the issue, and intimated that we might apologize for having protested to the people of Canada the autocratic discrimination handed out to a large section of this nation by a commission of Mr. King's.

No political controversy in time of war? They would not countenance such a heinous thing! True, they did not countenance it on this occasion; they did not allow it; and the method by which they prevented it has at least the merit of simplicity; they prevented it by allowing one party on the radio, and one alone. But has anyone listened since the war began, or for years before, to a radio address by the prime minister, or by any of his ministers, which was not charged and replete with political appeal; whose purpose was not from first to last to boost the stock of the King government, to show the people what wonderful things it was doing, what a grand success it was making, how beloved it was by the whole country, and what great and immortal men were at the head of our affairs; which was not designed especially to demonstrate their conspicuous superiority over those bungling incompetents who had led us to victory in the last war? These men, month after month, week after week, day after day, have gone on delivering messages to the people of Canada, the central purpose of which was to build themselves up to popularize themselves and thus to be ready for a trial of strength when an appeal to the electors comes. And the Radio Commission says that is all right; that is in the national interest; that only contributes to loving harmony which must prevail in time of war! That, according to Chairman Thomson, is a great patriotic purpose; but if we who think differently seek to upset those contentions, if we seek to show the other point of view, he tells us that to do so is to inject political discord into a happy atmosphere, and he turns the button against millions of people whom we want to reach, and who are waiting to hear.

Believe me, radio reaches virtually all. The press is still a mighty factor, but radio gets to more than the press; it is easier to sit and listen than it is to direct one's energies to reading. Radio has advanced to a status of influence and power hard indeed to exaggerate. By radio Hitler rose to office and to domination. Give a single party the radio between elections, and it won't matter much whether there is an election or not. Just continue a single party monopoly of radio and you might as well sit up and recognize that fascism is here to stay. This commission has given the Liberal party a monopoly and they are using that monopoly with their eyes on the ballot morning, noon and night.

We are told that we must bow before the majesty of a White Paper, and that we are denied a hearing only because we would create political controversy. Listen; if political controversy is to be forbidden, was there nothing controversial in Mr. Ilsley's radio speech of last week? Are we to assume that that speech is fully accepted by the people of this nation, by you people here? Mr. Ilsley told about the fine civil policy of the King government, explained to us that tea was going to be two or three cents cheaper by higher taxes, and went on to draw a contrast between the magnificent efficiency of the present War Prices Board and the sad stupidity of the administration of the 1914-18 war which allowed farm prices and other prices to go up 17 odd percent! Nothing controversial about that speech? It was a subtle attack on the Conservative party from beginning to end. But if Mr. Ilsley would have contrived to make it worse in the way of partisanship, he would still have been given the radio free. If he could have been very much worse, he would not only have had free broadcast through the nation, but would have been paid a fee by the commission for his services to Canada!

Why do I use those words? You have in your midst, here in Winnipeg, a gentleman known as Professor Watson Thompson. He is on the payroll of the commission. I have in my hand, received from the commission, a verbatim report of his address delivered on the fourth of last month, and I am going to read to you one paragraph and ask this assembled multitude if there is anything of partisanship, anything politically controversial about it: and there are worse things to come. What he had been talking about just before matters not, but this he said:

> And I would like to tie that in with the whole record of Canada's war effort—

The issue between the parties in this nation since the war began has been this war effort—here is what he said about it:

> In any fair comparison with Britain or the United States, one discovers that we grossly underestimate ourselves. It is true, of course, that in Britain air raids and the closeness of people on a small island have induced a remarkably high sense of unity, and the kind of morale which comes only under fire.

An astonishing thing that there should be high morale in Britain! He thought it necessary to explain that people there had the advantage of being under fire.

> But Canada has quietly taken—

Think how quietly!

> —quietly taken the necessary steps.

Now, here is our record as against the British record of high morale assisted by fire:

> Canada has quietly taken the necessary steps introducing price control, manpower regulations—

Did you hear it?

> —and such things, which put her on a par with Britain in internal efficiency and without benefit of bombs. ...

Imagine the super-wisdom of a government of this nation, which is able to bring about internal efficiency in war prices without the "benefit of bombs,"

and without all the disadvantages of a disturbance to the normal population, and have made her a model which the United States has at almost
every point only belatedly followed.

And the other Professor Thomson, head of this commission, tells you
people sitting here, and other millions of this nation, that there is nothing
controversial about an assertion that Canada "without benefit of bombs"
has become a model nation which others follow; and follow—we are sorrow-
fully told—too far behind, because they are not blessed with such a government as ours!

Wholly uncontroversial! All this!—and I come to what is worse. In this
speech Professor Thompson went the length of besmirching, in the middle
of war, the fair name and honour of Britain; left no inference other than
this, that Britain was an oppressor and exploiter of India, and that Canada—Canada should take her place in the ranks of those who are going to
set the United Kingdom right, who are going to strike down the iron hand
of Britain from the neck of Indian natives whom she is exploiting for her
own benefit! He went on speaking over a government broadcasting system,
under the auspices and under pay of a government commission—he went
on to point his finger at men in high position who, he said, had betrayed
Czechoslovakia, Spain and China, and to reprimand the people of Britain
for leaving some of them in office to this day!

I ask you, citizens of Canada, to put yourselves for a moment in the position of listening to a broadcast by the government-owned system in England and imagine you hear a talk from some hireling of that system in which
he addresses to the world a criticism of the people of Canada and tells them
what they ought to have done and have not done; and demands, for example, to know why the man who rejected requests of the British government
in 1937 and 1938 to be permitted to establish a Training School of British
airmen in this Dominion is still at the head of our affairs! It is true that Mr.
King rebuffed the British government when they wanted, in good time, to
train their airmen in Canada, but let anyone over a national radio of Britain
attack Mr. King on that ground and I, as a Canadian, will rebuke him. If a
speaker who does not pay our taxes and is not a Canadian citizen should be
provided with the national network of Britain and should use it to dictate
to us as to whom we should have in office and whom we should not have in
office, I certainly would resent it. Have you any idea that Mr. King himself
would not resent it? Would he not be oft on another anti-Downing Street-
domination campaign, and would he not rejoice in springing to his opportunity, and doing so with infinitely more warrant than he ever had before? But

this Thompson stuff is what Mr. King permits over the government radio of Canada—permits—ought I to use that word? This is what he pays for with our money, for I have a letter from the Broadcasting Commission of this government acknowledging that they handed Thompson twenty-five dollars for that address. And we of the Conservative convention of this Dominion cannot be heard and we cannot pay to be heard.

Finally the commission chairman, as if to expose the grossness of his discrimination, announced that while he will not permit Canadians to listen to your leader of today, he will under certain conditions permit them to listen to your leader of tomorrow, and then dares to tell us that in order to be heard, our future leader must not attack and must not abuse—in other words, he must speak under the directions of the chairman of the Radio Commission!

Do you realize what that means in this country? Did you not hear a speech about ten days ago from New York, by Mr. Mackenzie King, spread free across this continent by the CBC, to the effect that the great principle moving his government is equality? Equality! Do you grasp now the equality dealt out to us under his government in the matter of radio, the most power-ful franchise known to man?

Did you not, as well, hear something from the same Mr. King about forsaking paths of privilege and monopoly, which he had never before ad-mitted following, and about casting his eyes, from this time onward, to one guiding-star, human welfare? These words, of course, according to Chair-man Thomson, were not intended to help the Liberal party! Can you not, though, sense something of the nature of monopoly in the radio practice of Canada? The radio of Canada has been for years, is today, and Mr. King intends it will continue to be, the effective monopoly, tool and instrument of a partisan government headed by himself.

Not long ago, just before the war, there were two great political conven-tions in the United States—one Democratic and one Republican. The big national network systems of that country—not government-owned and con-trolled monopolies—gave free distribution over this continent to proceed-ings of those conventions, the same to the one as to the other. They did this because, in their enlightened judgment, subjects discussed were of moment and of value to people who wanted to hear. Contrast that course with the Gestapo methods in matters of radio, under which we live in Canada.

I was admitted over the radio once. I was able to listen the next day to the broadcast, because it had been delayed, and when it came through I found they had mutilated and butchered a speech of twenty minutes. They took out everything in the nature of criticism and left a shapeless, truncated mess, which they paraded far and wide as a speech of Mr. Meighen's. I wrote a letter of protest and would like to read it to you.

VOICES: Read it, read it.

It is not here.

You ask what reply was sent me. I got an acknowledgment from the general manager that my letter was received and would be laid before his Board of Governors at their next meeting. That was a year ago last July and I have heard nothing since from the multiplied $14,000-a-year salaried commission.

My information now is that the King government prize this radio monopoly so highly that they are giving, under orders-in-council, priorities to radio employees ahead of priorities granted to workers on the press. Radio under their own charge must be supreme; it must have right of way.

I have enlarged upon this subject because there is nothing more momentous to the freedom of our people than this threatening situation in which we are already far engulfed, and into which we are being driven deeper and deeper day by day.

We talk about freedom of speech—it is one of the four freedoms of the Atlantic Charter—but where is freedom of speech if one political party seizes for itself dictatorial powers over carrying speech among the masses? Where is equality, if there is dictatorship on one side and silence imposed on the other?

There is a second subject, and one of still greater immediate concern, upon which I wish to dwell. It is regrettable that some speaker with military experience, who understands military organization, who lives in the atmosphere, could not present this subject. There are those present—you know them—two men prominently mentioned for the leadership—who would be much better equipped to expound the case than I am, but it falls to me to give you my own convictions on the manpower situation of our country.

I do not know, and I am absolutely certain that none of you know, how many men we have overseas in any theatre of war, or in any portion of the overseas world, liable and ready for service in this terrible conflict.

We are not winning the war. It can only be won by fighting. Where Canadians have had a chance to fight, they have revealed all the courage, all the tenacity, all the heroism with which they are so abundantly endowed, and which was exemplified in the grandeur of their performance in the last war. On sea our numbers are naturally and inevitably greater than they were then at a corresponding time. In the air the same words apply. Our men when they have had opportunity to meet the foe have been the equal of the best, whether in the air or on the sea. But do not let us flatter ourselves. Have we really in the fighting fronts taken the fair share of this Dominion in insuring victory? Have we taken any share comparable for a moment with that taken by the motherland of Britain, with that taken by Australia, or New Zealand, having regard to the proportion of our numbers and our strength? You know, the government knows, we all know that, relative to them, we are still far behind, and we are well on in the fourth year of war.

The time is approaching when a great test must come. But before any nation, or rather, before any commander has a right to throw his divisions into battle, he is bound to make certain that behind those divisions are reinforcements. To these every man of those divisions is entitled before he can justly be called on to face the guns of an enemy and offer his life. Have we those reinforcements? How many have we altogether? I have tried to ascertain by many routes. I finally received word, while sitting here, that we have upwards of a hundred and sixty thousand overseas. I am informed also that we have in Canada in our home army, our draftee army, upwards of fifty thousand. I was refused information as to the number of our reinforcements, or rather as to the proportion of the hundred and sixty thousand which constitutes reinforcements. I want to know what those reinforcements are and cannot learn. Are the people of this Dominion not entitled to know? Are those whose kin and whose blood are over there ready for the foe at any hour—are they not entitled to know whether reserve supplies of troops and vehicles and guns are adequate or not? Are they not entitled, as well, to such facts as will enable them to be sure that this country has provided trained and equipped reinforcements which will justify their boys in entering the fray? But we are told this information is not for us; "it is against the public interest." What! Against the public interest! The line of division of our men, as between reinforcements and normal strength, cannot be divulged for fear the information would help Hitler? Think of it! We have one hundred and fifty thousand plus—no doubt many less in the British Isles alone—among the millions of Britain's fighting men, and we are asked to believe that if the Canadian people are given information as to percentage of this small army which constitutes and is qualified as reinforcements, the news will be helpful to Hitler! Believe me—if those reinforcements were ready and adequate, we would not be denied the facts. I charge now that they are not adequate, that they are very far from adequate, and that the government is afraid to give us the truth. Not a man of us, least of all those who have most at stake, want in any way to help the foe, but the people of

Canada have a right to the truth and to assurance they never yet have been given as to the extent, condition and sufficiency of those reinforcements. Everything precious to us on earth depends on that extent, condition and sufficiency. All we are ever permitted is to be submerged in collective figures which mean little.

We are aware that we have here a reserve army. All honour to those men. I think the proper course is to have a reserve army in Canada; it is necessary and right. In addition we are assured that we have a home, a draftee, army of more than fifty thousand.

A few comments are now in order about this home army. Remember, it is composed of draftees under no liability whatever to fight outside this country. What I am about to say now was openly declared as soon as the home army scheme was announced. My view has not changed, and has been repeated time and again. It takes more penetration than my mind is capable of to see the value of this home army. Australia and New Zealand may well be invaded while Britain stands in her present strength. With them invasion is a real peril; but while the armies of Britain and the overseas forces of our great ally to the south remain undefeated, while the Atlantic and the Pacific are for all practical purposes under our control, Canada cannnot be invaded. Australia and New Zealand are near Japan. There is no protecting barrier between them and Japan—a powerful enemy which is at their side. We are comparatively near to Britain; we are very near to our great American ally. Can anybody believe that there is danger of invasion of our country until the forces of Britain meet the forces of the foe and have lost the battle, and until the Atlantic or the Pacific is under control of our foes? Can we be actually invaded until then? And if that Allied collapse occurs—if that Allied collapse occurs because of procrastination on our part or for whatever cause—what does our draftee army amount to?

True, there may be sporadic attacks; there may be spasmodic attacks from the air or from the sea, and defences appropriate to such attacks should be provided. But that is a different thing from keeping up a land army here of fifty thousand draftees.

Why are they here? I never could, nor can anyone else, logically justify two classes of armies; one with a right to keep itself geographically in a defined area at home, and the other obliged to fight where the enemy is and where alone a war can be won. Are we not all citizens of the same country? How then can we have two standards of obligation? And how can we recognize the claim of any individual to say, "I will determine where I am going to be stationed and where I am going to fight, if I fight at all. The military, the naval authorities of the nation have no right to direct me. I know best myself." That right, that claim of right, I never for the life of me could understand, but that right and that claim of right have been preached by Mr. Lapointe and Mr. Cardin and all their fellow-travellers, on behalf of Mr. King, for a quarter of a century, in the Province of Quebec. Would that I had the eloquent tongue of Mr. Monette and could reveal to you the state of mind into which they roused the good people of his province by telling them of their undoubted privilege to stay right here in time of war, and by telling them that it was an infringement of their God-given manhood to be sent anywhere save within their own land. After twenty-five years, after the harvests of those twenty-five years, the harvests of Mr. King and his confederates in election after election, boasted of by themselves and by their organs far and wide—and by none more loudly than by one right in this city of Winnipeg—they now find themselves in a position where, having so long falsified facts for their own political advantage, they dare not tell their people the truth; they dare not tell them that the true, logical obligations of war compel service wherever the nation decides that the nation can best be saved. They dare not tell them that truth. So they build up a home army of draftees. They take them out of industry; they take them out of agriculture; they sterilize them from real service of any kind by drafting them to rust in idleness in Canadian camps. The numbers of that fossilized army fill the speeches of ministers of the Crown and clutter the radio week after week. For such purposes they were drafted and for such purposes the monstrous farce was conceived. Naturally this information does not matter to Hitler. We, at home, are implored to look with pride at the scores of thousands being equipped and mobilized, gathered for an imaginary defence in the interior of Canada, and to forget about reinforcements overseas. In other words, the government of our country shelters itself behind a deceitful paper façade.

This is an illuminating indication of the country's manpower war effort under Mr. King; and the reason we are in this condition, the reason we are bound in these shallows, is that the party now in office is the heir of its own discreditable past. Its leading members and its first minister are entangled in the meshes of a sorry history. Today they dare not do the right, and Canada must take the consequences.

What are those consequences? What is all this costing our country; even if total draftees remain at only fifty thousand men? They tell me officially the cost per year is two thousand dollars per man, so that on a basis of fifty thousand men, the cost is one hundred million dollars per year. There goes the money that you raise in $50, $10 and $5 war savings certificates—one hundred million per annum to support this home army of draftees—draftees who never can fight until after the war is lost. But far worse than any cost in money, this political army means a subtraction from our forces on the fighting fronts in the crucial stage of war.

Now, I ask you: Is that holding the obligation of victory singly and alone in front of us? Is that evidence of throwing aside party interests and party compulsions in a great, united drive for victory?

I speak with earnestness. I feel it. There are those around me—men from the Province of Quebec—who have lived even nearer these things than I have, who, themselves, have been victims of the performances I have described to you today. Their position has been far more difficult than mine. They are those who have witnessed at close range the disunity, the chaos, the manpower impasse which political chicanery has brought upon our Dominion. The responsibility for these calamities is as plain as their occurrence is deplorable.

Gentlemen, I am through. It is just thirty-five years ago this month that I was honoured with nomination in Portage la Prairie for the House of Commons. The intervening three decades and a half have been crowded with events, including two wars, and they have been strenuously lived. Those words apply in the public as in the private sphere. For about twenty-eight years I have served as a member of parliament in one House or the other. For something over twelve I was a minister of the Crown; for more than sixteen I have been honoured with the position of leader in either House, and at different times have led both sides of both Houses. Please do not think I am relating this by way of boasting; it is recalled only to indicate that I have worked hard and done my best. It has fallen to me to lead this party through three general elections, and that in pre-radio days. Fortune came and fortune fled; but, believe in my sincerity when I say that this is no reason for sympathy. It is only the lot of all of us, at least of all who strive—the joy of the upward struggle, the successes, disappointments and defeats. Perhaps it has been my fate to have had more than the average on both sides of the account, but I promise you there is going to be nothing of bitterness carried forward after the page is turned. As a matter of truth, health and happiness have been better in adversity and no man need feel that he has failed unless, in looking back, the retrospect is blank, or unless time and events have proved that he was wrong. Whether now judged right or wrong, whatever I have said, whatever I have done, is going to remain unrevised and unrepented. As it is, it will await whatever verdict may come. The future can assess it or forget it, and it will be all right with me. It is some satisfaction to know that on certain subjects history has already made its finding.

When this convention closes, my days of leadership are over. I take my place cheerfully in the ranks and without a touch of sadness, of remorse, or of envy, and will hope still to be able to do something for causes in which I believe and which mean much to our country. Chiefly—and overshadowing and overmastering all others—there is this war to win, and to win this war no one old or young can turn away from either danger or toil. Our other troubles, however threatening, we can take care of in their turn, and, if we keep our feet on the ground and our common sense at command, we can surmount and survive them all. Canadians have something to live for. Through the fogs and confusions which surround us we can see grand things ahead, and though the short future may be heavy, the long prospect beckons brightly once this great cloud has passed.

CHAPTER 8

After the Trumpets: 1948-1960

Universities And The Nation

From an address before London Branch,
Toronto Alumni Association, January 27, 1948

THE SCIENCES AND THE HUMANITIES ARE RECOGNIZED EVERYWHERE as fitting studies for serious and aspiring youth. The instrument of language, or rather, of languages, is the equipment which opens gates to these dual fields, and for that reason certain languages are mastered and this mastery, if complete, becomes a prized and useful possession. All possible under those headings the educated man should possess and with that huge empire or as much of it as he can explore, his mind should keep in converse while it grows in discipline and power. In earlier times there was apprehension that science, especially in the field of natural science, was resolved to oust its rival claimant, the humanities, and take the university curriculum to itself. This apprehension I hope is passing away. A major place, a vast territory, the physical sciences must always occupy, and from it they can never be dislodged. But the other realm of human evolution has large dimensions too and has values as large as its dimensions. We should not even think of these two groups of studies as rivals. In the simple words of Lincoln, they are not enemies, but friends. The great Huxley, at a meeting in London back in the last century, said that in his concept science and art were the obverse and the reverse of nature's medal, one seeking to express the eternal order of things in terms of feeling, the other in terms of thought. In thus speaking, Huxley was thinking of art as not so much a skill as a kingdom of ideas endowed with simple beauty, sanity and healthiness—qualities inherited so abundantly from ancient Greece. "When man no longer loves nor hates"— this is how he phrased it—"When man no longer loves nor hates, when suffering causes no pity and the tale of great deeds ceases to thrill, when the lily of the field seems no longer more beautifully arrayed than Solomon in all his glory, when the awe has vanished from the snow-capped peak and from the deep ravine, then, indeed, science will have the world to itself, not because the monster has devoured art, but because one side of human nature is dead and mankind has lost the half of its precious and eternal heritage.

These two broad departments shade somewhat into each other. A study of the sciences may summon forth those qualities which the humanities more directly encourage, but that does not subtract from the case I wish to present. The curricula of universities have been for years more and more invaded by subjects which I dare to suggest have no proper place in either category. Whether the Western Ontario is free from this development I do not know, but, undoubtedly, it is one of the freest. At Toronto's recent convocation, Mr. Massey, the new chancellor, in a penetrating and scholarly address, emphasized with great force that the one fundamental purpose of a university is cultivation of the mind. To this end the gifts of an education, he said, are, first, intellectual integrity—(to that I would add as corollary integrity of words, suspicion of catch-words and scorn of slogans which deceive the hearer and debase the language—to debase its language is more dangerous to a nation than to debase its coinage)—and so, to return: clarity of thought and precision of expression, mental alertness, a critical sense which enables one to distinguish the real from the spurious, the excellent from the second-best; and then, one the side of the humanities, an awakening of the imagination, a development of a sense of beauty and a power to enjoy beauty of thought, of vision and of words.

What has taken place has been, in the first instance, an accession of subjects under the name of science which are not sciences, and in my judgment, never can be. Science is accumulated and accepted knowledge directed toward the search for truth, and, one might add, unchallengeable truth. The subjects of whose prevalence I complain are in the nature of excursions into the world of affairs, and deal with a vast variety of events and circumstances always changing and shifting, with a multitude of conditions, some departing, some arriving. The wisdom of any decision to be made on the basis of such variable facts and events must be dictated by common sense applied to the situation of the hour as such situation stands between its background and its prospect. It cannot be assisted much by philosophical disquisitions in advance. The best equipment for wise executive action, upon such living and moving foundations as I have described, is practical contact with affairs and such understanding of human nature as comes from experience and experience alone.

Then, again, there has been witnessed an introduction of ever increasing occupational studies—studies very useful in their place and some of them worthy of public assistance, but not contributing, or contributing very little, to the higher mission for which, as we all know, universities exist. As

Mr. Massey puts it, the lines leading toward higher objectives are obscured and confused, and the essential purpose is lost to sight.

True, the great professions have been traditionally included in, and are still a large sector of, academic work. But does it follow that all occupations should be similarly included? Admittedly they should be, if all of them—that is, the training for all of them—can fit equally well into the great design for which universities are founded. Everyone knows they cannot, and I earnestly impress upon you this principle, that nothing in the way of occupational or professional training should be enfolded in a university curriculum unless the subject matter covered by the training lends itself to truly scientific thinking and to cultural growth. To bring others into the ambit is to deflect the institution form its predestined and exalted purpose, to dissipate its energies and to confuse its task. There are activities carried on under the aegis of some universities, whose passport of admittance can only be justified on a theory that anything worth discussing should have a professor to open the debate.

Both tendencies of which I have spoken have the effect of forcing abnormal growth in these centres of higher learning. Some have multiplied their students until they have from five to ten times what they had when Canada's population was half what it is today. Can it be honestly argued that this country is, on the whole, a better-educated country than it was thirty, forty or fifty years ago? I do not think so. Bigness, of itself, is a curse and not a blessing. It forbids, on the score of cost alone and for other reasons as well, that close intimacy between pupil and teacher so precious to those who are rightly in college halls, an intimacy that arose from the old conception of a university as a community of masters and students. As the Toronto chancellor has said, anything in the nature of mass education is impossible. An alma mater must know her children one by one, and can never become a mint or a factory or even an army. There are, it is plain, reasons for abnormal attendance just now because of special obligations we owe war veterans. But anyone can see that when these obligations are discharged there will still be unwieldy thousands—larger attendances by far than before the war. By no means should our college halls become a mere refuge for highbrows. Their doors must be opened to the brilliant student if he has shown his worth, even though handicapped in funds, and, conversely, they should be closed to the unfit applicant even though smothered in wealth. But the tendencies I have spoken of result in the admission of large numbers who clog the processes, and have not that intellectual equipment and sternness of purpose which can make them leaders. The standard of quality so important to places of higher learning is impaired.

I am against mere bigness for another reason, a reason which I think goes to the very roots of our whole social organization. It has to do with the social teaching—yes, the political teaching—of our time. As our academic halls multiply and diversify, a university becomes more and more dependent on the state, and dependence on the state is becoming a veritable epidemic, a spreading pestilence, in every department of life. Certainly the essentials of at least some occupations must be taught. The university, though, must be a place of higher learning and of highest standard of student and of faculty. True, even in this work the public is right in demanding that the university come to the people. But it must answer that demand while still retaining its quality and remembering its mission, by producing leaders of thought who go among the many and carry the first fruits of education, the true values they have acquired, to all who can listen and learn. The state, by higher training, can develop leaders. It can make leaders of those who show they have the stuff to quality. It can help with special generosity those who specially help themselves, those who by extraordinary effort demonstrate that they have capacity and will to get to the front. But beyond that the state, for the good of the nation, for the good of its youth, cannot dare to go.

There has spread through the world in recent times a creed that governments must be the director and protector of everybody, and in some way bring about equalization by destroying self-reliance and self-responsibility. To this doctrine democracies are peculiarly exposed because of the power of the ballot. The weakening of democratic institutions in many lands, and their disappearance in some, can be traced to this disease. We make education free— that is elementary education. Public schools for the young are open and free. What is taught there is necessary for the tasks of life, and children cannot take care of themselves. Our highschools and collegiate institutes are all but free. We are rightly generous with them. We ought also to be more generous than we are to many of our people, who, because of disability, are handicapped in life. But the open door of the university for higher education on a mass scale is a symptom of the malady which is eating at the vitals of society. Step by step we are substituting a so-called social security for self-reliance; government direction for self-adventure, self-experience and self-responsibility.

What is this social security we have been hearing so much about? In a factual sense there is no such thing. It does not belong to this world. This is a world of danger and adventure. It is only by going through danger and adventures that we acquire capacities to face them and to master them. Certainly there can be no such thing as social security handed out by the state. The only thing of the name that is worth anything is what we provide for ourselves. The more the state aims to provide it, the farther we will be from it. Coming as a gift it is unreal; it is empty, and besides, it debilitates morale; it corrupts and impoverishes the human spirit. Safety without the power of self-protection and self-sustenance is not safety at all. What government should do is to establish and enforce laws, and so frame its laws as to provide the maximum of opportunity. It is for man, within the law, to make his way, to pay the penalty for his failures, to grow strong by his struggles, to give employment by his enterprise, to inspire others by his victories and to help the unfortunate by his success. Too much government means little men. It is only by battling with burdens and dangers that self-reliance becomes a reality, and without self-reliance no human being is in moral health and no life is worthwhile.

My last thought is this: "With malice toward none, with charity for all" was the wise precept of Lincoln. It is a wholesome teaching for all mankind, and its appeal the state itself must heed. But charity does not mean protection through life's storms. It does not mean shelter from the battle and a withering of the wrestling thews. It does not even mean benefaction, or bounty, or paternalism; and anyway, benefaction, or bounty, or paternalism are hardly ever of value. Very certain it is that these things are not a function of government whose money is not its own—and that, no matter who or what the favoured beneficiary may be.

The vicissitudes and perils of our journey on this earth are not getting less; they are increasing as years advance, even though opportunities are greater. Paternalism can produce only greenhouse plants, and a greenhouse generation will surely go down in the battle of the strong. These are simple, homely truths—simple, homely truths that a few years ago hardly any would dispute. But we are losing our hold on them; we are drifting away from them under the spell of slogans and the passion for votes and power.

The greatness of a nation, its value to humankind, is measured by the stature of the men and women who make it. This must never be forgotten. And so, whatever the complexities of our bewildering age, whatever its perils, whatever the need for larger union and organization wide as the world, we must in our own domain so fashion our polity that every one of us will feel that to the very utmost he is master of his fate and author of his woes; that he is still at the helm of his own life and that on his captainship depends his destiny. Not under the totalitarianism of centuries ago, not—a thousand times not—under the totalitarianism of today, but only when and where the principles just recited were paramount, has there been witnessed, even in smallest measure, an onward march of the masses of mankind.

Birthday Tribute to Arthur Meighen
The York Club, Toronto, Ontario, June 16, 1948

MR. GRATTAN O'LEARY

After some humorous complaints against the host and chairman of the evening, Mr. O'Leary said:

Tonight he has made rich atonement—the atonement of giving me the honour of proposing a toast to the man who became in the long ago, and has remained through the years, my hero of public life, and who has given me through those years loyal, generous and unbroken friendship—the man I was proud to follow in victory or defeat, and of whom I can say now—because I have said it publicly often—that he was the finest and simplest gentleman it has been my privilege to know.

This is not the place to speak, certainly not the place to speak at length, of Arthur Meighen's public career. Yet there are things I cannot refrain from saying.

There are public men who, because of certain talents or qualities, win temporary popularity. There are other public men who, because of different and higher qualities, light beacon fires of public trust, compelling the finer things of respect and affection.

In the last category, without question or challenge, we can place Arthur Meighen.

As I saw him in our public life, he had two outstanding qualities. One was determination, reinforced by a brilliant, probing, questing mind, to get at the truth. The other was determination, reinforced by character, to fight for the truth as he saw it, regardless of consequences. In a world pitifully all signpost and no destination, he always knew where he was going, always knew where he was leading. In a world of "light half-believers in their casual creeds," his faith in his own beliefs was sharp and shining.

Faith he had, deep and abiding, in the ultimate splendour of human achievement; but he knew, and was never afraid to proclaim, that the way wasn't easy—that it could never be a track for sheep, but a path beset by difficulties, challenging the best in man's nature. Integrity—integrity of mind and soul—was the basis of all his action.

And to that integrity—integrity of mind and soul—Arthur Meighen added a reverence for the integrity of words; words to which he gave the sheen of a fresh glory.

Kipling spoke of a "masterless man" who "rose up and discovered words"—words which "marched up and down in the hearts of all his hearers;" and he went on to say that it was the phrase, the "naked phrase" which "makes or unmakes the Kingdoms and the Glories." In mastery of the phrase—the naked phrase—Arthur Meighen had no peer in the parliament of our country.

It has been my privilege, over nearly forty years, to have heard all the great masters of our speech on both sides of the Atlantic. I say here deliberately that in the three great ingredients of eloquence—structure, beauty and passion—Arthur Meighen, at his highest and best, was an arrow's flight beyond them all. Only Laurier, Howe and McGee, in our own land, dwelt on the same plane with him.

Fate, the caprice of democracy—that democracy which forever is crowning or crucifying its kings—robbed us of the full gain of Arthur Meighen's genius; but nothing could ever dim for his friends the memory of what he was, nor lessen their regret for what might have been. Their consolation is in knowing that the years have made amends, that all honour lights his evening path, and that history will be more kind to him than the times in which he lived.

For us here tonight there remains but to pray that before him will stretch a glorious Indian summer, that wisdom gleaned from fruitful years will continue to be shared with us, that with the gracious companion of his life he will have increasing happiness and glad grace, and that when day finally melts into evening, winds for them will take on a joyous note, and stars a tender fire.

I thank you, sir, for an evening which for me, as I am sure for all who are here, will long be a precious memory; and I ask you to toast with me an illustrious son of Canada, a famous citizen of our Commonwealth, and a great man of our race.

Gentleman, Arthur Meighen!

MR. CHIEF JUSTICE SEVIGNY

For many years, the Right Honourable Arthur Meighen has honoured me with his friendship and I am very happy to-night to be sitting next to him and to approve with you the sincere testimony and best wishes expressed by Mr. O'Leary in his marvelous and eloquent address. It is unanimously admitted that Arthur Meighen has all the qualities of a legislator, that he is an unsurpassed debater, a great scholar. Such titles and exceptional qualifications constitute a splendid asset for a public man. They were not properly recognized by the public because our friend, with his high sense of duty and honour, had no inclination to please the people with trickery.

Thirty-one years ago, I had the honour to be his colleague in the Canadian government and we were asked to make a choice between the ballot box and the gallant and glorious Canadian soldiers who were fighting and dying for our freedom on the European battlefields. We decided to stand by the soldiers and we voted selective conscription for military service overseas. I could name some of our "so-called great men" who owe their success in public life to what they have said against Arthur Meighen about conscription. Some of them, in the last war, when they were obliged to assume their responsibilities, have established conscription and have said to the people that it was not conscription but mobilization!

Conscription, in 1917, marked the end of my political life and I admit that it meant very little to our country, but it was also the main cause of a very great loss to our Canadian public life which was deprived of the patriotic talent of Arthur Meighen.

Mr. Meighen

Truly it has been my earnest desire to make some fitting acknowledgment of the kindnesses that have been literally showered upon me tonight. I have sat here listening to the superb phrasing of Mr. O'Leary's more than generous tribute and to the affecting sentiments which have come from my old and dear fiend, the chief justice of Quebec—all this added to the overwhelming bounty of our host both in word and deed, and the strain, one fears, is too much. I recall, however, other emotional embarrassments that threatened in earlier days and were somehow overcome; this one just has to be surmounted...

My good friends, it would be nothing but affectation to pretend that this wonderful dinner party does not bring me great happiness. There is not a man seated among us whose presence does not add, and add much, to the warmth and interest of the evening. It is likely a breach of good taste to mention any when one cannot say something about all. This is especially true when there is hardly one of you to whom, looking back over the years, I do not feel in some sense a debtor. Forgive me if I refer to just a few who have come from a distance...

We are happy and thankful to see John Bracken at this table. An opposition leader's task at Ottawa is exceedingly onerous. The demands on him are multiplied beyond numbering and imperious beyond denial. Every one of us, Mr. Bracken, is indebted to you for breaking away from the capital and giving us the distinction of your presence.

Next I want to name my long-admired friend and companion-in-arms, Albert Sevigny, chief justice of Quebec, a man toward whom I feel much as I do toward our host of tonight. From almost the first day he entered the House of Commons away back in 1911, he gave evidence of the rarest parliamentary talents. Eloquent he was in both languages, a trait characteristic of his people, but gifted in this respect, in my judgment, beyond all others except perhaps Sir Wilfrid Laurier himself. He stood in that assembly a faithful servant of his province and his race, but he was at the same time a Canadian in the largest sense and one who knew as well the meaning and advantage to this country of its place in the British family of nations. But for the vicissitudes of war and the inevitable compulsions of war, Albert Sevigny would almost certainly have reached the loftiest heights. In the struggle lately closed, his only son was surely among the bravest of the brave, and carries through life the indelible mark of battle, the noblest of all honours. Of the decoration bestowed in the course of the Second Great War, one that gave me an abiding thrill of joy was the award of what is rightly called the Victoria Cross of Poland to young Pierre Sevigny.

There is another guest in my view at the moment, one whom we seldom see but whose company we always prize. He keeps himself out somewhere in rural Ontario at his little Sabine farm—Professor Alfred Tennyson DeLury. It is an inadequate tribute to him to say that he is beloved by decades of graduates in mathematics of our university and by one more than by Stanley McLean and myself. We sat at his feet for four fruitful years—more fruitful to Stanley than to me and for reasons well deserved. Of all the legion of young men who have gone out from his classes, I question if there is another in whom he takes so much pride as in our host of tonight, and that pride has been reciprocated by a devoted friendship which will last to the end...

Lastly, though, there is one more, and of him it is impossible to speak except with the deepest feeling, especially after that memorable speech he made tonight—Grattan O'Leary. Truly it would be a happiness if I could just lay open the account as it stands between us and indicate how hopelessly the balance is weighted against me. If there is such a thing as giving practical expression political insolvency, the person who should be receiver of my estate could be no other—certainly no other since the death of that great Canadian, Tom Russell—than this very man. When I entered the House of Commons he was a rising and brilliant star of the press gallery, and over there he sits, four decades later, without a sign of the pageantry of years. Gifted lavishly, both as a writer and a speaker, he early attracted the attention of Mr. P. D. Ross, now the revered dean of Canadian journalism. Soon he found himself in one of the most powerful editorial posts in this country—chief writer for the *Ottawa Journal*.

Through many crowded years, one man I always like to see, whatever the pressure, was Grattan O'Leary. He knew Canada. He was a treasure house of dependable facts and a fountain of spirited conversation richly embellished with humour. The exigencies of politics are merciless and inscrutable. Had the ebb and flow of political tides followed each other in periods the reverse of what they did, this man, a candidate for parliament twenty-seven years ago, would have become eminent in two spheres of life and would now be recognized everywhere as the D'Arcy McGee of this generation.

Events such as our gathering tonight give birth to reflections. You can imagine how it feels to look into the faces of men who walked out with me in life's morning far back in the last century, every one of us abounding in energy, eager for the fray, confident of ourselves and of an ever-brightening world. A good many journeyed down the years not far apart, and what years they have been! This has been a tremendous age. Looking back now from somewhere in life's evening, it is enthralling to contemplate the distance mankind has travelled in our day, the vastness of what the human mind has encompassed and human skill achieved. But you know, and we all know, that our reflections in this day cannot rest on that exalted key. They go on and set against these glorious conquests in the physical world the saddening sight of man's increasing incapacity to conquer himself, and the resultant havoc, waste and slaughter that has darkened and baffled our span of time. Disraeli in one of his speeches reviewed the nineteenth century in Europe, its social upheavals, war and evolutions. Then he turned to brighter skies just dawning and attributed the Victorian sunshine of its latter half to a wisdom born of those unforgotten sufferings. Well, if the people of Disraeli's time became, as he expressed it, wise with an unprecedented experience, we certainly should be lot wiser still. Of upheavals social and national, of evolutions and revolutions economic, industrial and political, we have witnessed vastly more than they. In our own few moments of earthly sojourn—from the morrow of the American Civil War to the battle of Jerusalem—we have moved from the horse and buggy and the rattling car to the super plane, from the little engine to jet propulsion, from steam power to atomic power, but at the end of this brief and brilliant epoch we see the world chaotic and ensnarled, beclouded, rumbling and unhappy as never before in history. Many and interwoven are the causes, but chiefly there are two—blockading of the highways and pathways of truth, accompanied by a sinister determination on the part of ambitious masters of that blockade to sever all contact with the innate longings of their people. The other is an increasing tendency to concentrate on science and the harvest of science to the exclusion of other equally wholesome occupations of the human mind.

The future is obscure: it always is, but never was the obscurity so impenetrable and so close in front. We all have our convictions as to where responsibility lies—the most terrible that ever rested on mortals. I have mine. These words, however, are not intended as any general or indiscriminate indictment of the great men of our time. On the contrary, I think the conduct of governments of the leading western nations in handling gigantic problems, and especially in wrestling with a new technique of conquest, has in the main been marked by enlightened statesmanship. On the conduct of those governments and on nothing else rests our hope. Organizations are necessary—but not all of them. They tend to slacken the sense of individual and national responsibility. The mechanism of organization within a natural unit is essential, but the fate of humanity depends not on organization but on men.

My good host and gentlemen, this has been a delightful gathering. It fills me with a tumult of joy and pride, even if it does emphasize advancing years.

Truth to tell, it is pretty hard to cheer over the mere fact of getting old. Let me capitalize for a moment, though, on the sobering fact and assume even in the presence of this presiding officer that age itself brings accumulation of authority. In that faith I am going to tell you my simple philosophy— it is this: Keep well as long as you can—and start early at the job. Remember, the crowning glory of the evolution is the mind of man. It may be the last crowning glory, though I don't believed it is and prefer to be a disciple of the French scientist, Lecomte du Noüy. What I want to urge is—think rightly on this, the very first article of sanity: think out your program well; get advice, of course, but think thoroughly yourself and then follow your conclusions with unbreakable tenacity. Keep before you the great objective—to make sure that life is enjoyed and not endured.

Standing alongside that pillar of wisdom is another eternal truth—Duty and Joy are one. The only thing that makes life a bore is not getting enough out of it by not doing enough in it. Content is the mother of happiness and comes only from the full exercise of our powers.

It is, therefore, my plan to keep doing as long as I can do work worthwhile. When the volume lessens, as it must, one's part is still to strive one's utmost to do well. In almost boundless measure labour rewards itself.

These time-worn postulates are put forward in no pedagogic spirit. They are nothing better than conclusions reached in the course of a fairly long life, and reached the hard way. Guided by them and garnering and sharing the incomparable treasures of home and family and friends, one can hope, and not I think altogether blindly, to warm both hands before the fire for still a satisfying span and to be able, like the author of the *Elegy*, to pursue with wistful, wondering, but not weeping, eyes the setting sun.

Article
Le Soleil
June 29, 1948

In Toronto last week, personal and political friends of Mr. Arthur Meighen honoured that former prime minister of Canada on the occasion of his seventy-fourth birthday.

They were fully justified.

Many Liberals and Independents were glad to be associated with this celebration, without any manner compromising their convictions and without regrets at having sometimes very strongly opposed Mr. Meighen, a statesman of great talent and unquestionable sincerity.

He had almost everything necessary for success in politics: talent, as we have just said, also the will to work, the gift of oratory, keen perception. There was lacking in him only a little of human warmth and the faculty of appreciating the position of others (the French-Canadians, for example) in order to understand them—a faculty which would have endeared them to him.

Highly intelligent as he was, he ultimately felt that, but too late. At a relatively advanced age he wished to learn French, to read it and to speak it. By then the Province of Quebec had, it seemed, been permanently alienated from the Conservative party.

Mr. Bennett had the happy inspiration of appointing Mr. Meighen to the Senate. Together with the late lamented Raoul Dandurand and some others, he cast a great deal of distinction over this institution which people thought had become useless and obsolete. To the Conservatives as well as to the Liberals he rendered great service because of his independent mind and realistic qualities as a legislator. And then one day during the war, intrigued again by the demon of politics and imperialism, he abandoned his seat in the Senate to try once more his fortunes before the people. It was a lost cause!

Today Mr. Meighen is practicing his profession as a lawyer and is interested beside in big business. And without doubt he also, for better or for worse, watches over the fortunes of the Conservative party. They say he was responsible for the election of Mr. Bracken to the leadership of the party.

The days of serenity have come for him.

If by chance he reads these lines, we wish him to know that the Province of Quebec does appreciate him. We esteem him even though we cannot love him, for though one may think he made many mistakes, no one ever doubted the sincerity of his intentions; it is said that a man with great purposes must unavoidably make mistakes. And the thousands of French-Canadians who have voted against his candidates and who will again vote against them, and against him if the occasional arises, wish for him only happiness and prosperity.

Address
At the Fifteenth Anniversary Dinner of The Academy of American Poets
Ritz-Carlton Hotel, New York, NY, November 30, 1949

ONE CANNOT ESCAPE A CONSCIOUSNESS OF PRESUMPTION in undertaking to speak, however briefly—perhaps more, because briefly—before an audience of well read people and devotees of poetry, on the sovereign of all writers—Shakespeare. The finest brains of many nations for generations past have spoken their best on the productions of this man. The measure of their admiration grows with the decades.

In this field I am not a scholar, but only a pupil. By no means would I compare my critical capacity with that of many assembled here. His dramas and his sonnets have warmed my heart and ravished my mind since childhood. I have strolled through his vineyard but have not stopped to toil, and still I have reaped the harvest. Probably the experience of many of you has been much the same.

And truly it is a harvest of abundance. For the great mass of people that harvest is a wealth of enjoyment; to very many it is also a benediction of culture; to those who profoundly study him it means wisdom, precious and rare. Wisdom comes from knowledge, refinement, experiences in men and manners, and these in endless plenty are gathered from his pages. A young lad with no book except the great book Shakespeare wrote could make himself, by devotion to it, a gentleman and a scholar. There have been persons born of another race and speaking another tongue who have become masters of English and orators of note by centering their studies on his writings and absorbing the glories of his diction. The only warrant I have for daring to speak to you about him is that from a more advantageous beginning, but slowed down by many limitations, I have done something of this myself. I am also depending on the assurance that men and women are ready to listen to anyone who has travelled through his kingdoms.

Let me give you a simple account of these wanderings, of the experiences enjoyed, the impressions gained and the beliefs established. Well, first the journey was made in the inspiring, illuminating present of a very kindly being: "a rarer spirit," 'tis said, "never did steer humanity." It is in his sonnets that the man himself is revealed. When he is portraying others, as in his plays, he develops each character with life-like fidelity, and completely suppresses himself; his success in so doing is one of the marvels of literature; never does he colour his creatures with his own peculiarities. But in his sonnets he gives expression to his own soul. There is found the alternating surges of feeling; there in its pristine beauty is the regality of conscious power, and in company with it the humility of conscious imperfection. There is disclosed in golden periods a sobering sense of human frailties in struggle with towering aspirations. We can see shining through his sonnets the man Ben Jonson knew, the man he painted for us in language that has made mankind his debtor forever. "I loved the man" wrote Johnson, "and do honour his memory (on this side idolatry) as much as any. He was, indeed, honest and of an open and free nature; had an excellent fancy, brave notions and gentle expressions, wherein he flowed with such facility that sometimes it was necessary he should be stopped." These words set down in ink in his own day by his friend, fellow-craftsman and rival, should strike into shivering silence those impious detractors of our time who tell us centuries after that Shakespeare, the everyday conversation of whom is thus described as a torrent of graceful eloquence, was, in reality, nothing better than an illiterate and an imposter incapable of writing his plays. How we wish we could have listened to those conversations; but we certainly would not stop his talk—it was probably the best ever uttered in the human voice. Most of us will agree with Coleridge, who said, "It is worth having died two hundred years ago to have heard Shakespeare deliver a single line."

He was not only the greatest intellect who ever wrote, but the greatest moralist: Never was his method didactic, never did he give expression to anything in the nature of a set moral code. His teaching is implicit in the characters he created, in their conduct and their influence of each other. There is not a trace of the pedantic or pedagogic in all that he gave to mankind, but there gleams through his delineations of nature the eternal preferableness of right over wrong. He created a world of beings, their sphere of action, the atmosphere and ordered system in which they lived, and a heritage of moral principle emerges from their lives; it is nature's world. In this task his genius was supreme. Like the pearl of Othello, it was "richer than all his tribe," and so the stream of time, which, in the words of Samuel

Johnson is continually washing away the dissoluble fabrics of other poets, passes without injury the adamant of Shakespeare.

The editions of his works have multiplied with each successive century. The better he is known, the more universally he is loved. Germans were first among foreign nations to estimate his worth. A chorus of their great writers led by Schlegel, Lessing, Schiller and Goethe have sung his praise. Peter Foersom, a Scandinavian, who translated his works and almost starved in the process, thus proclaimed the veneration of at least one Danish heart for the author of *Hamlet*. French criticism was misdirected by Voltaire who had some strange misconceptions about Shakespeare, but many luminaries of French literature since, such as Alexander Dumas, Guizot and Victor Hugo, have redeemed their country from this reproach. Dumas wrote an essay entitled "How I became a Dramatic Author" and this is what he said: "I read, I devoured, the foreign drama and I found that in the dramatic world all emanated from Shakespeare, just as in the physical world all emanates from the sun." Victor Hugo awards him the same pre-eminence. Corneille, he said, sought the Great and reached that summit; Moliere sought the True and reached that higher summit. Shakespeare aspired to both, the Great and the True, the loftiest elevation which genius can soar, and that sovereignty he reached, and he reached it alone.

Voltaire had an idea that the illustrious Elizabethan was of primitive mould. This roused the ire of Morgann, who flung back a vigorous but none too certain retort: "When the hand of time," he said, "shall have brushed off his present editors and commentators; when the very name of Voltaire and even the memory of the language in which he has written shall be no more, the Appalachian mountains, the banks of the Ohio and the plains of Sciota shall resound with the accents of this 'barbarian'."

All we can be sure of is that Shakespeare deserves a more glorious and lovelier immortality than does Voltaire. To the French satirist, as your own John Hay has said, whatever was, was wrong and he strove with a truly terrific intensity to scorch up everything that was cruel and unjust. Shakespeare devoted his incomparable powers to foster in the human breast the antithesis, the counterpoise of wrong. His Iago, his Shylock, his Macbeth are guilty of monstrous wickedness, but for them he excites within us commiseration rather than contempt. It is the deed we detest rather than the man we despise. The poet's own boundless sympathy is such that he cannot leave his reader without some cause for compassion. But the lesson is always there and it is always wholesome, always powerful and always plain. Even in his gayest mirth there is earnest purpose, just as in his darkest tragedy there is the tenderest feeling. Where others may storm in angry passion, he is content to be natural, forcible, sufficient, tolerant of human imperfection: but he never fails to implant and to nourish the love of right.

When we contemplate the miracle of nature, we feel ourselves small and impotent before the overwhelming immensity that is around and above us. When we study the achievements of scientific men in capturing the secrets of nature and something of her power, we cannot keep down a swelling pride—the patience unending, the measureless toil, the puissance of the human will, the wonder of the human brain! But what arrests us most and holds us enthralled is the infinity of the unexplored, the invisible vastness of the great unknown, whose boundaries are ever receding beyond our horizons of thought. More than any other writer who has ennobled our species, Shakespeare produces in us the same captivating, the same transfiguring, effect. He is not dark to our perusal any more than nature is dark, but with every reading of his plays we are conscious that there is something we have not grasped; we are sure we have not envisioned it all; that there is a continent somewhere we have not seen, that there is almost within our ken a yet untravelled world, and that we must return and still again return, if only for the voyage and the venture. To those who are enrolled in his retinue, the stature of the man grows with every year of life.

Dinner
Royal Alexandra, in honour of Isaac Pitblado
Winnipeg, February 23, 1950

NOTHING COULD HAVE BEEN MORE WELCOME than the invitation you were good enough to send me in far away Toronto to be present at this dinner. Just to be once again among my fellow-members of the Manitoba Bar is itself a lot more than worthwhile, but to be asked to take part in doing honour to one of the really great of our profession, the dean of Manitoba lawyers, and in the judgment of many, the leader of the Canadian Bar, is a delightful and memorable event.

My mind goes back tonight to a Sunday in August, 1898, the first day I ever spent in western Canada and the first time I saw Isaac Pitblado. On that occasion he was a choir singer in his father's church. There must be a few among you who can think back to that period, the serene, happy twilight of the Victorian era. So much of history has been crowded into the half-century since, that it seems to be a long, long time ago, somewhere in the morning of the world. One thing certain is that the earth was a lot nearer heaven than it is now. I was at the stage of hoping some day to study law. Mr. Pitblado had already been eight years in practice and was one of a young, successful and very promising partnership. His colleague was then mayor of Winnipeg—the redoubtable A. J. Andrews, KC, very recently deceased. There is probably no figure we miss so much at this board tonight as the same genial, able and vigorous Alf Andrews. He was a man for whom I have always felt not only friendship but admiration.

Throughout this considerable span of time, it has been my privilege at intervals to see something of our guest of honour. He was the first lawyer who ever gave me advice, and probably the only one whose advice was accepted and followed. Once, later on in the first decade of this century, I watched him throughout in the conduct of a trial at court. It must be added that I watched him with becoming modesty and, indeed, with admiring despair. The skill, unfailing courtesy and meticulous thoroughness with which he handled his client's case made a deep impression upon me. Still later we came together here in this city at one or two troubled junctures in public affairs, and I had good reason to value the wisdom and unselfishness of his counsel. Our other contacts have been more of a social nature, all of them too brief and too few—but we met often enough to make me sure that his friendship was something to be treasured.

Isaac Pitblado's standing as a barrister, as a citizen, and as a man, the three capacities in which men of his profession must be judged, was good, unchallengeably good, even in his earliest day among you, and unchallengeably good it has remained throughout sixty years of intense application to the practice of law. As decade followed decade he has widened the area of his labours and for a long period has been known and esteemed from coast to coast. All the while, he has, so far as I am aware, sought no office or any other outward or visible distinction. What he sought and what he has reached and held unbroken has been to become a citizen of sterling worth, a lawyer of pre-eminent attainments and a gentleman in whom are gathered all the elements of that best of titles—so much so that nature herself can stand up, and with even better warrant that in the case of Brutus, proclaim him to be truly a man.

Every one of us is striving, or should be striving, to make the most of this life—to lay in a store of those real and abiding satisfactions which not only comfort but strengthen and inspire. It may be of some importance to emphasize at this point that Mr. Pitblado has planned his course and calling so as to achieve this precious consummation by devoting himself with all his energies to becoming a useful and effective counsel, loyal alike to his clients and to himself.

A long time ago, many years before he was chief justice of the United States, Oliver Wendell Holmes made a speech in Boston before a gathering of students and practitioners, the central theme of which has clung to my mind for years. He recalled as instance of failure two or three spectacular careers where, as he believed, ambition rather than duty was predominant. One of these was Napoleon. This man had a manifest mission—to apply his incomparable talents for war and diplomacy to maintaining the security of his own great country, to maintaining it by armed strength and by fostering international goodwill. Instead, he determined to conquer and destroy. He flamed through Europe in three or four devastating campaigns, in Italy, In Austria, and in Prussia, but ended in middle life in a cul de sac, there to be imprisoned and die—he who had dreamed of a world monarchy and of oriental power. Mr. Holmes then proceeded to recount his own experiences. He had been for many years at the Bar, and later, for quite a period, on the Bench of a United States judicial court. During this time certain extraneous and more or less idealistic diversions had attracted a share of his energies. These ended, one after the other, in disappointment and frustration. It was then that he determined to seek his earthly happiness by performing to the utmost of his powers the one great work to which he had dedicated his life. This he did, and thus he found the contentment and reward which he had so long sought in vain. It opened to his vision a new and vital truth, namely, that the joy of life and the duty of life are one. To put forth one's efforts in some useful sphere and to put them forth always at the very height of one's capacity is the only path to that worthwhile satisfaction which all of us so ardently seek.

This, he said, is what the French philosopher, Malsbranche, had in mind when he declared that if God appeared to him with the truth in one hand and the pursuit of truth in the other, he would answer: "The truth, Lord, is for Thee alone; give me the pursuit."

"There was a time," said Holmes, "when I thought the chief glory of civilization was that it made possible the poet, the artist, the philosopher and the man of science. But now I know this to be wrong. The great triumph of civilization is that it makes the work of life more challenging and more difficult. We now have to address ourselves to problems requiring large, combined, cooperative efforts rather than simple individual, uncoordinated ones, in order that the ever-multiplying masses of mankind may be fed and clothed and housed and moved from place to place. The big truth is that the more intense and complex our intellectual toil, the fuller and richer is our life."

"There is one dominant text of scripture," said Mr. Holmes, "which we should all keep before us through the whole working day: 'Whatsoever thy hand findeth to do, do it with thy might.'" This, he said in all humility, was of vastly more value to the world than the impossible command that we must love our neighbours as ourselves.

He closed with words something like these: "We are all very close to despair. The sheathing that floats us over its waves is compounded of hope and faith in the inherent worth and the sure issue of effort and the deep sub-conscious content that comes from the full exercise of our powers. This reflection," he added, "has carried me through long years of doubt and self-distrust and solitude, and the same blessing it will bring to others if they accept its doctrine and set about to make the truth it enshrines their own."

I do not know whether Mr. Pitblado ever happened to read that speech or not, but this I know, and we all know, that to the philosophy preached by Mr. Holmes, Isaac Pitblado has given full expression throughout a long and honoured life. It seems to me more like that he developed it in the fertility of his own mind and from the springs of his own heart.

Our chairman has warned us that this fine event is in no sense intended as a tribute of farewell. Nothing could be farther from the thought of anyone around this board. We are not here to celebrate a *finis* or any shutting of the gates. Our guest of honour looks confidently forward to the best and richest period of his earthly pilgrimage, and that confidence all of us who know him share. We are here to give him a rousing cheer as he resumes his journey up the same shining path which he has traveled so long. We are here to assure him that our hearts are with him; that all asperities, if there have been any, have been long since forgotten; that even envy has disappeared, and that he has reached a plateau where everything in the nature of personal hostilities is unknown. "No hungry generation treads him down; everyone wishes him well."

The Welfare State
Tyranny of Government is the Easiest to Create and Hardest to Destroy
Delivered before the Canadian Bar Association (B.C. Section) and the
Law Society of British Columbia,
Victoria, British Columbia, June 29, 1950

TO UNDERTAKE TO FOCUS ATTENTION ON ANY TOPIC other than that which now dominates the minds of all thinking people—at this moment when dark and foreboding happenings are so threatening and so close—is indeed a risky adventure. But really one cannot add anything to your information or enlightenment on those events which in recent days have startled and shocked the

Western world, unless he has had advantages giving him knowledge and data beyond those enjoyed by all of you. Such advantages have not been mine.

Tonight, ladies and gentlemen, there is something I really want to say. Seven years ago I spoke in the city of Vancouver, expressing certain convictions on the question of socialism. Those convictions have not changed; there is no one here who even imagines they have. It is not my thought to expand much on that topic at this time, mainly because the body of opinion sympathetic to socialism has diminished rather than strengthened in intervening years. There can be no question but that, in the English-speaking world anyway, the public in general, and the more thoughtful public in particular, have moved away from support of that doctrine. This is mainly because the representations which were so diligently poured into us in earlier years as constituting foundations for the socialist faith have proved to be unfounded and wrong. Research and events have marched against the creed.

We were assured—to give a few outstanding examples—that we had reached a stage in the evolution of industry and society where the big businessman had become too powerful and dominated the political sphere; where labour was being denied its just reward; where the fruits of industry were being garnered too selfishly by other classes of society and particularly by possessors of capital. We were told as well that the development of industry has resulted in a creation of gigantic business units which crowded to the wall smaller competing units, and resulted in big monopoly bestriding the national economy. Even the land, it was stated, was being alienated to corporations, and the farmer's freedom was being challenged. These claims will now be answered in turn.

There are many here who have been in public life, in various legislatures and in parliament, and not one who has been will hesitate for a moment to confirm what I am about to say. So far from the business giant dominating politics, there is no one in any sphere whose voice is, and has been for many decades, more impotent than his in determining the course the state pursues. Indeed, such is the result of universal suffrage that championship by a big businessman is usually considered more a liability than an asset.

It is numbers that count in a democracy, and, so far from the past operation of our free economy demonstrating that too large a portion of its rewards are funneled to non-workers—to what is called the capitalist class—and too small a portion to other sections of society—to those who by their intelligence, their toil, their wholesome activity in any useful field contribute to the general good—it is rather the contrary which has been established by the stern authority of facts. It is not a myth, but demonstrable truth, to say that a fair proportion has flown to all through these years. In the period of 1930–1939 inclusive, dependable statistics show that labour collected in our country 63.6 percent of our national income, or almost two-thirds of the whole—and labour is much less, numerically, than two-thirds of our population.

Passing next to a more typical group of years, including prosperous as well as depressing times, 1926–40 inclusive, the labouring and farming population together collected 74.2 percent of the national income of Canada, and workers and farmers together represented just 75 percent of the whole population. Thus it is definitely established that distribution, numerically at least, has been, as between labour and farmer on the one hand all remaining classes on the other, remarkably exact and fair. True, there has been disparity of income and variations of success as between individuals in all groups, but this is not only inevitable in a free society, but essential and imperative if the dynamics of incentive are to be preserved and sanctions or penalties of inefficiency and failure to be applied. Without such incentives and sanctions there can only be one or two results—a dead economy or a slave economy. Of all the delusions which have led man astray, the most dangerous of all is this: that man is naturally efficient just as he is naturally virtuous, and that neither incentive nor sanctions are necessary to make or to keep him so. It may be that we are engaged in a long process of changing that delusion into a truth, but in this we have made little perceptible progress even since the dawn of the Christian era.

Neither is it the truth that business and industry have tended to concentrate in few hands and in gigantic structures; the very opposite has been the case. There are more business units in the United States—and I use the United States generally tonight by way of illustration, first, because their data is more ample than ours, and, second, that my remarks may not be tinged with any political purpose—there are more business units in the United States now per thousand of population than there were fifty years ago. There are eighteen per thousand in 1950 as against fifteen per thousand in 1900, and there is no sign of turning. On the contrary, in the last few years for which statistics are complete—1944–48 inclusive—there has been an increase of thirty-three and a third percent in the separate, independent business units of that country. Further, an official examination of two thousand of those units shows that increases in the rates of profit, of present worth and of net assets were more rapid among the small and medium businesses than among the very large. These years have disclosed that there is a limit beyond which a gigantic corporation cannot improve its efficiency, and there would appear to be tendency now rather to multiplication of businesses than to concentration.

As to the contention that farm lands have been gravitating to corporations, I take my answer from Canada and from a single Canadian province—Saskatchewan. This province is probably the least favourable of all to my argument, not by any means because of inferiority of its citizenship or its agricultural resources, but because of unfortunate climatic conditions lasting in different areas for a number of years. In Saskatchewan, however, ninety and a half percent of land alienated from the Crown is privately owned. The other nine and a half percent is held partly by investment companies and land companies, and to a small extent by loan companies, including a government loan company. Of the ninety and a half percent thus privately owned not less than fifty-seven percent is free of mortgage. In an overwhelming proportion of farms operated by their owners, and of the small number available for rental, the greater portion are rented and operated by owners of other lands. It would be difficult to think of conditions which, in the respect now dealt with, could be more healthy and satisfactory.

Then, again, how many thousands accepted this socialistic teaching as something peculiarly modern? We often heard a confident proclamation that the future belonged to it. This grand scheme was put out as a product of new and progressive thinking, something our obtuse forefathers had never dreamed of. What humbug such talk was! Socialism has been tried, and tried again and again, over a period of six thousand years, in greater or smaller extent, and in every single instance the experiment is now hanging in the halls of failure. In our own time we have witnessed thirteen years of it in New Zealand, eight years in Australia and five years in Britain. True, in these three countries there has been only a relatively small portion of state ownership and operation of business or industry, but even at that, the results are now visible—indeed, illuminating—for a world to see. I will not burden you with a long, melancholy account. Far better that you learn by independent observation and study, but make certain, a thousand times certain, that you do study and learn. The chastening which the fine peoples of these countries have suffered must not be lost on us.

There is a clear conclusion now—and it should have been clear long ago—that there are only two systems by which production of the needs of mankind, and distribution of that production, can be carried on—that is, two systems by which a nation can decide what goods it shall produce and where the goods shall go. One is a system of decree from above: this is the socialist way. The other is by operation, of a free market, of the law of supply and demand through the pricing process. If we have decree from above in respect of production—that is, in respect of supply—we must inevitably have decree from above in respect of demand. This means control of the whole personal life of a nation; it means the police state. Between these two principles there can only be one sane, enlightened decision, and, truth to tell, this is almost universally recognized today. A thousand times better to have a free market plan under fair and equitable laws democratically passed and enforced, because, first, in that way we avoid the terrific burden entailed in maintaining a vast bureaucracy; and secondly, because it operates with a maximum of freedom and a minimum of force. Super-added on both, it rewards efficiency and economy; it punishes laziness and waste, and thus provides incentive, the very mainspring of human progress.

On that subject I shall say no more, but come at once to the definite topic which I want to review, and review very earnestly, tonight—the welfare state, the perils of the welfare state as now conceived and practiced, perils which are chiefly a bleak socialism which yawns in front. So swiftly, indeed, have we been carried by the glamour and political temptations of the welfare state down a back alley to socialism, that though in point of conviction we are now farther removed from that creed than we have been for decades, in point of fact and reality we are vastly nearer the dismal destiny itself that ever before in our history.

At this point I want to make two stipulations, both of which should be unnecessary but both of which, unfortunately, are not: First, I am not opposed to welfare; I am not opposed to security—social security or any other kind—and no one assumed to be sane can be considered as so opposed. On the contrary, like all of you, I agree that the paramount obligation and function of government, next to defence of the nation, is to foster conditions and ensure a moral atmosphere under which opportunities are created and maintained so that the people of a nation, by their industry, their thrift, their skill, their faith, and their courage may build for themselves both security and welfare. And this is my second stipulation: Whatever I may say about self-reliance and self-responsibility, it is not to be understood as implying that the sources of charity are to be stopped; it is not to be understood as implying that we are not all bound in duty to help in the measure of our capacity the unfortunate, the impaired and the needy, nor indeed that it isn't a duty of government, in appropriate cases and on sound principles, to perform certain tasks of charity. That is, however, altogether different—and I pray you to keep this in mind—it is wholly different from supporting the state in a program of underwriting the lives of citizens of undertaking protection of its people from the cradle to the grave, or from any other arbitrary stage to the grave. It is different, vehemently different, from justifying the state in any course of action which lifts from the shoulder of the individual in any degree whatever the consciousness of his responsibility, so long as breath, strength and opportunity are his, to take care of himself and of all dependent on him.

Having said those things, I propose to use as the basis of my argument a speech made by a former United States president, Herbert Hoover, at Leland Stanford University, in August last. This course is taken, first, because Mr. Hoover presented a tremendous and arresting truth—something I have been trying to expound, without much success, for a long time—but mainly because, due to his unexampled experience as well as his unchallengeable character and capacity, Herbert Hoover should be, and in my opinion is, the best qualified to express a judgment on this issue of any man today alive. He speaks from an elevation of authority vastly higher than I can command. Long before he was president he was commissioned by his country to create and manage an organization spread over the length and breadth of Europe, designed to look after the unfortunate, the handicapped and the needy in those war-stricken countries. This obligation he discharged with conspicuous ability and success. He held the high office of president for four years, more than half of which were dark and testing years. His spirit must have been tried to the breaking point but he never swerved from duty, and what is more he never swerved from principle; he never surrendered to expediency. In recent times, appointed by his political opponents, he made examination into and report upon the organization of government in that republic, with a view to its simplification, and especially with a view to greater economy and efficiency. It was while engaged in this latter task that his reflections drove him to certain convictions and instilled in his soul certain apprehensions which impelled him to make his speech at Palo Alto.

"My bounden task," he said, "is not to talk of things light and entertaining, but in these somber days to treat of very serious matters which weigh upon my heart." The American republic, he said, cannot be a static country—a static country dies; it must be dynamic, but a dynamic country is not made by dynamite, and "the dynamite of this time is public expenditure. ...Twenty years ago, governments in the United States, federal, state and municipal, (omitting federal debt service) cost the average family less than $200 annually. Now they cost an average family (also omitting debt service) $1,300 annually." Add to this additional charges definitely proposed, and in his judgment imminent, and the average cost per family, including debt service, is $1,900 per year. Twenty years ago, Mr. Hoover added, there was one government employee to every forty of the population; now there is one government employee to every twenty-two of the population. Worse than that, there is one to every eight of the working population. But there are others, as well as employees, in receipt of regular monies from the state. There are pensioners, annuitants, subsidized persons, Including all these, there is one to every seven of the population in receipt of government monies, and, assuming those of age to be married, the number of persons in receipt regularly of government monies amounts to approximately one half of those who voted in the last presidential election. Keep in your minds, as I pass along, the tremendous power all this is adding to government.

Then Mr. Hoover gave full details as to the number of days' work per year which the average man had to devote to nothing else but paying taxes. Because, as he emphasized, it is the average man, whose numbers compared with others are legion, who has to pay for all these tremendous expenditures. Mr. Hoover's figures showed that, including immediately projected expenditures, the average worker in the US has to labour eighty-one days per year to satisfy the tax gatherer alone. Taking out holidays, Sundays, and average vacations, there are only 235 working days in the year. It follows that more than one day's work out of every three had to be applied in paying taxes. Think again, I ask you, of the power this gives to government!

Another astonishing situation was disclosed by Mr. Hoover. Taking the entire national income of the United States and deducting from it the normal cost of living of the American people, on a standard officially established as fair by the American government, the balance, he found—and properly found—would be the potential savings of the people of that country. Setting against these available savings of the American people the taxes levied against them, he showed that taxes absorbed between 75 percent and 85 percent of all possible savings. This, indeed, is an astounding revelation. It is out of savings that houses are built, that farms are purchased, that life insurance is provided, that investments are commenced, on which investments the whole productive system is built. Approximately 89 percent of these savings is now taken in taxes.

You tell me it isn't as bad in Canada! Not as yet, anyway, you think, but you must keep this in mind: The cost for defence, in 1948, the last year for which I could get complete figures, was $18 per capita; the cost for defence in hard-pressed England in the same year was $42 per capita. Obviously we have not been paying our share, but the resistless march of events is going to compel us to do so, and right away.

When it comes to administration and government services, though, the figures are entirely different. Our cost was $70 per capita; in Britain it was

$40 and in the United States, $59. In health and family allowances alone
we paid out $34 per head of our population, while Britain paid out only
$21. Make no mistake; we are travelling down the same road as the United
States, and at just as swift a pace.

Is it any wonder we have a housing problem here? The last reservoir
of capital is now mainly in the government treasuries. The same is true in
England, where I read in the records of the House of Commons that houses
cost five times what they did before the war and that there is not possibility
of shortages being overtaken in the life of the youngest member. Is it any
wonder we have government loaning institutions, loaning on farms, loaning
on houses, on nearly everything, even on business propositions. Again I beg
of you, do not let out of your minds the tremendous influence and power all
this bestows on governments. They get bigger and ever bigger, powerful and
ever more powerful. The individual withers and the state is more and more.

It is senseless, Mr. Hoover said, to talk about the money being provided
by borrowing. This is only piling on our children, and their children the
penalties of our own extravagance and waste. Useless also it is to talk about
its coming out of corporations and the rich. What comes from corporations,
he said, must only be added to the cost of goods, and if we take everything
from everybody who has $8,000 income or more, the total will not pay 10
percent of annual expenditures. Along this road of spending, declared Mr.
Hoover, the government takes over—either takes over directly, which is socialism, or dictates institutional and economic life, which is fascism. Anyway, the two are essentially the same.

The American mind, he said, is troubled by the growth of collectivism
throughout the world; it is troubled by the presence of communists. These
few hundred thousand, though, could never destroy the republic; they are
a nuisance and require attention. Neither could any great harm come from
the doctrinaire socialist who peacefully dream of their Utopia. But—and
here I want to focus your attention in earnest on his words—those who are
really our danger are the very considerable groups of fuzzy-minded people—
and their number is legion—who think they can engineer some compromise
with these European infections. These people, he added, have the foolish
notion that a collectivist economy can at the same time preserve personal
liberty and constitutional government. The great body of Americans, Mr.
Hoover affirmed, do not believe in these compromises with collectivism,
in this swift descent to the totalitarian state; but they do not realize that
through governmental spending and taxes their nation is blissfully driving
down the back road to this dreary doom at top speed. In the end, these so-

lutions of national problems by spending are always the same; they mean power, more power, more centralization is the hands of the state. Although, Mr. Hoover added, there had not been a great socialization of property in the United States—indeed, very little—they were already far on the journey to the very condition which they loathe and fear the most, and in truth, were on the last mile of the descent.

I am sure you are not failing to get the significance of these momentous facts and of their definite and undeniable application to Canada. One of the devices of these advocates of gigantic spending is, Mr. Hoover said, the manipulation of words, phrases and slogans—manipulations which are nothing but malign distortions that drug the processes of thought. They drown those processes in emotion. Government borrowing and taxing is gently transferred into the soft phrase "deficit spending." The slogan of a "welfare state" has emerged as a disguise for the totalitarian state by the route of spending.

Thomas Jefferson would never recognize this distortion of the word "welfare" which he used so much. Here is Jefferson's conception: "To preserve our independence we must make a choice between economy and liberty on the one hand or profusion and servitude on the other. If," said Jefferson—and remember Jefferson was the architect of the American Constitution—"if we can prevent government from wresting the labours of the people under pretense of caring for them, we shall be happy."

Out of these slogans and phrases, Mr. Hoover said, come vague promises and misty mirages such as "security from the cradle to the grave," a vague and vicious promise that frustrates those basic human impulses to production which make a dynamic nation.

This speech of ex-president Hoover was historic. I have sought diligently but have found no attempt to answer him. We dare not, he concluded, see the birthright of posterity to individual independence, initiative and freedom of choice bartered away for a mess of collectivism. The Founding Fathers, he said, dedicated the structure of American government "to secure the blessing of liberty to ourselves and our posterity. ... We inherit this precious blessing, but as spend-thrifts we are fast on our way to rob posterity of its inheritance."

So far from Jefferson standing alone, Mr. Hoover could have quoted along with him scores of great men honoured in history, indeed all such, until this last lush school of welfare staters and socialists.

I shall read you one of many pronouncements by John Stuart Mill in his great work, *On Liberty*. Referring to his own country, he said:

Every function super added to those already exercised by the government causes its influence over hopes and fears to be more widely diffused, and converts, more and more, the active and ambitious part of the public into hangers-on of the government... If the railways, the banks, the insurance offices, the great joint stock companies, the universities, and the public charities were all of them branches of the government... if the employees of all these different enterprises were appointed and paid by the government, and looked to the government for every rise in life; not all the freedom of the press and popular constitution of the legislature would make this or any other country free otherwise than in name.

Mr. Hoover could have quoted also from the great thinker, Herbert Spencer, in a score of places; from James Mill, from the solid wisdom of Edmund Burke and the brilliant declamation of Macaulay, and from the never-lessening authority of Adam Smith. Are we in our day going to close our minds to thinking which has been not only held in universal honour but has been fruitful of great progress and vindicated by time. Are we ready, in crass conceit, to cast into the ditch and the pit principles which have stood every test, which have been tried in the furnace of experience and have proven good, and which have served and fortified our fathers for generations? Who are these men who come to us now with a prescription which has no record of successful achievement anywhere at any time? Who are these men who, themselves, certainly have not demonstrated capacity for careful thought, but who sneer at great figures of the past, and who in dire dearth of the latest symptom or originality are trying to scribble the monotonous epithet "reactionary" over every solid argument which they do not like, and across every door-post of history?

A very prominent American, of whom all of you have heard, just a few months ago proclaimed over there that anyone who opposed this concept of the welfare state was unrealistic, out of tune with the times, and was trying to repeal the twentieth century. He gave as his reason for this bewildering pronouncement that he had never yet met a man who did not want welfare and want security. Well, neither have I; neither has any of you. A person who did not want these things would not be of this world. But what the welfare state is trying to tell us is that the source of all welfare and security is the state, and that men can have it from the state and not without the state. The welfare state is trying to persuade us that we will have more welfare in the degree in which higher taxes are levied against us—higher taxes on our labour and our thrift. The welfare state tries to convince us that it will give us more security by spending more than its income and by driving down remorselessly the value of our dollar. It seriously and loudly asserts that we are going to have greater liberty through more laws and regulations being piled upon us, strangling our every exertion and frustrating our every hope. The welfare state looks us in the face and promises to lead us to a higher moral stature by teaching us to trust in the state instead of trusting in ourselves; by teaching us to yield to events and circumstances as the state unfolds them, instead of rising above events and adversities by our own God-given courage and resource. These, ladies and gentlemen, are the dogmas of the welfare state, and these dogmas will deaden into pernicious inertia every fiber and faculty of the human mind and body, and every aspiration of the human soul.

I spoke a moment ago of the steady and inexorable driving down of the value of our money. That is the dominating economic phenomenon of this age. Inflation is born of spending and borrowing—spending and borrowing not matched by any increased production of wealth. In time of war it is impossible, for me at least, to conceive how inflation can be avoided. Money spent on war is not spent for production but for liberty. Of pitiless necessity it can create no wealth, but here is what I say: Money created and spent in time of peace just for distribution—whatever the political purpose—spent just for distribution and not resulting in commensurate production—is unnecessary inflation and, therefore, unfair and dishonest. Money loaned to government at a certain time has a certain buying power. When, ten years or more later, this loan is repaid, the money has half or less than half that buying power. Inflation brought on us for the purposes I have described is malign, discouraging and cruelly unjust. Lenin said—at least he is reported by the highly placed Lord Keynes as having said—that the best way to destroy the capitalistic system is to debase the currency. Keynes declared that Lenin was absolutely right, and added himself that there was no more subtle or surer way to overturn the existing basis of society than to debase the currency. This method, he said, engages all the hidden forces of economic law on the side of destruction—and please mark and remember these words—"it does so in a way that not one person in a million can diagnose or understand." It is a secretive, sinister and unending subtraction from possessions gained by industry and thrift.

Spending brings inflation which adds to the cost of living; spending brings taxes which reduces the means of living. These twin, devastating forces together are at this very time driving tens of thousand every year from the ranks of the self-reliant into the ranks of dependents on the state. Under the somber consequences of spending and borrowing, a new and large section of population is being lifted every year from the area of self-reliance to the area where hope of self-reliance or of anything like lifelong self-reliance has to be abandoned. The inescapable fact, indeed, is this: that the state cannot fulfil its undertaking to look directly after the economic re-quirements of large sections of its people unless it first makes it impossible for correspondingly large sections to look after themselves.

Man rose from vile conditions to the stage of life he has for so long enjoyed, not by running around looking for security or huddling under the coat tails of the state, but by industry, resourcefulness, by thrift, by measur-ing his mind and his energies against the mind and energies of others, by learning from adversity and being inspired by success, and by being able at all times to give expression to the discontent that is in him.

This is a world of danger and adventure. It always has been from the first day of recorded time, and there is not one so penetrating as to be able to assure us that it will ever be anything else. The best we can hope to do is to reduce, if we can, the danger; to make more wholesome, if we can, the adventure; and even along this route we cannot assert that we have made an inch of progress in the last two hundred years.

Looking, then, straight in the face of the world in which we live, do you seriously imagine that we can afford to cultivate a safety-seeking, a safety-first mentality, or a something-for-nothing mentality, and darling child of the welfare state? Security seeking, indeed, erected into a primary objective, can have no result except to confirm an eternal truth enshrined in the New Testament that "He who saveth his life shall lose it." As long as the whole accent is on eagerness to save our lives we shall surely keep on losing them. That is why the emphasis must be shifted from hopes for a secure world to determination to achieve a free world. A soldier who seeks security never helped his army to win a battle, and a people dedicated to security will never take the risks essential to peace.

In this day and generation our most essential preoccupation surely should be to keep right in the front of our minds, every hour of every day, the lesson which history has plainly taught, that of all the tyrannies of man over man the tyranny of government is the easiest to create and the hardest to destroy; that while we must guard ourselves, and can guard ourselves, against enemies from without whom we can identify and meet, we must also guard with equal zeal against the well-meaning, misguided persons liv-ing right among us who would lead us into dependence on the paternalistic state—the paternalistic state which is always ready to gather us in ever-in-creasing debility and stagnancy under its lordly wings.

Speaking before this gathering of lawyers, I can invoke with a firm confidence the great name of Brandeis, who adorned until recently the Su-preme Court of the United States. In a celebrated judgment he declared that the final end, the all-embracing end of the state was to make in people free to develop and expand their faculties; and, to ensure the survival and the sovereignty of that principle, he urged that they must never for a moment forget the transcendent truth that liberty is the secret of happiness and that courage is the secret of liberty. The ringing, imperious call of this time is that we recapture the spirit of Brandeis, of Jefferson, of Spencer, of Burke and many more luminous figures who have enlightened and inspired our post.

Dominating Facts
At the Hotel Somerset, Boston, Massachusetts
at the 118th Annual Meeting of the Boston Stock Exchange,
September 29, 1952

YOUR CHAIRMAN TELLS ME YOU EXPECT TO HEAR something about our Dominion. This event, following developments which brought it about, is itself an indication of a revival in your country of interest in Canada. Similar indications are manifested in a great variety of forms over the entire United States. Reasons for this are as well known to you as to me, and probably better understood by your people than by ours. We have, of course, like every young country, boasted of our natural resources, pledged ourselves to their development and promised ourselves a magnificent future. We have not performed as well as we have talked; but under all circumstances, not least difficult of which were the competing attractions of this gigantic country, draining us of our youth as soon as educated and of our immigrants soon after arrival, we have a fairly creditable record.

First of all, we had to make the nation one. We had to tie the far east and far west to our central provinces and build a system of east and west intercommunication which insured the permanence of our nation. You had the same task yourselves. You have had for a century a huge and populous domain, and you also had to bind your Pacific states to your Atlantic states with hoops of steel. This you accomplished by the time you had forty millions of people. We could not afford to wait. To hold the fidelity of British Columbia we promised in our early infancy to build a railroad through to our western coast, and that promise we had to keep. Let it never be forgotten that this truly tremendous task was accomplished by the time we had four million population. Never before did a young country attack so vast an undertaking and resolutely prosecute what seemed the impossible, right through to its consummation. The completion of our Canadian Pacific Railway construction in 1885 was the biggest achievement for so young and sparsely settled a nation that history records.

Other staggering projects of a like nature have been unflinchingly faced and surmounted. Two world wars have been traversed, and we are still only in the morning of our history.

At last we are being recognized as not only ambitious, but as having the goods, and very probably having a future. There is gold and silver up north, and a lot of it, if only modern theorists will learn in time that these things still have value in civilization. There are, as well, vast reserves of baser metals—of nickel, copper, lead and zinc, of titanium and uranium, of asbestos and magnesium, and perhaps most important of all, of iron ore. These are possessions that even theorists cannot despise. But more important than minerals, we have immense timber areas, which with ever-increasing care and vision are in ever larger measure being administered on sound principles of conservation. Substantial reserves of oil are now being uncovered: something of which until lately we felt we were destitute is today an arresting feature of our economy. Beyond all these, and ranking in value far above them, are the agricultural resources of our domain, growing steadily in value and offering the best opportunities of all those the nation possesses for everybody anxious to learn and anxious to work.

Yes, Canada is truly one of the last great reserves of nature's bounty, and if our people only do as well for the nation as nature has done, we have surely a glorious prospect. It is no wonder that the eyes of the world outside are turned toward Canada today.

Put that down, if you like, as a brief digression; or put it down, if you prefer, as dominating fact number one.

More momentous and absorbing, of course, is the world picture. The human family has been accustomed throughout its history to facing danger. In this continent or that—though usually in Europe—there have been threats to peace, areas of apprehension affecting one nation or two nations or possibly three; but mankind moved confidently on, trusting to the skill of diplomacy, or, if that should fail, to the triumph of right by superior strength. What confronts us now is something very different, and challenging to the last degree. One group of powers of immense proportions, headed and dominated by a superpower, seems determined that humanity shall divide itself into two camps, and that between these camps all friendship shall be banned; and war, either cold or hot, shall be our bleak, bloody and burdensome preoccupation for indefinite, if not immemorial, time.

A division or bifurcation of human beings on a planetary scale such as faces us now is something hitherto unknown: a division apparently unbridgeable by friendly approach, and still worse, a division where one side is constantly fomenting trouble in the other, from within and from without; all this, too, is hitherto unknown. And when we find that the side fomenting trouble has multiplied in numbers and in strength in fewer years than there are fingers on your hands, that also is a development unparalleled in history and has portentous meaning. This brief outline describes the one big, formidable, dominating fact of the era we are entered on at this time. On that fact the best thinking of our day must be concentrated and the wisest course of action found and followed.

There is another truth of transcendent import, especially to this United States. You are the people on whom mainly rests the onus of doing the thinking and finding the way. You are not alone—you are a thousand leagues from being alone but the responsibility of leadership is yours. The march of events—the thunderous march of events—through this war-stricken century has fixed that leadership upon you. You had to assume it and you did.

The scepter that Britain wielded, or perhaps I should say the cross that Britain bore, through the long years of her navel and industrial supremacy—that scepter and that cross have passed to you.

The task of leadership in troubled times is almost of cosmic dimensions and it falls on this great nation. It is for Britain, for Canada and other friendly powers to share fittingly in your responsibility, and above all, to bear themselves as stout and loyal allies.

The picture just drawn of a two-camp world is not very alluring; in fact, it is very repelling. It does not present the prospect one likes to leave to his descendants.

But there is one assurance which can unreservedly be given: There is a comforting measure of universal confidence throughout the Western world and even farther, not only in the strength and resourcefulness of this republic, but in its integrity of purpose and its spirit of fairness. Criticism you will have and must endure, for such is of the essence of freedom, but active and unselfish loyalty you must have as well, for that is your right.

What I have mainly in mind in this address is yet to come. Having sketched the posture in which two divisions of the human family now stand, the one worthwhile thing to do is to enquire how we on our side are handling our problem; to enquire what we are doing to make sure that we are the better and the stronger side; to enquire, in a word, how well we are answering the terrific demand of this time. Have we in very truth got down to work? Are we attacking the challenge in earnest—that is, are we making the goal of superiority in its fullest sense that lode-star of our lives? Frankly, I do not think we are.

These words will, of course, have relation to the United States, but they are certainly no more pertinent to this people than to ours in Canada—in fact, not so much—and emphatically no more pertinent to Americans than to Britons.

Let us look for a moment at those who are encamped on the other side. True, they have something they call an ideology; it goes by the name of communism; it is something we regard as a curse, a moral disease and a fraud. But this truth we must acknowledge: It isn't ideology or system of government that determines destiny; it is work of brain and body; it is human energy, courage and enterprise; it is unbounded willingness to toil and to endure. Notwithstanding the chains of communism with all its brutalities and horrors, Soviet Russia has grown in strength and influence and authority; it has scorned every doctrine of justice and right, but it has multiplied its power. It stands today in the forefront, dominating a coalition of nations comprising almost half the human race.

Britain emerged shattered from two devastating wars, drained of blood and treasure; France was prostrated by defeat, but Russia suffered losses and agonies equally as great or greater.

A contrast presents itself. Russia is mightier, and vastly mightier, today than she was in the hour of victory. In nearly every feature of national life she is strong. She has built herself into a world menace of unexampled power.

Across in our own camp, Britain is wrestling in a critical struggle with bankruptcy: Her prestige has diminished. France is in a similar plight. The United States has dealt generously with her friends of the Western world, and for that matter has dealt in the same spirit with her defeated foes. Those defeated foes, by the way, have made better use of your liberal attitude than have the undefeated friends. But even the United States, like Britain, like France, like Canada, is in the grip of what looks to be an irresistible inflation, the bleak and inexorable consequences of which, falling on one and all, darken their horizon and sap their strength. Our industrial energies and ingenuity still outstrip our rivals at their best, but our margin of advantage cannot be said to be secure.

I am not speaking the language of despair. All of us can remember not very long ago what looked at least like darker days than these. But, for the contrast in progress between the areas of communism and the areas of freedom since the victories of 1945 there must be some truthful explanation.

I am going to give you my explanation and you can accept it for what you think it is worth. My explanation is that the communist countries have been working, for seven years and more, harder than we have been working. They have displaced a willingness to toil, or perhaps it should be called a submission to toil, and a capacity to endure, beyond what we have displaced, and in this respect—a respect of incomparable and unapproachable importance—they have revealed again the eternal secret that divides progress from decay. This secret we have to learn, and this secret we can learn if we make up our minds to do so.

In a few moments I shall give you a recital of facts—facts which are, or should be, well known, but which are nonetheless startling. First, though, let me indicate briefly the overriding picture out of which in my judgment these facts emerge:

Arnold Toynbee, the historian, tells us that nations are not destroyed from without but from within; Gibbon teaches the same lesson, both basing their conclusion on a profound study of history. Put beside this another conclusion, against which human records certainly offer no contradiction and which, in my opinion, common sense supports. It is this: socialism will work when linked with totalitarian power; socialism won't work in a democracy such as you have enjoyed throughout your history and which a few other countries, notably Britain and her dominions, have maintained for a still longer time. To the extent that socialism invades a free economy it brings in its train inefficiency, indiscipline, higher and ever-higher cost, and then that last and darkest calamity—inflation. The welfare state is the handmaiden of socialism—in fact, the two are Siamese twins. The welfare state is a veritable jet engine of inflation; in truth, there is no faster route to stratospheric inflation than a high, wide and handsome distribution of money without corresponding production. In Canada we got going down that gangway before you did—there are politicians up there as well as here—and we're still going fast and furious. Just before World War II the annual revenue of our federal government was a little over five hundred million dollars. We are now spending in handouts for "social security" over one billion dollars. Out of every $10 wrung from our people in taxes, it requires $2.90 to answer this demand. That sum is approximately three times the amount required to pay the annual interest on our national debt swollen by two world wars. This huge distribution goes out at a time when the call for vast defence expenditures is imperative and peremptory. Such things are possible as long as we have central banks and an irredeemable currency. And such things are popular—or course they are popular—until, at least, the crop comes and is found to be snares instead of wheat: Santa Claus never yet was lynched. We have gone along this route so far already that results are everywhere apparent. Such is the picture, or, if you prefer, it may be described as the fundamental cause of our unhappy position.

Across in the rival camp where socialism prevails under the sovereignty of a ruthless communism, this at least can be said: Everybody is at work. Their system is to us an abomination. It is the sworn enemy of our way of life; it robs the individual of everything which to us makes life worthwhile; it is autocracy enthroned. But, I repeat, everybody is at work and he is at work where the state wants him and where he must remain. Standard hours are eight per day, six days per week; but sixty hours per week are not uncommon and there are no strikes. Not just the labourer, but everybody, is the servant of potentates above and does the will of the Kremlin. Returns per man are small; the mass standard of living is pitifully low; the contrast between classes is shocking. Along their journey, millions—many millions—have perished of hunger. Many millions more in slave camps endure worse than death, but their work is being done. Unlimited power sits at the top in merciless supremacy; everything is dictated, and socialism works.

What has been happening with us? We have at our present stage only partial socialism, but it is growing and spreading year by year. In Britain, in Canada, yes and in the United States, we have set about successfully to socialize the nation's income. In Britain, though they cannot balance their international accounts and have not been able to do so for many years even with the help of loans and Marshall Aid, they are now gathering into the coffers of the state close to 40 percent of their national income; and, while struggling to do their share to answer overwhelming demand for defence, they are spending vast sums on social programs for richer and easier living. Hours of work for all classes or people are shortening; days of toil are fewer; holidays are added to holidays; the urge to work is diminishing. Concern for votes centres the attention of government on consumption rather than production of goods. Only last year their wish to enjoy North American dollar products was such that they went close to four billion dollars in the hole to procure them. They are destroying their currency by inflation; they are being driven by the demands of voters to depend on ideologies, on bureaucratic plans and prohibitions rather than on effort and enterprise. Socialism won't work in a democracy.

You remember not long ago an economist in Britain by the name of Beveridge. He was a man of ability and of good intent. He stood out as a sort of prophet of the welfare state. His plans for governmental benefactions were elaborate; his enthusiasm was exhilarating—so much so that many believed there was such a thing as being Beveridged into prosperity. Years of experience have not been lost on Lord Beveridge. A short time ago—just this year—he warned the British people that they could not maintain their present standard of living on their present standard of work, and declared that unless they got down to business and produced more for the money they were getting they would find themselves, by reason of inordinate costs, doing battle in the world of today "with shackles around their arms and legs." More output per man hour, he added, was the crying need of his country. The pay packet, he said, did not determine the worker's standard of living unless as well he raised the level of production.

We in Canada are following down the same road, under the same pressures—mainly the lust for votes. In our country, governments take from us now more than one-third of our gross income. The average Canadian (man, woman and child) paid last year $430 in taxes and only $245 for food. His cost for government was nearly as much as his cost for food, clothing and housing combined. The figures for the United States were pretty much the same.

With as near full employment as it seems possible to attain, our government paid ninety millions last year in unemployment benefits, and, in addition, it cost twenty-five cents to administer every dollar of unemployment pay. When families and dependents are considered—as they must be—more than one-third of the people of the United States are now in receipt of regular government cheques. And—worst of all—the moral fiber of our people is being sapped and weakened by growing dependence on government for protection against life's hardships—the same thing as is happening in Britain. Meantime, demands for private charity, and, in fact, needs for private charity, are increasing instead of diminishing. A prominent American statesman, friendly to the administration, has lately expressed wonder and astonishment that this should be so. We in Canada struggle, and struggle in vain, to raise, in the face of confiscatory taxation, thirteen millions for private charity community chests; one welfare department of government alone will spend this year $727 million. Is it not the truth that the enormous growth of welfare activities over the past two decades has encouraged rather than diminished dependency? Dr. Gerald Gordon, an American citizen eminent in economic research, finds that protecting people from reality, economic and otherwise, is the surest ways to undermine them. Coddling is fatal at all stages of life. There is nothing as deleterious to virility and courage as to be protected from life's changes and chances. Vigour, faith and enterprise are the only weapons with which any individual, any family or any nation can face the future.

We are being bewitched by "security." We forget that the only true security is in risk; the only true stability is in change; and the only true certainty is in the cheerful acceptance of uncertainty. Adaptability to change and contingency is the very price of survival.

A people who have learned the lesson of depending on themselves are a people who are certain to forge to the front. Witness little Finland, defeated in war, who got almost nothing in gifts or loans of any kind but has paid huge reparations to Russia because she had learned the lessons of thrift and toil. Witness modern Germany—I mean Western Germany—crushed under the most desolating defect ever administered to a nation, now giving to mankind an example of revival by the resolute application of self-reliance and hard work.

In Western Germany, as in Russia, the standard work week is six days of forty-eight hours, but his week often runs to sixty and sixty-five hours. A very intelligent observer, on his recent return to Canada from that country, reports that Germans, instead of envying North Americans, look down upon us. They rejoice in their ability and their willingness to work and are confident—in fact, they are certain—that they are thus going to re-establish quickly the balance between them and ourselves. Many of them are sure they will do a lot more than that.

In Britain's socialized coal mines, voluntary absenteeism last year was 5.62 percent; in Germany it was .75 percent. Britain is building this year 200,000 new houses; Germany, with the same population, is building 400,000. German taxation is heavy, but overtime pay goes untaxed. Meantime, production costs are being held down or even reduced. In that country it requires 47 cents to pay for laying one hundred bricks, whereas the same work requires $3.40 in Canada and $4.45 in the United States.

A look at Japan is worthwhile as well. In 1948 that country exported only 13 percent of what Britain exported, but in 1951—three years after—the figure rose to 67 percent.

These countries are coming back under the impulsion of self-reliance, courage and eagerness for toil. They know that a hardworking nation, no matter what its handicap, will thrive. They know that a leisure-seeking nation will not.

History is not interested in leisure and welfare, "economic security" and "social justice" (whatever that may be). These are the idols of the welfare state, which is none other than the socialistic state in its earlier years when it parades in the constitutional garments of democracy. History is interested in work, faith, courage and adventure. On the nations that show these virtues nature bestows her rewards; to those who deny her, she applies her chastening rod.

There lie upon us of the Western world two tremendous obligations. First: We must increase our strength in the sphere of industry and in every arm and attribute of defence; and second: We must preserve the democratic heritage which our fathers have handed down. The first obligation we are all resolved, in mind, to meet—there is no question on that score: but the second is just as vital, and about it we don't seem resolved at all. Failure—there is failure everywhere. We must answer without delay the scriptural summons, "Choose you whom ye will serve." The hour for leadership has struck. Bold, brave, enlightened leadership must come, and, if it does, the hearts of people will respond.

Address
by the Right Honourable Prime Minister of Canada John Diefenbaker
Canadian Club dinner in honour of Arthur Meighen
Toronto, Ontario, December 3, 1957

IN RISING TO PROPOSE THE TOAST to our guest of honour, the Right Honourable Arthur Meighen, I feel that I must first of all thank you for asking me to join with you on this occasion in paying tribute to one whose greatness grows with the years and whose presence of itself gives honour and distinction to those who have the privilege of his company for even so short a time as we have this evening.

It is difficult in a few words to pay adequate and fitting tribute to one who has, in his lifetime, received as many fulsome and deserved tributes as has our guest of honour. One of those rare individuals among men of distinction he reached the summit of achievement not, as most do, in latter years, but at the halfway mark. And then, far from fading away into the shadows of men's memories, he has remained amongst us to add significantly to his laurels as a statesman, orator and man of letters.

It has been my privilege to know him personally and admire him professionally (if indeed the sphere of activity can be called a profession) for many years. I have read all of his public speeches and heard many more at first hand. May I say to any of you who have not read them (and particularly those which have been gathered together in that fascinating volume *Unre-*

vised and Unrepented and in the sometimes less than fascinating record of *Hansard*,) that his speeches have won for themselves an enduring place not only in Canadian public life but also in Canadian letters.

In a way that is peculiarly his own, he was and is above all others the statesman-scholar of Canadian public life. In this connection I can, perhaps, do no better than quote to you these words: "But no man is loved just because he is a genius and we do not need to read a man long unless we like him. We have to look at the elements and attributes of his genius and, through both, to the man himself."

Those words were written about William Shakespeare by Arthur Meighen and in essence they are fully applicable to our guest of honour.

And just as Arthur Meighen found the man Shakespeare in reading and re-reading what he wrote, so I believe we and posterity are going to discover and re-discover Arthur Meighen from the record of his recorded utterances. In them you will find epitomized not only the spirit of his but much of the spirit of his country. And you will find more than this, something beyond the pages and the print, something which I can best describe once again by using the very words which he used about his boon companion, Shakespeare. How appropriate they are to his own literary qualities and the majesty and power of his words.

"Read him and enjoy him," said Arthur Meighen. "Read his works over; read the best of them, or those you like the best, and then read them over again and keep on. You will discover that each time you like them better; that each time you get more out of them. There is nourishment for mind and soul rich and various all along his shores. You will find yourself gaining possession of a storehouse which is adding light and charm to your everyday existence. You will find yourself thinking more of your species, more of your friends and more of your enemies. You will realize that this man understood all of them; that he saw to the very depths of all of them; that he did not hate them but loved them, and that he loved them, if for no other reason, just because they were part of that great panorama and that every one of them added something to the astounding spectacle of creation."

Mr. Chairman, if I have appeared to stress up to this point the "literary" rather than the "political" aspects of the career of our guest of honour, it is only because I believe Mr. Meighen to be unique among the public men of Canada in the quality of the literary heritage which he has given us and to which I am sure we all hope he will continue to add in the lively and unrepentant years still ahead of him.

I know that it is not necessary for me to attempt to discuss in detail his career in public affairs before such an audience as this. He has, of course, the unique distinction of being the only Canadian who has, in his lifetime, held each of four great offices of our Parliament—prime minister and leader of the Opposition in the Commons, and government and opposition leader in the Senate. From 1908 to 1926 he sat in twenty-three sessions of the House and from 1932 to 1942 in thirteen sessions of the other place. He has been a member of Her Majesty's Canadian Privy Council for more than 40 years and of the Imperial Privy Council for 37 years. Until recently he was our only living ex-prime minister, a distinction which he now shares with another great Canadian, the Right Honourable Louis St. Laurent. He came out of the west to the House of Commons at the age of 34. As Lloyd George said of himself when he first saw the House of Commons—he looked down upon it in the spirit of William the Conqueror.

As Mr Meighen has said on occasion, there were disappointments along the way. It is characteristic of him that no one has summed up this phase of the life of Arthur Meighen better than Arthur Meighen himself. He had above all men whom I have known, in or out of politics, the supreme ability to "meet with triumph and disaster and treat those two imposters just the same." Only one whose qualities of heart and mind combined the calm of the philosopher with charm or gentlemanliness could have risen to the eloquence of his speech on resigning the leadership of the Conservative Party. Most of us might have indulged in recrimination and bitterness at the turn of events, Not he. Yet this is what he said:

"Fortune came and fortune fled... It is only the lot of all of us, at least of all who strive—the joy of the upward struggle, the successes, disappointments and defeats. Perhaps it has been my fate to have had more than the average on both sides of the account, but I promise you there is going to be nothing of bitterness carried forward after the page is turned... Whether now judged right or wrong, whatever I have said, whatever I have done, is going to remain unrevised and unrepented ... I take my place cheerfully in the ranks and without a touch of sadness, of remorse, or of envy, and will hope still to be able to do something for causes in which I believe and which mean much to our country."

Yes—unrevised and unrepented he took his place cheerfully in the ranks. As Max Freedman, his friend and admirer has said, "Our public life was impoverished when he was prevented, while his powers were yet far from their flood tide, from making his full contribution to our national life with increasing maturity and wisdom across the pageant of the years and with the wider mercies and reconciliations that are taught by advancing experience."

And why, and how, had this happened? The historians are already re-markably unanimous in their verdict. Arthur Meighen, when he believed he was right (and few men ever sought the right as assiduously) was un-shakeable in his course of action, and as dedicated to the logical conclu-sions of his principles. In all his decisions, it has been said "he preferred the compulsion of his conscience."

I doubt if we shall see his like again in Canadian public affairs. "Stain-less integrity" is a phrase which I have seen used to describe his con-science, but it was more than that. The phrase suggests a passive con-science and I am sure that those who know Arthur Meighen will agree with me that if ever a man had an active and up-and-doing conscience it was he when he was in public life. His adversaries wilted again and again under the sting of it, for when his wrath was righteous, he spoke as it were *ex cathedra*, and his opponents knew that the wrath of some if not all the gods was about to fall on them.

Like the lawyer he is, our guest of honour has always been equally skillful on the attack or in defence. I know that none of us who heard what was per-haps the greatest of all his speeches at the Winnipeg Leadership Convention in October, 1927, will ever forget the forcefulness, persuasion and defiance of that stupendous defence of the famous Hamilton speech which had been so completely misunderstood even by many of his own supporters. The Win-nipeg speech ranks, to me, with the best of Burke and the cream of Churchill.

When he spoke in the House of Commons or Senate he was listened to whether those who listened were delighted or mortified, convinced or antagonized. His aptness and zest for debate from his earliest days placed him in the thick of every controversy and his mastery of compli-cated matters made him as a young member one of the chief champions of government policy during the prime ministership of Sir Robert Borden. Sir Wilfrid Laurier, when he first heard him in the House of Commons, said of him: "There is a future prime minister." This was from one who in his superb command of language and masterful personality received from Meighen unstinted admiration and affection, of such is the House of Commons that I love.

It is, I think, because his erudition is so great, his memory so prodi-gious and his learning so eclectic that he can speak or write on almost any subject and illuminate it for us with the superb quality of analysis and give it for us a new content and meaning.

Whatever the subject, he had something to say that nobody has said quite the same way before. Do we seek the secret of the genius of D'Arcy

McGee, that ill-fated Father of Confederation? He will tell us (and I quote Arthur Meighen's words): "Wherever McGee the statesman went, McGee the orator was there and McGee the poet was not far away."

Do we seek words to give voice to the sentiments we feel as we stand before the shrines of our glorious dead? If so, we can find them in the full flower of the eloquence of our language in that short but glorious dedication of the War Memorial on Vimy Ridge:

> Here in the heart of Europe we meet to unveil a memorial to our country's dead. In earth which has resounded to the drums and tramplings of many conquests, they rest in the quiet of God's acre with the brave of all the world. At death they sheathed in their hearts the sword of devotion, and now from oft-stricken fields they hold aloft its cross of sacrifice, mutely beckoning those who would share their immortality. No words can add to their fame, nor so long as gratitude holds a place in men's hearts can our forgetfulness be suffered to detract from their renown. For as the war dwarfed by its magnitude all contests of the past, so the wonder of human resource, the splendour of human heroism, reached a height never witnessed before.

And where, I ask, in all the literature of the gracious giving and receiving of gifts could you find anything simpler or better than these words of his when he received an honorary degree from the University of Edinburgh:

"There are," said Arthur Meighen on that occasion, "not many amaranthine wreaths that come by way of unearned increment, but this surely is one."

At his best, I do not hesitate to compare our guest of honour with the best. I heard Lloyd George in 1916 in his first speech after he was prime minister, and Laurier, yet, as Grattan O'Leary has said: "At his highest and best Meighen was an arrow's flight beyond them all." It would be too much to say that Mr. Meighen inspired Sir Winston's great phrase about "blood, tears, toil and sweat" but he anticipated it to a remarkable degree, On the 9th day of September, 1939, Arthur Meighen used these words in a speech in the Senate chamber on the declaration of war on Germany:

> But as we square ourselves for the task ahead, as we stand erect and commence the long journey through troubles, through trials, through tragedies, through blood, let us not forget that others of our lineage for the same great purpose have trodden this path before. Let us remember every hour the two great nations from which we spring, the two great nations who today stand at the side of Poland, the two great nations who have set out together to preserve the treasures of civilization in the only way they can be preserved, to save the altars of liberty, the altars of religion, the altars of democracy, from destruction by pagan force. To the heritage we derive from those heroic peoples let us all be true.

I have quoted extensively this evening, Mr. Chairman, from our guest of honour's own words, for two reasons:

First, I feel that they reveal the inexhaustible wells of spiritual strength and power of Mr. Meighen more completely than words of mine. To a degree, applicable I think to no other Canadian statesman, his achievements and accomplishments—and indeed what some might regard as his failures and disappointments—transcend, for the time being at least, ordinary standards of historical comment. This is so, I believe, because the standards which he set for himself and adhered to so unfalteringly were so completely his own. The man speaks for himself. The sheer integrity of his mind seems to lift him above the often too pragmatic and utilitarian dogmas of ordinary political life. And for that reason, he is always the most explicit when he is heard in his own words.

Secondly, Arthur Meighen is, by the grace and goodness of the Lord, still with us... I recall the wonderful faculties of his mind, and that fantastic memory which is still a legend in the House of Commons. If I emphasize the magic of his own words tonight, it is, Mr. Chairman, in the hope that he may be persuaded to give us more of them. Neither our Canadian history nor Canadian literature is over-rich in word-magic such as his. He will do our generation and the generation to come a service of inestimable value if he will give us more from the archives of his delightfully enigmatic mind, and share with us some of the secrets of his heart's great bounty.

There remains but to wish you, sir, a glorious eventide. Live on to hear your children, grandchildren and great-grandchildren call you blessed. Live on for the sake of your friends and admirers whose name is legion, for whom life would lose much of its lustre in losing you as a friend and companion. Live on to see Canada become greater and even greater—that Canada whose institutions you have nobly served and whose councils you have adorned. Live on to enjoy the opulence of your own richly-stored mind; live on in honour, respect and esteem. Live on, assured and confident in the certain knowledge that you have handed on to the right-thinking world at large, the richest legacy which man can leave to man—the memory of a good name, the inheritance and inspiration of a great example.

And so in closing, Mr. Chairman, I bring your salute to this elder statesman, this ablest master of the English tongue in our Dominion, this great Canadian, and in offering him the toast of this distinguished gathering and of all Canadians, I give him back the words which he himself wrote of Sir Robert Borden, his immediate predecessor in the office of prime minister. Of him Arthur Meighen once said these words which I now say of him:

> Happy indeed are they who, as the night of life approaches, find that the inner vision does not fade. Happier still are they who, as the shadows length-

en, have full assurance that they bore with head unbowed a strong man's measure of the heat and burden, who are conscious that they enjoy the undimmed confidence of everyone who shared with them their struggles and anxieties, and who have just cause to hope that when all is over there will be heard from their fellow men the simple and sincere benediction: "He served his country well."

The Late Right Honourable Arthur Meighen

Tributes on Passing of Former Prime Minister of Canada

Hansard, August 5, 1960

RIGHT HONOURABLE J. G. DIEFENBAKER (prime minister): Mr. Speaker, this morning Right Honourable Arthur Meighen passed away. In his passing Canada has lost a devoted statesman, the commonwealth one of its founding fathers, and the world of letters one of its master craftsmen. His career from his first participation in public affairs to the present spanned more than half the history of Canada since Confederation. He first came into the House of Commons in 1908. He was appointed solicitor general in 1913 and was sworn of the Privy Council of Canada on October 2, 1915. Later he became a member of the Imperial Privy Council, and was twice prime minister of Canada.

It has been given to few Canadians to have served so long and made so distinguished a contribution. This is not the time to review his life or his achievements, but it can be said that the true nature of that contribution grows with the years as historical perspective makes clearer the real truth of this man and his mission often misunderstood.

I had the opportunity some months ago of seeing him for the last time, and I could not but marvel at his attitude toward life and his freedom from recrimination whatever the vicissitudes of his life had been. Indeed, his own words displayed the nobility of this man. He said on one memorable occasion:

> Fortune came and fortune fled. It is only the lot of all of us, at least of all who strive—the joy of the upward struggle, the successes, disappointments and defeats. Perhaps it has been my fate to have had more than the average on both sides of the account, but I promise you there is going to be nothing of bitterness carried forward after the page is turned... Whether now judged right or wrong, whatever I have said, whatever I have done, is going to remain unrevised and unrepented...

The page of his great life is now turned forever. The book of our history is richer because he wrote upon that page. His life was characterized, above all, by stainless integrity, courage and steadfastness of faith. I have mentioned the honours that came to him throughout the years and I shall not repeat them. Only one member of this house was here during the days when Arthur Meighen occupied so great a place in this forum, and that is the honourable member of Dufferin-Simcoe (Mr. Rowe).

I heard him speak on a number of occasions, and they were unforgettable. He had the unique distinction of having been the only Canadian who had held the four great offices of Parliament, for he was both prime minister and leader of the Opposition in the House of Commons, and government leader and leader in opposition in the Senate. His voice was heard in adornment of 23 sessions of the House of Commons and 13 sessions of the Senate.

Arthur Meighen was my friend. I twice contested a seat in Parliament under his leadership. I heard him on the hustings many times, and whenever I heard that man the words of Lord Curzon, as he described another great statesman, Right Honourable Herbert Asquith, came to mind:

> Whenever I have heard him on a first rate occasion, there arose in my mind the image of some great military parade. The words, the arguments, the points, follow each other with the steady tramp of regiments across the field; each unit is in its place, the whole marching in rhythmical order; the sunlight glinting on the bayonets, and ever and anon is heard the roll of the drum.

Sir, he had the amazing capacity to marshal his facts and express them in language so clear and colourful that the pages of *Hansard* will always be a monument to his memory.

He was an outstanding scholar. From his boyhood days in St. Marys to his last days he was immersed in the classics of the world's literature. Indeed, many of us will remember that speech on his favourite subject, Shakespeare which he delivered extempore, which was copious with long quotations from memory; that speech reproduced time and again in anthologies containing collections of the world's greatest speeches.

To his intimates he was a warm and sensitive personality. This was so in his latter days, but those who knew him well will also bear witness that even in his most controversial days he maintained a spirit of generous forgiveness to those who wounded; an attitude of companionship in a common dedication to those with whom he disagreed; and uncommon loyalty to his friends and followers. I think of his words regarding his predecessor in office as prime minister of Canada, Right Honourable Sir R. L. Borden, of whom Mr. Meighen used these words, so applicable today:

> Happy indeed are they who, as the night of life approaches, find that the in-

ner vision does not fade. Happier still are they who, as the shadows length-
en, have full assurance that they bore with head unbowed a strong man's
measure of the heat and burden, who are conscious that they enjoy the
undimmed confidence of everyone who shared with them their struggles
and anxieties, and who have just cause to hope that when all is over there
will be heard from their fellow men the simple and sincere benediction:
"He served his country well."

HONOURABLE L. B. PEARSON (leader of the Opposition): Mr. Speaker, when
we heard a short time ago of the death of Mr. Meighen I think we shared
with all Canadians a feeling of sorrow at the death of one of Canada's outstanding citizens; a man, as the prime minister has put it, of great nobility
of character; a former prime minister who made a distinguished contribution in politics and in business to the development of our country and our
commonwealth.

Few Canadians in all history have surpassed him in intellectual bril-
liance and scholarly attainment, in incisive skill in parliamentary work and,
above all, in parliamentary debate. Few Canadians have ever served their
country in so many fields of activity so selflessly and so well over such a long
period of time. May he rest in peace as he served with honour.

MR. HAZEN ARGUE (Assiniboia): Mr. Speaker, it is with regret that members
of the CCF party heard of the passing this morning of Right Honourable
Arthur Meighen.

Mr. Meighen, as the prime minister and the leader of the Opposition
have so well pointed out, was an outstanding Canadian statesman, a man
of great courage, a skilful debater, a tower in Canadian parliamentary history. His public career extended over more than half a century. It was in-
terspersed with many victories and some defeats, but on all those occasions
Mr. Meighen showed himself a master. He was an outstanding leader of the
Conservative party. He was a great Canadian, and our nation will mourn
this day at his passing.

Afterword

by the Honourable Michael A. Meighen

Of the many speeches and articles by my grandfather that Arthur Milnes has carefully assembled for this impressive volume, two stand out for me. The first, of course, is the most famous address Arthur Meighen ever gave— the *Greatest Englishman in History*, his ode to William Shakespeare (one of the very few speeches he ever wrote out in advance)—was drafted during a return voyage from Australia without benefit of a single work of the Bard!

As a teenager visiting my grandfather, I often walked with him to his office. We would leave his home on Castle Frank Crescent in Toronto and begin our brisk journey towards his King Street office with me barely able to keep up. These walks allowed me to ask him many questions about both our family and his experiences in public life. Of these he was straight-forward and humble.

Invariably, (and after having inquired as to whether I was diligently working on my French-language skills), he would steer the conversation towards his favourite topic and I would find myself under examination about my knowledge of the works of William Shakespeare. Analyses of plays I had studied in school since our last talk were expected. If I were bold enough to offer up quotes from my readings, my grandfather would, more often than not, correct me and then—without a note in hand—quote passage after passage from his hero as we walked along. Even today I smile to myself as I try to imagine what a passerby must have thought of the scene.

A former prime minister of Canada, his hands were often used expansively to make a point or illustrate a line, deep in conversation with a teenager as the world went by.

"For half a century I have read and re-read his works with the ardour of a devotee, and it is the testimony of a lover rather than the learning of a critic which I desire to bring to you today," he said in the famous address Arthur Milnes chose to include in this book. "There are many who say that enthusiasts of Shakespeare are always searching for superlatives and leave their senses by the wayside. Maybe so! Ben Jonson, who lived with Shakespeare, said that he loved him to the very borders of idolatry. I join with hosts of others, who know him only from his works, in the same paean of affection."

While Arthur was preparing this collection, I was pleased to share with him files in my possession that had belonged to my grandfather and grandmother. He went through them like a detective and was particularly fascinated by a speech Arthur Meighen gave to the Canadian Council on Boys and Girls' Club work in Ottawa in April of 1937. I am pleased that this address was included. Here was my grandfather pressed into service as a judge for a student speaking contest. In doing so, he gave advice to the next generation about the art of public speaking.

"In public speaking, as in all other tasks in life, the first thing to keep in mind is the object to be attained," he said that day. "The object of public speaking is to convince, and all other desires should be subordinated to this one great aim—to persuade your audience to your own way of thinking. To enable a speaker to convince an audience he must first be thoroughly convinced himself, and he must make himself the absolute master of the facts and all the facts which have brought him to his own conclusion. There must never be permitted the slightest doubt on the part of his audience that the speaker is in complete command of everything which bears on his subject. He must feel himself that his armour cannot be pierced by any shaft, no matter how well directed."

When I read this address, I was again taken back to my walks with my grandfather. I, too, had received similar words of advice from him on public speaking. Perhaps in a small way the publication of this volume in a different generation and time might play a small role in sparking a resurgence of interest in past Canadian speeches and in the art of public speaking itself. That, I am confident in saying, would please Arthur Meighen very much were he with us today.

I wish to pay special tribute to the Right Honourable Stephen Harper, 22nd prime minister of Canada, for writing the Foreword to *Unrevised and Unrepented II*. Like Arthur Meighen, the prime minister proudly represents a Western Canadian riding in the Commons. That Prime Minister Harper chose to contribute this Foreword is something for which myself and my family will always be grateful.

I also wish to salute editor Arthur Milnes, the political history columnist for the *Hill Times* and Fellow in Political History at Queen's University Archives, who was the driving force behind this volume. In bringing it to fruition, Queen's University Archivist Paul Banfield and all his staff at Kathleen Ryan Hall at Queen's also played important roles and I acknowledge their hard work as well.

Michael A. Meighen
The Senate of Canada

Queen's Policy Studies
Recent Publications

The Queen's Policy Studies Series is dedicated to the exploration of major public policy issues that confront governments and society in Canada and other nations.

Manuscript submission. We are pleased to consider new book proposals and manuscripts. Preliminary enquiries are welcome. A subvention is normally required for the publication of an academic book. Please direct questions or proposals to the Publications Unit by email at spspress@ queensu.ca, or visit our website at: www.queensu.ca/sps/books, or contact us by phone at (613) 533-2192.

Our books are available from good bookstores everywhere, including the Queen's University bookstore (http://www.campusbookstore.com/). McGill-Queen's University Press is the exclusive world representative and distributor of books in the series. A full catalogue and ordering information may be found on its website (http://mqup.mcgill.ca/).

School of Policy Studies

Making the Case: Using Case Studies for Teaching and Knowledge Management in Public Administration, Andrew Graham, 2011. Paper ISBN 978-1-55339-302-3.

Canada's Isotope Crisis: What Next? Jatin Nathwani and Donald Wallace (eds.), 2010. Paper ISBN 978-1-55339-283-5. Cloth ISBN 978-1-55339-284-2.

Pursuing Higher Education in Canada: Economic, Social, and Policy Dimensions, Ross Finnie, Marc Frenette, Richard E. Mueller, and Arthur Sweetman (eds.), 2010. Paper ISBN 978-1-55339-277-4. Cloth ISBN 978-1-55339-278-1.

Canadian Immigration: Economic Evidence for a Dynamic Policy Environment, Ted McDonald, Elizabeth Ruddick, Arthur Sweetman, and Christopher Worswick (eds.), 2010. Paper ISBN 978-1-55339-281-1. Cloth ISBN 978-1-55339-282-8.

Taking Stock: Research on Teaching and Learning in Higher Education, Julia Christensen Hughes and Joy Mighty (eds.), 2010. Paper ISBN 978-1-55339-271-2. Cloth ISBN 978-1-55339-272-9.

Architects and Innovators: Building the Department of Foreign Affairs and International Trade, 1909–2009/Architectes et innovateurs : le développement du ministère des Affaires étrangères et du Commerce international, de 1909 à 2009, Greg Donaghy and Kim Richard Nossal (eds.), 2009. Paper ISBN 978-1-55339-269-9. Cloth ISBN 978-1-55339-270-5.

Academic Transformation: The Forces Reshaping Higher Education in Ontario, Ian D. Clark, Greg Moran, Michael L. Skolnik, and David Trick,

2009. Paper ISBN 978-1-55339-238-5. Cloth ISBN 978-1-55339-265-1.

The New Federal Policy Agenda and the Voluntary Sector: On the Cutting Edge, Rachel Laforest (ed.), 2009. Paper ISBN 978-1-55339-132-6.

Measuring What Matters in Peace Operations and Crisis Management, Sarah Jane Meharg, 2009. Paper ISBN 978-1-55339-228-6. Cloth ISBN 978-1-55339-229-3.

International Migration and the Governance of Religious Diversity, Paul Bramadat and Matthias Koenig (eds.), 2009. Paper ISBN 978-1-55339-266-8. Cloth ISBN 978-1-55339-267-5.

Who Goes? Who Stays? What Matters? Accessing and Persisting in Post-Secondary Education in Canada, Ross Finnie, Richard E. Mueller, Arthur Sweetman, and Alex Usher (eds.), 2008. Paper ISBN 978-1-55339-221-7. Cloth ISBN 978-1-55339-222-4.

Economic Transitions with Chinese Characteristics: Thirty Years of Reform and Opening Up, Arthur Sweetman and Jun Zhang (eds.), 2009. Paper ISBN 978-1-55339-225-5. Cloth ISBN 978-1-55339-226-2.

Economic Transitions with Chinese Characteristics: Social Change During Thirty Years of Reform, Arthur Sweetman and Jun Zhang (eds.), 2009. Paper ISBN 978-1-55339-234-7. Cloth ISBN 978-1-55339-235-4.

Dear Gladys: Letters from Over There, Gladys Osmond (Gilbert Penney ed.), 2009. Paper ISBN 978-1-55339-223-1.

Immigration and Integration in Canada in the Twenty-first Century, John Biles, Meyer Burstein, and James Frideres (eds.), 2008. Paper ISBN 978-1-55339-216-3. Cloth ISBN 978-1-55339-217-0.

Robert Stanfield's Canada, Richard Clippingdale, 2008. ISBN 978-1-55339-218-7.

Exploring Social Insurance: Can a Dose of Europe Cure Canadian Health Care Finance? Colleen Flood, Mark Stabile, and Carolyn Tuohy (eds.), 2008. Paper ISBN 978-1-55339-136-4. Cloth ISBN 978-1-55339-213-2.

Canada in NORAD, 1957–2007: A History, Joseph T. Jockel, 2007. Paper ISBN 978-1-55339-134-0. Cloth ISBN 978-1-55339-135-7.

Canadian Public-Sector Financial Management, Andrew Graham, 2007. Paper ISBN 978-1-55339-120-3. Cloth ISBN 978-1-55339-121-0.

Emerging Approaches to Chronic Disease Management in Primary Health Care, John Dorland and Mary Ann McColl (eds.), 2007. Paper ISBN 978-1-55339-130-2. Cloth ISBN 978-1-55339-131-9.

Fulfilling Potential, Creating Success: Perspectives on Human Capital Development, Garnett Picot, Ron Saunders and Arthur Sweetman (eds.), 2007. Paper ISBN 978-1-55339-127-2. Cloth ISBN 978-1-55339-128-9.

Reinventing Canadian Defence Procurement: A View from the Inside, Alan

S. Williams, 2006. Paper ISBN 0-9781693-0-1 (Published in association with Breakout Educational Network).

SARS in Context: Memory, History, Policy, Jacalyn Duffin and Arthur Sweetman (eds.), 2006. Paper ISBN 978-0-7735-3194-9. Cloth ISBN 978-0-7735-3193-2. (Published in association with McGill-Queen's University Press).

Dreamland: How Canada's Pretend Foreign Policy has Undermined Sovereignty, Roy Rempel, 2006. Paper ISBN 1-55339-118-7. Cloth ISBN 1-55339-119-5 (Published in association with Breakout Educational Network).

Canadian and Mexican Security in the New North America: Challenges and Prospects, Jordi Díez (ed.), 2006. Paper ISBN 978-1-55339-123-4. Cloth ISBN 978-1-55339-122-7.

Global Networks and Local Linkages: The Paradox of Cluster Development in an Open Economy, David A. Wolfe and Matthew Lucas (eds.), 2005. Paper ISBN 1-55339-047-4. Cloth ISBN 1-55339-048-2.

Choice of Force: Special Operations for Canada, David Last and Bernd Horn (eds.), 2005. Paper ISBN 1-55339-044-X. Cloth ISBN 1-55339-045-8.

Centre for the Study of Democracy

The Authentic Voice of Canada: R. B. Bennett's Speeches in the House of Lords, 1941-1947, Christopher McCreery and Arthur Milnes (eds.), 2009. Paper ISBN 978-1-55339-275-0. Cloth ISBN 978-1-55339-276-7.

Age of the Offered Hand: The Cross-Border Partnership Between President George H. W. Bush and Prime Minister Brian Mulroney, A Documentary History, James McGrath and Arthur Milnes (eds.), 2009. Paper ISBN 978-1-55339-232-3. Cloth ISBN 978-1-55339-233-0.

In Roosevelt's Bright Shadow: Presidential Addresses About Canada from Taft to Obama in Honour of FDR's 1938 Speech at Queen's University, Christopher McCreery and Arthur Milnes (eds.), 2009. Paper ISBN 978-1-55339-230-9. Cloth ISBN 978-1-55339-231-6.

Politics of Purpose, 40th Anniversary Edition, The Right Honourable John N. Turner 17th Prime Minister of Canada, Elizabeth McIninch and Arthur Milnes (eds.), 2009. Paper ISBN 978-1-55339-227-9. Cloth ISBN 978-1-55339-224-8.

Bridging the Divide: Religious Dialogue and Universal Ethics, Papers for The InterAction Council, Thomas S. Axworthy (ed.), 2008. Paper ISBN 978-1-55339-219-4. Cloth ISBN 978-1-55339-220-0.

Institute of Intergovernmental Relations

Canada: The State of the Federation 2009, vol. 22, *Carbon Pricing and Environmental Federalism*, Thomas J. Courchene and John R. Allan (eds.), 2010. Paper ISBN 978-1-55339-196-8. Cloth ISBN 978-1-55339-197-5.

Canada: The State of the Federation 2008, vol. 21, *Open Federalism and the Spending Power*, Thomas J. Courchene, John R. Allan, and Hoi Kong (eds.), forthcoming. Paper ISBN 978-1-55339-194-4.

The Democratic Dilemma: Reforming the Canadian Senate, Jennifer Smith (ed.), 2009. Paper ISBN 978-1-55339-190-6.

Canada: The State of the Federation 2006/07, vol. 20, *Transitions—Fiscal and Political Federalism in an Era of Change*, John R. Allan, Thomas J. Courchene, and Christian Leuprecht (eds.), 2009. Paper ISBN 978-1-55339-189-0. Cloth ISBN 978-1-55339-191-3.

Comparing Federal Systems, Third Edition, Ronald L. Watts, 2008. Paper ISBN 978-1-55339-188-3.

Canada: The State of the Federation 2005, vol. 19, *Quebec and Canada in the New Century—New Dynamics, New Opportunities*, Michael Murphy (ed.), 2007. Paper ISBN 978-1-55339-018-3. Cloth ISBN 978-1-55339-017-6.

Spheres of Governance: Comparative Studies of Cities in Multilevel Governance Systems, Harvey Lazar and Christian Leuprecht (eds.), 2007. Paper ISBN 978-1-55339-019-0. Cloth ISBN 978-1-55339-129-6.

Canada: The State of the Federation 2004, vol. 18, *Municipal-Federal-Provincial Relations in Canada*, Robert Young and Christian Leuprecht (eds.), 2006. Paper ISBN 1-55339-015-6. Cloth ISBN 1-55339-016-4.

Canadian Fiscal Arrangements: What Works, What Might Work Better, Harvey Lazar (ed.), 2005. Paper ISBN 1-55339-012-1. Cloth ISBN 1-55339-013-X.

Canada: The State of the Federation 2003, vol. 17, *Reconfiguring Aboriginal-State Relations*, Michael Murphy (ed.), 2005. Paper ISBN 1-55339-010-5. Cloth ISBN 1-55339-011-3.

Queen's Centre for International Relations

Europe Without Soldiers? Recruitment and Retention across the Armed Forces of Europe, Tibor Szvircsev Tresch and Christian Leuprecht (eds.), 2010. Paper ISBN 978-1-55339-246-0. Cloth ISBN 978-1-55339-247-7.

Mission Critical: Smaller Democracies' Role in Global Stability Operations, Christian Leuprecht, Jodok Troy, and David Last (eds.), 2010. Paper ISBN 978-1-55339-244-6.

The Afghanistan Challenge: Hard Realities and Strategic Choices, Hans-Georg Ehrhart and Charles Pentland (eds.), 2009. Paper ISBN 978-1-55339-241-5.

John Deutsch Institute for the Study of Economic Policy

The 2009 Federal Budget: Challenge, Response and Retrospect, Charles

M. Beach, Bev Dahlby and Paul A. R. Hobson (eds.), 2010. Paper ISBN 978-1-55339-165-4. Cloth ISBN 978-1-55339-166-1.

Discount Rates for the Evaluation of Public Private Partnerships, David F. Burgess and Glenn P. Jenkins (eds.), 2010. Paper ISBN 978-1-55339-163-0. Cloth ISBN 978-1-55339-164-7.

Retirement Policy Issues in Canada, Michael G. Abbott, Charles M. Beach, Robin W. Boadway, and James G. MacKinnon (eds.), 2009. Paper ISBN 978-1-55339-161-6. Cloth ISBN 978-1-55339-162-3.

The 2006 Federal Budget: Rethinking Fiscal Priorities, Charles M. Beach, Michael Smart, and Thomas A. Wilson (eds.), 2007. Paper ISBN 978-1-55339-125-8. Cloth ISBN 978-1-55339-126-6.

Health Services Restructuring in Canada: New Evidence and New Directions, Charles M. Beach, Richard P. Chaykowksi, Sam Shortt, France St-Hilaire, and Arthur Sweetman (eds.), 2006. Paper ISBN 978-1-55339-076-3. Cloth ISBN 978-1-55339-075-6.

A Challenge for Higher Education in Ontario, Charles M. Beach (ed.), 2005. Paper ISBN 1-55339-074-1. Cloth ISBN 1-55339-073-3.

Current Directions in Financial Regulation, Frank Milne and Edwin H. Neave (eds.), Policy Forum Series no. 40, 2005. Paper ISBN 1-55339-072-5. Cloth ISBN 1-55339-071-7.

Higher Education in Canada, Charles M. Beach, Robin W. Boadway, and R. Marvin McInnis (eds.), 2005. Paper ISBN 1-55339-070-9. Cloth ISBN 1-55339-069-5.

Our publications may be purchased at leading bookstores, including the Queen's University Bookstore (http://www.campusbookstore.com/) or can be ordered online from McGill-Queen's University Press, at **http://mqup. mcgill.ca/ordering.php**

For more information about new and backlist titles from Queen's Policy Studies, visit http://www.queensu.ca/sps/books or visit the McGill-Queen's University Press website at: **http://mqup.mcgill.ca/**